社会保障橙皮书 2018
ORANGE BOOK OF SOCIAL SECURITY 2018

国际社会保障动态

应对人口老龄化的长期护理保障体系

DEVELOPMENTS AND
TRENDS OF GLOBAL
SOCIAL SECURITY POLICY

上海财经大学公共经济与管理学院　公共政策与治理研究院
张仲芳 主编　万谊娜　郑春荣 副主编

上海人民出版社

《国际社会保障动态
——应对人口老龄化的长期护理保障体系》
作者名单

主　编　张仲芳

副主编　万谊娜　郑春荣

总　论　张仲芳

第一章　郑春荣

第二章　郑春荣

第三章　万谊娜

第四章　万谊娜　张仲芳　杨　帆　赵雅冰　哈布尔依娜

第五章　万谊娜　程豪珏

第六章　张仲芳　张　萌

第七章　万谊娜

第八章　万谊娜　哈布尔依娜

第九章　张仲芳　万谊娜　卢亚楠　杨　帆　聂　兴　刘　星

第十章　张仲芳　陈起风

第十一章　张仲芳　金小良

附　　录　张　熠　聂　兴

序

90年代初期，我开始师从席克正教授攻读财政学博士学位，在学习和研究财政学理论的过程中，我进一步认识到财政支出问题将成为财政学理论和实践至关重要的核心——至少是比我们之前对财政学收支关系的认识更加重要，而社会保障和社会福利支出将成为财政支出不断增长的基本趋势。有鉴于此，我将博士论文的选题定为《社会保障经济影响的理论分析》。

从那时研究和撰写以社会保障为题的博士论文算起，我对中国社会保障理论与实践的关注已经有20年以上的时间。在这20年里，由于本人的懈怠和才疏学浅，没能在学术上有所成就，但我见证了我国社会保障在理论研究与制度建设上取得的巨大成就，如今，社会保障已不仅是学术界也是全社会最关注的问题之一。2012年我国城镇五大社会保险基金收入达到28 910亿元，支出22 182亿元，累计结余35 679亿元。如果把我国社保基金纳入全国财政预算，那么，2012年的社保收入（如果算是一种税种——社会保险税的话），已超过增值税，成为第一大税种；2012年社保支出已超过教育支出，成为我国第一大财政支出项目。在丰硕的理论和实践成果面前，作为学者和研究人员，我们应更加理性地思考我国社会保障制度建设的长期趋势和整体设计，应加强对社会保障理论和思想的基础性研究和实证研究，直面我国社会保障在理论和实践中存在的问题，着力解决人口老龄化带来的"未富先老"、"老年服务"和"筹资与支付"等难题，着力解决群众的就医难、看病贵，以及"大病负担"等问题，更好地担负起时代赋予我们的历史重任。

上海财经大学社会保障学科的各位同仁齐心协力，经过长时间的准备，在撰写和出版了《各国社会保障丛书》的基础上，现在又以关注和研究国际社会保障动态的战略眼光，撰写了社会保障橙皮书，并计划每年出版一本，既将各国社会保障的改革发展动态汇集和分析给读者，也以每年一个专题的方式就我国社会保障的相关专题进行比较研究。难能可贵的是，课题组还计划每年都深入实践，将各该专题的国内改革发展的地方实践总结出来，形成案例，介绍给读者，供学习研究参考之用。2013年的橙皮书所调查和总结的案例，既有经济发展水平相对较高的江苏太仓市，也有经济发展水平相对较低的广东湛江市，两市的大病医疗保障实践表明，因地制宜地开展大病医疗保障，无论其经济发展水平高低、无论其财政规模能量大小，都是可以有所作为的。

借本社会保障橙皮书出版之际，谈以下三点想法。

一、橙皮书系列报告的定位：他山之石，可以攻玉

一个国家的社会保障制度离不开该国特定的历史背景、社会传统和经济发展水平，与此同时，各国的社会保障制度也有许多共通之处，特别是欧洲一些国家对社会保障制度的探索已持续了一个多世纪，其积累的经验教训弥足珍贵。为此在整个20世纪80年代中期至90年代，有不少学者对国外社会保障制度进行了介绍和比较，发表了许多论著，推动了我国社会保障的制度设计和理论研究。

当前，国际国内形势都发生了很大变化。国际上，全球性人口老龄化所引发的养老金制度改革问题、社会保障和社会福利过度提供带来的低效率和财政负担、收入分配不公带来的社会排斥、离婚率和未婚率的持续攀升以及少子化严重影响了家庭保障功能、全球性金融危机所引发的养老基金贬值、持续经济低迷形成的长期失业问题等等，使得许多国家都在积极着手对其原有的社会保障制度进行调整和改革。在国内，我国面临着未富先老的人口状况、人口快速城镇化、人们健康水平的快速提高以及对健康保护的进一步要求、产业升级与转型、就业形式多样化、经济全球化的挑战和收入分配差距不断加大等问题，使我们正在建设的社会保障制度体系，面临着新的问题与挑战。他山之石，可以攻玉。在新的形势下，很有必要进一步了解各国社会保障制度发展与改革的近况，深入了解各国社会保障制度的内涵，汲取他国经验与教训，为我国社会保障制度建设提供有效借鉴。

橙皮书系列报告旨在归纳总结世界各国最新的社会保障改革实践的基础上，提出可供我国社会保障改革借鉴的经验与教训。正如今年橙皮书中的分析，南欧

国家的“福利病”、拉美国家的“贫困陷阱”，不仅要在我国社会保障基本制度建设过程中予以高度重视，引以为戒，而且在实践中要努力避免。以史为鉴，以邻为鉴，可使中国的社会保障改革未雨绸缪，少走弯路。

二、上海财大社会保障学科的发展思路：汇聚中外，兼容并蓄

汇聚中外英才，是上海财经大学长期以来所贯彻的办学理念。在学校创办之初和上世纪50年代，上海财经大学就汇聚了一大批海外留学回国的学者，近年来，上海财经大学又加快了国际化建设进程，迎来新一批的学成回国人员。目前，仅社会保障学科所在的公共经济与管理学院，就有一批从美国、加拿大、德国、日本等著名大学包括美国南加州大学、美国佐治亚理工学院、美国北卡大学夏洛特分校、美国佛罗里达州立大学、美国加州大学伯克利分校、美国纽约大学、美国弗吉尼亚理工学院、日本大阪市立大学、日本东京大学、美国普渡大学、美国芝加哥大学、美国耶鲁大学、美国哥伦比亚大学、美国约翰·霍普金斯大学等世界名校毕业的博士。同时，国内毕业的社保教师也都有在国外大学访学访问研究的经历，整个社会保障学科团队对国内外社会保障理论和基本制度比较熟悉，成为一支年轻有为、知识结构合理、不断追求的学术团队。

围绕社会保障，多学科兼容并蓄，共同研究“大社保”问题。笔者非常赞成许多同行的观点：社会保障的研究不能局限于某一学科，要鼓励多个学科从不同的角度展开研究。在上海财经大学，汇聚了各个学科的研究者，从政治学、社会学、公共管理、金融学、财政学以及理论经济学等不同视角对社会保障进行研究，取得了一定的成效。今后，我们还将采取双聘、特聘制度，组建多学科协同、校内外协同的研究机构，进一步促进不同学科不同学校学者之间的交流与合作。

三、社会保障橙皮书：求新求真，填补空白

目前国内已经出版的社会保障发展报告至少有五本，例如武汉大学社会保障研究中心的《中国社会保障改革与发展报告》、中国社科院的《中国社会保障发展报告》、郑秉文教授主编的《养老金发展报告》等等，这些社保发展报告的体系较为完整，数据翔实，对问题的剖析也十分到位，在学界具有重要影响，对我国社会保障实

践具有很好的指导意义。上海财经大学推出的社会保障橙皮书系列报告，不能搞重复建设。橙皮书的撰写，必须既与国内已出版的社保发展报告形成互补，又能充分发挥上海财大社保学科的研究特色。为此，我们进行了几轮充分的论证，认为有必要在介绍国外社会保障改革与实践、指导我国社会保障改革与实践方面发挥独特作用。因此将橙皮书定名为“国际社会保障动态”，旨在系统地、定期地介绍国外社会保障的最新实践，配合国内社会保障热点问题的研究，提出一些可供我国借鉴的有益经验。实际上，早在2009年，上海财大已经组织科研团队开始系统地研究国外社会保障制度，例如全校十多位学者编写的《各国社会保障制度丛书》，已出版12种，总字数达400万字，既包括欧美主流发达国家的社会保障制度，也包括智利、新加坡等新兴经济体的社会保障制度，在各国社保制度的研究方面积累了较为完整的资料，也培养出一支较为齐整的研究队伍。因此总体上看，橙皮书的定位是合理的，也是可行的。

每年的橙皮书主要由“年度国际社会保障运行情况分析”和“主题报告”两部分组成，具体分为四大部分：

第一部分，是对上一年度世界各国社会保障制度运行、改革与实践的情况进行总结、归纳。在写作上要求数据新而全，每年的写作具有连续性，让读者对各国社保制度的最新情况一目了然。

第二部分，是对上一年度和近年世界各国的社会保障制度热点进行专题介绍。例如，今年橙皮书对退休年龄、公共医疗卫生政策、长期护理、工作福利等问题展开了专题介绍。

第三部分，是主题报告，这是每年社会保障发展报告的重头戏。每年我们根据国内外社会保障改革的热点问题选择一个研究主题，例如今年橙皮书的主题是“全民医疗保障体系建设”。在主题报告中，首先系统介绍该项制度在世界各国的建设、运行情况，剖析各种制度模式的起源、成因与优劣；其次，介绍该制度在国内的实施情况，并进行至少两个实地案例调研；最后，在融会贯通国内外分析的基础上，提出适用于中国的制度模式。

第四部分，是社保资料索引，包括上一年度世界各国社保改革大事记、世界各国社会保障主要数据汇编等内容。

橙皮书要体现“新”、“真”。“新”是指数据和资料必须是最新的、尽可能地采用第一手资料或各国政府直接公布的数据；“真”是指写作必须严谨，每年必须有实地调研案例，充分反映事实。如果能达到这两个要求，相信橙皮书对国内社会保障理论与实践会有其一定的独特作用。

衷心希望上海财经大学社会保障研究团队以橙皮书的出版为契机，多向国内外同行学习，打造一支高水平的社会保障教学科研团队，为我国社会保障改革事业作出更大的贡献！同时，笔者也非常期待国内外学者不吝批评，使橙皮书系列报告能够日臻完善，成为社会保障界的“新品牌”。

丛树海

总　论

世界卫生组织《2016年世界卫生统计》报告显示，进入21世纪以来，人类的预期寿命增长了5岁，是自20世纪60年代以来的最快增幅。根据联合国的统计标准，一个国家或地区，60岁及以上人口占总人口的比重达到10%以上，或65岁及以上人口占总人口的比重达到7%以上，就称其为人口老龄化国家或社会。根据联合国人口司的预测，到2025年，全球总人口将达到82亿人，其中老年人口将达到11.2亿人，占全世界总人口的13.6%；到2050年，全世界90%以上的国家和地区都将进入老龄化社会。正如奥地利国际应用系统分析学会研究员卢兹所说："如果20世纪是人口增长的世纪，那么21世纪将会是人口老龄化的世纪。"人口老龄化加剧，已成为当今世界最为严峻的挑战之一，世界各国都将面临人口老龄化带来的养老、医疗、老年照护等各方面的压力。

中国作为一个发展中的人口大国，21世纪也将处在一个不可逆转的老龄化社会。统计数据表明，20世纪80年代初，我国人口结构已由年轻型转入成年型；1990年以来，60岁及以上老年人口以年均3.2%的速度增长，65岁及以上老年人口比重于2000年达到6.96%，我国已在世纪之交正式进入老龄化国家行列，目前正在快速向深度老龄化社会迈进。2010年，我国老年人口占世界老年人口的23.4%，2030年将占到26.9%，成为世界上养老负担最重的国家。统计数据还表明，我国65岁以上老年人口比例增长到14%所需要的时间为24年，而瑞典是85年，美国是66年，日本是25年，法国是15年，也就是说，我国应对人口老龄化的战略准备期大大短于多数发达国家，"未富先老"的问题十分严峻。

与此同时，随着老龄化的加速和老龄化程度的加深，失能和半失能人口增加，长期护理需求日益成为社会化风险。根据民政部《2017年社会服务发展统计公报》数据，2017年末全国60岁及以上老龄人口已超过2.40亿人，占总人口的17.3%；

65岁及以上老龄人口超过1.58亿人，占总人口的11.4%，其中失能半失能人口超过4 000万人。20世纪70年代采取的独生子女政策，使得“四二一”“四二二”结构甚至“八四二一”结构的家庭及“空巢家庭”大量出现，导致我国在长期护理方面面临多方面的挑战：一是人均寿命延长、失能老人数量和比例增加的挑战；二是家庭结构小型化、传统家庭护理功能弱化的挑战；三是护理成本上涨、普通家庭承担护理风险的能力不足的挑战。总之，伴随着高龄、失能、失智老人增加和“空巢”老人的日益增多，家庭和个人面临的老年人照护压力乃至“照护危机”日益凸显，老年人的长期护理问题将日益突出。

“长期护理”（国内也有学者译为“长期照护”）一词由英文“Long-term Care”(LTC)翻译而来。相对于疾病治疗和医疗护理，长期护理的概念和边界较难明确界定。与慢性疾病的治疗不同，长期护理旨在为失能、失智或半失能、半失智等失去或缺乏生活自理能力的人提供支持性服务，尽可能持久地维持和增进患者的生理机能，保证其生活质量。医疗护理一般是指在医生的指导下，以治愈疾病或保全病人生命为目的而展开的、由专职护理人员来承担的一系列服务，其专业性和针对性强，应根据病人的病况来制定特定的护理程序，一般由专业护士来完成。与医疗护理相比，长期护理需要持续的时间长，并具有保健和生活照料相结合的特点。

美国健康保险学会和世界卫生组织对长期护理的定义具有代表性。美国健康保险学会对长期护理的定义是：“在一个比较长的时期内，持续地为患有慢性疾病，如阿尔茨海默病等认知障碍或处于伤残状态下，即功能性损伤的人提供的护理。它包括医疗服务、社会服务、居家服务、运送服务或其他支持性的服务。”世界卫生组织认为，长期护理是指由非专业照料者（家人、朋友或邻居等）和专业照料者共同进行的照料活动，以保证自我照料能力不完全的人的生活质量、最高程度的独立生活能力和人格尊严。

上述两个定义都强调长期护理的目的，是对患慢性疾病或丧失日常生活能力的人进行修复和修补，并不是指治愈疾病或保全生命。世界卫生组织的定义还强调扮演“照顾者”角色的人应该是多元的，从非正式的到专业的，从家庭、社区（朋友、邻居）到专业机构（卫生、社会及其他）都可以成为长期护理服务的供给者。与传统的家庭照护模式不同，长期护理具有连续性、专业性、规范性等特点，其目的是为了满足失能和失智老人的日常生活照料与医疗护理需求，从而提升老年人晚年的生存质量，让老年人更有尊严地活着。

进入21世纪以来，发达国家在制定社会政策时高度重视将老年人的长期护理问题纳入其中，长期护理已成为各国政府和学术界共同关注的主题，建立和完善符合中国国情的长期护理保障体系迫在眉睫。

本书认为，完整的长期护理保障体系应涵盖长期护理的筹资制度与长期护理的服务供给体系。从长期护理筹资的角度看，各国实践中存在长期护理保险、长期护理救助、长期护理福利等不同形式（模式）；从服务供给的角度看，长期护理服务供给方是多元的，既包括正规（专业）的提供者也包括非正规的提供者。正规的提供者主要是专业的医疗和社会服务人员，负责失能老人基础的医疗护理和康复；非正规提供者主要是失能老人的家人、亲戚、邻居、朋友或志愿者，负责其日常生活的照料。除服务提供者外，配套机构如失能等级评估机构、服务供给遴选机构、护理员培训机构、服务质量监督机构等，也是长期护理服务供给体系不可或缺的重要组成部分。

需注意到，在各国长期护理保障的发展历程中，长期护理保险并不是最早出现的筹资制度形式，许多国家如荷兰、德国、日本等的长期护理保险制度都是从长期护理救助制度发展而来的。1965年，荷兰颁布“社会救助法案”，希望通过救助的方式为需要长期护理服务的低收入者或老年人提供帮助，这是世界上第一部长期护理相关法案。1986年，以色列通过《国家保险法》第61号法案（即《长期护理保险法》）并于1988年实施，成为第一个正式建立独立的长期护理社会保险制度的国家。1996年，德国正式实施覆盖全体国民的《长期护理保险法案》，成为世界上第一个颁布和实施长期护理社会保险专项法案的国家。此后，日本于2000年，新加坡于2002年，韩国于2008年分别颁布长期护理社会保险法案，建立长期护理保险制度。

长期护理保险制度尽管在福利国家中普遍起步较晚，但因护理需求已经上升为继疾病、养老、失业和工伤四大社会保障问题之后的第五大社会风险，因而受到各国的高度重视，长期护理保障也逐渐成为各国社会保障体系的核心之一，备受理论界和实践界的关注。

按照党的十八届五中全会精神，“十三五”规划纲要提出了要探索建立长期护理保险制度。2016年6月，人力资源和社会保障部确定上海、青岛、长春、成都等15个城市作为长期护理保险制度的试点城市，探索建立为长期失能人员的基本生活照料和与基本生活密切相关的医疗护理提供资金或服务保障的社会保险制度，以满足老年群体日益增长的生活照料、医疗护理等服务需求，缓解目前中重度患病老人长期占用医院床位、护理资源不足、部分家庭经济和事务负担沉重等突出矛盾。从长期来看，其目的就在于建立一个完备的，能够有效应对人口老龄化带来的失能风险，包括长期护理保险制度和长期护理服务供给制度在内的社会化的长期护理保障体系。

2018年国际社会保障动态橙皮书秉承自2013年首发的丛书格局，紧密结合最新国际经济社会发展背景，从宏观视角分析最近一年国际社会保障发展的总体动态和热点问题，展现国际社会保障的最新发展态势和规律。同时，以"应对人口老龄化的长期护理保障体系"为专题，集中探讨长期护理保障体系问题。一方面，重点分析了国际长期护理保障体系溯源和发展演变历程，梳理了国际长期护理保障的制度类型、发展理念和核心原则，比较分析了典型国家的长期护理保障体系，系统总结了长期护理保障体系发展的国际经验。另一方面，回顾了中国长期护理保障体系（包括长期护理保险制度和长期护理服务体系）的政策演进和探索历程，对我国正在推行的长期护理保险制度试点进展情况和效果进行评价，对我国现阶段长期护理服务供给的若干核心问题（如失能等级评估、长期护理服务包设置、护理服务队伍建设、医疗护理资源与养老资源整合等）作出系统研究，提出了推进长期护理保障体系建设的政策建议。同时，选择国内四个城市作为典型案例，剖析其政策举措和效果。

本书的特色主要有：第一，系统连贯性。遵循上海财经大学年度国际社会保障动态橙皮书既定基本格局，由五大部分构成，专题研究内容则与往年有别。第一编聚焦国际社会保障发展总论与热点；第二编聚焦国际长期护理保障制度比较。第三、四、五编聚焦中国长期护理保障体系发展、政策实践和典型案例。第二，前沿性。国际社会保障动态与热点反映的是截至2016年底世界各国社会保障发展的最新状态和最新热点，体现了前沿性；世界各国和中国长期护理保障体系，包括长期护理保险制度、长期护理服务供给政策研究，既注重各国各地区的制度发展历程分析和经验总结，也尽量展示最新的发展动态，包括理论、理念、政策和实践的最新进展。第三，焦点性。本书梳理的国际社会保障热点和动态聚焦了社会保障领域的国际热点问题。针对长期护理保障发展的新动态，在长期护理保障体系的专题研究中，分析了长期护理筹资与护理服务供给的共生性、长期护理保障体系的多层次性、长期护理筹资的多元性和护理服务提供的多元性。第四，典型性。案例分析中，兼顾我国不同经济发展水平地区，选择东部特大城市上海、广州市作为大城市长期护理保险制度试点的典型案例，选择中部的上饶市作为中小城市（含县域）长期护理保险制度试点的典型案例，选择南昌市作为“医养结合”养老服务试点的典型城市，案例分析具有典型性。

全书由五编十一章构成。沿用以往的惯例，在第一编（第一章和第二章），首先对 2017 年度国际社会保障动态和热点问题进行梳理。在第一章，我们回顾了 2017 年全球经济增长情况，并对 2018 年全球经济进行了展望。总体来看，2017 年世界经济特点可以用“回升”“收缩”和“风险”三个词来概括。“回升”表现在，全球经济实现了基础广泛、力度强劲的整体复苏态势。“收缩”表现在，发达经济体货币政策逐步转向，通过缩减资产负债表、推高利率来收缩流动性。“风险”表现在，威胁世界经济复苏的各类风险并未得到根本解决，反而在不同程度上有所累积；发达经济体特别是欧洲和日本的负利率和量化宽松政策仍在催生资产泡沫；美联储加息和缩表政策则有刺破资产泡沫的风险；全球主要经济体面临债务总量持续攀升的风险。从 2018 年全球经济增长情况看，国际货币组织、联合国和世界银行三大国际组织对 2018 年全球经济增长的预期都较为乐观，有迹象表明全球经济终于从 10 年前国际金融危机的阴影中走出，但也存在一些影响经济增长的不利因素，例如目前全球贸易处于紧张状态，一些发达经济体对全球经济一体化的支持在减弱，这给经济前景蒙上阴影。接下来，本章还对近年各国的收入分配状况、社会保障支出总量与结构、养老保障、医疗保障、失业保障和最低收入保障制度运行等情况进行了系统梳理。

在第二章，我们对当前国际社会保障的若干热点问题进行了梳理。一是英国庆祝英国国民保健制度（NHS）成立 70 周年。2018 年 7 月 5 日是 NHS 成立 70 周年纪念日。作为一项全民享受的基本社会福利，全民公费医疗在让英国人骄傲自豪的同时，也面临经费不足、等待时间太长、服务质量下降、医护人员短缺以及医护人员超负荷工作等诸多问题。二是意大利议会换届选举，社会保障政策面临调整。目前意大利政府在社会保障方面面临日益扩大的代际矛盾，社保结构调整困难重重，养老支出占 GDP 比例达到 16%，在欧盟中仅低于希腊，而规定到 2019 年将退休年龄延长到 67 岁的退休法案备受争议。三是日本政府首次公布了 2040 年的医疗、护理和养老金的社会保障收支预测报告。根据预测，2040 年日本老龄人口将接近峰值，将迎来一个超高龄社会，超高龄人口将达 4 000 万人，社会保障支出额约为 2018 年的 1.6 倍，政府将因此面临沉重的财政负担。四是澳大利亚生产力委员会发布《超级年金:效率与竞争力评估》报告,提议对超级年金政策进行改革。五是美国联邦政府疾病控制和预防中心发布美国死亡率年度报告,美国的预期寿命出现连续第二年下降。2016年出生的美国婴儿平均寿命为78.6岁,较2015年出生者下降0.1年,也低于2014年的78.9岁。预期寿命的持续下降使美国人的预期寿命比经合组织35个成员国的平均水平短两年。

接下来的第三、四、五编(第三章至第十一章),进入本书以长期护理保障体系为主题的核心内容。

第三章为长期护理保障体系概述。在长期护理保障体系的发展过程中,人口老龄化是最重要的促进因素。本章梳理了长期护理保障的相关概念、体系构成和历史溯源,阐释了长期护理保障的发展理念和核心原则。本书认为,完整的长期护理保障体系应包含长期护理的筹资制度与长期护理服务供给体系。从各国的实践来看,长期护理筹资制度有如下三种形式:以保费为基础的长期护理保险制度,以及以税收为基础的长期护理福利制度和长期护理救助制度。在内容上,长期护理服务包括日常生活照料服务、医疗护理服务、社会支持服务,以及精神慰藉等服务。自20世纪60年代起,老龄化国家陆续出台法案为长期护理服务的筹资与供给提供制度性保障。从长期护理保障的发展历程看,救助制度是长期护理保障最初的筹资形式,许多国家的长期护理保险都是从长期护理救助制度发展而来的,如荷兰、德国、日本等。在一些国家,长期护理救助制度只作为长期护理保险制度的补充,而在英国、澳大利亚等英联邦国家,以及瑞典、丹麦等北欧高福利国家,则把长期护理救助或福利作为唯一的筹资形式。

各国长期护理保障制度呈现出多样性的特点,但从近20年长期护理保障的发展进程来看,长期护理保险因其覆盖面相对较广、财务可持续性强且共济性强等特点,受到越来越多国家的欢迎。发达国家长期护理保障体系经过60余年的发展,已经日趋成熟,他们在不断修正自身制度的过程中呈现出一些共同的发展理念和核心原则,为正在建立长期护理保障体系的老龄化国家提供了一定的参照系。这些理念和原则诸如:在宏观层面,长期护理保障体系建设应坚持多层次原则和良性互动原则;在中观层面,坚持服务连续性原则、服务多元提供原则和共生发展原则;在微观层面,坚持需求导向原则、生命质量导向原则和生活自主原则等。

第四章为长期护理保障的国际比较。由于各国在政治、经济、文化背景以及既有社会保障制度等方面的差异,长期护理保障制度呈现出多样化的特征。本章从筹资来源和覆盖范围两个角度对长期护理保障形式进行分类，探讨长期护理保障的制度类型；选取德国、美国、日本三个典型国家，分析其长期护理保障制度框架、发展进程与制度特质，并从制度的公平性、效率性以及可持续性三个方面对三个典型国家进行评价和比较。

根据筹资来源，长期护理保障体系可区分为税收型、社会保险型、“税收＋商业保险”型、“税收＋社会保险”型四种制度类型；根据覆盖范围，实施长期护理津贴制度的国家可区分为“普惠型”和“补缺型”两种类型，而实施长期护理保险制度的国家可区分为“遵从医疗保险型”“遵从养老保险型”和“全民型”三种类型。

德国于1994年颁布《长期护理保险法》，并于1995年1月1日实施，建立起具有全民性与强制性、公私混合给付的长期护理保险制度。德国长期护理保险制度在20余载中经过几次大的改革和不断完善，在满足老年人照护需求、缓解家庭压力、完善社会保障体系等方面起到了重要的作用，其制度建设对我国具有重要借鉴意义。一是加强长期护理保险立法。德国长期护理保险制度之所以能够得到顺利推广和发展，部分原因得益于立法先行，建立了一个较为系统的法律体系。二是发挥政府的主导作用。德国长期护理保险制度的有效运转离不开德国各级政府的引导和支持，包括政府提供补贴，政府对长期护理保险的监督等。三是控制成本与提升质量并重。德国采取的是现收现付制，这种方式不仅能缓解部分财务压力，也有利于财务收支平衡。德国为控制成本快速上涨，制定了严格的审核制度，例如限制申请人数量，严格审查申请人资格，执行严格的给付金标准等，这些措施有利于降低成本，控制支出。四是开放服务市场，鼓励多元主体参与。德国长期护理保险的发展不仅依靠政府的力量，还获得了社会各方面的支持，引入市场机制，兼顾效率与公平；通过开放市场，增加护理机构，实现良性竞争，提高服务质量和运行效率。同时，鼓励和支持家庭护理，并从经济和政策上给予双向扶持，更多地由个人和家庭承担长期护理服务，促进了长期护理保险的低成本运行。

日本是人口老龄化速度最快的国家之一，“少子高龄化”是日本人口结构的重要特征。日本于1997年通过了《老年长期照护保险法》，并于2000年4月正式实施。为应对护理费用可持续性、制度公平性、专业护理人员短缺等问题，日本长期照护保险制度先后进行了五轮改革。尽管面临着运营费用急剧增加、老年人群体负担不断加重等一系列挑战，日本长期护理社会保险的方式较好地实现了国家、地方和家庭在老年人赡养问题上的责任分配，充分发挥了养老护理服务市场中各主体的作用，在日本社会社会保障体系中的作用日益突出。日本长期护理保险制度建设过程中注重发展“医养结合”型养老护理服务，构建以居家养老服务为基础的社会养老服务体系，建立可持续的长期护理筹资保障机制，严格控制资金给付条件，维护护理保障制度的公平性，这些经验值得参考借鉴。

美国在20世纪70年代就在健康保险框架内建立了商业长期护理保险制度，是最早建立商业长期护理保险制度的国家。美国的长期护理保障采取的是以公共保障托底，商业性长期护理保险制度为主的复合型保障模式。公共保障对象分为两类：一类是覆盖所有老年群体和特殊人群的短期护理保险；另一类是覆盖低收入群体的长期护理保险。美国历届政府在长期护理保障制度方面推行了部分改革举措，目的是增加商业长期护理保险制度的市场份额，并且试图在社会保险制度上作出努力。尽管我国的国情和美国存在很大差异，但美国长期护理保障体系发展依然可以为我们提供启示和经验借鉴。一是强调政府责任，强化制度立法，实现财政托底。美国长期护理保障体系中，无论是社会性还是商业性的长期护理体系，政府在其发展过程中都起到了关键作用。二是建立混合性的长期护理保险制度。美国的长期护理保障本质上是由社会保险与商业保险构成的混合型模式，具备商业性和社会性共存的特点，两者的结合提高了长期护理保险的可及性和覆盖面。三是加强道德风险防范机制建设。美国的商业长期护理保险以及社会性的CLASS计划都曾面临道德风险和逆向选择问题，CLASS计划失败的原因之一就是逆向选择带来的政府财政压力过高，无法实现资金的可持续性。四是设定合理的给付标准和条件，保证资金收支平衡。美国长期护理保险制度以商业护理保险为主，根据个人购买的长期护理保险保单设置不同的给付标准，具有一定的灵活性。

第五章为中国长期护理保险制度的探索和试点。本章梳理分析了中国长期护理保险的早期理论探索与近十几年来的政策实践情况。我国从20世纪90年代中后期开始出现对长期护理保险的研究与探讨，其中的争议与共识并存。这些研究和探讨分三个阶段。第一阶段为20世纪90年代到21世纪初，我国刚进入人口老龄化社会，国内学者对长期护理保险的研究主要是评述长期护理保险制度，介绍世界相关国家长期护理保险的经验以及商业长期护理保险产品的设计。第二阶段为21世纪初期，开始对长期护理保险进行宏观上的研究，主要是吸收借鉴国际经验和研究设计适应中国国情的长期护理保险制度方案。第三阶段为2011年以后至今，国内学者逐渐认识到长期护理保险制度对中国养老服务的重要性，开始从微观层面多层次多维度探究长期护理保险制度，研究内容涉及制度定性、模式选择、资金筹集、服务给付、责任机构、风险控制以及质量监管等。

在长期护理保险政策实践方面，从2006年至2016年，我国长期护理保险经历了从萌芽到全面发展的10年时间。本章将这10年分为三个时期，阐述了每个时期长期护理社会保险和商业保险的发展历程。我国长期护理社会保险的成长呈现以下几个特征：一是发展速度快，长期护理社会保险从地方探索到进入国家视野，再到全国试点，仅仅经历了5年的时间。二是长期护理保险与长期护理服务同步发展。三是长期护理保险与其他保障方式同步发展。在探索建立长期护理保险制度的同时，强调建立和完善诸如高龄津贴、养老服务券等制度，以及面向经济困难的高龄、失能老人的补贴制度等，鼓励发展商业长期护理保险。

第六章为中国长期护理保险制度试点进展与效果评价。作为继养老、医疗、失业、工伤、生育保险之后的"第六险"，长期护理保险与其他社会保险项目相比，其制度建构和运行更为复杂。2016年6月人力资源和社会保障部确定在全国15个城市开展长期护理保险制度试点。本章对15个试点城市的制度框架，包括长期护理险的参保范围和保障对象，筹资渠道、方式和标准，长期护理服务的类型、内容和服务机构，待遇支付的内容和标准，长期护理险的经办和承办机构等进行了比较分析。

两年多的制度试点取得了初步成效。一是初步构建起了长期护理保险制度框架。各地围绕制度设计、实施细则、服务标准等关键问题出台相关政策，从宏观设计到微观操作，对长期护理保险制度的构建进行了大胆探索，具有中国特色的长期护理保险制度框架初见雏形。二是通过建立互助共济制度，长期护理保险的试点实施有效减轻了失能参保者的家庭和个人护理负担。三是制度试点在化解老年人失能风险，提高失能老人生活质量，保障失能参保者权益方面取得了初步效果。四是通过制度自身保障功能与外在社会功能的相互呼应、相互促进，长期护理保险在拉动就业创业、促进护理产业发展、支持家政服务业发展等方面的制度效应初步显现。

从各地试点情况看，长期护理保险制度建设尚面临制度定位、筹资机制、覆盖面选择、待遇给付标准、经办机构设置等方面的矛盾和问题。一是在制度定位方面，长期护理保险尚未成为一个独立的险种，与医疗保险之间的界限模糊，导致长期护理险成为医疗保险的附属品，这不符合我国对长期护理险的定位。二是在筹资机制方面，面临筹资方式选择难题，护理服务费用攀升与相对稳定的长期护理保险费率的矛盾，以及长期护理筹资需求与经济增长水平、企业和个人缴费能力之间的矛盾等。三是在待遇给付方面，面临待遇给付方式选择、待遇给付条件设定等方面的难题。四是运行机构设置方面，面临着是选择由医保机构直接经办管理，或由第三方机构经办，还是由新建独立机构来经办的难题。

第七章为中国长期护理服务的供需分析。现阶段我国人口老龄化现状严峻，人口高龄化和失能老人数量逐年增加，导致我国失能老人对长期护理服务的需求不断增大。但是在长期护理服务提供方面，我国家庭力量逐渐衰弱，而社会化的长期护理服务建设还处在起步阶段，导致社会化长期护理压力不断增大。本章主要回答了长期护理服务的供需平衡问题，分四个部分对问题进行解答。首先，通过选取四项全国性的失能老人调查作为数据基础，即中国老年社会追踪调查(CLASS)、第四次中国城乡老年人生活状况抽样调查、2015 年中国健康与养老跟踪调查(CHARLS)、2017 年长期护理调研，对我国当前失能老人失能率进行测算，并预估了未来失能老人数量的变化。其次，分析了失能老人对不同形式和不同内容的长期护理服务的需求情况；再次，通过对失能老人护理服务提供主体分析、养老机构长期护理供给能力分析、居家与社区长期护理服务供给能力分析，分类梳理了长期护理服务供给的整体状况。基于上述分析，得出了目前我国长期护理服务总体供需失衡的结论，而购买长期服务能力不足、长期护理服务利用率较低是导致长期护理服务供需失衡的主要原因。

第八章为中国长期护理服务的政策演进与实践探索。长期护理服务是长期护理保障体系的重要组成部分，是长期护理保险、长期护理津贴等制度不可或缺的服务保障。虽然面向失能老人的“长期护理服务”概念近几年才逐渐为公众所熟知，但是为所有老年人(包括失能老人)提供生活照料、医疗护理等服务的“居家养老服务”以及“医养结合养老服务”在更早之前就已经开始了实践探索。“长期护理服务”的规划与发展就是建立在对“社区居家养老服务”和“医养结合养老服务”多年来的政策探索与实践经验之上的，而且“长期护理服务”在发展的过程中也一直依托这两项政策的服务体系为失能老人提供服务。本章将“社区居家养老服务”和“医养结合养老服务”作为“长期护理服务”的早期探索，对其多年来的政策发展与实践进行梳理。

社区居家养老服务的政策探索可分为萌芽期、初步形成期、全面发展期三个阶段。在政策实践中，形成了四种主要的举办形式，即公办公营、公办民营、公办民助以及民办民营。各地结合自身情况，不断创新社区居家养老服务，青岛、大连、上海以及乌镇的居家养老服务经验具有一定的借鉴意义。“医养结合”养老服务的政策探索可以分为初步形成期和全面发展期两个阶段，形成了“养中有医”“医中有养”“医联结合”“养医签约”“两院一体”和“居家巡诊”六种举办形式，青岛、上海、苏州和北京的实践经验具有一定的推广价值。在社区居家养老和“医养结合”养老服务实践的基础上，我国长期护理服务得到了长足的发展，但长期护理服务在近年的实践中也遇到了一些新问题，例如，如何使失能等级的评定更加科学，如何进一步优化长期护理服务包的设置等；长期护理服务面临新的发展瓶颈，如长期护理人员队伍建设、养老资源与医疗资源的有效结合等。

第九章对中国长期护理服务供给的上述若干核心问题，包括失能等级评估、长期护理服务包设置、长期护理服务队伍建设、医疗护理资源与养老资源整合问题进行专题探讨。

失能等级评估是长期护理保障制度的重要基础。本章首先对国际常用的失能等级评估工具，包括基础性日常生活能力（BADL）、工具性日常活动能力（IADL）评估工具，如巴氏量表、功能独立性评测量表（FIM）、世界卫生组织失能评定量表（WHODAS 2.0）等评估工具，以及老年人健康综合评估、老年人抑郁焦虑评估、睡眠障碍评估等工具做了系统梳理；然后对我国失能等级评估工具，如国家民政部老年人能力评估标准、老年痴呆等级评估、帕金森病等级评估等进行梳理；对我国长期护理保险试点城市的失能等级评估实践，包括失能评估标准、评估机构及流程等进行比较分析。目前我国失能等级评估工作存在的主要问题，一是失能等级评定标准不统一，评估体系建设滞后；二是缺乏权威和统一的失能评估工具；三是缺少法定和权威的失能等级评定机构；四是老年护理服务等级划分紊乱。

制定长期护理服务项目清单，以框定保险给付的具体范围，是长期护理保险制度实施的前提。长期护理服务包的设置关系到长期护理服务的靶向精准度与制度给付的财务平衡，服务包的结构和项目是否合理，关系到长期护理保障体系的健康、良性发展。本书认为，长期护理服务包的设置应坚持以下原则：一是优先满足基本需求原则；二是兼顾差异化需求原则；三是立足实际保障供给原则；四是成本与收益平衡原则。对长期护理保险试点城市的考察发现，长期护理服务包设置存在项目不全、类目设置不够合理等问题，如类目设置重叠、项目设置与实施条件不匹配等。此外，长期护理服务包的个性化不足。

长期护理服务人员队伍建设是目前我国长期护理保险制度建设的薄弱环节。一是长期护理服务人员供需矛盾十分突出。按国际上失能老人与护理员 3∶1 的配置标准推算，我国至少需要 1 300 万名护理员，但目前我国各类养老服务设施服务人员不足 50 万人，持证专业护理人员不足 2 万人。二是长期护理人员呈现“三低”（社会地位低、收入待遇低、学历水平低）与“三高”（流动性高、职业风险高、年龄偏高）的特征。存在上述问题的症结，一是专业培训与教育体系建设滞后，二是职业教育与培训资金支持不均衡，三是职业化发展程度低。应遵循政府主导与社会参与相结合、长期规划与短期培训相结合、分类培养与分层培养相结合的原则，大力加强长期护理人员队伍的建设。

长期护理服务是涵盖日常生活照料、医疗护理、社会支持服务、临终关怀等内容的综合性服务。生活照料和医疗护理服务不仅是长期护理服务不可缺少的重要内容，而且对于失能老人来说是最基础、最迫切的两类服务，服务应该可持续和同步。从国际经验看，长期护理保险制度在实际运行中面临着医疗护理资源与养老资源分割的问题，不仅影响到服务的连续性，也造成资源浪费。目前我国同样存在较为严重的医疗护理资源与养老资源分离现象，表现为服务人员分割、服务设施分离和服务机构分离。借鉴国际经验，我国应探索具体的模式，突破医疗资源与养老资源之间的壁垒。目前较受推崇的医养综合体或综合型医院、综合型养老院模式可以使失能老人享受到无空间限制、“医养康护”全面且连续的服务，是较为理想的模式。

第十章为典型地区案例调研。分别对上海市、广州市、上饶市的长期护理保险制度试点，以及南昌市医养结合养老服务进行调研，形成调研报告。

上海市早在 2013 年就在基本医疗保险制度框架内，启动高龄老人医疗护理计划试点，为长期护理保险制度的建立奠定了基础。2016 年 6 月上海市被人社部确定为长期护理保险试点城市，2017 年 1 月在徐汇、普陀、金山三区先行试点，2018 年 1 月起在全市全面试点。上海市长期护理保险制度试点工作具有一定特色，表现为：试点工作坚持独立险种定位，筹资水平较高；重视护理业发展和护理队伍建设，服务提供方式多元；建立了较为科学的失能等级评估和需求认定机制、较完善的长期护理保险信息系统，注重服务质量监督与风险控制。试点工作取得了初步效果，表现为：减轻了失能老人的经济负担，推动了护理服务行业的健康发展，形成了有梯度的支付体系，促进了基本公共服务资源的合理配置。

广州市于2017年8月1日启动实施长期护理保险制度试点。广州市的试点采取分期推进策略，在政策启动阶段优先保障高龄人群，精细设计了活动能力评定量表；长期护理服务项目设置科学，坚持待遇水平与本地护理服务市场价格水平相适应。2017年8—12月共有2 085人享受了长期护理保险待遇，基金累计支付约1 236万元，人均支付5 927元，符合规定的长期护理费用基金支付率为77%，总体支付率为67.7%，有效减轻了参保人及其家庭的经济压力。同时，长期护理保险制度的试点实施对护理人员队伍建设、护理服务规范化发展等带来了积极的影响。

上饶市于2016年12月在市本级和6个县区启动城镇职工长期护理保险试点工作。截至2018年4月底，上饶市长期护理共有9批1 500人次申请失能鉴定，1 192人次通过鉴定并通过公示后生效，发放1 104人次603万元的长护待遇，解决了失能人员个人或家庭33%—60%左右的经济负担，提高了失能人员生活质量，取得了良好的社会效益。该市试点工作具有四个方面的特色：一是运作市场化。在试点阶段采取政府购买服务、委托经办的方式，由具有健康险资质、良好的社会信用和专业管理队伍的商业保险公司承办长期护理险服务工作。二是服务社会化。经卫计部门批准的医疗机构、护理机构、社区卫生服务机构，以及经民政部门批准的养老机构，符合准入条件的，均可以成为定点护理服务机构，完全实行服务社会化。三是经办信息化。利用商业保险资源，建立长期护理保险信息管理系统管理平台，实现了档案一体化、服务一体化、数据一体化和支付结算一体化。四是基金统一化。试点之初就实行全市基金统收统支，参保缴费、待遇标准和经办流程全市统一。

第十一章为推进中国长期护理保障体系建设的政策建议。长期护理保障应该是一个多层次的体系，应坚持以社会长期护理保险为支柱，护理救助和商业保险(补充保险)为兜底和补充，实现综合保障，应对失能风险，化解社会矛盾。政府主办的长期护理保险应定位为社会保险“第六险”，即继养老、医疗、工伤、生育、失业保险后独立的基本险种。

一是把握和遵循发展规律，建立独立的长期护理保险制度。构建和完善我国长期护理保障体系，应把握国际发展趋势，遵循社会保障发展规律，坚持互助共济和以人为中心、制度衔接整合的发展理念。

二是构建稳定的长期护理保险筹资机制。作为一项新的社会保险制度，长期护理保险应单独筹资，明确政府财政和各方的筹资责任，建立权利与义务对等、多渠道、多层次的筹资保障机制。

三是规范长期护理保险受益对象、待遇支付方式和范围。在受益对象方面，应在全面考虑资金平衡的前提下，起步时以参保对象中的全失能人员为受益对象，依据护理等级给予不同给付待遇标准；随着制度的逐步推进与完善，受益对象应逐步扩大，最终扩展到所有失能半失能参保人员。在待遇支付范围上，随着制度的逐步铺开，有必要对待遇支付范围在全国进行统一和规范；可参照基本医疗保险制度的做法，对待遇支付范围在全国制定一个基本目录，各统筹地区结合本地实际在基本目录的基础上进行适当调整。

四是规范失能等级评定，建立全国统一的标准体系。应结合实际开发一套完整的、标准化的失能评定工具。加快失能评估和护理标准体系建设，抓紧研究制定全国统一的失能等级评定标准，同时建立有关护理等级的国家标准。

五是积极培育长期护理市场，发展专业护理服务体系。面对长期护理庞大的市场需求，应加快培育长期护理服务市场。应扩大长期护理服务有效供给，特别是提升专业化的服务能力，扩充相关专业人才队伍，这是今后长期护理保障体系建设的重中之重。在严格资格准入条件的前提下，鼓励社会资本参与服务提供。应充分关注不同老年人群的特殊需要，加快发展专业护理服务，提高护理服务供给的针对性；大力发展家庭和社区健康护理，对家庭非正式照护者提供支持，加强长期护理人员专业培训。

在本书最后的附录部分，我们还汇编了最新的国际社会保障动态数据和我国长期护理保障和养老服务体系建设方面的政策文件，供研究者参考。

张仲芳

2018年10月

目　录

第二编　长期护理保障体系概述与国际比较

第三编　中国长期护理保险的政策实践

第四编　中国长期护理服务的政策实践

第五编　中国长期护理保障体系发展:典型案例与对策建议

附　录

第一编

国际社会保障发展总论与热点

第一章
国际社会保障动态扫描

世界经济受全球金融危机影响从 2008 年衰退，到 2010 年开始复苏，此后跌入低谷，再到缓慢爬升的阶段，2017 年全球经济终于复苏，美国、日本和欧盟，以及中国、巴西、俄罗斯等均呈上升趋势。展望 2018 年，世界经济环境有望继续改善。随着 2018 年主要发达经济体经济复苏，底气更足，贸易保护主义可能进一步强化。对此，国际货币基金组织、国际清算银行等组织纷纷警告称，一旦全球保护主义情绪进一步加剧，将导致全球政策协调的难度加大，进而拖累全球生产率和经济增长。

一、全球经济增长回顾与前瞻

2018 年是全球金融危机爆发 10 周年。回顾过去 10 年，经济合作与发展组织

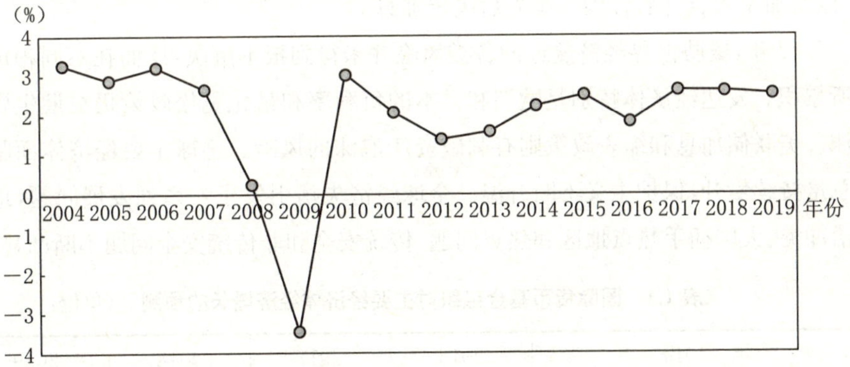

注：2018 年和 2019 年数据为预测值。
资料来源：OECD, Economic Outlook, Volume 2018 Issue 1.

图 1.1　经济合作与发展组织国家历年 GDP 增速

(OECD)国家的经济增长在经历了大幅下挫之后，总体上低速平稳增长。过往10年，各国中央银行一连串大剂量注入流动性的量宽政策刺激，让世界经济短期内避免了陷入更大的经济灾难，但复苏长期疲软无力的艰难景况远超“大萧条”时代，以致被国际货币基金组织(IMF)总裁拉加德称为“新平庸时代”，成了后危机时代世界经济的常态。从经济增速看，2009年至2016年，全球GDP年平均增速3.5%，低于危机前5年1.6个百分点。OECD国家历年GDP增速如图1.1。

(一) 2017年全球经济增长回顾

整体来看，2017年世界经济特点可以用“回升”“收缩”和“风险”三个词来概括。

2017年，全球经济实现了基础广泛、力度强劲的整体复苏态势。根据IMF测算，2017年全球经济增速达3.7%，创下2011年以来最快增速，而且2017年全球三分之二经济体的经济增速都快于2016年。2017年，发达经济体增长持续，新兴经济体增长趋稳回升。国际贸易增速明显回升，并带动全球制造业回暖。尤其是2017年前三季度中国国内生产总值增长6.9%，稳中有进、稳中向好的中国经济增长恰如“定心丸”，对提升当前世界经济增长预期起到了重要作用。

发达经济体货币政策逐步转向，通过缩减资产负债表、推高利率来收缩流动性。2017年以来，美联储升息步伐提速，并正式提出缩减资产负债表(以下简称缩表)计划，欧元区和日本的量化宽松政策在经济增速提升的形势下显现出转向迹象。欧洲缩减并退出量化宽松政策的前景已经显现，日本的立场出现了松动迹象。受此影响，全球各经济体的货币政策也先后开始转向。巴西、墨西哥等新兴经济体，以及加拿大、英国、韩国等国先后决定加息。

2017年，威胁世界经济复苏的各类风险并未得到根本解决，反而在不同程度上有所累积。发达经济体特别是欧洲和日本的负利率和量化宽松政策仍在催生资产泡沫。美联储加息和缩表政策则有刺破资产泡沫的风险。全球主要经济体面临债务总量持续攀升，保护主义不断升温。全球经济失衡引发了一系列发展问题，地缘政治冲突、大国插手热点地区和热点问题、传统安全和非传统安全问题不断凸显。

表1.1 国际货币基金组织对主要经济体经济增长的预测 (单位:%)

年　份	2016	2017	2018	2019
世界产出	**3.2**	**3.7**	**3.9**	**3.9**
发达经济体	**1.7**	**2.4**	**2.4**	**2.2**

续 表

年 份	2016	2017	2018	2019
美 国	1.5	2.3	2.9	2.7
欧元区	1.8	2.4	2.2	1.9
德 国	1.9	2.5	2.2	2.1
法 国	1.1	2.3	1.8	1.7
意大利	0.9	1.5	1.2	1.0
西班牙	3.3	3.1	2.8	2.2
日 本	1.0	1.7	1.0	0.9
英 国	1.8	1.7	1.4	1.5
加拿大	1.4	3.0	2.1	2.0
其他发达经济体	2.3	2.7	2.8	2.7
新兴市场和发展中经济体	**4.4**	**4.7**	**4.9**	**5.1**
独立国家联合体	0.4	2.1	2.3	2.2
俄罗斯	−0.2	1.5	1.7	1.5
除俄罗斯外的独联体国家	1.9	3.6	3.6	3.7
新兴和发展中亚洲	6.5	6.5	6.5	6.5
中 国	6.7	6.9	6.6	6.4
印 度	7.1	6.7	7.3	7.5
东盟五国	4.9	5.3	5.3	5.3
新兴和发展中欧洲	3.2	5.9	4.3	3.6
拉美和加勒比地区	−0.6	1.3	1.6	2.6
巴 西	−3.5	1.0	1.8	2.5
墨西哥	2.9	2.0	2.3	2.7
中东、北非、阿富汗和巴基斯坦	5.0	2.2	3.5	3.9
沙特阿拉伯	1.7	−0.9	1.9	1.9
撒哈拉以南非洲	1.5	2.8	3.4	3.8

注：2016 年和 2017 年的数据为实际值，2018 年和 2019 年数据为预测值。
资料来源：IMF，World Economic Outlook.

(二) 2018年全球经济展望

如表1.2所示，国际货币基金组织、联合国和世界银行三大国际组织对2018年全球经济增长都较为乐观。世界经济经过多年波动和调整以后趋势向好，社会各界对长期增长的共识预测已稳定下来，有迹象表明全球经济终于从10年前国际金融危机的阴影中走出。但也存在一些影响经济增长的不利因素，例如目前全球贸易处于紧张状态，一些发达经济体对全球经济一体化的支持在减弱，这也给经济前景蒙上阴影。过去几个月，美国对各类进口征收关税，引起贸易伙伴采取报复措施。与此同时，北美自由贸易协定以及英国与欧盟其他国家之间的经济安排正处于重新谈判之中。贸易紧张局势的加剧可能损害商业和市场情绪，从而削弱投资和贸易。此外，各国央行量化宽松导致了当前资产价格的大幅上升，反全球化、民粹主义抬头及地缘政治问题等危机都潜藏在表面繁荣的背后。

表1.2　三大国际组织对全球经济增长的预测

发布日期	发布机构	出版物	2017年全球增长率	2018年全球增长率预测值
2018年7月	国际货币基金组织	《世界经济展望》	3.7%	3.9%
2018年5月	联合国	《2018年世界经济形势与展望:年中更新版》	3.2%	3.2%
2018年6月	世界银行	《全球经济展望》	3.1%	3.1%

注:世界银行、联合国的世界经济增长率为按汇率法GDP加权汇总，国际货币基金组织为购买力平价法GDP加权汇总。

根据世界银行2018年6月发布的《全球经济展望》报告，各地区经济增长前景展望如下：

(1) 东亚太平洋地区。该地区增速预计将从2018年的6.3%放缓至2019年的6.1%，反映出中国经济放缓的影响部分被该地区其他经济体增速加快所抵消。预计中国经济增速将从2018年的6.5%下降至2019年的6.3%，原因是政策支持减少和财政政策趋紧。在不包括中国的情况下，由于周期性经济复苏趋向成熟，预计该地区增速将从2018年的5.4%降至2019年的5.3%。预计2018年印尼经济增长5.2%，2019年增长5.3%。预计泰国经济增长2018年将加速至4.1%，

2019年略微放缓至3.8%。对于该地区大宗商品出口和进口经济体而言，预计未来两年产能紧张和价格压力将加剧，将导致越来越多的国家实行更紧缩的货币政策。

（2）欧洲中亚地区。由于大宗商品出口经济体温和复苏的影响被大宗商品进口国增长放缓部分抵消，该地区的经济增长预计将放缓至2018年上调的3.2%，并在2019年小幅放慢至3.1%。由于油价上涨和货币政策放松的影响被石油减产和围绕经济制裁的不确定性所抵消，俄罗斯2018年经济增长约保持在1.5%的稳定水平，并在2019年加速至1.8%。

（3）拉美加勒比地区。在私人消费和投资推动下，该地区增长预计2018年将加速至下调的1.7%，2019年至2.3%。巴西出现的周期性复苏预计将会持续，预测2018年和2019年两年增速将高于2%。预计2018年阿根廷经济增长将放慢缓至1.7%，因为货币和财政紧缩以及干旱的影响会抑制经济增长，2019年将保持在1.8%的低迷状态。预计2018年和2019年一些中美洲农产品出口国的增长将有所回升，而该次区域大宗商品进口国的增长预计会趋于稳定或放缓。据预测2018年加勒比经济将从飓风灾后重建、旅游业以及有利的大宗商品价格中得到提振。

（4）中东北非地区。预计2018年该地区增长将加快至3%，2019年至3.3%，主要原因是石油出口国从油价暴跌中恢复。预计石油进口经济体将出现强劲增长，企业和消费者信心因营商环境改革和外部需求改善而获得提振。预计2017/2018财年（2017年7月1日至2018年6月30日）埃及增长5%，下一财年增长5.5%。

（5）南亚地区。该地区的增长预计2018年将加快至6.9%，2019年至7.1%，主要原因是阻碍印度增长的因素逐渐消退。2018/2019财年（2018年4月1日至2019年3月31日）印度增长预计为7.3%，2019/2020财年为7.5%，反映出私人消费旺盛且投资增强。巴基斯坦预计2018/2019财年（2018年7月1日至2019年6月30日）增长5%，反映出收紧政策改善宏观经济稳定的影响。预计2018/2019财年（2018年7月1日至2019年6月30日）孟加拉国增长加速至6.7%。

（6）撒哈拉以南非洲地区。预计2018年该地区增长加快至3.1%，2019年至3.5%，低于其长期平均水平。预计采矿业增产和金属价格稳定将促进金属出口国的经济活动。通过改善农业生产条件和基础设施投资，非资源密集型国家预计将保持强健增长。

专栏 1.1 美国失业率创近年来最低，但劳动参与率未能提高

2018 年 4 月，美国失业率降至 3.9%，达到 2000 年 12 月以来的最低水平，2018 年 5 月，美国失业率为 3.8%，与 2000 年 4 月失业率一致，均为 1969 年以来最低水平。但与此同时，劳动参与率却始终不高。国际金融危机以来，美国的劳动参与率随着失业率下降不断走低，从 2008 年的 66.2%降至 2018 年 5 月的 62.8%，这反映了适龄劳动人口中既没有被雇佣、也不认为是失业的人员百分比正在逐步增长，因此，只从失业率下降的迹象来确定美国劳动力市场的改善也并不完全，美国劳动力市场的改善可能没有市场所预期的那么强劲。

在过去 20 年里，美国几乎所有类别的劳动参与率都比其他经济合作与发展组织国家下降得更多。截至 2016 年，美国不论是有学位的还是没有学位的，男性和女性的就业率都呈现大幅下行，其中，美国女性就业率远低于欧盟平均水平。这种跨国差异很可能是由于美国内在需求和供应所导致的，而非来自外部因素。劳动参与率和失业率的不匹配，反映了美国劳动力市场的结构变化。

在 2008 年国际金融危机期间，美国失业率达到 9.5%，并持续攀升，直到 2009 年 10 月达到 10%的峰值。如今，美国私营部门就业增长持续时间为历史最长时期，失业率持续下降至 4%以下，处于历史低位，并低于国际金融危机前的水平。然而，劳动力市场的其他指标反映了一些更复杂的情况。

首先，人口老龄化是导致最近历史和未来 10 年总体劳动力参与率下降的最重要的结构性因素。人口结构在劳动力的兴衰中一直扮演着重要的角色。从 1960 年到 2000 年，美国的劳动力参与率从 59%上升到 67.3%的峰值，主要由于越来越多的女性进入劳动力市场，而医疗发展和信息技术的进步使得美国人可以工作更长时间。但自 2000 年以来，随着婴儿潮一代的退休，劳动参与率一直在稳步下降。美国国会预算总署(CBO)计算了从 2007 年到 2017 年年底，人口老龄化导致潜在劳动参与率下降了 2.5 个百分点，并预计随着更多婴儿潮一代步入退休年龄，在未来 10 年，人口持续老龄化将进一步降低劳动参与率约 2.8 个百分点。

其次，受教育程度的上升导致劳动参与率呈下行压力。尽管在 CBO 的预测中，老龄化是推动劳动力参与率下降的最大原因，但推迟就业，受教育程度的上

升对在25岁至54岁年龄段的劳动参与率影响甚大。在之前疲软的美国经济下，劳动力市场竞争激烈，年轻人更愿意通过升学或者通过延长留校学习机会来为自己找到更适合的工作，不愿意过早进入劳动力市场，导致总体劳动力参与率降低。但随着受教育程度的预期上升以及周期性疲软的消散，预计在2017年到2028年，部分延长学习的人员重新回到劳动力市场，将会抵消其他下行压力，从而拉动劳动力参与率约0.5个百分点的回升。

第三，社会保障与伤残保险降低了劳动者加入劳动市场的意愿。联邦政府的伤残保险项目(SSDI)为那些被认为身体或精神上无法工作的人提供了一种收入替代方法，从而减少了个人愿意参与劳动力市场的动机。一方面在金融衰退时期，工人很有可能因找不到工作而被迫退出就业市场，接下来就只能靠伤残抚恤金；另一方面随着老龄化人口的增加，疾病导致的残障人数开始上升。同时调查显示放弃带薪工作和领取伤残津贴的动机，对受教育程度较低的工人来说更有诱惑力。因此，CBO估算在过去10年里，残疾保险案件数量的增加使潜在参与率降低了0.3个百分点，而随着受教育程度的上升，预计到2028年将使劳动参与率降低0.1个百分点。

第四，结婚率的下滑进一步促使劳动力参与率下滑。结婚率下降，尤其是男性结婚率的下降，导致潜在劳动力参与率在2007年至2017年下降了0.4个百分点。由于没有家庭的负担，未婚的男性比起已婚的男性更能接受不进入劳动力市场，这意味着在经济不景气而失去工作的时候，他们不去寻找下一份工作的概率上升。

二、各国的收入分配状况

(一) 收入的不平等程度

由于技术变革、全球一体化趋势等原因，近年来各国的内部收入悬殊情况有所加重。在OECD国家，20世纪80年代中期的可支配收入基尼系数平均为0.29，到了2013年，基尼系数增长了10%至0.32。图1.2列出了具有长期统计数据的22个OECD国家的情况，在这22个国家中，有19个国家的基尼基数较20世纪80年代有所增长，只有法国、希腊和土耳其的基尼系数略有下降。

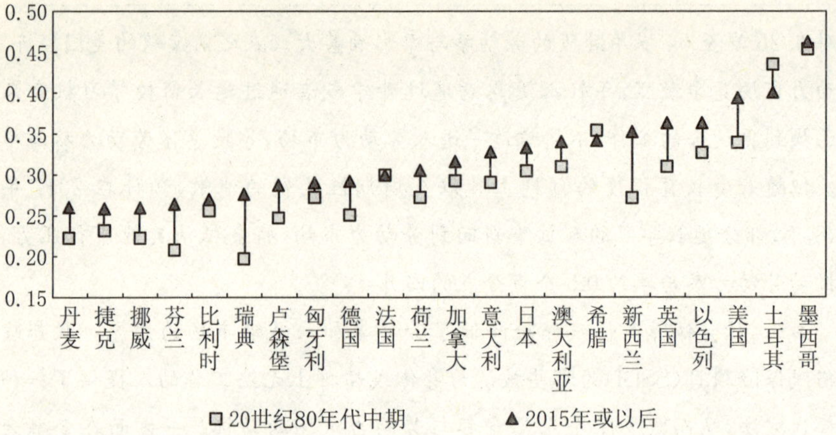

资料来源：OECD Income Distribution Database.

图 1.2　OECD 22 个国家的基尼系数变化情况

(二) 财富的不平等程度

财富分配的不平等程度高于收入的不平等程度。在具有可比统计数据的 18 个 OECD 国家中，在最底层 40%的家庭只拥有社会总财富的 3%(见图 1.3)，而在最底

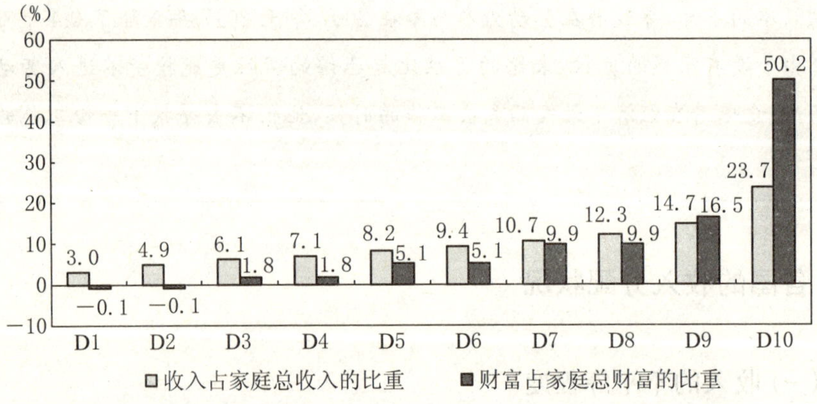

注：(1)D1～D10 为把家庭按收入或财富水平进行十等化，从低至高进行排序。(2)这 18 个国家是澳大利亚、奥地利、比利时、加拿大、芬兰、法国、德国、希腊、意大利、韩国、卢森堡、荷兰、挪威、葡萄牙、斯洛伐克、西班牙、英国和美国。(3)数据为 2010 年或能得到的最近年份数据。

资料来源：OECD Wealth Distribution Database and OECD Income Distribution Database.

图 1.3　18 个国家的家庭收入与财富分配状况

层 40%的家庭的收入占家庭总收入的 20%，在最顶层的 10%家庭拥有家庭总收入的 23.7%。与此同时，最顶层的 10%家庭拥有家庭总财富的 50%；最顶层的 1%家庭拥有家庭总财富的近 20%。

三、各国社会保障支出的总量与结构

(一) 各国社会保障支出的总量

2008 年国际金融危机爆发以后，各国社会保障支出出现较大增长，OECD 国家平均社会保障支出占 GDP 的比重由 2007 年的 19.2%增长至 2009 年的 21%、2010 年的 22%。此后随着经济趋稳，社保支出比重有所下降，2016 年上述国家的平均社保支出比重为 21%(见图 1.4)。

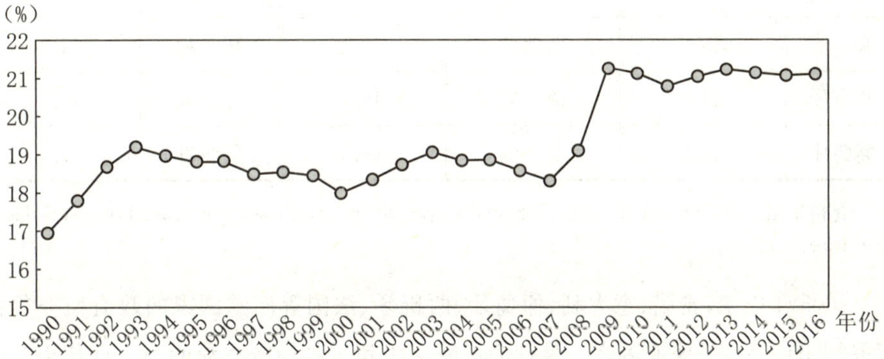

资料来源：OECD(2016)，OECD Social Expenditure Database，www.oecd.org/social/expenditure.htm.

图 1.4　历年 OECD 国家平均社会保障支出占 GDP 的比重

如表 1.3 所示，总体上看，北欧和欧洲大陆国家的社会保障公共支出比重较高，而东欧及欧洲以外的 OECD 组织国家的社保支出比重则低于平均水平。其中，社保支出占比超过 30%的国家有法国(31.5%)和芬兰(30.8%)，而比利时、意大利、丹麦、奥地利、瑞典、希腊、德国和挪威的支出占比也超过了 25%。与之相反的是，拉脱维亚、土耳其、智利、韩国和墨西哥的社会保障支出比重均低于 15%，这些国家的社保支出水平与 20 世纪许多欧洲国家大致相同。

表 1.3 各国社会保障支出占 GDP 的比重 （单位:%）

国　家	社保支出比重	国　家	社保支出比重	国　家	社保支出比重
法　国	31.5	日　本	23.1	澳大利亚	19.1
芬　兰	30.8	斯洛文尼亚	22.8	斯洛伐克	18.6
比利时	29.0	荷　兰	22.0	爱沙尼亚	17.4
意大利	28.9	卢森堡	21.8	加拿大	17.2
丹　麦	28.7	英　国	21.5	爱尔兰	16.1
奥地利	27.8	OECD 国家平均	21.0	以色列	16.1
瑞　典	27.1	匈牙利	20.6	冰　岛	15.2
希　腊	27.0	波　兰	20.2	拉脱维亚	14.5
德　国	25.3	瑞　士	19.7	土耳其	13.5
挪　威	25.1	新西兰	19.5	智　利	11.2
西班牙	24.6	捷　克	19.4	韩　国	10.4
葡萄牙	24.1	美　国	19.3	墨西哥	7.5

资料来源：OECD(2016)，OECD Social Expenditure Database，www.oecd.org/social/expenditure.htm.

2008 年以来，希腊、意大利、葡萄牙、西班牙、法国等南欧国家的政府债务负担较重(见图 1.5)，主要原因之一是社会保障支出超过其经济承受能力。近几年这些国家已经开始试图进行改革，适当降低社会保障待遇水平，但又面临经济不景气和民众强烈抗议的双重压力，改革成效不明显。

(二) 各国社会保障支出结构

如图 1.6 所示，在社会保障支出的各个子项目中，养老金(包括遗属养老金)是最大的支出项目，2014 年 OECD 国家平均养老金支出占 GDP 的比重为 8.7%。支出第二大项目是医疗支出，占 GDP 的比重也高达 6.0%；接下来是家庭福利支出、残疾(包括病假)、劳动力市场支出(包括失业保险、失业津贴以及就业培训等)，占 GDP 的比重分别为 2.1%、2.1%和 1.4%。

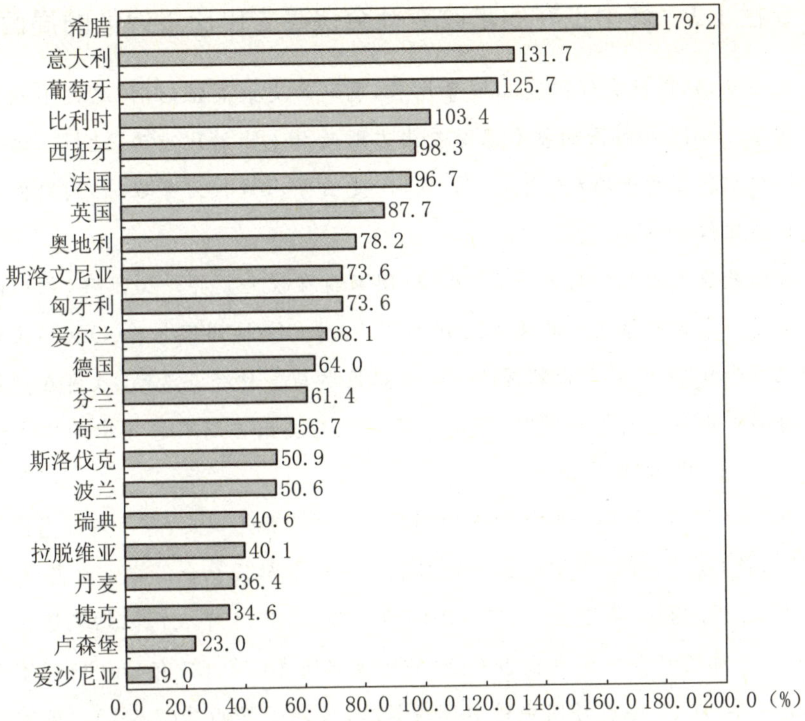

资料来源:OECD Economic Outlook，Volume 2018 Issue 1.

图 1.5　2017 年欧洲各国政府债务余额占 GDP 的比重

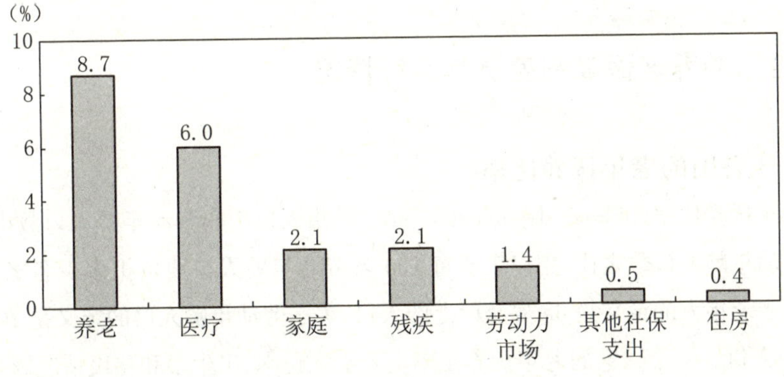

资料来源:OECD(2016)，OECD Social Expenditure Database，www.oecd.org/social/expenditure.htm.

图 1.6　2014 年 OECD 国家的社会保障支出结构(各类支出占 GDP 的比重)

专栏1.2　韩国正在逐步改变社会保障支出比重偏低的局面

近年来，韩国社会保障支出逐年增长，刷新历史最高值，但仍远远不及主要发达国家。2015年韩国的社会保障支出占财政总支出的比重为20.1%，远低于OECD组织各国的平均数(32.5%)。同时，受益于人口较为年轻，韩国的医疗卫生支出占比仅为12.8%。

韩国政府支出结构与大多数OECD国家存在较大差异。2015年，韩国的政府投资支出占政府总支出的比重达到16.2%，居OECD国家之首(OECD国家的平均比重为9.3%)，显示出韩国政府仍然热衷参与各种经济活动，政府在产业政策中扮演重要角色。与此同时，韩国政府的教育支出占政府总支出的比重达到16.2%，也居OECD国家前列。

自从1990年，韩国社会保障支出额扣除通货膨胀率以后，每年实际增长率达到11%，是OECD国家中增速最快的国家。1990年韩国社会保障支出占GDP比重仅为2.7%，2000年增至4.5%，2010年8.3%，2014年9.7%，增长迅速。然而，2016年韩国社会保障支出占GDP的比重只有10.4%，只有OECD国家平均水平的一半，在35个成员国中排名倒数第二，仅高于墨西哥(7.5%)。韩国社保支出水平偏低的原因有：一是韩国人口老龄化程度较轻，年轻人较多；二是长期以来，韩国政府对收入再分配不够重视；三是韩国的养老保障制度建立较晚。

四、各国的养老保障制度及其运行情况

(一) 各国的老年抚养比率

老年抚养比率(old-age dependency ratio)是指人口中非劳动年龄人口数中老年人对劳动年龄人口数之比，用以表明每100名劳动年龄人口要负担多少名老年人。通常关于老年人的定义是65岁及以上的人口；关于劳动年龄人口的定义是20岁至64岁的人口。一个国家的老年抚养比率主要受死亡率、出生率和移民情况影响。

在2015年，各国老龄化程度差异较大，负担轻重不一。一般而言，发达国家的医疗条件较好，人均收入较高，预期寿命较长，老年抚养比率较高，但澳大利亚、加拿大、爱尔兰和美国因持续接受劳动年龄的移民，老年抚养比率不高。老年抚养比

率超过33.33%的国家有6个(即每3个劳动年龄人口负担一个老年人),分别是:日本(46.19%)、意大利(37.76%)、芬兰(35.05%)、德国(34.77%)、葡萄牙(34.61%)和瑞典(33.83%)。老年抚养比率低于20%的国家有11个,分别是:沙特阿拉伯(4.81%)、印度尼西亚(8.74%)、南非(9.03%)、印度(10.01%)、墨西哥(11.43%)、巴西(13.03%)、土耳其(13.43%)、中国(14.47%)、智利(17.01%)、韩国(19.39%)和阿根廷(19.53%)。

根据联合国的预测(见表1.4),到2075年,老年抚养比率将大幅上升,OECD组织35个国家的平均老年抚养比率将从2015年27.9%上升至2075年58.6%,巴西和中国的老年抚养比率上升还要快,分别从2015年的13.0%、14.5%升至2075年的62.3%和58.8%。到2075年,老年抚养比率排名靠前的国家有:韩国(78.83%)、葡萄牙(77.61%)、日本(75.27%)、希腊(75.21%)、波兰(73.33%)、西班牙(70.37%)、意大利(67.02%)、德国(63.12%)、奥地利(63.07%)、巴西(62.32%)、智利(61.21%)和斯洛文尼亚(60.18%)。非常严峻的老龄化形势,需要各国未雨绸缪,及早应对。

表1.4 各国的老年抚养比率 (单位:%)

国家	2015年	2025年	2050年	2075年	国家	2015年	2025年	2050年	2075年
澳大利亚	25.0	31.2	41.2	48.4	新西兰	25.1	32.5	43.6	54.5
奥地利	30.5	37.1	59.4	63.1	挪威	27.4	32.5	43.1	51.2
比利时	30.6	37.1	51.0	54.0	波兰	24.3	36.4	60.8	73.3
加拿大	26.1	36.2	48.1	54.5	葡萄牙	34.6	42.4	73.2	77.6
智利	17.0	23.6	43.0	61.2	斯洛伐克	21.5	31.4	53.9	58.0
捷克	28.8	37.1	58.9	55.6	斯洛伐克	21.5	31.4	53.9	58.0
丹麦	33.0	37.7	45.3	53.4	斯洛文尼亚	28.8	41.1	66.8	60.2
爱沙尼亚	31.0	39.2	56.3	59.0	西班牙	30.6	38.6	77.5	70.4
芬兰	35.0	44.0	48.8	54.7	瑞典	33.8	38.2	45.5	51.6
法国	33.3	40.9	52.3	55.8	瑞士	29.0	35.4	54.6	58.1
德国	34.8	41.4	59.2	63.1	土耳其	13.4	17.3	36.2	54.8
希腊	33.0	39.2	73.4	75.2	英国	31.0	35.9	48.0	53.0
匈牙利	27.9	36.6	52.4	57.6	美国	24.6	32.9	40.3	49.3
冰岛	23.1	31.5	45.7	58.4	**OECD**	**27.9**	**35.2**	**53.2**	**58.6**

续 表

国　家	2015年	2025年	2050年	2075年	国　家	2015年	2025年	2050年	2075年
爱尔兰	22.3	29.0	49.9	50.9	阿根廷	19.5	21.8	31.8	44.6
以色列	21.1	25.2	32.1	39.4	巴　西	13.0	18.3	40.1	62.3
意大利	37.8	45.6	72.4	67.0	中　国	14.5	22.3	47.9	58.8
日　本	46.2	54.4	77.8	75.3	印　度	10.0	12.7	22.0	37.0
韩　国	19.4	31.7	72.4	78.8	印度尼西亚	8.7	11.6	23.1	32.5
拉脱维亚	31.5	39.0	52.3	52.0	俄罗斯	20.7	30.1	40.0	37.6
卢森堡	22.0	26.4	42.0	47.1	沙特阿拉伯	4.8	7.5	27.4	40.6
墨西哥	11.4	14.8	32.2	53.7	南　非	9.0	11.1	17.8	29.0
荷　兰	30.2	39.0	53.0	59.7	欧盟28国	29.9	37.5	55.9	59.7

资料来源：United Nations，World Population Prospects-2017 Revision.

(二) 各国的退休年龄

如图1.7所示，2016年，OECD国家的男性法定退休年龄是64.3岁，女性法定退休年龄是63.4岁。根据目前各国的改革方案，到2060年，男性和女性的法定退休年龄将增至65.8岁和65.5岁。目前OECD国家中，有18个出台了延迟退休的方案，平均将退休年龄提高了3.3年。改革力度最大的国家是丹麦，由目前的65岁提高至74岁，延迟9年退休；斯洛伐克和荷兰的改革力度也不小，分别延迟了6年和5.5岁退休。

一些国家目前的改革力度还不大，甚至没有改革。到2060年，卢森堡和斯洛文尼亚的男性与女性法定退休年龄仍为60岁，同时波兰的女性退休年龄也仍为60岁。法定退休年龄比较低的国家还有希腊(62岁)、法国(64岁)。

在2016年，在35个OECD国家中，有9个国家存在男女不同年龄退休的规定。这9个国家中，男性和女性的平均退休年龄分别是64.2岁和61.7岁。随着各国改革方案的实施，男性和女性不同年龄退休的现象将越来越少，到2060年，只有以色列、波兰和瑞士存在男女不同年龄退休的规定。

(三) 各国基本养老金的净替代率

衡量公共养老金的相对规模的主要指标是替代率，即对比老年人养老金收入

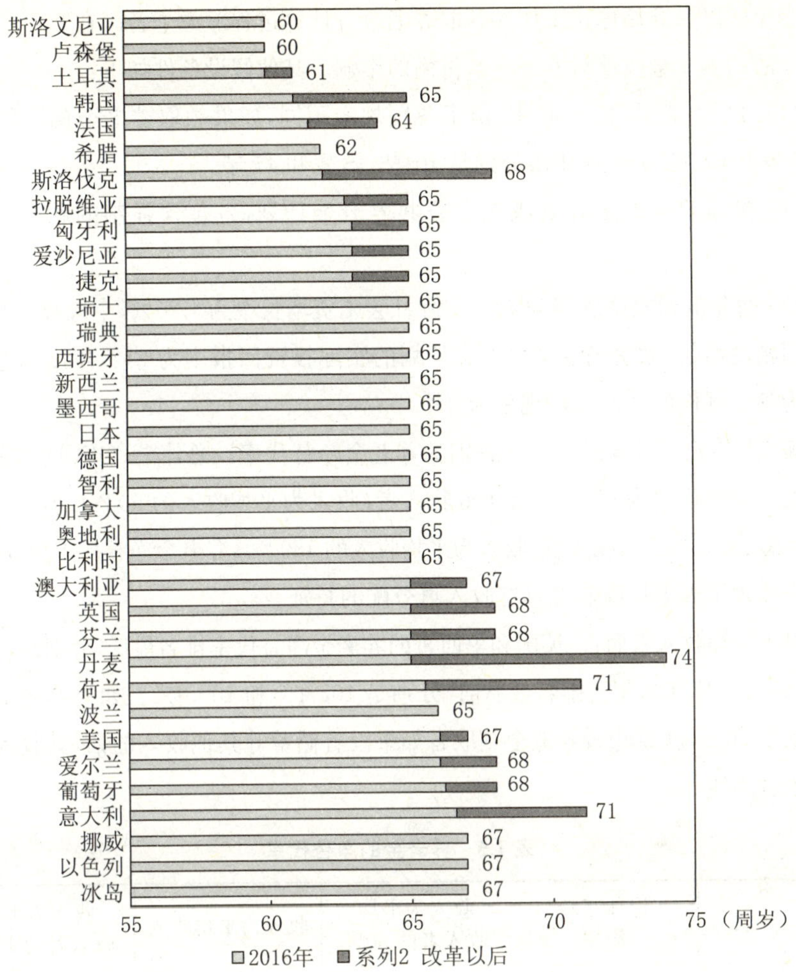

资料来源：OECD(2017)，Pensions at a Glance 2017：Retirement-Income Systems in OECD and G20 Countries.

图 1.7 各国 2016 年以及改革以后的男性退休年龄

与其退休前的工资收入。替代率有两种：毛替代率(gross replacement rate)和净替代率(net replacement rate)，两者的区别在于前者采用的是税前的养老金和工资，后者选择的是税后的养老金和工资。一般而言，养老金大都不需缴纳个人所得税，而工资大都需要缴纳个人所得税，所以净替代率一般大于毛替代率。

根据 OECD 的统计预测，各国的公共养老金净替代率如表 1.5 所示。这一预测的主要前提条件是，一位 20 岁的劳动者从 2016 年起开始工作，在达到标准的领取养老金年龄以后开始停止工作并领取养老金。计算过程考虑了各国在2016年已经完成立法的养老金改革对养老金给付额的影响。其他假设条件如下：

(1) 工作年限为40—50年：由于各国规定不同，如果领取养老金的年龄是60岁、65岁和67岁，则工作年限分别是40岁、45岁和47年。

(2) 参加的养老金计划既包含公共养老金计划，也包含强制的私人养老金计划。

(3) 每年的通货膨胀率为2%，实际社会工资增长率为1.25%，个人收入与社会工资同幅度增长，缴费确定型养老金计划的实际投资回报率为3%，年度基金管理费率为基金规模的0.7%，贴现率为2%。

表1.5给出了计算结果——各国的养老金净替代率。总体上，OECD国家的平均养老金净替代率为62.9%，对于低收入者(收入为平均收入的50%)，养老金净替代率为73.2%，对于高收入者(收入为平均收入的150%)，养老金净替代率为58.2%，这充分体现了养老保险制度具有收入再分配的特征。

对于平均收入者而言，英国和墨西哥的养老金净替代率排名最低，分别是29.0%和29.6%；土耳其和荷兰排名最靠前，分别是102.1%和100.6%。如果养老金净替代率低于50%，就意味着养老金领取者如果没有储蓄等其他收入的话，其收入水平就低于贫困线。

表1.5　养老金的净替代率

国　家	退休年龄(周岁)		收入为平均收入者的50%		收入为平均收入		收入为平均收入者的150%	
澳大利亚	67		95.0	(91.8)	42.6	(38.8)	45.4	(41.4)
奥地利	65		92.2		91.8		90.9	
比利时	65		62.6		66.1		50.1	
加拿大	65		62.2		53.4		38.5	
智　利	65		48.3	(45.6)	40.1	(36.3)	40.6	(36.7)
捷　克	65		88.3		60.0		48.7	
丹　麦	74		110.3		80.2		76.2	
爱沙尼亚	65		73.7		57.4		51.1	
芬　兰	68		66.9		65.0		65.1	

续 表

国　家	退休年龄（周岁）		收入为平均收入者的 50%		收入为平均收入		收入为平均收入者的 150%	
法　国	64		70.4		74.5		70.3	
德　国	65		54.7		50.5		49.8	
希　腊	62		60.7		53.7		54.1	
匈牙利	65		89.6		89.6		89.6	
冰　岛	67		85.5		75.7		77.8	
爱尔兰	68		70.0		42.3		32.4	
以色列	67	(64)	100.4	(91.9)	75.1	(67.4)	54.9	(49.3)
意大利	71		93.0		93.2		93.8	
日　本	65		52.6		40.0		35.3	
韩　国	65		63.8		45.1		33.7	
拉脱维亚	65		55.7		59.5		59.0	
卢森堡	60		98.3		88.4		83.6	
墨西哥	65		35.1		29.6	(27.7)	29.3	(27.5)
荷　兰	71		105.1		100.6		100.2	
新西兰	65		80.7		43.2		30.5	
挪　威	67		64.8		48.8		41.3	
波　兰	65	(60)	37.2	(35.3)	38.6	(34.1)	37.9	(33.8)
葡萄牙	68		92.9		94.9		93.1	
斯洛伐克	68		85.0		83.8		83.5	
斯洛文尼亚	60		57.3	(60.3)	56.7	(59.2)	54.1	(56.6)
西班牙	65		79.3		81.8		81.7	
瑞　典	65		62.4		54.9		67.6	
瑞　士	65	(64)	57.4	(56.8)	44.9	(44.5)	31.5	(31.2)
土耳其	61	(59)	99.1	(95.0)	102.1	(97.9)	105.8	(101.4)
英　国	68		52.1		29.0		20.7	
美　国	67		59.9		49.1		42.4	
OECD	**65.8**	**(65.5)**	**73.2**	**(72.7)**	**62.9**	**(62.2)**	**58.9**	**(58.2)**

续　表

国　家	退休年龄（周岁）		收入为平均收入者的50%		收入为平均收入		收入为平均收入者的150%	
阿根廷	65	(60)	98.9	(90.3)	91.0	(83.1)	89.3	(81.3)
巴　西	55	(50)	92.4		76.4	(58.1)	76.4	(58.1)
中　国	60	(55)	104.4	(89.7)	83.0	(71.3)	77.0	(66.3)
印　度	58		99.3	(94.4)	99.3	(94.4)	99.3	(94.4)
印度尼西亚	65		65.4	(60.8)	65.5	(60.9)	66.1	(61.6)
俄罗斯联邦	60	(55)	53.0	(47.2)	38.8	(32.9)	33.5	(27.7)
沙特阿拉伯	45		65.4		65.4		65.4	
南　非	60		32.1		17.1		11.9	
欧盟28国	65.9	(65.5)	79.7	(79.6)	70.6	(70.4)	66.8	(66.6)

注：括号内的数字为女性劳动者的养老金替代率。在一些国家女性的养老金计发办法与男性不同。

资料来源：OECD(2017)，Pensions at a Glance 2017：Retirement-Income Systems in OECD and G20 Countries.

五、各国的医疗保障制度及其运行情况

医疗保障总支出占国内生产总值的比重能够诠释医疗保障支出在整个经济体系中的比重，是医疗保障研究领域最常见的跨区域横向比较指标。2016年，OECD国家医疗保障支出约占GDP的9.0%，与以往各年的比重基本相同，略有上升(见图1.8)。许多国家医疗保障支出比重在2007—2009年期间出现大幅上升，此后基本保持稳定。而2007—2009年的飙升，并不是因为医疗保障支出规模增长，而是因为GDP规模受国际金融危机影响而下降。

2016年，各国的医疗保障支出比重差异很大。最高的是美国，医疗保障支出比重高达17.21%，最低的是印度尼西亚，该比重仅为2.84%。欧洲发达国家的医疗保障支出普遍较高，例如瑞士、德国、瑞典、法国分别排名第2至第5。日本的老龄化程度较高，医疗保障支出占比排名第6。相对而言，南欧和东欧国家的医疗保障支出占比低一些。

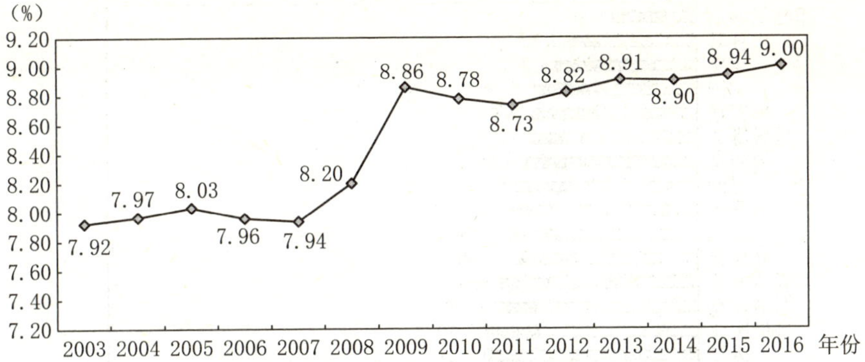

资料来源:OECD Health Statistics 2017.

图 1.8　历年 OECD 国家医疗保障支出占 GDP 的比重

如图 1.9 所示,医疗保障支出分为两类:一类是公共支出,包括政府通过税收等一般预算资金安排的支出,也包括参保人强制性参保缴费的医疗保险基金支出;另一类是私人支出,即自愿参保的医疗保险基金支出和病人自付部分。在所有的OECD 国家中,公共支出和私人支出的占比分别为 72.52%和 27.48%,即政府出大头,个人出小头。一般而言,个人出资比例较低,有利于风险共担,降低患者家庭负担。个人出资比例较低的国家有:挪威(14.79%)、德国(15.42%)、日本(15.89%)、丹麦(15.97%)、瑞典(16.12%)、卢森堡(17.01%)、捷克(17.58%)、冰岛(17.91%)、荷兰(19.16%)和新西兰(19.80%),这些国家个人出资比例均低于 20%。个人出资比例较高的国家有印度(69.97%)、印度尼西亚(62.22%)、南非(51.77%)和美国(50.87%),均超过了 50%。

接下来我们分析医疗保障支出的结构(见图 1.10)。从有统计数据的 31 个OECD 国家来看,住院、门诊、长期护理、药物和其他费用(卫生预防、医疗卫生管理)占医疗保障总支出的比例分别是:27.91%、32.75%、13.52%、19.43%、6.38%。各国的情况有所不同。

(1) 住院支出。希腊在住院治疗(包括医院日托)方面的支出份额特别高——2015 年占医疗保障总支出的 40%。住院治疗在波兰、奥地利和法国也占了较高的比重,均超过了 1/3 的总支出。

(2) 门诊支出。门诊支出比重较高的国家包括葡萄牙(48%)和以色列(47%)。美国的门诊支出比重也较高。

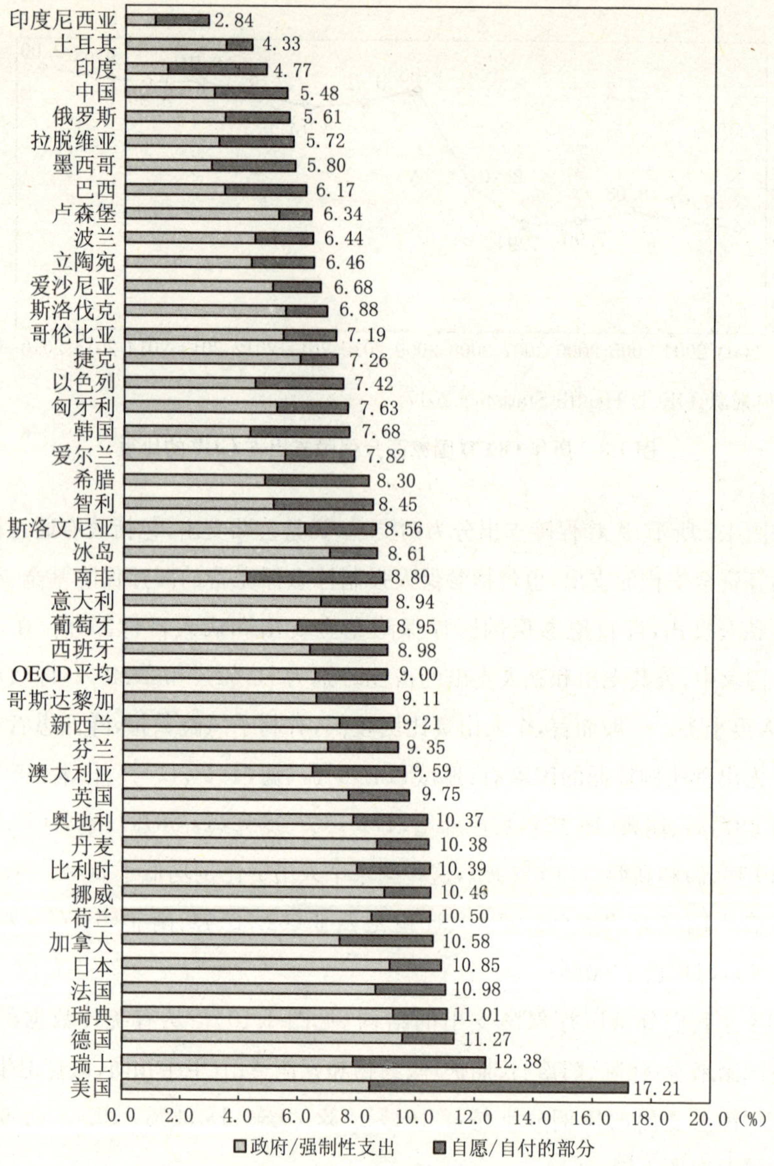

资料来源：OECD Health Statistics 2017，WHO Global Health Expenditure Database.

图 1.9　2016 年各国医疗保障支出占 GDP 的比重

（3）药品支出。各国情况不同，可能是由于许多因素造成的，例如不同的分销渠道、药品使用的广泛程度以及药品的相对价格。在斯洛伐克共和国和匈牙利，药品是医疗保障支出的最大组成部分，分别达到 35％和 32％。拉脱维亚、墨西哥和希

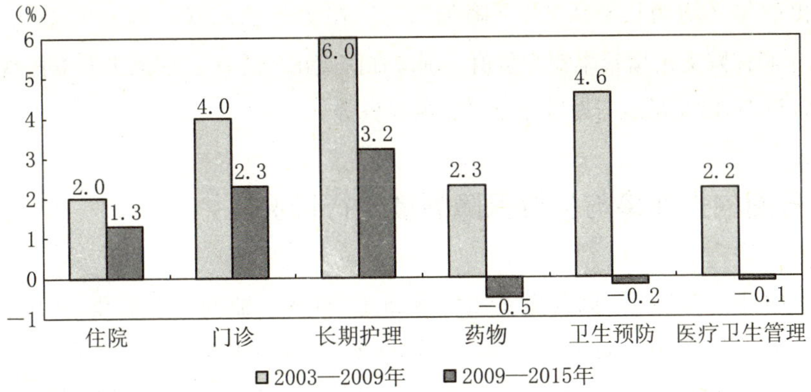

资料来源:OECD Health Statistics 2017.

图 1.10 两个阶段医疗保障支出各项目的年增长率

腊的药品支出比重也很高,约为30%。与此相反,在丹麦、卢森堡和挪威,药品支出仅占医疗支出的10%—11%。

(4) 长期护理支出。各国在长期护理服务的支出方面也存在一定差异。挪威、瑞典和荷兰建立了正式的老年长期护理制度,将超过25%的医疗保障支出用于长期护理项目。在许多南欧、中欧和东欧国家,长期护理项目不是很正规,长期护理项目的支出比重较低。

在2008年国际金融危机之后,许多OECD国家的医疗保障支出增速放缓,但对医疗保障支出内部各项目的影响程度有所不同。

(1) 药品支出。20世纪90年代和21世纪初期,在2008年国际金融危机前几年每年增长2.3%,药品支出在2009年以后每年增速出现负增长(年增长率为−0.5%)。

(2) 卫生预防和卫生管理支出。这两项支出在2009年之后也出现了负增长,年增长率分别为−0.2%和−0.1%。卫生预防支出在2003—2009年之间有大幅增长,年增长率为4.6%,主要原因是H1N1流感疫情,这导致许多国家的疫苗接种费用大幅增加。

(3) 住院、门诊和长期护理支出。虽然住院、门诊和长期护理方面的支出在国际金融危机以后继续增长,但自2009年以来增速也大幅下降。门诊支出的年增长率几乎减半(从4%减少至2.3%),但在大多数OECD国家仍保持正增长。一些政府决定保护初级保健和一线服务的支出,同时寻求卫生系统其他地方的削减。住院支出的年平均增长率从2%下降到1.3%，在25%的OECD国家中，2009年至2015年间住院支出增长率变为负值。削减住院支出的方法包括减少公立医院医生的工资待遇，以及延迟对医院基础设施的投资等。

六、各国的失业率与失业保障制度运行情况

2018年1月22日，国际劳工组织发布了《世界就业和社会展望：2018趋势》(World Employment and Social Outlook: Trends 2018)旗舰报告。该报告指出，虽然全球失业率趋于稳定，但在世界许多地区，失业率和体面就业不足仍将维持在高位。2017年全球失业率预计达到5.6%，总失业人口超过1.92亿人。2017年全球经济增长强于预期。2018年，发达国家的失业率预计将再度下跌0.2%，达到低于危机前水平的5.5%。发达国家劳动力市场的强劲表现将是推动2017年至2018年全球就业率增长的主要因素。在新兴经济体和发展中国家，就业增长预计将不足以满足劳动力增长，但比2016年仍有改善。报告指出，2017年，约有14亿人处于脆弱就业状态；2019年，这一群体还将增加3 500万人。在发展中国家，脆弱就业对四分之三的劳动人口造成影响。尽管全球失业率呈稳定趋势，体面就业不足仍十分普遍。全球经济仍无法创造足够的就业机会。国际社会需要作出更多努力促进就业质量，以确保全球平等享有经济增长带来的益处。该报告指出的积极的一点是，新兴经济体的贫困人数继续下降，预计2018年极度贫困人口将达到1.76亿人，占所有就业人口的7.2%。在就业领域方面，该报告显示，服务部门将是未来就业率增长的主要推动力，农业和制造业就业率持续下降。但脆弱的非正式就业在农业和服务业中十分普遍，如果没有相应的政策强力促进服务业的就业质量和生产力，跨部门之间的就业转移对促进体面就业将收效甚微。该报告还涉及了人口老龄化的影响。该报告指出，全球劳动力人口的增长将不足以弥补迅速扩大的退休人口。到2030年，全球劳动者的平均年龄预计将从2017年的不到40岁增加至41岁以上。

(一) OECD国家失业率情况

从OECD国家的整体情况来看，受益于经济增长势头良好，各国相继创造了大量就业岗位，失业率明显降低。2018年第二季度，OECD国家的平均失业率仅

为 5.31%，创下 1980 年以来最低的失业率水平(见图 1.11)。同样的，欧盟 28 国的失业率虽然高于 OECD 国家的平均值，但也逼近近年来最低值。

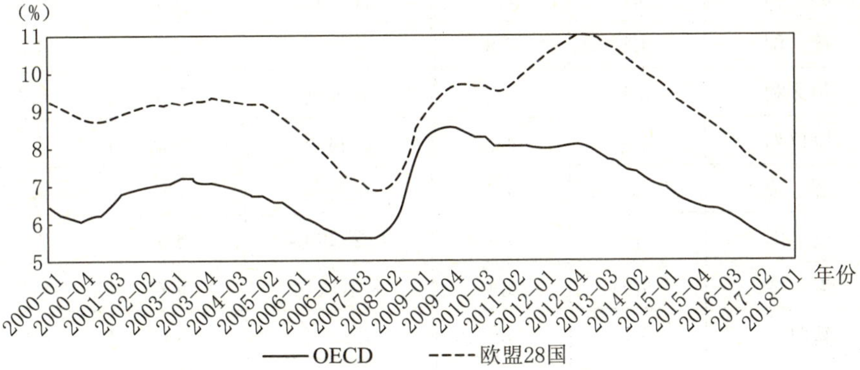

资料来源：OECD, Employment Outlook 2018.

图 1.11　OECD 国家与欧盟 28 国的平均失业率情况

在就业形势总体较好的情况，各国仍然存在苦乐不均的情况(见表 1.6)。希腊、西班牙、意大利和土耳其 2017 年失业率仍然超过了 10%。日本 2017 年失业率已低于 3%，接近了充分就业。人口状况助推了这种趋势，生于婴儿潮时期的退休人员数量现在超过了开始就业的千禧一代。在日本一些行业(包括卡车驾驶和医疗)的雇主无论如何都招不到人，建筑工地工头严重短缺，因为建筑公司在加班加点重建被海啸摧毁的海岸，以及为东京 2020 年奥运会做准备。但是，劳动力市场供不应求并没有有效推动薪酬的上涨。与普遍看法相反，日本的劳动力大军特别灵活。除了受到保护的终身工作者(这在当今已是相当罕见了)，近 40%的劳动者都非常灵活。他们从事薪资较低的工作，领取时薪，而且职工福利几乎不存在。对于多数此类劳动者而言，失业近在咫尺。

表 1.6　2016 年和 2017 年各国的失业率

国　家	2016 年	2017 年	国　家	2016 年	2017 年
冰　岛	3.0	2.8	爱沙尼亚	6.8	5.8
日　本	3.1	2.8	**OECD**	**6.3**	**5.8**
捷　克	4.0	2.9	加拿大	7.0	6.3
墨西哥	3.9	3.4	斯洛文尼亚	8.0	6.6

续　表

国　家	2016 年	2017 年	国　家	2016 年	2017 年
韩　国	3.7	3.7	智　利	6.5	6.7
德　国	4.1	3.8	爱尔兰	8.4	6.7
匈牙利	5.1	4.2	瑞　典	7.0	6.7
以色列	4.8	4.2	比利时	7.9	7.1
挪　威	4.8	4.2	立陶宛	7.9	7.1
英　国	4.8	4.4	**欧盟 28 国**	**8.6**	**7.6**
美　国	4.9	4.4	斯洛伐克	9.7	8.1
新西兰	5.1	4.7	芬　兰	8.8	8.6
瑞　士	4.9	4.8	拉脱维亚	9.6	8.7
荷　兰	6.0	4.9	葡萄牙	11.2	9.0
波　兰	6.2	4.9	法　国	10.1	9.4
奥地利	6.0	5.5	土耳其	10.9	10.9
澳大利亚	5.7	5.6	意大利	11.7	11.2
卢森堡	6.3	5.6	西班牙	19.7	17.2
丹　麦	6.2	5.7	希　腊	23.6	21.5

资料来源：OECD, Employment Outlook 2018.

(二) 各国的失业保障情况

过于慷慨的失业救济金对政府是沉重的支出压力，还可能导致失业者寻找新工作的动力不足，而过少失业救济金又可能导致失业者的生活水准降低过大，且没有耐心来寻找符合他们的技能和期望的工作。因此，政府需要反复权衡失业金的标准，在慷慨补偿失业工人的收入损失和鼓励快速再就业之间寻找一个平衡点。

失业救济金制度的设计原则通常是将待遇水平与失业者的历史缴费额（或工资水平）以及缴费年限挂钩，缴费额越高，待遇水平越高；缴费年限越长，领取年限也越长。但各国的制度还是存在较大的差异。如表 1.7 所示，失业初始的救济金平均净替代率（NRRs，即救济金占社会平均工资的比重），最低的是英国（34.3%），最高的是卢森堡（87.1%）；失业第一年的救济金平均净替代率，最低的是美国

(19.4%)，最高的还是卢森堡(87.0%)；失业5年的平均救济金净替代率，最低的是美国(3.9%)，最高的是比利时(63.4%)。

特别要指出的是，澳大利亚和新西兰并没有建立缴费型的失业救济金制度。失业者只能申请家计调查型的最低收入保障金，待遇水平较低。

表1.7 2015年各国的失业率替代率 (单位：%)

国家	失业初始的失业金替代率	失业第一年的失业金平均替代率	失业五年的失业金平均替代率
美国	50.3	19.4	3.9
匈牙利	61.6	21.4	10.7
捷克	65.8	25.1	7.1
韩国	51.4	32.0	10.3
英国	34.3	32.5	31.1
斯洛伐克	65.5	37.8	15.7
智利	58.3	38.3	15.6
波兰	47.6	41.0	13.7
希腊	42.1	42.1	17.2
土耳其	52.4	43.7	8.7
新西兰	46.3	46.2	46.2
以色列	90.1	46.7	11.3
拉脱维亚	77.9	47.6	16.3
日本	62.2	47.8	13.2
澳大利亚	48.0	48.0	48.0
OECD	64.4	53.4	28.4
瑞典	54.2	54.2	37.0
加拿大	73.0	54.6	25.1
冰岛	68.6	54.9	34.3
爱沙尼亚	62.4	55.3	20.3
爱尔兰	56.4	56.4	56.5
斯洛文尼亚	77.8	56.7	21.6

续表

国　家	失业初始的失业金替代率	失业第一年的失业金平均替代率	失业五年的失业金平均替代率
奥地利	60.6	59.6	57.2
西班牙	68.9	61.9	32.3
意大利	72.8	66.2	22.6
德　国	66.2	66.2	41.0
芬　兰	71.0	66.5	46.9
法　国	67.7	67.7	45.4
挪　威	69.3	69.3	30.4
比利时	76.1	72.0	63.4
葡萄牙	76.2	72.6	36.0
荷　兰	75.4	72.7	31.4
丹　麦	74.6	74.6	47.4
瑞　士	78.7	78.7	23.6
卢森堡	87.1	87.0	24.3

资料来源：OECD TaxBenefit Models，www.oecd.org/els/social/workincentives.

此外，各国的失业保障政策也存在一些差异。一些学者提出，被迫失业者与其他类型失业者在领取失业金的待遇上应有所差异，例如，自愿离职的工人、自雇人士或未续签合同的雇员等主动失业者的领取待遇应有别于那些被迫失去工作的失业者，或者在政府对这些主动失业者开始领取失业金之前设立额外的等待期。在日本的雇佣保险(Employment Insurance)制度中，失业津贴的领取期限根据失业者的年龄、离职理由、参保时间等来决定，被动失业者可领取失业金的期限比主动失业者更长。

七、各国的贫困率与最低收入保障制度运行情况

(一) 各国的贫困率

图 1.12 给出了各国 2016 年的原始收入贫困率、经过税收和转移支付调整以后

的贫困率两个指标。

(1) 原始收入的贫困率。原始收入是指社会公众通过初次分配，从劳动力、土地、资本等生产要素所获得的收入。按照社会平均收入50%作为贫困线，2016年，22个OECD国家的平均贫困率为28.19%，其中贫困率最高的分别是爱尔兰、希腊、西班牙和法国，都超过了35%，贫困率最低的国家是韩国，仅为17.74%。

(2) 经过税收和转移支付调整以后的贫困率。纳税人获得原始收入以后，通常要缴纳个人所得税和社会保险税，同时根据收入情况，获得各类社会保障补助和津贴。国家通过税收和转移支付政策，能够在一定程度上缩小贫富差距，降低贫困率。2016年，22个OECD国家的经过税收和转移支付调整以后平均贫困率为11.54%，其中贫困率最高的分别是以色列、美国、日本和西班牙，都超过了15%。有8个国家的贫困率低于10%，分别是丹麦(5.45%)、捷克(6.39%)、荷兰(7.90%)、法国(8.07%)、斯洛伐克(8.42%)、爱尔兰(9.20%)、德国(9.50%)、比利时(9.83%)。

对比(1)和(2)，我们可以发现，有些国家收入再分配力度很大，虽然原始收入的贫困率较高，但经过政府的再分配之后，贫困率下降明显。例如，爱尔兰的贫困率由初始的38.59%降到9.20%，法国的贫困率由初始的36.43%降到8.07%。

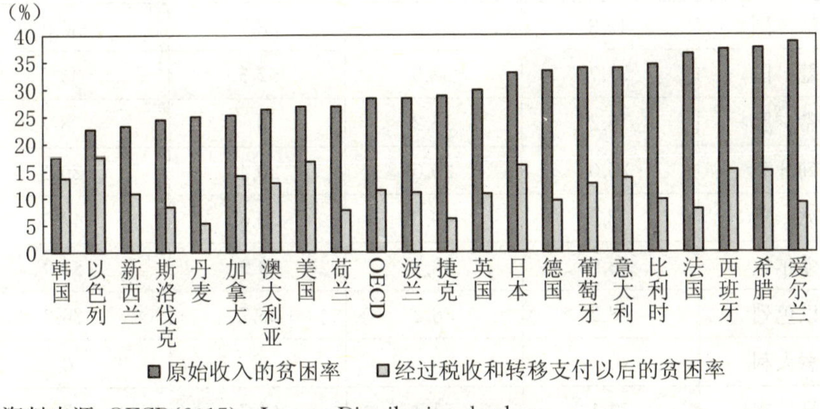

资料来源：OECD(2017)，Income Distribution database.

图1.12 22个OECD国家2016年的贫困率

(二) 各国的最低收入保障制度运行情况

从总体上讲，各国的最低收入保障制度的保障力度较为有限。如果有家庭平均收入的50%作为贫困线的话，大多数国家的家庭在领取最低收入保障金以后，其家庭收入仍然低于贫困线。如表 1.8 所示，我们采用两种家庭形式（单亲有两个小孩的家庭、夫妇有两个小孩的家庭）进行比较，只有少数国家的家庭在领取最低收入保障金以后，其收入能够超过贫困线（即表格中有阴影表示的单元格）。

表 1.8　2015 年部分 OECD 国家最低收入保障金情况　　（单位：%）

国　家	单亲有两个小孩的家庭		夫妇有两个小孩的家庭	
	含住房津贴	不含住房津贴	含住房津贴	不含住房津贴
澳大利亚	46.0	41.4	44	40
奥地利	49.5	40.7	**50.1**	42.5
比利时	46.3	46.3	37.9	37.9
加拿大	39.9	39.2	37.7	37.1
智　利	16.2	16.2	16.4	16.4
捷　克	39.4	22.4	42	27.3
丹　麦	**60.0**	49.6	**63.8**	**59.9**
爱沙尼亚	46.0	35.5	44.5	35.4
芬　兰	48.8	29.7	48.9	32.4
法　国	40.2	31.3	38.7	30.9
德　国	**51.7**	34.6	**52.5**	35
希　腊	16.2	16.2	8	8
匈牙利	25.0	25.0	20.4	20.4
冰　岛	48.2	40.5	**53.6**	47.5
爱尔兰	**58.0**	43.7	**64.9**	**52.9**
以色列	48.2	36.2	36.7	26.2
意大利	0	0	0	0
日　本	**72.1**	**53.2**	**63.7**	47.4
韩　国	41.5	36.6	37.8	32.6
拉脱维亚	42.1	29.0	42.5	26.7
卢森堡	44.8	42.6	48.9	47.2
荷　兰	**54.0**	44.7	**50.7**	42.6
新西兰	43.2	36.7	40.3	35.2

续表

国家	单亲有两个小孩的家庭		夫妇有两个小孩的家庭	
	含住房津贴	不含住房津贴	含住房津贴	不含住房津贴
挪威	40.9	21.0	41.8	24.6
波兰	37.9	37.9	43.7	43.7
葡萄牙	28.1	28.1	29.2	29.2
斯洛伐克	29.3	23.2	28.7	21.9
斯洛文尼亚	**52.5**	46.3	45.7	39.3
西班牙	26.4	26.4	22.9	22.9
瑞典	41.5	21.9	42.2	25.2
瑞士	42.5	23.9	40	23.8
英国	59.7	37.0	57.6	38
美国	21.2	19.0	22.8	20.4

注:表中的数据为家庭领取最低收入保障金以后的收入占全社会家庭平均收入的比重。
资料来源:OECD Tax and Benefit Models, www.oecd.org/els/social/workincentives.

近年来,各国的最低收入保障制度持续改革,总体方向是减少给付待遇水平。其原因有:

第一,为了适应经济全球化下竞争的压力,各国都下调了税率,但由于债务水平较高,无法继续增加举债,因此只能寻求削减社会保障支出。

第二,由于经济波动较为频繁,各国的失业率有所上升,且长期失业现象日趋严重,申请最低收入保障的人员数量大幅增加,给政府带来了较大的支出压力。

第三,社会保障支出结构的重新调整,产生了“挤出效应”。社会保障支出包括社会保险、社会福利和社会救助等内容。一方面,在社会保障支出总量增长有限的情况下,随着老龄化的加深,各国都面临养老金和医疗支出的刚性增长,不得不降低社会保障其他支出。另一方面,相对而言,社会救助的人数比养老金领取人数或医疗保险的保障人数更少,而且领取最低收入保障金的人员对政治选举也较少参与,政治领导人可能更倾向于削减社会救助支出,这样可以少得罪一些选民。凡·于肖特(Van Oorschot, 2006)指出,在社会公众看来,社会救助被列为紧迫性最弱、最后考虑的社会保障项目。

第四,一些国家的社会保障政策由“消极型”向“积极型”转变,导致社会救助资金被削减。一般而言,事前的风险防范被称为“积极型”社会保障政策,例如对产业工人进行培训,提高其竞争力,应对产业转型;事后的风险补偿被称为“消极型”社会保障政策,例如失业金、最低收入保障金都是在人们陷入生活困难时予以的补助。最近10余年,许多国家的社保政策由“消极型”向“积极型”转变,进一步压缩了社会救助资金的规模。

专栏1.3 全球大型公共养老基金纷纷提高股票的投资比例

截至2016年底,全球公共养老基金持有价值约5.9万亿美元的资产,使其成为全球最重要的机构投资者群体之一。许多最大的公共养老基金中,包括加拿大的CDPQ和CPPIB,日本的GPIF和瑞典的AP退休基金,在过去10年中已经进行了重大的资产配置变化,从债券转向股票和替代品。这些变化部分是对自2007—2008年国际金融危机以来持续存在的低利率的回应。

资产配置变化也反映了公共养老基金通过聘用外部经理和建立内部投资组合来扩大投资能力的愿望。根据State Street Global Advisors的数据,2008年16只大型公共养老基金中超过三分之二(68%)的资产以债券或现金持有。截至2016年底,这一拨款已降至略低于56%,自2008年以来,这16只基金中只有一只提高了债券敞口。一些大型亚洲公共养老基金持有90%以上的国内政府债券资产,尚未实现多元化。国内政府债券的利率太低,大多数公共养老基金都无法履行养老金承诺,迫使他们寻找其他地方的收入。在2008年至2016年期间,这16只公共养老基金的平均股票比例从19%上升至28%。

替代品(房地产、私募股权、对冲基金、基础设施和商品)的配置也从2008年的不到12%上升到2016年的平均16.2%。这仍然很低。

提供对冲通货膨胀的房地产已经有公共养老基金的大量流入,这也增加了他们对私募股权的敞口。

由于缺乏机会,基础设施持有量仍然很低,而自2008年以来,对冲基金的分配几乎没有变化。

资料来源:改编自Chris Flood, “Top Public Pension Funds Delve Deeper Into Equities,” *Financial Times*, May 6, 2018。https://www.ft.com/content/a4db728a-4d32-11e8-8a8e-22951a2d8493。

专栏 1.4　养老难题给巴西信用评级“拉后腿”

近期，穆迪发布了对巴西的信用评级，维持对巴西 Ba2 的评级。至此，标准普尔、惠誉、穆迪世界三大评级机构均完成了 2018 年以来对巴西的评级。但与穆迪的乐观态度不同，标准普尔和惠誉对巴西的评级有所下调，由 BB 降至 BB—。这其中，政局不稳、养老改革推进不利是影响评级的重要因素。

2008 年巴西首次获得标准普尔和惠誉的投资级别认证，次年穆迪的投资级别认证也紧跟而至，巴西成了三大信用评级机构都认可的投资热土。但是好景不长，2015 年前后，随着巴西经济显露颓势，巴西陆续失去了三大评级机构投资级别的认证。2017 年以来，随着巴西经济逐步复苏，三大评级机构对巴西的评级展望也出现过起伏，但是巴西始终没有成功回归投资级别的队列。

2018 年 1 月，标准普尔将巴西的信用评级从 BB 下调到 BB—，低于投资级别三级。2 月，惠誉紧随其后，同样将巴西主权信用评级从 BB 下调至 BB—。事实上，此番降级其实早有预警，2017 年 12 月时标准普尔、惠誉、穆迪三大评级机构就曾发出警告称，如果巴西的养老改革方案无法在国会通过，将下调巴西的主权评级。分析人士认为，养老改革对于巩固巴西财政来说非常关键，它是平衡公共债务的最基本前提，此项改革无法进行则意味着巴西经济难以全面恢复。

而由于要应对里约州暴力事件等种种原因，巴西政府推迟了有关养老制度改革修正案的表决，与此同时，政坛风云持续发酵，由于巴西前总统卢拉入狱，2018 年的大选也变得更加扑朔迷离。标准普尔认为，巴西在 2018 年大选后将面临更大的政策不确定，这将可能影响政府对养老制度改革的态度，从而使巴西财政赤字情况进一步恶化。惠誉也在声明中表示，此次调降主要是由于巴西持续的巨额财政赤字、不断增长的公共债务和养老金改革立法的失败。基于此，多数分析人士认为，此次降级并不意外。他们甚至认为，如果养老金改革没有进展，可能进一步降级。

在两家信用评级机构公布评级结果后，巴西财政部发表公报，表示将继续努力推动改革立法，促进经济的可持续发展和改善投资环境。巴西政府这一表态或许对穆迪的评级结论产生了影响，近日穆迪维持了对巴西 Ba2 的评级，比投资级低两个级距，并没有降级。穆迪表示，如果巴西财政改革快于预期，穆迪还可能上调巴西评级，但若再度出现政治系统运转不良或者改革停滞不前的情况，评级可能会下调。

另外，值得注意的是，尽管三大评级机构给予巴西的评级都低于投资级别，但对巴西的评级展望均已调整为“稳定”。对此种调整，惠誉表示，他们看到巴西经济正继续从严重衰退中恢复，并且通货膨胀率有所下降。穆迪则相信，下一届巴西政府会继续通过开展必要的改革来保持财政可持续性，特别是在社会保障方面。同时穆迪也预计，中短期内巴西的经济发展将会更加强劲，经济复苏程度也将高于预期。

历史地看，一般国家需要5年至10年才可能恢复自己的投资级别。就目前的巴西而言，需要的时间可能更长，也可能很短，大选或许能给出一个阶段性答案。后继有力还是后继乏力，这比眼下复苏势头更受关注。从负面到稳定，从投机级到投资级，巴西恐怕还有漫漫长路要走。

资料来源：改编自：陈晓婉《养老难题给巴西信用评级“拉后腿”》，《经济参考报》，2018年4月18日，http://www.xinhuanet.com/money/2018-04/18/c_1122699458.htm。

专栏1.5　尼加拉瓜因社会保障改革引发社会暴乱

中美洲国家尼加拉瓜2018年4月以来爆发大规模抗议示威，到2018年7月底已有近300人在示威活动中丧生，数千人受伤。尼加拉瓜国土面积13.04万平方公里，总人口615万人，尼加拉瓜属于经济落后的农业国，失业率高，2017年的GDP还不足137亿美元，人民生活比较贫困。

尼加拉瓜国内的这次危机起源于2018年4月份的社会保险制度改革方案，改革方案中将国内退休人员的养老金和残疾人福利金减少5%，再将个人和企业缴纳社保资金的比例上调（最高可达22.5%），以改善财政状况。此举措遭到了民众的强烈反对，首都马那瓜民众组织了游行活动进行抗议，并要求总统奥尔特加下台。

面对着压力，总统奥尔特加不到一周就宣布废除这一改革。只是民众的怒火并没有因此熄灭，因为他们在游行过程中遭到了亲政府团体的殴打，促使更多人加入到了游行的队伍中。随着警察的应对手段越来越激烈，抗议者的数量也越来越多，最终一个正常的游行示威活动演变成了以反政府为目的的大型集会，并且开始出现暴力手段，比如出镜率颇高的自制手铳。

2018年7月16日，联合国秘书长古特雷斯呼吁尼加拉瓜政府终止针对抗议示威者的暴力，并开启全国性“政治对话”，以结束该国持续近三个月的危机。

资料来源：魏雪巍：《尼加拉瓜爆发养老金改革抗议活动　超市被洗劫》，新浪网，https://news.163.com/18/0924/07/DSF2CK0V0001899N.html。

第二章
国际社会保障热点问题

2017年以来，各国经济总体稳定，大多数国家的政府没有换届，政策较为平稳，没有出现激进的改革。

一、英国庆祝NHS成立70周年：自豪感与烦恼并存

英国国民保健制度（National Health Service，NHS）成立于1948年7月5日，其宗旨在于用纳税人的税收作为免费医疗服务的资金来源，为全民提供免费医疗。NHS如今成为英国的一件国宝，国民的骄傲。2018年7月5日是NHS成立70周年，英国政府举行了多项庆祝活动。作为一项全民享受的基本社会福利，全民公费医疗在让英国人骄傲自豪的同时，也面临经费不足、等待时间太长，服务质量下降、医护人员短缺以及医护人员超负荷工作等诸多问题。

目前，NHS比较大的问题有两个：一是看病等待时间过长；二是医护人员短缺。

（一）看病等待时间过长

NHS官方数据显示，2018年5月，英国国民医疗服务系统等待名单上的患者人数，已达到惊人的430万人，创下近10年最高纪录。这意味着430万英国病人不能按时进行治疗，而只能每天忍受着病痛的折磨，在煎熬和焦虑中苦苦等待。另据英国《卫报》（The Guardian）报道，2018年5月，超过211 434名病人的候诊时间超过6个月，较上个月增长了7.29%，相比上年同期增长了近一半。这暴露出NHS已经被推到崩溃的边缘。

由于冬季“看病难”，2018 年 2 月 3 日，上万民众在英国伦敦市中心举行示威游行，要求政府增加对 NHS 的拨款。远在大西洋对岸的特朗普借题发挥，发推特称，英国的“全民免费医疗”正一团糟，民主党要的正是这样的医保，所以简直乱搞。英国卫生大臣杰里米·亨特反讽道，区区 NHS 虽然不尽如人意，但“没有一名示威者希望接受一个还有 2 800 万人得不到保障的美国医疗系统”。

(二) 医护人员短缺的问题一直没有妥善解决

缺医生少护士，一直是困扰英国社会的棘手难题。NHS 原有的医务工作者中有一大部分来自欧洲其他国家，在一定程度上缓解了英国的医生护士短缺矛盾。由于英国工作签证在持有人薪资够高、年份够长的情况下，可以申请永久居留，因此也被视为移民政策的关键部分。实际上，如今的 NHS，已经有相当比例的海外员工。有统计显示，NHS 总雇员中，八分之一来自海外；从事诊疗工作的 25%的医生、16%的护士是外籍，而来自海外的心胸外科医生、儿童心脏专科医生以及神经外科医生的比例更高达 45%。

自 2011 年英国保守党上台，给非欧盟高技术人才工作签证设定上限后，NHS 的人手短缺问题尤其触动社会各界的敏感神经。早在梅首相还是内政大臣的 2011 年，她亲自启动了这一工签名额封顶政策，也就是每年只发放 20 700 个非欧盟技术人才的工作签证。这一政策实施之初，NHS 就已经多次警告，这会导致医生和护士的短缺。

脱欧之后，英国会对欧盟和英国之间的人口流动施行控制，到时 NHS 在招聘医务工作者时选择可就不多了。2018 年 4 月，BBC 公司曾经披露，100 个来自印度的医生工作签证被拒，严重影响到英格兰西北部地区的公立医院。另外一个被广泛报道的案例是：来自新西兰的一个遗传学专科医生，尽管已经在伦敦工作了两年，但续签申请仍然在 4 月被拒，不得不返回新西兰重新申请。

2018 年以来，因为医疗系统的外援工签申请增加，尽管月额度一再超标，仍然无法满足医疗系统的工签申请要求。英国《金融时报》报道说，过去 5 个月内，共有 2 360 个海外医生工作签证申请被拒。而 NHS 内部本身，却存在巨大的人手短缺问题。英格兰地区共有 3.5 万个护士职位和 1 万个医生职位空缺急需填补。

面对来自医疗系统和社会的巨大压力，梅首相内阁中的内政大臣、卫生大臣纷纷表态，要求首相在限制非欧盟高技术人才工作签证的政策上，为医生和护士网开一面。这无疑是要梅首相在收紧非欧盟技术人才工签和移民政策上作出重大改变。

英国政府对医生护士的工作签证网开一面，尽管为医疗系统解决人手短缺问题开了绿灯，但在移民政策上面临的压力并不会因此减少，甚至可能更大。首先，要求英国政府限制外来移民的团体表示，英国依赖外援解决内患的办法终归不是长久之计。英国的当务之急，还是应该培养出自己的医生和护士。在普通劳动力市场，雇主可以提高薪酬以填补空缺。但是，英国 NHS 是全球第五大雇主，并非只在普通的劳动力市场上运营。实际上，薪酬是在国家层面设定的，医生数量也是提前几年确定的。由于培训全科医生通常需要 10 年时间，因此计划考虑不周，意味着需要 10 年或更长时间才能解决问题。其次，包括科技、教育等其他行业也将向政府施加更大的压力，要求对工程师、科技人员以及教师等专业人士同样打开国门。不少人认为，英国如今的工签以及相应的移民政策，与政府发展高科技经济的努力背道而驰。因此，英国宣布让海外医生护士签证不受限制之时，预计也将是其他行业和团体加大游说和力争改变现有工作签证和移民政策的开始。

针对 NHS 目前存在的问题，英国政府 2018 年从扩大财源着手，提出以下两大举措：

一是增加对 NHS 的经费投入。2017—2018 财政年度，英格兰 NHS 的预算达到 1 140 亿镑。2018 年 6 月 17 日，英国首相特蕾莎·梅表示，2023 年底之前，政府将会给英格兰 NHS 增加拨款，以此作为 NHS 成立 70 周年的“生日礼物”。梅首相表示，增加的资金一部分来自脱欧之后不用再向欧盟支付的会员费，其余部分则需要通过加税来补齐。这笔为期 5 年的投入将只用于英格兰 NHS 的第一线服务，其中 2019—2020 和 2020—2021 财政年度拨款增加 3.6%，2021—2022 和 2022—2023 财年增加 3.1%，2023—2024 财年增加 3.4%。这意味着到 2023 年，英格兰 NHS 的预算会比现在增加 200 亿镑，而且是去除通货膨胀后实际增加的金额。英格兰 NHS 获得拨款的增加意味着英国政府给苏格兰、威尔士和北爱尔兰的 NHS 的拨款也会增加大约 40 亿镑。梅首相表示，得到额外拨款后，NHS 需要确保“每一分钱都合理使用”。政府已经要求英格兰 NHS 制定一个 10 年规划，以减少浪费和官僚问题。

二是 NHS 扩大对外国患者的收费。从 2015 年 4 月 6 日开始，英国政府向来自欧洲以外前往英国时间超过 6 个月以上的所有公民征收的额外费用，普通外来公民每年 200 英镑，留学生每年 150 英镑。光是在 2016—2017 财年，英国政府就从外国患者得到 3.58 亿英镑的额外收入。不过近年来，NHS 每年消耗的财政资金在 1 000 亿英镑以上，这笔额外的收费可谓是杯水车薪。2018 年 2 月 6 日，英国政府宣布，从 2018 年下半年起，非欧盟国家居民在英国使用全民健康医疗服务，年费翻一倍，由原来的 200 英镑上涨至 400 英镑。学生由原来的 150 英镑上涨到 300 英镑。NHS 费用上涨后，英国政府一年就可以增加 2.2 亿英镑的收入。

二、意大利议会换届选举：社会保障政策面临调整

根据经济合作与发展组织（OECD）数据，截至 2016 年意大利国内生产总值（GDP）为 2.36 万亿美元、人均 GDP 达到 38 370 美元，在欧元区国家中仅次于德国与法国位列第三。但在另一方面，意大利高达 11.7% 的总失业率在欧元区也位列第三，仅次于希腊和西班牙，而意大利政府的负债已达 GDP 的 155%，位列欧元区第二，其中超过 40% 为国外投资者持有。在庞大的总量与发达的生产率表象之下，意大利经济的真实状况更像一个蹒跚的巨人。

自从二战结束以来，意大利已经换了 60 多届政府。政府决策低效、政令不畅，债务高企、亟需改革。而这一切，都成为了民粹主义的温床。2014 年，39 岁的伦齐就任总理，曾经试图改变这一切，《时代》周刊称他为"年轻版的布莱尔，意大利的奥巴马"。他的确不负众望地推动了多项改革：劳动力市场就业法案为僵化的劳动力市场释放更多活力；推动了破产法改革，为减少不良债奠定基础；养老金制度改革，通过减少福利而推动政府减债。然而，由于改革触动了太多人的利益，习惯了高福利和高保障的民众也抱怨不堪。在 2016 年 12 月 4 日的全民公投中，意大利民众以将近 60% 的比率否决了总理伦齐的宪法改革方案，伦齐也于当日宣布辞去意大利总理职位。此后，总统马塔雷拉授权外交部长真蒂洛尼担任总理，负责组建过渡政府。

(一) 意大利 2018 年议会选举与组阁

2018 年 3 月 5 日，意大利议会选举投票统计结果出炉，民粹主义政党"五星运动"和主张排外的"疑欧派""北方联盟"获得胜利（见表 2.1）。由贝卢斯科尼领导的意大利力量党、萨尔维尼领导的北方联盟党和梅洛妮领导的意大利兄弟党三个主

要政党组成的中右翼联盟，在参众两院选举中分别赢得37.49%和37%的选票，得票率位居首位，进而共计获得参议院315席中的135席、众议院630席中的260席。紧随其后的“五星运动”因不与其他政党结盟的原则，凭一已之力获得参议院32.22%和众议院32.68%的选票，在此次大选中位居第二，同时获得参议院中的112席和众议院中的221席。执政党民主党领导的中左翼联盟则全面溃败，参众两院的得票率仅为22.99%和22.85%。民主党领导人伦齐不得不将此次大选定性为“一次明显和彻底的失败”。

表2.1　2018年意大利议会选举中主要党派得票情况

政党联盟	政党名称	政党领导人	参议院得票率	众议院得票率
中右翼联盟	北方联盟	萨尔维尼	37.49%	37%
无	五星运动	迪马约	32.22%	32.68%
中左翼联盟	民主党	伦　齐	22.99%	22.85%

虽然中右联盟的得票率位居第一，“五星运动”成为第一大政党，但这两大政治势力均未能获得参众两院的绝对多数席位。由于没有任何一个政党或政党联盟获得议会多数席位，因此各个政党需要协商联合组阁。因为组阁谈判几度陷入僵局，总统马塔雷拉不得不出面磋商。最终，民粹主义政党“五星运动”领导人迪马约和主张排外的“北方联盟”领导人萨维尼联合发表声明称，他们的目标是“尽快为国家提供一个政府”。几经谈判，2018年5月23日孔特成为新一届政府总理，并授权组阁。然而，不到一个星期，仅仅6天后，由于在财政部长人选上产生分歧，孔特向总统提出退出组阁任务，由经济学家科塔雷利接手总理职务。紧接着，科塔雷利5月31日晚宣布放弃组阁，总统马塔雷拉随后再次任命孔特为候任总理。

(二) 五星运动党的发展历程

意大利五星运动党(Maverick Five Star Movement，M5S)由意大利喜剧演员格里洛和互联网企业家卡萨雷乔共同酝酿创建，2009年首次参加地方选举。这一政治势力为表明自己与传统政党的区别，并不承认自己的政党属性，他们自称只是“运动”(movement)，而不是党。五星运动党通过利用互联网和着眼于“草根”民众的新模式开展政治运动。五星运动党一改过去传统政党更加关注社会精英阶层的执政和竞选理念，不仅在2013年首次参加议会选举时异军突起，其民意支持率更在随后稳步攀升。五星运动党提出的“直接民主”理念成功赢得选民认同，也促使更多普通民众积极参与到政治运动中来。与此同时，五星运动党利用民众对社会、经济、就业、医疗、教育等许多领域的不满情绪得以迅速发展壮大，成为与中左、中右政党并驾齐驱的政治势力，也奠定了当下意大利政坛三足鼎立的局面。

随着“五星运动”创始人卡萨雷乔的因病离世和格里洛的逐渐隐退，“五星运动”通过网络投票的方式，于2017年9月选举年仅31岁的迪马约为该党的领导人和2018年大选的总理竞选人。在“五星运动”的“党内初选”中，迪马约获得了约82%的选票。由此，迪马约正式确立了其在“五星运动”中的核心领导地位。早在大选正式开始前的拉票阶段，各家民意调查数据均显示，“五星运动”将毫无争议地成为意大利政坛中的第一大政党。最终的选举结果并未出乎人们意料，“五星运动”作为独立政党参选并以绝对优势赢得胜利。

“五星运动”提出的竞选纲领对意大利选民十分具有吸引力。围绕当前社会和民生问题，“五星运动”提出重振青年人就业、每月780欧元最低工资、促进投资和减少公共支出浪费、减少个人所得税、增加家庭福利等口号。尽管这些口号看上去十分诱人，但由于“五星运动”提出的施政计划包罗万象且过于宏大，全部变为现实几乎是不可能的。不仅5年的执政时间对于这样宏大的计划显得过于短暂，更重要的是，经过初步计算，政府每年需要投入1 000亿欧元，即使迪马约表示其中的500亿欧元可以通过削减政府支出等方式加以解决，但余下的500亿欧元也仍是无法实现的天文数字。

值得注意的是，此次大选中“五星运动”的得票率同其2013年首次参加大选时相比增加了约7%，这一现象在欧盟国家中绝无仅有。大部分欧洲主要国家的民粹主义政党在第二次参加选举时的得票率均低于其首次登场时的得票率，然而这一规律在“五星运动”身上却并不适用。“五星运动”在此次大选中几乎拿下了所有意大利南部选区，在南部选区的平均得票率高达43.4%。

(三) 联盟党和“五星运动”获胜的主要原因

联盟党和“五星运动”之所以能够成为此次大选的两大赢家，主要原因在于意大利社会面临的经济困境和难民危机两大问题多年来并未得到有效解决，令广大选民对中左和中右翼传统政党失去信心。2017年意大利国内生产总值增长率为1.5%，为2010年以来的最高水平。债务相对国内生产总值的占比为131.5%，比

2016年时的132%下降0.5%。尽管这些主要经济数据均略高于政府预期，表明意大利经济已经走入复苏轨道，但这并不意味着未来前景一片光明。欧盟委员会公布的统计数据则为意大利经济增长预期泼上了一盆冷水。数据表明，意大利国内生产总值增长率远低于欧盟28国2.4%的平均水平，在整个欧盟国家中排名垫底。虽然经济正在缓慢复苏，但民众普遍缺乏获得感，对执政党和传统政党的认同度一路走低。许多将选票投给"五星运动"的意大利民众表示，既然中左和中右政党均无力从根本上解决当下面临的经济问题，那么"五星运动"也就自然成为广大选民的新选项。

此外，移民问题同样是左右民意的另一重要因素。意大利隔海与非洲相望，成为非洲难民进入欧洲的第一站。由于利比亚等国战乱，从海上入境意大利的难民人数近年来急剧增长，2016年超过18万人。据估算，每个难民第一年的安置成本约为1万欧元。2015年，意大利为了安置难民，官方支出接近10亿美元。而2017年意大利全年财政支出也不到1 000亿美元。难民的到来让经济本就薄弱的意大利南方雪上加霜。虽然过渡时期的真蒂洛尼政府下大力气希望能够缓解和控制不断经地中海涌入意大利的难民潮，并就此同利比亚达成相关援助协议、计划向尼日尔派驻军队，但欧盟其他国家在移民问题上的冷漠态度和袖手旁观令意大利政府陷入孤立无援的境地，种种努力虽然初见成效但却无力彻底扭转局面。与此同时，意大利民众对移民的反感和排斥情绪也在不断酝酿发酵。2月3日在马切拉塔发生的针对移民的枪击案件和3月5日在佛罗伦萨爆发的塞内加尔移民大游行，成为意大利民众和移民间对立情绪的集中反映。在这一背景下，无论是联盟党还是"五星运动"均在移民问题上采取强硬态度，无疑能够赢得广大选民好感。统计数据显示，联盟党得票率最高的几个省份恰恰是移民数量最多的省份。可以说，包括执政党民主党在内的传统政党在应对难民危机问题上付出了惨痛代价。

"五星运动"和联盟党在大选中的胜利也反映出意大利同其他欧洲国家政治生态的一大不同。尽管同样因为经济和社会等诸多矛盾，欧洲其他主要国家也为反建制和民粹主义政党崛起提供了生存土壤和发展空间，但在大选到来时，部分国家的民粹主义政党要么被排除在新政府之外(如荷兰和德国)，要么不得不降低身份同传统政党联合组阁(如奥地利)，几乎所有传统政党仍然保持了绝对优势地位，唯有意大利"五星运动"和联盟党这两大带有民粹主义色彩的政党取得了决定性胜利，而以中左的民主党和中右的意大利力量党为代表的传统政党则溃不成军。

(四) “五星运动”的主要政策主张及面临的挑战

根据联合政府协议,新政府将采取削减税收、增加福利支出、设置最低工资等政策主张,这些方案需要大量财政资金支持。但据意大利央行发布的数据,2018 年 3 月意大利公共债务已经达 GDP 的 130%,远超欧盟 60%的限制,财政现实能否支撑民生支出也是一个难题。

目前,意大利政府面临的主要挑战有:

第一,日益扩大的代际矛盾。年轻的意大利人对年长一代而不是他们的父母感到厌恶。他们敌视主流政党、工会和一个界定不清的“统治阶级”,他们把他们的收入、就业前景和养老金与长辈之间的巨大差距归咎于他们。与此同时,政治领导人因老年人具有选举影响力,不敢轻易改变政策。本次选举中,选民 55 岁及以上的选民占 41%,而 35 岁以下的选民则为 22%,原因一方面是由于 20 世纪 70 年代的出生率急剧下降,造成年轻人数量较少;另一方面是年轻人的投票积极性不高。

第二,劳动力市场存在双层结构,年轻人就业难、社保负担重。多年来,意大利经济增长缓慢,是 OECD 国家中少数几个经济产出水平尚未回到国际金融危机前水平的国家之一。与此对应的,是意大利长期失业率居高不下,尤其是年轻人失业率高达 40%。意大利的低生育率,再加上令人失望的经济增长,促使政府进行养老金改革。但是,实施这些措施的方式已经使年轻的、通常收入较低的工人承担了不仅为自己的养老金,而且为已退休的人提供养老金的重担。1997 年和 2003 年的劳工改革使得雇主更容易雇用短期合同的新工人,但对已经长期工作的人的工作安全几乎没有影响。而且,由于后者与养老金领取者一起占了工会会员的大部分,工会一直希望捍卫有终身职位的人的特权,而不是争取更公平的利益分配。

第三,社保结构调整困难重重。目前,意大利的政府支出中,养老支出是大头,占 GDP 比例达到 16%,在欧盟中仅低于希腊;而规定到 2019 年将退休年龄延长到 67 岁的退休法案备受争议。要使企业部门焕发活力,还需要减税和简化税制。一方面是减税(扩张),另一方面是减少福利(紧缩),还要控制政府债务比例,如何能取得平衡发展,是意大利政府面临的挑战。

三、日本公布 2040 年社会保障收支预测报告

2018 年 5 月 21 日,日本政府在经济财政咨询会上,首次公布了 2040 年的医

疗、护理和养老金的社会保障收支预测报告，2040 年，日本老龄人口将接近峰值，将迎来一个超高龄社会，每 3 人中有 1 人是 75 岁及以上者，超高龄人口将达 4 000 万人；社会保障支出额约为 2018 年的 1.6 倍，政府将因此面临沉重的财政负担。

(一) 社会保障支出额预测

如表 2.2 所示，日本社会保障支出额(名义值)将从 2018 年的 121.3 万亿日元增长至 2025 年的 140.2—140.6 万亿日元、2040 年的 188.2—190.0 万亿日元，社会保障支出占 GDP 的比重将从 2018 年的 21.5%上涨至 2025 年 21.7%—21.8%、2040 年的 23.8%—24.0%。

医疗保险、长期护理保险费用是导致社保支出整体大幅提升的主要原因，这两项费用到 2040 年时将分别达到 2018 年相应数额的 1.7 倍和 2.4 倍左右。

表 2.2 日本社会保障资金的支出现状与预测 (单位:万亿日元)

支出项目	2018 年度	2025 年度	2040 年度
养老金	56.7(10.1%)	59.9(9.3%)	73.2(9.3%)
医 疗	39.2(7.0%)	预测一:47.8(7.4%) 预测二:47.4(7.3%)	预测一:66.7(8.4%) 预测二:68.5(8.7%)
长期护理	10.7(1.9%)	15.3(2.4%)	25.8(3.3%)
儿童与育儿补贴	7.9(1.4%)	10.0(1.5%)	13.1(1.7%)
其 他	6.7(1.2%)	7.7(1.2%)	9.4(1.2%)
总 和	**121.3 (21.5%)**	**140.2—140.6 (21.7%—21.8%)**	**188.2—190.0 (23.8%—24.0%)**

注:括号内的数字为占 GDP 的比重。
资料来源:内閣官房・内閣府・財務省・厚生労働省，2040 年を見据えた社会保障の将来見通し，平成 30 年 5 月 21 日。

(二) 社会保障收入额预测

如表 2.3 和表 2.4 所示，日本社会保障收入额(名义值)将从 2018 年的 117.2 万亿日元增长至 2025 年的 139.0—139.4 万亿日元、2040 年的 185.5—187.3 万亿日元，社会保障支出占 GDP 的比重将从 2018 年的 20.8%上涨至 2025 年 21.5%—21.6%、2040 年的 23.5%—23.7%。

2040年,日本社会保障支出的财源主要通过日本中央和地方政府的财政预算及保险费等筹措,与2018年度相比,财政预算和保险费都需要增加超过30万亿日元。为确保社保财源的稳定增长,日本政府从2012年起实行"社会保障与税制一体化改革",并决定将消费税分阶段上调至10%。但安倍政府已两次推迟执行增收消费税计划。接下来增税计划能否按最新拟定的时间表,即2019年10月执行,仍是未知数。

表2.3　日本社会保障资金的收入现状与预测　(单位:万亿日元)

经费来源	2018年度	2025年度	2040年度
保险费	70.2 (12.4%)	81.2—81.4 (12.6%)	106.1—107.0 (13.4—13.5%)
财政预算	46.9 (8.3%)	57.8—58.0 (9.0%)	79.5—80.3 (10.1—10.2%)
总　和	**117.2 (20.8%)**	**139.0—139.4 (21.5%—21.6%)**	**185.5—187.3 (23.5%—23.7%)**

注:括号内的数字为占GDP的比重。

资料来源:内阁官房・内阁府・财務省・厚生労働省,2040年を見据えた社会保障の将来見通し,平成30年5月21日。

多年来,日本社会一直被"2025年问题"和"2040年问题"所困扰。前者是指日本二战后第一次婴儿潮时期(1947年至1949年,即"团块世代")的出生者将超过75岁。后者是指他们的子女,即日本战后第二次婴儿潮时期(1971年至1974年)的出生者将超过65岁。这两个问题将使日本人口减少及老龄化问题进一步加剧。

表2.4　日本社会保障资金收入现状与预测　(单位:万亿日元)

类　别	2018年	2025年	2040年
收入合计	**117.2**	**139.0—139.4**	**185.5—187.3**
(一)保险费收入	**70.2**	**81.2—81.4**	**106.1—107.0**
1. 养老	39.5	44.1	53.4
2. 医疗	22.1	25.8—26.0	35.4—36.3
3. 长期护理	4.8	6.9	11.6
4. 儿童/育儿	1.8	2.2	3.0
5. 其他	2.0	2.2	2.6

续表

类　别	2018 年	2025 年	2040 年
(二) 财政预算	**46.9**	**57.8—58.0**	**79.5—80.3**
1. 养老	13.2	14.6	17.2
2. 医疗	17.1	21.6—21.8	31.3—32.2
3. 长期护理	5.9	8.5	14.2
4. 儿童/育儿	6.1	7.7	10.1
5. 其他	4.7	5.5	6.7

资料来源:内閣官房・内閣府・財務省・厚生労働省,2040 年を見据えた社会保障の将来見通し,平成 30 年 5 月 21 日。

(三) 2040 年医疗福利领域的就业人员数量与支出压力

日本政府在报告中还估算了 2040 年医疗福利领域就业人数,其中,医疗人员数量将比 2018 年度增加 19 万人,达到 328 万人,护理人员增加 171 万人,为 505 万人。加上其他福利领域,预计将有 1 065 万人就业。因少子老龄化导致就业总人数减少,该领域就业者占全社会就业者的比重将从 2018 年 12.5%增至 18.8%。在 900 万老人退休的那个时代,也意味着日本要以本身的人力资源来填补这些空缺是一个大问题。

日本从 2000 年开始建立老人长期护理保险制度,当时最低保险费是每月 2 911 日元。2018 年 4 月,这保险费金调高到 5 869 日元。为应对将来不断膨胀的护理开支,日本政府探讨要在若干年后继续调高,或增加到每月 1 万日元。日本政府今后也会进行医疗社保改革,要从各方面来减轻这方面财政负担。当局现在已着手控制医疗津贴,减少医院特别病床和特别护理服务,这是要让政府的医疗福利平均化。同时,在药物运用上也是能减则减,不再对特效药进行补贴,鼓励医疗界使用相对便宜的新药。报道指出,日本当局这一对策,是为了避免把老人当药罐子,防止进行"过剩"医疗。正如日本东洋大学教授高野昭所指出的,年轻人口减少的日本,将要面对的是一个 90 岁及以上老人为多的超高龄社会。以目前的老龄进度来看,日本将来走向一个轻福利社会是必然趋势。

(四) 2040 年的单身老人数量

传统上家庭是老年人养老的核心保障之一,但随着单身家庭的增长,家庭的老年保障作用也随之降低。2017 年 4 月,日本国立社会保障与人口问题研究所发布的一份报告显示,2015 年 50 岁仍未结婚的人口比例在日本男性中达 23.37%,在女性中达 14.06%,创历史最高纪录。1970 年的调查中这一比例分别只有 1.70%和 3.33%。

2018 年 1 月 12 日,日本国立社会保障与人口问题研究所发布的一份报告称,日本 2040 年全部家庭中的 39.3%将为单身家庭,较 2015 年增加约 5 个百分点。这份报告还显示,日本 2040 年将有 896 万户为 65 岁及以上的单身户,接近全部单身户的一半,其中有不少人未婚。该报告称,日本 2015 年约有 1 842 万单身户,2030 年将达到 2 025 万户。2040 年单身户虽然减少至 1 994 万户,但因人口总数减少,单身户占比上升至 39.3%。数据显示,晚婚、未婚及离婚的增多是造成单身户比例大幅增加的主要原因。由于日本价值观不断多元化,个人选择不结婚、过单身生活的人在增多。由于 24 小时便利店、连锁餐馆等生活设施不断完善,一些日本人认为不结婚也可以很好地生活,选择结婚动力大大减少。在日本,甚至还有杂志专门为单身人口提供信息,帮助他们如何更好生活。

未婚老人不断增加是一个非常严重的问题。他们既没有配偶,也没有子女,根本不能指望家庭养老,因此非常有必要建设相互扶持型社区,让住在附近的人们相互交流,有困难时相互帮助。这份 2040 年的医疗、护理和养老金的社会保障收支预测报告也呼吁政府采取相应措施,保证单身老人"老有所居"。

四、日本发错 130 万人养老金

日本年金机构在 2018 年 2 月支付的养老金中,有约 130 万人份的个人所得税免税部分未能正确计算,被免予扣除部分税金的,却没被免除。导致发放金额偏少。

负责公共养老金业务的日本年金机构,委托了东京"SAY 企划"公司进行个人数据录入作业,负责处理约 500 万人份的文件中记载的个人编号、配偶收入等相关信息。但却不料,在 2 月份发生了养老金少发事件。这是由于日本年金机构在 2017 年大幅调整了个人所得税减免申报表的样式和填写项目,导致填写错误的情况接连出现。共有 130 万人未能申报,所以收到的养老金比应有金额少。后来日本年金机构在调查中还发现,除了领取者晚交文件外,有约 6.7 万人在规定期限内提交了申报表,但是"SAY 企划"公司却未及时录入信息。此外还发现有大量录入错误的情况，将重新进行检查。据相关人士透露，经机构确认已发现约30万起录入错误。日本年金机构拟在3月内确定2月支付的养老金金额受到信息处理企业过失影响的人数，并对外公布。对受影响者，则将作出书面道歉。另外，据报道，早在2007年，该组织的前身就因为疏于数据管理而丢失了多达5 000万条养老金记录。

此外，2017年9月14日，日本厚生劳动省公布，自1991年以来，日本养老金机构累计漏发了105 963人共598亿日元养老金。虽然日本养老金机构之前也偶有漏发或多发养老金案例，但漏发近600亿日元养老金的情况还属首次。大规模漏发养老金长时间未被发现，从侧面印证了日本年金制度的复杂性。日本养老金制度主要由"公的(公共)年金"和"私的年金"两部分支撑。"公的年金"部分可再细分为国民年金、厚生年金和互助年金，而"私的年金"则包括企业年金和私人购买的保险、储蓄等。此次被漏发的养老金人群主要是原公务员妻子。以现行养老金制度为例，公务员除国民年金、厚生年金之外还要缴纳互助年金。1991年日本政府为补助低收入者颁布新规，只要一家之主缴纳厚生年金或是互助年金超过20年，家有未成年子女或妻子不到65岁，丈夫可领取补助养老金。当妻子年龄达到或超过65岁，将停发丈夫的补助养老金，妻子养老金账户将有每月6 000—19 000日元不等的补助入账，而正是这部分补助养老金被养老机构漏发。此外，年金管理混乱也是不争的事实。尽管日本于2010年成立了日本养老金机构，取代过去负责年金事务的社会保险厅，但养老金相关问题并未因此杜绝。2013年，该机构发现漏发养老金3 300万日元，2015年因服务器被攻击造成125万个人信息被泄露，同年日本养老金机构将互助年金与厚生年金归并一处，但业务手续并未统一，这正是引发此次漏发养老金的源头。据统计，此次漏发的大约半数人是因管理互助年金的部门漏报数据，剩余的漏发案例则是养老金机构系统不完善或单纯业务处理失误所致。

五、澳大利亚智库提议对超级年金政策进行改革

超级年金(superannuation)是澳大利亚养老金体系中的第二支柱，通过雇主强制、个人自愿的方式筹集费用，采取完全积累制。超级年金基金由澳大利亚证券与投资委员会批准的信托机构管理，信托机构再委托基金管理机构投资运营(信托机构与基金管理机构可为同一家)。截至2018年一季度末，澳大利亚超级年金的会员人数接近1 500万人，资产总额为2.6万亿澳元。

2018年5月28日，澳大利亚生产力委员会(Australia's Productivity Commission)发布《超级年金：效率与竞争力评估》(Superannuation: Assessing Efficiency and Competitiveness)报告。该报告长达571页，对超级年金运行中的主要弊端进行了详尽的分析，提议对超级年金政策进行改革。这份报告历时两年，认为持有多个养老基金账户和"长期表现不佳"的投资基金正让会员们承受39亿澳元的损失，超级年金系统已成为许多澳大利亚人的"没运气的彩票"，呼吁政府叫停会员们持有多个基金账户，并采取措施防止人们将业绩不佳的基金设为默认退休金。这份报告被称为是针对价值2.6万亿澳元的超级年金体系提出30年来最大的改革建议。

澳大利亚生产力委员会成立于1998年，是澳大利亚政府主要经济政策咨询机构，隶属于财政部，其研究对象覆盖所有的经济部门(包括公共部门和私人部门)以及联邦和州的层次。为成立该委员会，澳大利亚专门出台了《生产力委员会法(1998)》。该法规定生产力委员会的主要职能包括：举行公共咨询(public inquiry)并向澳大利亚财政部长汇报有关行业发展和部长指派任务的情况；为政府机构提供秘书和研究服务；调查并报告对澳大利亚政府竞争力政策落实情况的申诉；按照要求就工业和生产力方面的问题向国库部提出建议；提出研究议题；提高公众对政府工业和生产力政策的理解；从事其他相关活动。

(一) 澳大利亚超级年金计划简介

1985年，澳大利亚工会和政府劳动行政管理部门达成一项协议，要求所有企业雇主上缴雇员工资的3%作为养老金提留，企业年金就此建立。从1992年起，政府要求所有企业雇主为雇员提供养老保险金，缴费水平从1986年占工资总额的4%逐年增长到2002年7月1日的9%。因企业年金是澳政府年金之外建立的养老保险金，故称其为"超年金"(Superannuation)。许多雇主最初并不情愿为雇员缴纳这笔增加的年金，其行为也不受法律约束。1993年6月，曾担任过澳大利亚多个部门高级官员的专家文森特·菲茨杰拉德向政府提交了一份题为《国民储蓄》的政策咨询报告(即著名的菲茨杰拉德报告)，提出在全国强制实行超年金计划、鼓励雇员自愿缴费投保以及基金运营、税收管理和一系列政策实施要点。政府采纳了报告所提建议，于1994年颁布了《超年金监管条例》(SIS)，以加强对超年金的管理，强制雇主加入该计划，不缴费者将受到严厉的税收处罚。同时，鼓励个人自愿储蓄投资养老保险。这就初步形成了政府年金、超级年金计划和个人自愿储蓄保险三结合的养老保险制度。

目前，澳大利亚超级年金覆盖了澳大利亚绝大部分工作人口，近95%的雇员参加了超级年金制度。根据澳大利亚的法律，所有雇主都必须为员工提供至少税前工资9.5%的超级年金，至少每三个月一次存入员工的超级年金账户中，雇员可以自愿缴费，并享有税收优惠。目前，澳大利亚已通过立法，将逐步提高雇主的缴费率，到2025年，缴费率将达到12%（见表2.5）。

目前，截至2018年一季度末，澳大利亚超级年金资产总额为2.6万亿澳元，是世界上第三大私人养老基金，也超过了2017年澳大利亚的GDP。澳大利亚的超级年金计划参加者每年支付超过300亿澳元的管理费。

表2.5　澳大利亚超级年金的雇主缴费率

财政年度	雇主缴费率	财政年度	雇主缴费率
2012/2013	9.0%	2019/2020	9.5%
2013/2014	9.25%	2020/2021	9.5%
2014/2015	9.5%	2021/2022	10.0%
2015/2016	9.5%	2022/2023	10.5%
2016/2017	9.5%	2023/2024	11.0%
2017/2018	9.5%	2024/2025	11.5%
2018/2019	9.5%	2025/2026	12.0%

资料来源：澳大利亚政府信息指南网站，https://www.superguide.com.au/boost-your-superannuation/superannuation-guarantee-rate。

对于绝大多数工薪族而言，超级年金是仅排在房产之后的第二大个人资产，但其投资增值规定却未被充分关注。虽然雇主需依法向任何年龄超过18岁且月收入超过450澳元的雇员的超级年金基金账户供款，虽然雇员有权利随时选择自己的年金账户的投资管理公司和投资类型，但雇员却并不会使用这一权利，通常不太了解自己的超级年金基金账户到底是市面上200多家养老基金中的哪一家来进行投资管理，也不知道其基金的投资风格是保守型、进取型的，还是平衡型的。

为了使雇主在员工不作出选择的情况下也能履行其强制供款的法律责任，当员工入职时，如果不告诉雇主自己的养老基金选项，雇主会指定一个提供My Super Product（也就是有牌照的默认投资产品）的养老基金作为雇员的默认养老基金（employer nominated default fund)。

(二) 当前超级年金计划运行中存在问题

生产力委员会在报告中指出，超级年金系统中的两大结构性缺陷：一是会员在无意中产生的多个账户(unintended multiple accounts)增加了管理费用。二是投资表现不佳的养老基金及其投资产品(underperforming products and funds)长期存在。这两项缺陷的主要根源是会员对基金账户及其投资缺乏了解和关注。绝大多数养老金账户会员在现有的"雇员强制参加，雇主强制供款"的养老金模式下，通常是在入职时不明就里地加入了一家由雇主指定的默认养老基金，因此对自己的养老基金状况并不了解。由于是雇主供款，大多数人不会自己主动去了解养老基金的信息。对于年轻人来说，因退休还早，而职场竞争与晋升、房贷、子女教育等问题更加迫在眉睫，大多数人不会仔细关注自己的养老基金。这导致了绝大多数人在养老金系统中并不是掌握主动、积极参与投资决策的养老基金会员(active members)，而是随波逐流的被动参与者(disengaged members)。这意味着，当雇员每次换工作时很可能不会告诉新雇主自己之前的养老基金，而是会因为不做选择而加入新雇主指定的新的默认养老基金。多重账户(unintended multiple accounts)由此就在无意中产生并成为"沉睡"的账户，会员因此负担双份的管理费用、保险费用以及投资费用。很多年轻人短期打工所获得的养老金储蓄就这样被迅速耗尽了。虽然澳大利亚税务局(Australian Tax Office, ATO)为会员提供了通过税号(Tax File Number, TFN)来找回并合并多个养老金账户的简便方法，但大多数人还是负担着多重账户。

生产力委员会的报告指出，将近1/3的养老基金账户(即约1 000万个账户)是人们由于更换工作而无意产生的多重账户。这些额外的多重账户每年会因额外的费用侵蚀会员养老储蓄26亿澳元。报告称在过去10年中，四分之一的养老基金一直表现不佳，这意味着大约500万个会员将表现不佳的基金作为默认退休金账户。

生产力委员会的报告还指出，无意而为的多重账户和投资表现不佳的养老基金及其投资产品这两大结构性缺陷将会导致21岁的普通养老金投资者在退休时损失40.7万澳元，而55岁的将近退休的养老金投资者会因此损失6.1万澳元。

与此同时，被动参与者所主导的市场会使得投资表现不佳的养老基金及其投资产品无法被市场淘汰。在普通市场中表现不佳的公司通常会被消费者用脚投票挤出市场。在被动参与者所主导的澳洲私人养老基金市场中，投资表现不佳的养老基金及其投资产品却能长期存在。这使得在缺乏优胜劣汰竞争环境的养老金市场里投资的整体效率低下。

此外，缺乏充分竞争和优胜劣汰的市场机制也为很多逐利的大型金融集团（financial conglomerates）提供了完美的获利场所，如利用垂直整合（vertical integration）、关联外包公司（related-party service providers）、非独立的理财顾问（non-independent financial advisors/planners）在养老金市场中大量收取管理费用而不用担心养老金会员会用脚投票。这令会员在低下的投资回报中损失惨重。

（三）生产力委员会提出的改革建议

生产力委员会的报告草案针对无意而为的多重账户和投资表现不佳的养老基金及其投资产品这两大结构性缺陷，提出了对现有养老金默认供款（default contributions）分配体系的重大改革方案。其中，最核心的改革建议包括：

第一，雇主无需再为不选择养老金的雇员指定默认养老基金管理公司。

第二，建立独立专家小组（independent expert panel）来评审选择10家表现好的养老金公司列入十佳养老金管理公司（Best in Show List）。这一评审过程每四年重复一次。如果第一次入职的新雇员60天内自己不选择养老基金管理公司，则会按照顺序被分配到这十佳排行榜中的一家养老基金。而当会员更换工作时，由于雇主无需再为不选择养老金的雇员指定默认养老金，会员们之前所拥有的这来自十佳排行榜上的养老基金管理公司会一直对基金账户进行投资管理，直到会员们决定自己选择一家其他的养老金管理公司。引入独立专家小组评审十佳养老金作为默认基金，并赋予审慎监管局（APRA）对表现不佳的养老基金管理公司收回My Super（默认投资产品）牌照的权利将为养老基金市场提供所需的优胜劣汰的竞争环境。当作为市场主体的需求一方被被动的参与者所充斥而无法提供除劣取优的市场机制时，政府将补位为其提供所需的竞争环境。这一解决方案无疑是对养老金系统内这一长期无法解决的难题的一次积极尝试。它有利于通过给养老基金竞争压力来帮助我们大多数人获得投资表现更好的基金和产品。对于养老金行业和投资行业而言，这一方案的影响将会是极其深远的。

第三，对于长期（5年以上）投资表现不佳的提供My Super（有牌照的默认投资产品，现在有100多家）的养老基金管理公司，澳大利亚审慎监管局（APRA）可以收回其 My Super 牌照。这一解决方案一旦被政府认可并立法通过，将瓦解现有的主要依附于劳资关系(industrial relations)系统来分配养老基金默认供款(default contributions)的分配体系。

六、美国预期寿命持续两年下降

2017 年 12 月 21 日，美国联邦政府疾病控制和预防中心(Center for Disease Control and Prevention，CDC)发布了关于美国死亡率的年度报告，美国的预期寿命连续第二年下降——2016 年出生的美国婴儿平均寿命平均为 78.6 岁，较 2015 年出生者下降 0.1 年，也低于 2014 年的 78.9 岁。其中，男性的预期寿命从 2015 年 76.3 岁下降至 2016 年的 76.1 岁，而女性的预期寿命没有变化，仍维持在 81.1 岁。美国上一次预期寿命低于前一年的是 1993 年。上一次连续两年下降的发生时间是 1962—1963 年。而上一次连续 3 年下降的发生时间是 100 年前，即 1918—1919 年西班牙型流行性感冒在全世界大流行时，美国人的预期寿命曾连续 3 年下降。

在没有爆发战争或瘟疫的情况下，现代化富裕国家人民的预期寿命下降是异常现象。该报告显示，这一令人震惊的趋势是由于阿片类药物过度上瘾而引起的，而阿片类药物正在变得更加致命。在医学上，阿片类药物本是作为一种镇痛药物，在病患者疼痛难忍之时，提高其痛觉阈，降低机体对疼痛的感受，产生强大的镇痛作用。而它另一个作用就是让使用者产生一种特殊的欣快感和十分欢愉、舒适的感觉，使用方法不同，剂量越大这种感觉越强，这也就是导致此类药物滥用的根本原因。

药物过量导致 2016 年超过 63 000 美国人死亡。这些死亡中有三分之二是由阿片类药物引起的，其中包括芬太尼(Fentanyl)和曲马多(tramadol)等强效合成药物，这些药物更容易因意外过度使用，并在非法吸毒者中越来越受欢迎。死于药物过量的人激增了 21%，死于合成阿片类药物的人在 2015 年和 2016 年之间增加了 1 倍。2013 年，每 10 万个美国死亡病例中，只有 1 人是死于芬太尼等合成阿片类药物。但 2016 年，该死亡率为每 10 万人中有 6.2 个。

该报告显示，2016 年的主要死因仍然是心脏病和癌症。但是，包括药物过量在内的一种名为“无意伤害”(unintentional injuries)的类别攀升至第 3 位(2012 年和 2015 年的排名是第 5 位和第 4 位)。尽管 2016 年意外伤害仅造成 6%的死亡，但死者中大多数人处于人生的黄金时段。尽管老年人活得更久，但年轻人和中年人的死亡率却上升了。一个年轻人的死亡将平均预期寿命缩短超过一个老年人的死亡。

2016年，死亡率最高的是25岁至34岁的人。在该年龄组中，每10万人因任何原因死亡的人数在2015年至2016年间增加了11%。同一年龄段的药物过量死亡率从2014年至2016年上升了50%。与此同时，心脏病和癌症导致的死亡率下降。这已成为预期寿命持续增长的主要推动力，但死亡率已经开始趋于平稳，下降空间不大。因此，过量死亡人数的进一步增加可能会再次推低寿命。

2017年上半年的数据表明过量死亡人数还在继续上升，然而特朗普总统的行政拖沓措施并没有起到什么作用。在2016年的竞选活动中，特朗普承诺将阿片类疫情作为优先事项。到目前为止，美国政府还没有制定计划或任命"毒品沙皇"来推进形成抑制药物上瘾的政策，也没有要求国会拨出数十亿美元来治疗估计有200万名吸食阿片类药物的人。目前，国家公共卫生紧急基金只有57 000美元资金，因为它多年来一直未得到补充。虽然各州和地方政府正在建立戒毒治疗服务，但如果没有来自联邦政府的新资金，他们的努力将会面临重重困难而难见成效。

预期寿命的持续下降将使美国落后于其他富裕国家。美国人的预期寿命已经比经济合作与发展组织国家的平均水平短两年：预期寿命更接近哥斯达黎加和土耳其，而不是英国、法国和德国。根据美国国家科学院2013年发表的一份报告显示，与其他富裕国家如日本、德国或加拿大的人民相比，美国人的寿命较短，而这一差距一定还在逐年扩大。

七、英国10年来最大企业破产案对养老金保护基金产生冲击

2018年1月15日，拥有200年历史的英国第二大建筑商卡里利恩公司（Carillion）正式宣布进入破产清算，破产原因主要是债务危机。卡里利恩公司破产之时，账面上只剩下2 900万英镑的现金，公司负债却高达15亿英镑，还有约6亿英镑的养老金缺口。

（一）卡里利恩公司破产案简介

卡里利恩公司是英国柏油路集团（Tarmac）分出来而独立成立的公司，柏油路

集团成立于1903年，原名柏油碎石联盟有限公司（Tar Macadam Syndicate Limited），顾名思义经营的就是铺马路的柏油碎石，其原料来自炼钢的炉渣。一开始经营不佳，1905年公司改由钢铁大亨阿佛列·希克曼执掌，一方面确保炼钢炉渣的来源，一方面在希克曼家族的管理下，企业蒸蒸日上，从铺路原料商进展为工程承包商、营造商，经过一连串购并，最终规模庞大到参与包括泰晤士河防洪闸、英法海底隧道等指标性工程。当英国面临20世纪90年代经济萧条，柏油路集团受创惨重，改弦易辙，进行一连串瘦身，希望回归原材料本业，因而于1999年将建筑与专业服务部门独立成为卡里利恩公司。卡里利恩公司成立后，又恢复积极扩张的企图心，进军设施管理市场，发动购并进入铁路维修、能源效率等市场，在不断扩张与购并之后，到2016年，卡里利恩公司年营收规模达52亿英镑，净利1.3亿英镑，市值达近10亿英镑。

卡里利恩公司虽然是英国大型私营建筑承包商，但却主要承接来自英国政府的合同，一度被英国政府称为重要的建筑合作伙伴。作为英国第二大建筑公司，卡里利恩公司主要经营建筑、公共项目管理和后续维护，在英国有2万名员工，全球有4.3万名员工。卡里利恩公司曾参与过英国众多知名建筑工程，包括英国政府通信总部、伦敦奥运会媒体中心、伦敦劳斯莱斯大楼、希思罗机场5号航站楼、巴特西电站的重新开发、曼彻斯特比瑟姆塔楼、伯明翰图书馆、利物浦足球俱乐部安菲尔德球场扩建等项目。

卡里利恩公司破产的主要原因有：一是客户结构单一，其业务类型一直都以承建医院、学校、铁路、图书馆以及监狱等有关国家公共事务的项目为主营业务，单由卡里利恩公司建造的学校就有近900所。一旦与政府的谈判破裂，企业的厄运也随之到来。二是其企业扩张过快，负债额度巨大，导致积重难返。在企业陷入困境之时，银行拒绝再提供贷款，只有接受破产的命运。

目前，英国的失业率为4.3%，失业人口81.7万人，这2万名卡里利恩公司员工占到目前总失业人口的2.5%。更糟糕的是，本次卡里利恩公司倒闭恐引发蝴蝶效应，使得上千家小型建筑公司担心不能收回相应款项而倒闭。据了解，卡里利恩公司拥有一个广泛的分包商和本地供应商网络，数千家小型企业承接着这家巨头的工程合同。而根据其最新的年度报告称，该公司每年将会向这些公司支付10亿英镑。在卡里利恩公司破产之际，许多雇主正试图评估小企业的风险敞口。

(二) 本次破产对英国养老金保护基金的冲击

2005年,英国根据《养老金法》,建立了养老金保护基金(Pension Protection Fund, PPF),因此这2万名卡里利恩公司员工的养老金权利应该在很大程度上得到保留。卡里利恩公司养老金计划将是养老金保护基金接管的最大一项养老金计划。英国建立养老金保护基金的原因是,2002年和2003年一些英国企业破产,无法兑现待遇确定型的企业补充养老金,引起了社会的高度关注。

目前养老金保护基金的资金还比较雄厚,但也面临较大挑战:

第一,受经济不景气影响,大量劳动密集型企业陷入困境,使养老金保护基金的支出有所增加。例如,2017年,英国大型零售连锁店BHS破产,产生5.71亿英镑的养老金缺口,不但造成11 000名员工失业,加上已经退休的BHS前雇员,总计有约2万人将无法获得养老金,需要由养老金保护基金承担支付责任。

第二,从英国职业年金发展的实践中看,由于待遇确定型(DB)计划的缺陷,越来越多的雇主已不再采用DB型计划,或者已不再接纳新的DB型计划成员,所有新设立的计划均为缴费确定型。久而久之,PPF涵盖的公司往往属于老工业,其中一些(例如零售业)正在衰退。随着时间的推移,向养老金保护基金贡献缴费收入的公司数量将会减少。

第二编

长期护理保障体系概述与国际比较

第三章
长期护理保障体系：长期护理筹资与长期护理服务

随着世界经济的持续发展，未来100年全球人口发展将面临三个不可逆转的趋势，一是全球人口老龄化①趋势，二是全球老年赡养负担加重的趋势，三是全球人口高龄化②快于老龄化的趋势。③上述三个不可逆转的趋势，意味着老年人退休后的余命将不断延长，高龄老年人口占比将不断增长，伴随而来的将是老年人口失能率的增长。根据OECD国家数据，2010年65岁及以上老年人平均失能率为11%，其中65—74岁年龄段失能率为5.2%，75—84岁年龄段失能率为11.9%，85岁及以上年龄段失能率为31.1%；预计到2030年，OECD国家65岁及以上老年人平均失能率将上升至14%，其中85岁及以上老年人的失能率将达到37.9%。④随着失能率的上升，老年人对长期护理服务的需求将越来越大；与此同时，家庭少子化和女性正规就业的增加使得家庭成员承担护理服务的能力逐渐减弱，老年人将更多地依赖于社会照顾。因此，在家庭长期护理服务供给不足以及护理服务支出不断攀升的压力下，已经进入老龄化社会的国家不得不考虑建立正式的制度安排来应对这

---

① 国际对老龄化的划分通常有两种标准，一是1956年联合国在《人口老龄化及其社会经济后果》中提出，一个国家或地区65岁及以上老年人口数量占总人口比例超过7%时，则意味着这个国家或地区进入老龄化社会；二是1982年维也纳老龄问题世界大会确定当60岁及以上老年人口占总人口比例超过10%，意味着这个国家或地区进入老龄化社会。

② 高龄人口指80岁及以上人口。高龄化是指年龄在80岁及以上的老人群体占全体老人（大于60岁或65岁）的比例趋于上升的过程。

③ 张盈华：《老年长期照护：制度选择与国际比较》，经济管理出版社2015年版，第6—7页。

④ Carol Jagger, Ruth Matthews, James Lindesay and Caro Brayne, "The Impact of Changing Patterns of Disease on Disability and the Need for Long-Term Care," *Eurohealth*, Vol.17, No.2—3.

一严峻的挑战，长期护理保障体系建设问题由此应运而生。①

一、长期护理保障相关概念界定

(一) 失能与失能老人

国际关于老年人的年龄界定有两个标准。部分国家将60岁及以上的人口界定为老年人，部分国家将65岁及以上人口视为老年人。由于中国目前将男性60周岁、女性55周岁或50周岁作为人们的法定退休年龄，且中国的长期护理保障政策原则上是以达到60岁作为给付的基本条件之一，因此本书将60岁及以上人口界定为老年人。

失能(disability)的概念有广义和狭义之分。广义的失能是指由于意外伤害、疾病或衰老等原因导致身体或精神上的损伤，造成人体部分或全部的工作能力受限，无法执行与其所受教育、训练、经验相当的本行业或任何其他行业的工作，具体包括失动、失智、失禁、失眠、失明、失聪和失语等，其中失动和失智为失能最主要的影响因素。狭义的失能是指丧失或限制日常生活中的主要活动能力或生活能力。②失能对老年人的影响主要是生活方面的，不涉及工作能力，因此本书采用狭义的失能概念，仅考虑老年人日常生活能力的丧失或受限。

老年人的失能症状可能不止一种，即使是同一失能症状在不同个体的表现程度也有差别，所以只有对老年人的日常生活能力进行测量和评价，即进行失能评估，才能准确了解老年人的失能程度，这是长期护理服务给付的基本依据。

(二) 长期护理

1. 长期护理的定义

长期护理一词来源于英文 Long-Term Care(LTC)。出于不同的专业角度及使用习惯的差异，LTC有多种译名，如长期护理、长期照料、长期照顾、长期照护、长期介护等。如我国台湾学者习惯使用“长期照护”，日本 LTC 制度的官方用词是“长期

---

① 本章为国家社会科学基金项目《失能老人长期护理的社区服务网络研究》(项目编号：15BSH122)的阶段性成果。

② 宋岳涛：《老年长期照护》，中国协和医科大学出版社2015年版，第27页。

介护”，中国大陆地区老年学学者习惯于用“长期照料”。中国大陆在2016年推行LTC保险时采用的官方用词是“长期护理”保险，侧重于强调长期护理的专业性，以区别于普通的生活照顾。为便于本书各章关于LTC政策的描述和分析与官方用词保持一致，本书统一采用“长期护理”（也简称长护）作为LTC的译名。

国际上对长期护理没有统一的定义。世界卫生组织在题为《建立老年人长期照顾政策的国际共识》的报告中指出：“长期照顾①是由非正式提供照顾者（家庭、朋友和/或邻居）和/或专业人员（卫生、社会和其他）开展的活动系统，以确保缺乏完全自理能力的人能根据个人的优先选择保持最高可能的生活质量，并享有最大可能的独立、自主、参与、充实和人类尊严。”②

美国健康保险学会（HIAA）对长期护理的定义是：“在一个比较长的时期内，持续地为患有慢性疾病，如阿尔茨海默病等认知障碍或处于伤残状态下，即功能性损伤的人提供的护理。它包括医疗服务、社会服务、居家服务、运送服务或其他支持性的服务。”

上述两个定义都强调长期护理的目的不是治愈疾病或保全生命，而是对失能、失智或半失能、半失智人员的日常生活能力进行部分地修复，并提供支持性服务，尽可能持久地维持患者的生理机能，保证其生活质量和人类尊严。除此之外，世界卫生组织的定义还强调扮演“照顾者”角色的人应该是多元的，从非正式的到专业的，从家庭、社区（朋友、邻居）到专业机构（卫生、社会及其他）都可以成为服务的供给者。HIAA的定义则指出长期护理周期通常较长。至于界定享受长期护理服务资格的周期临界点，各国的规定不尽相同。如美国国家长期护理调查（National Long-term Care Survey，NLTCS）认为失能状态持续或预期会持续90天及以上，才可享受长期护理服务的给付待遇。但长期护理服务的持续时间无法确定，一般可长达半年、数年甚至10年以上。

综上所述，本书将长期护理界定为：在一个相对较长的时期内，非正式照顾者（家庭、朋友和/或邻居）和/或专业人员（卫生、社会和其他）为维持因生活功能和认知功能受损而导致日常生活能力丧失或受限的人的生理机能，保证其生活质量，而持续地向他们提供医疗护理服务、日常生活照料服务、社会服务或其他支持性的服

① 世界卫生组织将LTC译作“长期照顾”。

② 世界卫生组织：《建立老年人长期照顾政策的国际共识》，世界卫生组织网站，http://www.who.int/publications/list/WHO_HSC_AHE_00_1/zh/index.html。

务的总称。

2. 长期护理的对象

长期护理的对象主要是指日常生活功能或认知功能受损而需要由他人提供照顾服务的人，即具有身体功能障碍或认知功能障碍的失能人口。由于老年人是失能风险的高发人群，在人口老龄化的背景下，失能老人是长期护理制度的主要受益群体，因此本研究中长期护理的对象是失能老人。

3. 长期护理的内容

长期护理是将日常生活照料、医疗护理、临终关怀、社会支持服务等内容结合起来的综合性服务。具体来说，一套全面的长期护理服务应至少包括以下四个层面的内容：

(1) 日常生活照料。

日常生活照料主要为失能老人提供两个方面的生活照料：一是基本日常生活照料，如行走、上下楼梯、穿衣、吃饭、移位、如厕、洗澡等方面的照料；二是复杂日常生活照料，如购物、家务、洗衣、理财、备餐、使用交通工具、使用电话和服药等方面的照料。这些照料服务旨在保证失能老人的日常生活可以正常进行。

(2) 医疗护理。

长护服务中的医疗护理与治疗性医疗护理的目的不同。治疗性医疗护理的目标是要改善服务对象的身体状况，使其康复或病情好转，摆脱疾病和失能状态；而长护服务中的医疗护理则是尽可能长时间维持服务对象的身体现状，延缓失能进度，具体内容主要包括对各种慢性病的护理、常见留置管道的护理、常见老年综合征的护理等。

(3) 社会支持服务。

社会支持服务是指除日常生活照料与医疗护理之外的由政府、社会或个人提供的其他支持性服务，如交通接送服务、喘息服务等。具体来说，交通接送服务是用于满足失能老人就医与使用长期护理服务的交通需求，提高各项医疗服务和其他服务的可及性。喘息服务(respite care)是为家庭照顾者所提供的服务，即由受过专业训练的护理员到失能老人家里，代替家庭照顾者为失能老人进行短暂时数的日常生活照料服务和基础医疗护理服务，使照顾者能得到短暂的休息，喘口气之后得以继续照顾工作。照顾者通常是失能老人的配偶、成年子女、亲戚、邻居或朋友。喘息服务是失能老人家庭亟须的服务。

（4）精神慰藉。

精神慰藉服务关注失能老人的情感需要，其服务对象以空巢老人为主。空巢老人因缺乏子女的陪伴在精神上倍感孤独，而这种孤独感易造成老年人身体机能水平的下降。精神慰藉服务有利于失能老人摆脱脆弱的精神状态，从而促进其他护理服务效果的显现。

精神慰藉服务的内容主要包括文娱服务、电话问安服务、聊天服务、社会交往服务等。文娱服务即根据失能老人的身体状况、兴趣爱好、文化程度，开展各种有益身心的娱乐活动，如乐器弹奏、美术、棋牌、游艺等，丰富老年人的文化生活；电话问安服务对象为独居老人，由志愿者或专业人员不定时打电话至独居老人家中关心老人，以防范意外事件的发生；聊天服务即陪老人聊天，消除独居老人的寂寞感，减少失能老人抑郁症的产生；社会交往服务则是帮助失能老人建立更多的社会联系，组织失能程度较低的老人参与社会活动，满足失能老人情感交流与社会交往的需求。

专栏 3.1　老年精神慰藉新尝试——“讲述者—口述历史”小站

2017 年 6 月 9 日，诚和敬旗下连锁化养老驿站集团——北京诚和敬驿站养老服务有限公司（以下简称诚和敬驿站公司）携手北京市永源公益基金会、新历史合作社、新浪新闻频道共同推进的关注老年人心灵生活的大型公益项目——“讲述者—口述历史”小站，正式登陆京城。诚和敬驿站公司作为北京市首家国资控股的连锁化经营的养老服务集团，秉承“诚实、和谐、敬爱”的企业价值观扎根社区，在不断丰富为老服务的同时，履行企业使命、社会责任，让更多的老年人享受快乐生活，分享社会发展成果。

诚和敬驿站公司品牌市场部经理刘冰谈到自己的爷爷时说，老人一生的经历带给她深深的感触，但爷爷的故事只能装在那个小盒子里，埋在地下，无从说起。口述历史访谈不仅让老年人能够将自己的人生经历、生活感悟以及对社会问题的看法，转化为一种精神财富和文化遗产，更重要的是，工作人员通过挖掘老年群体的集体记忆，运用口述历史采集故事的方式，可以拉近与老人的心灵距离，成为老年精神慰藉服务的一种新形式。家有一老，如有一宝。中国文化的脉脉相承来自家族、家训、家传。老人在口述历史的过程中，可以重拾对自我价值的感知，这对于精神孤独的老人们来说是极有意义的一件事。工作人员在接触诚和敬水碓子社区驿站的老人时，能感受到他们在驿站里获得的不仅是身体上的修养，更重要的是心理上的慰藉。

通过为期三周的培训，工作人员借由“口述历史”小站，在养老驿站开展了常态化的精神慰藉服务，并分组完成了5部不低于15分钟的原创口述历史影像作品。目前，诚和敬驿站公司在北京已筹备运营近40家驿站，2017年底将实现100家驿站的连锁规模，今后它的服务范围还将覆盖更多的老年人。

资料来源：根据互联网新闻资料整理。

(5) 临终关怀。

临终关怀(hospice care)，又称安宁疗护。它的英文名中的hospice一词源于拉丁文hospes，在罗马时代是照顾旅客及病人临终时巡礼的地方。临终关怀是指针对治愈性治疗无反应的末期病人由专业医疗服务团队提供积极的全方位照顾，包括身心关怀与舒缓治疗服务以减轻末期病人的身体疼痛、不适应症及心理压力，并对病人及家属提供心理扶持服务，辅导其接受临终事实。①临终关怀是肯定生命，视死亡为自然的过程，不提早也不拖延死亡。临终关怀的系统服务可以帮助病人尽可能提升生命品质，陪伴病人安详走完人生最后一程，帮助家属度过病人生病与其身后期间所遭遇的种种压力，达到生死两相安的境界。②

专栏3.2　山东齐鲁医院开办“临终关怀病房”

齐鲁医院舒适医疗综合病房是目前山东省唯一由公立医院开办的临终关怀病房。此前，济南曾有多家临终关怀病房，但因经济效益等原因陆续退场。由于临终关怀病房一般不进行检查、手术、治疗，所以给医院带来的经济效益并不大。齐鲁医院舒适医疗综合病房从2016年2月底试运行，10月11日正式投入运营，10个月期间，共有二三十名病人在此入住，多时六七名，少时两三名。相对于庞大的肿瘤晚期等需求人群，这个数字并不算理想。

---

① 邱启润等：《长期照护理论与实务》，台北洪叶文化事业有限公司2012年版，第51页。

② Pratee, J.R.(2010), *Long-term Care: Managing Across the Continuum*, 3rd Edit. Jones and Bartlett Publisher, London, UK.

王老太太自主选择了自己生命的轨迹。她不愿接受插管，在治疗时，她会一把将插管拔下，甚至连氧气管也不愿戴。一个月前，老人的病情开始加重。知道老人的愿望，家人把她送到了山东齐鲁医院舒适医疗综合病房（即临终关怀病房）。这里收治的都是目前医疗技术还无望治愈的晚期恶性肿瘤以及慢性病终末期的病人。

在每一名患者入院前，家属要签署一份《舒适医疗知情同意书》。医生会跟家属进行沟通，对这些预期生存期在6个月以内的病人医生将针对疼痛等症状进行缓解，减轻他们的身心痛苦，但不针对疾病本身展开积极治疗。在病人心跳暂停后，不会用电击、按压、药物等会带来痛苦和二次伤害的方式使心脏恢复跳动。在这里，一切医疗活动均围绕着病人的舒适而展开，更多地回归到对人本身的关怀。总之，这里的目的是让病人“好受”，不强求生命的挽回。美国医生特鲁多有一句名言，激励着一代代行医人：偶尔去治愈，常常去帮助，总是去安慰。他们工作的意义，或许就是留住更多的温馨和宁静。

目前中国缺乏死亡教育，国人对临终关怀的接受程度还不高。此外，临终关怀费用尚未被医保覆盖，更别说刚刚开始试点的长期护理保险了。对于患者家庭来说，如果治疗能报销，而临终关怀只能自费，势必引导部分患者被动地选择“过度治疗”。而对于专业的临终关怀机构来说，没有医保或长护保险的支持，生存几乎难以维系。除了医疗护理服务，临终关怀还包括大量的心理抚慰、倾听陪伴等人文关怀，这些服务占了照料人员工作的很大部分，但他们工作的价值没有得到体现，几乎是免费的，如果无法理顺定价机制，也不利于长期发展。

数据显示，我国对晚期癌症病人临终关怀服务覆盖率约为10%，而发达国家和地区在80%以上。我国临终关怀研究和实践始于1988年，但27年来尚未建立起系统的专业化服务，发展步履维艰。

资料来源：根据互联网新闻资料整理。

4. 长期护理与养老服务

“长期护理”这个词正式出现之前，我国政府各类文件中经常使用“养老服务”这一术语来描述老年人的生活照料和护理服务。依据《社会养老服务体系建设规划（2011—2015）》中的表述，我国社会养老服务体系包括居家养老、社区养老和机构养老。居家养老服务包括生活照料、家政服务、康复护理、医疗保健和精神慰藉等，社区养老服务包括社区日间照料和居家养老支持，机构养老服务则以机构建设为重点，在养老机构内提供生活照料、康复护理和紧急救援服务。

如果将长期护理服务按服务地点来划分，也可以分为居家护理（home care）、社区护理（community care）和机构护理（institutional care），且照料和护理的项目与“养老服务”基本相同。从这个角度来看，长期护理与养老服务的概念似乎没有差别。但是，长期护理服务只面向失能老人，而养老服务则面向所有的老人，既包括失能老人，也包括健康老人，所以养老服务的范畴比长期护理更广（见图 3.1）。

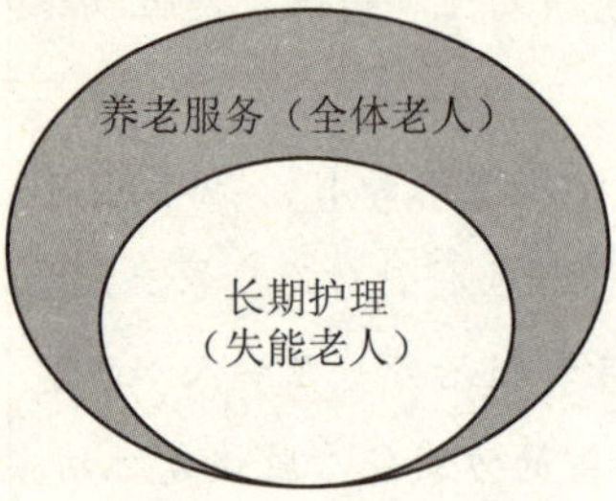

图 3.1　长期护理与养老服务的关系

在西方发达国家，长期护理与养老、医疗共同构成老年保障体系。长期护理的制度化将传统的家庭养老服务转向社会养老服务。在社会化程度较高的国家，养老服务已经发展成为一个关联老年科技产品、社区服务、医疗卫生、养老地产、商业保险等多个行业的朝阳产业。①

5. 长期护理与医养结合

2016 年，国家卫生计生委联合民政部发布了《关于确定第一批国家级医养结合试点单位的通知》，自此旨在提升老年人养老质量的“医养结合”模式在全国多个地区展开试点。近年来，政府力推“医养结合”的一个重要原因，就是老年人“看病难”的问题始终得不到缓解，而医疗服务恰恰是老年人养老服务不可缺少的一环。所谓“医养结合”是指医疗资源与养老资源相结合，形成“医养一体化”的养老服务模式。其中，“医”包括医疗服务、健康咨询服务、健康检查服务、疾病诊治和护理服务、大病康复服务以及临终关怀服务等；“养”包括的日常生活照料服务、心理慰藉服务、文化活动服务等。

既然“医养结合”是医疗资源和养老资源的结合，“长期护理”也是老年人生活照料服务和医疗护理资源的结合，那么，“长期护理”与“医养结合”是否存在差异？事实上，医养结合的服务对象与服务内容比长期护理要更为宽泛（见表 3.1）。“医养

① 张盈华：《老年长期照护：制度选择与国际比较》，经济管理出版社 2015 年版，第 16 页。

结合”强调老年人需要的医疗服务与养老服务相结合。这种医疗服务既包括以疾病治愈为目的的积极性治疗和康复护理，也包括针对慢性病的维持性医疗护理以及临终关怀服务。它的服务对象是所有老年人。而长期护理服务的对象仅包括身体或心理功能有所损伤的失能老人，这些老人罹患的是慢性病，或称老年病，从某种意义上说，这些病是不可治愈的。

因此，长期护理提供的是在带病生存状态下的日常生活照料，以及辅以延缓病情发展和维持生理机能的护理和康复。以疾病治愈为目的积极性治疗和康复护理服务不属于长期护理服务的范畴，所以更准确地说，长期护理应该是“护养结合”。长期护理强调护理周期的长期性，而“医养结合”则没有这样的限制，疾病治疗的短期医疗服务与长期护理服务均包括在“医养结合”的服务范畴内。

此外，长期护理服务主要通过长期护理保险筹资，而医养结合服务的筹资则相对复杂一些：即疾病治疗的资金来源于医疗保险基金，其他面向失能老人的医疗护理服务、生活照料服务资金来源于长期护理保险，而非失能老人的短期护理及生活照料等服务费用则需自付。

虽然“长期护理”与“医养结合”在上述几个方面存在一定的差异，但两者都是通过对养老、医疗等社会资源进行选择、整合和分配，为有需求的老年人提供综合性的服务。无论老年人选择在哪里接受长护服务或其他医养服务，家庭、社区、医疗机构和养老机构都是不可或缺的服务递送平台，这些平台以不同的合作形式将医疗护理、生活照料等服务资源进行合理配置，使老年人能够得到全方位、连续的服务。

表 3.1 “长期护理”与“医养结合”概念比较

	长期护理	医养结合
服务对象	失能老人	全体老年人
服务内容	医疗护理＋日常照料＋其他	疾病治疗＋医疗护理＋生活照料＋其他
服务周期	长期	无限制
主要筹资方式	长期护理保险	医疗保险（覆盖疾病治疗费用）、长期护理保险（覆盖失能老人医疗护理、生活照料及其他长护项目）、自付（非失能老人的短期护理及生活照料等服务费用）
递送平台	家庭、社区、医疗机构、养老机构	家庭、社区、医疗机构、养老机构

(三) 长期护理保险

国内外学者对长期护理保险(Long-term Care Insurance, LTCI)的概念有不同的表述。美国健康协会(HIAA)认为,“长期护理保险是为消费者设计的,对其在长期护理时发生的潜在巨额护理费用支出提供保障”。美国人寿管理协会(LOMA)的定义是,“长期护理保单是为那些由于年老或严重疾病或意外伤害的影响需在家(care at home)或护理机构(nursing facility)得到稳定护理的被保险人支付的医疗及其他服务费用进行补偿的一种保险”。国内学者戴卫东认为,长期护理(社会)保险是国家颁布护理保险法律,以社会化筹资方法,对由于患有慢性疾病或处于生理、心理伤残状态而导致生活不能自理,在一个比较长的时期内需要依赖他人的帮助才能完成日常生活的人所发生的护理费用以及非正规护理者的补助进行分担给付的一种制度安排。①曹信邦将长期护理保险界定为运用保险的风险共担原理对因衰老、疾病、意外或身体器官衰弱而日常生活不能自理的失能老人提供护理所发生的长期的、高额的护理费用提供经济补偿的一种财务制度。②

从上述定义来看,国内外学者虽然在语言表述上存在一些差异,但对长期护理内涵的界定基本一致,即以因长期护理而发生的费用补偿为核心,运用保险的大数法则来分散老年人长期护理费用支付风险的一种机制。

如果按运营主体来分类,长期护理保险可分为长期护理社会保险和长期护理商业保险。从结构上来看,长期护理保险包括资金筹集和待遇支付两大系统。长期护理社会保险的资金主要由政府、雇主、雇员三方负担,长期护理商业保险的资金则由投保人通过购买保单方式自行支付。在美国,也有公司为了留住员工为其购买长期护理保险作为公司人力资源政策的一项重要措施。③在待遇支付方面,长期护理商业保险通过商业保险公司进行待遇给付;长期护理社会保险则由公共保险机构向长期护理服务供给者支付服务费用,或与商业保险机构合作支付。在有的国家,参保人也需要自付一定比例的费用。

---

① 戴卫东:《中国长期护理保险制度构建研究》,人民出版社 2012 年版,第 7—8 页。

② 曹信邦:《中国失能老人长期护理保险制度研究——基于财务均衡的视角》,社会科学文献出版社 2016 年版,第 21 页。

③ 戴卫东:《长期护理保险——理论、制度、改革与发展》,经济科学出版社 2014 年版,第 8—9 页。

(四) 长期护理保障

在国内,“长期护理保障”这一术语最早出现在1996年全国人民代表大会通过的《中华人民共和国老年人权益保障法》(以下简称《老年法》)中,该法第30条规定“国家逐步开展长期护理保障工作,保障老年人的护理需求”,“对生活长期不能自理、经济困难的老年人,地方各级人民政府应当根据其失能程度等情况给予护理补贴”。2016年,民政部再次提出建立老年人长期护理保障体系,要求着力补齐服务短板,重点保障失能、半失能老人的生活照料、康复护理、精神救济和安宁疗护等长期护理服务。①《老年法》对长期护理保障的提法侧重服务资金的筹资,即以护理补贴的形式来支付长护服务,2016年民政部的政策语境则强调长护服务的有效供给。

如前文所述,“长期护理”和“长期护理保险”的概念均来自西方发达国家,但“长期护理保障”却难以在英文中找到一个完全对应的词,究其原因,可能是因为西方发达国家的长期护理服务先于筹资制度存在,或者两者几乎同时建立,筹资制度作为财务支持部分,与服务供给融为一体。

从这个角度上说,所谓“长期护理保障”,实际就是Long-term Care(LTC),即“大长护”的概念,包括长期护理筹资和长期护理服务供给体系。在中国之所以强调长期护理保障,是因为筹资制度即长期护理保险先于长期护理服务为人们所了解,而长期护理服务尚未形成一个成熟的体系,仍然糅合于“养老服务”与“医养结合”的政策之中,因此我们需要“长期护理保障”这个概念来厘清长期护理筹资制度与服务供给之间的关系。本研究认为,完整的长期护理保障体系应该包括长期护理的筹资制度与长期护理的服务供给体系(见图3.2)。

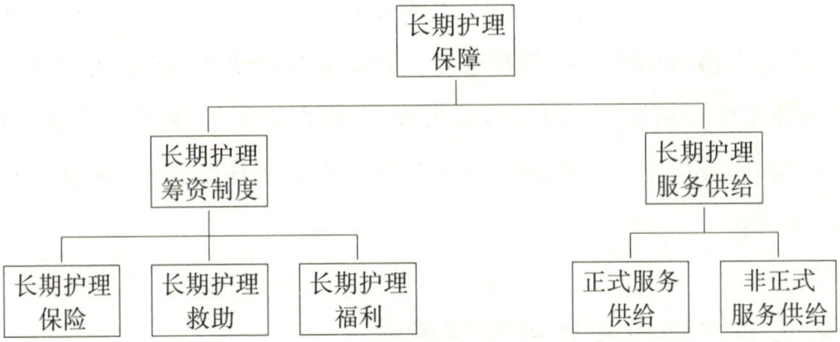

图3.2 长期护理保障体系

① 民政部:《将推动建立老年人长期照护保障体系》,新华网,http://www.xinhuanet.com/politics/2016-10/31/c_1119822967.htm,2016年10月31日。

1. 长期护理筹资制度

从各国的实践来看，长期护理筹资制度有如下三种形式：

(1) 长期护理保险。即运用保险的大数法则来分散老年人长期护理费用支付风险的制度。关于长期护理保险的定义前文已有介绍，此处不再赘述。以色列、德国、日本和韩国是长期护理社会保险的代表国家，而美国则是长期护理商业保险的典型代表。长期护理社会保险具有覆盖面广、护理责任和资金三方共担、互济性强的特征，因此是最重要，也是最具有财务可持续性的一种筹资制度。后面的章节将主要围绕长期护理保险这种筹资制度进行探讨，其他筹资形式不在本书的研究范围内。

(2) 长期护理救助。指由政府为处于收入标准以下的群体提供护理补贴的一项社会救助制度。这一筹资形式以法国、西班牙、希腊和南欧国家为代表。由于长期护理救助覆盖面窄，给付水平低，因此在有的国家这种筹资形式并不是单独存在的，它往往作为长期护理保险的一项补充制度。

(3) 长期护理福利。指由国家财政支持社会化福利津贴的发放与实物供给，满足国民的长期护理需求。以澳大利亚、英国以及瑞典等北欧国家为代表的长期护理福利制度往往覆盖所有失能老人，服务项目齐全，福利水平高。但这种制度随着老龄化程度不断加深，可能会给国家财政带来较大负担，财务可持续性堪忧。

2. 长期护理服务供给

由长期护理的定义可知，服务供给方是多元的，既包括非正规的提供者，也包括正规(专业)的提供者。非正规提供者主要是失能老人的家人、亲戚、邻居、朋友或志愿者，负责其日常生活的照料；正规的提供者则是专业的医疗和社会服务人员，负责失能老人基础的医疗护理和康复。除服务提供者外，配套机构也是长期护理服务供给体系中不可或缺的部分，如失能等级评估机构、服务供给遴选机构、护理员培训机构、服务质量监督机构等。正是这些配套机构的存在，保证了长期护理服务的有效供给。

二、国际长期护理保障体系发展溯源

人口老龄化是伴随经济发展而发生的一个渐进的过程。19 世纪的欧洲是世界上经济最发达的地区，也是最先进入老龄化的洲。早在 1865 年，法国 65 岁及以上老年人口比例就超过了7%，进入老龄化社会。瑞典是第二个在19世纪进入人口老龄化的国家。其他西方发达国家也紧跟其后，先后在20世纪发生了人口老龄化的现象，英国和德国1930年进入老龄化社会，美国则是在1945年进入老龄化社会。到1960年，欧洲的大部分地区、北美洲以及大洋洲65岁及以上人口占比均已超过7.33%。

伴随人口老龄化，老年人的疾病谱也发生了变化。慢性非传染病，如心脑血管疾病、肠胃病、腰椎间盘突出等显著增加，导致老年失能和残障状况突出。据统计，发达国家目前需要各种形式长期护理的老人已占全部老年人口的1/4。①人口老龄化和高龄化所产生的老年长期护理需求逐渐受到老龄化国家的重视。自20世纪60年代起，这些国家或地区陆续出台法案为长期护理服务的筹资与供给提供制度性保障（见表3.2）。

(一) 国际长期护理保险制度的发端

1. 荷兰"特殊医疗成本法案"：世界上第一部长期护理相关法案

1965年，荷兰颁布"社会救助法案"(Social Assistance Act)，希望通过救助的方式为需要长护服务的低收入者或老年人提供帮助；同时，荷兰也在探索除社会救助以外的长期护理制度形式，并于1968年开始实施"特殊医疗成本法案"(Exceptional Medical Expenses Act, AWBZ)，对老人、残疾人的长期护理服务进行社会保险给付。虽然荷兰的长期护理保险不仅服务于老年人，还覆盖了其他年龄段需要长期照料的人员，但20世纪60年代，荷兰高达8.9%的老龄化率（65岁及以上人口）是推动长期护理保险形成的主要原因。"特殊医疗成本法案"是世界上关于长期护理筹资与给付的第一部立法，不过在这部法案中，长期护理依附于社会医疗保险，没有独立的筹资渠道，不是一个独立的社会保险险种。

2. 以色列《国家保险法》第61号法案：长期护理保险第一次成为独立险种

美国、法国虽然率先于20世纪的七八十年代开设了长期护理商业保险，但第一个将长期护理保险作为独立的社会保险险种的国家是以色列。以色列在1948年建国时社会结构较年轻，65岁及以上老年人口占比仅为3%，然而到1980年，这一比例已经激增至8.7%（见表3.2）。

---

① 中国医疗保险研究会：《国外长期护理保险研究》，2011年2月。

表 3.2　部分国家与地区老龄化程度与长期护理保障政策出台时间节点对照表(1960—2015 年)　　(单位:%)

年份	中国	荷兰	以色列	德国	美国	日本	新加坡	韩国	中国台湾
1960	3.7，0.2	8.9，1.4	4.7，0.6	11.5，1.6	9.1，1.4	5.6，0.7	2.0，0.3	3.2，0.2	2.5，0.2
1965	3.4，0.2	9.5，1.5 《特殊医疗成本法案》(1968)	5.6，0.7	12.5，1.8	9.5，1.6 《社会保障修正案》(1965)中的医疗保险和医疗救助制度覆盖了部分长护服务支出	6.2，0.8	2.6，0.3	3.2，0.3	2.6，0.3
1970	3.8，0.3	10.1，1.7	6.5，0.9	13.6，1.9	10.1，1.8 20 世纪 70 年代设立商业长期护理保险	6.9，0.9	3.3，0.3	3.2，0.3	2.7，0.3
1975	4.1，0.4	10.7，1.9	7.7，1.0	14.9，2.2	10.7，2.1	7.7，1.0	4.1，0.4	3.2，0.3	3.2，0.3
1980	4.7，0.4	11.4，2.2	8.7，1.2 《长期护理保险缴费法案》	15.6，2.6	11.6，2.3	8.9，1.3	4.7，0.5	3.6，0.4	4.2，0.4
1985	5.3，0.5	12.0，2.5	8.6，1.4 《为增加护理机构人数发展服务和将护理服务扩展到社区而融资法案》(1986)《长期护理保险个人待遇支付法》(1988)	14.6，3.2	12.1，2.6	10.1，1.7	5.3，0.6	3.9，0.4	5.0，0.6
1990	5.7，0.6	12.7，2.8	8.9，1.8	14.9，3.7	12.6，2.9	11.9，2.3	5.6，0.9	4.3，0.5	6.1，0.7

续　表

年份	中国	荷兰	以色列	德国	美国	日本	新加坡	韩国	中国台湾
1995	6.2，0.8	13.1，3.1	9.7，2.1	15.5，4.1《长期护理保险法案》(1996)	12.7，3.1	14.3，3.0	6.4，1.2	5.1，1.5	7.5，1.0
2000	6.9，1.0	13.6，3.2	10.0，2.2	16.5，3.6	12.3，3.2	17，3.7《长期护理保险法》(2000)	7.3，1.3《乐龄保健计划》(2002)	5.9，0.7	8.5，1.3
2005	7.7，1.2	14.1，3.5《社会支持法案》(2007)	10，2.5	18.9，4.3	12.3，3.4	19.7，4.8《护理保险法修订法案》(2005)	8.2，1.6	7.4，0.8《老年长期护理保险法》(2008)	9.6，1.8《长期照护十年计划》(2007)
2010	8.4，1.4	15.4，3.9	10.4，2.9	20.5，5.1	13，3.6	22.5，6.2	9.0，1.9	8.7，0.9	10.7，2.6
2015	9.7，1.7 2016年开始长期护理保险试点	17.9，4.4	11.2，3	21.1，5.7	14.6，3.7	26，7.6	11.7，2.3	9.7，1.2	12.3，3.1 2017年实施长期照护保险

注：表中不同年份对应的两个数据，分别代表65岁以上老年人口以及80岁及以上老年人口占总该国家或地区总人口的比重，前者为60岁及以上老年人口占比，后者为80岁及以上老年人口占比。

资料来源：根据联合国《2017世界人口展望》(World Population Prospects 2017)以及各国(地区)长期护理制度政策文件整理。

20世纪80年代末90年代初，埃塞俄比亚和苏联移民的涌入，使以色列人口老龄化的速度更加迅猛，因为移民中12%的人年龄在65岁以上。①庞大老年人口比例的增加，尤其是残疾老年人数的逐步增多，使以色列政府开始认真考虑所面临的老年人生活护理的社会问题。1986年，以色列通过《国家保险法》第61号法案，即《长期护理保险法》，并于1988年开始实施，从此长期护理保险制度正式建立。

此前，以色列先后通过了三部法案，即《长期护理保险缴费法案》(Collection of Insurance Contributions, 1980)、《为增加护理机构人数发展服务和将护理服务扩展在社区而融资法法案》(Financing the Development of Services Aimed at Increasing the Number of Patients in Institutions and of Extending the Range of Services in the Community, 1986)，以及《长期护理保险个人待遇支付法》(Payment of Personal Benefits, 1988)。②这三部法案奠定了以色列长期护理保险制度的基础，开创了世界长期护理社会保险的先河。

3. 德国《长期护理保险法案》：世界上第一部长期护理保险专项立法

随后，德国于1996年也设立了长期护理社会保险。在出台长期护理保险政策以前，德国与荷兰一样，都是通过以征税为基础的社会救助体系来支付长期护理服务的费用。随着长期护理需求的快速增长，通过社会救助获得长期护理服务的人数由1970年的26万人增加至1990年的54.6万人。③不断增加的长期护救助支出使德国州政府面临越来越沉重的财政压力。以1992年为例，德国州政府支付的社会救助资金中有34%为长期护理服务支出。④除了财政压力之外，社会救助体系下的长期护理服务不符合德国"社会团结"的社会理想，因为社会救助体系只面向社会中少数人提供福利，大部分有长期护理需求的人被排除在外。经过近20年的思考和辩论，1996年德国终于正式实施覆盖全体国民的《长期护理保险法案》，这也是世界上第一部长期护理保险的专项立法。

---

① 《以色列社会保险的特点和近年发展》，载北京市社区公共服务信息网，http://yy.bjcs.gov.cn/jdgz/jdgzDetail.go?lm=tszs&jbshj id=341032, 2006年3月2日。

② 郑秉文主编：《中国养老金发展报告2017——长期护理保险试点探索与制度选择》，经济管理出版社2017年版，第229页。

③ Cuellar, A.E., Wiener, J.M., "Can Social Insurance for Long-term Care Work? The Experience of Germany," *Health Affairs*, 2000, 19(3):8—25.

④ Gtting, U., Haug, K., Hinrichs, K., "The Long Road to Long-term Care Insurance in Germany," *Journal of Public Policy*, 1994, 14(3):285—309.

德国设立长期护理保险后，不少亚洲国家纷纷效仿，其中日本最为积极。日本算是发展比较晚的发达国家，加上二战的影响，直到 1970 年日本 65 岁及以上老年人占总人口的比例才超过 7%。但此后日本在老龄化的道路上“突飞猛进”，成为世界上老龄化速度最快的国家。根据日本总务省公布的人口统计结果显示，截至 2016 年 9 月，日本 65 岁及以上的老年人有 3 461 万人，占总人口的 27.3%，[①]是世界上老龄化问题最严重的国家。日本在 20 世纪八九十年代，靠社会福利制度对无收入或低收入老年人提供免费收容和照顾，其他失能老人入住养老机构或雇人照料的费用则需要自理。此后，飞速的老龄化迫使日本积极向西方发达国家学习设立长期护理保险制度，并于 2000 年实施《介护保险法》。

除日本外，新加坡于 2002 年推出《乐龄保健计划》，[②]韩国于 2008 年出台《社会护理保险法》，中国台湾地区于 2017 年实施长期护理保险，中国大陆自 2016 年起推行长期护理保险试点。各国长期护理保险法案的出台使护理服务以“契约”服务的形式规范起来并给予了资金保障，从而提高了长期护理服务的可及性。

(二) 以税收为基础的其他筹资制度的产生和发展

从长期护理保障的发展历程看，长期护理保险并不是最早出现的长期护理保障制度形式，许多国家如荷兰、德国、日本等的长期护理保险都是从长期护理救助制度发展而来。

美国虽然在 20 世纪 70 年代就建立了长期护理商业保险，是长期护理商业保险最为发达的国家。但早在长期护理商业保险出现之前，美国政府已经根据 1965 年出台的《社会保障修正案》建立了两项国家制度，即针对 65 岁及以上老年人的医疗照顾（Medicare）制度和针对低收入者的医疗救助（Medicaid）制度，这两项制度中都包括了为长期护理服务托底的功能。在美国的长期护理支出中，上述两项制度的给付占 61%，个人给付占 28%，商业护理保险占 11%，可见 Medicare 和 Medicaid 在美国的长期护理保障体系中占有重要的地位。

在上述国家中，以税收为基础的长期护理救助制度只是长期护理保险的有益补充，而在英国、澳大利亚等英联邦国家，以及瑞典、丹麦等北欧高福利国家则是把

---

① 人民网—日本频道，http://japan.people.com.cn/n1/2016/0919/c35467-28723815.html。

② 《乐龄保健计划》虽然是商业保险，但由于是政府主导，因而参保水平较高。新加坡 40—83 岁的居民有 65%被该计划所覆盖。这一参保水平远高于世界上绝大多数国家的长期护理商业保险。

长期护理救助或福利作为唯一的筹资形式，直接向国民提供基本长期护理保障，作为医疗保障体系的延伸。以英国为例，英国是实行全民医疗保障最早的国家之一，其老年医疗护理早已纳入医疗保障，但对生活护理部分，政府福利只负责低收入家庭。所以，相较于长期护理保险的产生时间而言，这些国家的长期护理救助或福利制度出现得更早。

纵观长期护理保障制度的发展历史，各国长期护理保障制度呈现出多样性的特点，这主要是因为制度选择会受到各国经济状况、政府财力和医疗保障发展程度，以及政治理念、社会传统、文化习俗的影响。但从近20年长期护理保障的发展进程来看，长期护理保险因其覆盖面相对较广、财务可持续性强且共济性强等特点受到越来越多国家的欢迎。

三、国际长期护理保障的发展理念和核心原则

从20世纪60年代起，世界长期护理保障体系已经走过了近60年的发展历程。在这期间，各国长期护理政策不断修正、改革，从中透露出的发展理念和原则为正在建立长期护理保障体系的老龄化国家提供了一定的参照系。下面从宏观、中观和微观三个层面对这些发展理念和原则进行梳理和阐释。

(一) 宏观层面

1. *多层次原则*

不论医疗科技与预防保健如何使老年人口变得更健康，总会有身体虚弱或残疾的失能老人需要长期照顾，这是一个无法回避的事实。从老年人权益的角度来看，每一位需要照顾的失能老人，无论年龄、性别或收入，都应获得长期护理服务。

各国的政策实践显示，低收入老人总是通过社会救助或福利制度成为长期护理保障最初的受益群体。而对于其他的失能老人，应该采用什么样的筹资方式来为他们所需的长期护理服务提供资金支持——税收、保险还是自费？如果仅靠税收筹资，持续升级的老龄化将使长护财务制度不堪重负；单纯依靠个人支付，则违背了社会保障互助共济的原则。

因此，建立以长期护理救助制度为兜底、社会化长期护理保险为基础、商业化长期护理保险为补充的多层次长期护理保障体系是实现人人享有有尊严的老年生

活这一目标的前提。构建多层次的长期护理保障制度，应实现公平和效率的平衡，政府与市场关系的优化。

2. 良性互动原则

长期护理保障体系的建设应遵循经济发展与保障水平良性互动的原则，即长护保障制度的发展不能超越或滞后于经济发展，其保障水平应与经济发展水平相适应。长期护理服务水平如果过高，超过经济发展的承受能力，容易引发制度的财务危机，影响长护体系的可持续性发展；服务水平过低，则无法满足失能老人基本的服务需求。老龄化程度越深的国家越需要充分保证基本服务需求的满足，否则易引发社会危机。

事实上，包括长期护理保障在内的整个老龄服务体系建设具有促进经济发展的功能。老龄服务并非纯粹的消费性投资，在有效的规划和引导下，老龄服务也可以成为一种生产性投资，它不仅可消除年轻人对未来养老不确定性的顾虑，稳定未来预期，提高消费水平，还可以带来大量的就业，促进老龄产业的发展，形成新的经济增长点。①

（二）中观层面

1. 服务连续性原则

老年人生活自理能力的衰退是一个程度不断深化的过程，而其对应的日常生活与医疗护理需求也会发生相应的变化，因此基于这一过程的长期护理服务供给应当是一个连续性的服务链条。随着失能程度从轻度到中度再到重度的发展，老年人对长期护理服务需求的强度不断提高，连续性的长护服务可以使老年人能够根据自身的需求选择不同功能的居家、社区或机构长护服务。

为了保证服务之间的连续性与可获得性，服务的供给应满足以下三个条件：第一，长期护理保障体系的服务内容相对完整，能够包括从基础的日常照料到专业的医疗护理以及临终关怀等一揽子服务，以应对老年人从半失能到完全失能时的不同需求。第二，不同的服务供给主体之间可以转介。承担长期护理服务的机构或护理人员可以为失能老人提供转介服务。例如，当失能老人在某些方面仍具有一定的康复潜能时，可以转介到老年康复院进行康复治疗，或转介给康复师进行康复

① 全国老龄工作委员会办公室：《国家应对人口老龄化战略研究总报告》，《老龄科学研究》2015年第3期。

治疗或康复训练；当失能老人处于生命末期时，可以转介到临终关怀机构，或由专业团队上门为老人提供临终照护和舒缓治疗。顺畅的转介可以保证长护服务链条有效连接。第三，服务的使用与转介有制度性的资金保障，如长护救助、长护保险或长护福利，这是保证服务可获得性的必要条件。

2. 服务多元提供原则

从经济属性来看，长期护理服务属于准公共品，具有非排他性和竞争性。也就是说，虽然所有老年人口都能够从长期护理保障体系的发展中获益，但随着失能老人群体规模的增加，如果服务供给不足，便会出现供需失衡。在保持其他条件不变的情况下，每增加一个接受长护服务的失能老人，服务供给便多一份压力。虽然作为准公共品，长期护理服务体系建设具有周期长、投资大、经济回报低、社会效益高等特点，故应当由政府来主导，但仅仅依靠政府的力量难以实现对老年人各种服务需求的有效供给。

为了化解这一难题，西方发达国家在福利多元主义思想的影响下，倡导由政府、市场、社会、家庭共担福利供给责任，并通过市场化与民营化，将正式照护与非正式照护结合在一起，实现了强制性的政府制度、自愿性的市场制度和志愿性的福利制度优势互补的多元服务提供机制。其中，政府负责政策设计、筹集资金、制定服务标准、培养人才、监督服务，以及协调多方服务主体等；市场与社会则负责兴办各类服务机构来提供多样化的长护服务；而家庭则承担着情感支持与部分经济支持的重要责任。

专栏 3.3　提供照顾者的作用、责任和权利

尽管最近在一些发达国家观察到老年人残疾率下降，但是日益增多的老年人口增加了对未来的需求。此外，现在更加强调使老年人继续留在自己家中。根据下列预测状况，长期照顾需要将继续增加：

- 家庭结构继续演变；
- 工作人员与退休人员抚养比率上升；
- 几乎所有国家人口都在迅速老龄化。

在发展中国家，长期照顾按传统只由家庭提供，那里资源稀少并且对资源利用竞争激烈，因此所有这些问题都将变得特别重要。

(1) 正式提供照顾者

一个提供持续和全面服务的长期照顾系统必须包括下列措施：

- 对正式提供照顾者进行专门培训和教育；
- 互相联系的临床、社会和公共卫生服务；
- 卫生保健专业人员和准专业人员的保健标准，

——在没有标准的地方确定保健标准，

——监测遵守保健标准的情况及其与个人愿望的一致性；

- 为综合的、可移植的照顾提供作出多部门的安排。

在长期照顾系统工作的卫生保健和社会照顾人员必须作好准备以提供一系列广泛的家庭、社区和专门机构服务。提供服务的一体化将是长期照顾政策的一项重要内容。

(2) 非正式提供照顾者

在世界任何地方，家庭成员仍然提供最大部分的长期照顾。鉴此，长期照顾系统应支持而不是取代目前的非正式提供照顾者。关于对非正式照顾提供者专门培训和支持的规定，能增进家庭团结和最大限度减低需要照顾的老年人的脆弱性。现行社区教育机构、短期照顾服务和支持团体应加以利用，使这些提供照顾者作好准备并对他们给予支持。在国家政策中……应对非正式提供照顾者提供补贴和/或应得利益，使所有提供照顾者能行使自己的权利自由选择就业及其在社会就业和退休条件方面的需要。

指导原则：公共政策的设计必须正式（就专业人员和准专业人员而言）和非正式（在家庭、志愿者、邻居、非政府组织开展服务时）地支持提供照顾者，确定他们的作用、责任和权利以及对他们面临的挑战作出反应。未来提供照顾将需要正式提供照顾者的支持，举几个例子，可以社会保障覆盖面、培训、短期照顾、家访护士服务和/或一次性付款以支付费用等形式实现。

资料来源：《建立老年人长期照顾政策的国际共识》，世界卫生组织老龄化与健康规划，2000年。

3. 共生发展原则

与养老金制度不同，长期护理保障制度不仅仅是为老年人提供经济保障，更重要的是提供完善的服务保障。经济保障与服务保障是长期护理保障体系中两个功能相互耦合的子系统，它们互相依赖，互相促进，互相制约。

一方面，长期护理保险是筹资制度的主要形式，扮演着经济保障的重要角色。通过设立由政府、企业、个人三方负担的长期护理保险，可以将失能老人长期护理的潜在需求转化为现实需求，充分释放长护服务供给的内生动力，为长护服务产业的发展创造空间。

另一方面，长期护理服务保障是由服务提供者、服务项目、服务设施、服务方式、服务标准与规范、管理监督体制等诸多要素构成的服务体系。如果没有完整和健全的长期护理服务供给，即使有充足的长期护理保险资金，失能老人也购买不到相应的服务，长期护理保险就失去了存在的意义；而一个能够有效满足老年人服务需求的长期护理服务体系，则可以大大增加国民参加长期护理保险的积极性，进而增强长期护理保险的筹资能力。因此，只有实现长期护理保险与长期护理服务的共生发展，才能切实保障全体老年公民享有独立、体面和有尊严的生活。

对于老年人来说，享有一定的长期护理服务比直接获得保险金更为重要，因为服务供给总是先于保险给付而存在。所以，在长期护理保险与长期护理服务共生发展的过程中，国际社会一般将长期护理保险视作长期护理服务的配套性经济支持政策。

早在1982年，联合国就在《老龄问题维也纳国际行动计划》中明确提出要建立居家、社区、机构互相协作的长期护理服务体系："应通过社会服务发展居家照护，保障老年人尽可能长久地留住所在社区和独立生活，通过提供初级医疗、辅助医疗、护理及技术设施对居家/社区照护予以特别支持……必须在承认家庭及其所在社区是平衡而良好的护理制度的因素的基础上，谋求疗养机构的作用和家庭的作用两者之间的适当平衡。"同时，这一行动计划也强调了对长期护理服务提供经济支持的重要性："现有老年人的社会服务和保健制度的费用日趋昂贵。需要本着《阿拉木图宣言》的精神来考虑阻止或扭转这种趋势的途径……根据向所有老年人都提供保险的原则建立或制订社会保险制度。如果这一办法不可行，则应试用其他办法，例如以实物提供补助，或向家庭和地方合作社机构直接提供协助。"①

从国际社会达成的以上共识中可以看出，长期护理保险与长期护理服务的共生发展是长期护理保障体系发展的核心理念，也是老年人获得可持续性长期护理

---

① 联合国：《维也纳老龄问题国际行动计划》，1982年，http://www.un.org/chinese/esa/ageing/vienna.htm。

服务的必要条件。

(三) 微观层面

1. 需求导向原则

理想的长期护理保障体系应该能够在恰当的时间为失能老人提供恰当的服务。要实现这一目标,就必须准确掌握老年人的服务需求。老年人因身体功能、家庭功能、家庭照顾者的能力及疾病特性、个人人口学特性(如性别、年龄、教育程度、经济能力等)等方面存在异质性,所需要的长护服务并不相同,特别是对于自己无法作出长护服务相关决定的失智老人,他们的长护服务需求与其他失能老人相比更加存在差异,因此需要通过综合、完整的评估对老年人的长护需求进行合理的判断。

当然,这里所说的需求判断不仅仅指利用各种评估量表对老年人的失能失智程度进行测量,还包括对老年人的经济状况、家庭照护能力等有所掌握,以确保不会有老人因为贫穷、心理或偏好等因素而无法享受应有的长护服务。

2. 生命质量导向原则

由于人们的寿命越来越长,老龄阶段所持续的时间也随之增加。为了提升老年人的生命质量,应将人体主要机能完全丧失的情况尽可能地压缩在死亡前一个很短的年龄范围内。当然,随着年龄增长,罹患各种疾病的情况频频发生,而且老年人的生活条件使他们更易于受到各种不利于他们健康的危险因素的影响(例如孤独和意外事件),但这些因素是能够加以改变的。

因此,长期护理服务应考虑到老年人体力、智力、社会、精神和环境诸因素之间的相互依存关系,采取预防措施,延缓老年人失能的进程及降低患病的可能性。此外,长期护理服务虽然不以治愈疾病为目标,但可以通过重新训练尚未丧失的机能来减轻老年人的残障程度,减轻因失能带来的痛苦、维持神志清醒,让老人感觉舒适并保有生活的尊严。

3. 生活自主原则

老年通常是一个不能表达自己意见的年龄。影响老年人的决定往往是在没有他们参与的情况下作出的,尤其年迈、虚弱或伤残的老人更是如此。[①]但事实上,老

① 联合国:《维也纳老龄问题国际行动计划》,1982 年,http://www.un.org/chinese/esa/ageing/vienna.htm。

年人自己通常最知道他们需要什么以及应如何来满足这些需要。因此,老年人的生活不应完全由保健、社会服务和其他护理人员来支配,保持失能老人拥有一定的生活自主性与社会融入性是使老人感受到晚年幸福的重要条件,也是长期护理保障体系的重要原则。

要实现这一点,就必须尽可能充分地在社区范围内为老年人提供广泛的预防性和补救性的长护服务项目,例如日间照料服务、社区医疗护理、家庭服务等,以便使老年人能够在自己的家里和他们的社区里尽可能长地过自主的生活,继续成为参加经济活动的有用的公民。如果老人已经进入养老机构接受护理,则应该鼓励家人和志愿人员积极参加照料工作,避免老年人因与社会隔绝而产生孤独感与被丢弃感。

第四章
长期护理保障制度国际比较

自20世纪60年代至今，世界上已经建立相对完善长期护理保障制度的国家为数不多，主要集中在经济较为发达的国家与地区。虽然这些国家在建立长期护理保障制度之初都是为了满足老年人日益增长的护理需求，但在制度演进的过程中，各国在政治、经济、文化背景以及既有社会保障制度等方面的差异，使世界长期护理保障制度呈现出多样化的特征，特别是对长期护理保障的筹资方式与覆盖范围的选择，各国采用了不同的方案。本章将分别从筹资来源和覆盖范围两个角度对长期护理保障形式进行分类，并选取典型国家，比较分析各国长期护理保障的制度框架、发展进程以及制度特质。

一、国际长期护理保障制度类型

(一) 基于筹资来源划分

在已经建立起长期护理保障制度的国家中，长期护理服务的费用往往是由政府、雇主、雇员或个人等多方承担，但因为每个主体支出责任不同，各国的筹资方式存在一定的差异。根据这种差异性，可将世界长期护理保障体系大致划分为四种类型(见表4.1)，即税收＋商业保险型、社会保险型、税收＋社会保险型及税收型。

表4.1　基于筹资来源的长期护理保障类型划分

类　　型	筹资来源	代表国家
税收＋商业保险型	医疗救助与老年医疗保险(政府) ＋商业保险(个人)	美国

续 表

类　型	筹资来源	代表国家
社会保险型	长期护理保险(政府、雇主、雇员三方承担)	德国、日本、韩国
税收＋社会保险型	津贴(政府)＋社会保险(雇主、雇员)	法国
税收型	长期护理津贴(政府)	英国、澳大利亚、北欧国家

1. 税收型

税收型长期护理保障体系完全通过公共财政来筹集资金。政府通常以发放长期护理津贴的形式来保障失能者的长期护理服务需求。这种制度类型主要出现在OECD国家中。

以奥地利为例,其长期护理保障制度资金来源于一般性税收收入,而非社会保险项目的特殊性缴费,而且用于长期护理津贴的政府预算没有上限。2008年,奥地利用于长期护理津贴以及服务给付的直接拨款约3.75亿欧元,占到其GDP的1.3%左右。在长期护理服务的整体公共支出中,现金津贴占了60%。①再如英国,其长期护理津贴的资金来源于中央税收、地方税收(即议会税),以及个人的自付部分。2004年英国地方政府用于机构护理和居家护理的资金支付达到占到了长期护理总支出65%,个人自付部分约占17%。②

由此可见,在税收型长期护理保障体系中,政府是资金筹集责任的主要承担者。随着各国人口老龄化程度的不断加深,实行税收型长期护理保障政策的国家财政负担日趋沉重。近年来为了应对不断膨胀的长期护理服务支出,许多国家开始开始削减长期护理津贴的支付额度。

2. 社会保险型

采取社会保险筹资的国家尊崇俾斯麦的福利思想,提倡社会成员之间的互助共济。代表性国家有荷兰、以色列、德国、日本、韩国等。

(1) 德国。

德国是世界上第一个颁布长期护理保险专项立法的国家,并于20世纪末建立

① August Osterle Mag. Dr, Gudrun Bauer Mag, “Home Care in Austria: the Interplay of Family Orientation, Cash-for-careand Migrant Care,” *Health and Social Care in the Community*, 2012, 20(3):268.

② Comas Herrera A., Wittenberg R., Pickard. L., “Long-term Care for Older People in the United Kingdom: Structure and Challenges,” Knapp M., Challis D., Fernandez J., Towards Equitable and Efficient Social Care, Aldershot: Ashgate, 2004:17—33.

了长期护理保险制度。从 1996 年正式实施《长期护理保险法案》开始，在 20 余年的发展历程中，德国长期护理保险体系完备，改革及时，特色鲜明。中国的诸多试点城市也以德国模式为参照。

德国长期护理以社会保险为筹资方式，采取现收现付的财务制度，由国家、雇主以及雇员三方共同负担，其中国家承担全部缴费金额的 1/3 以上，其余部分由雇主和个人按照个人收入的一定比例均摊(萨克森州除外)。自 1994 年以来，德国的基本长期护理保险费率呈增长态势。立法初期，雇主和雇员各负担一半缴费，合计缴费率为 1.7%；2004 年以后，缴费群体扩大到退休者，这些人须按照养老金收入的 1.7%缴费；2005 年起，无子女雇员需要额外增加缴费(制度实施之初的费率为 1%；2008，老年长期护理社会保险的缴费率提高到 1.95%，无子女雇员费率相应地提高到 2.2%)。①2015 年开始，费率是 2.35%，雇主和雇员各自承担 1.175%，无子女的雇员费率达 2.6%。到 2017 年，基本长护费率已经上涨到 2.55%，雇主和雇员各自承担 1.275%，退休人员的保费需要自己完全承担，无子女的雇员费率则达到 2.8%。②

在德国，无能力缴费的群体可以在政府的资助下加入基本长期护理保险，也可以直接免费参保，失业者的保费由失业保险金负担，无收入者由政府资助参保或者直接免费参保。例如，工作时间不超过两个月的劳动者，或者每星期工作不足 15 小时，并且在原联邦州月工作仅为 15 小时、月收入在 610 马克以下，或在新联邦州月收入 520 马克以下的劳动者，均不需要缴纳保险费；学生和临时性工作从业者也不需要缴纳保险费。③

虽然德国长期护理主要以社会保险筹资模式为主，但也存在商业长期护理保险。商业长期护理保险的保费由各个保险公司按照国家统一原则自行确定。高收入者决定加入商业保险计划，其待遇水平与保费高低无必然联系，保费标准主要由个人风险概率决定。为了避免老弱病残被排斥在长期护理体系之外，德国政府与商业保险公司“约法三章”：一是不得以健康风险较高为由而拒接申请者，即允许“带病参保”；二是不允许保险公司以申请的性别、健康状况作为计算保险费水平的

---

① 张盈华：《老年长期照护：制度选择与国际比较》，经济管理出版社 2015 年版，第 85 页。

② ESPN Flash Report 2016/43: Reform of the Long-term Care Insurance in Germany.

③ 刘燕斌、赵永生：《美以德日四国长期护理保险制度构架比较》，《中国医疗保险》2011 年第 5 期。

依据;三是制定了保险费最高收费标准,保险公司不允许超越。①

(2) 日本。

日本长期护理保险制度实行三方筹资原则,资金分别来自财政一般性税收收入、社会保险缴费和个人自付。在日本的老年长期护理总支出中,各级政府的财政收入承担45%,老年长期护理社会保险基金承担总费用的45%,个人自付10%。老年长期护理的财政负担分别由三级政府按比例分担,中央政府提供25%,都道府县提供12.5%,市町村提供剩余的12.5%。不论护理服务使用者的收入和资产状况如何,老年长期护理专业机构所收取的食宿费是既定的,政府也不会给予补贴,因此老年长期护理总支出中个人自付部分主要用于机构护理的食宿费用。

日本长期护理社会保险制度只覆盖40岁及以上的人口,因此日本社会保险的资金来源是40岁及以上的日本人缴纳的保险费。参保人主要由两部分组成:一是年龄在65岁及以上的人,被称为第一类参保人,其保险缴费从养老金中扣除,扣除比例比在职者的缴费比例稍微低一些;二是年龄在40—64的岁的人,被称为第二类参保人,其保费上缴给各医疗保险机构,实现全国统筹。日本实行全国统一的长期护理社会保险制度,但缴费率由地方政府制定,因此各地缴费率存在一定的差别。各市町村按照群体类别及其收入水平将参保者分类,并根据对老年长期护理服务费用支出规模和经济走势的预测确定不同的缴费水平,每3年对基金收支情况进行审查,并对费率进行一次调整。地方政府对这项社会保险负有"兜底"责任,但由于政府财力和老年护理需求地区差异大,尽管有中央调剂金,长期护理保险地区负担不均的现象仍然存在。

(3) 韩国。

韩国的长期护理保障体系包括社会长期护理保险和社会救助制度。韩国于2008年开始实施长期护理保险制度,是亚洲第二个建立该制度的国家。韩国长期护理服务费用的60%来自长期护理保险,政府财政支持20%,本人负担20%。②可见,长期护理保险所提供的资金支持在其受益人服务费用的支付中处于主体地位。长期护理保险缴费由雇主和雇员(残疾人不需缴纳)各承担50%。保险费用的征收

---

① 郑秉文主编:《中国养老金发展报告2017——长期护理保险试点探索与制度选择》,经济管理出版社2017年版,第221页。

② 陈诚诚:《韩国长期护理保险概述》,《中国民政》2016年第17期。

采取跟随健康保险缴费的原则，两个保险项目共同征收保费，但是分账管理。自2008年开始，韩国长期护理保险缴费率开始呈现上升态势(见表4.2)。2008年时，长护险的保险率为4.05%，比健康保险费率低1.03个百分点，但到2011年长护险的费就已经上升至6.55%，高出健康保险费近1个百分点，这主要是由于长期护理服务费用支出剧增造成的。为了抑制长期护理服务费用的过快增长，韩国更加鼓励和提倡居家服务的方式，因此规定个人承担居家服务费用的标准低于机构费用的标准，即分别承担总费用的15%和20%。

此外，对于没有能力缴费的低收入者，韩国政府主要通过收入调查型的救助和福利制度来满足其长期护理服务的需求。

表4.2　2008—2016年韩国长期护理保险缴费率

时　　间	健康保险缴费率(%)	长期护理保险缴费率(%)
2008年1月—2009年12月	5.08	4.05
2010年1月—2010年12月	5.33	4.78
2011年1月—2011年12月	5.64	6.55
2012年1月—2012年12月	5.80	6.55
2013年1月—2013年12月	5.89	6.55
2014年1月—2014年12月	5.99	6.55
2015年1月—2015年12月	6.07	6.55
2016年1月—2017年12月	6.12	6.55

资料来源：陈诚诚：《韩国长期护理保险概述》，《中国民政》2016年第17期。

专栏4.1　以色列《社区长期护理照护法》

以色列《社区长期照护保险法》于1986年通过，并于1988年4月生效。法律要求征收全国卫生保险的雇员缴费的0.2%，建立一个用于实施此项法律的保留基金。这项法案导致以色列的长期照护体系发生了很大的变化：增加了现有居家照护和服务提供组织的资源量；促使原有分散和单独预算的服务项目成了法律授权的全民受惠制度。此项法律正式界定了政府的法律责任，即基于个人的权利和界定清晰的资格标准，政府有义务为失能老人提供最基本的长期照护服务。

以色列的社区长期照护保险的承保者为国家保险所。国家保险所负责实施《社区长期照护保险法》，并且为失能老人获得个人照护服务的主要资金提供者。

资金筹集：《社区长期照护保险法》的资金有两个来源：一是来自雇员个人、雇主和政府三方的合作保险缴费；二是政府的财政补贴。保险费这部分指的是国家保险所征收雇员工资的0.2%作为长期照护保险费组成保险基金。这0.2%的工资作为保险缴费，其中个人分担0.1%，雇主分担0.06%，政府承担0.04%。对于一些特殊的群体，如新移民、没有保险的家庭妇女，政府依照社会保障法的规定支付他们所需的照护服务。

覆盖面：20世纪末的数据表明，以色列的《社区长期照护保险法》的受益者人数约为9万人，是其老年人总数的12%。从受益者的年龄分布上看，一半以上是80岁及以上的人。每年提出照护申请的人约占老年人口的8%，其中获得批准的约为申请者总人数的50%。在申请者中，有40%以上是再次申请者。

费用支出：20世纪末，《社区长期照护保险法》为法定的服务项目年度支出总额约为3.7亿美元，是当年以色列国民生产总值的0.36%。这些支出包括直接给受益者提供的服务或现金，国家保险所将每年保险缴费总额的15%转移给卫生部和劳动社会事务部用于支付机构服务的成本，另有每年保险缴费总额的10%用于服务发展。实际上，每年的服务运行支出都要超出年度保险缴费总额，甚至亏空额度占了支出总额的一半以上。国家保险所会用其他分支保险的节余来弥补这个资金缺口。社区长期照护保险项目的高成本是在保险项目设计之初不曾预料到的，对于服务的实际需求也远远超出了当初的预测。

资料来源：裴晓梅、房莉杰：《长期照护导论》，社会科学文献出版社2010年版。

3. 税收＋社会保险型

由于长期护理制度起步晚且发展缓慢，有些国家虽然采用的是社会保险筹资方式，但慢慢形成了兼有贝弗里奇福利思想和俾斯麦福利思想，同时还融入了家庭主义福利传统的“混合型”制度，长期护理费用由政府一般性税收收入与社会保险基金共同承担。法国是这种模式较为典型的代表国家。

法国是欧洲最先跨入老龄化的国家之一，政府一直在考虑建立独立的制度以应对失能老人的长期护理保障问题。在法国的社会保障体系中，失能老人参照残疾人待遇标准享受社会福利待遇。20世纪80年代中期，法国已将长期护理列入政府议程，但在90年代中期以前，法国长期护理制度仍未建立起来，因为在选择社会保险型还是社会救助型制度模式上，法国社会各界一直存在争议。直到如今，法国依然没有建立长期护理社会保险制度，实行的是医疗保险与长期护理津贴并存的费用给付制度。

法国将老年长期护理视为社会风险，虽然未能建立独立的老年长期护理社会保险制度，但医疗保险基金承担了长期护理公共支出。法国的公共医疗保险体系涵盖了急慢性疾病患者所需的各种护理服务，人们所需的机构护理和居家医疗护理都属于医疗保险基金的支出项目。

除医疗保险之外，法国政府于2001年开始推行个人护理津贴(Personal Allowance for Autonomy)制度，用于除医疗护理之外的其他生活照料服务费用的给付(不含护理机构的食宿费)。个人护理津贴是法国老年长期护理保障体系的核心，该制度覆盖所有60岁及以上的失能老人，不需要进行家计调查，津贴的支付水平取决于个人的护理需求与收入情况。个人护理津贴的筹资主要来源为地方政府的税收和中央转移支付，其中中央政府承担15%，地方政府承担85%。①这种共同筹资的方式有利于减轻地方政府的筹资压力，降低地区之间的支付差异，保证护理津贴给付的公平性。

此外，2004年，法国还推出"失能老人计划"，建立国家团结基金(National Solidarity Fund for Autonomy)，②向个人护理津贴提供资金支持，增加护理津贴的给付，改善失能老人的医疗、住房和护理服务条件。

总体来看，在法国的长期护理公共支出结构中，医疗保险基金占整体支出的60%，地方政府财政出资占20%，国家团结基金支出占15%，中央政府通过税收减免贡献2%。③实际上，2/3的国家团结基金也来自医疗保险基金，例如，2008年国家

---

① Blanche Le Bihan, Claude Martin, "Steps Toward a Long-term Care Policy in France: Specificities, Process, and Actors," *Social Policy*, 2013(11), pp.139—157.

② 2003年夏季，欧洲遭遇高温热浪袭击，法国是受灾最严重的国家之一，许多失能老人死于热浪病。为此，法国政府于次年推出"失能老人计划"，该项计划要求建立了一个多方筹资的基金——"国家团结基金"，以失能老人和残疾人为受益对象，作为交换条件，政府同意减少一天公共假期。"国家团结基金"的董事会由基金公司、护理服务供应商和保险公司代表构成。基金每年支出数百亿欧元用于补助失能者的护理费用支出。

③ Marie-Eve Joël et al., "Long-Term Care in France", *Enepri Research*, No.77, European Network of Economic Policy Research Institutes, June 2010, p.10.

团结基金的积累规模达到150亿欧元，其中126亿欧元来自医疗保险，24亿欧元来自特定税和雇主缴费。①因此，医疗保险基金是法国长期护理保障最重要的筹资来源。

4. 税收＋商业保险型

实施“税收＋商业保险”长期护理制度的主要是美国。这种类型强调长期护理保障的个人责任，即不实行政策上的全面覆盖，政府只向最弱势的群体提供基本的生活照料和最基础的医疗护理，所以，美国的老年长期护理公共支出占GDP的比重相对低一些，一般在1%以下。

美国长期护理保障体系由老年医疗保险（Medicare）、医疗救助（Medicaid）和商业长期护理保险构成。其中，医疗救助是长期护理保障体系中最主要的资金来源。美国的商业长期护理保险起源于20世纪70年代，随着老龄化程度的不断加深，需要长期护理服务的人数也不断增长，长期护理商业保险为非贫困人口享受长期护理服务提供了一定的资金支持。

（1）医疗救助与老年医疗保险。

美国医疗救助被称为医疗保险最后的支付者，对于那些护理需求高但收入较低的群体，医疗救助不仅承担机构护理的护理费，还承担护理机构的食宿费。然而，由于想要获得救助资格必须进行严格的家计调查（means-test），这一严苛的门槛使很多老年人无法享受医疗救助。例如，美国医疗救助对象共计5 877.054万人（2007年），占总人口的19%，但享受医疗救助的老年人只占全部救助对象的7.1%（414.68万人）。②

美国医疗救助的资金来自联邦财政和州财政，其中联邦财政承担一半以上的出资责任。③在美国，老年长期护理服务使用者中有30%的人享受医疗救助待遇，医疗救助所承担的长期护理费用占总费用的40%。2011年，美国医疗救助用于老

① Blanche Le Bihan and Claude Martin, “Reforming Long-Term Care Policy in France: Private-Public Complementarities”, in Joan Costa-Font, eds., *Reforming Long-Term Care in Europe*, West Sussex: Blackwell Publishing Ltd., 2011, p.43.

② American Health Care Association, “The State Long-Term Health Care Sector Characteristics, Utilization, and Government Funding: 2011 Update”, September 6, 2011, p.2.

③ 以2005年为例，当年医疗救助总支出3 130亿美元，其中1 790亿美元（57%）来自联邦政府的转移支付，1 340亿美元（43%）来自州政府。联邦政府的转移支付取决于各州的人均收入，转移支付的比例从50%到77%不等。

年长期护理支出共计1 195.2亿美元，占据当时医疗救助总支出的27.6%；在2011年医疗救助总支出中，在专业护理机构中的花费共计505.25亿美元，占据比例高达11.7%，如果将费用分摊到每一张床位上，专业机构护理床位共计170.61万张，相当于每一张床位都可以得到2.96万美元的救助金。①如果再加上每年两万美元左右的平均收入，可以估计出若美国65岁及以上的低收入老年人入住专业护理机构接受基本护理服务，医疗救助资金基本能够填补老年长期护理费用与个人自付之间的空缺。这些足以说明医疗救助在美国老年长期护理中具有举足轻重的作用。②

老年医疗保险由联邦政府出资建立，负责支付所有老年人的急症支出。老年医疗保险全额支付老年人住院后第1—20天的护理费用，第21—100天的费用由医疗保险和个人共同分担，住院100天后的费用则完全由个人自付。因此，老年医疗保险担负的只是老年人短期护理的费用。从长期的角度来看，这一保险项目并未充分负担长期护理服务的费用。

(2) 长期护理商业保险

美国长期护理商业保险，主要满足不被医疗保险和医疗救助所覆盖的中高收入阶层的长期护理需求，但长期护理商业保险的占有率一直较低。美国长期护理商业保险的资金主要来源于投保人缴纳的保费，长期护理保险的保费费率与年龄、身体状况、保额、给付周期等内容相关联，由参保人自身条件而定。根据美国联邦健康保险可转移与说明责任法案（HIPAA）的规定，美国长期护理商业保险的保费通常是免税的，这也是美国政府对长期护理商业保险的政策激励。但是长期护理商业保险并没有像想象中那样开始快速发展，相对美国高度发达的商业医疗保险市场，长期护理商业保险在美国发展举步维艰。为此，美国曾试图建立一个老年长期护理社会保险制度，社会成员可以自愿选择参加，可是该项制度最终未能成行，验证了人们在应对老年长期护理风险上的"短视"。

(二) 基于覆盖范围划分

各国在建立长期护理保障体系时，因制度初始路径不同，有的国家的长期护理保障体系以税收型的长期护理津贴制度为主，有的以长期护理保险制度为主。在

---

① 数据来自 American Health Care Association, "The State Long-Term Health Care Sector Characteristics, Utilization, and Government Funding: 2011 Update", September, 2011, p.2.

② 张盈华：《老年长期照护：制度选择与国际比较》，经济管理出版社2015年版，第67页。

不同的制度形式下，各国长护体系的覆盖范围宽窄不一。实施长期护理津贴制度的国家按覆盖范围来划分，可分为普惠型和补缺型两种；而实施长期护理保险制度的国家则可以分为遵从医疗保险型、遵从养老保险型以及全民型三种(见表 4.3)。

表 4.3　基于覆盖范围的长期护理保障类型划分

类　型		覆盖范围	代表国家
长期护理津贴制	普惠型	全体国民	奥地利、北欧国家
	补缺型	低收入群体	英国
长期护理保险制	遵从医疗保险型	参加医疗保险的国民	德国、韩国
	遵从养老保险型	养老保险的受益人	日本
	全民型	全体国民	荷兰

1. 长期护理津贴制

在津贴制国家中，长期护理津贴包括面向全民的普惠型津贴和基于家计调查的补缺型津贴两种。

(1) 普惠型长期护理津贴。

普惠型长期护理津贴覆盖面非常广，保障对象的资格不受其收入水平和家庭照顾资源可及性的限制，只要通过失能评估，有长期护理服务的需要，就可以得到长期护理津贴制度的保障。如奥地利的长期护理津贴覆盖了包括老年人在内的所有人群，只要符合失能标准，任何处于永久性失能状态的国民都可以申请长期护理津贴。除奥地利外，瑞典、挪威等北欧国家均为失能者提供了普惠型长期护理津贴。在瑞典，所有国民都被纳入该制度的保障之中，但由于瑞典是世界上高龄人口占比最高的国家，所以津贴支付更偏向于重度失能老人。但总体来看，覆盖对象仍然是无须通过家计调查，能够广泛地满足失能人群的需要。

(2) 补缺型长期护理津贴。

相对于普惠型津贴来说，补缺型救助津贴覆盖范围比较狭窄，只面向低收入的失能群体。受益人的领取资格除了要通过失能评估之外，还要基于严格的家计调查。津贴的资金一般来源于政府的财政预算拨款与转移支付。以英国为例，虽然英国的全民免费医疗保障体系(NHS)覆盖了全体国民，但在长期护理领域，除苏格兰地区存在免费提供长期护理服务的情况外，英国其他地区的失能群体都需要通过严格的家计调查才能减免长期护理服务费用。除英国之外，发放补缺型津贴的国家还包括比利时、波兰、匈牙利、加拿大、瑞士、墨西哥等。

2. 长期护理保险制

在实施长期护理保险制度的国家中，因建立制度的理念不同，造成长护保障体系的覆盖范围存在一定的差异。有的国家依据医疗保险的覆盖范围来确定长期护理保险的保障对象，有的依据养老保险来确定，有的则直接覆盖全民。当一个国家的长期护理保险以医疗保险或养老保险作为政策依据时，长期护理保险的覆盖范围便取决于该国医疗保险或养老保险的保障范围。换句话说，如果该国医疗保险或养老保险覆盖范围广，则长护保险也可以覆盖绝大多数甚至全体国民，否则便只能保障部分国民的长护需求。

（1）遵从医疗保险型。

老年人是失能失智的主要群体，各种疾病特别是慢性病是造成失智失能的主要原因。在没有建立长期护理保险制度之前，许多国家主要依靠医疗保险制度来支付医疗护理和康复服务。长期护理保险制度确立后实际上替代了医疗保险制度原来的一部分功能，即预防与康复。因此，从这个角度来说，长期护理保险制度所需要解决的问题与医疗保险制度有重叠之处，采用“护理保险遵从医疗保险”的方式就顺理成章了。[①]遵从医疗保险覆盖范围是将绝大多数参加医疗保险的国民都纳入参保范围，在实施长期护理保险的国家当中，代表性国家有德国和韩国。

① 德国。

德国的医疗保险覆盖范围非常广，因此长期护理保险也几乎覆盖了所有的人群。不同于大部分国家的长护险只覆盖失能老人，德国任何年龄段的人群只要经过认定评估达到一定的失能等级，就可以申请护理服务费用的补偿。此外，德国还实现了不同收入阶层的全覆盖。低收入或无收入者可以由政府资助加入长期护理保险，工薪收入人群强制性加入基本长护险，高收入人群可以投保商业长护险。德国是现代社会保险的发源地，职业关联、大数法则等保险理念被广泛接受，在基本长护险上，德国通过财政资助、直接参保等方式将失业人群和未成年人也纳入其中，突破了职工参保的界限。

德国建立长期护理保险的初衷是遏制日益庞大的社会救助及医疗保险开支。

---

① 刘晓雪、钟仁耀：《长期护理保险的国际比较及对我国的启示》，《华东师范大学学报（哲学社会科学版）》2017 年第 4 期。

除国家公务员、法官和职业军人由国家财政负责单独建立长期照护计划以外，其余加入基本医疗保险的公民全部强制加入长期护理基本保险或商业保险。[①]德国的长期护理保险制度包括两方面：一是公共长期护理保险，覆盖了德国 90%的人口，[②]截至 2015 年 9 月，德国人口数量为 8 177 万人，[③]参加公共长期护理保险的人数约为 7 360 万人；二是私人长期护理保险，覆盖了其余的人口，即 817 万人。因此，包括老年人在内的大约 8 200 万德国人都被涵盖在长期护理保险体制内，有效地抵御了慢性疾病所带来的失能风险。[④]

② 韩国。

韩国长期护理保险并非独立制度，在实施过程中与国民医疗保险制度密切相连。长期护理保险的参保对象与国民医疗的参保对象是一致的，即全体国民。然而受益人范围却相对狭窄，包括 65 岁及以上的老年人，以及不满 65 岁但患有脑出血、脑梗死、痴呆症等老年疾病并需要长期护理的服务者。

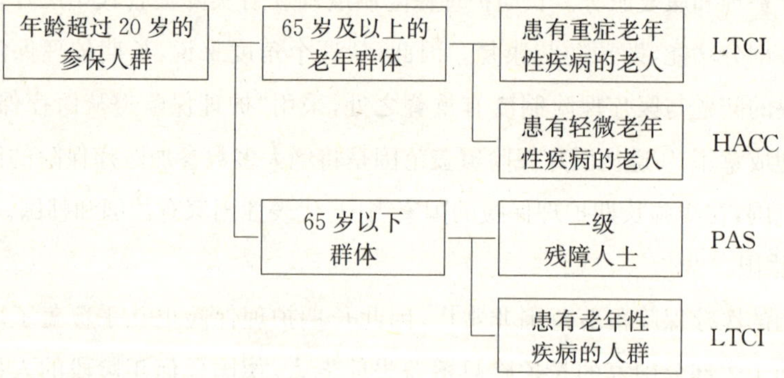

资料来源：陈诚诚：《韩国长期护理保险制度、政策过程及其对我国的启示》，《桂海论丛》2015 年第 1 期。

图 4.1　韩国长期护理保障体系的受益人结构

韩国长期护理保险制度实施的主要目的之一是实现从补缺型福利体制到普惠

① 郑秉文主编：《中国养老金发展报告 2017——长期护理保险试点探索与制度选择》，经济管理出版社 2017 年版，第 221 页。

② 《德国社会长期护理保险覆盖率 90%人群》，中国保险报—中保网，2015 年 12 月 22 日。

③ 《德国 2015 年出生人数达到 73.8 万创 15 年来最高》，中国新闻网，2016 年 7 月 1 日。

④ Updated speech, held by Dr. Matthias von Schwanenflugel, LL. M. Eur., Head of the Directorate "Long-term Care Insurance" at the German Federal Ministy of Health on the occasion of a visit in Seoul, South-Korea, September 2006：2—26.

型福利体制的转变，因此如何保障各类群体都能得到相应的护理服务安排是关键。如图 4.1 所示，虽然只有患有重症老年性疾病的老人以及患有老年性疾病的人群才能享受长期护理保险待遇，但是其他人群并没有被排斥在长期护理保障体系之外。比如，患有较轻微症状的老人可享受到家庭和社区护理服务（Home and Community Care，HACC）；残障等级为一级的人士可以通过残障人活动保障服务（Personal Assistant Service，PAS）来获得护理服务。因此，总体上来讲，韩国的长期护理保障体系为绝大多数国民使用长期护理服务提供了资金支持和服务支持。

（2）遵从养老保险型。

长期护理保险制度是在人口老龄化背景下产生的，其需求者主要是老年人。基本养老金是老年人用于支付长期护理服务的主要经济来源，长期护理保险的建立有利于分担养老金的支付负担，因此一些国家的长期护理保险有充分的理由将参保对象设定为老年人，且保费从参保人的养老金中直接扣除。因为从支付能力的角度来说，长期护理保险需依附于养老保险。但其局限性也显而易见，一是长期护理保险的需求方不仅仅是老年人，还有成年人甚至儿童；二是提供的服务与养老金多少没有关系，而是与失能程度有关。①

遵从养老保险覆盖范围是将绝大多数参加养老保险的国民都纳入参保范围，日本是这一制度类型的代表性国家。

日本社会长期护理保险制度建立之后，将长期护理保障覆盖面由原来的低收入老年人扩展到符合资格的所有参保老年人，资格条件由收入状况改为参保状况。长期护理保障的制度形式由社会救助转为社会保险，通过社会保险筹资方式、多元主体的市场供给机制来满足日益增长的长期护理服务需求，制度性越来越强，社会互济范围越来越大，而政府的出资责任则相对减轻。

如前文所述，日本长期护理保险覆盖人群可以划分为两类，这两类人群使用护理保险服务的条件是不同的。第一类参保人无论何种原因，只要是进入要支援、要护理的状态，都可以使用护理保险服务；第二类参保人，只有到癌症晚期或者基于风湿性关节炎等疾病引发进入要支援、要护理状态时才可以使用保险服务。根据 2013 年末的数据统计，第一类参保人中被认定为要护理的人数为 569 万人，占比

① 刘晓雪、钟仁耀：《长期护理保险的国际比较及对我国的启示》，《华东师范大学学报（哲学社会科学版）》2017 年第 4 期。

17.8%。其中,65—74岁人群中被认定要护理的有72万人,占比为4.4%;75岁及以上人群中被认定要护理的有497万人,占比为32.1%。第二类参保人群中,被认定为要护理的人数2013年平均每月15万人,占参保人群的0.4%。由此可以看出,第一类参保人员占日本老年长期护理社会保险制度覆盖人群的绝大多数,而其保险缴费会被从养老金中扣除,扣除比例比在职者的缴费比例稍微低一些,因此日本长期护理保险主要还是遵从于养老保险的覆盖范围。

(3) 全民型。

失能失智是每个人都有可能面临的风险,覆盖全民的长期护理保险体现了社会共同承担风险的社会连带思想。在这种类型的制度中,所有达到了劳动年龄的国民都必须参加长期护理保险。这种制度有利于扩大资金筹集范围,增强长期护理保险的保障功能。荷兰是这种制度的典型代表。

荷兰政府在1967年通过了与长期护理有关的法案《特别医疗支出法案》(The Exceptional Medical Expenses Act, AWBZ),并于1968年正式实施。根据法案规定,荷兰长期护理的被保险人包括所有的合法居民,不论其是否拥有荷兰国籍,在有护理服务需要时都有资格享受长期护理服务给付待遇。换句话说,在荷兰,获得长期护理保险①是法定的权利,这项权利被赋予所有年龄段的人。同时,个人收入水平不作为享受长期护理保险的标准,因为法案规定长期护理保险制度是全民性的。②

专栏4.2 荷兰《特别医疗支出法案》

荷兰政府于1967年12月14日通过了《特别医疗支出法案》(The Exceptional Medical Expenses Act, AWBZ),并于1968年开始正式实施,这一做法在欧洲国家中也属于较早的。最初,荷兰关于长期照护保险的法律规定是其卫生保险立法的一个组成部分,而且保险政策倾向于支持机构服务。比较慷慨的长期照护保险促使荷兰10%的老年人和失能者住在各类护理机构中,与其他欧洲国家相比,这个比例相当高。此外,这个政策也促使长期照护费用不断增长,最终迫使

① 根据《特别医疗支出法案》的名称,荷兰长期护理保险也被译作"特别医疗支出保险"。

② Brodsky J.Habib J. and I.Mizrahi, "Long-term care laws in five developed countries: A Review", World Health Organization, Geneva, Switerland, 2000. p.57.

政府重新检讨其法律规定。荷兰政府于20世纪80年代进行了一系列改革，将居家护理和家务帮助等服务纳入法案规定的服务范围。从1980年开始，居家照护服务成为法律框架下的主要长期照护服务形式之一；1989年开始实施的家务帮助促进法案规定从原有的机构服务扩展到包括机构服务、居家照护服务和家务帮助三项内容。

法律变化的目的是鼓励居家或社区服务的发展以替代较为昂贵的机构服务，立法者们认为依法获得照护服务的人有过度使用服务的趋势，应该控制成本，建立个人参与负责的保险规定和对需求的评估制度。这些变化给老年人以更多的选择空间，"个人预算账户"的建立也使针对老年人和失能者提供的服务更加灵活和更具协调性。

资格评定：资格评定是通过地区评估组织在地区一级进行的。地区评估组织由政策实施者、消费组织、服务提供者、医生、法律项目责任机构和地方政府等方面的代表组成。这些代表随后按要求组建专业评估团队，通常包括护士、社会工作者和关注心理与社会干预的老年病医生，如果申请者要求入住护理机构，还需要经过专家团队的进一步评估。除非申请者要求入住长期照护机构，否则评估的结果是有时效性的。如果失能是由意外而不是引起永久性伤害的事件造成的，那么评估的有效期为1个月。根据团队评估的意见，地区评估组织会决定申请者是否需要机构或社区照护服务，以及提供服务的紧迫程度。在荷兰，长期照护保险并没有关于每个受益者受惠总量的清晰限制，只是对具体服务量设定了限制。

照护受益和服务提供者：符合条件的受益者，无论是居家还住在护理机构，都依法免费得到他们所需要的服务。保险所提供一揽子服务计划包括各类社区服务，如居家护理、个人生活、家务整理、日间照护、缓解照护、辅助工具提供以及夜间照护。在"个人服务预算"计划中，有资格获得居家照护服务的人可以得到经过严格审查的现金补助，依照规定，这些现金必须用于购买正规和非正规提供者提供的服务。如此，提供非正规服务的家庭成员就可以得到一些补偿。根据法律规定提供的长期照护保险计划分别为居家服务、机构服务、其他服务和个人预算提供资金支持。首先是居家服务，主要分为居家护理和家务帮助两种形式。居家服务是由非营利组织提供的，服务的领域和范围是明确界定好的，而且这些服务提供组织之间不存在竞争。有些营利性服务机构也提供居家服务,这种情况一般存在于大城市。居家服务提供者必须符合三个标准:他们必须提供系列列服务,包括护理服务、个人生活照料服务、家政服务以及辅助器械的租借服务;他们必须符合一套通用的质量标准,通常是由人员资质测量来决定其是否符合标准;他们必须遵守与专业居家帮助者和护士之间的集体劳动协议的规定。

资金筹集:《特别医疗支出法案》规定的服务资金来自三个渠道,即强制性保险费、合作付费和财政税收。20世纪末各类筹集占法案整体筹资额的比重如下:强制性保险费占87.0%,合作付费占12.5%,通过卫生部的财政税收只占0.4%。强制性保险费是收入税的一个组成部分,约占个人工资的10%,其中的大部分是由雇主来分担的。合作付费取决于服务类别和受益者的收入水平。以居家护理为例,受益者每年向居家护理服务机构支付相当于55欧元的注册费,然后这个机构就会代表受益者合作支付所有的服务费用。如果受益者所需的服务不在这家服务机构的服务范围之内,服务机构就要在第一年收取价值约140欧元的会员费,然后服务机构会帮助受益者合作支付所需的服务。为所有形式的居家服务合作付费每周不得超过250欧元。居家服务的合作付费收取之后会被转移到中央管理办公室的账户,用于支付给服务提供者。即使那些受惠于"个人预算"的人也需要根据收入状况交纳相当于服务收费价值的服务使用费。机构服务的合作付费取决于受益者的收入。卫生部规定合作付费为每月一定数额的个人付费,因年龄和机构类型的不同而不等。如果受益者月收入低于某个水平,其个人支付的部分就被免除了。

资料来源:裴晓梅、房莉杰主编:《长期照护导论》,社会科学文献出版社2010年版。

二、典型国家的长期护理保障制度:德国

德国是世界上拥有发达的社会保险制度的国家之一,也是较早建立长期护理保险制度的国家。1994年德国颁布《长期护理保险法案》(The Social Dependency Insurance Act),并于1995年1月1日正式实施,建立起具有全民性与强制性、公私混合给付的长期护理保险制度。历经20余载几次大的改革,德国长期护理保险制

度不断完善，在满足老年人照护需求、缓解家庭压力、完善社会保障体系等方面起到了重要的作用。

(一) 德国长期护理保障的历史沿革和制度变迁

德国的长期护理保障体系经历了漫长的演化过程。20世纪90年代之前，长期护理任务主要由家庭承担，政府提供困难家庭救助津贴作为底线保障。20世纪70年代起，经过20年的政策争论，德国议会于1994年通过《长期护理保险法案》。德国长期护理保险制度的建立经历了三个阶段。

1. 20世纪70年代前：照料任务主要由家庭承担

德国深受俾斯麦福利体系的影响，家庭中男性外出工作享有相对齐全的社会保险项目，而鼓励家庭中女性退出劳动力市场，承担家庭中的老年人或需要长期照护的人员的家庭护理服务。同时，依据俾斯麦福利体系的补充性原则(principle of subsidiarity)，当个人存在护理需求时，应先由家庭提供照料，认为家庭是最好的照护服务提供者。因此，在20世纪70年代前，德国受传统观念的影响，照料儿童和老人的任务主要由家庭承担，政府只扮演辅助角色。

1961年，德国颁布《联邦社会救助法案》，法案规定，在家庭中以及护理院产生的护理费用由以征税为基础的社会福利救助体系支付。护理救助的经费来自地方政府财政，申请者要通过家计调查方可获得护理救助。但是，该法案规定得到救助后申请者要放弃个人资产的所有权，同时不能再求助于家庭成员，该措施备受指责。①

20世纪60年代以来，德国的出生率呈下降趋势，而老年人的期望寿命逐渐上升。一方面，出生率的下降导致能够为家庭无偿提供照护服务的女性数量减少，另一方面，由于女性地位逐渐提高，女性能够与男性一样参与社会工作，随着女性劳动人口就业的增加，也造成愿意承担家庭护理服务任务的女性数量减少，因此在一定程度上对长期护理服务造成冲击。

2. 20世纪70年代至80年代初：长期护理问题受到强烈关注

进入20世纪70年代，随着老龄化问题日趋严重，老年人的平均寿命增长，老年

---

① 拉尔夫·格茨、海因茨·罗特岗：《德国长期护理保险制度变迁：财政和社会政策交互视角》，《江海学刊》2015年第5期。

人的护理需求急剧增长，仅仅依靠家庭已无法满足老年人的护理需求，越来越多的老年人申请社会救助，同时，医疗保险也承担了部分护理项目。

1974年德国经济危机爆发，对以男性就业为主的格局产生了强烈的冲击，劳动人口由男性垄断的状况宣告结束，越来越多的女性加入到社会就业队伍，使得投入到长期护理的女性数量越来越少，而政府承担的护理救助任务越来越重，地方政府的财政负担越来越重。

1974年，德国智库发表了一篇以老年人为对象的研究报告，引起了人们对长期护理改革的辩论。这篇报告认为每一种疾病都应得到护理，实际生活中无法将"治疗"和"护理"严格区分。[①]同年，德国老年扶助协会发布《老年疾病机构式治疗与法定健康保险人费用负担评价》，探讨护理保险相关议题。也在同一年，德国老年救助委员会发出一份鉴定书，这份鉴定书从那些生活在养老院中无生活自理能力的老年人的经济状况出发，对老年保险系统要确定老年人从业时的经济地位与社会地位的做法提出质疑。

20世纪70年代初期至70年代中期，德国大多数需要长期护理的人员依然依靠家庭提供照护服务，但社会救助提供服务的范围十分有限。很多家庭中的女性成员参加社会工作，抽出时间照料家中的老人会给工作效率带来影响，因此越来越多的家庭将亲属送入养老院护理，入住养老院的老年人数量激增，地方政府需为养老院的护理服务提供财政支持，财政不堪重负。在此期间，大量的老年人申请护理救助，造成对社会救助的过度依赖，因此，如何以法律形式保障生活困难的老年人以及他们的家属的权益，成为德国政治生活中的一个重要议题。

1977年，德国联邦卫生部颁布《老年护理需求报告》，对护理需求安全问题提出了相关建议。除了政府部门，慈善组织也在积极行动。首先，慈善组织因担忧地方政府减小负担而对其施压；其次，地方政府可能会游说"有条件优先原则"，确保非营利组织在住院护理服务供给上的"准垄断地位"。由于地方政府和慈善组织共同承担了巨大的长期护理风险与负担，地方政府和慈善组织都希望它们所承担的长期护理风险能够转移，例如，地方政府希望其承担的财政风险能够转移到联邦政府或社会保险。

---

① 拉尔夫·格茨、海因茨·罗特岗：《德国长期护理保险制度变迁：财政和社会政策交互视角》，《江海学刊》2015年第5期。

其他组织也开始关注长期护理问题。例如,德国工人福利会建议将机构护理成本分为三大类:第一类由被护理者(或亲属或社会救助)支出食宿费用;第二类由社会医疗保险支付护理服务费用;第三类由社会救助支付社会性活动费用。此外,德国工人福利会还建议将门诊费用以及机构护理费用纳入医疗保险的偿付范围。

1980 年,德国联邦劳动部发布《建立社区护理服务站的筹资报告》,建议建立不分年龄、不分地点的全民式护理模式。同年,德国联邦政府委托成立的专门小组在认真考察各种建议的基础上,提出将护理保险作为应对新的生活风险的举措,纳入国民社会保障体系立法。

德国的"社会团结"思想和理念也对长期护理保险制度的建立产生了推动作用。"社会团结"的传统理念认为,所有的社会成员都有责任以集体形式为大家的福利承担一定责任,为此应建立保护所有人所需的护理体系,确保社会中的每一个人在退休、疾病时都能得到服务,但当时的护理服务状况显然与该传统理念相矛盾。

3. 1984—1994 年:讨论并建立长期护理保险制度

1983 年,代表地方政府、区域性社会救助机构和慈善组织、德国红十字会和德国老年救助监督委员会的三个联邦协会发表"共同倡议",建议在社会医疗保险体制下建立长期护理保险。这一倡议将长期护理问题上升为政治问题,但各方未能就如何补偿地方政府所承担的财政压力达成一致意见。

此后,部分地方政府为解决长期护理问题提出了不同的解决方案。例如,1986 年由社民党和绿党联合主政的黑森州提出了《黑森邦草案》,建议护理对象不限定人群,以社会保险方式建立护理保险,联邦政府只需财政补助 30%;1986—1990 年期间,由基督教民主联盟主政的莱茵兰普法尔茨州提出《莱茵兰普法尔茨草案》,建议将护理对象范围限定于老年人,以税收方式筹资,联邦政府支付一般性的长期护理补贴;1986 年由基督教社会联盟主政的巴伐利亚州提出了《巴伐利亚州草案》,与莱茵兰普法尔茨州一样,也认为应将护理对象限于老年群体,但以社会保险方式筹资,同时医疗保险可负担重度患者的费用,为其提供长期护理津贴,费用由相关方共同承担,联邦政府提供部分补助。德国联邦政府综合以上建议,决定将医疗保险的覆盖面扩大至需要长期护理服务的需求人员,但联邦政府所拟写的草案因财政无法支撑长期护理所需要的支出,导致法案最终没有通过。1988 年,德国颁布《健康改革法案》,法案规定由健康保险提供护理服务给付,但仅限于重度居家护理人员。

1991 年起,政府部门、协会组织等各方围绕建立长期护理保险持续开展讨论。

大部分协会组织认为应将长期护理保险设立为社会性保险，小部分协会组织则认为应建立私人长期护理保险。经过一段时期的协商和讨论，最终达成了共识，决定建立社会性的长期护理保险，并设定了一定的条件：其缴费率定为收入的1.7%，雇主和雇员共同分担；为顺利推行政策，减小雇主的不满，以减少一个公众假日(赎罪日)对雇主进行弥补。

经过20多年的辩论，德国最终于1994年颁布《长期护理保险法案》，决定在德国建立强制性的长期护理保险，将全国范围内的所有人群纳入覆盖范围。1995年1月1日，正式实施长期护理保险，1996年起开始待遇支付。表4.4列举了德国建立长期护理保险制度的重要历史事件。

表4.4　德国长期护理保险历史沿革

时　间	法案、报告、建议	推行主体	法案、报告、建议内容
1961年	联邦社会救助法案	德国联邦政府	在家庭中以及护理院产生的护理费用由以征税为基础的社会福利救助体系支付
1974年	老年疾病机构式治疗与法定健康保险人费用负担评价	德国老年扶助协会	探讨护理保险议题
1977年	老年护理需求报告	德国联邦卫生部	护理需求安全问题
1980年	建立社区护理服务站的筹资报告	德国联邦劳动部	建立不分年龄、地点的全民式护理模式
1984年	护理需求性问题报告	德国联邦政府	改善当时护理需求与安全问题
1986年	黑森邦草案	德国黑森邦	不限于特定群体，社会保险方式
1986年	巴伐利亚州草案	德国巴伐利亚州	仅限于老年人，社会保险方式
1986年	护理改善法	德国联邦政府	以极重度照护需求者为给付对象
1986—1990年	莱茵兰普法尔茨州三次草案	德国莱茵兰普法尔茨州	仅限于老年人，税收筹资
1988年	健康改革法案	德国联邦政府	由健康保险提供护理服务给付，仅限重度居家护理人员
1994年4月22日	长期护理风险之社会保障法(简称《长期护理保险法案》)	德国联邦议会	纳入社会法典第11篇，长期护理保险正式成为社会保险体系的一部分

资料来源：作者整理。

(二) 德国长期护理保险的制度框架与管理机制

经过 20 多年的发展和改革，德国长期护理保险在社会保险中的份额和贡献逐步提升，投保人和受益群体不断扩大，为各国树立了典范。

1. 德国长期护理保险的制度框架

1994 年德国联邦政府颁布《长期护理保险法案》，德国正式以立法形式在全国范围内建立了强制性的长期护理保险，但长期护理保险涉及的服务内容只涵盖家庭护理，而不涉及住院护理，直到 1996 年 7 月覆盖范围扩大至住院护理。

(1) 筹资方式。

德国长期护理保险属于强制性保险，因此每个人必须参保，但可根据个人收入状况自行选择参加何种保险，德国的长期护理保险分为以下两大类：

① 法定护理保险。

法定护理保险是指收入在一定限制水平下的人群被要求强制参加的长期护理保险体系。德国大约有占总人口 75%的人群参加此类保险。法定护理保险采取现收现付制(pay as you go)，缴费率为个人税前工资的 1.7%，由雇员和雇主各承担一半(萨克森州有所不同，由于该州保留了祷告赎罪假期，因此该州雇员必须比雇主多缴纳 1%的保险费用)。雇员个人每月所缴纳的费用由雇主或企业直接从其工资中代扣。每月 14 日，雇主将其所缴纳的费用与代扣费用共同交付公共疾病基金。据统计，2016 年德国长期护理基本险的参保人达到 5 516 万人(见表 4.5)。

表 4.5　1995—2016 年德国法定护理险参保和受益人数　(单位：千人)

年　份	1995	2000	2010	2014	2015	2016
参保人	50 915	50 948	51 253	52 931	53 558	55 160
被保险人	71 901	71 319	69 785	70 340	70 734	71 450
受益人数	1 061	1 882	2 288	2 569	2 665	2 749
居家护理	1 061	1 261	1 578	1 818	1 907	1 974
机构护理	—	561	710	751	758	775

资料来源：Statistical Year Book of German Insurance，2017.

每一个疾病保险基金下都专门设立一个长期护理部门，以负责费用收缴、保险金给付、服务提供方的审核以及各项事务。疾病保险基金中每个成员的资金可以在各基金中流动，所以成员可以根据其提供的服务决定继续投保或者选择重新投保。另外，疾病保险基金只有唯一的增值途径，即银行利息，不可参与其他投资或经营活动。

② 私人护理保险。

私人护理保险为收入在一定限制水平以上的人群设立，虽然他们可以选择不参加法定护理保险，但必须强制性购买私人护理保险，这部分人群约占总人口的10%。据统计，2016年私人护理保险的参保人达到937.5万人，保费收入达到21.85亿欧元(见表4.6、表4.7)。选择的私人护理保险必须与其购买的健康保险同属一家保险公司，保险公司不得以任何理由拒绝对参保人承保。

与法定护理保险不同，私人护理保险采取预付基金制，同时也设立了一些条件：首先，保费缴费率取决于被保险人的年龄；其次，保费随工资收入的增加而增加，但不得超过最大保费比率；最后，缴费率还需要考虑个人最高可获偿付金额、风险附加保费、家庭联保等因素。私人护理保险不考虑性别差异，男性和女性的保险费用相同。另外，商业保险公司还必须设立一笔互助补助金，以保证刚开始参保就需要护理服务的特殊人群的需要。

表4.6 1995—2016年德国私人护理保险参保人数 (单位：千人)

年份	1995	1996	1997	1998	1999	2000	2001	2002	2003	2004	2005
人数	7 912	7 926	8 008	8 131	8 226	8 365	8 619	8 827	8 999	9 118	9 164
年份	2006	2007	2008	2009	2010	2011	2012	2013	2014	2015	2016
人数	9 227	9 320	9 374	9 534	9 593	9 667	9 620	9 538	9 473	9 414	9 375

资料来源：Statistical Year Book of German Insurance, 2017.

表4.7 2010—2016年德国私人护理保险参保和受益情况

年　份	2010	2012	2013	2014	2015	2016
被保险人(千人)	9 593.0	9 619.6	9 537.5	9 472.7	9 413.6	9 375.1
保费收入(百万欧元)	2 096.0	2 010.7	2 062.1	2 013.6	2 196.1	2 185.0
受益人(千人)	142.7	151.1	161.7	169.3	—	—
居家护理	99.4	105.8	114.6	120.6	128.1	—
等级0	—	1.1	4.6	5.3	7.0	—
等级1	57.5	59.9	62.0	65.1	69.4	—

续 表

年　份	2010	2012	2013	2014	2015	2016
等级 2	31.3	34.7	36.7	38.6	39.9	—
等级 3	10.5	11.1	11.2	11.7	11.9	—
机构护理	43.3	45.4	47.1	48.7	49.9	—
等级 0	—	0.1	0.3	0.2	0.4	—
等级 1	15.2	15.8	16.3	16.7	17.4	—
等级 2	18.1	19.1	19.6	20.4	20.7	—
等级 3	10.0	10.4	10.9	11.3	11.4	—
待遇支付（百万欧元）	698.8	779.3	857.1	880.1	967.8	1 030.0
居家护理	377.4	423.7	481.5	497.4	556.0	—
机构护理	321.4	355.6	375.6	382.7	411.8	—

资料来源：Statistical Year Book of German Insurance, 2017.

(2) 参保对象。

德国长期护理保险是一种强制性的义务保险，所有公民都必须依照法律规定参加，除在职人群须购买法定护理保险或私人护理保险，其他人群也必须强制参加。

① 退休人群。退休人群参与的也是法定护理保险。2004 年 4 月 1 日前，这部分人群只需支付保费的一半，剩余一半由其养老保险基金支付。从 2004 年 4 月 1 日起，需要其独自承担全部护理保险保费。

② 享有特殊津贴的国家官员、公务员、警察以及消防员等群体。由于这类人群既没有法定医疗保险，也没有私人医疗保险，因此由国家负责单独参加私人护理保险。

③ 没有收入的家庭或低于规定收入门槛的家庭，给予免费投保待遇。

④ 失业人群由联邦劳工局代为缴付。

(3) 受益人资格。

因个人或精神方面的问题导致其需要在一段较长的时间内(至少 6 个月以上)，在包括卫生护理、饮食、行动、家务活动四个方面的日常生活行为中(见表 4.8)，至少有两个方面需要提供经常性或实质性的帮助的，可提出护理申请。对于申请人资格的审核，由德国健康保险疾病基金的医疗审查委员派专业人员到申请人家中进行观察、识别、验证和评估。

表 4.8　德国长期护理保险受益人资格审查项目

日常生活行为项目	识 别 内 容
卫生护理	刷牙、洗澡、洗浴、梳头、刮胡子、上厕所、洗衣服等基本活动
饮　食	吃饭、准备食物等活动
行　动	起床、睡觉、穿衣脱衣、行走站立、爬楼梯、自己独立回家等活动
家务活动	烹饪、洗碗、打扫卫生、换洗衣服、购物、使用空调等活动

(4) 保险等级评估。

公共疾病基金下设相关医疗服务机构(MDK)，其职能是评估申请人所需服务的等级，私人护理保险中也有类似机构(如 MEDICPROOF)，虽评估机构不同，但是它们所采用的评估标准相同，即两类机构共用一套评估标准系统。申请人护理等级由两个因素决定，即护理时间和平均护理次数。依据申请人不同的护理次数与时间，分为三个等级(见表 4.9)。一级护理每天至少需要一次护理服务，每天最少需要提供 90 分钟的日常生活护理服务；二级护理每天至少需要三次护理服务，每天最少需要提供 180 分钟的日常生活护理服务；三级护理每天需要 24 小时不定次数的护理服务，每天最少提供需要 5 个小时的日常生活护理服务。

表 4.9　德国长期护理保险等级与护理需求

项　　目	护理等级 1	护理等级 2	护理等级 3
基于日常生活功能量表(ADLs)的护理	多个 ADLs 每天至少进行 1 次护理	多个 ADLs 每天至少进行 3 次护理	全天候护理
基于工具性日常生活功能量表(iADLs)的护理	每周多次	每周多次	每周多次
护理时间	至少 90 分钟(其中至少 45 分钟提供 ADLs)	至少 3 个小时(其中至少 2 个小时提供 ADLs)	至少 5 个小时(其中至少 4 个小时提供 ADLs)

除此之外，实际执行中还存在两种等级：护理等级 0 和高于三级护理的等级。

护理等级 0 是指针对无法达到一级护理标准但确实需要一定程度护理的人员的等级标准;高于三级护理的护理等级称为极高强度护理,针对的人群受到严格的控制,德国法律规定,只有 5%的住院护理者和 3%的家庭护理者可以归入此类。

在费用方面,由于护理等级、护理人员或护理机构、护理的专业性的差异,护理服务的费用也有所差异(见表 4.10)。

表 4.10 德国长期护理服务费用 (单位:欧元/月)

项 目	非正式护理服务	专业的家庭护理机构	护理院
等级一	205	383	1 023
等级二	409	920	1 278
等级三	665	1 432	1 432

(5) 护理服务内容。

德国的长期护理服务分为两类,第一类是家庭护理,第二类是住院护理。

① 家庭护理。指由亲友或健康的护理专业人员来提供相关服务。它大致可分为两种形式,一是非正式护理服务,二是专业的家庭护理机构上门提供服务。

非正式护理服务可以由家庭成员承担,也可以请他人来提供护理服务。享受护理服务的人员每月从护理保险机构得到一定的货币用以支付护理人员的费用。值得注意的是,享受护理的人员、护理保险机构与提供护理服务的人员三者之间并不存在雇佣关系,支付的费用仅以补偿为主,这种做法不仅体现家庭护理优先,也是为了鼓励家人以及亲朋加入到护理工作中。

专业的家庭护理机构上门提供服务。这种方式首先由需要护理的人员自行寻找某家护理机构提供上门服务,其次由护理保险机构与护理机构两者单独直接结算,并不直接向需要护理服务的人员和亲属提供资金。

② 住院护理。指在专门的护理机构中接受由专业正规的护理人员提供的护理服务。在德国,采取此种方式的大多是处于三级护理和高于三级护理的人群,其他等级的人群若要接受护理院护理必须经过专门医疗机构的审核,审核通过后方可采取此种护理方式。

此外,还存在半住院护理方式,这种方式为某些需要护理但未达到住院护理的标准,又不能得到足够的家庭护理者提供。半住院方式分为两个时间段,即日间和夜间。需要护理的人员可选择在某个时间段在某个护理机构接受护理。护理过程中产生的某一部分费用(如食宿费)由自己承担,医药费则由保险机构承担。

对于临终关怀,德国的做法也别具一格。德国在医院的肿瘤科和老年科都设置有临终关怀病房。对于临终的病人,德国医院的做法比较人性化。第一,是对病房环境的布置。每个病人都可以依据自己的喜好进行布置,同时病房里的设施齐全,具有家的温馨感。第二,满足病人各种需要。德国护理者认为对临终病人应以积极的态度面对现实,在沟通中使双方增加信任感,建立良好的医患关系,在有限的时间内提升生活质量,维护病人的尊严,让他们尽可能舒适地走过生命中的最后阶段。同时,满足临终病人的需要,让他们做自己想做的事情,不留下遗憾。第三,做好最后的护理工作。临终病人往往陷入沉睡,此时给予他们尊重,不随意打扰。在他们清醒时给予抚慰,接受他的世界,认真倾听,做好基础护理,不增加他们的痛苦。

(6) 保险金给付。

德国长期护理保险只提供基本的资金帮助,给付水平不覆盖所有护理需求与费用。保险金给付的条件是:只有真正具有护理需求的人才能申请长期护理保险偿付,给付范围并没有覆盖所有的家庭服务,只针对个人卫生、饮食或流动型的护理服务。给付取决于两个因素,即所需护理服务的级别和类别。

① 家庭护理给付。

大多数需要护理的人员希望更多时间能够和亲属相处,因此德国的家庭护理优先于住院护理,这体现了福利偿付的原则,同时也能够缓解护理提供者的负担。

对家庭护理的给付方式是多元的,包括现金偿付、实物偿付方式等。购买家庭护理保障的被保险人可以自行选择何种偿付方式。倘若选择现金给付方式,获得的现金用以支付提供护理服务的亲属朋友以及邻居等,根据护理等级的差异所获的限额也不同,这种方式设有给付的最高限额。如果选择实物给付方式,则定期会有专业的护理人员上门提供足够数量与相应质量的服务。

德国为了促进家庭护理的发展,长期护理保险还提供额外的附加服务,例如,在家临时性护理、短期住院护理以及白天护理。在家临时性护理每月可以根据护理等级的不同获得一定的补偿;白天护理是指每周一天或者几天,上午 8 时至下午 5 时在护理院接受护理服务。

在德国,提供护理服务的工作者大多为女性,她们在提供家庭护理的同时,损失了一定的工作时间。为此,德国为弥补女性所牺牲的时间,同时也促进护理业的发展进行了新的立法:每周为亲属提供 14 个小时的护理,并且正常工作时间不超过

30 个小时的护理服务者在提供护理服务期间可以享受法定年金保险，以及法定工伤保险，具体的保费则根据其所提供服务的级别和时间决定。

② 住院护理给付。

住院护理给付与家庭护理给付不同，它只有现金给付这一种形式。虽然每一个参加住院护理的人员都可得到一定数额的保险金，但是这笔保险金仅能用以支付护理服务的费用，而不能用于其他范围内所发生的费用（例如伙食费、床位费）。同时，这笔费用不能超过全部住院护理费用的 75%，这就意味着享受护理的人员至少要支付 25%的护理费用。

③ 半住院护理给付。

其每月资助费用与护理机构上门服务的资助标准相同。每月发放的保险偿付金用以支付住院护理费用，倘若还留有剩余，可用剩余资金支付护理机构上门护理的费用；若无剩余，则由享受护理的人员自行支付；若其存在经济困难，则可申请社会救济。表 4.11 列出了 2008 年以来德国长期护理保险的给付项目情况。

表 4.11　德国长期护理保险给付项目与金额　（单位：欧元/月）

项　目		护理等级 1	护理等级 2	护理等级 3
居家护理	居家实物给付 2008 年 6 月 30 日前	384	921	1 432
	2008 年 7 月 1 日起	420	980	1 470
	2010 年 1 月 1 日起	440	1 040	1 510
	2012 年 1 月 1 日起	450	1 100	1 550
	居家现金给付 2008 年 6 月 30 日前	205	410	665
	2008 年 7 月 1 日起	215	420	675
	2010 年 1 月 1 日起	225	430	685
	2012 年 1 月 1 日起	235	440	700
非正式护理（近亲及护理提供相关人员）	护理费（4 周/年） 2008 年 6 月 30 日前	1 432	1 432	1 432
	2008 年 7 月 1 日起	1 470	1 470	1 470
	2010 年 1 月 1 日起	1 510	1 510	1 510
	2012 年 1 月 1 日起	1 550	1 550	1 550

续 表

项　目		护理等级 1	护理等级 2	护理等级 3
短期护理	每年 2008 年 6 月 30 日前	1 432	1 432	1 432
	2008 年 7 月 1 日起	1 470	1 470	1 470
	2010 年 1 月 1 日起	1 510	1 510	1 510
	2012 年 1 月 1 日起	1 550	1 550	1 550
全机构式护理	2008 年 6 月 30 日前	1 023	1 279	1 432
	2008 年 7 月 1 日起	1 023	1 279	1 470
	2010 年 1 月 1 日起	1 023	1 279	1 510
	2012 年 1 月 1 日起	1 023	1 279	1 550

资料来源:德国健康部:长期护理保险数据及实时数据。

2. 德国长期护理保险的管理机制

(1) 长期护理保险的工作机构。

德国长期护理保险在实际的操作过程中涉及多个职能部门,包括政府机构、护理服务与等级评估机构等。

① 政府机构。

与长期护理保险相关的政府部门包括德国联邦卫生部、劳工部和劳动社会事务部等。德国联邦卫生部主要负责长期护理保险的相关法律制定、实施以及监督工作,保障法定医疗保险以及护理保险的有效运行,促进其发展是联邦卫生部的核心职责。在联邦卫生部中设有专门部门负责法定医疗保险和护理保险,在此部门下设分部以及专门负责保险具体业务的管理部门,称为管理办公室或执行委员会。例如分部 23 负责护理保险,其中管理办公室 231 主要管理有关护理保险的基本问题;管理办公室 232 的工作主要为投保人群、社会福利金法规以及护理保险缴费等问题;管理办公室 233 主要管理有关护理保险的医疗和护理问题;管理办公室 234 主要负责受雇于保险公司的医生的报酬以及有关合同的相关规定,同时也管理护理类型等问题。

为了更好地执行护理保险的各项工作,各个州与地方政府也设立相关的办公室来履行工作。德国联邦劳工部为了保证长期护理保险资金的正常运作、避免亏损，主要对长期护理保险进行政策指导，同时负责监督。德国长期护理保险基金管控较为严格，主要保值增值的途径是通过银行金融机构所获得的利息，基金不允许用于投资或其他经营性项目活动。

德国劳动社会事务部于2005年正式成立，之前为联邦劳动和社会福利制度部。劳动社会事务部主要负责保证整体社会的正常、稳定运转，同时帮助残疾人和弱势群体融入社会和为促进就业创造有利条件。这个部门的主要工作为四个部分：第一，理清社会经济发展与社会福利政策之间的关系；第二，促进养老保险制度的稳定；第三，帮助残疾群体和弱势群体更好地融入社会；第四，促进劳动力市场的稳定发展。

为了建立有效的长期护理保险制度，保证长期护理机构的质量与效率，在更大范围、以更好质量为需求人群提供服务，各级政府还提供其他的护理服务，同时也为一些护理机构提供资金支持，缓解护理机构的经济压力。

② 护理服务机构。

联邦政府、非营利性组织或私人机构建立护理服务机构，由基金公司与护理服务机构签订合同，其中规定了服务的内容、类型和保险金给付范围，之后通过第三方为服务需求者提供长期护理服务。

德国的护理机构有专业护理老人院和社区护理中心。据相关资料，截至2013年底，通过德国护理保险法认可的养老机构有13 030所，共计有床位90.28万张；平均每个养老机构拥有68张床位，护理63位老人。其中，由公益组织或慈善组织建立的养老机构约占54%，由私人机构建立的养老机构约占41%，由政府等机构建立的约占5%。①一些需要每天护理以及具有经常性医疗帮助需要的老年人可在此接受护理服务。同时，专业护理老人院也为老年人提供长期居住的服务。这些专业护理老人院分类众多，包括养老院、托老所、老年公寓、福利院和临终关怀医院等。这种机构的经营方式分国营和私营两种。国营护理机构的负责人与政府签订合约，具有经营责任，能够满足大部分老年人的护理需求；私营护理机构大多建设在环境优美的地方，相比国营护理机构，在这里能够享受到更高质量的护理服务，同时价格也相对较高。

除了专业护理老人院，德国的社区护理已经有100多年的历史。在20世纪60

① 卢求：《德国长期照护体制与机构式护理养老设施的经验与启示》，《建筑学报》2017年第10期。

年代，德国形成了新的医疗服务体系，每个社区都设有专门的社区护理中心，主要由护士、护理员和家政人员组成。每个社区护理中心都配有基本的医疗用品、器械以及药品制剂室，可以满足病人基本的医疗及护理需求，护理中心还设有少数床位，以供紧急情况时使用。

社区护理中心主要为社区的病人提供健康管理服务，工作任务大体分为以下几类：第一，护理服务，对象是老年人、术后恢复期和慢性病人、儿童、孕妇等；第二，健康宣传，对象是所管辖社区的居民，对他们进行健康普及、慢性病预防与指导、自我保健、康复指导等；第三，建立社区居民的体检档案以及对社区的健康信息进行管理。目前，德国约有一半的护士从事社区护理工作，每一位社区护士都需要进行3年以上的职业培训，并且需拥有5年以上的医院工作经验。社区护理中心的工作流程是：首先，每天所有的护士聚集讨论当天的护理计划和对病人护理过程中出现的问题；其次，每个护士领取任务，访问5—6名病人，如果出现新病人，还需要依据病人的保险、病情等情况进行评估，最后制定合理详细的护理计划。此外，除了在护理中心工作，护士还需要出勤，出访一些无法来到社区护理中心的病人。此时她们会随身携带护士专用袋，里面装有体温计、血压计、药物、注射器等，帮助这些患者检查身体、处理小伤，进行健康宣传。为了促进护士更好地为社区居民服务，规定每个季度最少要访问一户居民，了解他们的健康状况，讲解预防知识以及提出相关建议；同时，护士拥有一定的处方权，可以在一定范围内为病人开处方，决定康复中的病人接受何种护理方式，这给予护士们一定的自主权。

③ 长期护理服务等级评估机构。

护理服务是一项长时间的、具有一定专业性的工作。为了避免资源浪费，促进资源合理配置，给予服务需求者合理的保险金给付，提高服务质量与效率，在接受长期护理服务前确定合适的服务等级是必不可少的。

在德国，有两家长期护理保险的评估机构，一是由法定护理保险下设的医疗服务机构(Medizinische Dienste der Krankenkassen, MDK)，为参加社会长期护理保险的需求者提供评估服务；二是由商业保险公司倡导建立的Medicproof，为参加私人护理保险的需求者提供评估服务。虽然评估机构不同，但两家机构共同使用一套评估标准。

评估者主要是医生和护士，评估者首先接受长期护理保险基金的委托审核护理需求，再进行确认、核实、评估护理级别。由于护理级别的确定涉及保险金的给付与标准，而保险金给付的受益方为参保人以及提供护理服务的长期护理服务机构，因此，需要同时考虑两者的情况以确定合适的费用标准。

护理等级一经确定，除了个别护理人员及其亲属、护理机构或者护理基金提出要求以外一般不可修改。医疗服务机构（MDK）虽不会定期抽查，但是在给护理保险基金的评估报告中会告知下次核查的时间。①

（2）长期护理保险的成本和质量管理。

① 长期护理保险基金的成本管理。

德国老龄化问题严重，失能人员数量逐年增加，为了促进长期护理保险基金的可持续发展，提供高质量服务的同时尽量降低成本，避免资源浪费，德国对长期护理保险基金采取了一些成本管理措施。

第一，成本分担方式。首先，长期护理保险对被护理人员给予一定数额的保险金，但是具体的数额除了取决于护理等级的级别，还取决于被护理人员选择何种补偿方式。其次，长期护理保险的补偿基金只承担部分护理成本，选择在护理院护理的人员不仅需要承担至少25%的护理成本，还需要自费承担食宿成本。另外，选择家庭护理的人员相对于护理院护理而言，虽然保险金给付方式多元化，但被护理人员依旧需要至少承担25%的护理成本，基金并不覆盖所有成本。

第二，引入竞争机制。德国长期护理保险体系强调内部自我管理、外部多元竞争的原则。根据德国社会市场经济理论，政府可以进行适当干预。德国法定长期护理社会保险中，设有600多家疾病保险基金，如果对其提供的服务不满意，参保者可依据自己的意愿在每年年初自主选择基金公司。如果基金的总支出超过了总收入，参加基金的受益人的受益水平将会受到一定影响，因此也鼓励成员更换基金公司。基金市场的竞争，有利于促进基金加强成本管理，保障偿付能力。②除了鼓励疾病保险基金之间的市场竞争，德国在服务供应商方面也采取了一些加强竞争的措施。德国《长期护理保险法案》出台之前，提供护理服务的大多是非营利性社会组织或慈善机构，他们依据自身优势与社会基础，能够在较大范围内吸引社会上的志愿者，获得捐助，这些组织获得了一定的护理津贴资助，降低了护理成本，因而成为

① 姚玲珍：《德国社会保障制度》，上海人民出版社2010年版，第183页。

② 郝君富、李心愉：《德国长期护理保险：制度设计、经济影响与启示》，《人口学刊》2014年第2期。

当时护理产业中主要的服务提供方。然而经过一段时期的发展,这些组织提供的服务质量与效率较低,不能满足被护理人员的需求。这些组织在获得政府一定的补贴后服务价格反而上涨,故遭到民众的质疑。

为了提高护理服务质量,引入其他机构或企业加入护理服务市场,德国政府出台相关法案,规定不限制服务供应商的数量与性质。这一政策的出台,非营利性组织的优势不复存在,社会基础逐渐削弱,营利组织获得了与非营利组织同等开放的条件,大大增加了护理服务的机构数量,强化了市场竞争。对于护理需求方而言,被护理人员可以依据自己的意愿,自由选择某一家护理院。通过引入市场竞争,不仅保障了公民的自主权,而且有利于提高护理服务效率。为了降低长期护理保险支付给供应商的费用,双方通过协商谈判的方式压低成本,将费用控制在预算范围内,同时也给予服务提供商一定的利润空间,能够更好地保障被护理方得到应有的服务质量。

② 长期护理保险的质量管理。

德国长期护理保险为确保服务质量也有相关的制度设计,主要分为两个方面,即对家庭护理的质量管理和护理院的质量管理。

家庭护理在德国长期护理中一直处于主导地位,从长期护理保险尚未建立之时由家庭中的女性承担照料任务,到长期护理保险建立后鼓励家庭护理,家庭护理对长期护理的发展起到了至关重要的作用。那么,该如何保证家庭护理服务的质量呢?德国政府为了保证家庭护理中非正式护理人员能够提供相对专业的服务与质量,长期护理保险基金必须对其进行相关专业的免费培训,同时定期访问被护理者对非正式护理人员提供的护理服务与质量有何意见,也会给非正式护理人员一些专业的护理建议。对于为护理等级处于一、二级的受益人提供非正式护理的人员,每年必须进行两次定期观察访问,对服务于三级护理级别的非正式护理人员每年则需要进行三次定期观察访问。除此之外,还需加强非正式护理人员与专业护理人员、护理志愿者之间的合作,提高专业性服务水平和服务质量。

德国政府的管理思路以宏观管理为主,一般不参与基金组织的具体事物性工作,对护理机构的质量管理则采取了以下措施:

首先,通过立法形式,以法律制度为基础,采取宏观调控和监察手段,在全国范围内建立统一的标准,加强对护理机构的质量管理。相关法律规定,长期护理保险基金必须与任何一家护理机构签订合同，只要其满足护理人员和护理设施等相关条件，合同内容是关于护理服务等一系列事项。这项法规不仅有利于护理机构之间的良性竞争，还具有监督制约功能，避免护理机构随意抬价。①

其次，长期护理保险不仅借鉴了医疗保险体系中的质量保证原则，而且引入了新的质量管理条例。德国于2002年1月1日出台了《质量保证和消费者保护法》，通过法律形式对护理服务供应者进行评估与质量监管和审查，要求护理机构必须执行并不断改进服务质量。此外，法定医疗保险及医疗服务部门执行外部质量控制。同年，对1975年制定的《机构护理法案》进行改革，其中涉及机构的责任与质量控制等方面。2008年7月，又进行了一次综合改革，规定2010年后，每年必须至少对护理服务的提供方进行一次现场质量检查，结果不仅要透明公开，还要以通俗易懂的方式公布，这一措施加强了服务质量的外部监督管理。除此之外，为了进一步确保服务质量，建立审计制度，随机抽查护理服务供应商，对提供服务欠缺的机构采取一些惩罚措施。

最后，各级地方政府与长期护理相关协会共同组成联邦长期护理委员会，对长期护理服务进行定期的质量评估工作。医疗服务机构（MDK）也针对护理服务提供方制定了监管方案，同时对家庭护理和护理院进行监管，当发生重大问题时，护理机构和护理基金双方可解除合约。虽然医疗服务机构（MDK）有权进行监管，但其权限不大，实施监管的范围狭窄。对此，为了加大监管力度，赋予其合理范围的监管权限，在2001年修订《长期护理保险法案》时，联邦政府赋予了该组织调查权，使其有权对所有护理员的服务质量进行调查监督，以此达到合同中所规定的服务质量与水平。

为了促进长期护理保险高效运行，除对长期护理保险进行成本管理和质量管理外，德国还在医院设立专门护理院或部门，选拔具有高等教育背景的护理专业和管理专业人员担任护理院长或护理部主任。护理部门中除了最高级别的护理院长外，还另设四个级别的工作人员，依次是：护士长、高级护士、注册护士、护理助理。只有具备注册护士以上资格的人才能直接照料被护理人员，护理助理则为其他工作人员做一些准备协调方面的工作。为了提高护理服务的质量与水平，每个护理人员所照顾的失能人员数额有限，不能负责过多的人员以免影响护理服务质量。

---

① 和红：《德国社会长期护理保险制度改革与其启示：基于福利治理视角》，《德国研究》2016年第3期。

对护理部门的质量监管，则建立了一套完备的监管系统，护理院长每天的工作之一就是审阅各类护理信息，还可通过电子监控系统，及时清楚地掌握每位护理人员的工作状况。

(三) 德国长期护理保险制度的调整和改革

1. 改革背景

德国长期护理保险从1995年起开始缴费，1996年开始进行待遇支付。随着社会的发展，执政党的变动，长期护理保险也随之进行改革调整。同时，德国人口老龄化程度加深等社会性问题都在促使长期护理保险制度的改革调整。

一方面，随着德国老年人口增多，为老年人口提供的护理服务的价格也随之攀升，但是长护险待遇支付并未随着护理服务价格上升而相应提高。随着物价的上涨，护理服务价格的上升对于中低收入家庭而言负担加剧；对于服务提供者而言，他们付出的劳动增多，但获得的报酬仍保持在原有水平，难免会产生消极懈怠情绪，造成服务质量下降。另一方面，社会的不断进步促使越来越多的女性踏入社会工作领域就业，不再局限于提供家庭护理服务。与此同时，子女与老人同住情况的比例也在下降。仅仅依靠亲属照料老人，提供非正式护理服务的人群越来越少，供需不足的矛盾更加突显。

此外，德国长期护理保险制度在确立之初，受益人的资格局限在生理层面，忽略了心理以及认知障碍人群。上述这些情况都促使长期护理保险制度的改革调整。

2. 改革内容

(1) 第一次较大范围改革：2008年。

德国长期护理保险制度自实施以来，经历过几次小范围的修正调整(见表4.12)，但第一次较大范围的改革是在2008年7月1日开始实施《长期照护保险结构改善法》。这一次的改革内容覆盖多方面，改革的重点集中于对护理需求与服务的调整以及实施护理假。

第一，调整护理需求。长护险确立之初，护理等级主要分为三个等级，这次改革将护理等级初步划分为五个等级，分别是：微小等级、显著等级、严重等级、最严重等级和特别需要等级。与此同时，评估等级的工具也进一步调整为：移动、认知与练习能力、行为与心理问题、自我照顾能力、疾病与治疗情况下所需要的照顾、日常生活安排与社会接触六种。①

第二，实施护理假。护理假是指，在 15 人以上的工作单位中，当雇员遇到其亲属发生紧急情况，需要特殊的护理时，可向工作单位或雇主提出申请为期 10 天的停薪假期(特殊情况下可长达 6 个月)。之所以限定在 15 人以上的单位中，是考虑公司中若有较多的人员同时申请也可保证公司正常运作。在实施过程中，虽然停薪假期受到民众的非议，在一定程度上不合理，但是为了更好地推行这项措施，护理人员在停薪阶段所产生的医疗费用、失业费用以及长期护理保险的保费由长期护理基金支付，以维护雇员因照料亲属而不得已中断工作的社会权。

第三，提高缴费率与水平。长期护理保险制度实施以来，1995 年的缴费率为 1%，1996 年上调至 1.7%，2008 年再度上调为 1.95%。同时，随着物价的上涨，购买力逐渐下降，大多数需求者需要依靠社会救助提供护理服务，为此，政府适当提高了给付水平。

第四，提高家庭护理的服务质量与水平。首先，部分参保人的家庭成员存在没有固定收入的情况，对这些人员可给予临时救济及补助，但领取补贴的时限控制在半年内；其次，部分参保人员因疾病或者智力等原因需要护理服务的，政府给予这些无法自理的人员一定的护理费用，但每年最高金额不得超过 2 400 欧元。

第五，提高护理服务的使用效率。政府给予最高给付标准的范围内，参保人员可以自主选择护理机构以及护理服务项目。对部分人员提供经济补贴，不提供护理服务，从而鼓励家庭护理服务的发展。

第六，加强监管力度。对护理机构进行分级管理，每年定期抽查，抽查结果及各项标准透明公开，同时成立护理仲裁委员会，对护理过程中产生的纠纷进行调解。

表 4.12　德国长期护理保险制度出台以来的历次改革

时　　间	改　革　内　容
1994 年 5 月 26 日	通过《长期护理风险之社会保障法》
1995 年 1 月 1 日	实施《长期护理风险之社会保障法》(简称《长期护理保险法案》)
1995 年 4 月 1 日	社会长期护理保险制度中的家庭护理
1996 年 7 月 1 日	社会长期护理保险制度中的机构护理

① 陈诚诚:《德国长期照护保险制度的特色及改革动态》,《中国医疗保险》2014 年第 12 期。

续 表

时　间	改 革 内 容
2002年1月1日	1. 质量保障和消费者保护法案 2. 改革1975年制定的机构护理法案：涉及机构中居住者的权利、相关合同义务、机构的责任和质量控制
2002年4月1日	质量保证和消费者保护法案
2003年8月1日	制定联邦层面的标准化护理职业培训规范
2005年1月1日	《家庭与职业协调法》 将23岁及以上没有子女的投保者的缴费率额外增加0.25%，达到工资总额的1.95%
2006年9月1日	州负责机构护理法案的制定
2008年7月1日	实施《长期照护保险结构改善法》《长期护理发展法案》《长期护理保险补充条例》 内容：第一，质量保障和消费者保护法案；第二，补充护理师法案；第三，实施护理基地项目；第四，实施个人免费的护理或病例管理服务；第五，实施鼓励非正式护理者计划，鼓励家庭成员特别是女性承担家庭护理；第六，全部缴费率调整为工资总额的1.95%，无子女的成员调整为工资总额的2.2%；第七，实施护理假；第八，增加日间护理服务给付水平
2009年10月1日	修订联邦层面的机构护理法案：在签订合同时受益人拥有获得护理机构服务质量和护理设施成本等信息的权利；护理服务变化与调整、合同终止的相关规定
2012年	《长期护理保险调整法案》
2013年	《长期护理调整法案》
2015—2016年	《护理加强法案》第一部、第二部

资料来源：undesregierung, Bericht der Bundesregierungüber die Entwicklungder Pflegeversi-cherungund den Stand der pflegerischen Versorgungin der Bundesrepublik Deutschland.

(2) 第二次较大范围改革：2015—2016年。

德国于2015年1月出台了《护理加强法案》第一部，随后，《护理加强法案》第二部也在2016年实施，两部法案的生效意味着德国长期护理保险制度与时俱进，不断推行改革。此次改革涉及的内容更为全面，主要包括需求的进一步界定、护理等级的进一步划分、筹资水平与给付水平的调整等多个方面。

第一，更加全面地界定长期护理保险的需求者。最初设立的长期护理保险，将受益范围限定在生理方面，忽略了对心理上以及认知上有障碍的人群，这一次改革对长期护理需求的受益人员扩大了范围，将生理上、心理上、精神上以及认知方面存在障碍的人员都纳入进来，使得更多有相关需求的人员都可以得到长期护理服务。范围的扩大不仅让有需求的人员能够得到更好的照料，而且在一定程度上缓解了家庭负担。另外，评估工具也进行了一些细微的调整，这六个维度调整为：移动能力、认知和沟通能力、行为与心理问题、自理能力、应对与独立处理由疾病或治疗而产生的需求和压力、安排日常生活与社会交往，对这六方面进行分析，以更好地划分护理等级。①

第二，进一步划分护理等级。德国长期护理保险的待遇支付依据失能人员的失能程度以及护理需求决定。这次改革除了扩大了护理需求的范围，也进一步详细划分了五个护理等级：第一等级是自理能力或身体能力不受影响；第二等级是自理能力或身体能力受到轻微影响；第三等级是自理能力或身体能力受到明显影响；第四等级是自理能力或身体能力受到严重影响；第五等级是自理能力或身体能力受到最严重的影响。对已经接受评估和分级的护理对象不需要重新申请评估，会自动从旧系统转至新系统，新旧系统中的衔接就高不就低。

进一步细分受益人资格与护理等级，使得更多的人可以享受到长期护理保险所提供的服务。低等级的人员即使不需要专业的护理人员所提供的服务，也可以享受到其他的服务，例如护理咨询、无障碍的住宅设施化改造等。同时对于最低等级的人员而言也起到了很好的预防与保健作用。

第三，提高缴费率，促进长期护理保险制度可持续发展。德国长期护理保险制度采用现收现付方式，这种方式能够确保资金源源不断地发放，并且计算简便，有利于在一定程度上防止由物价或收入变动带来的资金波动，能够有效应对通货膨胀，同时也有利于促进社会福利水平的提高，实现社会公平，增进社会福利。然而，近几年来，护理服务价格的飞快上涨，人口老龄化问题愈发严重，长护险的缴费率也需要随之调整。德国在这一改革阶段，将缴费率上升 0.5 个百分点，分段进行。第一阶段，从 2015 年起，先将缴费率提高 0.3 个百分点，其中，0.2 个百分点的缴费率用于提高保险待遇；0.1 个百分点的缴费率用于建立长期护理的储备基金，并以德国央行管理下的专用基金形式设立。这时，有子女家庭的人员缴费率为 2.35%，

---

① 华颖：《德国长期护理保险最新改革动态及启示》，《中国医疗保险》2016 年第 7 期。

无子女但已满 23 周岁的人缴费率则为 2.6%。之所以对已到年龄却未婚者追征缴费率是为了激励生育与促进公平,在现收现付制下,享受的待遇是来自于未来子女的缴费,倘若让所有人执行相同标准的缴费率,对于已生育子女的人员而言不公平。由此,每年大约有 50 亿欧元缴费将会投入到提高待遇中去,12 亿欧元则用于长期护理的储备基金。第二阶段,2017 年的缴费率进一步提升 0.2 个百分点,此时对有子女的人员缴费率为 2.55%,无子女者则达到 2.8%。

表 4.13　德国长期护理保险缴费率历年上调情况

年　份	缴　费　率
1995	1%
1996	1.7%
2008	1.95%,已满 23 岁但无子女人群 2.2%
2013	2.05%
2015	2.35%,已满 23 岁但无子女人群 2.6%
2017	2.55%,已满 23 岁但无子女人群 2.8%

资料来源:作者整理。

第四,提高保险给付,扩大服务覆盖面。根据 2012 年《长期护理保险调整法案》中首次引入的待遇提高 2.67%。从 2015 年起,各护理等级的现金给付和服务给付额全线提高 4%。

对于家庭护理而言,每月用于日常消耗品的补贴从 31 欧元提升至 40 欧元。对一些需要改造家庭住宅无障碍的人员也由每项改造 2 557 欧元提升至最高 4 000 欧元。另外,为了更好地促进德国家庭护理的发展,鼓励护理对象同住,建立居家长期护理小组,对有三个以上成员的小组,每项最高可以补贴 16 000 欧元。这些措施都能更好地促进德国家庭护理的发展,也体现出家庭护理优先于住院护理的原则。

第五,调整护理假。德国与 2005 年 1 月出台了《家庭与职业协调法》,其中规定,所有在职者一年中可以享有 10 天短期紧急护理假,工资由之前停薪调整为由保险公司按照正常工资水平的 67%发放。①为了能够有更多时间照料亲属,员工

① 柴野:《德国依法保障职工一年享 10 天紧急护理假》,《光明日报》2014 年 11 月 18 日。

表 4.14 针对不同护理级别和护理方式的护理保险给付标准

（单位：欧元/月）

护理等级	居家由亲属护理	居家接受流动护理；部分时间入院护理（日间或夜间护理）	居家护理、由于病情需要短期入院护理（8 周/年），每年最多	居家护理、护理亲属生病或休假短期入院护理（6 周/年），每年最多	全时入住养老机构	护理用品报销	居住在 3—12 人的护理组团，接受流动护理，额外补贴	居家空间适老化改造补贴（每人一次性最高）
一级护理	—	—	—	—	125	40	214	4 000
二级护理	316	689	1 612	1 612	770	40	214	4 000
三级护理	545	1 298	1 612	1 612	1 262	40	214	4 000
四级护理	728	1 612	1 612	1 612	1 775	40	214	4 000
五级护理	901	1 995	1 612	1 612	2 005	40	214	4 000

注：以上给付标准从 2017 年 1 月 1 日起执行。德国联邦政府每隔 3 年根据物价上涨指数等综合因素，调整护理保险给付标准。

资料来源：作者整理。

还可以在两年时间里每周只工作15个小时，以法律的形式保护避免其岗位的变动。

(四)德国长期护理保险制度改革的成效与面临的挑战

1. 德国长期护理保险改革取得的成效

1995年德国启动长期护理保险，责任范围从一开始只覆盖家庭护理逐步扩大至护理院护理，经过20多年的发展和持续改革，不仅让更多需要这方面服务的老年人能够安享晚年，提高生活质量，也缓解了州政府以及相关组织协会的财政压力，促进了经济发展与社会稳定。

(1) 在社会层面，全覆盖的、统一多层次的长期护理保险体系更加完善。德国长期护理保险制度从建立之初经过几次改革调整，保险受益人群不断扩大，覆盖面越来越广，将更多有长期护理需求的人群纳入保障范围，通过社会保险与商业保险相结合的方式几乎实现了人群的全方位覆盖。其中，75%的人群强制参加长期护理社会保险体系，超过10%的人群选择加入了商业保险体系，大约2%的人群由政府免费提供长护险，剩余人口也都可自行选择参与方式。

经过不断地调整改革，长期护理保险的护理等级由最初的三级改革成五级，等级的细分不仅使得服务的提供愈加精准，同时也有益于护理服务的早期介入以及拓宽护理对象的范围。与此同时，随着德国老龄化进程的加速，老年人口呈现逐年上升趋势，德国长期护理保险的服务方式趋向于多样化与多元化，这些措施都在一定程度上缓解了老龄化带来的一系列社会问题。

(2) 在经济层面，长期护理保险的改革减少了政府财务负担，促进了长期护理保险的收支平衡。德国长期护理保险的建立一方面在一定程度上缓解了州政府所承担的财政压力，大部分原本由州政府所承担的个人与家庭无法解决的护理问题已转移至联邦政府，社会救助的成本大幅度下降；另一方面，对家庭而言，亲属和朋友在提供护理服务时可获得一定的补贴，缓解了家庭负担。

根据相关资料，2014年中期之前，长期护理保险的财务资金处于亏损状态，直到2015年改革后，情况才有所好转。经过改革，提升缴费率，当无子女的被保险人缴费率上升至2.6%时，财务收支趋于平衡。同时，随着护理需求的增加，德国长期护理保险的收支规模不断扩大。截至2015年10月，长期护理保险的保费收入额为250.46亿欧元，支出额为239.68亿欧元，结余额为10.78亿欧元，资金结余数额得到大幅度提高。①

(3) 在家庭层面，长期护理保险改革促进了家庭护理的发展，充分体现了家庭护理优先于住院护理的原则。德国长期护理保险最具特色之处是大力促进家庭护理的发展。在具体的实践中，很多方面的改革举措反映出德国对家庭护理的重视，例如住院护理的标准较为严格，不达标的人员不可随意享受住院护理服务；保险金给付方面，家庭护理的给付方式更具多元化，通过法律形式给予非正式护理人员的护理服务认可与政策支持等。从实际效果来看，选择家庭护理的人群明显高于住院护理人群。

(4) 在护理服务层面，长期护理保险改革促进了护理服务供给能力的大幅提升。德国长期护理保险在尚未建立之时，受经济危机的影响，大部分女性踏入社会劳动力市场参加就业，不再局限于家庭事务。1994 年长期护理保险体系的建立为社会提供了大约 7 万个工作岗位与就业机会。经过十几年的发展和壮大，护理服务的提供方由 1995 年的 32 万人，上升至 2009 年的 89 万人。根据德国联邦统计局相关资料，截至 2013 年底，德国共有 100.55 万名长期护理服务人员，其中，家庭护理人员 32.01 万名，约占 31%；住院护理服务人员 68.55 万名，约占 68%，都有大幅度上升。

2. 德国长期护理保险制度面临的挑战

随着德国老龄化程度加深，预期寿命延长，老年人口剧增，银发浪潮的来袭导致长期护理服务需求逐年增长。同时，单身人口的增加带来出生率下降，人口流动性增强使得德国长期护理保险面临来自各方面的挑战。

(1) 老龄化程度加深和护理需求逐年增长的挑战。目前，德国老龄化程度(65 岁及以上老年人口的比例)位居世界第三。据预测，到 2020 年、2040 年和 2050 年，德国 65 岁及以上人口比例将达到 23.4%、32.1%和 33.1%(见表 4.15)。随着预期寿命的延长，尤其是 80 岁以上的高龄老人人口比例快速增长(见表 4.16)，需要护理的老年人口数量激增；与此同时，还有大量存在心理、认知障碍的老年人口，这些老年人数量上升大大增加了对护理服务的需求。相关资料显示，目前德国老年人口的痴呆症患病较为严重，大约有 120 万人患有此症状，预计到 2050 年，病患人口将达到 200 万人。

① 王玥、王丹：《德国长期护理保险制度的发展及对我国的启示》，《沈阳干部学刊》2017 年第 2 期。

表 4.15　德国人口老龄化趋势　　（单位：%）

年　份	1950	1960	1970	1980	1990	2000	2010	2020	2030	2040	2050
0—14 岁	23.2	21.3	23.2	18.5	16.1	15.6	13.4	12.5	12.3	11.5	11.3
15—64 岁	67.1	67.2	63.1	65.9	69.0	67.9	65.9	64.1	58.7	56.4	55.6
65 岁及以上	9.7	11.5	13.7	15.6	14.9	16.5	20.7	23.4	29.0	32.1	33.1

资料来源：http.//stats.oecd.org.

表 4.16　德国老龄化率及年龄、性别分布状况　　（单位：%）

年份	老龄化率	年龄分布			性别分布		老年抚养比
		70 岁及以上	75 岁及以上	80 岁及以上	男性	女性	
1990	14.9	67.4	48.0	25.1	33.7	66.3	21.6
1995	15.5	68.3	41.2	26.2	35.8	64.3	22.7
2000	16.5	69.8	43.3	22.3	38.3	61.7	24.2
2005	18.9	66.2	42.6	23.2	41.1	58.9	28.4
2010	20.6	72.6	43.9	25.2	42.7	57.3	31.3
2015	21.7	74.8	51.8	27.5	43.5	56.5	33.1
2020	23.3	73.1	51.1	32.2	44.0	56.0	36.4
2025	25.6	72.1	48.9	30.9	44.6	55.4	41.4
2030	28.8	71.4	47.6	28.8	45.2	54.8	48.9
2035	31.4	75.0	49.7	29.6	45.6	54.4	55.6
2040	32.1	81.1	57.3	34.2	45.4	54.6	57.0
2045	32.6	81.0	62.8	40.7	45.2	54.8	58.0
2050	33.1	80.0	61.6	44.5	45.1	54.9	59.6

注：2012 年以前数据为实际值，2012 年以后数据为预测数据。

资料来源：http.//stats.oecd.org.

（2）专业护理人员数量下降的挑战。众所周知，长期护理服务的工作量大、工作强度高，属于典型的劳动密集型服务。一方面，非正式护理受到冲击，需要长期护理服务的人群不得不更多依靠机构护理；另一方面，伴随着护理服务需求的逐年增加，工作任务加重，但从业工资却相对较低，并且时常发生无法正常休息的工作状态，越来越多的德国人放弃护理工作转而投入其他工作领域。为了缓解护理人员流失问题，德国卫生健康部门采取了各种办法，希望减小人员流失带来的负面影响，但收效并不理想。试图鼓励空闲人员以兼职的方式加入到护理服务中，但大部分的兼职人员缺少相关专业培训，不具备专业的护理资质，无法保证护理服务的质量。

(3) 长期护理保险的财务压力日渐显现。随着老年人口的大幅度增加、未婚人员数量增多、家庭小型化等人口结构的变化。人口结构的变化会引发劳动力市场就业人口的骤减，劳动力供给不足，缴费人数的下降将导致长期护理保险收入的下降。在长期护理保险建立之初的1995年，保险基金总收入和总支出分别为8.41亿欧元和4.97亿欧元。2000年以来，各年度保险收支维持略有结余的紧运行状态，2016年护理保险的总收入和总支出分别为32.03亿欧元和31亿欧元(见表4.17)。虽然目前德国长期护理保险资金收支总体平衡，但从长期来看，情况不容乐观。

表4.17 德国长期护理保险收支情况 (单位:亿欧元)

年 份	1995	2000	2010	2014	2015	2016
1. 总收入	8.41	16.54	21.78	25.91	30.69	32.03
其中： 来源于缴费	8.31	16.31	21.64	25.83	30.61	31.96
2. 总支出	4.97	16.67	21.45	25.45	29.01	31.00
其中： 用于待遇给付	4.42	15.86	20.43	24.24	26.64	28.29

资料来源:Statistical Year Book of German Insurance, 2017.

(五) 德国长期护理保险制度对中国的借鉴意义

1. 加强长期护理保险立法

德国长期护理保险制度之所以能够得到顺利推广和发展，部分原因得益于立法先行，建立了一个较为系统的法律体系。《长期护理保险法案》的出台，为长期护理保险确立了服务等级的标准，经过时间的检验，不断的改革调整，以法律形式确保了每一位有生理、心理、认知或精神等方面障碍的人能得到多样化的护理服务。目前，我国长期护理保险正处于起步阶段，全国15个城市正在试点运行，但立法相对滞后，受到国情的制约，还没有出台统一的、全面的法律法规。现有的《老年人权益保障法》约束力不足，无法以法律形式更好地保障老年人的权利。为保证长期护理保险在探索阶段更顺利的发展，应以立法形式弥补老年人护理方面的法律空白，确立基本的法律制度框架，循序渐进，逐渐发展与完善。

2. 发挥政府的主导作用

德国长期护理保险制度的有效运转离不开政府的引导与支持。一是提供资金支持。德国各级政府为长期护理保险提供了大量的补贴，并且不断提高补贴标准。二是加强政府对长期护理保险的监督。德国政府为了保证长期护理保险透明、有效的运营，对其进行了严格的控制与监管。在我国长期护理保险制度建设过程中，应发挥政府的主导作用，通过加强政府引导、政策支持和有效监管，确保长期护理保险的可持续发展和护理服务质量提升。

3. 控制成本与提升质量并重

德国采用的是现收现付制，这种方式不仅能缓解一部分财务压力，也有利于财务收支平衡，提升服务质量。与此同时，德国为控制成本快速上涨，制定了严格的审核制度，例如限制申请人数量，严格审查申请人资格，执行严格的给付金标准等，这些措施有利于降低成本，控制支出。德国在老年人口逐年增长，长期护理需求逐年递增的背景下，依然在一定程度上保证了长期护理保险资金的可持续性运作，在控制成本的同时确保质量，对我国而言具有重要的借鉴意义。我国在长期护理保险制度运行中应吸取德国的经验，在控制收支、力保平衡，做好成本约束的同时不降低服务质量，以保证长期护理保险的健康稳定发展。

4. 开放服务市场，鼓励多元主体参与

德国长期护理保险的发展不仅依靠政府的力量，还获得了社会各方面的支持，在以政府为主导的同时引入市场机制，兼顾效率与公平；开放市场，增加护理机构，实现良性竞争，提高服务质量的同时提高长期护理保险体系的运行效率。同时，德国鼓励和支持家庭护理，从经济和政策上给予双向扶持，更多地由个人和家庭承担长期护理服务，促进长期护理保险的低成本运行。目前，我国养老市场体系尚不健全，公立养老院人满为患，私立养老院价格昂贵，社会力量薄弱，护理服务供给严重不足；失能评定标准、护理服务等级标准缺乏统一规范，地区之间差异大，护理服务质量难以客观评估。借鉴德国的经验，应充分发挥市场在资源配置中的决定性作用，鼓励民营机构、非营利性组织、个人等各方面力量共同加入长期护理体系建设，建立开放的护理服务市场，营造公平的市场竞争环境，促进护理产业的健康发展。

三、典型国家的长期护理保障制度:日本

(一) 日本建立长期护理保险制度的背景

日本是世界上人口老龄化速度最快的国家,“少子高龄化”成为日本人口结构的重要特征,由此导致的老年长期护理难题成为一大社会问题。

1. 老龄人口剧增,老龄化问题严重

随着人口出生率下降,医疗技术水平进步和生活水平的提高,日本社会的老龄化趋势凸显。日本在1970年步入老龄化社会,65岁及以上老年人口占总人口比例达7%,仅25年后,该比例增加了1倍,达到14%。①此外,由于二战后“婴儿潮”时期(1947—1949年)出生的人们逐渐进入老年,日本的老龄化速度逐渐加快,2010年日本60岁及以上老年人的增长率是30.5%,预计到2025年增长率将达到35.5%。②日本人口老龄化的加剧,带来了高龄化、失能化等一系列的社会问题,老年人护理服务需求问题突出。1963—1993年间,接受住院护理的老年人数量增加了10倍,且占据了日本近一半的病床(其中约1/3的老年人住院时间长达1年及以上)。③20世纪末的日本,不仅面临严重的老龄化趋势,还面临着不断增长的长期护理服务需求,养老院或家庭护理仍处于初级发展阶段,护理服务供不应求。

2. 家庭养老功能弱化

随着日本“少子化”进程的发展,家庭小型化成为大的趋势。1975年日本家庭的平均成员数量锐减到3.44人,1995年减少到2.28人。仅有两代人的“核心家庭”和“单身家庭”数量逐渐增加,1975年“核心、单身”家庭比率为76.1%,1995年该比例上升至84.3%。④家庭结构的变化引起家庭居住模式的改变,已婚子女往往不与父母同住,老年人独居或与配偶同住的现象逐渐增多。此外,其他诸如生活节奏加快、女性就业率提高、老年人护理的长期化和护理人员高龄化等因素,导致家庭成

① Matsuda S., Yamamoto M., “Long-term Care Insurance and Integrated Care for the Aged in Japan,” *International Journal of Integrated Care*, 2001(1):1—7.

② Ministry of Health, Labour and Welfare, “Overview of Discussion on Active Aging,” 2013-06-25, http://www.mhlw.go.jp/stf/shingi/2r98520000034h9r-att/2, r98520000034i51.pdf.2013.6.14.

③ John Creighton Campbell, Naoki Ikegami, “Long-term Care Insurance Comes To Japan,” *Health Affairs*, 2000(3):27—29.

④ 王伟:《日本家庭养老模式的转变》,《日本学刊》2004年第3期。

员没有足够的精力和时间对老年人进行长期的照料。家庭规模小型化、家庭护理功能弱化,使老年人的社会性护理服务需求增加,急需正式护理力量的介入,更多的老年人愿意接受专业人员上门护理或在社区及机构接受护理服务。

3. 高龄保障制度不完善

日本在长期护理保险制度建立之前,老年人长期护理主要由福利制度和老年人医疗保健制度提供保障,两种制度在面临新的老龄化问题时均不完善。具体来说,福利制度存在自由选择权弱、服务水平较低和服务价格高等问题。福利制度中的服务类型及提供者由市町村或特区政府决定,使用者不能自由选择;同时,护理服务过程缺乏竞争,护理水平难以提高。在医疗保健制度方面,由于护理服务的基础设施不足,"社会化住院"现象(即有护理服务需求的老年人选择在医院中长期住院)严重,造成医疗资源的巨大浪费,加大了政府财政负担。

4. 老年人健康福利政策的推动

早在20世纪20年代,日本社会保障制度的框架就已基本形成,并在二战后得到快速发展。1946—1949年间,日本先后颁布了《生活保护法》《儿童福利法》《残疾人福利法》(简称"福利三法");随着20世纪50年代日本经济的快速发展,《弱智者福利法》《老人福利法》《母子福利法》相继颁布,"福利三法"扩充为"福利六法",基本上奠定了日本的社会保障体系。

在长期护理保险制度实施前,日本已具备一套相对完整的老年人护理服务措施——"措置制度"。例如,向低收入阶层的老年人提供公立老人院、居家服务等公共护理服务,这些服务全部公费且都是通过地方政府斡旋实现的,简称"措置制度"。然而这种"措置制度"被指责缺乏公平与效率,并造成了沉重的财政负担。

随着人口老龄化以及家庭结构的小型化、核心化,"4-2-1"核心家庭数量不断增多,由于缺乏护理设施,日本越来越多无需住院的老人不得不长期住进医院,导致一系列社会问题。为减轻政府财政负担,提高医疗资源配置的效率,日本试图借用民间力量来扩大老年人护理服务规模,即采用改革的方式将护理制度从社会福利转变为社会保险制度。

20世纪90年代中期,日本朝野对日益严重的老龄化问题给予前所未有的重视,社会对解决养老问题的呼声越来越高。[①]1995年德国引入老年长期护理保险制

① 张盈华:《老年长期照护:制度选择与国际比较》,经济管理出版社2015年版,第80页。

度，对日本产生很大影响，加上担心通过税收筹资会加重财政负担，1995 年日本效仿德国提出了“关于创设介护保险制度”的法案，经过不断讨论，于 1997 年通过《老年长期照护保险法》，2000 年 4 月正式实施。长期护理保险同养老保险、医疗保险、失业保险和灾害保险一起构成了日本新的社会保险体系。表 4.18 列出了 20 世纪 60 年代以来日本老年人健康福利政策的演变情况，从中可以看到长期护理保险制度产生的历程。

表 4.18　日本老年人健康福利政策变动

年　　代	人口老龄化率	主要政策
20 世纪 60 年代： 老年人福利政策的开始	5.7%(1960 年)	1963 年建立老年福利法 ● 建立老年人专用疗养院 ● 老年人家庭退伍军人(家庭佣工)立法
20 世纪 70 年代： 增加老年人的医疗费用补贴	7.1%(1970 年)	1973 年老年人医疗免费
20 世纪 80 年代： “社会化住院”和失能老人问题等逐渐成为社会问题	9.1%(1980 年)	1982 年建立老年人健康法 ● 规定了老年人医疗费用负担程度等问题 ● 1989 年制定黄金计划(为老年人提供健康和福利的 10 年战略) ● 推进紧急设施建设和家庭福利
20 世纪 90 年代： 推广黄金计划	12.0%(1990 年)	1994 年制定了新的黄金计划(促进新增老龄人口健康福利) ● 加强家庭护理
20 世纪 90 年代中期： 为建立长期护理保险制度做准备	14.5%(1995 年)	1996 年联盟执政党三方政策协议 ● “执政党协议”关于建立长期护理保险制度 ● 1997 年长期护理保险法成立
2000 年： 实行长期护理保险制度	17.3%(2000 年)	2000 年 4 月长期护理保险制度开始实行

资料来源：日本厚生劳动省：《公共长期护理保险制度的现状和未来作用》，2015 年。

(二) 日本长期护理保险制度框架

在日本，老年护理被称为“老年介护”。在日语中，“介护”一词兼有“身体照顾”与“家务服务”的双重含义，即“长期护理”(long-term care)，介护保险制度即长期护理保险制度(long-term care insurance)。日本长期护理保险制度是一种采取保险的方式，以老年人互助自立为原则，通过全体国民的相互援助，为那些因年老、疾病或者伤残而丧失日常生活能力，需要被长期照顾的人提供护理费用或护理服务的强制性的社会保障制度安排。①

1. *覆盖群体*

日本长期护理保险只覆盖40岁及以上的人口，即市町村有住所的40岁及以上的全体国民（包括外籍人士）。以年龄65岁为界限，覆盖群体可以分为两类，两类参保群体在保险费用的计算方法、待遇享受的条件上有所不同：一是65岁及以上老年人，称为第一类参保群体或第1号被保险者，这类群体无论其国籍、性别、年收入如何，只要失去生活自理能力，均可以申请老年长期护理待遇；二是40—64岁的人，被称为第二类参保群体或第2号被保险者，这类群体只有因“特定疾病”（见表4.19）导致需要支援或长期护理时才可以申请长期护理待遇。

表4.19　日本第2号被保险人“特定疾病”表

1. 癌症（末期）	9. 脊柱管狭窄
2. 关节炎	10. 早老症
3. 肌萎缩性侧索硬化症	11. 多系统萎缩症
4. 后韧带骨化症	12. 糖尿病性神经障碍、糖尿病性肾症、糖尿病性视网膜症
5. 易骨折的骨质疏松症	13. 脑血管疾病
6. 初期老年痴呆症	14. 闭塞性动脉硬化症
7. 进行性核上性麻痹、大脑皮质基底核变性症以及帕金森病	15. 慢性阻塞性肺疾病
8. 脊髓小脑变性症	16. 两侧的膝盖关节或股关节有显著变形的变形性关节症

资料来源：日本厚生劳动省，http://www.mhlw.go.jp/stf/seisakunitsuite/bunya/hukushi_kaigo/kaigo_koureisha/gaiyo/index.html。

长期护理保险制度创建以来，参保和受益人数大幅增长，从2000年4月底到2016年4月底，65岁及以上的被保险者（第1号被保险者）人数增长了0.6倍；需要看护的认定者人数增长了1.9倍，服务使用者人数增长了2.3倍（见表4.20）。从65

① 该部分数据资料参考日本厚生劳动省的《长期护理保险制度概要》和《平成29年度健康劳动白皮书》，http://www.mhlw.go.jp/file/06-Seisakujouhou-12300000-Roukenkyoku/201602kaigohokenntoha_2.pdf。

岁及以上人口对护理保险服务的领取者人数和比例看，随着年龄增加，领取者人数和领取率呈明显上升趋势(见图 4.2)。

表 4.20　日本护理保险制度参保和受益人数增长情况

	2000 年 4 月末	2016 年 4 月末	增长
第 1 号被保险者(65 岁及以上被保险者)数	2 165 万人	3 387 万人	0.6 倍
需要看护的认定者数	218 万人	622 万人	1.9 倍
服务用户数	149 万人	496 万人*	2.3 倍

注：* 支援居宅看护、看护预防支援、小型多功能型服务、复合型服务，以及看护保险设施、地区贴身型看护老人福利设施、特定入室者生活看护(包括地域密集型)以及认知症对应型共同生活看护等服务的合计。

资料来源：日本厚生劳动省：《2017 年度健康劳动白皮书》。

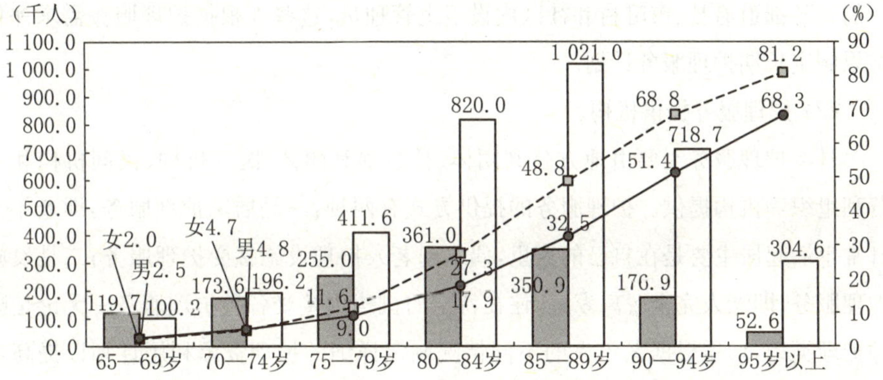

资料来源：厚生劳动省，2015 年度看护补助费等实际情况调查。

图 4.2　65 岁及以上年龄阶段护理保险服务的领取者及比例

2. 筹资来源

日本长期护理保险制度实行三方筹资原则，长期护理资金分别来源于财政一般性税收收入、长期护理保险缴费和个人自付。长期护理的总支出中，长期护理保险基金承担总费用的 45%，政府财政(包括中央和地方政府财政)承担 45%，个人自付 10%。长期护理总支出中由财政负担的部分由三级政府按比例分担，其中，中央政府承担 50%，都道府县承担 25%，市町村承担 25%。参保者需缴纳长期护理保险费，其中第1号被保险者的保险费从其退休金中扣除，第2号被保险者的保险费与健康保险费一同缴纳。

按照长期护理保险制度的筹资方案，第1、2号参保者须共同负担长期护理保险运营支出的50％。从实际运行情况看，长期护理的资金(财政和长期护理保险基金)来源于中央财政的部分约占25％，都道府县财政约占13％，市町村财政约占12％，第1号被保险者的保险费收入约占22％，第2号被保险者的保险费收入约占28％。

从2015年4月开始，日本对低收入者扩大了保险费的减免。缴纳保险费的基准金额，2015—2017年度全国平均值为每月5 514日元。2017年度全国健康保险协会的护理保险费率为1.65％(见图4.3)。

3. 管理和服务提供

(1) 管理机构。

日本的长期护理保险由地方政府负责实施和管理，但受益资格条件是全国统一的。各都道府县、市町村和社区内设卫生管理员，这些人根据护理服务需求评估结果制定长期护理服务计划。

(2) 护理服务提供机构。

日本护理服务主要由地方公共团体、社会福利团体、医疗机构、民间机构和非营利组织等机构提供。护理服务的提供方式有两种：一是居家护理服务，即老年人日常生活起居主要是在自己的家里，偶尔到老人护理设施接受护理服务；二是设施护理服务，即老人完全脱离家庭，住在特定的机构内接受各种护理服务。无论是哪种护理类型，均需根据老年人的不同情况制定详细的护理资源利用计划以提高护理服务的针对性。

根据护理内容的不同，居家护理服务可详细划分为15类。根据老年人身体的健康状况不同，可将设施护理服务分为三大类：一是特别护理老人院，主要面向身体与精神状况不理想、无法在自己家里生活的老年人，每月需自费5—6万日元；二是老人保健设施，主要面向病情稳定、无需住院但需要某种程度医疗看护的老年人，每月自费7万日元；三是费用最高的疗养型病床设施，主要面向需要长期疗养的老人。

(3) 护理服务人员类型和资质。

日本的护理服务人员主要有两类，一是护理服务师，二是访问护理员。护理服

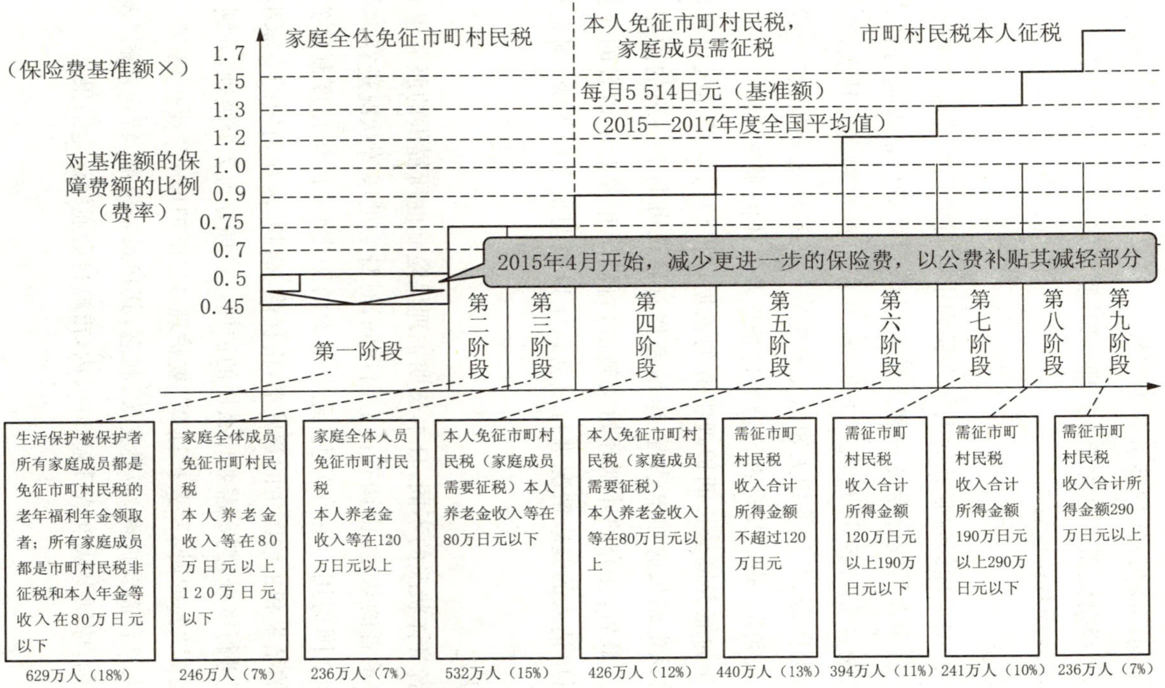

资料来源：日本厚生劳动省：《2017 年度健康劳动白皮书》。

图 4.3　日本长期护理保险缴费的基准额和费率

务师需要经过两年的正规学习，通过国家统一的护理福利师资格认证考试之后上岗。访问护理员则是由个人提出申请，然后参加由政府出资举办的培训，合格之后获得职业资格证书，到户籍所在地相关部门登记注册后，方可持证上岗。根据所承担护理任务的不同，可将访问护理员分为三级，一级是护理兼管理，二级是能做所有的护理工作，三级是能做简单的身体护理、家政服务等。

4. 护理服务申请与认定程序

(1) 申请流程。

首先，申请长期护理保险服务的老年人要到市町村护理保险经办机构提出申请，该机构会派出调查员或者专业护理人员登门访问并对申请人进行视力、行动能力、能否自己翻身等涵盖85项内容的调查，并作出首次判定。其次，在第一次判定的基础上，由保健、医疗等相关领域专家组成的护理认定委员会(一般不少于5人)作出第二次判定，确定其是否符合给付条件及具体的服务等级。第二次判定的结果将直接作为能否接受长期护理服务的依据。护理保险经办机构在接到申请30天内要将认定结果通知申请者，申请者如有异议可向上一级的护理审查委员会提出申诉。最后，在介护计划开始实施后，每满半年要对申请者的介护等级进行复审，要对申请人的健康情况进行重新认定以便调整介护等级，制定新的介护计划。

(2) 等级认定。

根据申请者身体状况的不同，日本长期护理保险制度所提供的服务也有所不同，市区町村申请者的认定，由调查员上门访问，对身心健康等状况进行询问和调查，调查的内容全国通用。主治医生(经常就诊的医生)从医学角度制作意见书。根据认定调查的结果和主治医生的意见书，由保险、福利、医疗领域的专家组成"看护认定审查会"进行审查，判定需要什么样的护理。护理分为7个级别，分别为："要支援1""要支援2""要护理1""要护理2""要护理3""要护理4""要护理5"。另外，第2号被保险人符合需要护理(需要支援)状态，其状态是根据"特定疾病"表(见表4.19)评估产生的，原则上从申请日起30天内，市町村会通知认定结果。

(三) 长期护理保险制度的实施情况

1. 长期护理保险参保情况

日本长期护理保险制度实施以来，2000—2014年间，第1号参保者由2 242万人增加到 3 302 万人，增长了 47.3%。其中，65—74 岁的第 1 号参保者由 1 319 万人增加到 1 716 万人，增长了 30.1%；75 岁及以上的第 1 号参保者由 923 万人增加到 2014 年的 1 586 万人，增长了 71.8%。伴随着日本老龄化趋势的不断加剧，75 岁及以上高龄参保者占全体第 1 号参保者的比率由 2000 年的 41.2%提高到 2014 年的 48.0%。由于 75 岁及以上的第 1 号参保者是长期护理保险制度的主要给付对象，因此长期护理保险制度的给付支出正在不断膨胀。另一方面，2000—2014 年间，第 2 号参保者人数由 4 308 万人减少到 4 220 万人，下降约 2%，显示出作为长期护理保险制度主要资金来源的第 2 号参保者呈现出缓慢减少的趋势。

根据日本长期护理保险的筹资方案，第 1、2 号参保者须共同负担长期护理保险运营支出的 50%，并且根据第 1 号参保者和第 2 号参保者之间的人口比例来确定各自负担长期护理保险的运营支出比例。伴随着第 2 号参保者人口规模的逐步减少，第 1 号参保者的参保费负担比例由 2000 年的 17%提高到 2014 年的 21%；第 2 号参保者的参保费负担比例相应地由 33%降低到 29%。参保者人口结构的变化使得日本 65 岁及以上老年人，特别是仅依靠国民基本养老金来维持生活的高龄老年人正面临着长期护理保险参保费不断上涨所带来沉重压力。

2. 长期护理保险制度的给付支出情况

2000—2014 年间，日本获得给付认定的参保者规模由 256.2 万人扩大到 605.8 万人，15 年间增加了约 1.4 倍。其中，截至 2014 年，获得长期护理保险给付认定的第 1 号参保者总数约为 591.8 万人，占全体获得长期护理保险给付认定参保者的 97.7%，第 2 号参保者仅占约 2.3%。从获得长期护理保险给付认定的等级来看，获得中低度"要护理 1"等级的参保者人数最多，而获得最高等级"要护理 5"的人数最少。特别是自 2000 年长期护理保险实施以来，获得"要支援 1"、"要支援 2"和"要护理 1"中低等级给付认定的参保者人数由 84.2 万人急剧增加到 2014 年的 287.9 万人，增加了约 2.4 倍。与此相对应，同期获得"要护理 2""要护理 3""要护理 4"和"要护理 5"高等级给付认定的参保者增加了约 1.4 倍。中低等级给付申请者人数的大幅增加，加大了长期护理保险制度运营的成本，并间接提高了参保者的参保费用支出。因此，如何在运营过程中稳步降低低等级长期护理服务成本，避免浪费性支出，成为日本长期护理保险制度面临的重要课题。

从长期护理保险制度的给付支出规模来看，由于人口老龄化趋势的不断加剧，2000—2014 年间，日本长期护理保险制度的给付支出由 3.2 万亿日元急剧增加到8.9万亿日元,增加了约1.8倍。与之相对应,第1号参保者人均获得的给付费用仅由每年14.5万日元增加到25.4万日元,增加约0.8倍。也就是说,尽管长期护理保险制度实施以来给付支出规模不断膨胀,但是由于获得给付认定的第1号参保者人数不断增加,长期护理保险的给付水准并没有随着给付规模的增加而同步提高。

从长期护理保险制度的给付支出结构来看,2000—2014年间,居家护理服务的给付支出规模由1.1万亿日元急剧增加到4.6万亿日元,增加约3.2倍,占总给付支出比重由34.3%提高到54.8%;机构护理服务的给付支出规模由2.1万亿日元增加到2.8万亿日元,仅增加约33%,占总给付比重由65.6%减少到34.5%;地域密集型护理服务自2006年实施以来,2006—2014年间给付支出规模由0.3万亿日元增加到0.9万亿日元,增加2倍,占总给付支出比重由6.3%提高到11.4%。自日本长期护理保险制度实施以来,居家护理服务的给付支出规模在三种长期护理服务中增长最为迅速,地域密集型护理服务自创设以来也取得了长足发展,而机构护理服务给付支出占比却呈现出萎缩的态势。

最后,从不同长期护理服务的人均给付费用来看,2014年申请给付居家护理服务的参保者平均每人每月可获得价值约10.2万日元的长期护理服务,同期申请给付地域密集型护理服务和机构护理服务的参保者平均每人每月分别可获得价值约20.3万日元和26.4万日元的长期护理服务。显然,居家护理服务的人均给付费用最为低廉,地域密集型护理服务次之,而机构护理服务的费用最高。

3. 长期护理服务市场的运行情况

随着长期护理保险制度的实施,一方面获得长期护理保险给付认定资格的老年人可以根据自身意愿自主选择护理服务提供机构和护理服务项目;另一方面,随着日本政府进一步放开老年人长期护理服务市场准入机制,极大地激发了日本民营企业和非营利团体参与长期护理服务市场的积极性。

从提供长期护理服务的机构数量来看,2000—2014年间,提供机构护理服务的机构由10 992所增加到12 865所,增加了约17.0%;同期提供居家护理服务的机构(以访问护理服务为例)由9 833所增加至33 911所,增加了约2.4倍;提供地域密集型护理服务的机构(以地域紧密型老年人护理服务机构为例)2006—2014年间由43所增加到1 691所,急剧增加约38.3倍。

从长期护理服务的从业人员规模来看,2000—2011年间,由54.9万人增加到

139.9万人，10年间约增加了1.5倍。从长期护理服务市场的需求情况来看，2000—2014年间机构护理服务的利用者人数由664.5万人增加到1 078.1万人，增加约62.2%；居家护理服务的利用者人数由1 360.4万人增加到4 492.1万人，增加约2.3倍；地域密集型护理服务的利用者人数，2006—2014年间由173.4万人增加到462.4万人，增加约1.7倍。

总的来说，长期护理保险制度的实施不但有力地促进了日本养老护理服务市场的快速发展，无论养老护理服务的供给者还是消费者规模均呈现出增长态势。同时，在日本就业市场不景气的背景下，长期护理保险制度的实施还刺激了长期护理服务就业规模的扩大，在一定程度上缓解了日本宏观经济运行的低迷态势。

(四) 日本长期护理保险制度的改革

随着日本长期护理保险制度的实施，护理费用的可持续性、制度公平性、专业护理人员短缺等问题逐步涌现，为实现护理保险制度在效益更高的基础上的制度替代，有效满足护理需求，日本先后进行了五轮改革。①

1. *以护理和预防为主的供给型改革阶段*(2003—2005年)

(1) 护理等级进一步细化。

日本的长期护理保险制度按照身体机能和心理状态的不同将护理等级类别化。该护理级别最初设计时为5个等级，经过改革后变成7个，将原护理等级中的"要支援"细分为"要支援1"和"要支援2"。"要支援1"的支援状态是指需要照顾的老年人能够自己如厕和进食，仅有很少的一些事情需要别人帮助，主要目的是对那些即将进入护理状态、生活能够自理但家务需要帮助的轻度护理需求者给予支援。"要支援2"指的是自己能够如厕和进食，但需要他人帮助洗澡，即对快进入"要护理1"的潜在护理需求者进行预防。

根据支援状态和护理等级的不同，具体服务的时间也不同，身心健康状态越差，护理等级就越重，接受护理服务的内容也不尽相同，因此花费的时间就越长。特重度护理的时间达到110分钟以上，"要支援1"的时间为25—32分钟之间，护理等级根据需要护理程度不同设置了不同时间提供类别化的护理。②

① 赵春江、孙金霞：《日本长期护理保险制度改革及启示》，《人口学刊》2018年第1期。
② 厚生劳动省：《护理保险制度认定结构》，http://www.mhlw.go.jp/topics/kaigo/kentou/15kourei/sankou3.html。

(2) 增设预防服务。

据日本厚生省统计资料,2000 年日本需要轻度护理的老年人为 55 万人,2004 年迅速上升为 125 万人,在制度运行的 5 年中有轻度护理需求的人数增加了 1.3 倍。需要护理的人数日趋增长且护理需求重心发生了转移,日本政府从预防的角度出发,在 2005 年改革中将 65 岁及以上申请了护理保险的老年人先进行护理预防筛选,再交由市町村进行护理等级认定,根据新分类的护理等级对生活能够自理、需要部分生活帮助的人提供护理预防服务项目,如改善老年人的饮食结构,提高老年人口腔功能,加强老年人保健,鼓励老年人自立,提高护理预防意识,创设护理预防体系。增设预防服务的目的在于重点预防老年人身心健康及参与生活功能下降的问题,减少进入护理状态的人数。

(3) 配套地区密集型护理服务。

该服务体系与都道县负责的居家护理和机构护理不同,是以市町村地方政府为单位,以推动该地区护理预防服务为目标,以即将进入护理援助和护理状态的所有老年人为对象设立的服务体系。该体系除了预防服务的内容之外,还配套了地区援助中心,负责主管护理预防管理业务。由援助中心开展地区密集型护理服务,因为在家里接受护理预防服务的人数过多且患有痴呆症的人数增加,为了照顾老年人的便利性,设立了巡回照护和老年痴呆症护理等服务。而将老年痴呆症患者聚集起来,采取 5—9 人共同居住的生活方式,有利于进行高效化的集中服务,为 3 名患者配备 1 名护理服务人员,方便集中给予进食、洗澡、如厕等常规的生活护理和康复训练。2005 年改革以"自立"为特色,通过增设预防体系,缓解轻度护理需求者数量的上涨,降低即将进入护理状态 1 级的老年人,旨在控制护理需求的高涨,进而完善整个护理保险体系。

2. 政府加强监管强制手段的改革阶段(2006—2009 年)

日本通过引入市场竞争机制,推进护理服务市场化,以提高护理费用的使用效率。护理需求者对服务机构有自主选择权,而处于市场竞争下的护理机构通过优化资源提高服务质量和效率。但是,市场竞争机制下服务的提供者难免在制度运行的过程中产生道德风险,2007 年发生的 COMSN 事件是典型的代表。事件的起因在于日本最大的从事护理上门服务的民营企业伪造信息,虚报护理保险从业人数和业绩以谋取利益,存在违法行为。该事件引起广大民众的关注,为此政府对该公司的违法行为进行了制裁,取消其从事护理服务行业的资格。2008 年日本政府对护理保险制度做了部分修改，加大了政府的监督力度，以防此类事件的再次发生。政府主要从以下两个方面强化监督和管理：

(1) 整顿护理服务管理体系。当发现护理机构有不当行为违反法律时，政府、县、村有责任对该机构的业务体制进行整顿，也有权到现场调查护理机构总部。护理服务机构如果存在逃避处罚或违反法律的情况，则取消行业从业资格。当护理机构接受调查时出现申请停业或者被取消资格后有转移业务行为，均取消其更新资格。日本政府通过规范护理服务提供者的服务行为，明确其应遵守的法律，具体分析服务机构的内部资源情况，根据其规模大小制定不同的业务管理体系。

(2) 强化护理机构的约束机制。日本护理服务的特色在于将事权交予地方政府。为降低道德风险，规制护理机构的运行机制，加强政府监管必不可少。因为护理服务的使用具有连续性，服务机构因犯错被停业就会造成护理服务中断，因此，在2008年的这次改革中强化对护理机构业务的约束机制，明确义务，当护理机构不能确保义务的履行时，行政部门有权对该护理机构进行规范约束，或者对其进行适当援助。

3. 根据社会需求拓展护理服务内容的改革阶段(2010—2013年)

2010年日本厚生劳动省颁布了《关于护理保险制度的修改意见》，以缓解自2005年改革以来轻度护理需求认定者增多造成的费用上涨问题。这次改革的重心在于护理服务内容的拓展，以实现老年人安享晚年的目标。

(1) 建立24小时巡回访问服务。

日本的护理政策实施以来，制定者发现达不到最初设计的效果，因此作出局部的调整和改革是必要的。从时间上来看，当老年人倾向于家庭护理需要部分援助时，市町村建立起了以24小时巡回访问服务为主要内容的小型多功能居家护理服务，以满足重度及单身被护理者的需求。①多功能服务包含的服务内容形式多样，如制定老人营养餐服务、帮忙打扫卫生、小区及居家复健、预防护理等服务，当老人提出护理服务的需求时，服务的提供者可以提供随时看护，短时间内定期上门服务。

(2) 增加护理人员的服务内容。

日本长期护理保险制度在运行过程中不断改革完善以适应被保险者护理需求

---

① 厚生劳动省：《2012年护理保险法修订》，http://www.mhlw.go.jp/seisakunitsuite/bunya/hukushi_kaigo/kai-go_koureisha/gaiyo/dl/k2012。

的变化。当老年人身体机能随着年龄的增长而弱化，很难独立完成一些本能的动作而影响身体健康状况时就需要外界的援助。有些本能的行为，像吸痰这种具体的动作，受人们主观意识的影响，会本能地拒绝或排斥，所以帮助老人吸痰这种医疗行为在2011年改革之前是被禁止的。为了充分利用护理人员，提高护理服务质量，2011年改革后允许护理福利士通过培训后进行这项服务。

(3) 开发附带服务的老年人住宅。

日本人口老龄化带来的社会问题和经济问题并存，老年人口的抚养不仅是家庭也是社会的责任，而老龄化程度加深造成护理费用上涨增加了家庭经济压力和政府的财政负担，护理机构无法完全容纳深度老龄群体，传统家庭护理功能弱化产生的家庭护理角色的失败，迫切需要建立一种让家庭和护理机构共赢的护理机制。因此，日本在2011年的改革中，建立了由厚生省与国土交通省合作管理的附带服务的老年住宅，住宅内配有护理服务，提供护理配套设施，老年人通过租赁的方式享用，实现医疗、住宅、护理一体化。

4. 大力倡导由机构护理向居家护理转变的改革阶段(2014—2017年)

日本2014年的改革可谓是护理理念的重置期，改革以社区护理体系综合化为目标，实现机构医疗向居家护理转变，旨在将接受护理服务的地点回归家庭。

(1) 创设社区综合护理体系。

据日本国立社会人口问题研究所的预测，2025年日本高龄化率将超过58%，75岁及以上人口为2 179万人，意味着每5个人中有1个是75岁及以上的老年人，每3个人中有1个是65岁及以上的老年人。为了应对2025年高龄化时代的到来，2014年日本在护理保险制度的改革中倡导建立综合化的护理体系，①将医疗与护理结合起来，让老年人在家中享受上门预防护理、医疗生活援助等。以市町村为责任主体，在都道府县的支持下，指导护理机构与社区的医疗机构共同合作提供居家护理与医疗一体化的服务。例如，老年人出现轻微病症时诊疗所医护人员上门进行诊疗，出现急诊或短期住院时居家疗养支援医院或医院进行受理，当症状减轻处于恢复期时交由护理机构，与前期不同的是恢复期的服务接受地点在老年人家中。

---

① 厚生劳动省:《2014年护理保险法修订》，http://www.mhlw.go.jp/file/06-Seisakujouhou-12300000-Rouken-kyoku/0000080242.pdf。

(2) 调整费用负担比例及严格认定特别护理养老院入住资格。

此轮改革在筹资总额分配方面，将第1号被保险人的护理费用筹资比例由17%提高至22%，第2号被保险人的护理费用筹资比例由33%下降到28%，针对个人净收入超过160万日元及以上的高收入人群，个人自己承担的费用由原来的10%上调至20%，同时将消费税率由原来的5%上调到8%，利用这部分税收收入创立新基金，由都道府管理，这部分基金中央政府承担2/3，都道府承担1/3。由于费用低的特别护理养老院面临着供给不足的现实困境，因此，2015年重新规定了入住资格，将入住资格限制在护理等级3级及以上。

(3) 扩大护理服务的供给主体。

日本政府在面临巨大的护理需求压力时，对即将进入护理1级状态的申请者进行预防和生活援助，夯实预防服务的基础，做实预防服务项目，具体而言就是引进非营利性组织、社会团体和个人参与预防护理服务，实现护理主体多元化，让老年人自主选择护理服务主体。

5. 调整费用负担、强化社区护理体系的制度可持续性改革阶段(2017年至今)

截至2016年底，日本65岁及以上老年人口数量为3 467万人，占人口总数的27.3%。伴随着护理需求的扩大，护理保险支出费用也在膨胀。2000年护理保险给付费为3.2兆日元，而2016年已达到9.9兆日元。①日本于2017年对《护理保险法》进行了第五次修订。此次改革的重点，一是继续强化社区护理体系和调整费用负担，目的是为帮助高龄老年人自理、防止其护理状态重度化、实现社区和谐社会以及护理保险制度的可持续发展；二是抑制持续上升的护理保险财政支出，寻求制度的可持续发展。

(1) 改革保费征收方式，增加财源。

具体改革举措，一是根据第1类被保险人(65岁及以上)经济收入和资产设定保费以及服务费负担比例。将金融资产作为经济收入加算，计算保费比，并将服务费设定负担10%、20%、30%三个档次的收费标准，即高收入老人为低收入老人买单。二是分阶段对第2类被保险人(40—64岁)实施总收入比例保费负担方式。按照这一方式，预计1 270万人将会增加保费，1 670万人保费将会下降。②

---

① 厚生劳动省:《介护给付费数据月报》，2016年12月，http://www.mhlw.go.jp/toukei/list/45-1b.html。

② 沈洁:《日本护理保障制度改革以及对我国的借鉴——以护理财政改革为例》，日本女子大学社会福利系，2018年9月。

第1类被保险人中的高收入者个人自付比例提升至30%。为了确保保险先加入者和后加入者之间、同期保险人之间的公平，以及确保制度的可持续性，对当期第1类被保险人中高收入者个人自付部分由20%提升至30%。具体为养老金等总收入达到340万日元者，个人自付部分由20%提升至30%，总收入达到280万日元者，个人自付部分为20%，总收入不到280万日元者，个人自付部分为10%。此项措施从2018年8月份开始实施。

第2类被保险人缴费由按参保人数比例征收改为按总工资比例征收。日本现行的第2类被保险人缴费是按第2类被保险人人数比例进行缴纳的，即保险人所缴纳的护理保险金额是相同的，这导致工资收入低者负担过重，而工资收入高者负担较轻的不公平现象，为此进行按总工资比例征收的改革。在计算出总的保险缴纳金额的基础上，各保险人按照标准工资额比例征收保险金。

(2) 加强老年人自理援助和防止老年人护理重度化。

根据改革后的政策，作为保险人的市町村应当及时分析社区存在的问题，并实施相关对策帮助老年人日常生活能够自理、能够独立生活。不仅要将老年人自理援助、护理预防、护理给付费用等相关政策及其目标写入市町村护理保险事业计划中，还要将都道府县对这些相关政策的援助政策及目标写入计划中。待厚生劳动省发布保险给付额等信息后，市町村将依据公示信息及护理保险实施状况制定护理保险事业计划，并对计划实施状况及目标完成状况进行跟踪调查和绩效评估，最后将实施结果进行公示。国家将会依据市町村计划完成状况进行财政奖励，即发放预算范围内的补助金。①

(3) 创建护理医疗院护理医疗院。

主要以重度护理者为对象，提供治疗、看护、护理、身体机能训练及日常生活照料的医疗、护理相结合的服务。护理医疗院不仅设有治疗室、医疗处理室、身体机能训练室，还设有都道府县规定的相关功能设施，而且拥有满足厚生劳动省及都道府县规定的医师、护理师等从业人数，护理医疗院的开设机构是地方公共团体、医疗机构及社会福利机构等非营利法人。另外将医院和诊疗所改为护理医疗院的情况下，可以继续使用医院或诊疗所的名称。现行的护理疗养病床的整改期限延长至2023年。

---

① 周加艳、沈勤：《日本长期护理保险2005—2017年改革述评与启示》，《社会保障研究》2017年第4期。

(4) 创设老年人护理服务与残疾儿童福利服务相结合的共同服务。

为老年人、残疾儿童提供福利服务的机构由都道府县和市町村指定，该类机构除了要具备提供各制度(护理保险制度和残疾人福利制度)所要求提供的老年人护理服务和残疾人福利服务外，还要求提供日间服务、家政服务等老年人和残疾儿童的共同福利服务。没有被指定为残疾人提供福利服务但被指定为老年人提供护理服务的机构经过市町村的调查和同意后，可以提供残疾人福利服务。即服务机构不仅为老年人提供护理服务，还为残疾儿童提供福利服务。

(五) 日本长期护理保险制度发展展望

经过数轮的改革，日本长期护理保险制度日趋完善，同时也还在不断地调整之中，其发展趋势和走向值得关注，主要有以下几个方面。

1. 逐步消除“长期护理离职”现象

“长期护理离职”是指劳动者因老年家庭成员需要赡养，而导致劳动者过早离开工作岗位，造成劳动力流失的现象。为适应失能老年人不断增加和家庭结构的变化，2016 年日本政府修改了“长期护理休业法”，为在职劳动者能够兼顾本职工作与老年家庭成员护理提供便利。在长期休假制度方面，将在职劳动者因照料老年家庭成员可以取得的 1 次期限为 93 天的“长期护理休业”调整为最多可分为 3 次共计 93 天的弹性休假模式，同时进一步放宽申请“长期护理休业”的在职劳动者与需护理老年家庭成员的直系亲属关系限制。

在短期休假制度方面，在职劳动者可以依据医师或老年人护理管理者的建议以半天为单位，分多次申请每年最长为 10 天的“长期护理休假”。此外，在薪酬待遇方面，日本政府计划将“长期护理休业”期间在职劳动者的薪酬水平由现行全勤工资的约 40%提高到 67%。据统计，每年以照顾失能家庭成员为理由离职的人大约有 10 万人。对于政府来说，为了实现“一亿人口总活跃”的社会这一目标，在确保必要的看护服务的同时，还将采取保障家庭成员作为护理人员权益的措施。通过工作环境的改善和对家人的支援，到 2020 年初，消除看护离职现象。①

2. 构建“医养结合型”长期护理服务体系

长期以来，日本一直采用由都道府县负责医疗卫生服务体系运营，由市町村独

---

① 厚生劳动省:《长期护理离职》,http//:www.mhlw.go.jp/stf/seisakunitsuite/bunya/0000112622.html。

立负责老年人长期护理服务体系运营的分业分管体制。但是根据长期护理保险的运营经验,在老年人护理过程中无法完全脱离医疗卫生服务的支援,对重症老年人特别是患有老年痴呆症等疾病的老年人在缺乏医疗手段及时介入的情况下,仅仅依靠日常生活照料护理服务不仅无法达到较好的预防和恢复效果,反而会造成更大的经费浪费。根据2014年6月开始实施的"医疗护理综合确保推进法",日本现行的分管体制将被逐步改革为由都道府县、医疗服务机构和医师协会等各相关部门提供财政、人员、技术指导的多角度支持,以市町村为核心,医疗护理服务与老年人日常照护紧密衔接的"医养结合型"老年人长期护理服务体系。按照日本政府规划,2018年4月以前将在全国所有市町村完成"医养结合型"老年人长期护理服务体系建设的前期调研和相关准备工作。

专栏4.3　日本医疗护理综合确保推进法

为建立高效的医疗供给体制,2014年6月,日本颁布《医疗护理综合确保推进法》,对《医疗法》及《护理保险法》内容进行了改革。

一是修改《地域护理设施整备促进法》,建立新的基金,加强医疗与护理联系。利用消费税增收部分在都道府县设立基金,促进都道府县的医疗护理事业,如病床功能的分化与合作,促进居家医疗与护理。由厚生劳动大臣制定基本方针,加强医疗与护理合作。

二是修改《医疗法》,建立富有成效的地域医疗供给体制。医疗机关向都道府县报告病床的医疗功能(高度急性期、急性期、恢复期、慢性期),都道府县根据该报告制定医疗计划和地域医疗构想。在法律上明确地域医疗支援中心职能,确保医务人力。

三是修改《护理保险法》,构建地域综合护理体系,公平负担护理费用。通过促进居家医疗及护理,完善地域支持事业,将上门护理及通所护理转移到地域支持事业,实现供给方式多样化。地域支持事业所需资金由护理预防给付支出,由市町村具体负责实施。特别养护老人之家只能接收居家生活困难、需要护理的中度及重度老人。进一步减轻低收入老年人的保险费负担。有一定收入的老年人需要负担20%护理费。入住护理机构的低收入老人,可以得到伙食及住宿补贴。

四是明确诊疗补贴标准中的特定行为，制定新的护士研修制度。将医疗社团法人和医疗财团法人进行合并，促进这两类法人转变为非持股医疗法人。修改培养护理人才政策和护理福利士资格。

参考资料：田香兰：《日本医疗护理供给制度改革与医疗护理一体化》，《日本问题研究》2017年第4期。

3. 完善和丰富“地域支援事业”的服务内容

日本政府于2006年开始实施的“地域支援事业”，以各市町村为运营主体，目的在于通过向有失能或健康状况恶化风险的老年人提供预防保健和日常生活支援服务，促进老年人自立生活并降低长期护理保险给付支出风险。2017年“长期护理保险法”修订以后，进一步提高了市町村地方政府结合当地实际情况运营“地域支援事业”的独立性和自主权，通过市町村地方政府充分调动当地民营企业、社会福利法人、民间志愿者和非营利组织（NPO）等多种社会力量参与“地域支援事业”建设，积极拓展预防保健和生活照护等相关服务内容，提高轻度失能老年人生活质量，切实满足老年人日常需求。

具体地讲，将过去全国统一标准的预防保健服务项目划归各市町村独立运营，允许各市町村结合当地实际情况自行新增身体机能恢复辅助、营养摄取指导、老年人交流互助等多种服务项目。在生活支援方面，各市町村通过设立“生活支援协调人”（coordinator），协调配置民间企业、志愿者和非营利组织等多种社会资源，多层次构筑长期护理服务供给网络，计划新设满足老年人迫切需要的如日常看护、外出辅助、营养配膳、大件物品整理、餐具洗涤与生活垃圾清理等多种生活支援服务项目。截至2016年4月，已有873个市町村开始实施新的“地域支援事业”规划，约占全体市町村总数的55.3%。按照厚生劳动省规划，日本全国1 579个市町村到2018年将全面完成新的“地域支援事业”拓展工作，与长期护理保险制度给付衔接更为紧密、服务内容更为丰富的“地域支援事业”将在满足轻症老年人预防和日常生活支援方面发挥更大作用。

4. 推进保障高质量长期护理服务人才计划

护理服务人才短缺是目前日本长期护理保险制度面临的最大瓶颈。据日本厚生劳动省推算，到2020年日本长期护理服务行业从业人员的供需缺口将达到20万人，到人口老龄化高峰的2025年，这一数字将进一步扩大到约37.7万人。

(1) 提高养老护理服务从业人员薪酬标准。

2009—2012年间,日本政府实施了“长期护理职员待遇改善交付金”政策,通过国家财政补贴将长期护理服务从业人员的人均月薪标准提高约1.5万日元;2012年4月,废止“长期护理职员待遇改善交付金”并开始实施“长期护理职员待遇改善加算”政策,将长期护理服务从业人员的人均月薪标准继续提高约0.9万日元;2015年厚生劳动省对长期护理服务的工资标准进行修订,并再次提高“长期护理职员待遇改善加算”待遇标准,长期护理服务从业人员的人均月薪标准进一步提高约1.3万日元。

随着待遇薪酬水平的不断提高,长期护理服务从业人员的离职率由2007年的21.6%降低到2015年的16.5%,不断缩小与日本全行业平均离职率的差距。可以预计,为了实现“长期护理服务行业离职率为零”的目标,日本政府将进一步通过多种手段提高薪资水平,吸引更多人才进入长期护理服务市场。此外,日本政府还计划通过应用ICT(信息通讯技术)制作与保管长期护理病历、研发长期护理用机器人、普及新型护理服务工具等多种手段切实提高长期护理服务行业的劳动生产率,改善长期护理服务劳动环境,以扩大长期护理服务从业人员规模。

(2) 拓宽培养长期护理服务人才引进(培养)途径。

针对有意愿重返工作岗位的原长期护理服务行业离职人员,日本政府计划向其发放约20万日元的再就业贷款,并约定在其返回长期护理服务行业工作满2年后免除其再就业贷款偿还义务;针对有志考取“护理福祉士”资格的长期护理专业大学生,日本政府将向其发放2年约160万日元的助学金,并约定其在长期护理服务行业工作满5年后即可免除其助学金偿还义务;针对有志参与长期护理服务的志愿人员,日本计划以提供护理技能培训和护理现场体验等多种方式吸引其进入长期护理服务行业,并提高其护理服务知识与技能。

(3) 压缩民营长期护理服务提供机构利润,确保第一线长期护理服务从业人员收入水平。

针对以往民营长期护理服务提供机构利润率(2014年约8%)高于日本全行业平均利润率(同年约4%),而长期护理服务从业人员薪酬水平低于全行业平均薪酬水平这一扭曲现状。日本政府于2015年开始下调了法定长期护理服务价格2.27%,压缩民营企业超额利润。同时将通过继续实施“长期护理职员待遇改善加算”政策,严格规定民营企业必须确保将政府补贴落实发放到第一线长期护理服务从业人员，切实提高长期护理服务从业人员薪酬标准，解决以往民营企业私自“内部保留”国家财政给予长期护理服务从业人员补贴金的问题。按照日本政府计划，今后民营长期护理服务企业的利润率将被压缩至全行业平均水平，而长期护理服务从业人员的薪酬水平也将逐步提高到日本全行业平均水准。

(六) 日本长期护理保险改革对我国的启示

日本长期护理保险自 2000 年 4 月实施以来，历经数次改革，取得了较好的效果。第 1 类被保险人人数由 2000 年的 2 165 万人增加到了 2016 年的 3 423 万人，护理资格申请人数由 218 万人增加到了 630.5 万人。截至 2016 年底，居家护理服务利用人数为 393.5 万人，社区护理服务利用人数为 79.3 万人，机构护理服务利用人数为 92.5 万人。由此可见，长期护理保险在日本得到了广泛利用和普及。

从日本长期护理保险超过 17 年的运营经验来看，尽管面临着运营费用急剧增加、老年人群体负担不断加重等一系列挑战，但长期护理保险通过社会保险的方式较好地实现了国家、地方和家庭在老年人赡养问题上的责任分配，充分发挥了养老护理服务市场中各主体的作用，在日本社会保障体系中的作用日益突出。目前我国已着手构建长期护理保险制度，日本长期护理保险制度发展的以下几点经验值得我国参考借鉴。

1. 发展“医养结合”型养老护理服务

日本设立长期护理保险制度的重要原因之一在于通过将老年人护理服务从医疗服务中剥离，降低社会医疗保险给付支出，减轻政府财政负担。但是，在老年人的护理过程中无法完全脱离医疗服务干预，在脱离医疗服务及时支援与介入的条件下单纯对老年人提供生活护理，不仅无法缓解老年人的失能风险，还将造成巨额的浪费性护理服务支出。因此，目前日本政府正在致力于构建医疗与护理紧密联系的“医养结合型”养老护理模式。我国的养老护理服务模式应充分发挥医疗服务在老年人护理过程中的重要作用，鼓励医疗机构将健康管理服务延伸至老年人所在社区和家庭，建立老年人健康档案，通过开展健康状况评估、定期体检、健康教育指导等多种医疗服务，降低老年人失能风险，减轻老年人家庭和社会负担。

2. 构建以居家养老服务为基础的社会养老服务体系

长期护理保险制度虽然可以在一定程度上缓解家庭的赡养负担，但老年人的赡养问题无法完全脱离家庭。从日本的实际情况来看，2014 年利用依托家庭的居家护理服务和地域紧密型护理服务的老年人者占比高达82.1%，家庭依然是老年人赡养的核心力量。因此，日本政府计划通过"地域支援事业"、鼓励增加带薪休假等多种手段强化对老年人家庭成员的支援力度，着力发挥家庭在老年人赡养过程中的主导作用。借鉴日本经验，在我国构建社会养老服务体系的过程中，应充分考虑家庭在老年人赡养问题中的核心地位，构建以居家护理服务为基础的社会养老服务体系，不仅可以提高老年人的生活质量，同时有助于压缩长期护理保险的运营成本，缓解社会压力。

3. 建立可持续的长期护理筹资保障机制

目前我国各试点地区长期护理保险资金主要来源于基本医疗保险基金划拨，这意味着长期护理保险必须依附于医疗保险，缺乏独立的资金体系支撑。日本的经验和教训告诉我们，必须把护理服务从医疗保险中分离开来，否则会导致巨额的医疗财政赤字。从长远看，在我国人口老龄化不断加剧的形势下，医疗护理需求将会快速攀升，这就要求长期护理保险资金必须能够承受巨大的保险支出压力，而依附医疗保险基金的模式必然难以满足快速老龄化趋势带来的护理需求，这对资金的可持续性提出了严重挑战。资金来源是否具有可持续性是长期护理保险制度平稳运行的根本，为此，随着我国长期护理保险制度的发展，应当建立具有可持续性的筹资机制。建议通过建立多渠道筹资方式，即医疗保险基金、政府财政补贴、社会慈善捐助、福利彩票资金、企业和个人缴费等方式来扩充筹资渠道，确保制度的可持续性。同时，需要明确各方筹资责任，在充分考虑未来老年人口数量、健康状况、预期寿命、通货膨胀等因素，厘定缴费率，依据合理比例筹集基金，既要保证个人或企业的可负担性，也要确保政府财政负担的可持续性。

4. 严格控制资金给付条件

严格控制资金给付条件是确保制度收支平衡的关键。首先，应当严格划分护理服务等级。日本长期护理保险将护理级别划分"需要支援"1—2级和"需要护理"1—5级共7个等级，不同的等级设有不同的给付限额，因保险给付内容非常广泛，而且给付额较高(2016年第1类被保险人人均给付额为22 928日元)，造成了保险支付压力，所以合理地划分护理等级，确定保险给付范围，实现护理资源的有效配置至关重要。其次，建立一套科学、公正、统一的护理等级评估标准。客观、合理、统一的护理鉴定程序是日本社会护理保险取得成功的关键。因此，对于我国来说，设定严格的护理鉴定程序非常重要。再次，建立完善的监督管理机制。2008

年日本护理保险改革的动因就是由于政府监管不到位，在引进竞争机制和大量民营企业涌入长期护理市场时，一些企业为了获取更多利益，出现伪造业绩等不法行为，导致长期护理费用支出失去控制，且老年护理服务的质量难以保障。因此，我国在长期护理保险制度建设过程中，对服务提供方的资格审查就显得特别重要，应当建立严格的费用控制和报销审查机制，确保不出现滥用护理保险资金的问题。

5. 维护护理保障制度的公平性

由于收入来源有限，老年人群体不仅面临着失能风险，同样面临着陷入贫困的风险。在实际运营过程中，日本政府逐步确立了通过参保者收入水平和所在家庭财产状况等指标来调节参保费与给付水平的思路，以减轻贫困老年人群体的生活压力。与日本相比，我国面临着更为严峻的老年人贫困问题，2014 年中国老年社会追踪调查显示，我国低于国内低保线的老年人口为 5 576 万人，相对贫困老年人口为 7 698—8 959 万人，老年贫困人口规模巨大。尤其是独居老人和农村空巢老人更是收入贫困高发群体，应通过社会保障政策给予重点扶持。因此，在我国长期护理保险制度的制度设计中，可借鉴日本有益经验，避免缴费水平与待遇水平"一刀切"，维护长期护理保险制度的公平性和公益性。

6. 构建优质便捷的护理服务体系

我国各试点地区的长期护理服务项目更注重机构护理和医院医疗专护的发展，服务种类相对单一。而我国老年人及失能老人人数众多，仅通过医院或养老机构来解决老年人护理问题是不现实的。居家护理和社区护理除了可以降低护理服务成本，减轻服务利用者负担，老年人在自己所熟悉的社区环境里接受护理服务也有利于提高他们的生命质量。为此，可借鉴日本经验，大力发展居家和社区护理服务。首先，应当丰富和发展居家护理服务内容，为居家老人提供进餐、如厕、洗浴、打扫卫生等生活照料服务。其次，推进社区养老护理服务设施建设和改造，对新建社区，进行配套的养老服务设施建设，发展日间护理、重度护理者夜间上门护理、痴呆症患者小规模多功能机构护理等服务；对旧社区或已建成的社区，进行适老化或无障碍化改造。再次，充分利用民营机构、非营利组织、志愿者等资源建立护理服务机构和网点，逐步建立社区护理服务体系，为社区老年人提供护理、看护、日常生活服务，使老年人不出家门、不出社区就能够享受到专业的护理和生活照料等服务，而且能够获得子女或亲人的精神慰藉。目前，日本政府正计划通过协调配置民间企业、志愿者和非营利组织等多种社会资源来解决老年人长期护理服务与实际日常生活需求的衔接问题。我国应充分调动和发挥各种社会资源的作用，拓宽老年人护理周边服务覆盖面，提高服务质量，以切实满足老年人实际需求。

四、典型国家的长期护理保障制度：美国

（一）美国长期护理保障制度概况

美国是一个进入老龄化较早、人口老龄化趋势显著的国家。美国长期护理保障是以公共保障托底，商业性质的长期护理保险制度为主的复合型保障模式。公共保障对象分为两类：一类是覆盖所有老年群体和特殊人群的短期护理保险；另一类是覆盖低收入群体的长期护理保险。商业保险模式面向的是所有中高收入阶层。

美国在 20 世纪 70 年代就在健康保险框架内建立了长期护理商业保险制度，是最早建立长期护理商业保险制度的西方国家。进入 20 世纪 90 年代，随着 1996 年联邦健康保险可转移与说明责任法案等政策的出台，美国长期护理保险得到迅速发展。

1. 美国长期护理保障体系发展背景

（1）人口老龄化加剧，护理需求增加。

美国在 1900 年时，老年人口总数为 309.9 万人，占总人口的 4.08%，随着医疗技术的不断发展，生活质量的改善，老年人的预期寿命不断提高。美国早在 20 世纪 40 年代就进入了人口老龄化阶段，1950 年 65 岁及以上老年人口占总人口比重升至 8.2%（见表 4.21）。①到了 20 世纪 60 年代，美国老龄化程度已十分严重。据预测，到 2030 年，每 5 个美国人中就有一个 65 岁及以上的老年人。②美国 65 岁及以上老年人中，一生中使用过某种形式长期照护服务的占 70%，目前有长期照护服务需要的占 1/3，有 5 年以上长期照护服务需要的占 1/5 。③

---

① 曾念华、李虹：《美国人口老龄化及相关社会福利政策》，《人口与经济》1991 年第 3 期。

② AHIP Board of Directors, Board of Directors' Statement On the Key Role of Insurance in Addressing America's Long-Term Care Challenge, http://www.Ahip.org/templates/Issues/document Results.aspx?id=9976&cat=834, 2009, (3).

③ Federal Interagency Forum on Aging Related Statistics, *Old American 2016*, 2016.

此外，美国的高龄化程度增长也非常迅速，80 岁及以上人口比例由 1950 年的 1.1%上升到 1980 年的 2.3%。到 2015 年，美国 60 岁及以上老年人口比例已达到 20.6%，65 岁及以上老年人口比例超过 14%，80 岁及以上人口占老年人口比例达到 25%以上。1950—2015 年，美国老年人口抚养比也从 12.6%上升到 22.1%(见图 4.4)。①由于面临严重的人口高龄化以及失能人口增加，同时老年人疾病谱发生改变，慢性疾病成为老年人的主要疾病，将出现更多需要照护的失能人员，越来越多的美国老年人开始依赖长期照护，这些都促使护理需求增加。

表 4.21 美国人口老龄化程度变化 (单位:%)

年份	老年人口占总人口的比重	
	65 岁及以上人口比重	80 岁及以上人口比重
1950	8.2	1.1
1955	8.8	1.3
1960	9.1	1.4
1965	9.5	1.6
1970	10.1	1.8
1975	10.7	2.1
1980	11.6	2.3
1985	12.1	2.6
1990	12.6	2.9
1995	12.7	3.1
2000	12.3	3.2
2005	12.3	3.4
2010	13.0	3.6
2015	14.6	3.7

资料来源：United Nations, Department of Economic and Social Affairs, Population Division(2017), World Population Prospects: The 2017 Revision.

① United Nations, Department of Economic and Social Affairs, Population Division(2017), *World Population Prospects: The 2017 Revision*.

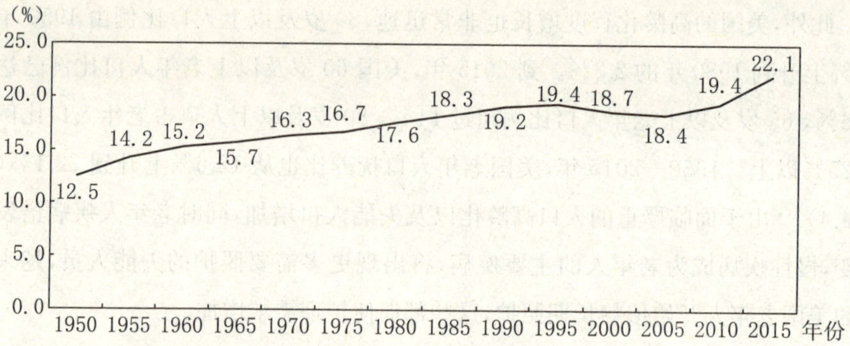

资料来源：United Nations，Department of Economic and Social Affairs，Population Division(2017). World Population Prospects：The 2017 Revision.

图4.4　1950—2015年美国老年抚养比变化

（2）护理和医疗费用成本增加。

人口老龄化带来的老年人护理需求的增加，使得长期护理费用不断攀升。1960年到1970年间，美国私人健康护理费用由236亿美元上升到679亿美元，医院护理费用支出由93亿美元上升到280亿美元，家庭健康护理费用从1亿美元上升到2亿美元，增长率超过同期卫生总费用的增长速度。①从整体来看，长期护理费用是低于急性医疗费用的，但是护理费用具有长期性，容易导致社会大众难以负担。据《商业周刊》的统计，1981年，美国护理院收费在1 666—4 166美元/月之间，同期的美国教师从退休基金中领取年金的平均收入为每月1 958美元，每年23 496美元。根据美国1995年的一项统计，美国老年人入住养老院的费用高达780亿美元。②

（3）家庭护理功能衰退，无法满足护理需求。

在美国，传统的家庭护理依旧存在，但是由于家庭结构日益核心化小型化，家庭提供长期护理服务的功能日渐衰退。相关数据显示，1970年美国已婚家庭类型占到家庭总类型的70%，其中核心家庭类型为所有家庭的40%左右。③美国大部分老人独居或者与配偶居住在一起，实行的是“老年人抱团互助养老”的形式，即使部

---

① Levit K.R., Lazenby H.C., Sivarajan L., “Health Care Spending in 1994: Slowest in Decades,” *Health Affairs*, 1996, (2).

② Bruce Boyd and Alyse Hoyos, “Long Term Care—A Retirement Planning Issue,” *Benefits Quarterly*, 1987, 3(4).

③ 刘军怀：《当代美国家庭的多元化趋势》，《当代亚太》2003年第8期。

分与子女居住较近的老年人，子女由于工作繁忙也难以完成对老年人的照料，而且据相关机构调查显示，原有照顾老年人的中坚力量多为妇女，但是女性走出家门，进入劳动岗位的比例逐渐增加。

(4) 商业保险制度的发展完善。

美国作为一个高度市场化的国家，虽然在1935年就颁布了《社会保障法》，但是还没有建立全民医保制度，美国的医保计划只对老年人、残疾人、穷人、儿童、现役军人、退役军人等特殊群体提供公共医疗保险计划，对其他群体只有市场化的医疗保障机制。美国商业健康保险存在三种运营模式：一是由私营健康保险公司运营的健康保险计划；二是非营利性组织如“蓝十字”运营的健康保险计划；三是管理式医疗。据统计，2002年104家保险公司销售了超过90万份长期护理保险单，市场份额达到人身保险市场的21%。截至2008年底，美国近600万人购买了长期护理保险，保费收入约占人寿保险市场30%的份额。截至2016年底，商业长期护理保险赔付率高达91.65%。[①]在商业健康保险制度运行良好的环境下，美国的商业化长期护理保险加快发展。

2. 美国长期护理保障的性质和特点

美国长期护理保障是以公共保障托底，商业保险制度为补充的复合型护理保险模式。在严重的老龄化、护理和医疗护理费用增加、家庭护理功能衰弱以及商业健康保险制度发展良好的背景下，美国长期护理保险开始登上历史舞台，并蓬勃发展。美国长期护理保障体系具有以下特点。

(1) 公共保障的有限性和过重负担。

美国长期护理的公共保障一般指的是医疗照顾(Medicare)和医疗救助(Medicaid)两项制度，这两种制度在护理上和享受条件上都具有一定的限制性。医疗照顾制度只涵盖必要的医疗保健，专注于医疗急症护理，一般指的是急性后期护理而不包括长期护理。医疗救助制度一般救助对象为低收入家庭，要享受医疗救助需要进行家计调查。美国对65岁及以上老年人与残疾人提供的近乎免费的医疗照顾和医疗救助已经使政府财政不堪重负。

(2) 商业保险类型的多样化和个性化。

美国商业长期护理保险保单可分为三类：第一，实际费用补偿性保单，是一种

① 李慧欣：《美国商业长期护理保险的发展及其启示》，《保险研究》2014年第4期。

传统的商业健康保险保单,被保险人达到一定的条件,按照保单规定,保险公司根据实际发生费用支付一定的费用补偿;第二,定额给付性保单,被保险人满足一定给付条件之后,保险公司向保险人支付约定好的固定金额的费用,与实际费用没有关系;第三,服务供给型保单,保险公司直接向被保险人提供长期护理保险服务的保单。

美国商业长期护理保险的制定具有灵活性,根据被保险人的不同背景、家庭状况、身体状况等要素不同,制定不同的长期护理保单,可以说健康保险市场上的保单基本没有一样的。另外,商业保险还推出了组合型保险,充分满足被保险人的不同需求。除了针对个体的长期护理保险,各保险公司还推出了面向群体的团体长期护理保险,满足各雇主的需要。

(3) 政府支持商业长期护理保险的发展。

美国有四个州(加州、纽约州、康州和印第安纳州)由联邦政府批准,成立了长期护理伙伴计划,由州政府与保险公司合作,为投保人提供独特优惠,即要求被保险人购买一定数额的私人保险,由保险公司负担护理的最初费用,不足部分再由政府补足,从而使投保者得到更多保障。

(4) 长期护理保险的费用较高。

美国商业长期护理保险强调个人自由与个人选择,能迅速地对千变万化的消费者个人偏好作出反应,且乐于接受与应用最新技术,因而可使投保人获得高质量的护理服务,但高昂的保险费也使大批美国公众不敢问津长期护理保险。

(二) 美国长期护理保障体系框架(税收筹资形式+长期护理商业保险)

总体上,美国长期护理保障体系由长期护理公共保障体系和长期护理商业保险体系构成。

1. 税收筹资的长期护理公共保障体系

美国社会保障制度在强调政府责任的同时,重视市场化力量,其社会政策的实际实施过程中形成了保障对象的选择性、条件苛刻和低水平的特点,反映在长期护理的公共保障方面也是如此。长期护理的公共保障采取税收筹资形式,主要由医疗照顾(Medicare)、医疗救助(Medicaid)、社区生活辅助和支持计划(CLASS)等构成。

(1) 医疗照顾(Medicare)。

美国医疗照顾计划(Medicare)是美国联邦政府在1965年根据《社会保障修正案》建立的医疗健康保险计划,是一种单一付款人的社会性保险政策。

① 医疗照顾计划的保障对象和条件。

能够享受医疗照顾计划的人群有以下几类:一是凡缴纳社会安全税与老人医疗保险税的工作人员,当年满足65岁及以上退休后,符合资格领取社会安全退休金者,可以享受政府规定的老年医疗保险服务保障;二是必须完全永久性残疾,并且是接受残疾人社会福利保险、领取社会保障残障保险津贴至少超过24个月的残疾人;三是患有晚期肾病(ESRD)的病人,1974年进一步扩大到所有慢性肾病患者;四是某些不符合以上条件但愿意支付保费参加此保险计划的人。当时美国政府部门建立强制性的医疗照顾计划的指导思想是,要为被排除在医疗保险市场之外即没有经济能力参加私人商业健康保险的社会低收入者、老年人和残疾人等人群提供他们承担得起的健康保险。

但是政府的医疗照顾计划并不涵盖所有的医疗费用,尤其对住院费用有严格的限制,享受者必须经过一套严格的审核程序。例如:必须有医生证明病人需要住院治疗或护理,所住的医院必须参加联邦医疗保险计划,医院的效用评估委员会或医院复评组织最终审核批准。另外,医疗照顾的范围、筹资和管理也非常复杂。同私人医疗保险一样,为了增强被保险人的费用意识,约束被保险人对医疗服务的使用,医疗照顾计划采取费用扣除和费用共担原则。准确来说,美国的医疗照顾计划是针对老年群体的医疗保险。

② 医疗照顾计划的保障范围和框架。

针对老年人的医疗照顾(Medicare)计划被分为A、B、C、D四个部分,其中A和B被称为基本医疗保险(Original Medicare),而C部分被称为"Medicare Advantage Plan",D部分被称为"Prescription Drug Coverage"。Part A是医院保险(Hospital Insurance, HI),Part B是补充(附加)医疗保险(Supplementary Medical Insurance, SMI)。Part C和Part D主要是在基本养老保险基础上,经医疗保险审核由私人公司或保险公司提供的保险计划,并不属于社会保险范畴。Part A和Part B的主管部门都是联邦政府主管,私人保险公司负责经营。

Part A中一个重要内容是关于给付期的规定。给付期从病人住院的第一天算起,截止日可以计算到病人出院的那一天,也可以计算至由其他机构连续提供护理或康复服务60天之后。给付期最多为90天，如果经过90天后，病人仍然没有康复，可以再有60天的增补期，但这一住院增补期被保险人一生中只能享受一次。在医疗照顾计划规定的期限内，被保险人的住院费用，包括半私人病房的床位费和伙食费，医院服务和药品的费用，以及被保险人接受的其他机构如收容所、专业护理设施等提供的相关服务的费用，都由Part A支付。超过了期限，则全部由病人自己支付。医疗照顾计划Part A还提供100天的专业护理服务医疗保险，在这100天中，前20天的全部费用都由Part A支付，而从21天起，病人需要自己承担一部分费用，需要自己支付每天140美元(以2013年为例)的护理费用，而100天之后将由自己支付全额护理费用。

此外，Part A还提供夜间病房、专业护理和家庭卫生等服务。特别是它的救济性服务，比较人性化。即对那些终末期病人(被确诊仅有6个月以内的存活期)提供服务，而这种服务主要是在家庭或者类似家庭的环境中进行。Part A的筹资形式为国家薪金税(雇主雇员各承担50%，自谋职业者全额承担)和联邦财政，被保人无需缴纳保费。

表4.22 Medicare计划A部分

类别	性质	覆盖内容	资金来源	运作管理部门
Part A住院保险	强制性参与	住院费用、专业的护理和康复服务、临终关怀、家庭健康护理(在长期护理服务方面：提供急性医疗后期的相关医疗服务)	国家薪金税(雇主雇员各承担50%，自谋职业者全额承担)和联邦财政，被保人无须缴纳保费	联邦政府主管，私人保险公司负责经营

资料来源：Official U.S.，Government Medicare Handbook：Medicare & you 2014.

综上所述，医疗照顾(Medicare)计划只包含了部分的医疗护理服务，针对的是短期急性医疗护理，如看病、吃药和住院。Medicare在功能上一般发挥改善较差状况的短期护理作用，例如运用物理治疗来帮助恢复由于中风而导致的身体功能下降，不属于长期护理。虽然很多人认为Medicare将划入长期护理范畴，但严格意义上，Medicare在计划设置上只有专业护理机构和家庭健康机构的护理服务，这些服务在实际实施中属于“急性后期”护理而不是长期护理服务。

(2) 医疗救助(Medicaid)。

美国医疗救助计划(Medicaid)被称为医疗保险最后的支付者。医疗救助计划由联邦政府通过各州政府推行实施。

① Medicaid 计划的资金筹集和覆盖对象。

Medicaid 计划是对低收入人群提供的社会救助性质的医疗服务，由联邦政府和州政府共同承担，联邦政府出资 55%，州政府支付 45%的经费，并且每一个州的 Medicaid 计划都必须符合联邦法律和本州的法律。该计划限制选择护理机构的自由，仅保障部分长期护理费用，其保障对象涵盖接受现金救助的贫困老人、儿童及其父母，或是残障失能者和盲人，仅限于生活水平在州贫困线以下的人。申请医疗救助计划，必须符合苛刻的收入与资产限制条件，收入与资产超过规定者若要得到医疗救助，必须是由于支付高昂的护理费而导致家产消耗殆尽并符合低收入家庭医疗救助计划的规定，或者把超过规定的收入与资产上交。一般而言，医疗救助对象包括绝对贫困（categorically needy）、医疗贫困（medically needy）及其他特殊困难群体（special groups），各类人员的准入标准见表 4.23。

表 4.23　美国医疗救助制度覆盖对象

绝对贫困人口	医疗贫困人口	特殊群体
有资格获得政府救助、需要抚养儿童的家庭	怀孕妇女产后 60 天的照顾	符合条件的 Medicare 受益人（收入低于或等于联邦贫困线以及个人财产等于或低于 SSI 标准的 2 倍）
家庭收入低于或等于联邦贫困线 133%的怀孕妇女与 6 岁以下儿童	18 岁以下儿童	合格的在职残疾人
照顾 18 岁以下儿童的亲戚或者监护人	特定新生儿一年的照顾	16—65 岁残疾人口
补充保障收入（SSI，supplemental security income）领取者	特定需要照顾的盲人	特殊疾病相关群体：两种特殊疾病相关的适格群体（乳癌和子宫颈癌患者；无医疗保险的结核病患者）
月收入不足 SSI 收入标准 300%、依靠医疗服务机构提供服务生活的个人和夫妇（联邦支付标准）	各州自行规定的其他情况	符合 1115 条款医疗救助豁免权者：主要是参加管理医疗计划的群体； 需要长期照顾者：符合 Medicaid 条款并有资格接受获得疗养服务的个人； 州儿童健康保险计划受益人：部分州独立实施该计划，部分州将其并入医疗救助

资料来源：美国健康与公共事业部："医疗救助制度概览 2005"，http://www.cms.hhs.gov/HCBS。

② Medicaid 计划的覆盖内容。

在覆盖内容方面，与 Medicare 相比，Medicaid 除了提供医疗护理费用保险外，还包含因意外或慢性病导致的长期护理费用，主要对养老院护理和家庭健康护理中的长期护理服务进行费用补偿，而且相比较机构护理和家庭护理。Medicaid 特别偏向于机构护理，不重视家庭护理。在 1991 年到 2001 年间，由 Medicaid 支付的长期护理费用中，家庭护理费用虽从 14%提升到 29%，但超过 2/3 的费用用于支付机构护理。这种医疗援助不直接补贴个人，而是对提供长期护理服务的运营者进行补贴。

长期护理是医疗救助（Medicaid）的重要内容，随着美国人口老龄化程度的加剧，其使用频率会越来越广泛。由于老年人及残疾人占人口总数比例的增长比年轻人所占比例增长更快，预计对长期护理的需求会进一步增长。由此可见，医疗救助计划提供的长期护理保障是针对低收入人群、偏向于机构护理的社会保障计划，而普通人只有在因支付长期护理费用发生破产后才可以得到相应的社会保障。

③ Medicare 和 Medicaid 的比较。

与 Medicare 相同，Medicaid 提供医疗护理费用报销，除此之外，Medicaid 费用报销还包括因为慢性病或意外导致的长期护理费用，并侧重于对机构护理补贴。绝大部分的州 Medicaid 包含了护理院和家庭健康护理两种长期护理费用补偿，其中护理院费用占比约为 67%。联邦政府对各州医疗援助资助不直接补贴个人，而是通过向提供保健（长期护理）服务的运营者提供补贴。其中有的州还规定 Medicaid 参保者享受医疗（长期护理）服务时，需要支付一定费用（见表 4.24）。

表 4.24　Medicare 与 Medicaid 比较

项　目	Medicare	Medicaid
覆盖对象	老年人	穷人
管理机构	联邦政府	各州政府
是否家计调查	否	是
资格限制	65 岁及以上、部分残障者	低收入父母、儿童、老年人以及残障人
计划内容	专业护理机构和家庭健康机构的护理服务（急性后期）	提供医疗护理费用保险外，还包含因意外或慢性病导致的长期护理费用
资金来源	联邦财政、参保人员薪金税	联邦财政、各州财政

(3) 社区生活辅助和支持计划(CLASS计划)。

美国的社区生活辅助和支持计划(Community Living Assistance Services and Supports Act, CLASS)是2010年奥巴马政府“医改”期间,美国医疗及公共卫生服务部推出了一项长期护理保险计划。但是CLASS计划在推出实施9个月以后就宣告失败,并在2013年被废除。

① CLASS计划出台的背景。

第一,普遍意义上的护理需求增加,但是护理费用昂贵且增长速度很快,这是导致计划出台的宏观社会背景。

第二,医疗保障体系(Medicare和Medicaid)对长期护理的保障有限。美国医疗保险(Medicare)只为病人出院后在专业照护机构接受的不超过100天的医疗性照护服务提供保障,非医疗性的长期护理费用并不在医疗保险的支付范围内。医疗救助(Medicaid)的支付对象只有生活在贫困线以下的穷人,而且只支付在疗养院接受的长护服务费用,并且不允许申请人自由选择护理机构。

第三,老年人商业长护保单持有率较低。由于长期护理商业保险的保费较高、核保严格,美国老年人的商业长护保单持有率较低。美国老龄协会2008年的一项调查显示,60岁及以上的老年人中只有13.8%持有商业长护保单,同时高收入水平老年人的保单持有率明显高于低收入老年人(见表4.25),说明购买长期护理商业保险的主要是经济条件较好的老年人,中低收入水平的老年人较少购买长期护理商业保险。CLASS计划是美国政府为了扩大长期护理保险市场的改革措施。

表4.25 2008年美国老年人长期护理商业险保单持有率

收入水平	5	4	3	2	1
保单持有率(%)	26.9	19.0	10.7	6.6	4.1

注:表中的“收入水平”由5到1逐次递减。

资料来源:Brown, Jeffrey R., Finkelstein, Amy, “Insuring Long-Term Care in the United States,” *Journal of Economic Perspectives*, 2011(11):124.

在此项计划推出之前,长期护理商业保险保单面向群体为高层的老年人群体,而且由于长期护理商业保险具有缴费率较高、核查较为严苛、价值不确定等特征,覆盖面一直很窄;另外,医疗救助可以为十分贫困的老年人提供长护保障。但是缺乏相应的制度对美国中产阶级老年人提供长护保障。随着护理需求增加、长期护理费用的快速上涨,中产阶级老年人长期护理压力与日俱增。

② CLASS计划的主要内容。

CLASS计划是一项自愿性的长期护理保险计划，参保对象为18岁及以上且积极工作的劳动者，只要符合有保健牌照医生认证，有一个ADL功能限制的人群，就可申请参加。CLASS计划没有核保，不会以参保人身体健康状况不好为由拒绝承保。CLASS计划保费按月缴纳，全国统一，与参保人收入无关，医疗及公共卫生服务部预定的保费标准为123美元/月。参保人满足缴费满5年并且这5年中工作时间不低于3年的条件后，如果因慢性病、身体行动不便或重度残疾，需要接受90天以上的非医疗性护理时，CLASS计划向参保人支付保险金。参保人无法完成6项日常生活活动(洗澡、穿衣、打理个人卫生、步行、自主控制大小便、独立进食)中的2—3项，每天可获得不低于50美元的保险金；如果无法完成4项以上的日常生活活动，每天可以获得不低于100美元的保险金，保险金参照CPI进行调整。保险金可按天或按周支付，只要参保人符合条件就可以一直领取，且没有总额限制。CLASS计划需要依靠参保人缴纳的保费和用保费购买政府债券的利息收入实现收支平衡，政府不提供资金支持。在运行管理方面，由联邦政府主管，私人保险公司负责运营。

③ CLASS计划失败的主要原因。

首先，逆向选择风险控制不当。一方面，CLASS计划是一种自愿参加的长护计划，允许参保人自由选择参保时间，且规定的最低缴费期限只有5年，如果一个需要长期护理的劳动者在60岁时参加CLASS计划，并在后5年中每月缴纳123美元保费，65岁退休后如果瘫痪，那么他每天从CLASS计划中至少能获得100美元的保险金，只要他的生命剩余时间大于2.46个月[5×12×123/(100×30)=2.46]，(假设保费和保险金额都不变)，参加CLASS计划就是有利的。[①]但是一般而言，瘫痪属于慢性疾病，活过2.46个月的可能性很大，所以可以认为退休前加入CLASS计划对参保人来说是“包赚不赔”的，而CLASS计划的保险金又没有最高限额限制，如果参保人的生命剩余时间较长，那么他领取的保险金将会远远超过其所缴保费。另一方面，CLASS计划的保险金与缴费多少无关，而且只要参保人符合条件就可以一直领取，缺乏“多缴多得，长缴长得”机制。这些显而易见的好处会刺激劳动者作出

① Genworth, “Cost of Care Survey: Home Care Providers, Adult Day Health Care Facilities, Assisted Living Facilities and Nursing Homes,” 2009, Financial.

逆向选择，即都在退休前才加入CLASS计划，以致CLASS计划风险池中汇聚了大量高风险投保人。如果为了保证偿付能力而提高CLASS计划保费，又会将低风险的年轻劳动者驱逐出计划，最后的结果就是CLASS计划的风险池中只剩下高风险投保人，保险风险分散的作用无法发挥。此外，CLASS计划制定之初忽略了一个重要事实，即大多数美国居民都是在有明显长护需求时才会考虑长护保险，很少有人在年轻时购买长护保险，美国商业长期护理保险的经验数据表明，长期护理保险购买者的年龄大多在50岁以上。所以CLASS计划非强制参保，允许劳动者自由选择参保时间，最低5年的缴费期限以及无保险金额限制的制度设计必然产生严重的逆向选择风险，使计划无法实现长期性的要求。

其次，参保缴费机制不合理，缺乏财政兜底政策。CLASS计划的每日平均保险金为75美元，但是根据美国精算师协会的专家测算，如果CLASS计划的保险金要达到平均每日75美元，并且要保证未来75年内都要有充足的偿付能力，那么预定的每月123美元的保险金只能满足所需资金的77%。医疗保险及医疗救助服务中心的首席精算师认为，CLASS计划的月平均保费应调整到240美元。一些专家甚至认为保费需要提高到354美元才能保证偿付能力。三种预测下的月平均保费都高于现行预定保费。此外，政府没有为CLASS计划提供相应的财政补贴政策，这使得仅依靠参保人缴纳的保费和用保费购买政府债券获得的利息收入来维持CLASS计划的资金运转相当困难。

最后，保险金设置不符合护理机构资金需要。从上述可知，CLASS计划预定的保险金为平均每日75美元。2008年，这笔保险金基本够支付居家照护的费用，但如果老年人在辅助生活机构中接受照护服务，这笔保险金就不够支付。因为辅助生活机构的月均费用为2 825美元，而CLASS计划保险金平均每月只有2 250美元(75×30)。如果老年人在专业护理院接受护理，这笔保险金的保障水平就更低了，因为护理院的月均费用高达6 293美元。CLASS计划的保险金额不与不同类型长护服务费用挂钩，出现保险金远低于照护成本的情况，导致预期参保率很低，医疗保险及医疗救助服务中心预计的参保率只有2%，大大限制了保险风险分散的作用。

2. 长期护理商业保险体系

(1) 美国长期护理商业保险发展概况。

美国商业性质的长期护理保险是为了满足没有被社会性的护理保险覆盖的美

国中高阶层群体对长期护理需求而设立的保险。美国长期护理商业保险自1975年开始运行至今已有40多年，被视为世界上最大的长期护理保险市场。其发展经历了三个阶段。

第一阶段为发展缓慢期（1980—1986年）。1980年，商业保险仅支付了护理院护理费用的1.5%。1985年，1%—2%由护理院服务产生的费用由商业保险支付，只有不到2%的65岁及以上的老年人得到长期护理保险的保障，以及不到25家保险公司从事长期护理保险的经营。到1986年，美国经营长期护理保险的公司发展到30家，但长期护理保险的销售数量总计不到10万份。

第二阶段为政策推动期（1986—1996年）。1986年，美国保险监督官协会（NAIC）制定了长期护理保险示范法，规定了保单的最低标准和投保方应享有的权利。长期护理保险法律的出台，推动了商业长期护理保险市场的发展。至1990年末，共售出超过190万份长期护理保险，据估计有10%—40%的老年人能负担得起长期护理保险，其中约不到5%的老年人购买。团体长期护理保险从1987年几乎为零起步，1990年当年，有105位雇主为约70万名雇员提供长期护理保险。这类团体保险的特点是雇主一般不为雇员买单，但雇员可享受团体保险费率优惠。截至1990年底，共销售13.5万份团体长期护理保险，占总销售数量的7%。截至1996年底，共售出不足500万份保险。

第三阶段为蓬勃发展期（1996年至今）。1996年，美国出台联邦健康保险可转移及说明责任性法案（Federal Health Insurance Portability and Accountability Act, HIPAA）。根据该法案条款规定，购买长期护理商业保险的个人和企业，如符合条件，可享受税收优惠。据美国寿险营销研究会（LIMRA）统计，2009年，拥有私人长期护理保险保单数量约为714.2万份；保费收入累积106.4亿美元，其中个人保单达到480万人次，保费收入累计87.4亿美元。2008年，65岁及以上的老龄群体中约12.4%的人拥有私人长期护理保险，55岁及以上群体约8.8%拥有私人长期护理保险。55岁及以上老龄群体中，年收入2万美元以下的，持有私人长期护理保险的比率为3.3%，而年收入10万美元以上的，持有私人长期护理保险的比率达到了19.3%。但是从市场占有率来看，美国长期护理商业保险的占有率一直不高，这和其目标群体定位有一定关系。

(2) 美国长期护理商业保险类型。

按照美国国家保险委员会（The National Association of Insurance Commissioners)的分类，目前美国商业性的长期护理保险可分为个人长期护理保险(Individual Policies)、通过雇主购买(Policies from My Employer)、联邦长期护理保险(Federal and State Long-Term Care)、协会保险(Association Policies)、持续护理退休社区提供的长期护理保险(Policies Sponsored by Continuing Care Retirement Communities)、人寿保险或年金保险(Life Insurance or Annuity Policies)六种。

① 个人长期护理保险(Individual Policies)。

个人长期护理保险是针对个人而言的单独的保险保单，是商业保险公司针对个体差异而设置的长期护理保险保单。保险代理人会销售各种各样的保单，而保险公司一般通过邮件或电话销售保单。每个保险公司销售的个人保单都是不同的，而且同一商业保险公司也有不同种类的保险保单。每一家保险公司或者保险代理人在为被保险人提供保单之前都会对被保险人进行相应的调查，这种调查不是具有限制性的家计调查，而是通过调查的结果为被保险人提供符合自身特色的长期护理保险保单。

② 通过雇主购买(Policies from My Employer)。

通过雇主购买，是指由雇主为单位为雇员提供的团体保险保单或者带有团体折扣的个人长期护理保险保单。由上文可知，美国出台联邦健康保险可转移及说明责任性法案(HIPAA)，根据法案条款规定，购买长期护理商业保险的个人和企业，如符合条件，可享受税收优惠。美国越来越多的雇主愿意为雇员提供这一福利。

与个人保险相比，一方面，雇员参加雇主提供的长期护理保险保单，具有可以让被保险人不受相关医疗限制和放松对其医疗审查的特点。另外，即使被保险人离开工作岗位、被解雇或者雇主取消团体保单，被保险人依旧能够拥有此份长期护理保险保单，但是被保险人可以依据自己的需求更改保单类型和内容。另一方面，越来越多的雇主开始为雇员配偶、雇员父母以及退休雇员提供团体性质的长期护理保险保单，但是这一类人群在享受保单之前有一定的医疗审查，而且需要自己缴纳保险费用。

③ 联邦长期护理保险(Federal and State Long-Term Care)。

联邦长期护理保险作为美国商业健康保险的代表，覆盖范围为拥有联邦和美国邮政服务年金的员工，军警部门活跃的退休人员以及这些员工的合格亲属(配偶、已经成年的孩子、父母等)。被保险人需要通过自身申请，回答相关与自身健康有关的问题，通过相关部门审核同意之后就能够享受到长期护理保险保单的相关待遇。

一般而言，联邦长期护理保险认为如果有人出现了由于车祸、运动过程受到的伤害、可能会导致失去劳动能力的伤害、老年痴呆症、多发性硬化症、帕金森病人、老年人以及其他可能会导致丧失劳动能力的状况，那么他就需要购买长期护理保险保单。在覆盖服务方面，服务全面且多样。被保险人无论在家中、在辅助生活设施地方、养老院或安宁的医疗住院环境都可以享受到长期护理保险，但是这三个地点的长期护理花费是不同的。在家中进行长期护理，如果没有保险的话，每年需要花费 32 000 美元；在辅助生活设施地方，每年需要花费 47 000 美元；在养老院或安宁的医疗住院环境，每年需要花费 91 000 美元。

被保险人可以根据自己选择的长期护理保险保单方案不同，获得不同的补偿，一般而言，联邦长期护理保险有 4 种方案可供选择(见表 4.26)。此外，联邦长期护理保险包括了来自在没资格享受福利的时间和不住在一起的朋友、家庭成员和其他无牌照的护理人员等非正式护理人员的护理。当非正式照料由家庭成员提供时，一般覆盖达 500 多天。在资金筹集方面，被保险人可自行缴纳，也可从被保险人的工资/年金/养老金中扣除，这种扣除是为确保按时足额地缴纳保费。此外，一旦拥有联邦长期护理保险，即使离开了联邦政府工作，依旧可获得联邦长期护理保险。

表 4.26 联邦长期护理保险方案

方案	适用对象	方案内容
A	希望获取较低成本的长期护理服务的保护，或者你所在区域的长期护理服务成本较低，以及在未来某个时间自己支付部分长期护理服务费用	1. 每日赔偿额：150 美元 2. 受益期：2 年 3. 终身最大收益额：109 500 美元 4. 等待期：90 天 5. 通货膨胀保护选项：4%、5%的自由通货膨胀；未来的购买时选择
B	希望获得至少 3 年的长期护理服务保护，相当于目前在养老院待的平均时间，或者你生活的区域长期护理服务成本较低	1. 每日赔偿额：150 美元 2. 受益期：3 年 3. 终身最大收益额：164 250 美元 4. 等待期：90 天 5. 通货膨胀保护选项：4%、5%的自由通货膨胀；未来的购买时选择

续 表

方案	适用对象	方案内容
C	希望获得至少3年的长期护理服务保护，相当于目前在养老院待的平均时间，或者你生活的区域长期护理服务成本为全国平均水平	1. 每日赔偿额：200美元 2. 受益期：3年 3. 终身最大收益额：219 000美元 4. 等待期：90天 5. 通货膨胀保护选项：4%、5%的自由通货膨胀；未来的购买时选择
D	你生活的区域长期护理费用为全国平均水平，且你希望得到长期护理服务的保护	1. 每日赔偿额：200美元 2. 受益期：5年 3. 终身最大收益额：365 000美元 4. 等待期：90天 5. 通货膨胀保护选项：4%、5%的自由通货膨胀；未来的购买时选择

资料来源：The Federal Long-term Care Insurance Program, BOOK ONE Program Details and Rates, https://www.ltcfeds.com/start/index.html.

④ 协会保险(Association Policies)。

协会保险和雇主提供的保险保单类似，是以各类协会为单位的，通过保险公司或代理人向其会员提供长期护理保险。会员参加此类长期护理保险也会享受到一定优惠，而且在很多情况下，协会保险一定会保证其成员在其离开协会后还将被覆盖。

⑤ 持续护理退休社区提供的长期护理保险(Policies Sponsored by Continuing Care Retirement Communities)。

美国对社区进行分类，按照医疗护理程度，美国养老社区分为四类：生活自理型社区、生活协助型社区、特殊护理社区以及持续护理退休社区。随着年龄增长，老年人可以依次选择相应类型的社区居住：刚退休时入住养老社区中的独立式住宅或双层公寓套房，年龄稍长时搬进生活自理型公寓，接下来可以入住生活协助型住宅，最后再转到特殊护理社区。如果不想因未来生活自理能力下降而频繁更换居所，也可选择持续护理退休社区。该社区集合了生活自理社区、生活协助社区和特殊护理社区，在全美共有1 900所，其中，82%为非营利性机构，相当一部分是从传统养老院转型而来的。很多持续护理退休社区都会提供或要求其成员购买长期护理保险。由持续护理退休社区提供的长期护理保险与其他团体或个人的长期护理保险类似。

⑥ 人寿保险或年金保险(Life Insurance or Annuity Policies)。

这种类型的商业保险,不是纯粹的长期护理保险,而是一些人寿保险和延期的养老保险中有嵌入部分资金去购买长期护理服务,例如家庭健康照料、辅助生活或养老院照料。使用人寿保险或者延期保险去购买长期护理服务可能会带来一定影响。例如,某人使用年金保险支付长期护理服务花费,其养老金将减少,减少的数额就是其花费的数额;如果其使用人寿保险支付长期护理服务,其受益人将得到较少的死亡赔偿。如依据其所购买人寿保险,在其死后受益人本将获得一定的死亡赔偿,但由于之前用了一部分资金支付长期护理服务,其受益人就只能获得花费购买长期护理服务剩余资金数目的死亡赔偿。

(3) 美国商业长期护理保险保单主要内容。

美国国家保险委员会发布的长期护理保险的内容主要包括:养老院护理、家庭健康护理、喘息服务、临终关怀、在家庭中的个人护理、由辅助生活设施提供的服务、由成人日间中心提供的服务、由其他社区提供的服务。得克萨斯州保险部门提供了更为详细的长期护理保险购买指南,对长期护理保险保单内容作出了要求,具体来说,长期护理保险应包含以下项目(见表 4.27),在保单实际设计过程中应当遵循这些项目要求。

表 4.27 长期护理保险包含的项目

序号	项 目 内 容
1	在有护理执照的养老院接受护理服务
2	在有执照的辅助生活家庭接受辅助生活护理
3	由有执照的家庭健康机构提供家庭卫生保健服务,服务包括专业护理和物理治疗
4	持有执照的成人日间护理中心提供包括:护理或治疗保健、社会教育活动和个人监管的服务
5	其他服务:一些保单会包含临终关怀、喘息服务(为提供照料的家庭成员给予休息时间)、住院后的照料、帮助做家务,或是对家庭护理提供者的培训

资料来源:Texas Department of Insurance, A Shopper's Guide to Long-term Care Insurance.

美国各个长期护理商业保险保单各不相同,尤其是个人保单,但是在保单设计上存在一些相同的重要条款。例如,保单的给付条款和不丧失保单价值条款。

① 保单的给付条款。

一般而言,保单规定的被保险人的给付条件为:一是日常生活能力丧失的人群。日常生活能力量表(ADL)是目前美国各家保险公司用于测量被保险人是否能够享受到长期护理保险服务的常用方法。很多保险公司用以下六种ADLS进行评估:洗澡、穿衣、吃饭、自控力、上厕所和转移能力。二是具有认知能力障碍的老年群体。例如患有老年痴呆症的老年群体。三是必要条件下的执业医生认证和住院治疗。

美国长期护理保险以现金给付为主,不同承保方式的长期护理保单的给付方式也不同。

独立签发的护理保单,保险人在支付保险时允许被保险人在最高支付额、支付期和等待期这三种方式中选择一种;若保单以终身寿险的批单的形式签发,保险金一般以按月给付的方式来进行给付。

长期护理保险的待遇支付方式分为三种:第一,若使用的是护理费用产生即支付补偿(expense-incurred)的方式,保险公司只有在被保险人接受合格服务的时候才会支付保费。第二,若使用的是赔款的方式(indemnity),支付一整套护理资金。这种保险不是建立在被保险人所接受的具体服务和具体费用发生的基础上,而是保险公司根据保单内容决定被保险人是否有资格和其所选择的险种是否包括其所接受的护理。第三,如果被保险人为残疾人士,只要满足保险标准,就算没有接受任何的长期护理服务,也能每天都收到护理费用。支付保费的方式可分为按天、按周、按月支付三种方式。

保单中除了规定长期护理保险的享受资格、给付方式以外,还对最高给付额、给付等待期以及给付期作出相关规定。在最高给付额方面,很多长期护理保险会限制最终的保费,但投保人可以自主选择最终保费的最高限度。最高给付额分为每日最高给付额,同时规定整个给付期最大给付限额与日给付限额。在给付期方面,一般按年份进行限制,为1年、2年、3年等,或者为终身给付的。在给付等待期方面,一般而言,在长期护理保险给付之前拥有一定给付等待期。等待期是指保单生效后保险公司不承担保险责任的一段时间,在这段时间内,即使被保险人接受了长期护理服务,保险公司也不予给付。等待期可为20天、30天、60天、90天或100天等,一般而言,等待期越长保费越低。

由于美国长期护理保险的给付主要为现金给付,因此应在保单中充分考虑到通货膨胀的因素,即过程中执行“通货膨胀保护”条款。此外,美国长期护理保险的给付方式还包括“管理式看护”,即直接提供护理服务。现阶段随着许多商业保险公司介入护理服务提供市场，直接提供护理服务的给付方式正被更为广泛地应用。

② 不丧失保单价值条款。

不丧失保单价值条款是为了保障由于收入下降或保费上涨而无法继续缴纳保险费用的保费持有人能够继续享受保单价值的条款。不丧失保单价值是让保单持有人将已经积累的保单价值进行减额，并能够实现缴清较低层次的保险，原保单不丧失价值作为净保费，而后保单持有人无需再缴纳保险费用。例如，一位停止缴纳保费的保险持有人，可以保留一份终身的长期护理保险，但是其保障水平将较之前降低。

(三) 美国长期护理保障体系改革

美国的长期护理保障制度实际上以商业性质的长期护理保险制度为主，美国政府在长期护理保障制度方面的改革，目的是为了增加商业长期护理保险制度的市场份额，并且在社会保险制度上作出努力。近年的改革措施涉及税收优惠、营销策略、CLASS 计划、LTCPP 计划以及奥巴马新医改法案等。其中 CLASS 计划在前文已做阐述，在此不再赘述。

1. 税收优惠

美国 1996 年推出联邦健康保险可转移及说明责任性法案(HIPAA)，根据该法案，购买商业长期护理保险的个人和企业，如符合条件，可享受税收优惠。另外，在税收补贴方面，目前联邦政府和至少 34 个州政府给购买长期护理保险的投保人提供了税收减免，长期护理保单的保险金通常不需要纳税。联邦政府基于投保人的年龄提供税收补贴，使得 2009 年老年人购买长期护理保险的保费支出能够降低到 3 180 美元左右。但是，税收减免的作用是有限的，因为税收减免仅仅提供给医疗费用超出个人调整后收入 7.5%的特定人群。所以，长期护理保险保费补贴的激励效果并不十分显著。有统计数据表明，在提供税收补贴和未提供税收补贴的两个地区之间，长期护理保单的销售情况相差并不明显，提供税收补贴的地区销售数据仅比未提供税收补贴的地区高了 10 个百分点。

2. 营销策略

美国联邦政府采取了一系列营销策略鼓励购买私人长期护理保险。2001 年，美国联邦人力资源办公室开始为联邦在职和退休雇员提供长期护理保险，尽管雇主不提供补贴，雇员要承担全部保费，但保险金比许多私人保单要充足得多。美国卫生和公共服务部也在 2005 年启动了“拥有自己的未来”计划，各个州参与营销计划鼓励消费者购买私人长期护理保险，该项计划实施到 2008 年 4 月有 18 个州参与了此项计划。2009 年，仅有 700 万美国人拥有私人长期护理保险，联邦政府采取的营销活动成效非常有限。

3. 长期护理合作计划(LTCPP)

美国的长期护理合作计划(Long Term Care Partnership Program，LTCPP)是加利福尼亚、康涅狄格州、印第安纳州和纽约四州在 1990 年开始实施的长期护理合作计划，并且现已有 172 000 个合作计划正在进行。长期护理合作计划是一个为鼓励中等收入者购买由政府和私人保险公司合作的长期护理保险的计划，其目的是通过延迟或排除一些需要通过 Medicaid 获得长期护理服务的参与者，来减少 Medicaid 的资金支出。

(1) LTCPP 计划的适用人群和实质。

在适用人群方面，主要为中低收入者。在覆盖内容方面计划规定，购买长期护理合作计划的个人，在最初支付长期护理服务费用时，应首先依赖他们的私人长期护理保险，但如果参与计划者花光了其私人长期护理保险后，可从 Medicaid 获得长期护理费用支持，并且家计审查限额会放宽。具体来说，从前文可知，老年人申请医疗救助计划(Medicaid)的长期护理资助需要接受家计式的财产调查，个人财产总额在各州设立的贫困线以下的老年人才具备申请的条件。但是，长期护理合作计划规定，如果个人购买了政府获准的长期护理保险保单，这种财产审查的限额就可以放宽至长期护理保险保单的现金价值。

(2) LTCPP 计划的内容。

多数长期护理合作计划提供的服务是全面的，包含了养老院护理、以家庭和社区为基础的护理。在运作管理方面，长期护理合作计划由政府主办，私人保险公司负责经营；在具体运作中，计划保单必须符合联邦纳税条例和包含一些消费者保护条件，其中包括通货膨胀保护，而需要购买通货膨胀保护的人群是 75 岁以下的人口，而 75 岁及以上人口由保险公司提供通货膨胀保护，无需自行购买。其具体要求为：61 岁以下应购买复合年度通货膨胀保护，而对于 61 岁到 75 岁的人群可购买一定程度的通货膨胀保护。

(3) LTCPP 计划的实施效果。

长期护理合作计划的目的是为了促进长期护理保险保单的持有率上涨，评判该项计划是否有效果，其中一个标准就是保单持有率比以往是否增加。据调查，该计划实施后，长期护理保险保单的购买者中有将近80%的人原本就想要购买长期护理保险，并不是受此计划的影响。因此，长期护理合作计划实际上并未起到显著的扩大长期护理保险市场的作用。此外，因为相关法律允许LTCPP的参与人拥有更多的财产，他们容易更早地获取Medicaid的资助，这也导致了政府财政支出的快速增加。政治分析家建议要采取深入的筹资改革。例如，建立普遍性的长期护理保险薪金税筹资计划，作为Medicare其中的一个新的服务项目，或者独立作为Medicare的一项附属计划；要求个人在接受政府社会保险之前要承担大部分长期护理资金的筹资责任；等等。

(四) 美国长期护理服务模式

美国提供长期照护服务的机构是规范且有偿的，包括护理院(nursing homes)、住宿照护社区(residential care communities)、成人日间服务中心(adult day services centers)、居家照护机构(home health agencies)。护理院与住宿照护社区提供机构照护服务，成人日间服务中心和居家照护机构提供居家照护服务；同时，以上各类机构均根据需要采用不同方式提供临终照护服务。为了规范这些机构的服务行为，监管其服务质量，这些机构均需获得医疗照顾(Medicare)或医疗救助(Medicaid)项目的认证。①美国长期护理服务可分为综合性老人健康护理计划(PACE模式)和混合型持续护理退休社区计划(CCRC模式)。

1. PACE模式

美国的"综合性老人健康护理计划"(Program of All-inclusive Care for the Elderly, PACE)被认为是美国长期护理模式的黄金标准(医养结合模式)。PACE是一种为年迈体弱老人提供医疗和社会服务的长期护理模式，其目标是尽可能帮助参加项目人员实现独立生活。据统计，参与PACE项目的老人平均年龄为83岁，他们通常在生命中的最后5—6年参与到这个项目中。PACE模式以社区为基础，参与者不用去养老院，在家里或社区里就可享受服务。PACE中心提供核心照护服务。

(1) PACE模式概述。

1973年，由老年管理机构(Administration of Aging)、加利福尼亚州政府(the State of California)和健康服务部(Department of Health Services)集资建立On Lok

① 蔡毅：《美国长期照护服务体系对中国的启示》，《中国卫生政策研究》2017年第1期。

(安乐)社区成人日间护理中心,这是PACE的雏形。参与On Lok项目的老人的一天通常是这样的:老人乘坐大巴到达PACE中心,他们可能与初级保健医生或医疗专家有预约,做理疗或接受职业治疗,有专人帮助他们洗澡,也可以与别人一起进行娱乐活动,中午中心会提供午餐。离开中心时,老人可以选择独自安全地离开或者等家人来接。回到家,老人还可以继续接受专人护理,享受居家照护服务。1975年增加了家庭支持服务,1978年将基础医疗服务纳入其中,为患者提供急性和慢性长期医疗服务(包括基础的全科医疗服务和专科会诊),并提供其他辅助服务包括开药、化验、X线检查和提供耐用的医疗设备,必要时也可安排住院治疗或入住护理之家。①

1990年,在"On Lok"成功运作的基础上,PACE项目开始实施,并与美国两大主要公共医疗保障计划Medicare和Medicaid融合。1997年,美国的平衡预算法案将PACE模式正式纳入Medicare和Medicaid之中。PACE一路发展至今,经历了快速成长,目前,美国共有124个PACE项目,从图4.5可知,PACE项目在31个州开设了255个PACE中心,为45 000多名参与者提供服务。PACE项目主要分布在美国大西洋海岸的东部地区,中西部地区设立的PACE中心较少。

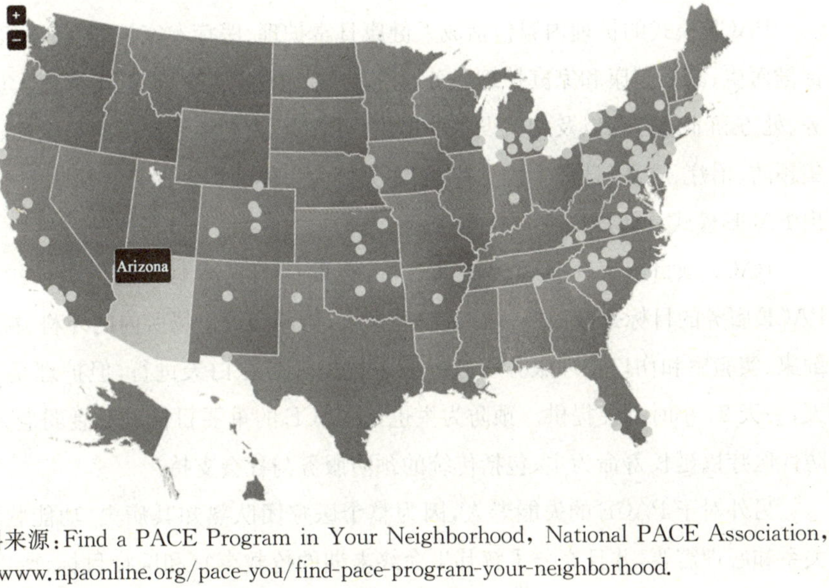

资料来源:Find a PACE Program in Your Neighborhood, National PACE Association, https://www.npaonline.org/pace-you/find-pace-program-your-neighborhood.

图4.5 美国PACE项目分布

---

① 王秋梅、田新平、沈悌:《美国全面的老年人服务项目模式》,《中国老年学杂志》2010年第4期。

(2) PACE模式的内容。

① 服务对象。

PACE的服务对象必须是年龄大于或等于55岁、居住在PACE的服务区内，有医疗保险和医疗补助资格，经由州医疗救助机构批准并证明其符合该州入住护理院标准者。患者是自愿参加，但一旦进入PACE，只能接受PACE中心的工作人员或与PACE中心有协议的医生或医疗机构的服务。

参与PACE项目的人员与居住在普通养老院人员相似。近一半(49%)的PACE参与者被诊断患有痴呆症。尽管护理需求水平很高，超过90%的PACE参与者依旧能够继续生活在他们的社区中。

PACE服务对象具有以下特征：首先，其平均年龄为76岁，75%的参与者是女性。其次，最近的一项研究发现，PACE参与者中的首要诊断是血管疾病、伴有慢性并发症的糖尿病、充血性心力衰竭和慢性阻塞性肺病，以及重度抑郁症、双相性和偏执型病症，近47%的PACE参与者患有痴呆症。虽然超过90%的PACE参与者生活在社区中，但约7%居住在PACE计划支付的养老院。

② 服务内容。

PACE模式的护理内容包括成人健康日常护理、医疗专家护理、门诊服务、初级保健医生、家庭健康和家庭护理服务、住院护理、交通服务、非正式护理人员支持服务、处方和非处方药以及相关设备的提供。PACE为老年人提供的是全面、连续的，集预防、治疗、康复、日常生活支持、临终关怀为一体的护理服务。从表4.28可以看出PACE模式具体提供的服务内容。

PACE项目给家庭照顾者提供支持，帮助他们提高对失能人员的护理能力。PACE服务的目标是成为“一站式”护理模式，协调和提供场所内的牙科、视力、行为健康、实验室和伤口护理服务。其中大多数护理是在白天进行，但护理是一年365天，一天24小时都在提供。预防为主也是PACE的重要目标。对衰弱老人进行预防性医疗以延长寿命为主，包括传统的预防服务与社会支持。

另外对于PACE的失能老人，因为整个医疗团队熟知其病史、功能状态、社会关系和心理需要，并且充分了解其生命终末期的抢救事宜和医疗目标，所以很多患者能更早地开始接受临终关怀治疗。同时，PACE服务也是力求全面解决患者问题，所以即使患者预后不明确，实际上已经开始实施临终关怀治疗，这使更多患者获益。

表 4.28 PACE 项目提供的服务内容

服务项目	具体服务内容
成人健康日常护理	● 现场医师/医疗监督 ● 护理 ● 物理疗法 ● 职业治疗 ● 休闲疗法 ● 活动和锻炼 ● 午餐营养咨询 ● 社会服务 ● 牙医 ● 听觉病矫治专家 ● 验光师 ● 足科医生
医疗专家护理	● 妇女服务 ● 牙科和假牙 ● 验光和眼镜 ● 听力学和助听器 ● 足病学、糖尿病鞋和矫形器 ● 心脏病 ● 风湿病
门诊服务	● 实验室测试 ● 放射科 ● X 射线 ● 门诊外科
初级保健医生	● 每周 24 小时,每周 7 天
家庭健康和家庭护理服务	● 熟练护理 ● 身体和职业治疗 ● 个人护理 ● 家务服务 ● 膳食准备
住院护理	● 急诊室访问 ● 住院 ● 住院专家 ● 熟练的住院康复
交通服务	
非正式护理人员支持服务	● 暂息护理和看护者教育

续 表

服务项目	具体服务内容
处方和非处方药	
相关设备的提供	● 轮椅 ● 步行者 ● 氧 ● 医院病床 ● 糖尿病测试用品 ● 成人日间护理

资料来源：根据 PACE 官网（www.pace4you.org）资料整理。

（3）PACE 项目经费来源和支付。

PACE 项目的经费主要来自美国两大主要公共医疗保障计划 Medicare 和 Medicaid。Medicare 是国家性的保障计划，它为残疾人和 65 岁及以上的老年人提供医疗保障；Medicaid 是国家和州政府共同出资的项目，它为所有低收入者或低收入家庭提供医疗保障，无年龄限制。大多数的 PACE 申请人既有 Medicare 又有 Medicaid，PACE 机构将从他们的 Medicare 和 Medicaid 项目中获得费用；一些申请人只有 Medicare，他们则需要每月付费来得到长期照护服务和 Medicare 的药事服务；还有一些申请人只有 Medicaid，则由州政府将 Medicare 的费用付给 PACE 机构。

PACE 机构将收取的费用用于 PACE 项目提供的所有服务的开支，而非只限于 Medicare 和 Medicaid 覆盖的服务项目。PACE 机构通过对资金和服务项目的管理，为参加人提供所需要的服务，它不能限制服务提供的数量、服务提供的时间或服务范围，它需要承担提供服务可能出现的资金风险。①

2. 混合型持续护理退休社区计划（CCRC）

混合型持续护理退休社区计划（CCRC），即通过为老年人提供自理、半自理、照护一体化的居住设施和服务，使老年人在健康状况和自理能力变化时依然可以在熟悉的环境中继续居住，并获得与身体状况相对应的照料服务的模式。在美国，共

① Centers for Medicare & Medicaid Services, "Programs of All—Inclusive Care for the Elderly(PACE) Manual," https://www.cms.Gov/Regulations-nd-Guidance/Guidance/Manuals/Internet-Only-Manuals-IOMs-hems/CMS019036.html.

有超过 2 100 个 CCRC，能够照顾约 62.5 万退休老人。

(1) 服务对象。

CCRC 的服务对象包括健康老人、半自理老人以及失能老人。这里只介绍有关失能老人的标准，失能老人是针对生活完全不能自理，需要他人照料的老人（一般年龄≥80 岁）。他们有特定的住所，并得到社区提供 24 小时有专业护士照料的监护服务。

(2) 运作模式。

老年人根据自身需求和经济条件，可选择退休后入住不同的居住形态，有独立生活住宅、辅助生活住宅和护理之家三种，每月支付一定的服务费用，便能享受“一站式”终生退休养老服务。

(3) 服务内容。

CCRC 在老年人健康管理服务方面做得深入全面，主要从膳食、生活、日常医疗保健出发，辅以齐备的场所设施，通过细致入微的服务及完善便捷的设施来为居住的老年人提供一种温馨安逸的老年生活。这里只对日常医疗保健服务和场所设备两项内容进行介绍。

① 日常医疗保健服务。

可及性和连续性是医疗保健服务的关键。在社区内一般会设有健康中心，有简单的诊室可供日常健康检查用（如定期测量血压、体重等）；设有康复运动室，配有医生指导手术后的老年人进行康复锻炼；设有护理中心，并配备专门的医疗用车，定期接送老人去医院治疗。同时，每位老年人都配有一个自己的家庭医生，家庭医生会根据老年人的身体状况定期提供服药和健康教育方面的知识，并且提供上门测量血压等健康管理服务。有些高端社区每 10 千米内设有一家社区医院，要求 30 分钟能到达。社区内还配有各种私人小型诊所，有专门的老年记忆恢复中心和临终关怀服务。每 1.6 千米内设有一个护理站，护工定期上门为老年人进行健康检查和服务，并与老年人进行定期交流，确保老年人身心健康。

② 硬件设施方面。

在社区内的公共场所和私人住所一般均配备紧急按钮、心脏急救设备，室内通道设有扶手和防滑地板，提供残障设施，以方便老年人行走及发生意外时可以第一时间获救。并在社区内设有紧急反应中心，一旦老年人出现紧急状况，医护人员能在 5 分钟内赶到。有些高端社区会给每位老人佩戴智能手表，当老人意外受伤或跌倒需要求救，可按手表按钮，保安和护士会立即赶到。私人住所还安装有智能报警信息，可与手机连接使用。

（五）美国长期护理保障体系建设的经验与启示

我国尚未建立统一的社会性长期护理保险制度，商业性长期护理保险覆盖人群有限。尽管我国的国情和美国存在很大差别，但美国长期护理保障体系的发展依然可以为我国提供启示和经验借鉴。

1. 强调政府责任，强化制度立法，实现财政托底

从美国长期护理保障体系发展的历程可以看出，无论是社会性还是商业性的长期护理体系，政府在其发展过程中都起到了关键作用。过去30年间，美国政府仍是长期护理的主要筹资来源，美国国内机构长期护理及住家医疗总费用中约六成由政府公共部门通过各种医疗照顾（Medicare）或医疗救助（Medicaid）等方式支付。另外，政府通过出台相关法案，力求提高商业长期护理保险制度的市场占有率。在我国构建长期护理保障体系的过程中，一是应强调政府的规划引领作用，加快统一的长期护理保险制度立法，将长期护理保险制度作为社会保险的独立险种，建立具有独立、稳定、可持续的筹资渠道的长期护理保险制度。二是出台相关法律法规，规定统一的护理服务机构的准入和质量控制标准。三是借鉴美国Medicaid制度的经验，通过财政托底保障低收入群体的长期护理需求，提高长期护理保险的可获得性。

2. 建立混合型的长期护理保险制度

美国的长期护理保障本质上是由社会保险与商业保险共同构成的混合型模式，具备商业性和社会性共存的特点，两者的结合提高了美国长期护理保险的可及性和覆盖面。社会保险一方面是以低收入人群为目标，给其提供长期护理服务，保障其获得长期护理服务；另一方面政府通过出台优惠性政策法案，鼓励中低收入人群购买使用长期护理保险。商业保险在方案设计上具有多样性和灵活性，将中高收入群体作为目标对象，致力于满足该阶层长期护理服务需求。我国在构建长期护理保险制度时，应考虑社会性和商业性的长期护理保险制度的结合，让商业保险公司参与社会保险制度的设计，利用商业保险的灵活性满足不同家庭对长期护理服务的需求，同时出台相关政策鼓励并支持商业保险公司开发长期护理商业保险产品，作为社会性长期护理保险制度的有益补充。

3. 加强道德风险防范机制建设

美国的长期护理商业保险以及社会性的CLASS计划中都面临道德风险和逆向选择问题，CLASS计划失败的原因之一就是逆向选择带来的政府财政压力过高，无法实现资金的可持续性。商业性保险在运行过程中存在两类人进行投保：一类为具有较高长期护理风险的人群，另一类为具有较高保险偏好的人群；相比之下，第一类投保人的长期护理风险将高于保险公司的预期，而第二类将低于保险公司的预期。如果多数的投保人利用自己所掌握的个人健康信息，以低于精算得出的合理保费价格来取得长期护理保险，这将造成实际护理概率远远高于保险公司预期概率，给保险公司带来巨大损失。我国在建立长期护理保险制度时，也应重视道德风险问题，建立相应的防范机制。

4. 设定合理的给付标准和条件，保证资金收支平衡

美国长期护理保险制度以长期护理商业保险为主，给付标准根据个人购买的长期护理保险保单设置不同的给付标准，具有一定的灵活性。在美国长期护理社会保险计划中，CLASS计划就由于给付标准设定不合理、支付条件设定过于宽松，一方面无法维持护理院的护理资金需要，另一方面给联邦政府和各州政府带来过高的财政压力。我国长期护理保险制度的设计，要根据我国实际经济状况，制定合理的支付标准，设定合理的支付条件，设计不同层次的筹资和缴费标准；应该建立一套科学合理的长护等级评估体系，根据参保人长期护理需求，将参保人纳入不同护理等级，按等级进行付费；在强调政府责任的同时，强调个人在长期护理保险制度中的缴费责任，还应对不同护理等级的待遇水平设定最高限额。

5. 提供多样化的长期护理服务

美国PACE项目提供内容丰富的养老医疗服务，老年人在社区中既可以获得餐饮、洗浴、清洁房屋、运送、家庭设施改造等社会支持服务，也可以获得基本的医疗、护理、康复服务，甚至包括对老年人的家庭照顾成员的支持性服务。与之相比，我国目前试点的长期护理服务项目只针对日常生活照料和医疗护理服务两方面，在服务的多样化方面还存在差距，有待加强。在美国的混合型持续护理退休社区计划(CCRC)中，通过建立养老社区，实现对失能老人全方位的照料，同时政府为兴建社区养老服务设施提供必要的资金支持，监督和引导各种养老服务机构的运行，为老年人提供完善的公共卫生预防保健服务等，促进老年人健康地安度晚年，这些做法都为我国建设长期护理服务体系提供了新思路。

专栏 4.4 美国成功的居家养老计划

亚特兰大地区委员会(ARC)资助犹太人职业和家庭服务部门创建护理券计划。个人会收到一套凭证,允许他们选择任何公共、私人或非营利性服务来满足他们的主要需求。参与者可以通过护理券雇用邻居来完成家务管理和草坪护理、在当地药房支付药物费用、陪伴以及保姆类服务、各种运输服务、成人日托计划以及许多其他服务。护理券计划强调选择的价值以及当个人确定自己的需求并选择最适合他或她需求的服务提供商时可实现的结果。目前,10 个县级老龄项目中有几个正在推行护理券计划,专门满足那些照顾老年痴呆症患者的需求。护理券计划每年为 42 个不符合其他补贴计划资格的人提供服务。每个人每年获得 750 美元,并由个案经理协助。

1978 年,纽约实施了"无墙护理之家"计划。该计划旨在为符合医疗救助计划资格的人员提供养老院或养老院护理服务。个人可以选择创建一个家庭服务包,而不是进入养老院。这些服务必须在全职养老院的同一级别提供适当的健康和住房服务,但个人可以灵活地选择最适合他/她的服务组合。只要服务的组合不超过同一社区中持照护理院成本的 75%,州政府将偿还居家服务,个人可以就地养老。这个计划已被证明在纽约非常受欢迎。由于每个参与者都必须创建一个服务包,其成本低于养老院的 75%,因此该州节省了大量资金。

年轻人和老年人都能从彼此身边获益。当老年人参与年轻家庭的日常生活时,可以提供日托和辅导。反过来,年轻人可以在老年人虚弱的时候保证其参与并变得活跃。老年人和年轻人之间互惠互利的共生关系几乎不需要计划,但是,积极的计划确保社区设计不会阻止世代相传的机会。当代规划,分区和发展实践往往试图阻止混合住房类型。这种隔离造成了整个社区的家庭可能由三间或更多卧室组成,这种形式对于老龄化空巢老人来说有一定弊端。另一个街区可能有大量的公寓和城镇住宅,但缺乏可供养家的大型单位。规划人员经常抵制允许混合单元类型的"现场分区"。开发商拒绝混合单位类型,担心较小的单位会伤害周围较大单位的财产价值。因此,如果没有积极的计划,社区之间的基础和自然发生的关系可能会受到阻碍。

纽约佩恩南住房合作社积极鼓励并开展了老年人和年轻人之间积极互动的

计划。老年居民的步行和休息空间靠近游乐场和户外游乐区。场地的一个区域被区分出来,成为代际花园。这个花园一直很受欢迎,它经常被用于婚礼和其他特殊庆祝活动。还有许多其他的"计划"共享经验,如组织一个有老人和孩子的小组定期会面;安排老年人在当地的公立学校为儿童读书做志愿者的时间。

五、评价与启示:基于德、日、美的制度比较

德国是世界上第一个颁布长期护理社会保险专项立法的国家。日本的老龄化程度居世界首位,面临的长护服务需求压力最大。美国的长期护理服务主要通过商业保险来筹资。三个国家因国情不同、人口结构不同,以及遵循的社会价值理念不同,选择了不同的长期护理保障制度形式。这些制度形式各有利弊,为提高制度的效率性、公平性与可持续性,三国在优化长期护理服务和提高长期护理保险运作效率方面都进行了不懈的探索,针对本国长期护理保障制度存在的问题进行持续的改革,积累了丰富的经验。这些实践经验对中国发展长期护理保障体系具有重要的借鉴价值。

(一) 制度框架比较

德国、日本、美国分别于1995年、2000年和20世纪70年代开始实施长期护理保险制度。三个国家的长期护理保障范围较为广泛,涵盖了需求最大的目标群体。从给付方面来看,三个国家的长期护理均依赖专业化的护理服务,或者提供现金津贴与护理服务互为补充,并且鼓励机构护理与居家护理相结合,以满足老年人多样化的长期护理需求。此外,三个国家在失能人员的定级审查上都有严格的流程,均由专业机构采用科学的评估方法,对长期护理等级进行认定。

然而,受社会、经济、人口、政治等因素的影响,三个国家的长期护理保障制度也存在较大差异性(见表4.29)。根据艾斯平·安德森对世界福利制度类型的划分,德国、日本属于法团主义福利模式,美国则属于自由主义模式。法团主义强调"社会团结"(solidarity),排斥福利制度中的政府或市场的过多干预,提倡社会的作用。因而德国的长期护理制度也遵循着"社会团结"的原则,建立了个人、社会与政府责任共担的长期护理社会保险。

表 4.29　德国、日本、美国长期护理保障制度框架比较

比较项目＼国别	德　国	日　本	美　国
制度名称	长期护理社会保险	长期护理社会保险	● 老年医疗保险(Medicare) ● 医疗救助(Medicaid) ● 长期护理商业保险
制度性质	社会保险	社会保险＋社会福利	商业保险＋社会救助
保障对象	全民	40岁及以上人口	● 65岁及以上老年人 ● 低收入者 ● 自愿参保人员
筹资来源	雇主与雇员缴费、政府税收	50％来源于政府税收,50％来源于个人缴纳的保费	● 联邦税收 ● 州税收 ● 个人缴纳的保费
给付	现金和实物(家庭和机构护理)	实物(家庭和机构护理)	● 实物(护理院的急性护理) ● 现金(中级机构补贴、可选择州政府补贴)

日本虽然效仿德国也实施了长期护理社会保险,但是日本的长期护理制度更加注重政府的责任。日本长期护理制度的筹资一半来源于政府税收,另一半来源于个人缴费。因此,日本的长期护理保障的性质不是单纯的社会保险,还带有一部分社会福利的色彩。

作为自由主义福利模式的典型代表国家,美国的长期护理保障制度体现出鲜明的“补缺型”特征。美国没有长期护理社会保险,也没有常态化的长期护理津贴制度,其公共的护理支出主要来自老年医疗保险(Medicare)和低收入者的医疗救助(Medicaid),但是老年医疗保险只负担短期的住院护理费用,①长期的生活照顾与医疗护理的支出并不涵盖在内。反倒是医疗救助在整个长期护理保障体系中占据了举足轻重的地位,因为符合资格的低收入者在专业的长期护理机构中可以得到几乎免费的专业护理,极大地满足了贫困失能老人的长期护理需求;而高于贫困线以上的人群则只能通过购买商业长期护理保险来支付昂贵的长期护理服务费用。

① 老年医疗保险(Medicare)负责支付所有老年人的急症支出,即全额支付住院后第1—20天的护理费用,第21—100天的费用由联邦医疗保险和个人共同分担,住院100天后的费用则完全由个人自付。因此,联邦医疗保险担负的只是老年人短期护理的费用,不算严格意义上的长期护理支出。

从这个意义上来讲，美国的长期护理保障制度是商业保险和社会救助的混合物，且社会救助的色彩十分浓厚。

(二) 制度公平性、效率性与可持续性评价

德、美、日自建立长期护理保障制度以后，不断进行优化改革，以提高制度保障的有效性。总体来说，三国长期护理保障制度在顶层设计及运行成效方面各有千秋。下面从公平性、效率性以及可持续性三个方面对三国的长期护理保障制度进行简要的评价。

1. 公平性

长期护理保障制度的公平性是考察一国的失能老人受长期护理制度保障并获得相关服务或津贴的公平程度。从理论上说，所有失能老人都有参与并获取保障的权利，而且参与其中的每个人的长期护理需求都能通过相同或不同的保障形式得到满足。

(1) 覆盖范围的公平性。

从覆盖范围来看，德国长期护理保险覆盖了 90%以上的国民，范围最广；日本次之，由于只面向 40 岁及以上人群，覆盖面比德国略窄，但失能概率最大的老年人群体已经涵盖在内，因此对失能老人来说，两国的制度覆盖面并无实质差别；美国的长期护理保障制度由商业保险、医疗救助与老年医疗保险组成，覆盖了各年龄段以及不同收入水平的人群，理论上来说覆盖范围不会低于德国或日本。

但在实践中，美国除了低收入失能人群可以得到医疗救助的充分保障外，其他 65 岁及以上无救助资格的人群拥有长期护理商业保险的比例仅为 12.4%，这与美国商业健康保险市场的发达程度极不相称。①有研究显示，有遗传疾病的人购买长期护理商业保险的比例是不了解遗传疾病或没有疾病遗传史的人的 5 倍，②普遍存在的“逆向选择”问题导致长期护理商业保险的保费十分高昂。据统计，美国的中产阶级虽然有购买长期护理商业保险的需要，但因保费过于昂贵，1990 年、2010 年分别有 58%和 56%的人放弃购买。③因而相较于德国和日本的长护制度，

---

① 在美国，多达 80%以上的人口拥有一种或多种商业健康保险。

② Emily Oster et al.,“Genetic Adverse Selection: Evidence from Long-Term Care Insurance and Huntington Disease”, *Journal of Public Economics*, 2010, Vol.94, pp.11—12.

③ Long-Term Care Insurance Research Brief, http://aspe.hhs.gov/daltcp/reports/2012/ltcinsRB.pdf, 2012.

美国仅依靠单纯的商业保险并不能满足大多数非贫困人群的长期护理需求，公平性较差。

(2) 筹资的公平性。

从筹资的公平性来看，德国和日本长期护理社会保险不因个人的收入、健康状况等原因而设置不同的缴费水平，均通过强制性的、统一的工资比例进行收缴，公平性较高。而在美国商业化的长期护理保险制度下，无论收入水平高低，年龄越大、健康程度越差的人群缴费率越高，导致大量长护服务需求较大且经济负担能力较弱的国民被排除在长期护理保险制度之外。

(3) 给付的公平性。

从给付的公平性来看，德国的给付形式既有实物也有津贴，护理津贴给付旨在鼓励发展家庭护理，而实物给付则有利于减轻家庭护理者的护理强度和负担，特别是女性的护理责任与负担，因为将近 90%的家庭长期护理服务承担者是女性(见表 4.30)。日本是一个以儒家文化为社会伦理基础的国家，在建立长期护理保险制度之前，日本一直依靠家庭为失能老人提供长护服务。然而，在长护保险制度建立之后，日本却仅有实物给付形式，并没有设立鼓励家庭服务的护理津贴。这主要是因为发放护理津贴将导致女性更容易被家庭护理工作所束缚，从而降低女性的市场劳动参与率。因此，日本更希望通过服务社会化的形式，释放家庭对外部长期护理服务的需求。而美国的商业长期护理保险则主要以现金给付为主，虽然现金给付可用于购买长护服务，但是服务的质量和内容则难以把控，同时还容易滋生参保者的道德风险问题。因此，相比德国与美国，日本的长期护理给付形式更能保证长护服务的质量和数量，同时更能减轻女性家庭护理人员的负担。

表 4.30　2015 年家庭长期护理人员女性比例比较　　(单位:%)

国　　别	德国	美国	OECD 12 国
家庭长期护理人员中女性的比重	86.8	87.9	89.7

资料来源:Health at a Glance 2017, OECD.

此外，从个人自付比来看，美国的长期护理保障制度除了能较为充分地保障占人口较小比例的低收入失能老人外，大部分的人群无力支付长护服务费用，而昂贵的商业长护险也只能惠及部分经济收入较高的富裕阶层，所以美国的长护服务个人自付比在三个国家中是最高的。其次是德国，德国的长期护理保障融资大多源于个人缴费，自付比约为1/3，仅对老年低收入人群进行补贴减免。此外，德国护理服务价格逐年提高，但给付待遇没有与之挂钩保持同步增长，只在2008年上调过一次，这造成失能者的自付比重进一步增大。日本的长期护理保险给付的个人自付比仅为10%，绝大部分的长护服务支出由公共财政来承担。为了降低低收入人群的参保负担，日本针对不同收入人群设定了不同的缴费档次，并建立了低收入群体补贴制度，确保低收入者具有充分的支付能力。与其他两国相比，日本政府和社会保险基金用于长期护理服务支出占GDP的比重是最高的(见表4.31)，体现了政府对失能老人强有力的保障。因此，无论从给付形式还是个人自付比来看，日本长期护理保险给付的公平性更高。

表4.31　2015年长期护理服务支出情况比较　　(单位：%)

国　　别	日本	德国	美国	OECD 15国
政府与社会保险用于长期护理服务支出占GDP的比重	2.0	1.3	0.5	1.7

资料来源：Health at a Glance 2017，OECD.

2. 效率性

长期护理保障制度的效率性是考察在一定的制度成本投入水平下所取得的保障效果。具体来说，就是在既定的长期护理资金投入、人力投入以及设施投入水平下，老年人长期护理需求得到满足的程度。

在资金投入方面，OECD历年统计数据显示，德、日、美三国的长期护理公共支出日益增长(见图4.6)。2005年至2015年的10年间，德国和日本长期护理公共支出占GDP的年均增长率分别为3%和18.6%，①美国则基本保持不变。日本的长期护理公共支出的增长率不仅是三国之中最高的，在OECD国家中也大大高于平均水平，仅次于韩国、瑞典和捷克。德国与日本公共护理支出增长的共同原因是护理方式的转变，正式护理服务逐渐替代了非正式护理服务，越来越多的人被长期护理保障制度所覆盖；由于日本老龄化的速度和深度均高于德国，且在2010—2013年的改革期间拓展了长期护理服务的内容，以适应被保险者护理需求的变化，这些因素使日本的长期护理服务公共支出规模在2011年以后出现大幅跃升，迅速超过德国。

① 根据OECD Statistic 2017数据计算而得。

而美国的长期护理公共支出仅限于占人口极少数的低收入群体，商业保险完全依靠个人缴费，且人口老龄化的程度相对德、日来说较轻，因此长期以来美国政府在长护服务领域的资金投入占GDP的规模相对稳定。

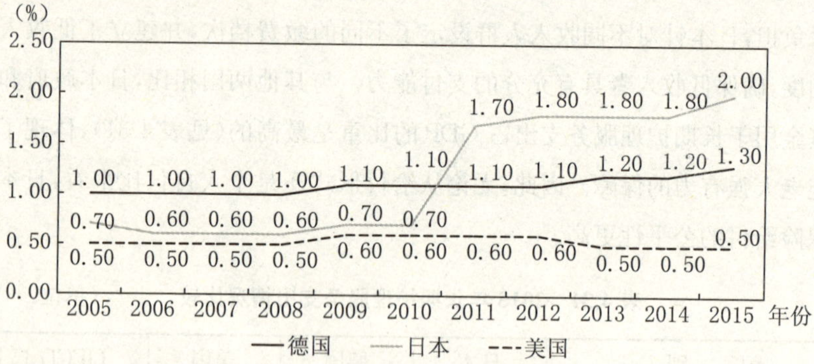

资料来源：OECD Health Statistics 2017.

图4.6 德国、日本、美国长期护理公共支出占GDP比重

在人力投入方面，德、日、美三国正式长期护理人员的数量均在逐年增加，以应对规模不断扩大的老年人口的需求(见图4.7)。德国的护理人员增长速度最快，2005年至2015年间，其数量增长了34.2%。但即使经过快速的扩张，德国的正式护理人员与65岁及以上老年人口的比重依然是三国之中最低的，仅为1∶20，日本次之；美国最高，护理人员与老年人口比重约为1∶10，是德国的两倍。

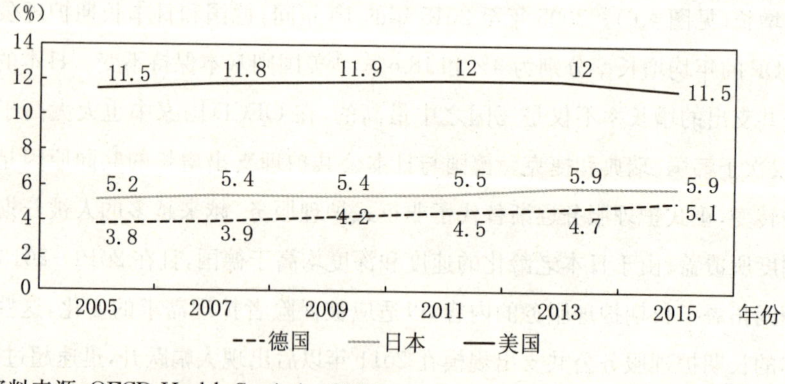

资料来源：OECD Health Statistics 2017.

图4.7 德国、日本、美国长期护理人员占65岁以上老年人口的比重

如果进一步分析三国长期护理人员的工作结构，我们会发现，在过去的10多年间，日本的正式居家护理人员占老年人口的比重始终远远高于美国(见图4.8)，居三国之首；而美国的机构护理人员的占老年人口的比重则分别是德国和日本的3倍和7倍左右(见图4.9)。由此可见，日本的长期护理服务以居家护理为主，而美国则以机构护理服务为主。从护理人员的专业性分布结构来看，德国居家护理中的专业护士占比最高，而美国的专业护士则主要分布在机构护理中(见表4.32)。与美国、德国不同的是，日本由于老龄化程度较深，专业护士面临严重短缺，所以日本主要依靠经过培训的普遍护理人员来提供长期护理服务。

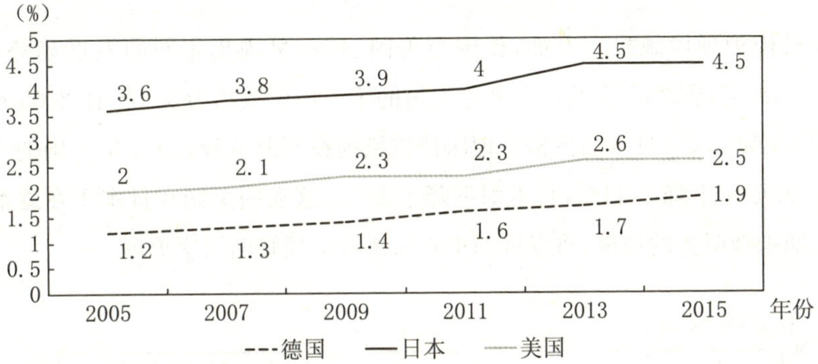

资料来源：OECD Health Statistics 2017.

图4.8 德国、日本、美国正式居家护理人员占65岁及以上老年人口的比重

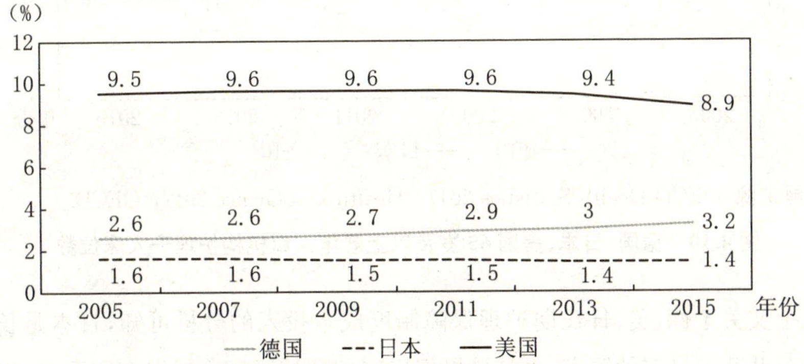

资料来源：OECD Health Statistics 2017.

图4.9 德国、日本、美国正式机构护理人员占65岁及以上老年人口的比重

表 4.32　2015 年德国、日本、美国长期护理人员结构比较　（单位：%）

护理形式 / 国别	居家护理		机构护理	
	专业护士数量占 65 岁及以上老年人口比重	普通护理员数量占 65 岁及以上老年人口比重	专业护士数量占 65 岁及以上老年人口比重	普通护理员数量占 65 岁及以上老年人口比重
德　国	1.1	0.8	1.6	1.6
日　本	0.6	3.9	0.3	1.1
美　国	0.5	2.1	5.8	3.2

资料来源：OECD Health Statistics 2017.

在机构护理设施投入方面，德国与美国、日本呈现出不同的发展趋势（见图 4.10）。2015 年德国 65 岁及以上老年人口的千人床位数约为 54 个，比 2005 年增长了 10.3%，而美国和日本的机构护理床位数量则在不断下降，2015 年美国的千人床位数比 2005 年下降了 14%，日本则下降了 8%。这表明美国和日本正在逐渐缩小机构长期护理服务的规模，将发展的重心从机构护理转向居家护理。

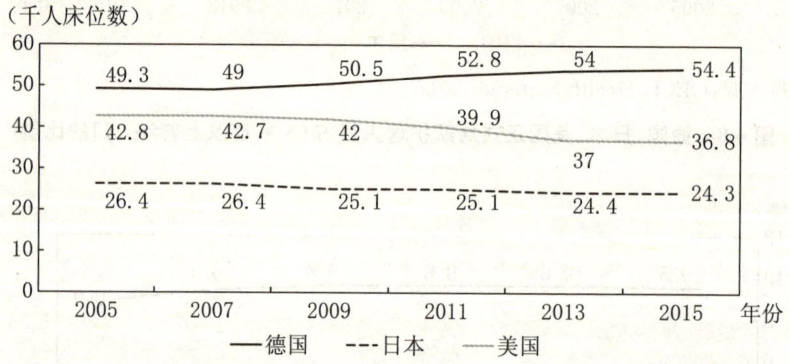

资料来源：OECD Health Statistics 2017，Health at a Glance 2017，OECD.

图 4.10　德国、日本、美国 65 岁及以上老年人口机构护理千人床位数

从上文关于德、美、日长期护理保障制度成本投入的分析可知，日本是长期护理服务公共开支最多的国家，也是最提倡居家护理的国家。根据 OECD 在 2011 年公布的健康统计数据显示（见表 4.33），日本 65 岁及以上享受居家护理的老年人口占所有老年人口的 9.8%，略高于德国且远超美国。而美国虽以机构护理为主，并拥有最多的机构护理专业人员和较丰富的护理床位资源，但美国老年人享受机构护理的比率却只有3.7%，低于德国，仅略高于日本。再者，从三国老年人享受长期护理服务的总比率来看，美国只有6.4%的老年人口受益，远远低于德国和日本。可见，美国丰富的机构护理资源并未得到充分的利用，制度运行效率相对较低。究其原因，主要是由于87.6%的非贫困人口无力负担昂贵的长期护理保险费，再加上医疗救助制度只覆盖低收入人群的长护服务费用，所以不同收入层次的老年人整体享受长护服务的比率较低。

表4.33　2011年65岁及以上老年人享受正式居家护理与机构护理服务比率比较

（单位：%）

护理形式 国别	享受居家护理比率	享受机构护理比率	合　计
德　国	7.80	3.90	11.70
日　本	9.80	3.00	12.80
美　国	2.70	3.70	6.40

资料来源：OECD Health Statistics 2011.

3. 可持续性

长期护理保障制度的可持续性是考察制度应对长期护理风险的能力及制度运行的平稳程度。下面从基金平衡及服务供给两个方面对三国的长护保障制度的可持续性进行分析。

(1) 基金平衡的可持续性。

从基金平衡的可持续性来看，日本面临的财务压力最大。2015年，日本65岁及以上老龄人口占总人口的26%，预计到2050年这一比例将上升至39.6%（见图4.11）。日本不仅是三国之中老龄化程度最严重的国家，在世界范围内也是居于首位。此外，日本的老龄化速度也比德国和美国更快。2005年至2050年的45年间，日本老龄化的年均增长率将达到0.44%，高于德国0.32%与美国0.18%的增长速度。①随着老龄化程度的不断加深，2016年日本长期护理保险的给付费用达到10.4兆日元，②是2000年制度初建时的近3倍。由于日本各级政府承担了约50%的长护服务支出，公共财政面临的压力大大高于德国和美国。为了保障筹资的可持续性，日本每3年会对保费进行定期调整。迄今为止，日本的长护保险费已经调整了

① 根据World Population Prospects 2017数据库计算。

② 数据来源于日本厚生劳动省老健局总务课。

6 次，65 岁及以上老年人的月缴费额从 2000 年的 2 911 日元上升至 2017 年的 5 514 日元，①上涨幅度近 1 倍。为了应对持续深化的老龄化，未来日本个人的缴费水平将进一步上升，2025 年月缴费数额预计达到 8 165 日元，日本长护制度的筹资可持续性将面临较大的挑战。

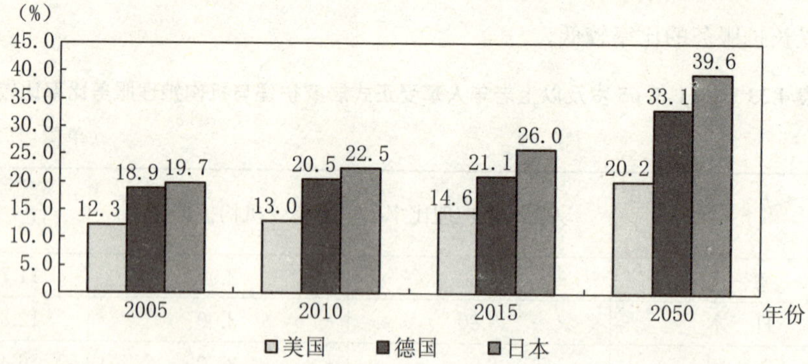

资料来源：World Population Prospects 2017，United Nations.

图 4.11　德国、日本、美国 65 岁及以上老龄人口比例发展趋势

德国的老龄化程度虽然比日本略低，但也面临长期护理保险制度基金平衡的压力。1995 年长护保险制度刚建立时，基金结余尚有 34.4 亿欧元，1996 年缴费率略微上调至 1.7%，但 5 年之后基金还是出现了赤字。此后，德国分别在 2008 年、2015 年、2017 年三次上调缴费率，最后将费率定在 2.45%左右。从图 4.12 可以看出，除 2000 年外的其余年份中，德国长期护理保险基金都保持着收支平衡，略有节余的状态。然而，根据德国 2017 年保险统计年鉴(Statistic Yearbook of German Insurance, 2017)显示，1995—2016 年间，长期护理社会保险的被保险人规模变化不大，2010 年略有下降后又逐渐增加。但与 1995 年相比，2016 年的被保险人仍然数量下降了 0.6%。而另一方面，受益人的数量在 20 余年中却增长了 2.7 倍，这使德国的长护险给付面临较大财务压力，虽然目前长护基金略有节余，但前景并不乐观。

美国在三个国家之中，老龄化程度最轻，速度最慢，而且是以长期护理商业保险为主要的筹资模式，公共财政负担较轻。由于长期护理商业保险的保费缴纳与理赔给付完全基于精算平衡，因此保险基金长期处于盈余状态。但是，根据美国国

① 数据来源于日本厚生劳动省。

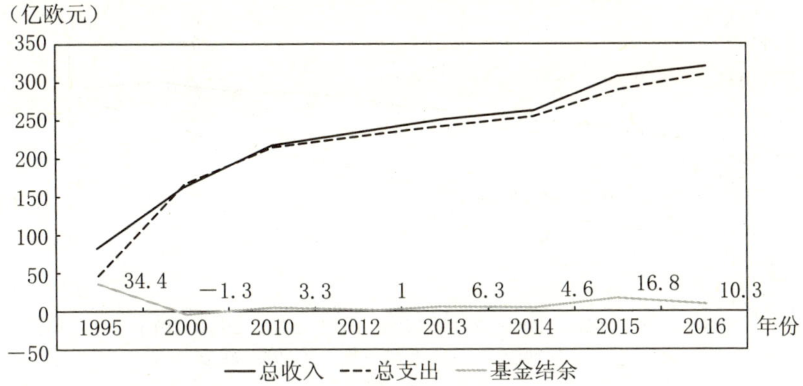

资料来源：Statistic Yearbook of German Insurance 2017，GDV.

图 4.12　德国长期护理社会保险基金收支情况

家保险委员协会在2006—2016年期间发布的年度行业运营报表来看（见图4.13），全美长期护理商业保险的基金结余规模在逐年缩小，从2006年的50.03亿美元降至2016年的9.76亿美元。这一方面是由于持续加深的人口老龄化使长护服务支出增幅过大，另一方面部分人群因为无力负担高昂的保费放弃投保使保费收入规模的增长滞后于基金给付。自2012年起，美国长期护理商业保险出现明显的萎缩趋势，投保人数持续下跌。2016年仅有696万人参保人（见图4.14），覆盖面不足美国成年人口的3％。①可见，长期护理商业保险并未给美国国民带来充分的保障，而且持续萎缩的参保规模有可能进一步抬高保费率以应对迅速增长的长护服务给付需求。除商业保险之外，医疗救助（Medicaid）与老年医疗保险（Medicare）也负担了部分长期护理服务的费用，这部分财政公共支出的规模占GDP的比重始终保持在0.5％—0.6％之间，并未随着人口的老化有过高的增长。与德国与日本相比，美国的长期护理保障制度虽然保障性较弱，但财务平衡的可持续性更强。

（2）服务供给的可持续性。

从服务供给的可持续性来看，德、美、日三国都面临着护理人员短缺的问题。在出生率与死亡率均处于较低水平的情况下，三国65岁及以上人口的抚养比不断上升。2015年，日本的老年抚养比②已经高达42.7％，居三国之首（见图4.15）。整体社会劳动力的短缺使老年人对护理人员的需求显得极为迫切。根据OECD统

① 根据World Population Prospects 2017中的数据计算得出。

② 本书中老年抚养比是指65岁及以上人口占15—64岁人口的比重。

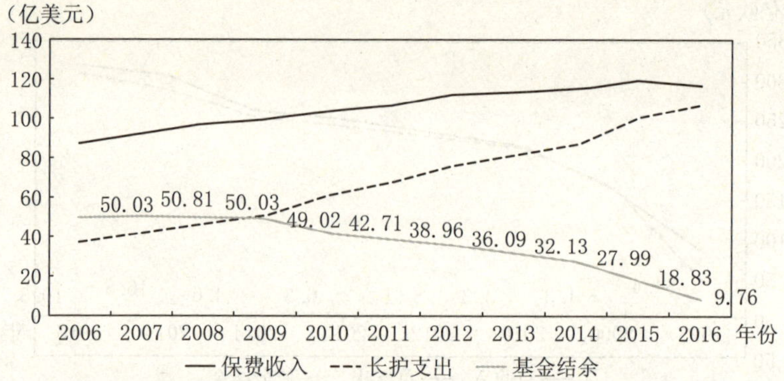

资料来源：Long-term Care Insurance Experience Reports for 2006—2016，National Association of Insurance Commissioners.

图 4.13　美国商业长期护理保险基金收支情况

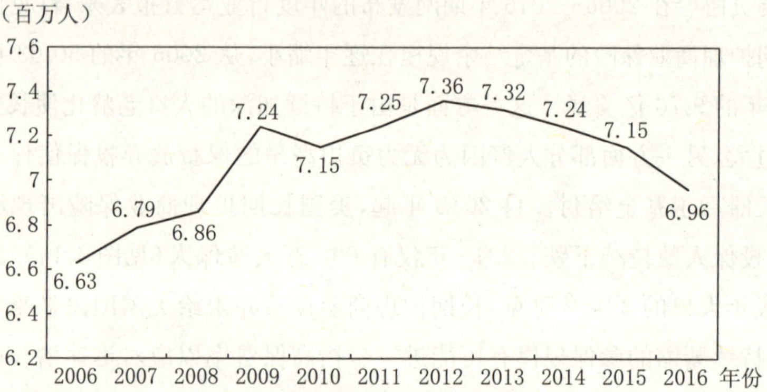

资料来源：Long-term Care Insurance Experience Reports for 2006—2016，National Association of Insurance Commissioners.

图 4.14　美国商业长期护理保险投保人数

计数据显示（见表 4.34），德国与美国的长期护理人员占劳动适龄人口比例分别为 0.662%和 0.67%，到 2050 年这一比例将分别上升到 1.8%和 2.0%。然而，日本由于劳动适龄人口出现负增长，到 2050 年，长期护理人员的比例不仅没有上升，反而下降至劳动适龄人口的 0.5%。此外，世界卫生组织在 2011 年的《世界残障报告》指出，东南亚、欧洲及美洲 60 岁及以上老年人平均失能率分别为 58.8%，41.4%，44.3%，①

① World Report on Disability，WHO，2011. 该研究对老年人的听力、视力、运动能力、记忆力、自我照顾能力、社会交往能力进行测量。由于所涉及的老年人能力范围较大，因此测量出的失能率比普通的 ADL 和 IADL 失能率要高。

其中又以东南亚居首，面对如此庞大规模的老年失能人口，三个国家尤其是日本的长期护理保障体系的供给能力将受到十分严峻的考验。

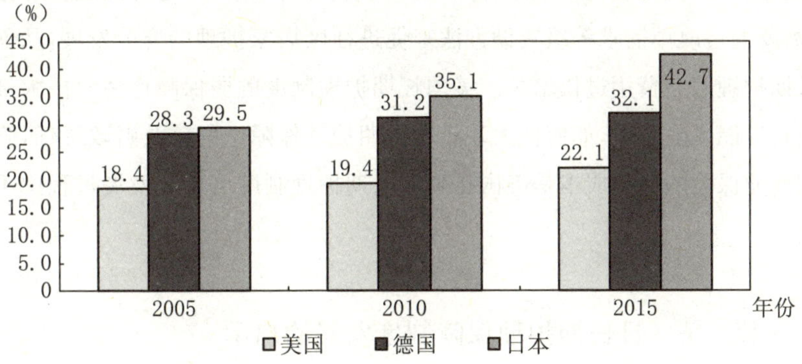

资料来源：World Population Prospects 2017，United Nations.

图 4.15　德国、日本、美国 65 岁及以上老年人口抚养比

表 4.34　德国、日本、美国长期护理人员占劳动适龄人口比例及增长率预测

（单位：%）

年份	2010			2050(预测)		
国别	护工占劳动适龄人口比例	护工年增长率	劳动适龄人口增长率	护工占劳动适龄人口比例	护工年增长率	劳动适龄人口增长率
德国	0.662	22	0	1.8	−0.3	3.1
美国	0.67	1.7	0.6	2.0	2.0	2.9
日本	0.64	2.8	−0.5	0.5	0.5	3.9

为了提高长护制度的可持续性，缓解筹资不足以及护理人员短缺的问题，德、美、日三国在各自的改革中都不约而同地将长护保障的发展重心转向以社区为基础的居家护理，以降低迅猛增长的长期护理服务开支，让更多的人成为长护制度的受益者；同时，大力培养专业护理人员，以弥补服务供给的不足。但在改革的过程中，德国倡导居家护理的愿望并没有充分实现，原本希望通过增加现金给付鼓励居家护理，但选择机构护理的人数一直在增长，居家护理人数却在持续下降，导致长期护理机构床位数不断增加。2005—2015 年期间，长期护理机构 65 岁及以上老年千人床位数增长了 10.3%（见图 4.10）。这是因为德国按护理需求等级提供政府资助，等级越高，政府资助的比重就越大。由于入住护理机构得到的政府资助最多，

所以人们偏向于选择机构护理而非居家护理。

总体而言，德国、美国、日本长期护理保障制度的可持续性都面临着巨大的挑战，特别是日本，其筹资形式的可持续性将成为未来重点研究的议题。对德国而言，则需要通过改革需求等级资助方法来促进社区居家护理的充分发展，从而有效控制长期护理服务费用过快增长。美国长期护理制度的弱保障性使美国大部分国民暴露在失能风险之中，如何扩大政府在长期护理保障中的公共财政责任，降低长期护理商业保险的保费成本是美国在确保长期护理制度可持续发展过程中不能回避的问题。

(三) 德、美、日长期护理保障制度发展的启示

德、美、日的长期护理保障制度在公平性、效率性与可持续性方面虽然各有千秋，但三个国家在制度改革与发展的过程中，都十分注重对低收入失能老人的保护，将长期护理服务的重心转移到社区，强调长期护理服务提供者的多元化，并致力于培育与扩大护理人员队伍。这些经验对于迅速老龄化且缺乏完善的长期护理保障体系的中国来说，具有重要的参考价值。

1. 注重对低收入群体的保护

如前文所述，世界长期护理保障最早起源于社会救助制度。低收入群体在长期护理保障制度发展的过程中是最受重视的群体。在德、美、日的长期护理保障体系中，均有保证长期护理服务可及性的措施。如德国规定低收入者的长护保费可以申请减免，失业者的保费由失业保险基金负担，而无收入者则可以直接免费参保。日本在缴费额度上，除设计不同的缴费档次外，还在历次的改革中不断加大对低收入群体的支持。例如，为了减轻低收入者机构护理食宿费用的负担，护理保险专门拨付了特定入住者服务费给予支持。另外，虽然日本长期护理费用的个人和家庭自付比为10%，但政府对这一服务费用设定了上限，并返还超过上限的部分，确保了所有家庭有能力承受正常的护理服务开支。美国的医疗救助对低收入人群的支持则更为慷慨，对失能等级较高的贫困老人，医疗救助不仅承担机构护理的护理费用，还承担食宿费。

发达国家之所以十分重视对低收入失能者的保护是因为失能的高发群体是高龄老年人，而高龄老人又是陷入贫困的高危群体。因此，保护低收入群体的政策可以有效地保证对护理服务有强烈需求的老人，特别是高龄老人能够享受到基本的

服务。

中国 80 岁及以上的老年人的贫困发生率高达 30.09%—49.72%,①且有大约 80%的高龄老年人都患有慢性疾病或其他影响自理能力的疾病。经济收入低下往往会影响老年人的健康保健和生活质量并导致恶性循环,所以中国在构建长期护理保障体系的过程也应有相应的制度安排,以保证低收入老年人享受长期护理服务的可及性。

2. 鼓励发展基于社区平台的居家护理

高昂的机构护理费用以及老年人对家庭环境的偏好,"在地养老"(aging in place)思想在欧美国家越来越受到重视。包括德、美、日在内的 OECD 国家纷纷调整政策扶持重点,通过社区整合长护服务资源,鼓励居家护理。美国是颁布相关政策数量最多的国家。其中,1973 年启动的"家庭和社区支持服务"(HCBS)项目和 1981 年在全国范围内推行"医疗救助宽免"(Medicaid waver)计划都旨在扶持家庭和社区长期护理服务事业的发展。2000—2011 年,美国的医疗救助(Medicaid)用于居家护理的比重由 28%升至 46%。②

此外,OECD 在 1999 年出版的《老龄化与失能老人照护——国际纵览的视角》报告中预测美国选择居家护理老年人的数量将更快速地上升,2000 年至 2020 年间的增长率将高达 21.6%(见表 4.35),远远超过 2000 年至 2010 年增长速度,甚至超过德国与日本的发展势头。

表 4.35 德国、日本、美国居家护理的失能老人数量及增长率比较

国家	预测居家护理的失能老人数量(千人)				预测增长率(%)		
	1996 年	2000 年	2010 年	2020 年	2000/1996 年	2010/2000 年	2020/2000 年
德国	923	818	904	929	−11.3	10.5	13.5
日本	913	969	1 096	1 148	6.1	13.1	18.6
美国	3 895	4 013	4 197	4 879	3.0	4.6	21.6

资料来源:Jacobzone, S.(1999), "Ageing and Care for Frail Elderly Persons: An Overview of International Perspectives", OECD Labour Market and Social Policy Occasional Papers, No.38, OECD Publishing, Paris.

① 朱晓、范文婷:《中国老年人收入贫困状况及其影响因素研究——基于 2014 年中国老年社会追踪调查》,《北京社会科学》2017 年第 1 期。

② 张盈华:《老年长期照护:制度选择与国际比较》,经济管理出版社 2015 年版,第 67 页。

日本自2010年起不断拓展社区居家护理服务的边界与力度。通过推行24小时巡回访问服务、开发附带服务的老年人住宅等措施建立起一体化的社区型护理服务，此外还创设了社区综合护理体系，促进护理机构与社区的医疗机构的合作，为失能老人提供居家护理与医疗一体化的服务。除了发展正式的居家护理之外，日本也鼓励非正式的居家护理服务，2016年日本政府修订“长期护理休业法”，为在职劳动者提供弹性工作时间，使他们能够兼顾本职工作与老年家庭成员的护理，在一定程度上缓解了正式护理服务人员不足的问题。德国则主要是通过发放护理津贴以及不断提高居家护理的给付待遇来吸引更多的老年人留在社区。虽然德国机构护理的床位在不断增加，但2013年以后增长速度趋缓；而选择居家护理人数自2000年后就始终保持着增长的势头，且近年来增长加速，由此可以看出德国的社区居家护理未来将在更大范围内成为护理服务的首选形式。

表4.35中的预测数据显示了德、美、日老年长期护理政策以社区居家护理为重心的发展趋势。这一趋势回应了OECD国家在1994年达成关于“在地养老”的共识，同时也应成为中国长期护理保障体系的发展原则。中国正面临着庞大的服务需求群体与短缺的护理资源之间矛盾。大力发展社区居家护理服务，不仅可以节约机构护理资源，降低护理服务的整体成本，更重要的是，在社区和家中接受护理服务可以让老年人的意愿得到更有效的尊重，有助于保持老年人生活的自主性和独立性。

3. 培育多元化的长期护理服务提供者

荷兰社会学家克雷斯·德·纽伯格提出了“福利五边形”理论，他认为市场、家庭、社会网络、会员组织和政府是现代社会中用于人的需要和控制风险的五个构成要素。同样，长期护理服务也需要多元主体要素的参与，共同解决这个社会问题。为了培育多元化的长期护理服务提供者，德国、日本和美国准许非政府组织、非营利性以及营利性组织共同进入老年长护服务市场，并通过税收减免、运营补贴等方式充分激发其提供服务的积极性。例如美国的PACE服务模式、日本的社区综合护理体现、德国的护理津贴制度都体现了“小政府、大社会”的制度执行理念。在市场竞争机制的激励下，这些不同的服务主体获得了较大的成长空间，并进一步优化了长期护理服务资源的配置。中国目前正处于长期护理保障制度构建的初期，服务资源较为匮乏，仅依靠政府的力量无法满足巨大长护服务需求，因此应借助不同性质的社会组织以及企业的力量，并在多元的护理服务体系中引入竞争机制，让老年人获得更多优质的护理服务。

4. 重视培养护理人才和扩大护理队伍

护理人才队伍的专业化意味着护理服务质量的提高和护理服务的专业化，因此各国对护理人才队伍的建设都十分地重视。日本的护理服务人员分为护理福利员和访问护理员两类，均需参加国家统一考试并取得相应资格。美国要求老年护理高级执业护士具备熟练的专门知识和研究生学历。美国护理教育系统是由三级培训网络所组成，即医院护士学校、社区护理学院，以及大学护理系。完善的护理教育体系不仅充分地保证了长期护理服务的质量，而且有效促进了护理参与多学科联合及合作研究。

在确保护理人员专业性的同时，德、美、日三国也在不断寻找扩大专业护理人员队伍的途径。日本因为其老龄程度深且劳动力最为短缺，对护理人员的需求高于其他两国。在本国劳动力无法保障的情况下，日本政府先后与菲律宾(2008 年)、印度尼西亚(2009 年)、越南(2014 年)基于 EPA 经济协定开始引进外国劳动力参与提供长期护理服务，并在当地设立海外护理职业学校，为日本源源不断地输送护理专业人才。除正规和非正规护理人员外，德、美、日还有大规模的志愿者作为专业护理人员的补充。

重视老年护理人才的培养和储备，是应对日益增长的老年护理服务需求的关键所在。然而，中国目前的长期护理服务人员主要由城市下岗再就业和农村进城务工的“4050”人员组成，既不专业，人员数量也不充足，这已成为制约我国长期护理服务体系发展建设的重要瓶颈。因此，中国应逐步建立起完备的长期护理人员教育体系，为长护服务提供稳定的专业人才来源。

5. 制定完备的法律法规

在长期护理保障制度建立伊始，德、美、日三国都制定了较为完备的法律法规和相关配套措施，规范了服务机构的准入制度、长护服务的程序、长护服务的标准、长护服务人员的资格、长护服务的质量等，确保了长期护理制度的有效运行。我国长期护理保险制度尚在试点之中，各地政策不一。在各试点城市积累初步经验之后，应在国家层面尽快出台统一的制度法规，避免像其他社会保险制度一样，因制度、标准不统一而造成地方各自为政、制度之间衔接不畅的局面。

第三编

中国长期护理保险的政策实践

第五章
中国长期护理保险制度的探索和试点

自20世纪80年代以来，我国老年疾病的主要类型逐渐从传染病转化为慢性疾病，随着人口老龄化程度的不断加深以及老年人口平均余命的增长，更多的患病老年人需要长期的医疗护理与生活照料。与此同时，家庭结构的核心化与小型化，使家庭成员以传统的方式向失能老人提供非正式长期护理服务的能力越来越弱。当越来越多的失能老人转向社会寻求购买正式的长期护理服务时，老年人个人的财务风险就会转化为社会风险，亟需建立正式的制度安排来分摊风险和增强失能老人的支付能力。较早进入人口老龄化的许多发达国家除了通过老年津贴、社会救助制度来保障失能老人的支付能力外，还设立了长期护理保险来缓解长护服务的支付压力。基于大数法则的长期护理保险制度，不仅有利于扩大资金的筹集范围，也有利于整个长期护埋保障体系的可持续性发展。在我国目前的人口结构与家庭结构变化的背景下，长期护理保险是非常值得探索并付诸实践的一种制度形式。

一、长期护理保险的早期探索与争论

我国从20世纪90年代中后期开始出现以长期护理保险为主题的研究探讨。这些研究与探讨主要分为三个阶段。

第一阶段：20世纪90年代到21世纪初。我国刚进入人口老龄化社会，国内学者对长期护理保险的研究主要包括，简单评述长期护理保险制度，介绍世界长期护理保险的经验以及长期护理商业保险产品的设计。

第二阶段：21世纪初期。开始对长期护理保险进行宏观上的探究，主要包括国际经验的借鉴和与中国国情相适应的长期护理保险制度方案的设计。

第三阶段:2011 年以后。国内学者逐渐认识到长期护理保险制度对中国养老服务的重要性,开始从微观层面多层次多维度进行长期护理保险制度探究,研究内容包括制度定性、模式选择、资金筹集、给付对象、护理模式、风险评估以及质量监管等方面。

从 20 世纪 90 年代出现关于长期护理保险的研究至今,国内学者对这一制度的争议和共识并存。下面从长期护理保险的定义、性质、筹资机制、给付、责任机构、内容、风险控制和质量监控以及实施步骤等方面,对学者们观点的争论和共识进行梳理。

(一) 长期护理保险制度的定义

关于长期护理保险(LTCI)的定义,国内的学者有不同的表达。荆涛、曹信邦、戴卫东等都认为长期护理保险制度是一种费用补偿制度。荆涛(2010)认为长期护理保险是指对保险人因为年老、严重或慢性疾病、意外伤残等导致身体上的某些功能全部或部分丧失,生活无法自理,需要入住长期护理机构,譬如安养院等接受长期的康复和支持护理或在家中接受他人护理时支付的各种费用给予补偿的一种健康保险。①曹信邦(2015)认为公共长期护理保险制度的核心在于所有失能老人的长期护理风险损失由所有在职人口承担,以保障失能老人的生活品质。②戴卫东(2016)认为长期护理社会保险是指国家颁布护理保险法律,以社会化筹资的方式,对由于患有慢性疾病或处于生理、心理伤残状态而导致生活不能自理,在一个比较长的时期内需要依赖他人的帮助才能完成日常生活的人所发生的护理费用以及非正规护理者的补助进行分担给付的一种制度安排。③而胡苏云(2011)则赞同长期护理保险除了费用补偿还涉及长期护理服务的提供,认为老年护理保险又称为老年长期护理保险,是为年老、疾病或伤残导致丧失日常生活能力而需要被长期照顾的被保险者提供护理费用或护理服务的保险,包括医疗护理服务、社会服务、居家服务、运送服务及其他支持服务。④

比较国内学者对长期护理保险定义可以看出,其共性在于运用大数法则分担

---

① 荆涛:《建立适合中国国情的长期护理保险制度模式》,《保险研究》2010 年第 4 期。
② 曹信邦:《中国失能老人公共长期护理保险制度的构建》,《中国行政管理》2015 年第 7 期。
③ 戴卫东:《长期护理保险:中国养老保障的理性选择》,《人口学刊》2016 年第 3 期。
④ 胡苏云:《老年护理保险制度的建立研究——上海个案分析》,《上海金融学院学报》2011 年第 6 期。

参保人在参保过程中长期护理费用的支付风险，核心在于对需要进行长期照护者进行费用补偿。不同点在于：第一，有的学者认为长期护理保险应当以老年人为保障对象，有的则认为长期护理保险是为保险人设计的，不对其做年龄的限制。第二，部分学者认为长期护理保险不仅是一种费用补偿，更应该对被保险人提供专业的护理服务。

(二) 长期护理保险制度的性质和模式

长期护理保险制度的建立首先需要考虑的是采取何种性质的长期护理保险制度以及长期护理保险制度的模式选择。自20世纪90年代以来，我国学者对长期护理保险制度性质的探讨主要围绕姓"商"还是姓"社"展开，主要可以归纳为以下三种观点。

1. 社会长期护理保险论

目前，中国长期护理保险制度的道路选择上，主流思想是采取"独立建制＋社会保险"的模式。张盈华(2017)认为传统的社会救助模式不能适应新形势的长期护理需求，国家保障模式不符合中国社会保障体制改革新方向，政府津贴模式易出现挪作他用的道德风险，商业保险模式需要特殊土壤才能充当"基本险"，我国长期护理保险已具备独立建制的条件。①胡晓义(2016)在长期护理保险制度的安排方面认为应当采取社会保险模式，将长期护理保险作为独立于养老、医疗、生育、工伤和失业保险的第六大险种，弥补养老和医疗的制度上的缺陷，满足老年人基本长期照顾和医疗护理需求。②戴卫东(2015)认为以财政支付的长期护理津贴制度模式或以个人"掏腰包"自付的长期护理商业保险制度都不符合中国国情，中国长期护理正式制度安排要采取社会保险模式。③曹信邦(2015)认为应当建立公共长期护理保险制度，公共长期护理保险制度的核心是所有失能老人长期护理的风险损失由所有在职人口承担，以保障失能老人生活的基本品质，这种利益调整就需要国家通过立法规范公共长期护理保险制度的基本内容，规范各方权利和义务。④此外，张笑天(1995)，⑤

① 张盈华：《中国构建长期护理保险的体系的框架定位与制度创新》，载《中国养老金发展报告2017——长期护理保险试点探索与制度选择》，经济管理出版社2017年版，第59—60页。

② 胡晓义：《关于建立长期护理保险制度的几点思考》，《中国医疗保险》2016年第2期。

③ 戴卫东：《中国长期护理制度建构的十大议题》，《中国软科学》2015年第1期。

④ 曹信邦：《中国失能老人公共长期护理保险制度的构建》，《中国行政管理》2015年第7期。

⑤ 张笑天：《城市老年人长期照护保障体制探讨》，《中国卫生事业管理》1995年第9期。

荆涛、谢远涛(2014)①等学者都赞成长期护理保险的属性应当为社会保险。

2. 商业长期护理保险论

美国在建立长期护理保险制度时采取的是以长期护理商业保险制度为主体，国内学者中同意这种观点的也不在少数。采取这种主张的学者认为市场作为无形的手能够最大限度地配置长期护理资源，长期护理商业保险可以充分发挥其优势，同时应进一步降低政府承担长期护理制度的责任。贾清显(2010)在其博士论文中阐述到“商业保险市场发展良好，专业化的经营、完善的保险监管以及国内保险意识良好等条件有利于我国开展商业长期护理保险”②。王新军、郑超(2014)提出政府应促进长期护理商业保险的购买率，促进老龄产业的发展，同时建立适合我国的长期护理保险模式应对老年长期护理风险。③陈红认为政府应当完善相关法律，给予长期护理商业保险一定的政策支持，做好养老服务基础工作，配合长期护理商业保险制度完善我国长期护理保险体系。④夏秀梅认为发展商业性的长期护理保险国家应当完善法律，给予保险公司一定的优惠条件，同时加强护理人员的培训。⑤

3. 混合并存模式论

混合并存模式指的是将社会性长期护理保险和商业性长期护理保险制度相结合，两种制度并存。持有这种观点的学者，分别赞同两种实现策略：“分步走”和“具体情况、具体分析”。

“分步走”策略在荆涛(2010)看来具体含义是，第一步在我国推行长期护理保险制度最初以采取长期护理商业保险为主；第二步以长期护理社会保险为主体，长期护理商业保险处于补充地位；第三步，在全国范围内推行全民强制性长期护理保险。⑥赵艳(2014)也认为应该优先发展商业性老年人护理保险业务，再推行社会性长期护理保险业务，拓展长期护理保险配套设施。⑦刘鑫(2012)认为我国地域广阔，东西部地区以及农村和城镇地区之间经济状况发展不平衡，要同时在全国推行长期护理保险制度是一种低效率的行为，应当分地区分空间推进长期护理保险制度，

---

① 荆涛、谢远涛:《我国长期护理保险制度运行模式的微观分析》,《保险研究》2014 年第 5 期。

② 贾清显:《中国长期护理保险制度构建研究》,南开大学,2010 年,第 117—123 页。

③ 王新军、郑超:《老年人健康与长期护理的实证分析》,《山东大学学报》2014 年第 3 期。

④ 陈红:《北京发展商业长期护理保险的必要性和途径》,《人口与经济》2012 年第 6 期。

⑤ 夏秀梅:《我国开展商业性长期护理保险研究》,郑州大学,2006 年。

⑥ 荆涛:《建立适合中国国情的长期护理保险制度模式》,《保险研究》2010 年第 4 期。

⑦ 赵艳:《我国实施老年人长期保险制度探析》,《经济纵横》2014 年第 8 期。

综合考虑长期护理社会保险和长期护理商业保险的优缺点，保证长期护理保险制度尽快落地。①

持“具体情况、具体分析”策略观点的学者认为，采取单一的长期护理商业保险只能覆盖单一群体，对经济困难的失能人员而言，无法发挥真正的作用。韩俊江(2012)和蒋虹(2016)都认为目前我国长期护理保险应采取多保险模式，根据我国国情和区域经济发展不平衡的状况，可按人群、行业、地区分类采取三种不同的长期护理保险模式，即高收入的行业人群和东部地区采取长期护理商业保险，中等收入行业和中部地区采取个人、企业和政府三位一体的长期护理保险模式，收入较低的行业和西部地区采取政府全部负担的长期护理保险费用的模式。②康慧敏(2007)指出，当前我国人均收入水平低，地区间经济发展不平衡，私人购买保险意识不强，因此我国应建立多元的长期护理体系。③

综合以上观点，大多数学者都赞同以社会保险为主体的长期护理保险模式选择，而推崇长期护理商业保险的学者也没有完全排斥长期护理社会保险。不论是长期护理社会保险模式还是长期护理商业保险模式以及两者共存的模式选择，其出发点都是为了解决失能人员长期照料问题，健全我国长期护理保障体系。在对长期护理保险制度模式选择进行宏观研究时，都需要厘清在制度设计过程中“市场—政府—社会”的关系以及每个角色在长期护理保险制度中所需要承担的责任。

(三) 长期护理保险制度筹资机制

对于任何一种保险制度而言，最重要的就是保险资金的筹集。目前，国内关于资金筹集模式有现收现付制和基金积累制两种观点，现收现付制不需要积累基金，当期收到的基金当期使用；基金积累制是从长期来看，预测未来很长一段时间长期护理保险所需资金，并以此为依据确定缴费费率，保证长期护理保险制度的可持续性。此外，关于资金筹集的责任也有两种观点：第一种，与长期护理商业保险制度一样，资金筹集完全采取个人缴纳；第二种，与现阶段的养老和医疗社会保险类似，遵循费用共担的原则，采取个人缴纳＋企业缴纳＋政府财政补贴共同筹资。下面

① 刘鑫：《老年长期护理保险制度“中国模式”初探》，《中国城市经济》2012 年第 3 期。

② 韩俊江：《老年社会需要长期护理保险》，《中国人力资源社会保障》2011 年第 5 期；蒋虹：《论发展我国长期护理保险》，《保险研究》2016 年第 10 期。

③ 康慧敏：《我国发展长期护理保险的必要性及构想》，《青海金融》2007 年第 1 期。

着重讨论学界对长期护理保险资金筹集来源方式的不同观点。

1. 按比例缴纳长护保险资金

按比例缴纳资金是运用大数法则，通过精算方法确定长期护理保险所需费用，并根据不同主体的职责大小确定缴费比例，长期护理保险主体根据比例缴纳长期护理保险资金。戴卫东(2011)依据以色列、日本和韩国的经验，确定我国长期护理保险的缴费比例为1%，由雇主雇员共同分担。①张盈华(2017)认为目前失能等级鉴定标准、长期护理服务标准及其供求议价机制等还不健全，因此在长期护理保险制度建立初期不宜把缴费空间“用满”，建议“基本险”的缴费率应从0.5%起步，采取三方共付的原则。②王维(2011)借鉴美国、德国以及日本的长期护理保险模式的经验，通过测算，提出个人完全累积制下的长期护理保险缴费率约为4.6%，在国家财政负担50%、个人和单位共同负担保险费用的情况下，个人和单位的缴费率约为1.15%。③

2. 其他基金中划转长护保险资金

国内其他学者认为可以从社会保险其他基金(养老保险基金、医疗保险基金等)中划转一部分基金到长期护理保险基金中。曹信邦(2015)认为长期护理保险目前阶段只需要采取现收现付制，无需积累资金，制度可以立即实施，与医保基金进行捆绑，通过医疗保险积极引导人们参与长期护理保险，以人们广泛认同的医疗保险推动长期护理保险的发展。从长期来看，调整养老、失业、工伤和生育基金的费率，保证总费率不变的前提下，通过调整缴费结构来征收长期护理保险基金。④凌木子(2015)在借鉴国外其他国家经验的基础上，提出可以尝试以下几种渠道：一是调整现行养老金缴费结构，从基本养老保险缴费率中划转一定比例用来缴纳老年护理保险费；二是医疗保险资金结余中按一定比例划拨；三是国有企业利润划转；四是发行老年人长期护理保险彩票。⑤米红(2014)基于医养结合的社会养老服务分类方式，立足于我国亟需构建科学的社会养老服务筹资模式的现实需求，在系统研究青岛长期医疗照护保险制度的基础上，统筹考虑当前我国社会医疗保险制度优

---

① 戴卫东：《长期护理保险制度理论与模式构建》，《人民论坛》2011年第10期。

② 张盈华：《中国构建长期护理保险的体系的框架定位与制度创新》，载《中国养老金发展报告2017——长期护理保险试点探索与制度选择》，经济管理出版社2017年版，第64—65页。

③ 王维：《上海市长期护理保险制度设计研究》，上海工程技术大学，2011年。

④ 曹信邦：《中国失能老人公共长期保险制度的构建》，《中国行政管理》2015年第7期。

⑤ 凌木子：《我国老年长期护理保险筹资机制研究》，东北财经大学，2015年。

化改革的现实土壤，综合借鉴吸收发达国家长期护理服务筹资机制的经验教训，创新性提出了“城镇基本医疗保险统筹基金划拨支付与个人缴费相结合”的城镇医养结合的社会养老服务筹资模式。①

综合考虑长期护理保险的缴费模式，不论是现收现付制还是基金积累制，不论是个人全部承担缴费责任还是三方共担机制，不论是按比例缴纳还是从基金划转到长护基金，都需要根据实际情况实际分析。长期护理保险基金虽在短期内可以实行现收现付制，但是长期来看，没有基金积累的保险可能会无法实现可持续发展的目标。这种情况下需要对基金进行测算以确定缴费基数和缴费率，按比例缴纳长期护理保险费。

(四) 长期护理保险制度的给付

长期护理保险制度的给付方面，主要包括参保对象和受益人员的确定、失能等级评价标准设立以及待遇给付方式。长期护理保险是一种费用共担的保险机制，参保对象的规模关系着制度筹资能力，而受益人群的规模以及待遇给付水平则决定着长期护理保险基金的财务平衡，这些参数的设置范围对长期护理保险制度的可持续发展具有重要意义。

1. 参保对象和受益人员

从学者对长期护理保险概念的界定来看，主流的观点认为参保对象应该覆盖全民，而受益人员应当为缴纳长期护理保险费用且达到一定失能标准的老年人群体。戴卫东(2012)认为中国长期护埋保险制度应借鉴居民基本医疗保险的规定，要求16岁及以上参加居民基本医疗保险的居民都应参加长期护理保险，到65岁才可以获取护理保险补偿。②陈璐(2013)从长期护理保险资金收支平衡的角度考虑，也认为长期护理保险的保障对象应以老年人群体为主。③但有的学者认为，长期护理保险制度待遇享受对象不应仅限于老年人。胡晓义(2016)指出，在初期制度安排重点应在老年人群体，但是还应当考虑非老年群体，例如残疾人群体等。④

---

① 米红教授于2014年9月20日在第五届中国社会保障前沿问题研究生学术论坛上所做的专家主旨报告观点。

② 戴卫东：《中国长期护理保险制度构建研究》，人民出版社2012年版，第186页。

③ 陈璐：《中国长期护理保险制度的财政负担——基于德、日保险模式的测算》，《保险研究》2013年第1期。

④ 胡晓义：《关于建立长期护理保险制度的几点思考》，《中国医疗保险》2016年第2期。

曹信邦(2015)认为,在我国长期护理保险开办初期,可以将给付对象限制在65岁及其以上具有长期护理服务需求的老年人,待将来制度成熟时逐步扩大给付对象。①

2. 失能等级评价标准

在长期护理保险制度进行给付之前,最重要的就是对参保人员进行失能等级评估。失能评估并不仅限于对老人的生理机能进行测量,还涵盖了对心理状态和社会活动能力两个层面的评估。张文娟(2015)在对中国老年人失能水平进行测量时认为,应当以BADL量表作为标准,对老年人日常生活自理能力进行测量。②韩振燕、梁誉(2012)在对我国长期护理保险进行设想时认为,失能等级评估内容应包括基础健康评价和机能专项评估,评估方式应将专业评估和自我评估、初护检查和定期检查相结合。③赵秀斋(2017)通过借鉴日本长期照护保险制度,认为对失能等级标准设立需要通过调查护理机构中的专业护理服务提供者的行为,才能确定一套统一的失能等级评定标准,不能仅仅将BADL作为评价指标。④

3. 待遇给付方式

待遇给付方式指长期护理保险制度的受益人员能够享受的待遇形式。目前,我国可供选择的方式主要为服务给付、现金给付以及服务和现金相结合的方式。大多数学者支持现金支付和服务给付相结合的待遇给付方式。对这种方式存在"分地区"和"以服务给付为主"两种观点,"分地区"的观点认为,应针对东部、西部、中部地区的不同发展方式采取不同的待遇给付方式;"以服务给付为主"的观点认为,对全国所有地区都应以服务给付为主。邓大松、郭婷在分析青岛市长期护理保险试点情况时认为,我国东部发达地区应以提供护理服务为主,西部欠发达地区则以现金给付为主,在服务给付上以居家护理为主,社区护理为依托,机构护理为支持。⑤戴卫东(2012)也支持该观点,认为要重视护理预防,东部等发达地区以提供护理服务为主、西部等欠发达地区以提供现金给付为主。⑥刘金涛、柯树文(2012)赞同

---

① 曹信邦:《中国失能老人公共长期保险制度的构建》,《中国行政管理》2015年第7期。

② 张文娟:《中国老年人的失能水平到底有多高——多个数据来源的比较》,《人口研究》2015年第5期。

③ 韩振燕、梁誉:《关于构建我国老年长期护理保险制度的研究》,《东南大学学报》2012年第5期。

④ 赵秀斋:《国内长期护理保险制度的政策比较与试点进展》,载《中国养老金发展报告2017——长期护理保险试点探索与制度选择》,经济管理出版社2017年版,第135—136页。

⑤ 邓大松、郭婷:《中国长期护理保险制度构建浅析》,《卫生经济研究》2015年第10期。

⑥ 戴卫东:《中国长期护理保险制度构建研究》,人民出版社2012年版,第190—192页。

"以服务给付为主"的观点，强调失能人员应当享受到居家护理和机构护理的专业的护理服务，以保证其有尊严的度过老年生活。①

(五) 长期护理保险制度的责任机构

目前对长期护理保险的责任机构的归属，我国大部分学者都赞同由人力资源和社会保障部门的医疗保险机构进行管理。王玉枚在对我国长期护理保险制度进行设计时提到我国基本长期护理保险应纳入社会保险体系，同基本养老保险、基本医疗保险一起由医疗保险机构管理。戴卫东(2014)在进行长期护理社会保险和长期护理商业保险的责任机构的国际比较中得出，除美国基本上由私营保险机构运行以外，其他国家大多由公共部门管理，或由公、私部门合作管理。②长期护理保险由于牵扯的政府部门较多，实行多部门之间合作能够有效保障长期护理保险制度的可持续发展。

(六) 长期护理保险制度的风险控制与质量监管

一般意义上的长期护理保险制度的风险控制主要为事前控制，是在服务供给体系运作之前就对相关制度设计进行法律规范和约束。戴卫东(2014)认为风险控制包括防范逆选择和控制道德风险两个方面，在防范逆选择上应该制定严格的申请审查制度，控制道德风险上应注重对被保险人的定期护理检查评估，以确保享受适当的待遇。③刘春霞(2014)认为对风险的控制应该从三个方面来解决：第一，我国要建立对逆选择和道德风险的防范机制，首先就要设置严格的市场准入条件和护理服务内容。同时为了防止老年人对长期护理的过度依赖，应建立定期审查制度。第二，为了规避医疗保险机构的道德风险，由保险人依据被保险人的投保年龄、身体状况、经济负担能力等因素向特定的医疗护理机构支付固定的费用，将保险人与医疗护理机构的功能有机结合起来，形成以资金为链接的利益联盟或良好的合作关系。第三，保险公司和医疗护理机构的有机结合能够实现信息网络资源的充分共享，便于建立起庞大的数据库，逐步构建完善的医疗风险防控网络体系。④刘

---

① 刘金涛、柯树文：《构建我国老年长期护理保险制度》，《财经问题研究》2012 年第 3 期。

② 戴卫东：《长期护理保险——理论、制度、改革与发展》，经济科学出版社 2014 年版，第 48—53 页。

③ 同上书，第 97—100 页。

④ 刘春霞：《人口老龄化背景下我国老年长期护理保险制度的构建研究》，河南师范大学，2014 年。

静(2011)提出要鼓励保险公司以实物方式给付保险金,以实物给付方式代替现金给付方式,有利于预防道德风险,避免投保人因为不需要承担护理费用而滥用护理服务。①

在质量监控方面,张瑞(2012)提出应该由医疗保险部门定期对护理服务开展调查和评估,制定量化评估标准重点审核护理者的满意度,护理措施的有效性、及时性和护理机构的配备情况,并定期将抽查结果公布于众。②综上所述,做好长期护理保险的质量监管是整个制度实施中最重要的环节,是确保护理服务能够有效实施的环节。

(七) 长期护理保险制度的实施步骤

我国目前对长期护理保险制度推行的实施步骤主要有两种观点,一是实行全国统一的长期护理保险制度,二是因地制宜分步实施长期护理保险制度。

关于第一种观点,胡宏伟(2015)借鉴美国长期护理保险制度时提出,中国长期护理保险制度应当在全国范围内设计一个框架一致的护理保险制度,再根据不同地区的实际情况设计相应的缴费和待遇支付体系。要重视全国基金统筹,建立统一的结算平台,避免制度的"碎片化"③。戴卫东(2012)认为,我国目前实施长期护理保险制度的城市试点和农村护理救助政策相结合的方式,但是这种城乡这种"分割"只是暂时的,要通过资金征收、费率动态调整以及城乡统筹发展的方式来实现长期护理保险制度的统一。④

关于第二种观点,又存在"分地区+分人群"以及"分阶段+分地区+分人群"因地制宜分步实施两种建议。荆涛(2014)认为,在时间框架上,可以考虑首先在发达地区、高收入中青年人群中引入纯粹的商业保险模式(目前我国已开展长期护理商业保险经营模式),逐步过渡到针对就业人群的社会保险为基础、商业保险为补充的运行模式,最终采取全民强制参保的纯粹社会保障模式。⑤张立龙(2015)认为,针对被城镇职工保险体系覆盖的人群可以逐步建立城镇职工长期照护保险制度,

① 刘静:《中国人口老龄化背景下长期护理保险研究》,辽宁大学,2011年。

② 张瑞:《中国长期护理保险的模式选择和制度设计》,《中州学刊》2012年第6期。

③ 胡宏伟:《美国长期护理保险体系发端、架构、问题与启示》,《西北大学学报》2015年第5期。

④ 戴卫东:《中国长期护理保险制度构建研究》,人民出版社2012年版,第223—225页。

⑤ 荆涛:《长期护理保险制度运行模式的微观分析》,《保险研究》2014年第5期。

没有被城镇职工保险覆盖的人群可以建立长期照护津贴制度。在目前中国社会保险制度碎片化如此严峻的情况下，不可能建立单一覆盖全体人群的长期护理保险制度。①赵艳(2014)认为，我国当前还不具备这样的条件，只能分地区、分阶段、分人群来实施长期护理保险制度。对收入相对较高的发达地区，积极鼓励商业性的护理保险的发展；对收入在中等水平的人群和地区，尝试确定政府、雇主、个人合理的负担比率，建立长效的老年人护理保险模式；而对西部地区和低收入行业及人群，基本思路是个人不缴费，可采取由公共财政进行补偿做法。②

二、长期护理保险制度的国家行动与政策试点

自我国进入老龄化社会之后，为适应人口结构的变化，社会保险政策处于不断的变革状态，养老保险与医疗保险相继扩大覆盖范围，消除人群差异与制度差异，织就了世界最大的社会保障网。在各种社会保障项目大规模扩张的背景下，失能老人对长期护理服务的急迫需求引起了国家的重视，在中共十八届五中全会通过的“十三五”规划中，长期护理保险制度建设首次被提高到国家战略层面。当然在此之前，国家也陆续出台了一些与长期护理服务相关的政策，为长期护理保险制度的试点奠定了基础。

2015 年，中共十八届五中全会公报中提出“积极开展应对人口老龄化行动”。次年，根据人力资源和社会保障部办公厅发布的《关于开展长期护理保险制度试点的指导意见》(人社厅发〔2016〕80 号)，我国在 15 个城市开始了为期两年的长期护理保险制度试点工作。2017 年，习近平总书记在党的十九大报告中详细论述了如何“提高保障和改善民生水平”，明确指出要“积极应对人口老龄化，构建养老、孝老、敬老政策体系和社会环境，推进医养结合，加快老龄事业和产业发展”。近年来，在一系列国家政策的推动下，我国长期护理保险进入全面发展时期。

总体而言，我国长期护理保险及其相关政策的发展大致可以分为以下几个阶段：第一阶段为萌芽期(2006—2012 年)；第二阶段为初步成长期(2012—2015 年)；第三阶段为全面发展期(2016 年以后)。

---

① 张立龙：《福利国家长期照护制度及对中国的启示》，《社会保障研究》2015 年第 6 期。
② 赵艳：《我国实施老年人长期护理保险制度探析》，《经济纵横》2014 年第 8 期。

(一) 第一阶段：政策萌芽期（2006—2012 年）

这个时期在老龄政策法规方面，从中央到地方各级政府部门，都出台了与老年人照料、长期护理相关的政策（见表 5.1），如老年护理、临终关怀、高龄老人补贴等，但是在整体上还没有把长期护理作为独立的制度体系加以考虑。2006 年，“社会保障”成为居民关注的首要社会问题，从而促使政府部门加大了对社会保障的建设力度。同时，人口老龄化和高龄化引发社会各界对养老服务业的关注，各类相关政策的开始逐步出台。从 2006 年 1 月开始，先是全国老龄委发布了《关于加强基层老龄工作的意见》，同年 2 月全国老龄办和民政部等部门联合发布了《关于加快发展养老服务业的意见》，提到支持发展老年护理、临终关怀服务业务。5 月，全国老龄办又出台了《关于落实国务院领导就“爱心护理工程”所做批示精神有关情况的报告》。2006—2007 年，各省市的老龄办公室都相继出台了《老龄事业“十一五”发展规划》。2008 年 2 月，民政部出台了《关于全面推进居家养老服务工作的意见》。2008—2010 年，居家养老服务遍地开花，老年日间照料中心和社区养老也逐渐出现在政策法规之中。2011 年，在第六次人口普查之后，国务院印发了《中国老龄事业发展“十二五”规划》。

密集出台的养老服务政策使长期护理服务体系初具雏形，为长期护理保险的形成奠定了服务基础，但在这一阶段中，社会长期护理保险尚未出现在公众的视野中。

表 5.1　2006—2012 年出台的长期护理相关政策

出台部门(省份)	文件名称	文件内容	发文时间
全国老龄办	《关于加强基层老龄工作的意见》	强化了为老服务功能，倡导了居家养老的理念，整合社会服务资源，建立为老服务体系，为老年人提供医疗卫生，生活照料等便捷服务	2006 年 1 月
全国老龄办和民政部	《关于加快发展养老服务业的意见》	支持发展老年护理、临终关怀服务业务	2006 年 2 月
全国老龄办	《关于落实国务院领导就“爱心护理工程”所做批示精神有关情况的报告》	要考虑生活完全不能自理或半自理老年人等受益对象对长期照料服务的迫切需求	2006 年 5 月
各省市老龄办	《老龄事业“十一五”发展规划》	做好老年人医疗保健工作，明确提及了对高龄、病残、独居老人要提供相应服务	2006—2007 年

续 表

出台部门(省份)	文件名称	文件内容	发文时间
民政部	《关于全面推进居家养老服务工作的意见》	对生活不能自理的老人采取上门包护,满足老年人生活照料、医疗护理、文化娱乐、心理慰藉等多种需求	2008 年 2 月
国务院	《中国老龄事业发展"十二五"规划》	建立以居家养老为基础,社区服务为依托,机构养老为支撑,信息服务为辅助的社会养老服务体系	2011 年 9 月

资料来源:作者整理。

虽然社会长期护理保险尚未成型,但长期护理商业保险却已经开始成长。一些商业保险公司从发达国家汲取经验,开发了一系列商业长期护理保险产品。

2005 年 1 月,国泰人寿保险公司推出了我国第一款商业性质的护理保险产品——康宁长期护理保险。它的主要内容包括:(1)保障范围:这款产品主要定位于护理型需求,为需要看护服务的人提供护理费用。除长期看护复健保险金和长期看护保险金之外,还能为被保险人提供身故或第一级残疾保险金和满期保险金。(2)保障对象:康宁长期看护险的投保年龄为 18 周岁至缴费期满不超过 70 周岁(实际最高投保年龄为 55 周岁),同时保障年限到投保人 88 周岁截止,并给付保险金额 1 倍的满期保险金。(3)投保资格:国泰人寿规定,如投保人存在疾患或有疾患潜在的可能性、年龄超过 50 岁或投保金额超过一定的范围时,会安排投保人进行健康检查,且要求必须是强体投保。(4)受益资格:康宁长期护理保险规定只要经三级(含)以上医院诊断,符合"活动能力的丧失"以及"认知能力的异常"两种情况之一,即可按保险合同规定支付长期看护复健保险金和长期看护保险金。

2006 年,我国第一家专业的健康保险公司人保健康推出了我国第一个具有全面保障功能的长期护理保险——全无忧长期护理个人保险。相对于康宁长期护理保险,全无忧长期护理个人保险更侧重于综合、全面,为保障人群在不同年龄阶段面临的风险提供保障。其提供的主要保险利益除长期护理保险金、老年护理保险金之外,还包括癌症保险金、老年疾病保险金和身故保险金。同时,投保年龄设置上更为宽松。这个险种的推出意味着我国长期护理商业保险迈出了实质性的一步。

2008 年,瑞福德健康保险公司在上海推出的长期护理保险产品不仅注重长期护理保障，同时更加注重老年人的长期护理保障需求。随后 2009 年中国人寿等几家保险公司先后推出了长期护理保险。2006 年到 2011 年这个阶段是我国商业性质的长期护理保险蓬勃发展的阶段，而且这些长期护理保险主要为传统型的护理保险产品。①

(二) 第二阶段：初步成长期 (2012—2015 年)

这一阶段长期护理保险开始进入政府的视野。短短 4 年之中，大量鼓励社会性长期护理保险和商业性长期护理保险的政策密集出台(见表 5.2)。2013 年 7 月修订的《中华人民共和国老年人权益保障法》以及 2013 年 9 月颁布的《国务院关于加快发展养老服务业的若干意见》中都提到从各个环节对商业性的长期护理保险的发展给予支持。同年 12 月直到 2015 年，我国各部门开始在文件中明确提及长期护理保障制度。在《民政部办公厅发展改革委办公厅关于开展养老服务业综合改革试点工作的通知》《全国老龄工作委员会办公室 2014 年工作要点》(2014)，《国务院办公厅关于印发全国医疗卫生服务体系规划纲要(2015—2020 年)的通知》(2015)、《中共中央关于制定国民经济和社会发展第十三个五年规划的建议》(2015)，以及《国务院办公厅转发卫生计生委等九部门关于推进医疗卫生与养老服务相结合指导意见的通知》(2015)中都不同程度地涉及与长期护理保险制度相关的政策，从国家层面开始鼓励各地市自主开展社会长期护理保险的试点工作。

表 5.2　2012—2015 年出台的长期护理保险政策

出台部门(省份)	文件名称	文件内容	发文时间
山东省青岛市 9 个市政部门	《关于建立长期医疗护理保险制度的意见(试行)》	有关长期医疗护理保险制度相关规定	2012 年 6 月
全国人民代表大会常务委员会	《中华人民共和国老年人权益保障法》	国家逐步建立长期护理保障制度，鼓励、引导商业保险公司开展长期护理保险业务	2013 年 7 月
国务院办公厅	《国务院关于加快发展养老服务业的若干意见》	积极开发长期护理商业险以及与健康管理、养老等服务相关的商业健康保险产品	2013 年 9 月

① 护理保险一般包括传统型护理保险和万能型护理保险。

续　表

出台部门(省份)	文件名称	文件内容	发文时间
民政部办公厅	《民政部办公厅发展改革委办公厅关于开展养老服务业综合改革试点工作的通知》	探索建立长期护理保障制度,保障特殊困难老年人基本生活等	2013 年 12 月
全国老龄办	《全国老龄工作委员会办公室 2014 年工作要点》	进一步深入开展长期护理保障制度政策研究,推动有关部门加快制度建设工作	2014 年 1 月
山东省青岛市人力资源社会保障局	《青岛市长期医疗护理保险管理办法》	进一步说明长期医疗护理保险管理办法	2014 年 12 月
吉林省长春市人民政府办公厅	《关于建立失能人员医疗照护保险制度的意见》	医疗照护保险保障对象为城镇职工基本医疗保险和城镇居民基本医疗保险的参保人员	2015 年 2 月
国务院办公厅	《国务院办公厅关于印发全国医疗卫生服务体系规划纲要(2015—2020年)的通知》	完善治疗—康复—长期护理服务链	2015 年 3 月
中国共产党第十八届中央委员会	《中共中央关于制定国民经济和社会发展第十三个五年规划的建议》	探索建立长期护理保险制度	2015 年 10 月
卫生计生委等九部门	《国务院办公厅转发卫生计生委等九部门关于推进医疗卫生与养老服务相结合指导意见的通知》	继续做好老年人照护服务工作,进一步开发包括长期商业护理保险在内的多种老年护理保险产品	2015 年 11 月
江苏省南通市人民政府办公厅	《关于建立基本照护保险制度的意见(试行)》	护理保险制度定位、保障人群、筹资来源、保障范围进行了规定	2015 年 9 月

除了国家各部委出台相关政策之外,2012—2015 年期间,各地方政府也出台了相关政策积极探索建立社会长期护理保险制度。2012 年 6 月 19 日,山东省青岛市各部门联合发布《关于建立长期医疗护理保险制度的意见(试行)》。2014 年,青岛市人力资源社会保障局又出台了《青岛市长期医疗护理保险管理办法》,对长期医

疗护理保险做了进一步更为详细的规定。2015 年 2 月，吉林省长春市人民政府办公厅也颁布了《关于建立失能人员医疗照护保险制度的意见》。2015 年 9 月，江苏省南通市人民政府办公厅印发了《关于建立基本照护保险制度的意见(试行)》，对护理保险制度定位、保障人群、筹资来源、保障范围进行了规定。自 2012 年青岛市出台了相关政策以后，长期护理保险制度的概念开始在中央政府和地方政府中成长，但直到 2016 年，我国长期护理保险制度还处于地方政府自身探索阶段，尚未形成全国统一的制度模式。2012—2016 年，只有青岛市、上海市、南通市和长春市等城市开展了长期护理保险制度探索工作。青岛市强调以商业机构的作用，长春市以护理机构为基础开展长期护理服务，南通市则强调居家养老服务，①每个地区都形成了自己的制度发展理念和特色。

(三) 第三阶段：全面发展期 (2016 年以后)

自 2016 年起，长期护理保险制度的进入全面发展时期。为了实现"十三五"规划中关于长期护理保险建设的目标，多部委发文要求各地探索建立社会长期护理保险，并鼓励商业长期护理保险同步发展(见表 5.3)。

表 5.3　2016 年出台的长期护理保险政策

出台部门	文件名称	文件内容	出台时间
中国人民银行、民政部等五部门	《中国人民银行、民政部等五部门关于金融支持养老服务业加快发展的指导意见》	探索建立长期护理保险制度，积极探索多元化保险筹资模式，保障老年人长期护理服务需求	2016 年 3 月
国家卫生计生委办公厅、民政部办公厅	《国家卫生计生委办公厅、民政部办公厅关于印发医养结合重点任务分工方案的通知》	进一步开发包括长期商业护理保险在内的多种老年护理保险产品，鼓励有条件的地方探索建立长期护理保险制度，积极探索多元保险筹资模式，保障老年人长期护理服务需求，鼓励老年人投保长期护理保险产品	2016 年 4 月

① 郑秉文:《中国养老金发展报告 2017——长期护理保险试点探索与制度选择》，经济管理出版社 2017 年版，第 97—98 页。

续 表

出台部门	文件名称	文件内容	出台时间
国家卫生计生委办公厅、民政部办公厅	《国家卫生计生委办公厅、民政部办公厅关于遴选国家级医养结合试点单位的通知》	要探索建立长期护理保险制度，积极探索多元化的保险筹资模式	2016年5月
民政部办公厅	《民政事业发展第十三个五年规划》	建立健全长期照护项目内涵、服务标准、质量评价等行业规范和体制机制，探索建立从居家、社区到专业机构等比较健全的专业照护服务体系，保障老年人长期护理服务需求	2016年6月
人力资源社会保障办公厅	《关于开展长期护理保险制度试点的指导意见》	确立了15个城市作为长期护理保险制度的首批试点城市，提出探索建立以社会互助共济方式筹集资金，为长期失能人员的基本生活照料和与基本生活密切相关的医疗护理提供资金或服务保障的社会保险制度；利用1—2年试点时间，积累经验，力争在“十三五”期间，基本形成适应我国社会主义市场经济体制的长期护理保险制度政策框架	2016年6月
国务院办公厅	《“健康中国2030”规划纲要》	推动居家老人照护服务发展，全面建立经济困难的高龄、失能老人补贴制度，建立多层次长期护理保障制度	2016年10月

为了寻找最适宜中国国情的长期护理保险方案，2016年6月人力资源和社会保障部发布了《关于开展长期护理保险制度试点的指导意见》(下称《指导意见》)，将上海市、重庆市、荆门市、宁波市、广州市、苏州市、石河子市、上饶市、安庆市、承德市、长春市、齐齐哈尔市、青岛市、南通市以及成都市15个城市作为长期护理保险制度的第一批试点城市，以便为未来在全国范围内推广长期护理保险制度积累经验。上海市、南通市、青岛市在早期已经开展了长期护理保险制度的探索工作，其余城市在《指导意见》发布以后也陆续开始着手准备工作。截至目前，15个试点城市都已经出台具体实施方案(见表5.4)，并已启动试点工作。这一举措极为有力地

推动了整个长期护理保障体系的建设进程，各试点地区不仅快速建立了长期护理保险制度，与之密切相关的长期护理服务体系也在同一时间得到前所未有的发展。

表 5.4　15 个试点城市长期护理保险实施意见一览表

城　　市	文件名称	发布日期
山东省青岛市	关于建立长期医疗护理保险制度的意见(试行)	2012 年 6 月 19 日
上海市	上海市长期护理保险试点办法	2016 年 12 月 29 日
江苏省南通市	关于建立基本照护保险制度的意见(试行)	2015 年 9 月 30 日
吉林省长春市	关于建立失能人员医疗照护保险制度的意见	2015 年 2 月 16 日
湖北省荆门市	荆门市长期护理保险办法(试行)	2016 年 11 月 22 日
河北省承德市	城镇职工长期护理保险制度的实施意见	2016 年 11 月 23 日
江西省上饶市	上饶市关于开展长期护理保险试点工作实施方案	2016 年 12 月 1 日
江苏省苏州市	苏州市长期护理保险制度试点办法	2017 年 6 月 28 日
广东省广州市	广州市长期护理保险试行办法	2017 年 7 月 31 日
安徽省安庆市	关于安庆市城镇职工长期护理保险试点的实施意见	2017 年 1 月 12 日
重庆市	重庆市长期护理保险制度试点意见	2018 年 1 月 28 日
四川省成都市	成都市长期照护保险制度试点方案	2017 年 2 月 13 日
浙江省宁波市	宁波市长期护理保险制度试点方案	2017 年 5 月 31 日
黑龙江省齐齐哈尔市	齐齐哈尔市长期护理保险实施方案(试行)	2017 年 7 月 28 日
新疆生产建设兵团石河子市	关于建立长期护理保险制度的意见(试行)	2017 年 3 月 10 日

总体而言，我国社会长期护理保险的成长过程呈现出以下几个特征：

第一，发展速度快。社会长期护理保险从地方探索到进入国家视野，再到全国试点，仅仅经历了 5 年的时间。当学界还在就它的性质、必要性、可行性以及实施步骤进行争论时，大规模的试点工作就已经在全国推开，其政策落地速度之快令人惊叹。

第二，长期护理保险与长期护理服务同步发展。在长期护理社会保险试点之前，虽然与长期护理相关的各种养老服务政策已经陆续出台，城市和乡村都开始提供社区养老服务和机构养老服务，但从服务供给数量和质量的整体水平来看，与失能老人的实际需求还存在较大差距。换句话说，在长期护理保险试点开始时，全国并没有形成成熟的长期护理服务体系。西方发达国家往往是在较为完善的长期护理服务基础上建立长期护理保险，而我国的情况却与之大相径庭。这也就是为什么各试点城市在推进长期护理保险的过程中，还要不遗余力地发展长期护理服务，甚至在概念上误把长期护理服务作为长期护理保险的一个组成部分的原因。

第三，长期护理保险与其他保障方式同步发展。在各部委近年来出台的政策文件中，不仅要求各地探索建立长期护理保险制度，同时也强调要建立和完善高龄津贴制度、养老服务券制度，面向经济困难的高龄、失能老人的补贴制度等，并且十分鼓励长期护理商业保险的发展。由此可以看出，长期护理社会保险与其他保障方式共同构成了我国多层次的长期护理保障体系。它们的同步发展有利于我国长期护理保障体系更加有效地满足失能老人的需求。

另外，这一阶段中，长期护理商业保险在国家政策的大力支持下也出现了迅猛的发展。截至 2018 年 4 月，我国销售长期护理商业保险的保险公司共有 21 家(见表 5.5)。①其中，昆仑健康(48 个)、中国人民健康(50 个)、和谐健康(48 个)销售的长期护理保险产品占长期护理保险产品总数的 78%。我国商业保险公司供给的长期护理保险类型主要有万能型保险和传统型保险，两种险种各占长期护理保险的一半。如果按保险主体来分，可分为个人险和团体险，团体长期护理保险产品只有 19 个，其余的都为个人长期护理保险。

表 5.5　各商业保险公司销售长期护理保险数量

商业保险公司名称	各商业保险公司销售长护险数量	商业保险公司名称	各商业保险公司销售长护险数量
安邦人寿	2	中国人寿	6
华泰人寿	1	陆家嘴国泰人寿	2
昆仑健康	48	合众人寿	1
生命人寿	5	和谐健康	48
泰康人寿	3	中国人民健康	50

① 数源来源于中国保险行业协会产品查询系统。

续 表

商业保险公司名称	各商业保险公司销售长护险数量	商业保险公司名称	各商业保险公司销售长护险数量
太平养老	1	中国人民人寿	2
信诚人寿	4	平安养老	1
太平人寿	1	信泰人寿	3
中美联泰大都会	3	华夏人寿	1
瑞泰人寿	1	同方全球人寿	1
泰康养老	1		

资料来源:中国保险行业协会产品查询系统检索,http://www.iachina.cn/art/2017/6/29/art_71_45682.html。

在过去很长一段时间里,商业保险公司的长期护理保险市场覆盖率很低,并存在“重理财、重储蓄、弱保障”的问题。但随着2015年各地开始不同程度的长期护理社会保险制度探索以来,商业保险公司对长期护理保险的定位已经发生改变,弱化了产品短期理财的特征,更加强调长期护理保险的保障责任。2016年以后,各试点地区都选择了社会+商业的合作模式,让商业保险公司参与社会长期护理保险的建设中。两方的合作既有利于长期护理社会保险向商业保险公司汲取管理经验,又有利于长期护理商业保险产品的成熟与完善,发挥其应有的补充作用。政府与市场的合作促进了长期护理保险的试点工作的稳定进行,多层次的长期护理保障体系正在逐步形成。

专栏5.1 南通市长期照护保险制度

2015年10月,江苏省南通市在全国率先“破题”,将基本照护保险作为“第六险”正式列入社会保障制度体系,从2016年1月1日起正式实施。制度实施和全国试点一年多来,已覆盖南通市区114.2万参加医疗保险的市民,其中,59周岁及以下人员占80.95%,60周岁及以上人员占19.05%,80周岁及以上3.23万人,占总参保人数的2.83%。目前,共享受待遇3 959人,其中享受居家照护补贴3 234人,入住定点服务机构享受照护补助725人;截至8月底,共受理申请4 445人,评定4 233人,评定通过3 959人,通过率94%;死亡率为18.7%。

基金运行平稳，群众满意度高达98.8%以上。

(1) 在制度定位上坚持长期护理保险的社保属性，成为第六险种。作为基本医疗保险的拓展和延伸，南通市把基本照护保险制度作为社会保障体系中不可或缺的重要组成部分来定位，按照独立的第六项社会保险险种设计，与基本医疗保险相对独立、相互衔接、分类管理。制度以社会化照护服务为主，兼顾失能人员的基本生活照料和医疗护理，重点向生活照料倾斜；兼顾机构照护、居家照护，重点向居家照护倾斜，与我国以居家为基础、社区为依托、机构为支撑的养老模式相适应，坚持了社会保险属性和政府主导，填补了我国社会保障体系中的制度空白。

(2) 在保障范围上强调制度公平，城乡一体推进。照护保险制度突破了覆盖范围仅限于老年人的界限，将市区范围内参加医疗保险的所有职工和居民，包括婴幼儿、学生儿童、青壮年、老年人，不分城乡、不分年龄全部统一纳入参保及制度保障范围，100%覆盖到各类参保人员，彰显社会保险平等享有、均等化的属性。参保登记与医疗保险参保登记同步进行，只要办理了职工、居民医疗保险参保登记手续，即视同办理了照护保险参保手续。缴费也采取便捷方式，即职工每年年初从个人医疗账户中一次性代扣代缴；居民则是在每年缴纳居民医保费时，缴纳照护保险费。

(3) 在筹资方式上强化个人缴费，财政承担托底。南通市建立了“政府补助＋个人缴费＋医保统筹基金”的多元化动态筹资机制。目前的筹资标准是每人每年100元，其中个人缴纳30元，医保基金筹集30元，财政补助40元。随着制度逐步走向成熟，医保基金将逐步退出。

(4) 在评定标准上按照评定量表，结论公正权威。南通的照护保险坚持保基本低水平起步，照护机构实行资格准入和定点管理制，统一准入和退出标准。根据《日常生活活动能力评定量表》(Barthel 指数评定量表)进行失能评定，评分低于40分，经过不少于6个月的治疗，生活不能自理需要长期照护的重度及部分中度失能人员即可享受相应待遇保障。失能评定由市劳动能力鉴定中心、第三方、医保中心共同负责经办，并聘请医疗专家共同组成评定小组，市劳动能力鉴定中心出具评定结论。同时，建立了联席会议制度，负责照护保险失能评定复评终审及争议认定等工作。

(5) 在经办服务上委托第三方，实行协议管理。目前，南通市共定点15家照护服务机构，其中6家护理院、4家养老院、1家照护病区、4家定点照护服务企业。南通市照护保险采取的是委托第三方参与经办、政府监督的经办管理模式，在实施中实行市场化运作和服务外包的形式，经市政府采购中心公开招标后，由中标的4家商业保险公司组建照护保险服务中心作为联合经办机构，采取合署办公的形式。

(6) 在支付方式上采取定额结算，培育居家市场。目前，待遇设定为三种支付标准，符合享受待遇条件的人员，在评定结论作出次日起，任选一种方式享受相应待遇。标准分别为：在护理机构的重度、中度失能人员按每人每天50元、10元的标准支付；在养老机构的重度、中度失能人员按每人每天40元、10元的标准支付。

资料来源：孙华、耿晨：《南通基本照护保险制度建设及其启示》，《中国医疗保险》2017年第10期。

专栏5.2 青岛市长期护理保险制度

山东省青岛市作为第一批试点城市，于2012年便实施了长期护理保险制度。从试点的正式实施到现在经历了近5年的时间，覆盖范围已经扩大到青岛市城乡居民，取得了一定效果。青岛市自长期护理保险制度试点实施后，截至目前，失能患者大部分办理了居家护理(目前接受家护人数约为16 000人)或入住专业护理机构接受医疗护理(目前接受院护人数约为1 600人)，护理保险支付的护理费用总额达7.6亿元，养老机构和居家护理的利用者护理费用降低了8.9%左右，医疗机构的护理费用人均约为1 400元，和一般性治疗的人均住院费相比大幅度下降。

(1) 覆盖范围和对象。青岛市要求参加医疗保险的城乡居民都要参加长期护理保险，即城镇职工基本医疗保险制度的参保者、城镇居民基本医疗保险制度的参保者以及新农合的参保者都是长期医疗护理保险的保障对象。

(2) 资金筹集。试点期间，青岛市通过基本医疗保险基金划拨的方式来筹集护理保险基金。根据本市医疗保险的两个模块，将护理基金分为两部分，即职工护理保险基金和居民护理保险基金，两个基金账户分别进行收入和支出的结算。试点的前3年，还有政府的补助和福利彩票收益的划拨部分，但从2015年开始，福利彩票收益不再投入，主要依靠医保基金的划入。青岛市社会保险中心统计的数据显示，职工医保和居民医保划入护理保险的金额分别达到了5亿元和3亿元。

(3) 给付对象和给付范围。参加长期护理保险的人员出现失能或半失能时，可在定点机构接受护理服务，参保人发生的医药及医疗护理服务的费用由护理保险基金予以支付。目前，青岛市护理基金给付对象是完全失能和半失能老人。2016年，青岛市开展将重度失智老人纳入长期护理保险保障范围的试点，基金给付对象有望扩大。青岛市将参保人发生的符合规定的医疗护理费用纳入护理保险支付范围，而生活护理费用暂未纳入。

(4) 待遇给付形式。青岛市长期护理保险所给付的服务形式主要包括专护、院护、家护和巡护四种。其中，“专护”是指重症失能老人仍需在二、三级医院病房继续接受较高医疗条件的医疗护理服务；“院护”是指中末期及临终关怀老人因生活不能自理而在老年护理院或医养结合的养老机构接受长期医疗护理服务；“家护”是指居家失能老人在家中接受机构上门提供的护理服务；“巡护”是指农村失能老人接受包括村卫生室在内的护理服务机构提供的巡诊服务。

(5) 给付方式和标准。青岛市长期医疗护理费根据定额包干结算、结余留用、超支不补的办法按日结算，按照不同的护理服务形式，制定不同的护理费用标准。二级医院“专护”，三级医院“专护”“院护”和“家护”分别按日床费进行包干结算，“巡护”的费用则由基本医疗保险基金支付。

在报销标准上，2012年试点期间，护理保险基金对参保人接受“院护”和“家护”发生的医疗护理费的报销比例为96%，为参保人在定点医院接受“专护”发生的医疗护理费报销90%。

(6) 申请流程。首先，参保人向定点护理机构提出申请，并填写《申请表》；其次，由定点护理机构对申请人进行现场审核，并按照《日常生活能力评定量表》进行评分，只有量表得分低于60分的申请人才能享受护理保险待遇，并对其进行网上申报；最后，社会保险经办机构或第三方的审核通过，即为核准建床，由定点护理机构为申请人建床，提供医疗、护理服务，办理网上登记。

（7）护理机构管理。在定点机构的义务方面，首先，按协议配备相应的医师、护士和护工人员，并根据人员和医疗设备情况合理安排和承接护理保险业务；其次，定点机构应加强参保人管理，保存其在床期间的护理记录、病历、《申请表》及《评定量表》等材料；最后，定点护理机构应接受经办机构的日常检查和监督，在经办机构的考核下，努力提高护理服务质量，同时，经办机构通过对定点机构违反规定发生费用和伪造病历行为的检查，监督护理保险基金的合理使用。

资料来源：姜日进、李芳：《中国建立长期护理保险制度的发展思路：以青岛市长期护理保险制度为例》，《社会福利》2016年第3期。

专栏5.3　商业性长期护理保险产品概述

由于我国长期护理商业保险市场刚刚起步，在售的产品良莠不齐，能否满足消费者长期护理保险保障需求有待市场检验。为对在售长期护理商业保险产品形成客观认识，现从保险对象、保险期间、给付条件以及应对通胀四个方面，结合市场上在售产品的总体情况，对长期护理商业保险产品进行简要分析。

（1）保险对象方面。在售产品的保险对象条款主要对被保险人进行约定。通常，护理保险为附加险时，其被保险人范围与主险合同相同。护理保险为主险时，对被保险人的限制主要体现为对健康状况和年龄的限制。在健康状况方面。大部分在售产品都要求被保险人身体健康，小部分产品并未对健康状况作出说明。在年龄方面，不同的产品对被保险人年龄有不同限制。所有在售产品中，被保险人的年龄最低限为出生且出院满28日，最高限为75周岁。其中，个人护理保险产品被保险人年龄范围基本上有两类：一类是包含了儿童成长阶段，其年龄范围基本在出生满28日至65周岁之间；另一类，不包含儿童成长阶段，年龄范围基本在满18周岁至65周岁之间。大部分团体保险产品被保险人的年龄范围相对较小，女性年龄基本在16周岁至59周岁之间，男性年龄基本在16周岁至64周岁之间。此外，部分万能型产品根据缴费年限设定投保年龄范围，也有部分万能型产品并未对被保险人的年龄作出限制。从总体上看，在售的商业长期护理保险的覆盖范围已经十分广泛。

(2) 给付条件方面。目前,所有在售的长期护理商业保险中,保险责任主要包括:长期护理保险金、老年关爱保险金、健康维护保险金、疾病身故保险金和保险费的豁免条款等。其中,长期护理保险金是最为核心的保险责任。在售产品中,关于长期护理保险金的给付条件主要包括:一是"护理状态"的标准。关于长期护理状态的认定标准,目前行业内主要有行动能力标准和辨识能力标准两种。具体来看,不同产品采用的标准不一,但通常只要符合其中一个标准便可认定为处于长期护理状态。二是导致处于护理状态的原因。部分产品要求必须是由于意外伤害所导致,才能申请护理保险金;而部分产品并未限定导致处于长期护理保险状态的原因,只要被保险人处于长期护理状态,即可申请保险金。三是等待期和观察期限制。大多数产品设定了等待期和观察期条款,以限制被保险人的道德风险,期限一般为 180 日。总的来看,长期护理保险金的给付条件符合市场发展的基本规律,被保险人发生保险事故可以便捷地获得护理保险金。

(3) 保险期间方面。长期护理保险产品的保险期间一般较长。实践中,在期限形式上主要有时间期限、年龄期限、时间与年龄双重期限。就时间期限而言,不同产品的时间期限各不相同,包括 5 年、10 年、15 年、20 年、25 年、30 年不等。就年龄期限而言,大部分产品是自合同生效之日起至被保险人年满 75 周岁对应的保单周年日止,部分产品对保险产品的约定为终身。就时间与年龄双重期限而言,采用双重期限的产品不多,如和谐八号护理 B 款将期限设定为:合同保险期间为 15 年,最高保至被保险人 75 周岁。此外,附加险产品的保险期间与主险合同的保险期间一致。总体上看,长期护理商业保险的保险期间条款,在一定程度上满足了老年人的失能失智风险保障需求。

(4) 抵制通货膨胀方面。长期护理保险的保险期间通常较长,在复杂的经济金融形势下,被保险人面临较大的通胀压力,如果没有有效的应对机制,则未来的保险金很可能难以支付护理服务费用。而这方面主要涉及两个至关重要的因素:保险费和保险金。

就保险费而言,万能险产品将保险费分为个人账户价值和风险保险费两部分。其中,个人账户价值承担了理财功能,投保人根据个人账户价值从保险人处获取收益,并接受最低利率保证。风险保险费承担了风险保障功能,主要根据被保险人的年龄、性别、风险保额和风险状况进行确定,以便于保险人提供护理和身故保障利益。通常,风险保险费根据双方约定,从个人账户价值中按一定比例提取。而传统保险产品中没有个人账户条款,理财功能较万能型产品较弱,保险费主要用于承担对被保险人长期护理和疾病身故风险的保障。

就保险金而言,各保险公司有不同的标准,但通常取决于保险费的多少。比如,在万能险产品中,护理保险金一般由个人账户价值和风险保额(或基本保险金额)两部分构成。总的来看,相较于传统型产品,万能型产品能够为被保险人提供相应的投资收益,为支付逐年上涨的长期护理费用提供了保障,部分化解了通货膨胀及长寿风险带来的压力。但是,部分万能型产品过于注重投资功能,而偏离保险保障功能,在严监管政策环境下,此类成产品将陆续退出市场。

资料来源:王起国、扈锋:《我国商业长期护理保险的困境与出路》,《浙江金融》2017年第10期。

第六章
中国长期护理保险制度试点进展与效果评价

2016年6月27日，人力资源和社会保障部发布《关于开展长期护理保险制度试点的指导意见》(人社厅发〔2016〕80号)(以下简称《指导意见》)，确定在全国15个城市开展长期护理保险制度试点工作，15个试点城市分别是：黑龙江省齐齐哈尔市、吉林省长春市、山东省青岛市、河北省承德市、安徽省安庆市、江苏省苏州市和南通市、浙江省宁波市、上海市、湖北省荆门市、江西省上饶市、广东省广州市、四川省成都市、重庆市、新疆生产建设兵团石河子市。其中青岛市、上海市、南通市此前已经开始长期护理保险制度的探索工作。截至目前，15个试点城市均已出台实施方案，并已启动试点工作。

一、长期护理保险制度试点的制度框架比较

(一) 覆盖范围和保障对象

各试点城市根据自身实际情况，确定了不同的参保范围和保障对象。

1. 参保范围

人力资源和社会保障部印发的《指导意见》指出，“长期护理保险制度原则上主要覆盖职工基本医疗保险参保人群”，“试点地区可根据自身实际，随制度探索完善，综合平衡资金筹集和保障需要等因素，合理确定参保范围并逐步扩大”。在参保对象选择上，目前15个试点城市的做法可分为三类(见表6.1)。

表 6.1 试点城市长期护理保险覆盖范围比较

试点城市	覆盖范围
青　岛	城乡全覆盖,实现城乡统筹
石河子	参加城镇职工、城镇居民基本医保的人员,均应参加长期护理保险
长　春	参加长春市城镇职工、城镇居民基本医疗保险的参保人。后又将 85 周岁及以上未完全失能和 90 周岁及以上的所有老人纳入长期护理保险
上　海	符合下列条件之一的人员,应当参加长期护理保险:(1)参加本市职工基本医疗保险(以下简称"职工医保")的人员(称"第一类人员");(2)参加本市城乡居民基本医疗保险(简称"居民医保")的 60 周岁及以上的人员(称"第二类人员")
安　庆	凡市区范围内参加城镇职工基本医疗保险的人员,均应参加职工长期护理保险
成　都	将城镇职工基本医疗保险参保人员纳入参保范围,逐步扩大到城乡居民基本医疗保险参保人员
重　庆	参加城镇职工医保的应当同步参加长护保险。随制度探索完善,逐步将城乡居民医保参保人员纳入覆盖范围
苏　州	市职工基本医保、城乡居民医保险的参保人员
宁　波	参加本市职工基本医疗保险人员
广　州	职工社会医疗保险参保人员同时参加长期护理保险
承　德	城镇职工医疗保险的参保人员,都应同时参加长期护理保险
南　通	覆盖城乡居民
齐齐哈尔	参加城镇职工基本医疗保险的人员(含灵活就业人员),按规定应纳入长期护理保险(以下简称护理保险)覆盖范围
上　饶	试点辖区内凡参加城镇职工基本医疗保险的人员,均应同步参加长期护理保险。试点全面铺开后,参保范围覆盖全市全体居民
荆　门	市辖区基本医疗保险参保人员应当同步参加长期护理保险

资料来源:根据试点地区试点方案整理。

(1) 覆盖城镇职工。

部分试点城市的参保范围为参加当地城镇职工基本医疗保险的保险人员,如广州市、齐齐哈尔市、承德市、宁波市、成都市、重庆市、上饶市等。同时,成都市、重庆市的制度规定,在试点阶段将城镇职工医保参保人员纳入参保范围,并将逐步把城乡居民医保的参保人员纳入参保范围。上饶市规定在试点全面铺开后，参保范围覆盖全市全体居民。

(2) 覆盖城镇职工和城镇居民。

部分试点城市的参保对象不仅限于城镇职工，还包含城镇居民，如长春市、上海市、青岛市、石河子市等。凡是参加城镇职工基本医疗保险和城镇居民基本医疗保险的参保人员，均应参加长期护理保险。长春市还将适时把原新型农村合作医疗的参保者纳入长期护理保险参保范围。

(3) 全覆盖参保。

采取全覆盖参保的试点城市较少，目前只有荆门市、南通市和苏州市。荆门市规定凡是参加了荆门市辖区基本医疗保险的参保人员应当同步参加长期护理保险。南通市的护理保险参保对象为市区范围内的职工基本医疗保险和居民基本医疗保险的参保人员，覆盖南通市区所有城乡居民。苏州市规定，长期护理保险属于强制性社会保险，凡参加苏州市医疗保险的参保人员都应参加长期护理保险，但是在试点起步阶段，学生少儿以及大学生不参加，以后逐步扩大。

2. 保障对象

《指导意见》要求，长期护理保险制度以长期处于失能状态的参保人群为保障对象，重点解决重度失能人员基本生活照料和与基本生活密切相关的医疗护理等所需费用；试点地区可根据基金承受能力，确定重点保障人群和具体保障内容，并随经济发展逐步调整保障范围和保障水平。目前，15 个试点城市都将重度失能人员作为优先的保障对象，但有的城市在待遇享受方面规定了附加条件。

(1) 将失能等级评估作为待遇享受的条件。

试点城市均侧重于以失能程度作为待遇享受的条件，规定因年老、疾病、伤残等原因导致失能，经过不少于 6 个月的治疗，经评估符合重度失能标准，生活完全不能自理、需要长期护理的参保人员作为保障对象。有些地区规定了明确的量化标准，如广州、荆门、承德等地；有的地区只要求符合 Barthel 指数评定量表的重度失能标准，如安庆、南通等地。另外一些地区所列明的保障条件较为含糊，只是规定对于“生活完全不能自理、需要长期护理的重度失能人员”，长期护理保险制度可为其提供相应的保障。此外，成都还对参保时间作了相应的限定，要求参保人员必须连续缴费 2 年(含)以上并累计缴费满 15 年才能享受相应的待遇。

（2）附加其他条件。

部门地区在以失能程度作为待遇享受条件的基础上，还附加其他的条件。例如上海市附加了年龄的限制，规定在试点阶段，暂定为60周岁及以上、经评估失能程度达到评估等级二至六级且在评估有效期内的参保人员，可以享受长期护理保险待遇。上饶市不仅将失能程度作为条件，还将失智老人纳入保障范围，在一定程度上扩大了覆盖面，给予了失智老人更多关心，提高了失能、失智老人的生活质量，赋予他们更高的尊严。

（二）资金筹集

1. 筹资渠道

关于长期护理保险的筹资渠道，《指导意见》指出主要从三个方面筹集，即“通过优化职工医保统账结构、划转职工医保统筹基金结余、调剂职工医保费率”等途径筹集资金，并逐步探索建立互助共济、责任共担的长期护理保险多渠道筹资机制；筹资标准根据当地经济发展水平、护理需求、护理服务成本以及保障范围和水平等因素，按照以收定支、收支平衡、略有结余的原则合理确定；建立与经济社会发展和保障水平相适应的动态筹资机制。资金来源渠道包括：个人缴费、单位缴费、个人账户划转、统筹账户划拨、医保基金结余资金划转、优化医保统账结构、调剂医保费率、财政补贴、社会捐助、福利彩票等。目前各试点城市的筹资渠道大体有两类，一种是单一筹资，另一种为多元化筹资。

（1）单一筹资。

单一筹资渠道主要是通过从职工医疗保险统筹基金划拨，或通过调整基本医疗保险统筹基金和个人账户结构进行筹集，单位和个人无须缴费，例如广州市、青岛市、长春市、宁波市。长春市规定，在试点阶段主要通过划转基本医疗保险统筹基金结余、调整职工基本医疗保险个人账户计入办法和费率等渠道筹集。青岛市的做法也类似，规定职工长期护理保险资金除按照不超过基本医疗保险历年结余基金的20％一次性划转。

（2）多元化筹资。

多元化筹资是指，即不仅从医疗保险统筹基金中划转，而且通过用人单位、个人、财政和社会多渠道筹集长期护理资金，还接受企业、单位、慈善机构等社会团体或个人的捐赠，例如成都、上海、宁波等城市。南通市、上饶市、石河子市等地的市政府每年从福利彩票公益金中安排一定数量的资金用于补助长期护理保险基金。

表 6.2　各试点地区长期护理保险筹资渠道比较

试点城市	个人缴费	单位缴费	个人账户	统筹账户	医保基金结余	优化统账结构	调剂医保费率	财政补贴	社会捐助	福利彩票
青　岛			√	√						
石河子	√	√		√			√	√	√	√
长　春					√		√	√		
上　海				√				√		
承　德	√				√			√		
上　饶	√	√			√	√		√	√	√
安　庆	√				√			√		
广　州				√						
宁　波					√					
成　都			√	√				√		
荆　门	√		√	√				√		
苏　州	√			√	√			√		
南　通	√									√
重　庆			√		√			√	√	
齐齐哈尔			√	√						

2. *筹资方式*

各试点城市以“以收定支、收支平衡、略有结余”为筹资原则，确定了不同的筹资方式(见表 6.3)。

表 6.3　试点地区长期护理保险筹资方式比较

试点城市	筹　资　方　式
青　岛	通过调整基本医保统筹金和个人账户结构筹集资金，职工按个人账户计入基数 0.5 个百分点从医保基金划入，城乡居民按当年基本医保筹资总额 10% 划入
石河子	职工按照 15 元/人标准从医保基金筹资，居民按 24 元/人标准缴纳至医保基金再划转至护理保险基金

续表

试点城市	筹资方式
长春	医保基金划转,个人不缴费
上海	由用人单位按照本单位职工医保缴费基数之和1%的比例,缴纳长期护理保险费;在职职工个人按照其本人职工医保费基数0.1%的比例,缴纳长期护理保险费,试点阶段个人部分暂予减免;退休人员个人不缴费;第二类人员按照略低于第一类人员的人均筹资水平确定其人均筹资标准,个人缴费部分占总筹资额的15%左右,其余部分,由市、区财政按照1∶1比例分担
承德	筹资由参保人个人、政府财政和城镇职工医保基金共同负担,筹资标准暂定为参保人员(含退休人员)上年度工资总额的0.4%,由城镇职工基本医疗保险基金负担0.2%,参保人员(含退休人员)个人负担0.15%,政府财政补助0.05%;个人负担部分,每年划拨城镇职工医疗保险个人账户时,以其上年度工资总额为基数一次性扣缴,划入长期护理保险基金;未建立个人账户的灵活就业人员,在每年缴纳城镇职工医疗保险费时,按照职工医保缴费基数的0.15%缴纳长期护理保险费
上饶	通过优化职工医保统账结构、划转统筹基金结余、个人和单位缴费、政府财政补助、慈善公益捐助等途径筹集;个人缴费统一从医保个人账户划转,不足部分由参保人员按规定缴纳;医保统筹基金筹集部分由历年统筹基金结余划转,不足部分从当年征缴总额中划转;单位缴费按规定缴纳,涉及财政供给的机关事业单位、关闭破产改制及困难企业单位缴费由同级财政从彩票公益金划转或由财政予以补助
安庆	通过个人缴费、城镇职工基本医疗保险统筹基金结余划转、财政补助等途径筹集
广州	长期护理保险基金从职工社会医疗保险统筹基金划拨
宁波	医保基金划转,从职工医保统筹基金累计结余中安排资金作为试点启动资金,参保人员暂不缴费
成都	长期照护保险基金与基本医疗保险基金合并征收,通过个人和单位缴费、财政补助以及社会捐助等方式筹资
荆门	采取个人缴纳、医保统筹基金划拨、财政补助等方式筹集,个人缴纳部分与基本医疗保险费同步征收,在职人员由用人单位从工资中代扣代缴;配置医保个人账户的灵活就业人员和退休人员,从医保个人账户中划转;未配置医保个人账户的退休人员,从其养老金账户或个人银行账户中代扣代缴;低保对象、特困供养对象以及完全丧失劳动能力重残人员(1—2级)个人无需缴费,由同级财政全额补助,其他人员由个人缴纳;医保统筹基金筹集部分,从医保统筹基金一次性划转;财政补助部分,每年一季度由同级财政部门一次性划转

续　表

试点城市	筹　资　方　式
苏　州	由个人缴费、政府补助和职工医保统筹基金结余划转筹集，接受社会团体和个人捐助；个人缴纳部分，参加职工医保的退休人员统一从医保个人账户划转，在职人员按月缴纳；参加城乡居民医保的人员，在缴纳居民医保费时缴纳，其中特殊困难人群由财政全额补助；社保经办机构按规定标准，每年年初从职工医保统筹基金结余中一次性划转资金
南　通	通过医保基金、个人缴费、财政补助等渠道筹集，个人缴纳部分，参加职工医险的统一从个人账户划转，参加居民医险的在缴纳医保费时缴纳；医保统筹基金部分，年初从职工医保和居民医保统筹基金筹集；财政补助部分，由市财政年初一次性划入
重　庆	通过医保基金、个人缴费、财政补助等渠道筹集，接受企业、单位、慈善机构等社会团体和个人的捐助
齐齐哈尔	通过个人缴纳、划转医保统筹基金等途径进行筹集，个人缴费部分每年初由医保经办机构统一划转，其中有个人账户的参保人员从个人账户资金中划转、无个人账户的参保人员从门诊统筹基金中划转；医保统筹基金筹集部分，每年初按照参加护理保险的实际参保缴费人数从城镇职工医保统筹基金中划入

资料来源：根据试点地区试点方案整理。

(1) 按比例分担的筹资方式。

上海、成都、苏州、青岛、宁波、荆门和承德等地区采用按比例分担的方式筹资，但筹资基数与比例不尽相同。荆门市、宁波市和苏州市均以人均可支配收入作为基数按比例筹资，比例控制在0.3%—0.4%的范围内。成都市、上海市基于医疗保险缴费基数为基数，按比例筹资。成都市的单位缴费部分以城镇职工基本医疗保险缴费基数为基数，按0.2%的费率从统筹基金中按月划拨；而个人部分，则以参保人员的年龄为界限，分为三个层次，从个人账户划拨：年龄在40岁及以下人员的费率为0.1%；40岁以上至退休年龄前人员的费率为0.2%；退休人员以城镇职工基本医疗保险个人账户划入基数为缴费基数，以每人每月按0.3%的费率从个人账户中按月划拨。此外，财政补贴以每人每月0.1%的费率，按年度进行补助。成都市在试点阶段，从本市城镇职工基本医疗保险基金累计结余中一次性安排5 000万元资金作为长护险的启动资金。

(2) 定额筹资方式。

部分试点城市采取定额筹资方式筹集资金，即规定每人每年的具体的筹资数额。由于每个城市的经济发展水平不同，筹资水平也存在较大差异。如广州市为每人每年 130 元，南通市、上饶市为每人每年 100 元，苏州市为每人每年 120 元，安庆市为每人每年 30 元，重庆市 2018 年为每人每年 150 元。

3. 筹资标准

各试点城市根据本地经济发展水平，确定了不同的筹资标准(见表 6.4)。

表 6.4　试点城市长期护理保险筹资标准

序号	试点城市	筹　资　标　准
1	齐齐哈尔	按上年度统计局公布的在岗职工月平均工资的 1.5%左右确定，试点阶段 60 元/人·年(个人缴纳 30 元，医保基金 30 元)。有个人账户者，个人负担从个人账户划转
2	长　春	城镇职工医保缴费工资基数 0.5%(医保基金 0.3%+个人账户 0.2%)，城镇居民 30 元/人·年
3	青　岛	医保基金结余划转：按照不超过基本医疗保险历年结余基金的 20%一次性划转。医保基金划转：其中，职工每月按照个人账户月计入基数总额 0.5%的标准，从职工基本医疗保险基金中划转；居民按照不超过当年居民社会医疗保险费筹资总额的 10%，从居民社会医疗保险基金中划转
4	承　德	城镇职工上年度工资总额 0.4%(医保基金 0.2%+个人负担 0.15%+财政补助 0.05%)，有个人账户者，个人负担从个人账户划转
5	上　海	城镇职工(单位 1%+个人 0.1%，个人暂免缴)；城乡居民个人缴费占总筹资额的 15%
6	成　都	按年龄段划分，不同年龄段的参保人分别按照城镇职工医保缴纳基数的 0.5%、0.4%、0.3%按月缴纳，主要从医保统筹基金和个人账户中划拨，市、区(市)县两级财政对参加城镇职工基本医疗保险中的退休人员进行补助
7	重　庆	资金筹集标准每年由市人力社保局、市财政局等部门根据经济发展水平、基金运行情况和长期护理等情况测算确定。2018 年筹集标准为 150 元/人·年。其中医保基金补助 60 元/人·年，职工医保参保人个人承担 90 元/人·年。个人缴费部分通过职工个人账户代扣
8	苏　州	城镇职工 120 元/人·年(个人缴费暂由财政补助 50 元+医保基金 70 元)，城乡居民 85 元/人·年(个人缴费暂由财政补助 50 元+医保基金 35 元)
9	南　通	100 元/人·年(个人 30 元+医保基金 30 元+财政补助 40 元)

续 表

序号	试点城市	筹 资 标 准
10	宁 波	在职职工和灵活就业人员、失业人员按本人基本医疗保险缴费基数的一定比例，由用人单位和个人分别按月缴纳长护保险费。退休人员以本市城乡居民上年可支配收入的一定比例缴纳。用人单位缴费比例为0.2%，在职职工个人缴费比例为0.1%，灵活就业人员、失业人员缴费比例为0.3%，退休人员缴费比例为0.1%
11	荆 门	以上年度居民人均可支配收入的0.4%为基数，其中个人承担37.5%，医保统筹基金划拨25%，财政补助37.5%
12	上 饶	2017年暂定100元/人·年(个人30元+医保基金40元+单位30元)
13	安 庆	试点阶段长护保险基金筹资标准暂定为每人每年30元，其中医保统筹基金结余中划入20元，参保人员个人缴费10元
14	广 州	每年按照130元/人的筹资标准和护理保险试行办法所规定的待遇标准，测算次年的长期护理保险收支需求
15	石河子	职工医保参保人，每月月底以当月职工医保参保人数为基数，按15元/人·月的标准从职工医保统筹基金结余中划转；参加居民医保的，18周岁及以上的居民参保人(大中专在校学生除外)按24元/人·年的标准一次性缴纳至居民医保基金内，再从居民医保统筹基金结余中按相应标准划转。财政对老年人和残疾人给予40元/人·年的补助

(三) 服务提供

各试点地区的长期护理服务内容集中在保障基本生活照料和与基本生活密切相关的医疗护理方面。

1. 服务类型

试点城市的长期护理服务类型可以划分为社区居家照护、机构照护和住院医疗护理，在此基础还可具体细分，例如荆门市把居家护理分为非全日护理和非全日护理。广州市把长期护理服务的类型分为基本生活照料服务和医疗护理服务。从提供的护理服务来看，多数试点地区以提供机构护理和居家护理为主；青岛市的护理形式最为全面，除机构护理和居家护理外，还增加了社区护理。安庆市、长春市则只提供机构护理。

2. 服务内容

多数试点地区的基本护理服务包括清洁照料、睡眠照料、饮食照料、排泄照料、卧床与安全照料、病情观察、心理安慰、康复照护、临床医用管路照护等。青岛市、石河子市、荆门市除了上述基本项目外，还将临终关怀服务包含在内。

3. 服务机构

长期护理保险能否实现可持续健康运行，护理机构所发挥的作用不可替代。因此，各试点地区对护理机构的资质、准入条件都有明确的规定。总体而言，护理机构首先必须满足两个条件，一要获相关部门批准，二要具备从事长期护理服务的条件和服务能力。表 6.5 是各试点城市对协议定点护理机构的相关规定。为确保长期护理保险制度的健康有序运行，各试点地区在制定长期护理保险实施方案时，既遵循了《指导意见》，同时也结合了地方需求与特色。

表 6.5　试点城市长期护理服务机构比较

试点城市	对护理服务机构的规定
青　岛	专业护理服务机构、社区定点医疗机构和二级及以上住院定点医疗机构
齐齐哈尔	具备相应医疗资质或与协议医疗机构签订合作服务协议，且具备一定医疗条件的医养护理服务机构、养老护理服务机构，设置符合规定的护理病区和护理床位的
长　春	医疗服务、养老和护理机构，符合定点医疗照护机构基本条件的
承　德	医疗机构、护理院、老年公寓
上　海	养老机构、社区养老服务机构以及医疗机构(如护理站等)
广　州	医疗机构、养老机构、家庭服务机构、社区居家养老服务机构
成　都	医院、护理院、社区卫生服务中心、乡镇卫生院、各类养老服务机构、能够提供居家照护服务的其他服务机构
重　庆	具有护理资质的医疗机构、养老机构和有护理经营范围的法人主体
上　饶	医疗机构、护理机构、社区卫生服务机构、专业养老机构，符合长期护理保险定点机构准入条件的
安　庆	医疗机构(护理机构)、养老机构、残疾人托养机构
荆　门	社区卫生服务中心(站)、乡镇卫生院
南　通	医院、护理院、社区卫生服务中心、养老服务机构
苏　州	医院、护理院、社区卫生服务中心、各类养老服务机构、提供居家护理服务的其他服务机构
宁　波	有条件为重度失能人员提供护理服务和生活照料的机构
石河子	养老服务机构、护理院、其他商业护理服务机构、老年护理机构、养老服务机构

资料来源：根据试点地区试点方案整理。

(四) 待遇支付

1. 支付内容

各试点城市均制定了护理服务项目清单,根据清单所列的内容和价格予以待遇支付。如承德市支付床位费和护理劳务费,上饶市支付床位费、护理劳务费、设备使用费护理耗材费及药品费。为了护理保险与医疗保险的制度衔接,在支付内容方面大多数试点城市都作出说明,在医疗保险中已经报销的部分,长期护理保险不进行重复报销。

2. 支付标准

15 个试点城市的经济发展水平不同,因此在待遇支付标准上也不尽相同。主要分为两类:一是定额支付;二是按比例支付。如宁波市试行的待遇标准是定额支付,每床日定额标准暂定为专业机构护理 70 元、养老机构护理 60 元、居家护理 50 元。齐齐哈尔市试行的待遇标准是按比例支付,参保人员在医养护理服务机构接受护理服务的,每人日定额 30 元,由长期护理保险基金支付 60%;在养老护理服务机构接受护理服务的,每人日定额 25 元,由长期护理保险基金支付 55%;居家接受医养护理服务机构或养老护理服务机构的护理服务的,每人日定额 20 元,由长期护理保险基金支付 50%。齐齐哈尔市对三类服务,即居家护理、养老机构护理、医疗机构护理的护理服务都按照比例支付,但安庆市、苏州市仅对养老机构护理、医疗机构护理的服务按照比例收费,而对居家上门护理的服务不设置比例仅仅设置定额上限。此外,为了鼓励居家护理,居家护理的待遇标准大都高于机构护理和医院护理。各试点城市支付水平参见表 6.6。

表 6.6　长期护理保险待遇支付水平

试点地区	护理类别	支付标准
齐齐哈尔	医养护理机构护理	每人日定额 30 元,基金支付 60%
	养老机构护理	每人日定额 25 元,基金支付 55%
	居家护理	每人日定额 20 元,基金支付 50%
广　州	机构护理	每人每天不高于 120 元,基金支付比例为 75%
	居家护理	每人每天不高于 115 元,基金支付比例为 90%
成　都	机构护理	基金支付比例为 70%
	居家护理	基金支付比例为 75%

续表

试点地区	护理类别	支付标准
重　庆	机构护理	50元/人/日，经办机构与协议机构按月结算
安　庆	医疗机构护理	不超过50元/天，基金支付比例为60%
	养老机构护理	不超过40元/天，基金支付比例为50%
	居家护理	750元/月
南　通	医疗机构护理	基金支付比例为60%
	养老机构护理	基金支付比例为50%
	居家护理	1 200元/月
承　德	医疗机构护理	60元/天，基金支付比例为70%
	养老机构护理	50元/天，基金支付比例为70%
	居家护理	40元/天，基金支付比例为70%
苏　州	医疗机构护理	基金支付比例为60%
	养老机构护理	基金支付比例为60%
	居家护理	每天限额支付
长　春	养老或护理机构护理、医疗护理	参加职工医保的基金补偿比例为90%
		参加居民医保的基金补偿比例为80%
荆　门	医疗机构护理	不超过150元/天
	养老机构护理	不超过100元/天
	全日居家护理	不超过100元/天
	非全日居家护理	不超过40元/天
宁　波	医疗机构护理	70元/天
	养老机构护理	50元/天
	居家护理	50元/天
青　岛	医疗专护、机构护理、居家护理、社区巡护	参保职工报销比例为90%
	医疗专护、机构护理、社区巡护	一档缴费成年居民、少年儿童和大学生报销比例为90%
	社区巡护	二档缴费成年居民报销比例为40%

续　表

试点地区	护理类别	支付标准
上　海	养老机构照护	基金支付比例为85%
	居家照护	基金支付比例为90%
上　饶	机构护理	定额支付
	居家自主护理	按规定金额予以支付
	居家上门护理	限额支付
石河子	机构护理	每人每月不超过750元,基金支付比例为70%
	居家护理	每人每月不超过750元,基金支付比例为70%
	居家自行护理	25元/日
	非协议服务机构护理	25元/日

资料来源:根据试点地区试点方案整理。

(五)运行机制

长期护理保险运行机制的构建,必须厘清经办机构和承办机构之间的关系,建立有效的工作衔接机制,明确两者的功能定位。各试点地区对经办机构和承办机构均作了明确规定。

1. 经办机构

经办机构是负责长期护理保险日常管理与服务的机构。试点地区负责经办长期护理保险业务的通常为两类机构:一是规定长期护理保险由社会保险经办机构经办,如成都、南通、青岛、石河子、苏州等地;二是规定由医疗保险经办机构经办,如上饶、安庆、广州、荆门、宁波、上海、长春等地。当然,医疗保险经办机构本质上也是社会保险经办机构,只不过指明医疗保险经办机构经办,比仅指明由社会保险经办机构经办更具体。

2. 承办机构

《指导意见》指出,为提高经办管理服务能力,"在确保基金安全和有效监控前提下,积极发挥具有资质的商业保险机构等各类社会力量的作用"。各试点地区长期护理保险均采取委托管理或政府购买服务的方式,由政府委托第三方专业机构具体承办该业务,第三方专业机构通常为商业保险公司,但不限于商业保险公司。

委托管理模式有两方面的好处：一是可以减轻政府负担，节约政府成本，政府无须像经营其他社会保险那样投入大量的人力、物力和财力；二是可以充分发挥专业机构的专业技能，有效提高长期护理保险的经办效率。

试点城市中，上饶、长春、承德、广州、荆门、宁波、青岛、上海、石河子、苏州等明确规定委托商业保险机构承办长期护理保险业务；成都市规定通过购买服务方式委托给商业保险或相互健康保险等机构经办管理长期护理保险业务；也有的地方并未明确规定第三方专业机构的具体指向，只是笼统地规定委托有资质的专业机构或第三方参与承办长期护理业务，如安庆市和南通市。

就第三方专业机构的职责而言，主要以承办申报受理、等级评定、费用审核、结算支付、稽核调查、服务管理、信息系统建设与维护等业务为主。

表 6.7　长期护理保险制度试点框架比较

<table>
<tr><th colspan="3">分类标准</th><th>试点城市</th></tr>
<tr><td rowspan="5">覆盖范围</td><td rowspan="3">参保范围</td><td>覆盖城镇职工</td><td>广州、齐齐哈尔、承德、宁波、上饶、成都、重庆</td></tr>
<tr><td>覆盖城镇职工和城镇居民</td><td>长春、上海、青岛、石河子</td></tr>
<tr><td>覆盖全体居民</td><td>荆门、南通、苏州</td></tr>
<tr><td rowspan="2">保障对象</td><td>将失能等级作为保障对象认定标准</td><td>成都、宁波、广州、齐齐哈尔、承德、成都、重庆、青岛、长春、荆门、苏州、南通、安庆</td></tr>
<tr><td>附加其他条件</td><td>上海（附加年龄条件）、上饶（覆盖失智老人）</td></tr>
<tr><td rowspan="4">资金筹集</td><td rowspan="2">筹集渠道</td><td>单一筹资</td><td>广州、青岛、长春、宁波</td></tr>
<tr><td>多元筹资</td><td>成都、上海、石河子、荆门、承德、齐齐哈尔、安庆、重庆、上饶、南通、苏州</td></tr>
<tr><td rowspan="2">筹资方式</td><td>按比例分担筹资</td><td>上海、成都、青岛、宁波、荆门、承德、齐齐哈尔、长春、石河子</td></tr>
<tr><td>定额筹资</td><td>南通、苏州、上饶、广州、安庆、重庆</td></tr>
<tr><td rowspan="2">服务提供</td><td rowspan="2">服务类型</td><td>机构护理、居家护理</td><td>苏州、南通、宁波、荆门、上海、承德、成都、广州、齐齐哈尔、重庆、上饶、石河子</td></tr>
<tr><td>机构护理、居家护理、社区护理</td><td>青岛</td></tr>
</table>

续 表

分类标准			试点城市
服务提供	服务类型	机构护理	安庆、长春
	服务内容	清洁照料、睡眠照料、饮食照料、排泄照料、卧床与安全照料、病情观察、心理安慰、康复照护、临床医用管路照护	苏州、南通、成都、承德、宁波、荆门
		除上述基本项目还包括临终关怀项目	青岛、石河子、荆门
	服务机构	医疗服务机构、养老和护理机构、社区卫生服务机构,符合定点医疗照护机构基本条件的机构	长春、荆门、南通、上海、上饶
		包括但不限于医疗服务机构、养老和护理机构,还包括残疾人托养机构、家庭服务机构等	安庆、广州、苏州、石河子
待遇支付	支付内容	床位费和护理劳务费	承德、宁波、上海、石河子
		床位费、护理劳务费、设备使用费、护理耗材费及药品费	上饶、广州、苏州、南通、青岛
	支付标准	定额支付或限额支付	宁波、荆门、上饶
		按比例支付	青岛、上海、成都、广州
运行机制	经办机构	社会保险经办机构	成都、南通、青岛、石河子、苏州
		医疗保险经办机构	上饶、安庆、广州、荆门、宁波、上海、长春
	承办机构	商业保险公司	上饶、广州、青岛、宁波
		包括但不限于商业保险公司的第三方专业机构	安庆、南通

二、长期护理保险制度试点的效果评价

(一) 初步构建起长期护理保险制度框架

作为继养老、医疗、失业、工伤、生育保险之后的“第六险”,长期护理保险制度

与其他社会保险项目相比，其制度建构和运行更为复杂，因为除缴费、支付、基金运作、监管等社会保险制度所需的基本要素外，该制度的运行还需要一系列的社会组织和各类专业技术人员提供专门的“照顾”和“护理”服务，因此具有跨行政边界、长期性和利益相关主体多等鲜明特点。2012 年以来，一些地区已先行开展长期护理保险制度的探索。如青岛市通过“家庭病床”等方式将失能老人的医疗护理纳入医保支付范围，后来在医保框架内建立医疗护理保险，无需另外筹集基金和另设操作管理平台。南通市也通过建立“家庭病床”，把符合住院条件但可以居家照护的失能老人纳入医保支付范围，后来又将护理院及失能老人的医疗护理和康复治疗等纳入定点医保范围。其他试点地区也通过依托医疗保险，逐步扩大保障范围，探索筹资渠道，加强人才队伍建设，完善护理服务和经办管理平台，最终为建立长期照护保险制度奠定了基础。

2016 年 6 月人社部发布《试点意见》以来，各地围绕制度设计、实施细则、服务标准等关键问题出台相关政策文件，从宏观设计到微观操作，对长期护理保险制度的构建进行了大胆探索，具有中国特色的长期护理保险制度框架初见雏形。

除人力资源和社会保障部确定的 15 个试点城市和吉林、山东两个联系省份，部分省、市、县(区)主动推进长期护理制度试点建设，如北京市海淀区开始了长期护理保险制度的实践，江苏徐州、浙江桐庐、河北巨鹿等县市出台了试点文件，浙江省将在全省范围推进长期护理保险制度试点。这表明，探索建立长期护理保险制度已经有了良好的社会氛围，正式建立长期护理保险制度指日可待。

(二) 减轻了家庭和个人的长期护理负担

通过建立互助共济制度，长期护理保险的试点实施有效减轻了失能参保者的家庭和个人护理负担。青岛市的资料表明，护理保险中的医疗专护、机构院护和居家家护平均床日费用分别为 170 元/天、65 元/天和 50 元/天，而同期的医疗保险住院床日费用为 1 000 多元，后者高出 5～19 倍；医院重症监护病房的床日费用高达 4 600 多元，费用甚至超过医疗专护 20 多倍。相比之下，长期照护保险提供的服务有助于缓解保障对象家庭和个人长期护理的经济负担和照料负担。数据表明，长期医疗护理保险的三种主要护理服务方式(医护、院护、家护)的平均个人负担比例不到 9%,约占普通住院费用的三分之一。

长春市在保险实施一年后,已有 53 家定点医疗照护服务机构,已享受照护保险待遇者达 16 997 人次,发生的医疗照护费用为 5 476 万元。其中,照护保险统筹基金支付 4 355 万元,补偿比例达 80%;照护保险基金累计结余 7.85 亿元,其中,职工照护保险基金结余 6.66 亿元,居民照护保险基金结余 1.19 亿元。①

(三) 保障了参保失能人员的权益

长期护理保险制度的试点实施,在化解老年人失能风险,提高失能老人生活质量,保障失能参保者权益方面取得了初步效果。例如,青岛市的保障范围和待遇水平相对较高,2013—2015 年,共有 4 万多名参保患者享受护理保险待遇,护理保险资金支出超过 9 亿元,受益者平均年龄 80.4 岁;截至 2015 年 6 月,在床护理患者达 18 876 人,平均年龄 80 岁,其中,"专护"方式 676 人,"老护"方式 1 378 人,"家护、巡护"方式 16 822 人(包括在养老院居住的有 2 000 多人),1 万多名老人享受到精神慰藉、心理疏导等临终关怀。2015 年底,东营等 4 个试点地市共筹资 16 050 万元,累计享受待遇约 5 000 人次、支付护理费用 1 490 万元,确定长期护理定点机构 115 家。②青岛市从 2018 年 4 月 1 日起将城镇职工中完全失能和重度失智人员的基本生活照料和医疗护理纳入长期护理保险保障范围,这一办法进一步扩大了覆盖人群使更多人受惠。2016 年,上海、南通、青岛、长春已经开展待遇支付的 4 个城市,参保人待遇享受 40 余万人次,基金支出 3 亿多元。③

(四) 促进了护理服务相关行业发展

通过制度自身保障功能与外在社会功能的相互呼应、相互促进,长期护理保险在拉动就业创业、促进护理产业发展、支持家政服务业发展等方面的制度效应初步显现。以青岛市为例,截至 2017 年 6 月,该市共有 563 家护理服务机构开展护理保险服务,其中民营机构数量占 95%,长护"在床量"为 1.5 万人左右,按照医护与患者 1∶3 至 1∶4 的正常比例计算,直接拉动就业 4 000—5 000 人。④

---

① 杨菊华:《中国长期照护制度的地区比较与思考》,《中国卫生政策研究》2018 年第 1 期。

② 杨文生:《山东省长期护理保险制度试点调查》,《保险理论与实践》2017 年第 1 期。

③④ 李子沐:《15 城市试点长护险见雏形让失能人员过上有尊严生活》,《中国医疗保险》微信公众号。

专栏 6.1　汇丰中华慈善老人关怀计划——

农村失能失智老人长期照护项目

2018 年 4 月 23 日，由中华慈善总会主办，汇丰银行资助，鹤童老年福利协会承办的“汇丰中华慈善老人关怀计划——农村失能失智老人长期照护项目”河北站点揭牌仪式，在河北蠡县民政事业服务中心隆重举行。

该项目自 2018 年初在蠡县启动，选取蠡县民政事业服务中心作为项目受益点。项目团队按照德国养老先进理念，参照现代欧洲专业化养老护理机构房间设计标准，结合服务中心的现状进行设计改造，整体采用无障碍设计；将服务中心打造成为标准化、专业化的农村敬老院示范点，为探索农村养老发展作出贡献，并辐射到周边养老机构，使其受益。

“汇丰中华慈善老人关怀计划——农村失能失智老人长期照护项目”共在汇丰所在分行的 10 个省份，选取 10 个农村敬老院进行标准化改造，已在北京、天津、陕西、山东、广东、河北的 8 家农村敬老院作为试点开展实施，通过引进鹤童德式养老资源和模式，将使越来越多的老人享受到人性化、专业化、国际化的养老资源，实现真正意义上的国际化养老。

三、长期护理保险制度试点面临的问题

从各地试点情况看，长期护理保险制度建设尚面临制度定位、筹资机制、覆盖面选择、待遇给付标准、经办机构设置等方面的矛盾和问题。

（一）制度准确定位难题

长期护理保险的制度定位涉及该制度与医疗保险的关系，以及两个制度间如何衔接。目前对于长期护理保险的支付范围或支付项目界定存在不同认识。人力资源和社会保障部 2016 年的试点意见明确将基本生活照料和与基本生活密切相关的医疗护理费用纳入护理保险资金支付范围，对试点工作既有原则性的要求，又给了各地充足的探索和政策创新的空间，但这客观上造成各地的做法五花八门，给后续制度的统一设置了障碍。从制度上来说，长期护理保险尚未成为一个独立的险

种，与医疗保险之间的界限模糊化导致长期护理险成为医疗保险的附庸，这不符合我国对于长期护理险的科学定位；从管理部门来说，由于职责不清，容易出现互相扯皮、互相推诿的现象；从医疗机构的角度看，处于信息优势的医院会因为两项险种的相互交叉而获得更多的“伸展空间”，更容易出现寻租和道德风险，破坏社会保险制度的可持续性和公平性。总之，长期护理保险需在厘清护理服务与医疗服务边界的基础上，作出准确的制度定位。

（二）筹资机制矛盾

1. 筹资方式的选择困境

如前文所述，目前各试点城市长期护理保险基金筹集方式主要有两种，即由医保基金划转的单一渠道筹资方式，以及医保基金划转、企业和个人缴费、社会捐赠等多元渠道筹资方式。

完全由医保基金划转筹资模式的优点，一是不增加企业和个人的缴费压力，把医保基金闲置的资源整合到长期护理保险中，其实质是把长期护理保险当做医疗保险的一个分支，而长期护理保险由于提供更加精细、分级式的供给，而且具有预防、康复、保健的功能，可以降低医疗保险支出；二是医保基金直接划转的方式省去了单独对企业、个人征收缴费的管理成本，有利于企业和个人尽快接受该制度。

向企业和个人征收长期护理保险费的筹资方式的优点在于最大限度地保证长期护理保险的独立地位，减少长期护理保险基金对于医保基金的依赖，还可以减少医保经办机构与长期护理保险经办机构的职能交叉。但是，在我国基本社会保险的费率已经比较高的情况下，长期护理保险的额外开征会导致人工成本的上升。试点阶段各地区的做法各异，但在今后我国长期护理保险的推广中究竟应该采取使用何种筹资方式现在还没有定论。按照我国对长期护理保险“第六险”的定位，应该建立独立的制度、独立的险种、独立的筹资渠道。由个人缴费会产生额外的缴费压力，如果不额外缴费又可能面临基金不可持续的风险，这是筹资方式选择面临的难题。

2. 护理服务费用攀升与相对稳定的长期护理保险费率之间的矛盾

从中长期来看，我国护理服务费用将处于不断攀升的态势。一方面，随着老龄化的不断推进，我国将逐步走向高龄化社会，80 岁及以上的老年人口将呈现较快增长，而这个群体是最易发生失能风险的群体，也是长期护理险待遇给付的集中区，享受待遇人数的快速增长必将带来费用的快速攀升;另一方面,随着人们消费水平提高,对生活品质的要求不断提升,以及工资水平的加速上涨,护理服务费用也将不断攀升。

现行试点城市的长期护理保险筹资标准和方式不一,既有定额筹资,又有定率筹资,还有定额和定率相结合的筹资方式。根据社会保险费率原则,长期护理保险作为一个社会保险项目,其费率应保持一定的稳定性,即使要建立灵活的费率机制,费率的变化也不宜过大。因此,长期护理保险的实施必将面临筹资的相对稳定性与费用的较快攀升的矛盾,这也将是制约长期护理保险制度可持续发展的一个重要因素。

3. 长期护理筹资需求与经济增长水平、企业和个人缴费能力之间的矛盾

我国人口老龄化形势严峻。《2016 年国民经济和社会发展统计公报》数据显示,截至 2016 年底,全国 60 岁及以上老年人口总数为 2.31 亿人,占总人口比重为 16.7%,其中 65 岁及以上人口数为 1.50 亿人,占总人口比重为 10.8%。①根据《"十三五"国家老龄事业发展和养老体系建设规划》,预计到 2020 年,全国 60 岁及以上老年人口将增加到 2.55 亿人左右,占总人口比重提升到 17.8%左右;高龄老年人将增加到 2 900 万人左右。②随着年龄增长,老年人机体抵抗力明显减弱,各种老年慢性疾病如高血压、糖尿病、冠心病、脑萎缩、老年性痴呆等患病率提高,人群中与人口老龄化相关的残疾和失能率增加。相关调查数据显示,我国 60 岁及以上老年人活动受限率为 8.1%,为全人群的 2.7 倍;残疾率为 25.2%,是全人群的 268 倍。老年人独立生活的能力不断降低,对他人的依赖程度逐步提高,对医疗、日常照料、生活护理等各种服务及费用会快速增加。③在此背景下,我国巨大的长期护理服务需求势必要求长期护理保险缴费率跟上步伐,才能不断满足这种需求。

但是,长期护理费用、筹资需求的增长不可避免要受到经济和财政增速、企业和缴费能力的约束。随着我国经济由高速发展阶段走向高质量发展阶段,经济增速、财政收入增速放缓将成为常态。在长期护理服务巨大需求刺激下,如果费率定的低了,则无法满足老年人的护理需求,但如果费率定的高了,财政负担、企业和个

---

① 国家统计局,http://www.stats.gov.cn/tjsj/zxfb./201702/t20170228_1467424.html。
② 全国老龄化工作委员会办公室,http://www.cncaprc.gov.cn/contents/2/179240.html。
③ 荆涛:《长期护理保险理论与实践研究:聚焦老龄人口长期照料问题》,对外经济贸易大学出版社 2015 年版。

人缴费都将面临较大压力。

(三) 待遇给付选择难题

1. 待遇给付方式选择难题

作为我国社会保障"五险"之后的"第六险",长期护理保险试点城市在待遇给付的方式上,资金给付和服务给付并存。大部分试点城市规定了"专护""院护""家护"的支付标准,主要采取政府提供或购买服务,由经准入后的服务机构对失能老人进行生活照料和医疗护理服务,然后由长期护理保险基金支付给服务机构的支付方式,一些地区同时也给予现金给付。

以上海市为例,其长期护理保险试点办法规定:评估等级为二至六级的参保人员,可以享受社区居家照护。试点阶段,每周上门服务的时间和频次为:评估等级为二级或三级的,每周上门服务 3 次;评估等级为四级的,每周上门服务 5 次;评估等级为五级或六级的,每周上门服务 7 次;每次上门服务时间为 1 小时。为体现鼓励居家养老的原则,对评估等级为五级或六级接受居家照护服务的参保人员,连续接受居家照护服务 1 个月以上 6 个月(含)以下的,由其自主选择,在规定的每周 7 小时服务时间的基础上,每月增加 1 小时的服务时间或获得 40 元现金补助;连续接受居家照护服务 6 个月以上的,由其自主选择,在规定的每周 7 小时服务时间的基础上,每月增加 2 小时的服务时间或获得 80 元现金补助。①以现金补助的方式鼓励居家养老,实质是用现金给付的方式对照料老人的家人提供待遇,失能老人选择在家居住之后,其服务给付就相当于用现金代替了生活照料服务。对于待遇给付方式的模糊化,可能会分散长期护理服务供给资源,影响长期护理服务的充分提供。

2. 待遇给付条件设定难题

各试点城市对长护待遇的给付条件规定不一。例如,上海市为 60 周岁及以上、经评估失能程度达到评估等级二至六级且在评估有效期内的参保人员,可以享受长期护理保险待遇,第一类人员还需已办理申领城镇职工基本养老金手续;苏州市为重度失能人员者享受待遇;宁波市为因年老、疾病、伤残等原因导致失能,经过不少于 6 个月的治疗,经评估符合重度失能标准,生活完全不能自理、需要长期护理者,自评估结论作出次月起可享受长护保险待遇;南通市为因年老、疾病、伤残导致

① 上海市人民政府:《关于印发修订后的〈上海市长期护理保险试点办法〉的通知》,2017 年 12 月 30 日。

失能，经过不少于6个月的治疗，符合《日常生活活动能力评定量表》(Barthel 指数评定量表)重度失能标准，生活不能自理、需要长期照护者享受照护保险待遇；荆门市为因年老、疾病、伤残等原因长年卧床或经过不少于6个月的治疗，病情基本稳定，但生活不能自理，按照《日常生活活动能力评定量表》评定低于40分(不含40分)，且符合规定条件者可申请长期护理保险待遇；广州市为因年老、疾病、伤残等原因，生活完全不能自理已达或预期将达6个月以上者；承德市为因年老、疾病、伤残等导致失能，经过不少于6个月的治疗，符合《日常生活活动能力评定量表》(Barthel 指数评定量表)重度失能标准，生活不能自理、病情基本稳定、需要长期护理者；上饶市为因年老、失智、疾病、伤残导致长期重度失能失智者。

从这些使得城市的待遇给付条件看：(1)待遇享受者年龄规定。对待遇享受者年龄的要求各异，有对年龄设置要求的，也有对年龄没有要求的。(2)待遇享受者失能程度规定。有包含失能等级2—6级的，也有只能针对重度失能的。(3)失能原因的规定。有要求为年老原因，也有要求为年老、疾病、伤残、失智导致失能的。待遇给付条件实质是对待遇领取门槛的设置，门槛设置越高，能够享受待遇的人越少，长期护理基金的支付压力就越小，但不能保证充分满足参保人的需要。各地待遇给付标准和条件的不统一，可能导致我国在统一推广长期护理保险时将面临取舍难题。

(四) 运行机构设置难题

在试点阶段，各试点城市大多由医保机构负责长期护理险的经办和管理，也有的地区通过当地政府招投标，由中标的第三方机构(主要是保险公司)负责长期护理险的经办管理。从长远发展看，长期护理保险的经办管理必须在医保机构直接经办管理、第三方机构经办管理和新建独立经办机构之间作出选择。

1. 医保机构直接经办管理的优缺点

在试点阶段，各试点城市的长期护理基金基本上由医保基金划转，而且两个险种的工作内容相似度较高，所以医保机构接手长护险经办事务似乎顺理成章。这种方式可以基本满足目前长期护理险的经办需要，而不用过多增加新的管理成本，还可以最大程度地调配医疗资源到长期护理保险体系。但是这种方式使得长期护理保险受医保机构的影响太深，难以保证其独立地位，也不利于体现长期护理险的专业性。由于长期护理险不仅仅是医疗护理事项，还涉及养老机构、第三方评估机构等主体，医保机构直接经办难以充分发挥其他主体的积极作用。

2. 由第三方机构经办的优缺点

通过招投标由第三方机构（如保险公司等）作为长期护理险的经办机构，可以发挥非政府组织、企业高效率、重绩效的优势，为参保人提供更为快捷便利的服务，还可以利用自己的组织优势，把医疗机构、养老机构、第三方评估机构、第三方监督机构等主体整合在一起，提供全面的长期护理保险经办服务，此外可以利用自己完整的信息系统，提供更专业的经办服务。但是，第三方机构毕竟具有一定的逐利性，交由第三方机构经办有可能发生一定的道德风险和寻租行为，必须建立完善监管机制，避免造成长期护理基金和参保人权益的损失。

3. 新建独立经办机构面临困难

如果将长期护理保险作为一个全新的、独立的社会保险制度来建设和推广，理论上势必需要建立一个新的经办管理机构，来统筹长期护理保险的管理、经办和政策协调等工作。这一机构不但要统筹养老资源，整合医疗资源，还要能够提供专业的长期护理保险经办服务，这势必需要较大的物力、财力和人力的投入，这也将是制约长期护理保险制度发展的重要因素之一。

第四编

中国长期护理服务的政策实践

第七章 中国长期护理服务的供需分析

近年来，中国老龄化呈现快速增长的态势。《中华人民共和国2016年国民经济和社会发展统计公报》数据显示，截至2016年底，全国60岁及以上老年人口总数为2.31亿人，占总人口比重为16.7%，其中65岁及以上人口数为1.50亿人，占总人口10.8%。《“十三五”国家老龄事业发展和养老体系建设规划》预计到2020年，全国60岁及以上老年人口将增加到2.55亿人左右，占总人口比重提升到17.8%左右，高龄老人将增加到2 900万人左右，独居和空巢老人将增加到1.18亿人左右。①老年人口规模的不断增长带来了失能老人数量的剧增，由此引发的对长期护理服务的强烈需求使传统的家庭养老模式难以应对。因而，在家庭照料的基础上，实现充分的长期护理服务社会化是应对失能老人照料危机的有效途径。那么，我国现行社会化的长期护理服务供给与利用情况如何？能否满足失能老人长期护理的需求？长期护理服务供需之间的差距有多大？本章将对这些问题进行详细的探讨。②

一、中国失能老人的规模与失能程度

失能老年人的规模与失能程度是把握老年人口的长期护理服务需求、规划长期护理保障体系的重要依据。为了全面掌握老年人口的失能状况，近年来我国政府部门、学术机构、商业组织开展了多项与老年人相关的全国性大型调查，其中均包含了对老年人行为和活动能力的评估。然而由于各项调查年份、样本分布及样本规模不同，评估失能程度所采用的量表不完全相同，或者即使使用了同类型的量

---

① 全国老龄工作委员会办公室，http://www.cncaprc.gov.cn/contents/2/179240.html。

② 本章系国家社会科学基金项目《老年长期护理的社区服务网络研究》(批准号：15BSH122)的阶段性成果。

表 7.1　老年人失能程度评估的全国性大型调查比较

组织单位	调查名称	时间	老年样本规模	覆盖地区	评估指标	失能率(%)
中国人民大学老年学研究所	中国老年社会追踪调查(CLASS)	2014 年	60 岁及以上老年人，1.15 万人	28 个省份	BADL 6 项指标 (吃饭、穿衣、上下床、上厕所、室内走动、洗澡) IADL 10 项指标 (打电话、梳妆、上下楼梯、外面行走、坐公交、购物、管钱、提重、做饭、做家务)	BADL 12.54
中国老龄科研中心	第四次中国城乡老年人生活状况抽样调查	2015 年	60 岁及以上老年人，22.368 万人	31 个省份	BADL 6 项指标 (吃饭、穿衣、上厕所、上下床、室内走动、洗澡)	BADL 18.3
北京大学	中国老年人健康长寿影响因素跟踪调查(CLHLS)	2011 年	65 岁及以上老年人，约 9 311 人	23 个省份	BADL 6 项指标 (吃饭、穿衣、控制大小便、上厕所、室内走动、洗澡) IADL 8 项指标 (外面行走、坐公交、购物、串门、提重、做饭、洗衣服、连续蹲起 3 次)	BADL 10.48
北京大学	中国健康与养老跟踪调查(CHARLS)	2015 年	60 岁及以上老年人，约 9 785 人	28 个省份	BADL 6 项指标 (吃饭、穿衣、控制大小便、上厕所、上下床、洗澡) IADL 9 项指标 (外面行走、购物、管钱、提重、做饭、做家务、吃药、久坐后站起、上楼)	BADL 13.04
中国保险行业协会	长期护理调研	2017 年	60 岁及以上老年人，3.81 万人	24 个城市和地区①	BADL 8 项指标 (吃饭、穿衣、洗澡、上厕所、控制大小便、洗漱、上下床、平地走地) WHOADS 量表② 12 项指标 (洗澡、穿衣、站立超过 30 分钟、走 1 公里、负面情绪、与陌生人打交道、做家务、理财、房屋维护、工作、与朋友保持联系、学习新事物)	BADL 16.5

续 表

组织单位	调查名称	时间	老年样本规模	覆盖地区	评估指标	失能率(%)
中国残疾人联合会	第二次全国残疾人抽样调查	2006 年	60 岁及以上老年人，35.49 万人	31 个省份	粗略评估生活自理能力和日常活动能力（生活自理、生活活动）	11.5
国家卫计委	第五次卫生服务调查	2013 年	60 岁及以上老年人，6.11 万人	31 个省份	BADL 粗略指标（生活起居、行走） 其他生理指标（听力、视力、说话）	BADL：11.6 听力：23.8 视力：25.2 说话：10.7
国家统计局	第六次全国人口普查	2010 年	60 岁及以上老年人，1 765.870 万人	31 个省份	粗略评估生活自理能力	2.95

注：① 调查选取了两组城市和地区，一组为长期护理保险制度试点城市，另一组选取经济和人口规模近似的城市作为对照组。因部分试点城市长期护理保险并未有实质性的进展以及数据获取方面的原因，于是从 15 个试点城市中去掉了 4 个，加上已经试行居家养老失能护理互助保险的北京市海淀区(对比为朝阳区)，最终形成了 24 个被调查地区。

② WHODAS 是世界卫生组织发布的残疾评估量表。

资料来源：CHARLS 调查失能率由笔者根据 CHARLS 2015 年原始数据库计算得出。CLHLS 与第二次全国残疾人抽样调查失能率数据来自张文娟：《中国老年人的失能水平到底有多高》，《人口研究》2015 年第 3 期，第 40 页；其他调查的失能率数据从各调查官方公布的调研分析报告中直接获得。

表，但量表中选择测量的内容与项目数量却有差别，致使这些全国性的大型调查未能得出统一的老年人口失能率结论（见表 7.1）。

表 7.1 中的八项全国性调查均为长期的追踪性调查，但限于篇幅，表中只列出了各项调查最近一年的数据信息。如表 7.1 所示，这八项调查关于 60 岁及以上老年人失能率的数据差异较大，从 2.95%至 35.8%不等。在这些调查中，由国家统计局进行的第六次全国人口普查，样本分布最广，覆盖了 31 个省份，样本规模最大，调查了约 1 765.870 万老年人口。然而由于未使用相关的老年人行为和活动能力量表，只是通过一个问题对老年人的生活自理能力进行粗略的评估，使老年人的失能情况被严重低估。其他几项调查大多都使用了国际上通行的用于评估老年人失能程度的 BADL 或 IADL 量表，且对失能率的统计都集中在 10%之上。在中国保险行业协会组织的长期护理调研中，根据 WHOADS 量表测量出来的失能率高达 35.8%，这是因为与 BADL 量表相比，WHODAS 量表范围更广，更加注重个体的社会属性。WHODAS 量表偏高的失能率揭示出老年人的学习与社交能力存在较多的问题。

由于八项调查之间数据统计差异较大，为了缩小样本差异性以及失能评定方法的差异性，得到一个相对准确的失能率范围，本章仅选取近 4 年来进行的四项全国性调查，即中国老年社会追踪调查（CLASS）、第四次中国城乡老年人生活状况抽样调查、2015 年中国健康与养老跟踪调查（CHARLS）、2017 年长期护理调研，作为考察老年人失能情况的依据。这四项调查除了在时间上更接近当下老年人的实际情况之外，它们均采用了 BADL 量表对老年人的失能程度进行评估，因而统计结果更为接近。此外，考虑到中国保险行业协会进行的长期护理调研并未使用 IADL 量表，因此，为了便于比较，表 7.1 与表 7.2 仅列出了四项调查中的 BADL 失能率。

表 7.2　近 4 年四项大型调查中老年人口 BADL 分程度失能率

调查名称	调查时间	轻度失能率（%）	中度失能率（%）	重度失能率（%）	总失能率（%）
中国老年社会追踪调查（CLASS）	2014 年	8.37	2.17	2	12.54
中国健康与养老跟踪调查（CHARLS）	2015 年	9.72	1.97	1.35	13.04
第四次中国城乡老年人生活状况抽样调查	2015 年	—	—	—	18.3
长期护理调研	2017 年	—	8.79	7.21	16.5

资料来源：CHARLS 的各项失能率由笔者根据调查数据计算得出；其他各项失能率来自各项调查官方公布的调研分析报告。

在缩小了全国性调查的比较范围之后，我国 60 岁及以上老年人口的 BADL 总失能率在 12.54%—18.3%之间(见表 7.2)。这四项调查的失能率之所以还存在不小的差距是因为，每项调查虽然都采用了 BADL 量表，但量表之间的项目设置不完全相同，更重要的是各项调查判定失能的标准并不一致。如中国老龄科研中心在中国城乡老年人生活状况抽样调查项目中的判断标准是：有 1—2 项 BADL 失能为轻度失能；3—4 项为中度失能，超过 5 项为重度失能；中国保险行业协会在长期护理调研中则是以得分在 10 分以上(至少有一项需要较大帮助)作为中度失能的标准，得分在 19 分及以上(至少有一项完全依赖他人)作为重度失能的标准。因此，各项大型调查如果能在以后的追踪研究中尽量统一测量项目以及失能判定标准，则能够为政策制定者提供更加准确的数据依据。

根据四项调查的数据所形成的失能率范围估算，中国目前 2.3 亿老年人口中失能老人的数量约为 2 884 万到 4 209 万人之间。其中，在较大程度上必须依赖长期护理服务的中度及重度失能老人规模约为 959 万人到 2 300 万人。当然，这些数据仅包括 BADL 测量出的失能老人，如果加上 IADL 测量出的失能人数，那么最终结果将大大高于现在计算出的失能老年人口规模。因此，2 884 万到 4 209 万人的规模只是对目前失能老年人口的最小估计。有学者预测，随着老年人口的不断增加，2032 年中国失能老人的规模将是 2014 年的 2 倍；到 2050 年，失能老人的规模扩大到 2014 年的近 3 倍。①失能老人群体如此庞大，意味着他们对于长期护理的需求不仅很迫切，而且多样化。因此，确切了解失能老人的需求，是保证长期护理服务有效性的前提，也是合理构建长期护理保障体系的重要条件之一。

二、失能老人长期护理服务需求分析

根据第四次中国城乡老年人生活状况抽样调查结果显示，2015 年，我国城乡老年人自报需要长护服务的比例为 15.3%，比 2000 年的 6.6%上升近 9 个百分点。从年龄段来看，79 岁及以下的老年人自报需要长护服务的比例为 11.2%，80 岁及以上老年人自报需要长护服务的比例为 41.0%，远高于中低龄老年人的长护需求。高龄老人是失能老人的主要组成部分，失能等级相对于中低龄老人较高，因此高龄

① 胡宏伟、李延宇、张澜：《中国老年长期护理服务需求评估与预测》，《中国人口科学》2015 年第 6 期。

老年人口规模的不断增加是造成我国城乡老年人自报需要长护服务比例迅速上升的主要原因。失能老人的长护需求除了呈现出快速增长的特征之外，在服务形式和服务内容方面也存在一定的差异，在此就失能老人的不同需求进行分析。

(一) 对不同护理形式的需求

按照政府官方文件中的划分方式，养老服务一般分为居家养老、社区养老与机构养老，相应地，失能老人的长期护理服务也可以分为居家护理、社区护理与机构护理。但是在实践中，居家护理服务与社区护理服务往往是紧密结合在一起的。因为居家护理需要以社区为依托，借助社区的资源，让失能老人在家中就可以享受到日常生活照料、医疗护理等长期护理服务；而社区护理虽然在社区中特别建立了日托中心、康复中心等托老照料的场所和机构，但老人在享受服务的同时主要还是居住在家中，或短期居住在社区的养老场所，家庭依然是老年人主要的生活场所。此外，社区护理也需要失能老人家庭、亲属的参与提供配合性的服务。因此，社区护理是居家护理服务社会化的延伸，而居家护理则是社区护理服务的重要补充。从这个意义上来说，居家护理与社区护理是一个你中有我、我中有你的，彼此融合的服务提供形式。在这一形式中，家庭和社区只是有着地理位置上的差别，两者涉及的服务内容应被作为一个整体来看待。与居家护理与社区护理比较，机构护理则相对独立，主要是指失能老人居住在养老机构接受全天候、全方位的长期护理服务。但这并不意味着机构护理与社区护理是完全分离的，有的社区为了方便失能老人就近入住，在社区里也设有小型养老机构，只不过这种以社区为平台的机构护理形式目前在中国并不多见。

鉴于居家护理与社区护理的不可分割性，老年人对不同护理形式的需求可以归纳为两个方面，即对居家与社区护理服务的需求和对机构护理的需求。

1. *居家与社区护理服务需求*

长久以来，中国的养老传统是以家庭为服务提供主体。虽然随着社会结构与家庭结构的变迁，家庭的照顾功能不断弱化，但老年人希望留在家中接受长期护理服务的意愿依然非常强烈。如表 7.3 所示，城市失能老人和农村失能老人希望在家里接受长护服务的比例分别高达 87.7%和 92.1%，而且随着失能程度的上升，这一比例并未随之下降。这说明，即使是在重度失能需要护理人员全天候服务的情况下，老年人还是希望能够在自己熟悉的家中接受照顾。此外，选择“白天在社区，晚上回家”的城乡老年人比例非常低，分别只有0.6%和0.9%，但这并不意味着老年人对诸如日间照料中心这样的社区托老机构和设施几乎没有需求。事实上，许多社区因为社会力量引入不足以及护理人员的匮乏等原因，使托老场所的运营处于半闲置状态，从而大大制约了失能老人的需求。

表7.3　城乡不同失能程度老年人的长期护理服务地选择意愿

（单位：%）

选　项	城市失能老年人				农村失能老年人			
	合计	轻度失能	中度失能	重度失能	合计	轻度失能	中度失能	重度失能
在家里	87.7	87.1	89.3	88.1	92.1	91.4	93.6	92.9
白天在社区晚上回家	0.6	0.9	0.7	0.1	0.9	1.2	0.4	0.7
在养老机构	6.0	5.1	6.2	7.4	3.4	3.6	3.0	3.3
视情况而定	5.6	6.9	3.7	4.4	3.5	3.9	3.0	3.1

资料来源：党俊武：《中国城乡老年人生活状况调查报告(2018)》，社会科学文献出版社2018年版，第161页。

2. 机构护理需求

虽然大部分失能老人都倾向于在家中接受长期护理服务，但也有少部分失能老人愿意入住养老机构，且城市老年人入住养老机构的意愿更强烈。如表7.4所示，在所有老年人中，大约有27.97%的城市老人表示有可能入住养老机构，而农村只有19.8%的老人愿意入住，这大概是由于城市养老机构无论在数量上还是质量上都要优于农村的原因。在城乡老年人愿意入住养老机构的原因中，“身体不好，需要有人照料”的比例最高，为17.28%，“孤独寂寞，需要有人陪伴”排在第二位，但比例只有2%，远低于前者，说明健康状况是影响老年人入住意愿最主要的因素，同时也反映出当前我国城乡养老机构的功能主要聚焦于健康照顾，而在老年人精神慰藉等其他养老需求方面并不能提供有吸引力的服务。

表7.4　城乡老年人入住养老机构原因分析　（单位：%）

入住养老院意愿	城　乡		合　计
	城市	农村	
身体不好，需要有人照料	24.20	10.20	17.28
孤独寂寞，需要有人陪伴	2.10	1.40	2.00

续表

入住养老院意愿	城乡		合计
	城市	农村	
出现家庭矛盾	1.10	1.00	1.11
为了换个居住环境	0.80	0.30	0.46
无论如何都不会去	64.40	80.20	72.03
其他	7.40	7.00	7.11

资料来源:中国人民大学老年学研究所:《中国老年社会追踪调查(CLASS)》,2014年,第45页。

(二) 对不同护理内容的需求

根据第三章中关于长期护理服务内容的归纳,失能老人在以下五个方面存在差异化的需求。

1. *日常生活照料服务需求*

在失能老人的长期护理需求中,生活照料是最基本的需要。具体来说,日常生活照料包括两个层面的服务:一是基本生活照料,即对BADL功能丧失的老人提供的服务,如行走、上下床、穿衣、吃饭、移位、如厕、洗澡等方面的照料;二是复杂生活照料,即对IADL功能丧失的老人提供的服务,如购物、家务、洗衣、理财、备餐、使用交通工具、使用电话和服药等方面的照料。

首先,如图7.1所示,在基本生活照料的六种主要服务中,需求最高的是"帮助洗澡"(助浴),有78.64%的失能老人需要这项服务,几乎是其他服务需求的2倍甚至更高。"帮助吃饭"(助餐)需求最少,其他四项服务需求差别不大。从图7.1中各项需求比例的分布可知,对大部分失能老人来说,六项基本生活自理活动按难易程度排列依次是,洗澡、走动、如厕、上下床、穿衣、吃饭。失能程度越严重的老人对基本生活照料服务的需求就越高。

其次,在复杂生活照料方面,如图7.2所示,将近90%的失能老人需要"帮助做饭",87.1%的失能老人需要"帮助使用电话",即使是需求最少的"帮助购物"项目,也有高达62.8%的失能老人需要这项服务。相比基本生活照料服务来说,失能老人对复杂生活照料的需求更大,这说明大部分失能老人都不具备复杂生活的能力,需要依靠别人的帮助才能保证日常生活的顺利进行。因此,在长期护理服务体系中，复杂生活照料服务是失能老人急需且不可或缺的重要内容。

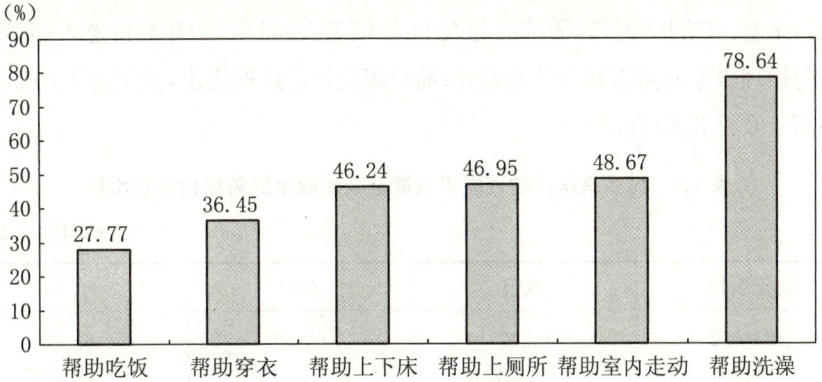

资料来源：《2010 年中国城乡老年人口状况追踪调查》。

图 7.1　失能老人对基本生活照料服务项目的需求

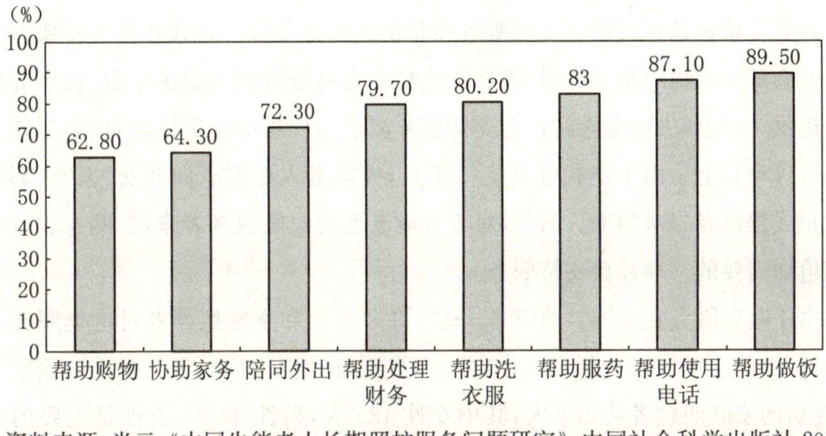

资料来源：肖云：《中国失能老人长期照护服务问题研究》，中国社会科学出版社 2017 年版，第 107—108 页。

图 7.2　失能老人对复杂生活照料服务项目的需求

2. 医疗护理服务需求

医疗护理服务主要包括各类慢性病的护理和治疗后的康复护理，是维持和改善失能老人健康状况的重要服务内容。从城乡失能老人的总体需求来看，45.97% 的城镇失能老人需要医疗护理服务，而农村失能老人的需求比例为 81.93%，[1]大大

① 吕晓莉：《中国城乡失能老人长期照料需求比较研究》，中国社会科学出版社 2016 年版，第 101 页。

高于城镇老年人。城乡需求的巨大的差异反映出医疗资源城乡分布的极度不平衡,匮乏的医疗资源使农村失能老人更加需要可及的医疗护理服务。从具体的服务项目来看,在有医疗护理需求的老人中,城镇老人(62.57%)和农村老人(62.52%)对上门护理服务的需求基本没有差异;而对康复性治疗的需求,城镇老人(61.33%)则略高于农村老人(59.8%)。

表 7.5 城乡有医疗护理需求失能老人对健康服务项目需求比较

(单位:%)

服务项目	城镇	农村	合计
上门护理	62.57	62.52	62.53
康复治疗	61.33	59.80	60.16

资料来源:《2010 年中国城乡老年人口状况追踪调查》。

3. 社会支持服务需求

社会支持包括正式社会支持服务和非正式支持服务。正式社会支持服务主要由居委会等正式组织负责提供,而非正式社会支持服务则主要由家庭、社区邻里等自发提供。目前,失能老人的社会支持服务需求主要集中在健康教育、老年辅具用品租赁等项目上。由于正式社会支持不足,失能老人更愿意向儿女、亲戚、邻居这些非正式提供者寻求帮助。另外,对于失能老人的家庭照顾者来说,喘息服务则是他们迫切需要的一项社会支持服务。

由于喘息服务在全国并未普遍开展,许多老人和家庭照顾者对这类服务认知度较低,因此这里仅以杭州市西湖区的喘息服务为例进行分析。在这一地区个案中,受访的家庭照顾者共 203 人,其中女性 135 人,男性 68 人,女性是主要的家庭照顾者。调查数据显示,65.5%的家庭照顾者已经照顾失能老人 1—5 年的时间,69.4%的照顾者每周需照顾 5—7 天。59.6%的家庭照顾者不存在轮流照顾的情况,68%的照顾者表示不能独立照顾失能老人,且有 44.3%的照顾者无人与其分担。此外,40.4%的家庭照顾者自身也患有不同程度的疾病。从以上这组数据可以看出,家庭照顾者不仅服务负担重,而且大部分人处于十分无助的境地。因此,当杭州市西湖区向家庭照顾者提供喘息服务时,高达 92.1%的人选择使用这项服务。①

① 涂骁玲:《居家式喘息服务的利用分析及对策研究——以杭州市西湖区为例》,杭州师范大学,2015 年,第 20—21 页。

专栏 7.1　南京"喘息服务"帮忙照料重病老人让家属喘口气

"你去吧,我们来照顾他,你放心好了。"养老护理员进门后,给老人量血压、按摩,负责照看……老人的儿子则外出忙事情去了。这就是将在南京首试的"喘息服务",定期委派护理人员去失智老人家里帮忙,让家属能有"暂时休假"的机会。

7 月 23 日,《现代快报》记者了解到,南京市鼓楼区心贴心老年人服务中心目前正在全市范围接受失智老人家庭的报名,将挑选 100 户家庭免费提供"喘息服务",由政府相关部门提供资金支持,开展试点。江苏省老龄办主任夏春青接受《现代快报》采访时表示,这项充满人性化的服务又被喻为"养老救火队"——哪里有火,就去哪儿救急,接下来将在全省推广。

独自照顾病母,靠吃甜食排解压力

"家里好乱,爸爸刚走,好多事都要处理。"见到陈女士时,她满脸倦容,眼窝深深地凹陷,眼里布满血丝,她已经好几天没怎么睡了。陈女士的妈妈今年 79 岁,患有老年痴呆快 3 年了,病情已到了中期。不久前,她的父亲,整个家的支柱,最终在癌症面前倒下。原本,陈女士的妈妈一直由陈女士的父亲照顾。"我妈妈的情况还算好的,她属于文静型,不吵不闹,但是经常喜欢坐马桶,一坐就是大半天。"由于公司离家远,陈女士每天 4 点就得起来上班,下班回家后收拾家务,为老人整理第二天的饭菜,一直要忙到夜里十一二点她才能睡下。陈女士说,父亲在世时,常常跟她抱怨。"有时候我上班打电话问问情况,爸爸都会挺崩溃,我妈妈又拉在裤子上了。""自从妈妈生病以后,爸爸的压力就越来越大,身体也开始每况愈下。"陈女士说,父亲在 5 月份查出癌症,当时医院、家里两头都需要人,她实在分身乏术。便联系了心贴心老年人服务中心,订了几天喘息服务。"有一个护工来家里帮我看着妈妈,带她下楼转转,陪她做做游戏疗法,我才能到医院照顾爸爸。"7 月 9 日,陈女士的爸爸去世。

陈女士说,她缓解压力的方法就是吃甜食。每天夜里忙完后,她就吃冰淇淋、蛋糕,原本 90 斤的体重现在长到 108 斤。"我也希望能有时间做点自己的事,但妈妈得有人看着,我只能在家照顾她。"

防止痴呆老伴出走,门锁换了好几次

走进板仓街49号,敲开汤奶奶的家门。汤奶奶的丈夫、80岁的杨大爷躺在床上,见有人来,杨大爷举起手摆摆,含糊地说:"你好啊,好啊!""时好时坏,好的时候正常得不得了。"汤奶奶说。杨大爷患有老年痴呆,病情来袭仿佛就是一瞬间的事。汤奶奶清晰地记得,那是2015年4月21日,老伴在夜里毫无征兆地突然消失。"凌晨4点多,我醒来发现老头子不在了,以为他是上厕所,可是找了一圈发现不对,人不见了。"汤奶奶赶紧叫醒小儿子一家,大家在小区周围找了一圈,之后调出小区监控,发现他在1点多就从小区出去了。一家人直到早上7点多才把人找回来。

此后,杨大爷的病症一一显现出来:大小便失禁,衣裳换不停;有时在家大哭"找妈妈";拆了家里的电线,把整栋楼都搞停电了……他的身边完全离不开人。"一没人看着,人就跑了,这两年已经跑了四次。"汤奶奶说,"老伴白天睡觉,晚上就像一条龙翻箱倒柜。不然就玩尿盆、玩垃圾,四处大小便。"为了防止老伴夜里偷跑,家中的前后门换了好几次锁,加固了一次又一次。

而汤奶奶自己也是癌症患者,和病魔斗争了24年。"我生病的时候都是他照顾我的,现在他病了,我照顾他是应该的。也有想过送到养老院、护理院,但是家里没有那个条件,也舍不得。"汤奶奶申请了喘息服务,她指指肋骨旁一个凸起的大包说:"我现在身上还有很多良性肿瘤,也想去医院看看,可是没时间。牙齿不行了,吃不了东西,也没时间去看。他这病一刻都离不开人,但我也需要一点时间做自己的事……"

帮忙照料,让家属暂时放个假

像陈女士、汤奶奶这样的家庭还有很多。照料的家属身心俱疲,他们需要一点喘息的空间和时间。

"喘息服务"在南京首次开展试点,项目一推出就受到了很多家庭的欢迎。7月初报名刚启动,就有10户失智症患者家庭报名,6户家庭通过评估。该项目负责人袁晓冬介绍,"喘息服务"是定期委派专业人员到患病的老人家里帮忙照料,或是把老人接到具备照料能力的养老院或居家养老中心。两种模式的最终目的,都是让长期照料失能老人的家属或残疾人家属能喘口气,歇一歇再启程。

随着老龄化越来越突出，失能、失智老人越来越多。但很多独子独女家庭，平时承受着工作和生活压力，无法照顾老人。再加上病程一般长达8—15年，家属照顾这样的老人，往往精疲力竭，在重压下产生身心疲惫、精神压抑等状况，也很难抽身去办其他事务。"'喘息服务'能够给病人家属'放个假'，使其暂时抽身、减缓压力、处理自己的事。"

挑选100户家庭提供免费"喘息服务"

据了解，鼓楼区心贴心老年人服务中心提供"喘息服务"上门陪护的护工都具有中级护理员以上的资质。另外，他们也正在将居家养老点、养老院联系在一起，让家门口的养老机构为家属提供"喘息服务"。接下来，有需求的家庭报名后，将安排社工、护理人员上门为老人评估病情轻重，了解家属的需求，并从中挑选100户家庭免费为这些家庭提供"喘息服务"。"喘息服务"要做好，未来的路还很长。国内，一些走在养老服务前列的城市，如上海、杭州等，已在"机构喘息"与"居家喘息"上试水，由政府买单，为失能老人家属减负。

"喘息服务"的需求面很大，但要满足这么大的需求，面对的困难也很多。现在，南京开始这个项目的服务，也是摸着石头过河，初期能惠及的人群也是有限的，资金、人力、专业知识……很多方面都存在困难，因此实施初期可能会限定服务区域，目前只能限定在失智老人。"希望家属们能和我们一起克服，帮助我们积累经验，探索出'喘息服务'的标准化流程。将来，我们也希望更多的人、更多的机构、医院以及政府部门参与进来，提供更多的资源支持，让'喘息服务'更完善，惠及更多人群。"

资料来源：《现代快报》，http://js.qq.com/a/20170724/010394.htm。

4. 精神慰藉服务需求

第四次城乡老年人生活状况调查数据显示（见表7.6），全国有30.2%的老年人有时会感觉孤独，6.3%的老年人经常感觉孤独；而且随着健康状况的下降，老年人的心理孤独感也随之加深，其中健康程度非常差的老年人有时或经常感觉孤独的比例高达41.2%和21.8%，说明他们经常感到无人陪伴、被忽视或被遗忘。与城市老年人相比，农村老年人的心理孤独感更加强烈，这可能和农村娱乐文化设施相对较少，且大部分青壮年劳动力外出务工有关。

表 7.6　不同健康程度老年人孤独感状况　　(单位:%)

频率	地方	健康程度			合计
		一般	比较差	非常差	
经常	城市	3.8	9.4	19.5	4.6
	农村	6.3	12.6	23.3	8.2
	全国	5.0	11.2	21.8	6.3
有时	城市	27.0	38.4	40.2	25.3
	农村	37.5	43.5	41.9	35.6
	全国	32.0	41.3	41.2	30.2

资料来源:党俊武:《中国城乡老年人生活状况调查报告(2018)》,社会科学文献出版社2018年版,第402页。

精神慰藉是缓解孤独感的有效手段。据统计,城市失能老年和农村失能老人对聊天解闷这一精神慰藉服务的需求比例分别为24.4%和47.91%。[①]有着更强烈孤独感的农村老人对这一服务的需求约为城乡老年人的两倍,反映出农村老人更倾向于这种传统的慰藉方式。当然,聊天解闷只是精神慰藉服务的一种形式,电话问安、心理咨询、社会参与等服务也可以在一定程度上消解孤独感。但由于统计数据的缺失,在此无法把城乡老年人精神慰藉的全部需求一一展现出来。

5. 临终关怀服务需求

临终关怀服务为即将离世的老人提供舒缓治疗与心理安慰,帮助他们克服对死亡的恐惧,有尊严、安详地离世。据统计,共有76.4%的失能老人非常需要、需要或是较为需要临终关怀服务(见图7.3)。老年人对于死亡的态度已不像过去那样避讳,绝大多数老年变得较为开放,并开始尝试接受新的离世方式,认为临终关怀服务将有可能帮助他们走得更舒适安详。

从子女数量与失能老人临终关怀需要的交叉关系来看(见图7.4和图7.5),不论是中低年龄组(60—79岁)还是高年龄组(80岁及以上),只有一个子女的失能老人对临终关怀服务的需求最高,分别为100%和83.3%,说明只有一个子女的老人与多子女老人相比,更容易成为空巢老人,失能带给他们的无助感更甚于其他老人,因此对临终关怀服务需求较为强烈。目前我国只有一个子女的老年人不多,大

① 吕晓莉:《中国城乡失能老人长期照料需求比较研究》,中国社会科学出版社2016年版,第142页。

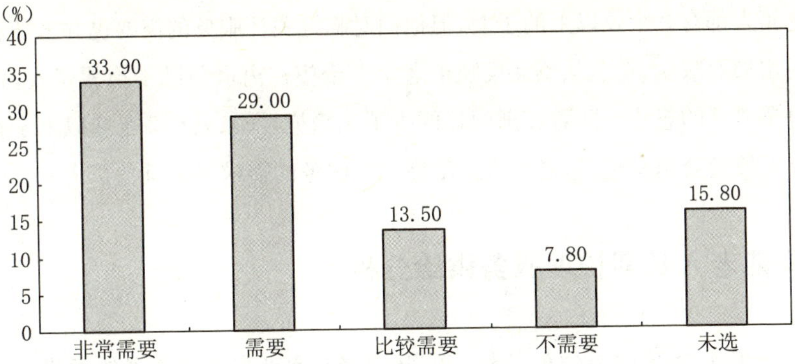

资料来源:肖云:《中国失能老人长期照护服务问题研究》,中国社会科学出版社 2017 年版,第 107—108 页。

图 7.3　失能老人对临终关怀服务的需求

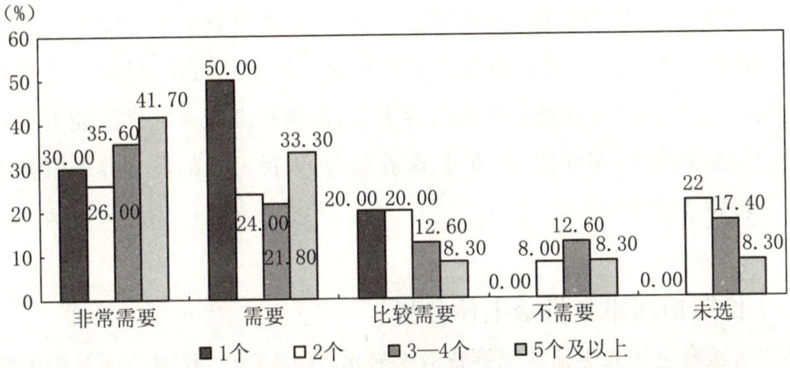

资料来源:肖云:《中国失能老人长期照护服务问题研究》,中国社会科学出版社 2017 年版,第 129 页。

图 7.4　不同子女数量的失能老人(60—79 岁)对临终关怀服务的需求

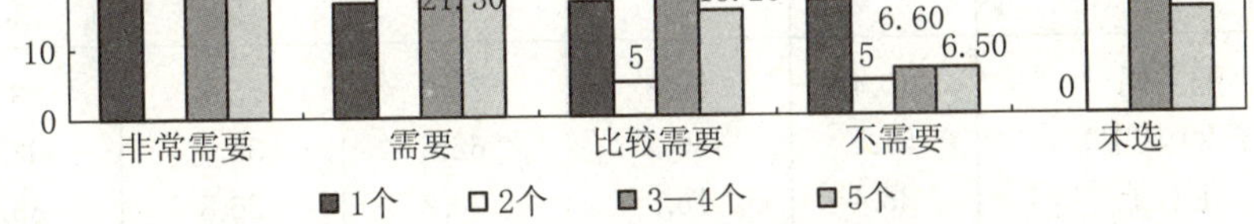

资料来源:肖云:《中国失能老人长期照护服务问题研究》,中国社会科学出版社 2017 年版,第 129 页。

图 7.5　不同子女数量的失能老人(80 岁及以上)对临终关怀服务的需求

多数老年人都有2个及以上的子女，但他们对临终关怀服务的需要也并未随着子女数量的增加而减少，这也从侧面反映出老年人希望在离世前既不拖累子女，自己又能有尊严离开的想法。随着逐渐明显的少子化趋势，未来只有2个或以下子女的失能老年人数量会越来越多，老年人对临终关怀服务的需求将会日益扩大。

三、失能老人长期护理服务供给分析

2017年，国家发改委公布《"十三五"国家老龄事业发展和养老体系建设规划》，明确指出我国老龄事业和养老体系的发展目标之一是："居家为基础、社区为依托、机构为补充、医养相结合的养老服务体系更加健全。养老服务供给能力大幅提高、质量明显改善、结构更加合理，多层次、多样化的养老服务更加方便可及。"这一目标的实现将使失能老人的长护服务需求得到充分满足。然而，目前无论是从长期服务的供给主体、供给形式还是供给内容来看，长期护理服务的供给能力都存在较大不足。构建多层次、多样化、高质量、医养结合、人民可及的健全养老服务体系还有很长一段路要走。

（一）长期护理服务供给主体分析

第四次城乡老年人生活状况调查数据显示（见表7.7），我国94.6%的失能老人依靠配偶、子女或其他亲属提供长期护理服务；只有5.4%的失能老人享受了来自医疗护理机构、养老机构、家政服务人员或其他人员提供的照料。由此可见，不论在城市和农村，家庭成员都是长期护理服务的主要提供者，社区、长护机构、社会组织等正式社会支持网络尚无力为失能老人提供充分的服务保障。

表7.7　分城乡失能老年人长期护理服务供给主体构成　（单位：%）

长护服务主体	城乡	城市		农村	
		男	女	男	女
配　偶	40.4	59.3	25.3	55.1	33.2
子女（其中）	51.5	30.3	62.8	38.4	63.3
儿　子	28.4	16.9	30.2	26.8	35.6
儿　媳	11.3	3.3	13.5	6.9	17.5
女　儿	11.5	9.8	18.8	4.2	9.9

续 表

长护服务主体	城乡	城市		农村	
		男	女	男	女
女　婿	0.3	0.3	0.4	0.5	0.3
其他亲属	2.7	2.2	2.2	5.0	2.2
医疗护理机构人员	0.3	0.6	0.5	0.0	0.0
养老机构人员	1.0	1.3	1.6	0.7	0.2
家政服务人员	3.9	6.2	7.3	0.6	0.9
其他人	0.2	0.1	0.3	0.2	0.3

资料来源：党俊武：《中国城乡老年人生活状况调查报告(2018)》，社会科学文献出版社2018年版，第159页。

在家庭这一非正式服务提供者的构成中，城乡既有一定的相似性，又存在较为显著的差异。相似性表现为男性失能老人主要依靠配偶提供照顾(59.3%，55.1%)，且比例大大高于女性(25.3%，33.2%)；而女性失能老人则主要依靠子女提供照顾(62.8%，63.3%)，且比例大大高于男性(30.3%，38.4%)。这说明在老年夫妻中，妻子是照料服务的主要承担者；而失能女性得到的照料服务主要来自子女，可能是因为女性平均寿命高于男性，处于丧偶状态的女性多于男性，或者部分男性缺乏照料能力所致。此外，与女儿相比，儿子在照顾失能父母的工作中都体现出支柱作用。城乡家庭照顾的差异性主要表现为，城市失能老人的女儿(9.8%，11.8%)对父母的照料多于农村的女儿(4.2%，9.9%)，而农村老人对儿媳照料(6.9%，17.5%)的依赖则高于城市(3.3%，13.5%)。以上数据说明，"养儿防老"的传统观念依然是目前失能老人得到家庭照料的主要伦理依据，子女都是照料服务的重要提供者，但儿子比女儿承担了更多的照料责任。特别是对农村老人而言，是否有儿子关系着他们的老年生活能否得到保障，传统的养老模式能否得到延续的问题。

在家庭照料之外，城市失能老人得到的社会正式护理服务要多于农村老人。如表7.7所示，农村失能老人没有享受到医疗护理机构的服务，所获得的养老机构服务以及家政人员服务也比城市老人要少，特别是家政服务，城乡获得服务的比例差距竟超过8倍。这显示出医疗护理服务资源以及日常照料服务资源在城乡的可及性存在着巨大的不平衡，农村长护服务供给主体过于单一，正式的长期护理服务比城市更为匮乏。

(二) 养老机构长期护理供给能力分析

1. 养老机构的供给规模

近年来,随着我国老年人口数量不数扩张,一般性养老机构①的数量却呈现逐年下降趋势。如图 7.6 所示,2011—2016 年间,一般性养老机构减少了 29%,约 1.2 万家。特别是在 2014 年,仅一年时间,全国一般性养老机构就比 2013 减少了约 9 000 家。然而,在一般性养老机构不断萎缩的同时,社区养老服务机构和设施

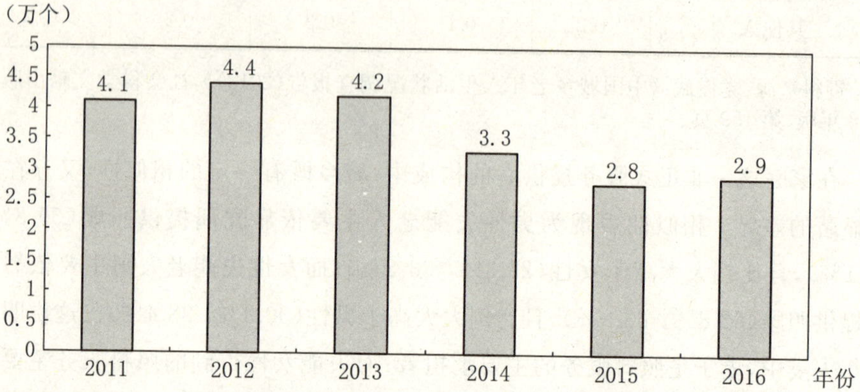

资料来源:民政部《社会服务发展统计公报》(2011—2016 年)。

图 7.6　2011—2016 年中国一般性养老机构数量

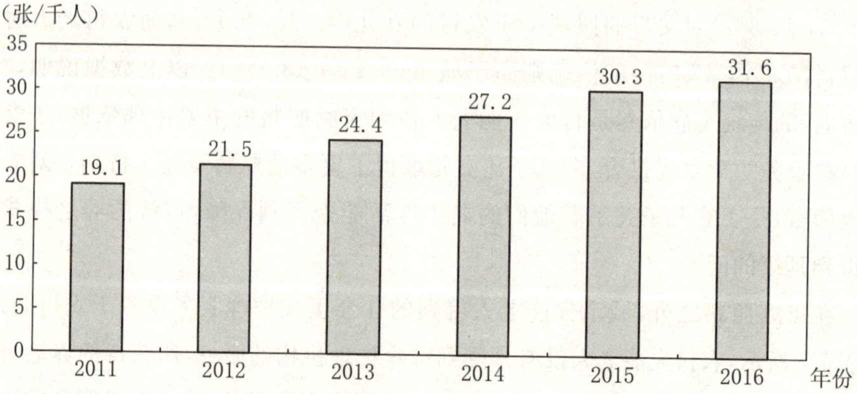

资料来源:民政部《社会服务发展统计公报》(2011—2016 年)。

图 7.7　2011—2016 年中国每千名老年人所拥有的床位数

① 为了区别于社区养老服务机构和设施,此处将所有非社区养老机构都界定为"一般性养老机构"。

（包括日间照料机构、老年康复机构等）的数量却在飞速增长。因此，即使一般性养老机构数量持续下降，社区长期护理服务的兴起依然保证了老年人护理床位的有效扩张。如图 7.7 所示，2011—2016 年间，每千名老人拥有的床位数从 19.1 张增加至 31.6 张，增长了约 65%。

2. 养老机构的供给分布

全国老龄办"全国民办养老服务机构基本状况调查"数据显示，中国民办养老服务机构则呈现"东丰西瘠"的地域分布特征，东部省市拥有的民办养老服务机构数量普遍多于中、西部省市。

从城乡分布来看，养老服务机构总体"城市少，农村多"，但民办养老机构则是"城市多，农村少"。2011 年，中国养老服务机构中农村养老机构所占比例为 85.1%，城市仅为 14.9%。而从民办养老机构的情况来看，76%的民办养老服务机构位于城市，24%的养老机构位于农村。①养老机构的城乡分布出现如此独特的规律是因为：第一，农村普遍建立了面向"五保"老人的集中供养制度，为了实现集中供养，农村地区大多数乡镇都设有公立的敬老院；而城市中没有面向低收入孤寡老人的集中供养制度，这些老人只能申请入住公办养老机构，所以城市公办养老机构数量没有农村那么多，但是提供服务的质量却高于农村。第二，民办养老机构的收费标准高于公办养老机构，农村老年人收入普遍较低，能够承担民办养老机构服务费用的老年人规模较小；而城市老年人的平均收入比农村老年人高，因此民办养老机构在城市中能够得到更快的发展。

3. 养老机构服务人员构成

护理人员和医护人员是养老服务机构中最重要的人力资源，但就目前情况来看，中国养老机构中却普遍存在医护人员数量少、学历低，护理人员年龄大、职业技能差的现象。据统计，中国民办养老机构中管理人员、医护人员、护理人员、后勤人员的比例约为 3∶2∶9∶3，医护人员的比例最低，仅为 12%左右，而且 70%以上的护士只有中专或以下学历。护理人员的比例虽然最高，约占到全部人员的一半（53%）以上，但 40 岁及以上护工的比重高达 66%左右，②且大部分没有获得护理服务的专业证书，服务质量堪忧。

---

① 吴玉韶、党俊武主编：《中国老龄产业发展报告（2014）》，社会科学文献出版社 2014 年版，第 129 页。

② 同上书，第 133 页。

(三) 居家与社区长期护理服务供给能力分析

1. *居家与社区长期护理机构的供给规模与分布*

如前文所述，近年来以社区为依托的养老服务机构和设施数量飞速增长。2014 年，全国共有社区养老服务机构和设施 1.8 万个，2016 年增长至 3.5 万个，①增幅高达 94%，说明以社区为依托，连接家庭与一般养老机构社区护理服务得到了前所未有的重视，社区提供长期护理服务的能力逐步增强。

从服务机构的城乡分布来看，民政部 2017 年第三季度公布的全国社会服务统计数据显示(见图 7.8)，全国大部分省份的农村社区养老机构和设施的数量多于城市。此外，社区互助型养老设施也表现出明显的城乡差异，有的省份农村拥有社区互助型养老设施，但城市却没有，如黑龙江、海南等(见图 7.9)；在大多数省份，农村社区互助型养老设施的数量远远高于城市，如河北农村的互助型养老设施 31 172 个而城市仅有 611 个，陕西农村有互助养老设施 3 611 个而城市仅有 315 个，甘肃农村有互助养老设施 2 620 个而城市只有 277 个。②城乡悬殊的设施数量差异说明

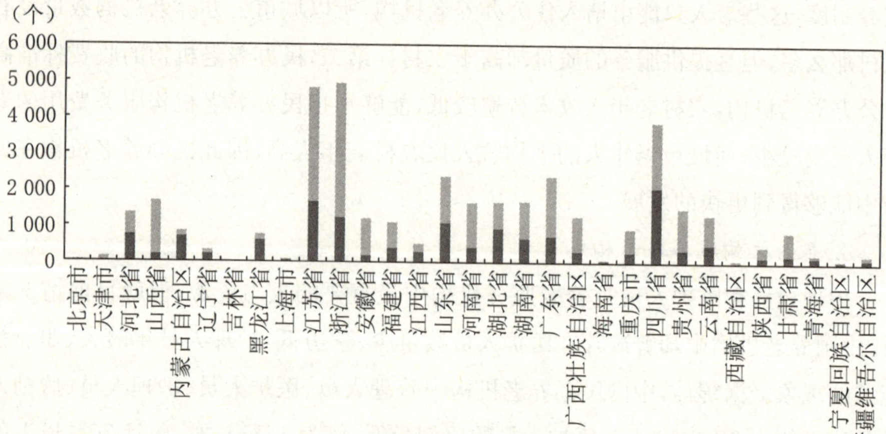

注：本章图表不包含港澳台地区资料。下同。

资料来源：民政部：《全国社会服务统计季报(2017 年第三季度)》。

图 7.8　2017 年全国各省份城乡社区养老机构与设施数量对比

---

① 民政部：《社会服务发展统计公报》(2014—2016 年)。

② 民政部：《全国社会服务统计季报(2017 年第三季度)》。

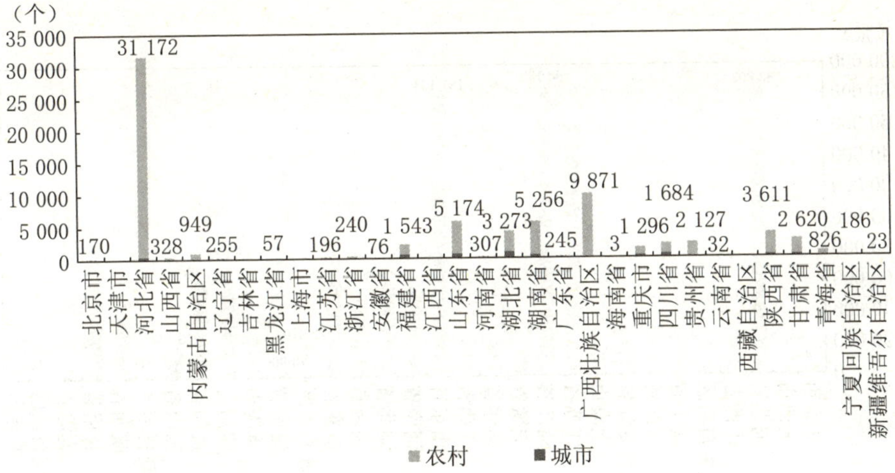

资料来源:民政部:《全国社会服务统计季报(2017年第三季度)》。

图7.9 2017年全国各省份城乡社区互助型养老设施数量对比

互助养老在农村得到了更为广泛的发展,这可能是因为,第一,农村老年人口收入比城市老人低,互助养老这种成本较小的照料模式更容易被农村老人接受;第二,相比城市的陌生人社会来说,农村偏向于熟人社会的特点使居住在同一社区之中的人们更容易彼此信任,并形成大家共同接受的行动规则。这是互助养老运行的基础,因此互助养老在农村更容易找到生长的土壤。

从服务机构的省际分布来看,社区养老机构的床位规模呈现出不均衡的局面。社区养老机构可提供的床位一般分为两种,一种仅负责日间照料,另一种则可以提供全天候的留宿照料。社区日间照料床位最多的是河北省,可提供床位183 803张,最少的是西藏,仅有日间照料床位1 941张,其次是宁夏和吉林,分别有床位3 010张和3 663张(见图7.10)。床位规模超过10万张以上的仅有河北、江苏、浙江、山东、广东5个省,大多省份的日间照料床位规模在1万至7万张之间,而小于1万张规模的则有9个省份。社区留宿照料床位的省际分布差异比日间照料略微小一些。全国社区留宿照料床位最多的是山东省,拥有192 582张床位,最少的3个省依然是西藏、吉林和宁夏,分别只有204张、853张和1 871张(见图7.11)。床位规模超过10万张的有7个省份,大多数省的床位规模在1万到10万之间,小于1万张规模的则有8个省份。

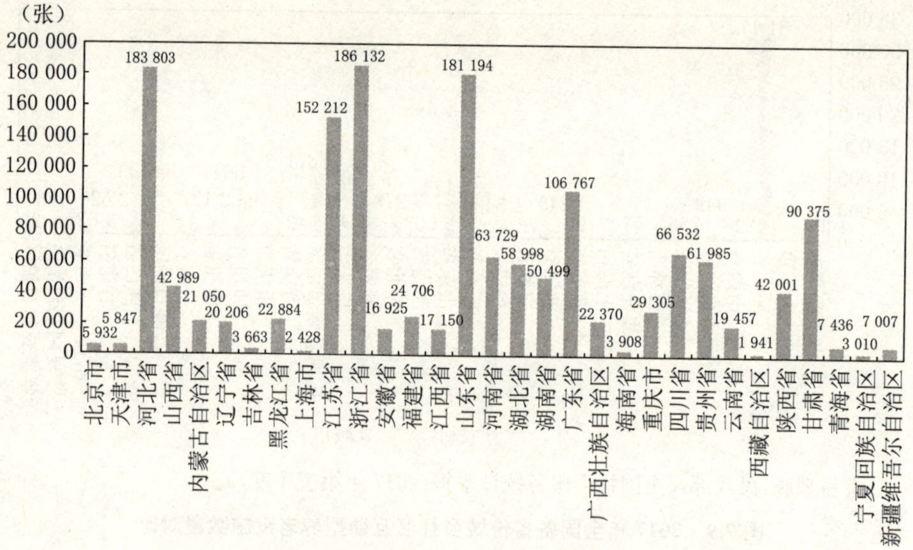

资料来源:民政部《全国社会服务统计季报(2017 年第三季度)》。

图 7.10　2017 年全国各省份社区日间照料床位数量

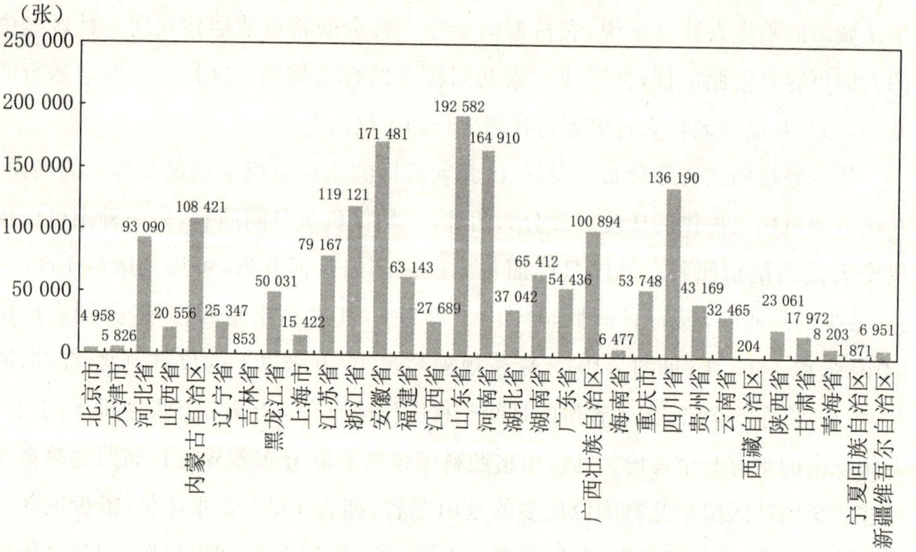

资料来源:民政部《全国社会服务统计季报(2017 年第三季度)》。

图 7.11　2017 年全国各省份社区留宿照料床位数量

2. 居家与社区长期护理的供给内容

目前，中国居家与社区长期护理服务的供给包括五个方面：生活照料、医疗护理、社会支持、精神慰藉、临终关怀。第四次中国城乡老年人生活状况抽样调查结果显示，在生活照料服务中(见图 7.12)，仅有 15.6%和 15.2%的社区能够提供托老和家政服务，而能够提供老年餐桌和陪同购物的社区则更少，仅占 5.9%和 2.2%。即使在能够提供生活照料服务的社区，其服务内容也并不充分，如失能老人需求量较大的上门助浴、帮助穿衣、帮助如厕等服务都十分缺乏。

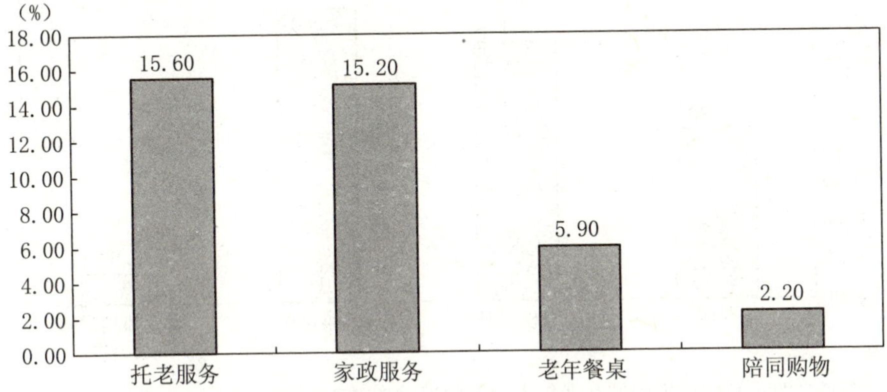

资料来源：《第四次中国城乡老年人生活状况抽样调查》，2016 年。

图 7.12　居家和社区生活照料服务的供给

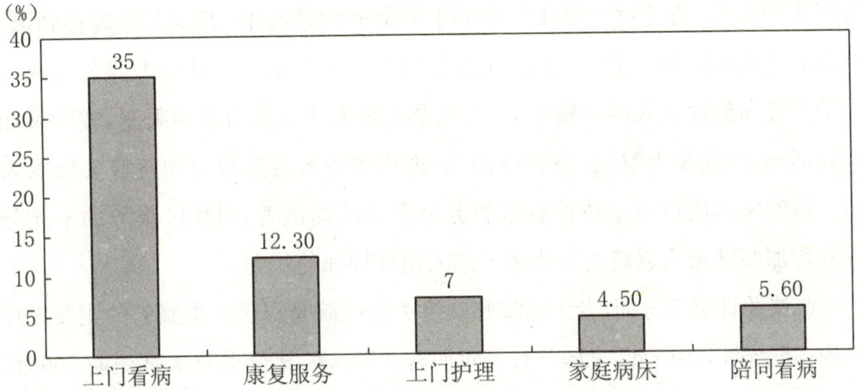

资料来源：《第四次中国城乡老年人生活状况抽样调查》，2016 年。

图 7.13　居家和社区医疗护理服务的供给

在医疗护理方面,约有35%的社区可以提供上门看病的服务,占比最高,其次是康复服务(12.3%)。对于失能老人来说,慢性病护理与康复护理是最急需的服务内容,但却只有7%和12.3%的社区分别能提供这两项服务。

在社会支持服务方面,最多社区(37.5%)提供的服务是健康讲座,其次是维权服务(33%),能够为失能老人提供康复辅具租赁或出售服务的社区只占3.9%。失能老人家庭迫切需要的喘息服务在调查的样本社区中并未出现。

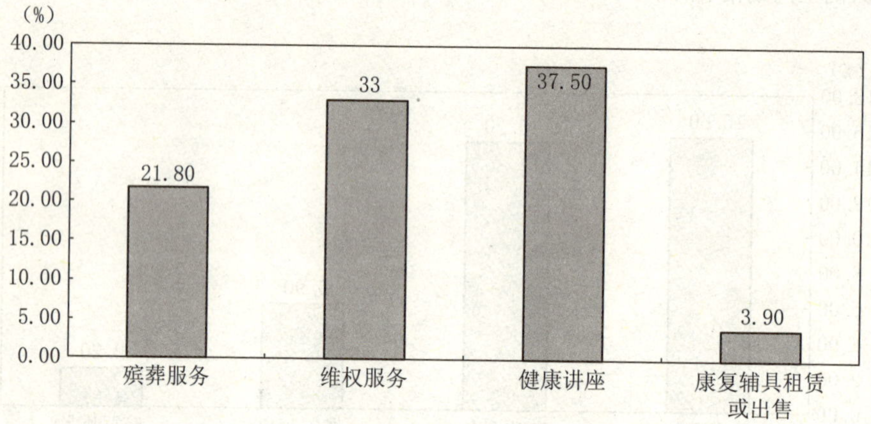

资料来源:《第四次中国城乡老年人生活状况抽样调查》,2016年。

图7.14 居家和社区社会支持服务的供给

在精神慰藉服务方面,15.5%的社区有心理咨询服务,但能提供聊天解闷服务的社区不到2%。在家庭空巢化的趋势不断加剧的情况下,老年人普遍感到孤独,而且随着失能程度的上升,这种孤独和无助感也随之增加。目前大部分社区开展较多的是面向健康老人的文娱活动,失能老人因为活动能力受到限制,较少参加各种文娱活动,因此聊天解闷、心理咨询、心理热线等服务形势更加符合失能老人的需求。虽然家庭成员应是精神慰藉服务最重要的提供者,但社区服务的不充分或缺失易使那些被家人忽略的失能老人陷入精神抑郁的状态。

在临终关怀服务方面,老年医院和临终关怀医院是提供这类服务的主要医疗护理机构。据统计,2015年,全国共有老年医院2 576家,老年临终关怀医院706家。①

① 《中国城市养老指数蓝皮书》课题组:《中国城市养老指数蓝皮书2017》,中国发展出版社2017年版,第127页。

从地域分布来看(见图 7.15),2015 年全国老年医疗护理机构规模排前五位的依次是四川、江苏、黑龙江、湖南、河南,排名靠后的 5 个省份依次是青海、西藏、宁夏、海南、内蒙古。其中,西藏和青海的老年医疗护理机构数量为零,既没有老年医院,也没有临终关怀医院。此外,内蒙古、吉林、海南没有临终关怀医院,宁夏则没有老年医院。老年医疗护理机构的分布之所以会呈现出巨大的地区差异,是因为各地区老龄化程度不同,经济发展水平不同,从而导致了各地政府在长期护理服务的投入与建设方面的差异。

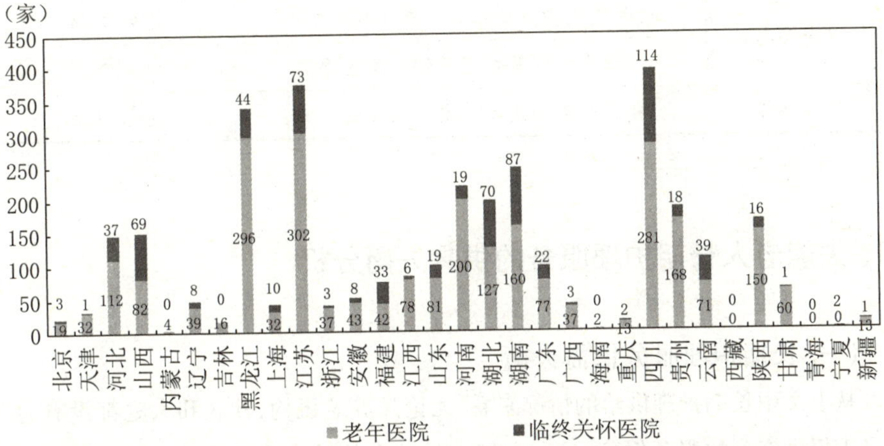

资料来源:《中国城市养老指数蓝皮书》课题组:《中国城市养老指数蓝皮书 2017》,中国发展出版社 2017 年版,第 127 页。

图 7.15 2015 年全国各省老年医疗护理机构数量

专栏 7.2 “十三五”期间国家老龄事业发展和养老体系建设主要指标

类 别	指 标	目标值
社会保障	基本养老保险参保率	达到 90%
	基本医疗保险参保率	稳定在 95%以上
养老服务	政府运营的养老床位占比	不超过 50%
	护理型养老床位占比	不低于 30%

续 表

类　别	指　　标	目标值
健康支持	老年人健康素养	提升至10%
	二级以上综合医院设老年病科比例	35%以上
	65 岁及以上老年人健康管理率	达到70%
精神文化生活	建有老年学校的乡镇(街道)比例	达到50%
	经常性参与教育活动的老年人口比例	20%以上
社会参与	老年志愿者注册人数占老年人口比例	达到12%
	城乡社区基层老年协会覆盖率	90%以上
投入保障	福彩公益金用于养老服务业的比例	50%以上

四、失能老人长期护理服务的供需失衡分析

(一) 长期护理服务供需失衡

从上文中长期护理供给的情况来看，无论是养老机构、社区和家庭都没有为失能老人提供充分的服务保障，且存在较大的城乡差异或地区差异。中国保险行业协会发布的《2017 中国长期护理调研报告》显示(见图 7.16)，不同年龄段的老人需要护理服务的比例与得到服务的比例之间存在较大的缺口，一半以上的失能老人

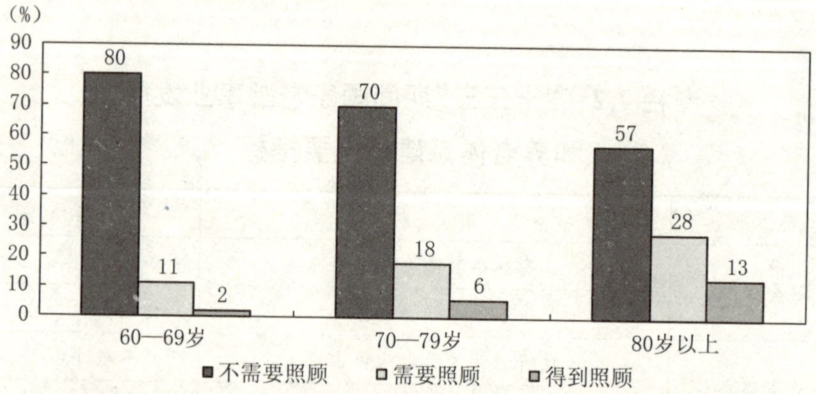

资料来源：根据中国保险行业协会《2017 中国长期护理调研报告》数据整理计算。

图 7.16　不同年龄段失能老年人接受长护服务的意愿及服务缺口

得不到需要的服务。例如，在60—69岁的低龄老人中，有11%的人有护理需要，但只有2%的老人得到了相应的照顾。另外，从图7.16中还可以看出，虽然长期护理服务存在较大的供需缺口，但随着老年人年龄的增长与护理需求的增加，得到服务的老年人比例也相应地提高，这可能是因为现有的长期护理服务更加注重满足高龄失能老人的需求，或者在高龄津贴以及其他老龄政策的支持下，高龄老人对现有长期护理服务的利用率更高。

(二) 长期护理服务供需失衡的原因

从失能老人无法获得护理服务的原因来看（见图7.17），无经济能力请人照顾成为老年人无法享受长期护理服务最主要的原因（45.86%），其次是无合适的护理人员或机构（31.34%）以及无家人或亲友照顾（22.36%）。目前，空巢老年人（老年夫妇户、独居老人）占老年人口的比例为51.3%，其中农村为51.7%。①随着空巢家庭的不断增多，越来越多的失能老人得不到家人及时的照顾，因此，更加需要社会化的长期护理服务来弥补家人照顾的缺失。然而老年人服务购买能力的不足以及服务供给的欠缺与低效，使社会化的长期护理服务供需处于严重的失衡状态。

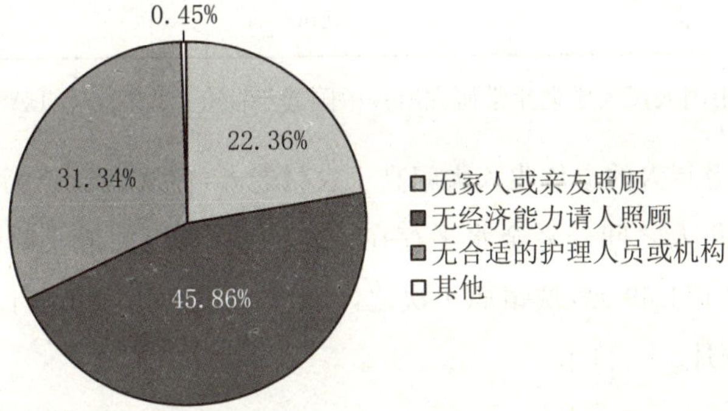

资料来源：郑秉文主编：《中国养老金发展报告2017——长期护理保险试点探索与制度选择》，经济管理出版社2017年版，第80页。

图7.17　需要护理却没有得到护理服务的原因

1. 失能老人购买护理服务能力不足

中国老年社会追踪调查数据显示（见表7.8），城市老年人退休收入中71.93%来

① 第四次中国城乡老年人生活状况抽样调查数据。

源于离退休金或养老金，12.08%来源于子女的资助，而农村老年人的退休收入中，养老金只占了17.22%，更多的收入是来源于子女的资助(32.48%)和自己劳动所得(28.08%)。这是因为农村居民养老保险金水平较低，人均每月只能领到141.21元(见表7.9)，完全无法维持基本的生活，只能依靠子女的资助和自己在农田里的劳动所得才能使生活有所保障。但是对于中度和重度失能的农村老人来说，已基本丧失劳动能力，子女的资助成为其晚年收入的主要来源。

表7.8 城乡老年人生活来源情况 (单位:%)

生活来源	城 市	乡 村
离/退休金、养老金	71.93	17.22
子女的资助	12.08	32.48
自己劳动所得	5.49	28.08
政府/社团补贴	3.47	8.33
配偶收入	4.85	5.31
房屋、土地租赁收入	0.64	4.52
积 蓄	0.86	2.60
其他亲属资助	0.08	0.50
其 他	0.60	0.95

资料来源:中国人民大学老年学研究所:《中国老年社会追踪调查(CLASS)》,2014年。

虽然城镇老年人的退休收入大幅高于农村老人，但从表7.9中可以看出，不同身份的城镇老年人之间养老金水平存在一定的差距，机关事业单位的退休金最高，人均每月3 174.69元，城镇职工次之，2 400.22元/月，城镇居民最低，人均只有1 387.20元/月。

表7.9 不同养老保险金领取比例及金额

养老金类别	领取比例(%)	平均金额(元)	中位数(元)
城镇职工基本养老金	75.38	2 400.22	2 300
机关事业单位离退休金	76.53	3 174.69	3 000
城镇居民社会养老保险	18.69	1 387.20	1 070.90
农村社会养老保险金	63.09	141.21	60

资料来源:中国人民大学老年学研究所:《中国老年社会追踪调查(CLASS)》,2014年。

然而,即使是养老金收入最高的机关事业单位退休人员要购买长期护理服务也会面临较大的经济压力。以上海市嘉定区某社区长期护理为例(见表 7.10),该社区可以提供家政、专业陪护等日常照料和医疗护理服务,不同服务的收费从 900 元/月到 3 600 元/月不等。比如,专业陪护服务,失能程度越重的老人需要专业陪护的时间越长,半陪每月(按 30 天计)收费 3 000 元,全陪也需要 3 000—3 600 元/月。

表 7.10 上海市嘉定区某社区生活服务中心收费标准

服务类别	服务内容		收费标准
家政	钟点服务		15 元/小时
	半日制服务	22 天(每天 3 小时) 22 天(每天 4 小时) 26 天(每天 3 小时) 26 天(每天 4 小时)	900/月 1 000/月 1 000/月 1 200/月
	全日制服务 (买菜做饭洗衣保洁)	22 天(8:00—17:00) 26 天(8:00—17:00)	1 800/月 2 000/月
专业陪护	半陪(8 小时) 全陪(24 小时)		100 元/白天 120 元/天(不包饭) 100 元/天(包饭)

资料来源:肖云:《中国失能老人长期照护服务问题研究》,中国社会科学出版社 2017 年版,第 195—196 页。

如果老年人需要入住养老机构,则需要支付的费用就更高了。如表 7.11 所示,养老机构的服务收费一般包括床位费、餐费、护理费等。北京、深圳、广州、佛山等地的养老机构根据房间条件的不同,以及护理等级的不同,每月收取服务费为 1 380 元到 8 700 元不等。公办养老机构的收费相对便宜一些,但对于大多数失能老人来说,仅凭自己的养老金,这样的服务费用也是难以承受的。

表 7.11 部分养老机构服务收费标准

机构名称	规模(床)	机构类型	基本收费标准
北京市第一社会福利院	1 141	公办	押金:8 000 元 床位费:960—3 600 元/月 餐费:300 元/月 护理费:120—3 600 元/月

续表

机构名称	规模(床)	机构类型	基本收费标准
深圳市社会福利中心	140	公办	一次性设施使用费:3 500—4 000 元 床位费:400—550 元/月 餐费:600 元/月 护理费:400—1 250 元/月 其他杂费:70—100 元/月
佛山市南海社会福利中心	400	公办	一次性设施使用费:8 000 元 床位费:1 060—2 800 元/月 餐费:实际支付 护理费:200—800 元/月
北京市寸草春晖养老院	100	民办	押金:2—5 万元 床位费:2 000—2 500 元/月 餐费:900 元/月 护理费:3 000—4 000 元/月
广州市友好老年公寓	2 200	民办	一次性设施使用费:最低 3 800—8 000 元,最高 5—9 万元 入住费:700 元/月 餐费:650 元/月 护理费:200—700 元/月,特护 900 元起
深圳市任达爱心护理院	2 000	民办	一次性设施使用费:5 000—10 000 元 床位费:2 000—3 200 元/月 餐费:600 元/月 护理费:350—4 500 元/月 服务费:350—400/月

资料来源:《老龄服务业发展报告》。

为了提高高龄老人购买护理服务的经济能力,全国许多省份已经出台了高龄津贴补贴政策和居家养老服务补贴政策。中国老年社会追踪调查数据显示,高龄老年人中拥有高龄津贴的比例为 29.24%,享受居家养老服务补贴的老年人比例为 0.45%。①居家养老服务补贴(服务券)可用于购买生活照料、医疗保健、家政服务、紧急救助等各项服务。但由于覆盖人数有限,对老年人购买服务的支持效果并不明显。高龄津贴虽然领取比例相对较高,但各省份之间差异较大(见图 7.18),上海、

① 中国人民大学老年学研究所:《中国老年社会追踪调查(CLASS)》,2016 年。

江苏、河南和贵州有一半以上的高龄老人领取了津贴，浙江、广东、青海、云南的覆盖率不足10%，而内蒙古和宁夏还没有老人领取津贴。

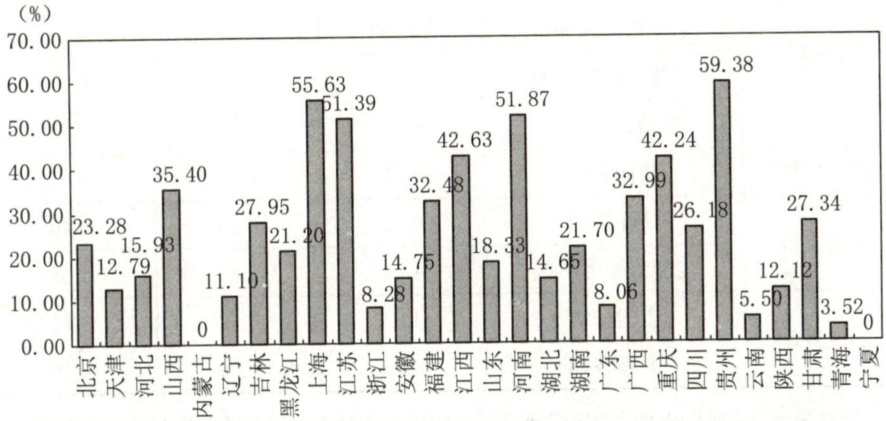

资料来源：中国人民大学老年学研究所：《中国老年社会追踪调查(CLASS)》，2014年。

图7.18　28个省份80岁及以上老年人高龄津贴覆盖率

从以上分析可以看出，大部分城乡老年人仅依靠养老金或自己的劳动收入难以支付社区长期护理服务或养老机构的入住费用，特别是农村老人，如果没有子女资助，几乎无力购买长期护理服务。而政府提供的高龄津贴或养老服务券政策只是在小范围内得以实施，大部分老人没有得到应有的资金支持。城乡老年人支付能力的不足，在一定程度上抑制了长期护理服务产业的发展。

2. 长期护理服务利用率处于较低水平

通过上文对长期护理服务供需情况的考察发现，失能老人的服务需求较高，但社区服务和机构服务都因供给总量不足而不能满足老年人的需求，供给与需求处于极不平衡的状态。然而令人费解的是，在长期护理服务需求大于供给的同时，许多社区的服务设施以及机构的养老床位却处于闲置的状态，本来就不充足的服务供给还出现了利用率特别低的问题。中国老年社会追踪调查数据显示(见表7.12)，一方面，城乡社区提供的各类长期护理服务使用率均不超过5%，尤其是在农村，除上门探访外，其余各项服务的使用率都低于1%，其中最低的是农村日托站(即日间照料中心)或托老所，使用率只有0.07%。在城市中，上门探访服务的使用率最高(4.85%)，心理咨询使用率最低(0.26%)，其次是社区日托站或托老所(0.3%)。

表 7.12　城乡社区长期护理服务使用率　（单位：%）

服务内容		城市	农村	合计
生活照料	上门做家务	3.22	0.28	2.05
	老年饭桌或做饭	0.89	0.09	0.57
	日托站或托老所	0.30	0.07	0.21
	帮助日常购物	0.75	0.50	0.65
医疗护理	陪同看病	1.03	0.72	0.91
社会支持	法律援助	0.52	0.22	0.40
	老年人服务热线	1.41	0.46	1.03
心理慰藉	上门探访	4.85	2.50	3.91
	心理咨询	0.26	0.09	0.19

资料来源：中国人民大学老年学研究所：《中国老年社会追踪调查(CLASS)》，2014 年。

另一方面，近年来尽管养老机构的床位规模在不断增长，但养老机构的床位利用率却出现逐步下降的趋势（见图 7.19）。2009 年，养老机构床位利用率为 77.50%，但到 2014 年，利用率已经下降到 39.20%，降幅高达 49.4%。养老机构床位出现大规模的闲置现象。出现床位闲置的主要是民办养老机构，而公办养老院却往往一床难求。

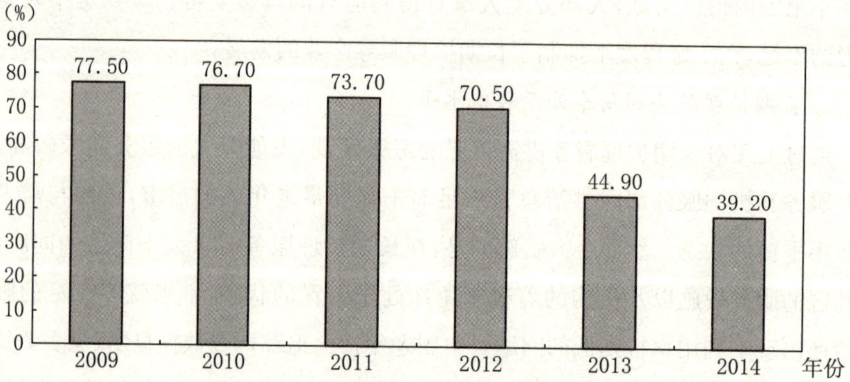

资料来源：张文娟：《中国社会养老服务体系建设》，社会科学文献出版社 2017 年版，第 71 页。

图 7.19　2009—2014 年养老机构床位利用率

总体而言，造成社区和机构长期护理服务利用率低的原因主要有以下几个方面：

第一，公办养老机构在政府的资金支持下，运营成本较低，收费也较低，服务更规范，老年人愿意入住。但是，公办养老机构数量有限，特别是地理位置较好的养老院等待入住的老人非常多。而民办养老机构收费偏高，有的机构专业性不强，管理不规范，老年人及其家属对服务不满意。另外，有的大型养老机构，床位多达几百张甚至上千张，但受土地的制约，远离城市中心地带，多数老年人不愿离开自己熟悉的社区，因此也不愿意入住。再者，由于政府规定的申请医保定点资格的门槛偏高，有些以提供医养结合式服务为目标的民办养老机构无法取得定点资格，老年人在其内部的医疗机构看病的费用就不能报销，从而使许多老年人不愿意选择入住这样的养老机构。以上种种因素造成民办养老机构空置率较高，大量床位闲置。

第二，社区长期护理服务未实现常态化供给。尽管大多数的社区都设有老年活动站、日间照料中心或者托老所，但是运行情况却并不理想。很多项目在一次性投入之后缺乏持续资金支持，场地严重不足，服务人员尤其是专业人员匮乏。由此，出现了许多场所处于挂牌但不运行的现象，这就是为什么前文提到城乡老年日托站或托老所的利用率不到1%的原因。另外，社区的提供的其他护理服务，如陪同看病、帮助购物、聊天解闷等，大部分都是社区工作人员和养老巡视员提供的应急帮助。社区没有找到可以合作的社会组织或运营商，所以没有专门的人员或机构来提供服务。这种非常态化、非制度化的服务形式降低了失能老人对服务的利用率。

第三，社区医疗护理服务质量还有待提高。尽管有的社区提供了康复治疗服务、上门看病和护理服务，且配备了相应的医护人员，但社区之间的医疗技术与护理水平参差不齐，使许多老年人对社区医护人员并不太信任，认为社区卫生服务站无法满足日常护理需求，从而造成部分社区医疗护理服务使用率低下。

第四，社区长期护理服务缺乏风险管理措施。失能老人是一个健康脆弱性较高的群体，当长期护理服务运营机构和组织在老年活动场所、照料机构或老人家中为失能老人提供服务时，会面临各种各样的风险。比如，在服务的过程中老人突发疾病或遭遇其他意外事件而死亡或受伤；或者，服务提供者因为服务操作方法的不确定性可能引发摩擦或争执；等等。然而针对这些长期护理服务中可能存在的风险，目前并没有建立完善的风险防范制度，也没有相应的保险项目可以承担意外发生后服务供需双方的经济损失。在缺乏风险管理的情况下，长期护理服务提供方会因为担心服务过程中失能老人发生意外并产生纠纷或赔偿，而不愿开展面向失能老人的日常照料和医疗护理服务。这也就是为什么全国各地居家养老服务中心目前开展得最多的项目是面向健康老人的文娱活动，而面向失能老人的上门护理、日间照料、心理慰藉服务十分匮乏的原因之一。

正是上述多种因素的交互作用，导致社区长期护理服务以及养老机构的建设和发展与老年人实际需求产生了不同程度的错位，各类服务机构和组织运行效率低下。

专栏 7.3　暖政"雾里看花"，还有多少好政策耗在路上

2011 年以来，国家相关部门在养老土地、投融资、税费减免、医养结合等方面出台了许多政策，仅土地政策就至少发布了 8 份文件。国家每年补贴上亿元，但是大量养老机构和老年群体仍然感觉不到政策带来的益处。养老机构、民政部门都反映，这些文件就像隔着一道"玻璃门"，看得见，摸不着。由于一些政策难以落地、养老机构标准不完善、护理队伍人员匮乏等老问题未得到解决，新兴社会力量进入养老市场时常遭遇绊脚石，养老行业依然举步维艰。

反映最为强烈的是养老用地问题。广州一家民办养老机构的负责人介绍，国家出台利用闲置土地发展养老产业政策后，该养老院想借此机会在广州市天河区开办一家社区养老院。"由于建养老院要变更土地用途，这项手续始终没办下来，两年来白白交了上千万元租金。"一线城市发展民办养老院的业内人士透露，在北上广等地发展民办养老院普遍面临地价高、租金贵的烦恼，仅用地一项，起码比公办养老院多支出 1.1 倍。

对其他尚未落实的"暖政策"，江西省某市民政局一位局长一一列举：金融对养老产业的政策支持停留在口头，民办养老机构在信贷融资方面门槛高；医养结合的最后壁垒没有打开，老年人在养老机构发生的康护费用无法报销。这些都大大制约了社会资本投资养老服务业的积极性。

层层审批原本是为了把好安全关，实际操作中却成了道道关卡。河南省新乡市有一个小区，60 岁及以上的居民超过 1 000 人，迫切需要建设养老服务中心。"民政部要求有了食品许可证才能办养老许可证，食药监局又要求有养老许可证

才能办食品许可证，房管局说老房子不给鉴定。我们很头疼，到底政策放开了没?”新乡市老龄办主任胡解冰对此十分不解。更令人担忧的是，很多地方的养老院办不下来许可证，干脆不要“身份”，黑户运营，存在大量安全隐患。

资料来源：中国新闻网，http://www.chinanews.com/sh/2017/04-12/8197123.shtml。

第八章
中国长期护理服务的政策演进与实践探索

长期护理服务是长期护理保障体系的重要组成部分，是长期护理保险、长期护理津贴等制度不可或缺的服务保障。2016 年，全国十五个城市开始长期护理保险试点后，“长期护理服务”的提法进入公众视野，并伴随长期护理保险的建立而迅速发展。虽然专门面向失能老人的“长期护理服务”概念近几年才逐渐为公众所熟知，但是为所有老年人（包括失能老人）提供生活照料、医疗护理等服务的“居家养老服务”以及“医养结合养老服务”在更早之前就已经开始了实践探索。事实上，如今的“长期护理服务”的规划与发展就是建立在“社区居家养老服务”和“医养结合养老服务”多年以来的政策探索与实践经验之上的；而且，“长期护理服务”在发展的过程中也一直依托这两项政策的服务体系，为失能老人提供所需的服务。

因此，本章将“社区居家养老服务”和“医养结合养老服务”视作“长期护理服务”的早期探索，对其多年来的政策发展与实践进行梳理。此外，作为长期护理保险的配套政策，长期护理服务在近年来的实践中遇到了一些新问题，包括如何使失能等级的评定更加科学，如何进一步优化长期护理服务包的设置等；同时，长期护理服务也面临着一直以来制约其发展的瓶颈问题，如长期护理人员队伍的建设、养老资源与医疗资源的有效结合等问题。因此，有必要对这些核心问题进行讨论与分析，寻找长期护理服务体系建设的深度着力点与完善途径，这些将在第九章专门进行探讨。

一、社区居家养老服务政策演进与实践探索

“社区居家养老服务”与“医养结合养老服务”虽然不是专门面向失能老人的养老服务，但在理论上已经涵盖了长期护理应有的服务内容。长期护理服务从未脱离现有的社区居家养老服务和医养结合服务体系而独自发展。因此，长期护理服务的政策演进，自始至终都融合在“社区居家养老服务”和“医养结合养老服务”的发展历程之中。

（一）社区居家养老服务的政策演进

以邻里互助为辅，以家庭成员照顾为主的居家养老自古便一直是我国老年人主要的养老方式。但现代意义上，强调养老服务社会化的社区居家养老理念直到20世纪80年代才开始出现在政府文件的表述中。此后，社区居家养老服务经过了30余年的探索，其政策理念和服务框架逐渐走向成熟，部分地区的实践也为长期护理服务的建设提供了有益的经验。

社区居家养老服务的政策探索大致可分为三个阶段，即萌芽期（1980—1999年）、初步形成期（2000—2007年）、全面发展期（2008年至今）。下面分别就这三个时期出台的主要政策进行梳理分析。

1. 第一阶段：萌芽期（1980—1999年）

20世纪80年代至90年代，“社区居家养老服务”的提法尚未形成，关于老年人生活照料与护理的政策只是零星地出现在老龄工作或卫生工作的文件中（见表8.1）。如在1983年印发的《关于老龄工作情况与今后活动计划要点》中，首次出现“开设老年人日间照料中心”这一居家养老政策的主要内容。之后，在卫生部、民政部等部门出台的文件中陆续提出要大力发展家庭病床，兴办社区服务组织，方便行动不便的老年人在家中受到及时的照顾。特别值得注意的是，1994年颁布的《中国老龄工作七年发展纲要（1994—2000）》中提出坚持家庭养老与社会养老相结合的原则，第一次明确了养老服务社会化的发展理念。随后通过的《中华人民共和国老年人权益保障法》更是将这一理念上升到法律规定的层面，进一步强调了社区服务在居家养老中的重要性与必要性。

表 8.1　萌芽期社区居家养老服务的主要政策(1980—1999 年)

时　间	发文部门	政策文件	主要内容
1983 年	全国老龄委	《关于老龄工作情况与今后活动计划要点》	初步提出了各地可根据不同条件,有计划有步骤地建立有关老年人的各种协会、学会、老年人活动中心、老年人之家,并建议各部门可就各自主管的业务范围,开设老年人医院、老年人门诊所、老年人家庭病床、轮回看病;开设老年人日间照料中心,解决日间无人照顾老年人的困难
1985 年	卫生部等	《关于加强我国老年医疗卫生工作的意见》	大力开展家庭病床,方便老年人就医。面向行动不便的老年病人,要把家庭病床作为解决老年人住院难的便民措施
1993 年	民政部等	《关于加快发展社区服务业的意见》	明确指出社区服务业要以老年人、残疾人、优抚对象服务和便民利民服务为主要内容,并将养老服务作为社区服务业的一个主要服务内容,要求85%以上街道兴办一所社区服务中心,一所老年公寓(托老所)
1994 年	全国老龄委	《中国老龄工作七年发展纲要(1994—2000)》	提出坚持家庭养老与社会养老相结合的原则,扩大社会化服务范围,扩大老年社会化服务,通过积极兴办各种照料老年人的社区服务组织,逐步形成以社区为中心的生活服务、疾病医护、文体活动、老有所为四大服务体系。此外,还提出要在城镇,大力发展社区服务业,帮助解决老年人特别是高龄老人和残疾老年人生活照料问题,在农村,以家庭养老为基础,与社区扶持相结合,发扬子女赡养老人的优良传统
1996 年	全国人大	《中华人民共和国老年人权益保障法》	提出老年人养老主要依靠家庭,同时要发展社区服务,逐步建立适应老年人需要的生活服务、文化体育活动、疾病护理与康复等服务设施和网点
1999 年	卫生部	《关于发展城市社区卫生服务的若干意见》	提出社区卫生服务要"以妇女、儿童、老年人、慢性病人、残疾人等为重点"

资料来源:作者整理。

这段时期的政策特点:

(1) 从政策理念上来看,虽然没有明确提出社区居家养老的概念,对社区居家养老的认识尚处于萌芽阶段,但养老服务社会化的发展方向已逐步明晰,社区为老服务开始受到重视。

(2) 从政策内容上来看，提出要形成以社区为中心，以生活照料、疾病护理与康复、文体活动和社会参与为主要组成部分的养老服务体系。此外，“老年公寓”“日间照料中心”“社区服务中心”等重要的社区居家养老服务递送平台也开始出现在老龄委、民政部、卫生部等部委的文件中，老年人、慢性病人、残疾人等人群的养老与护理问题得到了特别的关注。这一时期的政策探索为21世纪社区居家养老服务的快速发展提供了思路。①

2. 第二阶段：初步形成期(2000—2007年)

2000年我国正式成为老龄社会。面对人口老龄化的挑战，养老服务社会化的重要性逐渐彰显，各种关于养老服务的文件开始频繁颁发，而“居家养老”与“社区服务”这两个关键词也频频出现在国务院、全国老龄委、民政部、卫生部等部委的文件中，社区居家养老的服务形式初步形成。

2000年，中共中央、国务院下发了《关于加强老龄工作的决定》，提出了要建立以家庭养老为基础、社区服务为依托、社会养老为补充的养老机制；同时，要加强社区建设，依托社区发展老年服务业，进一步完善社区为老年人服务的功能。这一纲领性的文件确定了“家庭(基础)＋社区(依托)＋社会(补充)”的养老服务体系框架。此后，在《民政事业发展“十五”计划和2015年远景目标纲要(草案)》(2000)、《关于加快实现社会福利社会化的意见》(2000)、《关于全面加强人口与计划生育工作统筹解决人口问题的决定》(2006)、《关于加快发展养老服务业的意见》(2006)、《民政事业发展“十一五”规划》(2006)、《中国老龄事业发展“十一五”规划》(2006)等文件中都一再强调了上述基于社区的养老服务框架(见表8.2)。

2001年，民政部出台《“社区老年福利服务星光计划”实施方案》，开始将社区居家养老服务的理念付诸实践。在接下来的3年中，福彩公益基金投入134.86亿元，共建成32 940个星光老年之家，涵盖老年人入户服务、紧急援助、日间照料、保健康复和文体娱乐等多种功能。至2005年，全国平均每个街道有1.32个城市老年福利机构，每9.8个社区居委会有1个城市老年福利机构。然而，因为缺乏监管、缺少养老服务人员，以及没有立足于老年人实际需求的“一刀切”做法等原因，“星光计划”在执行了几年后就停下了。到如今，星光老年之家或被出租，或被挪用，只剩下三分之一到四分之一的星光老年之家还在使用，但其功能与原本的初衷已经相去甚

---

① 王莉莉：《中国居家养老政策发展历程分析》，《西北人口》2013年第2期。

表 8.2　初步形成期社区居家养老服务的主要政策(2000—2007 年)

时　间	发文部门	政策文件	主　要　内　容
2000 年	国务院	《关于加强老龄工作的决定》	将建立健全社区管理和社区服务体系,发展老年服务业作为老龄工作的主要目标,提出了要建立以家庭养老为基础、社区服务为依托、社会养老为补充的养老机制;要加强社区建设,依托社区发展老年服务业,进一步完善社区为老年人服务的功能
2000 年	民政部	《民政事业发展"十五"计划和2015 年远景目标纲要(草案)》	提出要建立以福利服务机构为骨干、社区福利服务网络为依托、居家供养为基础的社会福利服务体系
2000 年	民政部	《关于加快实现社会福利社会化的意见》	将基本建成以社会福利机构为骨干、社区福利服务为依托、居家供养为基础的社会福利服务网络作为推进社会福利社会化的目标
2000 年	国务院	《关于在全国推进城市社区建设的意见》	指出社区服务主要是开展面向老年人、儿童、残疾人、社会贫困户、优抚对象的社会救助和福利服务,开展以疾病预防、医疗、保健、康复、健康教育和计划生育技术服务等为主要内容的社区卫生服务
2001 年	全国老龄委	《中国老龄事业发展"十五"计划纲要(2001—2005 年)》	提出要大力发展社区老年照料服务,依托社区老年服务设施,逐步优化支持老年人居家养老的社会和社区环境
2001 年	民政部	《"社区老年福利服务星光计划"实施方案》	提出要建立和完善社区老年福利服务网络,为居家养老提供支持,为社区照料提供载体,为老年人活动提供场所; 在城市,以社区居委会为重点,新建和改扩建一大批社区老年人福利服务设施和活动场所,逐步形成社区居委会有站点、街道有服务中心的社区老年人福利服务设施网络; 在农村,以乡镇敬老院为重点,新建和改扩建一批乡镇老年人福利服务设施和活动场地,逐步形成县(市)有中心、乡镇有敬老院的老年人福利服务设施网络; 服务内容要逐步覆盖住养、入户服务、紧急援助、日间照料、保健康复、文体娱乐等多种项目,入户服务的内容要逐步覆盖家务整理、生活照料、送餐服务、陪护服务等方面,并通过入户服务,为老年人建立福利服务档案,为有需求的老年人提供方便快捷的服务

续 表

时间	发文部门	政策文件	主要内容
2001年	卫生部	《关于加强老年工作的意见》	提出要大力发展社区卫生服务，把老年卫生服务列入社区卫生服务的重要内容，纳入社区发展规划。并提出通过提供家庭出诊、家庭护理、日间观察、临终关怀等服务，把老年人大部分的基本健康问题就近解决在社区
2006年	全国老龄委	《关于加强基层老龄工作的意见》	倡导居家养老的理念，整合社会服务资源，建立为老服务体系
2006年	国务院	《关于全面加强人口与计划生育工作统筹解决人口问题的决定》	要求积极应对人口老龄化，构建以居家养老为基础、社区服务为依托、机构照料为补充的养老服务体系
2006年	国务院办公厅	《关于加快发展养老服务业的意见》	指出要逐步建立和完善以居家养老为基础、社区服务为依托、机构养老为补充的服务体系
2006年	民政部	《民政事业发展“十一五”规划》	强调要形成以家庭为主体、社区为依托、机构为补充的社会福利体系
2006年	国务院	《中国老龄事业发展“十一五”规划》	提出要加快建立以居家养老为基础、社区服务为依托、机构养老为补充的老年人社会福利服务体系

资料来源：作者整理。

远。《"社区老年福利服务星光计划"实施方案》看似非常理想，而且又有福彩公益基金充分的资金支持，但如果脱离各地老年人的实际服务需求，且没有养老服务人员队伍的保障和完善的监管制度，再理想的方案终究只能与现实背道而驰。"星光计划"的失败为下一个阶段的社区居家养老服务试点提供了前车之鉴，如何避免重蹈覆辙，是社区居家养老服务试点工作应该重点研究的问题。

这段时期的政策特点：

(1) 从政策理念上来看，尽管还没有专门的社区居家养老政策，但在老龄工作与社区建设的文件中，却处处显现出社区居家养老服务的理念、思路和措施，为下一阶段居家养老政策的正式出台奠定了基础。

(2) 从政策内容上来看，开始强调建立以居家为基础、社区为依托、机构为补充的养老服务体系，并出台了具体的社区居家养老实施方案。虽然实践效果并不太理想，但广泛的政策动员使以社区为重心的居家养老的服务得到了社会的普遍关注，为居家养老政策的正式出台做好了认知准备。

3. 第三阶段：全面发展期(2008 年至今)

2008 年，全国老龄办等 10 个部门联合出台《关于全面推进居家养老服务工作的意见》，文件要求发展居家养老服务，必须从老年人实际需求出发，依托社区，在社区层面普遍建立居家养老服务机构、场所和服务队伍，整合社会资源，采取多种形式，充分调动社会各方面力量参与和支持居家养老服务，并提出了八项保障居家养老服务的具体举措(见表 8.3)。这是我国首次就居家养老服务单独发文，这份文件将居家养老服务推上了专业化、规范化的轨道，我国居家养老服务进入了全面发展的新时期。

这一阶段，国家更加注重发挥家庭和社区在养老服务中的作用，并且大力发展社会养老服务体系，居家养老的支持环境更加优化。2011 年出台的《中国老龄事业发展"十二五"规划》提出，要建立健全县(市、区)、乡镇(街道)和社区(村)三级服务网络，城市街道和社区基本实现居家养老服务网络全覆盖，培育发展居家养老服务中介组织，引导和支持社会力量开展居家养老服务。同时还要大力发展家庭服务业，并将养老服务特别是居家老年护理服务作为重点发展任务。积极拓展居家养老服务领域，实现从基本生活照料向医疗健康、辅具配置、精神慰藉、法律服务、紧急救援等方面延伸。该文件不仅确定了城乡居家养老服务网络的基本架构，还扩展了传统居家养老的服务范围，为社区居家养老服务的全面发展指明了方向。

表 8.3　全面发展期社区居家养老服务的主要政策(2008 年至今)

时　间	发文部门	政策文件	主　要　内　容
2008 年	全国老龄办、发改委、民政部等 10 个部门	《关于全面推进居家养老服务工作的意见》	指出发展居家养老服务,应坚持以人为本,从老年人实际需求出发;坚持依托社区,在社区层面普遍建立居家养老服务机构、场所和服务队伍;坚持因地制宜,与本地经济社会发展水平相适应,并提出了八项保障居家养老服务的具体举措:制定居家养老服务发展规划;加大政府投入力度,合理配置资源;贯彻落实支持居家养老服务的优惠政策;整合资源,建立和完善社区居家养老服务网络;加强专业化与志愿者相结合的居家养老服务队伍建设;积极培育和发展居家养老服务组织;建立居家养老服务管理体制;切实加强对居家养老服务工作的领导
2010 年	中共中央	《关于制定国民经济和社会发展第十二个五年规划的建议》	提出要积极应对人口老龄化,注重发挥家庭和社区功能,优先发展社会养老服务,培育壮大老龄服务事业和产业
2010 年	中国残联等 16 个部门	《关于加快推进残疾人社会保障体系和服务体系建设指导意见》	提出要大力发展居家助残服务,建立健全以日间照料服务为主体、居家安养服务为基础的残疾人托养服务体系
2011 年	民政部	《城乡社区服务体系建设"十二五"规划》	明确提出发展社区养老服务
2011 年	国务院	《中国老龄事业发展"十二五"规划》	提出重点发展居家养老服务,建立健全县(市、区)、乡镇(街道)和社区(村)三级服务网络,城市街道和社区基本实现居家养老服务网络全覆盖;80%以上的乡镇和 50%以上的农村社区建立包括老龄服务在内的社区综合服务设施和站点,加快居家养老服务信息系统建设,做好居家养老服务信息平台试点工作,并逐步扩大试点范围;培育发展居家养老服务中介组织,引导和支持社会力量开展居家养老服务;大力发展家庭服务业,并将养老服务特别是居家老年护理服务作为重点发展任务;积极拓展居家养老服务领域,实现从基本生活照料向医疗健康、辅具配置、精神慰藉、法律服务、紧急救援等方面延伸

续 表

时 间	发文部门	政策文件	主 要 内 容
2011年	国务院办公厅	《社会养老服务体系建设规划（2011—2015年）》	提出了居家养老服务设施建设任务：改善居家养老环境，健全居家养老服务支持体系，以社区日间照料中心和专业化养老机构为重点，通过新建、改扩建和购置，提升社会养老服务设施水平；扶持居家服务机构发展，进一步开发和完善服务内容和项目，为老年人居家养老提供便利服务；在城乡社区养老层面，重点建设老年人日间照料中心、托老所、老年人活动中心、互助式养老服务中心等社区养老设施，推进社区综合服务设施增强养老服务功能，使日间照料服务基本覆盖城市社区和半数以上的农村社区
2012年	民政部	《关于鼓励和引导民间资本进入养老服务领域的实施意见》	鼓励民间资本参与居家和社区养老服务，具体措施如下：采取政府补助、购买服务、协调指导、评估认证等方式，鼓励各类民间资本进入居家养老服务领域；支持民间资本拓展居家养老服务内容，为老年人提供生活照料、家政服务、精神慰藉、康复护理、居家无障碍设施改造、紧急呼叫、安全援助和社会参与等多方面服务；鼓励民间资本在城镇社区举办老年人日间照料中心、托老所、老年之家、老年活动中心等养老服务设施，支持社区养老服务网点连锁发展、扩大布点，提高社区养老服务的可及性；鼓励民间资本参与农村居家和社区养老服务发展，重点为向留守老年人及其他有需要的老年人提供日间照料、短期托养、配餐等服务。支持村民自治组织发展农村互助养老模式
2013年	国务院	《关于加快发展养老服务业的若干意见》	明确指出到2020年，全面建成以居家为基础、社区为依托、机构为支撑的，功能完善、规模适度、覆盖城乡的养老服务体系，同时指出地方政府要支持建立以企业和机构为主体、社区为纽带、满足老年人各种服务需求的居家养老服务网络，要通过制定扶持政策措施，积极培育居家养老服务企业和机构，上门为居家老年人提供助餐、助浴、助洁、助急、助医等定制服务；大力发展家政服务，为居家老年人提供规范化、个性化服务；要支持社区建立健全居家养老服务网点，引入社会组织和家政、物业等企业，兴办或运营老年供餐、社区日间照料、老年活动中心等形式多样的养老服务项目

续　表

时　间	发文部门	政策文件	主　要　内　容
2016 年	民政部 国家发改委	《民政事业发展第十三个五年规划》	提出要推进居家和社区养老服务，强化居家和社区养老服务功能，积极开展智慧养老服务和互助养老服务，提高养老服务能力，为有需求的城乡老年人提供便利的社区居家养老服务；在居家养老服务方面，支持企业和机构运用移动互联网、云计算、大数据、物联网等技术手段与养老服务深度融合，创新居家智慧养老服务提供方式；推广居家养老服务网络平台，提供紧急呼叫、家政预约、健康管理、物品代购、餐饮递送、服务缴费、康复辅具等适合老年人的服务项目；依托各类社区养老服务设施，探索新型居家养老模式。在社区养老服务方面，加强社区养老服务设施建设，在老年人日间照料中心、托老所、老年人活动中心、互助式养老服务中心等社区养老服务设施中配备医疗护理、康复辅具、文娱活动等设备；新建城区和新建居住(小)区，按要求配套建设社区日间照料机构，并与住宅同步规划、同步建设、同步验收、同步交付使用；老城区和已建成居住(小)区无社区日间照料机构或现有设施没有达到规划要求的，要通过购置、置换、租赁等方式建立社区日间照料机构；鼓励和支持各类企业、社会组织和个人从事社区养老服务
2016 年	民政部 财政部	《关于中央财政支持开展居家和社区养老服务改革试点工作的通知》	推动医疗卫生和养老服务相结合，并选择一批地区进行居家和社区养老服务改革试点，促进完善养老服务体系，重点支持居家养老服务的七大领域：培育和打造一批品牌化、连锁化、规模化的龙头社会组织或机构、企业，使社会力量成为提供居家和社区养老服务的主体；支持城乡敬老院、养老院等养老机构开展延伸服务；支持探索多种模式的“互联网＋”居家和社区养老服务模式和智能养老技术应用；加强专业服务人员培养，提升养老护理人员素质；积极培育和发展第三方监管机构和组织，建立服务监管长效机制；推进医养结合，使老年人在居家和社区获得方便、快捷、适宜的医疗卫生服务；支持老城区和已建成居住(小)区通过购置、置换、租赁等方式开辟养老服务设施，支持依托农村敬老院、行政村、较大自然村利用已有资源建设日间照料中心、养老服务互助幸福院、托老所、老年活动站等农村养老服务设施

续 表

时间	发文部门	政策文件	主要内容
2016年	国务院办公厅	《关于全面放开养老服务市场提升养老服务质量的若干意见》	提出要全面放开养老服务市场，降低准入门槛，精简行政审批环节，优化市场环境，大力提升居家社区养老生活品质，推进居家社区养老服务全覆盖；开展老年人养老需求评估，加快建设社区综合服务信息平台，对接供求信息，提供助餐、助洁、助行、助浴、助医等上门服务，提升居家养老服务覆盖率和服务水平；依托社区服务中心（站）、社区日间照料中心、卫生服务中心等资源，为老年人提供健康、文化、体育、法律援助等服务。鼓励建设小型社区养老院，满足老年人就近养老需求，方便亲属照护探视
2017年	国务院	《关于印发"十三五"国家老龄事业发展和养老体系建设规划的通知》	提出要依托城乡社区公共服务综合信息平台，以失能、独居、空巢老年人为重点，整合建立居家社区养老服务信息平台、呼叫服务系统和应急救援服务机制，方便养老服务机构和组织向居家老年人提供助餐、助洁、助行、助浴、助医、日间照料等服务。实施"互联网＋"养老工程；支持社区、养老服务机构、社会组织和企业利用物联网、移动互联网和云计算、大数据等信息技术，开发应用智能终端和居家社区养老服务智慧平台、信息系统、APP应用、微信公众号等，重点拓展远程提醒和控制、自动报警和处置、动态监测和记录等功能，规范数据接口，建设虚拟养老院
2017年	工信部 民政部 国家卫计委	《关于印发〈智慧健康养老产业发展行动计划（2017—2020年）〉的通知》	提出要丰富智能健康养老服务产品供给，针对家庭、社区、机构等不同应用环境，发展健康管理类可穿戴设备、便携式健康监测设备、自助式健康检测设备、智能养老监护设备、家庭服务机器人等，满足多样化、个性化健康养老需求

资料来源：作者整理。

同年出台的另一份重要文件《社会养老服务体系建设规划(2011—2015年)》明确了居家养老服务设施的建设任务,包括改善居家养老环境,扶持居家服务机构发展;在城乡社区养老层面,重点建设老年人日间照料中心、托老所、老年人活动中心、互助式养老服务中心等社区养老设施,推进社区综合服务设施增强养老服务功能,使日间照料服务基本覆盖城市社区和半数以上的农村社区。在这个5年规划的推行之下,各类社区养老服务设施陆续建立,各类为老服务活动也逐步开展起来,这些探索和实践为后来全国进行社区居家养老服务试点奠定了良好的基础。2012年和2013年,民政部和国务院先后出台《关于鼓励和引导民间资本进入养老服务领域的实施意见》和《关于加快发展养老服务业的若干意见》,提出要通过政府补助、购买服务、协调指导、评估认证等方式,鼓励各类民间资本进入居家养老服务领域;积极培育居家养老服务企业和机构,上门为居家老年人提供助餐、助浴、助洁、助急、助医等定制服务;同时,要支持社区建立健全居家养老服务网点,引入社会组织和家政、物业等企业,兴办或运营老年供餐、社区日间照料、老年活动中心等形式多样的养老服务项目。至此,社区居家养老服务体系的构成与运行方式在政策表述上已十分清晰,各地的实践探索也有了一定的经验积累,开展全国范围社区居家养老服务试点的时机日趋成熟。

2016年,民政部和财政部联合颁发《关于中央财政支持开展居家和社区养老服务改革试点工作的通知》,要求选择一批地区进行居家和社区养老服务改革试点,重点支持居家养老服务的七大领域(见表8.3),促进养老服务体系的完善。同年11月,正式确定北京市丰台区等26个市(区)作为居家和社区养老服务改革试点地区,全国社区居家养老服务试点的序幕正式拉开。接下来,《关于全面放开养老服务市场提升养老服务质量的若干意见》(2016)、《关于印发"十三五"国家老龄事业发展和养老体系建设规划的通知》(2017)、《关于印发〈智慧健康养老产业发展行动计划(2017—2020年)〉的通知》等文件先后出台,提出要全面放开养老服务市场,依托城乡社区公共服务综合信息平台,以失能、独居、空巢老年人为重点,整合建立居家社区养老服务信息平台、呼叫服务系统和应急救援服务机制,并丰富智能健康养老服务产品供给。这些配套措施的推行旨在保证社区居家养老服务的可及性与便捷性,为试点工作的全面展开创造了良好的政策环境。

这一阶段的政策特点:

(1) 从政策理念上来看,社区居家养老的理念已经深入人心,建设以居家为基础，社区为依托，机构为支撑的社会养老服务体系的思路更加清晰。在养老服务体系的框架中，体现出多元主体提供服务的福利多元化的思想。

（2）从政策内容上来看，社区居家养老服务举办方式的规划逐渐成熟，并在全国多个地区展开了大规模的政策试点。与十几年前的“星光计划”不同，这次的社区居家养老服务试点，更加注重政策内容的科学性和可操作性，更注重立足于老年人的个体需求与当地的实际情况，并且强调医疗卫生、康复护理和残疾康复服务支持的重要性，大大地拓宽了传统居家养老的服务范围，为长期护理保险的开展提供了坚实的服务基础。

（二）社区居家养老服务的实践探索

1. 社区居家养老服务的举办形式

社区居家养老服务的发展情况因各地经济条件的不同存在着一定的地域差异。在经济基础较好的沿海发达城市，如浙江、福建等省居家养老试点工作已经全面展开，部分地区已经覆盖到街道和居委会，并且逐渐向农村地区扩张。中西部城市随着老龄化日益的严重，也在多个城市开始开展居家养老试点工作，例如中部地区的河南省安阳市和湖北省武汉市、西部地区宁夏的吴忠市、甘肃省的嘉峪关市，都在不断推动居家养老服务的推广和发展，虽然在服务内容和服务范围上尚不及沿海发达城市，但也取得了一定的效果。

目前，社区居家养老服务设施主要分为三大类：一是日间照料及家政服务类，包含老年人日间照料、助餐服务、助老服务等。二是医疗护理保健类，包括医疗卫生服务中心、老年护理院、家庭病床等。三是休闲娱乐与精神慰藉类，主要包含老年学校、娱乐中心、心理咨询中心、法律咨询处。由于社区居家养老服务还处于试点阶段，服务覆盖率并不高，仅有15.9%。居家养老服务侧重点主要集中在简单家政服务，占服务比重的22.61%；日常的生活照料，占比服务比重的8.3%；精神慰藉方面的服务提供仅占总服务的3.16%，医疗护理服务也十分缺乏。

在各地多年探索的过程中，大致形成了四种主要的举办社区居家养老服务的形式，即公办公营、公办民营、公办民助及民办民营。

（1）公办公营形式。

公办公营形式主要是自上而下由各级政府、街道和社区运用行政强制力进行推动的养老服务形式，主要资金来源于各级财政扶持，部分资金由各级行政组织自筹或来自社会福利事业。各层级管理人员既在相应的行政机构担任一定的职务，又分别负责社区居家养老服务部门的不同工作，建立区政府、街道办事处、社区居委会三级管理机构，为本辖区内的居家老年人提供多种养老服务。通过行政手段更容易使养老服务从上到下得到各级领导和主管部门的重视，一贯到底地推动社区居家养老服务的实施，更加快捷、有效地落实各种政策，也更容易得到广大社区居民的理解和信任。而弊端在于：从办到管均由政府包揽和运作，政企不分、政事不分，可能出现高耗低效、人浮于事的问题，影响服务供给效率；同时不利于调动更多的社会资源和民间力量参与养老服务，难以满足多样化的养老服务需求，可能阻碍社区居家养老服务的发展和普及。

（2）公办民营形式。

公办民营形式是指由政府主要负责提供社区居家养老的基础设施建设及相应财政补贴，通过承包、委托经营、合作建设等方式引进“职业管理人”，即企业、社会组织或个人等社会化养老服务提供主体，由“职业管理人”自主经营、自负盈亏。通过所有权与经营权的分离达成互相监督的目的，以便更好地为老年人提供服务。

在实践中，公办民营式的社区居家养老服务又有三种次级形式。第一种，政府提供公有土地甚至部分资金，邀民间机构投资共建社区养老服务机构和设施，并且共同招标和委托专业民间机构经营管理。一般称该模式为“公”“民”共建或者“公”“民”合资。第二种，政府投资，在公用土地上建成社区养老服务机构和设施，招标并委托民间机构经营管理。一般称该模式为公建民营。第三种，政府将已经建成的养老服务机构和设施委托给民间机构或者个人承包管理。这是狭义的公办民营或者公设民营。①其中，公建民营是最为常见的社区居家养老举办方式。

公办民营有利于充分发挥政府的宏观调控职能，实现政企、政事分离；有利于降低行政运作成本，使政府有限的资源发挥出更大的效益，有利于培育和发展非营利性服务组织和机构，促进居家养老服务的专业化、产业化发展；也有利于更好地了解不同社区老年人的各种需求变化情况，及时调整并完善服务项目，提高养老服务对象的满意度。而不足之处在于：民间机构在运作初期较难取得社区居民的信任，打开工作局面需要付出更多努力；另外，如果民间机构自身能力不足，也会影响服务提供的效率。再则，在许多公办民营的养老服务机构中，政府和民间组织的角

① 杨团：《公办民营与民办公助——加速老年人服务机构建设的政策分析》，《人文杂志》2011年第6期。

色定位不清晰，同时缺乏相关法律依据和政策标准对此进行规范。因此，政府应明确双方的关系与定位，对民间机构在行政管理和监督上要适度，既不能放任不管，又不能干预过多。

专栏 8.1　宁波市海曙区社区居家养老服务形式

为应对不断提高的养老需求，宁波市海曙区开始探索社会化的养老方式，主要是将居家养老服务托付给星光敬老协会，通过协会组织提供居家养老服务，服务模式采取“走进去”和“走出来”的方法。

“走进去”主要是通过购买服务、“义工银行”和护理员队伍走进老人家里，为老人提供服务；“走出来”指的是通过各种老年俱乐部、社区或街道的日托中心为老年人提供休闲和护理场所。除依托星光敬老协会外，海曙区还建立了义工招募服务中心，通过社区招募义工护理员，成立“义工银行”和社区义工队，对护理员进行专业培训，为广大老人提供服务。

海曙区的居家养老服务通过政府扶持，发挥第三方组织和志愿者的作用，是居家养老服务模式一种非常重要的探索。宁波市海曙区的居家养老模式主要依靠社会主体提供居家养老服务资源，主要体现在以下三个方面：

首先，非营利组织在居家养老模式中发挥着重要作用。海曙区将居家养老公益项目委托给非营利机构——海曙区星光敬老协会，即将社会化居家养老服务中心交于区敬老协会（总会）运作，社区则以敬老协会的名义在服务站开展具体服务。

其次，义工和志愿者队伍在居家养老服务中发挥着不可或缺的作用。海曙区在推行居家养老服务过程中成立了“义工银行”，发动社区居民成为义工志愿者，力所能及地为需要服务的老人提供服务。

最后，社区将福利彩票收入和社会慈善捐赠用于居家养老服务的发展。政府将部分福利彩票收入用于居家养老服务的发展。

资料来源：万仁涛：《详解：我国社区居家养老服务的 4 种运作模式》，好养客养老网，2017 年。

（3）民办公助形式。

所谓民办公助，是由民间组织兴办社区养老服务机构和设施，政府部门在政策、资金等方面给予大力支持的模式。该模式不仅能吸引民间资本建设社会福利事业，减轻政府财政负担，还能提供满足老年人需求的养老服务，创造就业机会。而且养老服务的实施由民间组织进行，政府只需负责出资和监督，有助于社区居家养老服务机构之间的竞争，提高养老服务质量和服务效率，促进老年服务市场的发展和成熟。但是，在这种举办形式下，政府对服务企业的约束力和影响力有限；一些地方政府由于缺乏对服务对象的了解而资助不充足，容易出现养老需求与实际供给矛盾突出；企业为了追逐利润，容易舍弃或忽视低偿、无偿服务，从而影响为中低收入老年人提供服务。因此，政府一方面要加大扶持力度，另一方面也要加强监督，以保证民营机构的服务质量。

(4) 民办民营形式。

民办民营是由民间资本投资并兴办，且由民间资本运营管理、自负盈亏。所有权属于民间机构。公办民营或公助民办的社区养老服务机构因为有政府资金的支持，其收费标准往往低于市场价。而民办民营的社区养老服务机构为了和上述两类服务机构竞争，往往收费标准也不得不低于市场价，否则其提供的服务就无人问津。由于缺少政府资助，民办民营的社区养老服务机构常常无法长期支撑，处于难以为继的状态。

专栏 8.2　民办民营社区居家养老服务中心举步维艰

社区居家养老服务中心让不少老年人享受着便利。然而，由于消费水平低、运营成本高等原因，部分居家养老服务中心陷入困境。如运营 2 年的昆明观音寺社区居家养老服务中心，目前月亏损近 2 万元，最赚钱项目竟是一天收费 5 元的麻将桌。

观音寺社区居家养老服务中心更多是为本地居民带来便利。该社区生活着 8 000 多户，2 万多人，其中超过一半是低保户或低收入群体，老年人也占据相当一部分比例。养老服务中心开业近两年，吃饭不贵、理疗不要钱、麻将打一天 5 元，这里已经成了老人们休闲娱乐的好去处。

由于居住在这里的老年人大多收入较低，中心服务项目定价一直低于其他居家养老中心，而且很多项目免费。“最赚钱的项目是麻将，其实说它赚钱还算不上，毕竟也只够电费，没有亏钱而已。”中心相关负责人介绍，现在每天来中心活动的老人约100多名。两荤两素一汤的午餐售价7元，核算人工、菜钱、水电、房租等固定开支后，每卖出一份亏1.5元。中心爱心超市物价相对于其他超市便宜，尽管看起来收支平衡，但算上人工费也处于亏损。

这位负责人表示，运营2年后核算下来，每月亏2万元左右，这还不算养老设施设备的折旧费。为了降低运营成本，他们将人员缩减到最少。“一边是老年人的实际需求，一边是微利甚至赔本的养老服务，2年下来感觉太难了，养老这块蛋糕难道只是看上去很美?”这位负责人无奈地摇头。

“现在运营补助主要集中在养老院等机构，对社区居家养老中心似乎没有太好的扶持政策。”观音寺社区居家养老服务中心相关负责人建议，政府应加大对社区居家养老的扶持力度，尤其要向民办机构倾斜。政府应按照社区居家养老服务中心服务的老年人人数及服务质量等考核指标，每年给予3—5万元运营补贴。政府还可以购买服务，为养老中心购买一定的公益岗位，以减轻中心人力成本压力。

2017年6月25日，《昆明市居家和社区养老服务改革试点补助资金管理办法》(试行)实施，明确要支持通过购买服务、公建民营、民办公助、股权合作等方式，鼓励社会力量管理运营居家和社区养老服务设施，培育和打造一批品牌化、连锁化、规模化的龙头社会组织或机构、企业，使社会力量成为提供居家和社区养老服务的主体。

“我们不排斥居家养老盈利，但相对于公建公营、公建民营来讲，民办民营社区居家养老服务中心的运营压力确实很大。”云南省老龄办相关负责人表示，目前省级层面还没有相应的支持政策，但昆明、玉溪等州市已经先行先试，对民办养老机构出台了相应的扶持政策。下一步，云南省可能会出台相应政策，以政府购买服务的形式支持社区居家养老服务健康发展。

资料来源：根据网易新闻资料整理。

2. 典型地区社区居家养老服务的实践经验

居家养老作为养老服务业的一部分，其发展必定与各地具体发展情况相联系，不同地区会结合自身的地域情况，创新其养老特色，满足老年人的养老需求。以下将分别对青岛、大连、上海以及乌镇的居家养老典型的经验进行介绍。

(1) 青岛：以社区为主导的社区居家养老服务。

青岛市作为山东省的经济水平发展较高的沿海城市，老龄化程度比较严重，但经过多年的养老服务关注和探索，目前老年服务业发展相对较好，尤其是在居家养老发展中探索出具有特色的"社区主导"模式。青岛主要通过依托社区服务资源，借助"医疗护理中心""休闲娱乐中心""老年教育中心"等平台，为60岁及以上的有需求的老年人提供"一站式"的居家养老服务，包括生活照料、托老服务、康复辅助、休闲娱乐等精神服务。青岛市南区在居家养老服务运作中通过加大财政支出，创新运作机制，整合多方力量，率先在青岛内开展以送奶、送报、送家政、送午餐、送保险、送爱心为内容的"六送"服务模式，并结合医院为需要老人提供全天候的"社区老年爱心护理"服务。同时为老年人打造多个日间照料站和老年活动中心，提供日托式和体验式服务，通过设立多个日间照料站和老年活动中心，打造多个养老互助点，形成具有特色的"一刻钟养老服务圈"，实现为老年人提供就近、及时、专业的居家养老服务。

(2) 大连：以家庭为主导的社区居家养老服务。

大连市是一个新兴的沿海旅游城市，经济发展水平处于上升期，人口老龄化也在随之发展不断加剧。早在2002年，大连市沙河口区民权街道老年人口比重一度达到13.6%，75岁及以上的高龄老人占街道内总人口的20%，正是在这种老龄化发展趋势下，结合国内外居家养老的发展经验，大连首创推出了"家庭主导"式居家养老服务。从服务人员的角度，主要是在街道领导下，通过对社会上的下岗员工进行服务技能培训，为老年人提供居家养老服务。在服务资金方面，主要是由街道和基金会负责按月为护养人员给予经济补贴。养老服务方面，根据老年人的需求，为老年人提供日常照料和精神陪护服务，具体包括：洗衣、做饭、医疗、精神慰藉等。为了不断地丰富和提升服务质量，区政府颁布了多个规定：一是财政出资用于服务人员津贴补助。二是制定居家养老补助标准，将老年人按照规定标准分为三个等级，并分别每月提供300元、200元、100元的补助。三是制定相关章程和规范。明确规定街道社区内相关部门的职责，同时由部分老党员、退休职员以及信誉度较高的民众代表，组成居家养老的"督查小组"，定期抽检相关工作人员的工作情况，保障老年人的利益。"家庭主导"的居家养老模式，有效地将社会的两大弱势群体结合起来，既可以解决老年人的养老困境，又为社会提供多个工作岗位，同时利用老年人的传统家庭养老观念，更好地发挥了居家养老作用。

(3) 上海:利用NGO力量的社区居家养老服务。

20世纪80年代,上海就先于全国开展居家养老,2000年开始全面推广居家养老以来,特别是在2005年以来,上海各项居家养老服务内容不断扩大,每年增长的机构数量和提升的服务质量,使得居家养老成为目前上海主流的养老方式。在开展初期,居家养老服务主要是通过政府提供资金补贴购买为主,面对日益严重的老龄化问题,单靠政府解决显得力不从心,人们开始意识到社会性问题必须交给社会解决,社会福利理所当然也应社会化。在此情况下,非政府组织(NGO)模式应运而生。

上海在社区养老服务体系建立初始便推行由NGO承接具体的服务项目。上海早期的NGO绝大多数都是在政府一手推动下成立的,如遍布全市各社区的助老服务社、老年协会等。这些组织主要负责提供专业的养老服务人员,不以营利为目的,政府出资购买其养老服务。NGO的分布范围涉及市、区(县)、街道(镇)三级,负责为60岁及以上的生活不能自理或者部分自理的老年人提供养老服务,主要的服务形式以养老服务中心、日间照料中心、助老服务中心为主。NGO由政府管辖,由街道办事处负责担任主要管理人员,并定期负责上报监管工作。此类组织成立的目的在于分担政府的为老服务职能、执行具体的服务项目。其管理人员多为相关政府部门或国企的退休干部,熟悉政府部门的运行方式和社区民情,具有一定的管理能力、活动能力和事业心,能够听从老龄工作部门的指派。由于这些组织具有官方或半官方背景,其在运行上获得了政府的全力支持,成为老龄工作部门实施服务项目的重要助手。政府部门对这些社会组织具有较高的控制力,而这些组织对政府则高度依赖。

民间自发成立的社会组织大多具有一定的资本,管理者多数具有一定的企业经营经验。这些NGO之所以愿意提供养老服务是因为看中养老产业的巨大发展前景,希望能在未来的市场占有一席之地。①

(4) 乌镇:"互联网+"智慧型居家养老服务。

乌镇60岁及以上老年人占总人口比例高达25.35%,80岁及以上老年人占总人口比例已经高达14.56%,其中90%以上的老年人选择居家养老服务,但是需求

---

① 民政部政策研究中心:《上海社区居家养老服务支持体系研究》,《科学发展》2016年第7期。

分散;高龄老年人需要专业照护,但专业服务资源不足。可以说乌镇老龄化现状比较有代表性。为了解决上述问题,乌镇开启了“互联网+”智慧型居家养老服务的探索。基于互联网的居家养老服务由政府投资建设养老服务设施,通过市场竞标,选择了椿熙堂责任有限公司进行线下的经营维护,提供专业化服务。2015 年 8 月 15 日,该项目正式启动运营,如今已经实现了居家和社区养老、医疗服务的全覆盖,并惠及了区域内所有老年人的服务需求。

乌镇智慧养老服务通过线上云平台(乌镇智慧养老综合服务平台、远程医疗服务平台)和线下服务资源(居家养老服务照料中心、社区卫生服务站),以健康档案为核心、利用自动检测终端、健康管理 APP、物联网智能居家设备,对老年人进行持续健康状况跟踪,记录进个人电子健康档案。最终建立集预防保健、全科医疗、康复治疗、健康教育、计划免疫指导为主的连续性、综合性、低成本、高效率、可复制、易推广的服务模式,该模式在乌镇以外的部分街镇也得到了有效推广和复制。椿熙堂通过线上云平台为老年人提供健康评估、慢病管理、健康数据动态监测等服务,乌镇医院和微医提供网络医院预约挂号、网上会诊、专家讲座等服务;线下居家养老服务中心提供健康档案建立、康复理疗、上门照护等服务,卫生服务站提供预防保健、全科医疗、开方拿药等服务,实现医保对接和线上+线下全覆盖。在这种模式下,居家养老服务中心及站点也向健康老人提供健康检查、代办预约、养生建议等服务;向患病老人提供陪同就医、帮助配药、远程会诊、康复建议等服务,向病后恢复老人提供照护计划、康复理疗、心理咨询、精神慰藉等服务。乌镇通过居家养老服务中心与 7 个二级站点相配合,发挥二级站点区域特色,同时利用中心综合服务和信息中枢的优势,为二级站点服务进行针对性补充,满足全镇老人多元化、差异化的需求,实现全镇老年人服务全覆盖。

此外,乌镇正朝着构建信息化、智慧型的长期护理供给体系,通过引入物联网概念,实现对失能老人全方位管理的方向发展。例如,基于互联网的大数据分析,主动地了解失能老人想要什么、需要什么、关心什么,明确服务对象的核心需求是什么,他们偏好什么,对实时采集汇总的数据进行数据挖掘和决策分析,并最终通过完整的信息化方案实现简单而智慧的服务。实际上,就是围绕失能老人群体的服务目标和个性化的服务需求,基于互联网的开放、灵活、共享式架构,随时随地针对性地了解、掌握失能老人的情况。为失能老人提供第一时间的健康护理、医疗救助或生活照料等服务,打造简单、及时、高效、优质的核心服务能力,同时,失能老人可以对服务质量作出评价和反馈，帮助长期护理供给体系逐渐充实和完善。

二、医养结合养老服务政策演进与实践探索

如第三章所述，“医养结合”是指医疗资源与养老资源相结合。其中，“医”包括医疗康复保健服务，具体有医疗服务、健康咨询服务、健康检查服务、疾病诊治和护理服务、大病康复服务以及临终关怀服务等；“养”包括的生活照护服务、精神心理服务、文化活动服务。医养结合将养老机构和医院的功能相结合，形成集医疗、康复、养生、养老等为一体服务供给模式，实现社会资源最有效地利用。

医养结合本是养老服务的应有之义，属于社会养老服务体系的一部分，因为养老服务不可能脱离医疗服务而单独存在，而且医疗护理、医疗康复是养老服务非常重要的组成部分。但政府为什么要把它单独拿出来讨论、探索和试点呢？原因在于，一直以来医疗机构和养老机构互相独立、自成系统，居住在社区或养老机构中的老年人不方便就医，医院里又不能养老，老年人一旦患病就不得不经常往返家庭、医院和养老机构之间，既耽误治疗，也增加了家属负担。医疗和养老的分离，也致使许多患病老人把医院当成养老院，成了“常住户”。“老人‘压床’”加剧了医疗资源的紧张，使真正需要住院的人住不进来。由于“老年病”的常发、易发和突发性，治疗和护理问题困扰着患病的失能和半失能老人家庭。因此，如何实现医疗资源与养老资源的结合，成为实现养老服务有效供给不得不解决的问题。

(一) 医养结合养老服务的政策演进

医养结合养老服务的政策探索大致可以分为两个阶段，即初步形成期(2006—2012年)和全面发展期(2013年至今)。下面分别就这两个时期出台的主要政策进行梳理分析。

1. 第一阶段：初步形成期(2006—2012年)

2006年2月，国务院办公厅印发全国老龄办等10部门发布《关于加快发展养老服务业的意见》，指出要支持兴办老年护理、临终关怀性质的医疗机构，鼓励医疗机构开展老年护理、临终关怀服务(见表8.4)。这是政府政策文件中第一次将医疗护理服务的内容纳入养老服务的范畴中。

表 8.4 医养结合养老服务的主要政策(2006 年至今)

时间	发文部门	政策文件	主要内容
2006 年	国务院办公厅	《关于加快发展养老服务业的意见》	支持发展老年护理、临终关怀服务业务,支持兴办老年护理、临终关怀性质的医疗机构,鼓励医疗机构开展老年护理、临终关怀服务;根据实际情况,对开展老年护理、临终关怀服务的机构按规定给予政策扶持
2011 年	国务院办公厅	《社会养老服务体系建设规划(2011—2015 年)》	在机构养老层面,重点推进供养型、养护型、医护型养老设施建设
2013 年	国务院	《关于加快发展养老服务业的若干意见》	积极推进医疗卫生与养老服务相结合,促进医疗卫生资源进入养老机构、社区和居民家庭,支持有条件的养老机构设置医疗机构,医疗机构要积极支持和发展养老服务,探索医疗机构与养老机构合作新模式
2013 年	国务院	《关于促进健康服务业发展的若干意见》	推进医疗机构与养老机构等加强合作,建立健全医疗机构与养老机构之间的业务协作机制,推动二级以上医院与老年病医院、老年护理院、康复疗养机构等之间的转诊与合作
2014 年	国家发改委等十部门	《关于加快推进健康与养老服务工程建设的通知》	养老服务体系主要任务包括为老年人提供膳食供应、个人照顾、保健康复、娱乐和交通接送等日间服务的社区老年人日间照料中心,主要为失能、半失能老人提供生活照料、健康护理、康复娱乐等服务的老年养护院等专业养老服务设施,具备餐饮、清洁卫生、文化娱乐等服务的养老院和医养结合服务设施,以及为农村老年人提供养老服务的农村养老服务设施建设
2015 年	民政部等十部门	《关于鼓励民间资本参与养老服务业发展的实施意见》	支持有条件的养老机构内设医疗机构或与医疗卫生机构签订协议,为老年人提供优质便捷的医疗卫生服务;养老机构内设医疗机构符合职工基本医疗保险、城镇居民基本医疗保险和新型农村合作医疗定点医疗机构条件的,要按规定申请纳入定点范围;扶持和发展护理型养老机构建设

续 表

时 间	发文部门	政策文件	主 要 内 容
2015 年	国务院办公厅	《全国医疗卫生服务体系规划纲要（2015—2020 年）》	推进医疗机构与养老机构等加强合作，支持有条件的医疗机构设置养老床位，支持有条件的养老机构设置医疗机构，建立健全医疗机构与养老机构之间的业务协作机制，统筹医疗服务与养老服务资源，形成规模适宜、功能互补、安全便捷的健康养老服务网络； 发展社区健康养老服务，提高社区卫生服务机构为老年人提供日常护理、慢性病管理、康复、健康教育和咨询、中医养生保健等服务的能力，鼓励医疗机构将护理服务延伸至居民家庭。推动开展远程服务和移动医疗，逐步丰富和完善服务内容及方式，做好上门巡诊等健康延伸服务
2015 年	国务院办公厅	《中医药健康服务发展规划(2015—2020 年)》	发展中医药特色养老机构，促进中医药与养老服务结合，支持养老机构开展融合中医特色健康管理的老年人养生保健、医疗、康复、护理服务
2015 年	国务院办公厅	《关于推进医疗卫生与养老服务相结合指导意见》	建立健全医疗卫生机构与养老机构合作机制，支持养老机构开展医疗服务，推动医疗卫生服务延伸至社区、家庭，鼓励社会力量兴办医养结合机构，鼓励医疗卫生机构与养老服务融合发展
2016 年	卫计委	《2016 年卫生计生委工作要点》	提出启动医养结合项目试点
2016 年	卫计委办公厅 民政部办公厅	《医养结合重点任务分工方案》	确定医养结合工作任务以及负责单位
2016 年	民政部 卫计委	《关于做好医养结合服务机构许可工作的通知》	支持医疗机构设立养老机构，支持养老机构设立医疗机构；做好医养结合服务机构许可工作，加强沟通、密切配合，打造“无障碍”审批环境
2016 年	卫计委 民政部	《关于确定第一批国家级医养结合试点单位的通知》	确定北京市东城区等 50 个市(区)作为第一批国家级医养结合试点单位，2016 年底前每省份至少启动 1 个省级试点

续 表

时 间	发文部门	政策文件	主 要 内 容
2016 年	人力资源和社会保障部	《关于开展长期护理保险制度试点的指导意见》	积极鼓励和支持长期护理服务机构和平台建设，促进长期护理服务产业发展
2016 年	民政部 国家发改委	《民政事业发展第十三个五年规划》	加快推进医疗卫生与养老服务相结合，建立健全医养结合体制机制和政策法规，推动医疗卫生和养老服务资源有序共享，形成覆盖城乡、规模适宜、功能合理、综合连续的医养结合服务网络
2016 年	卫计委 民政部	《关于确定第二批国家级医养结合单位的通知》	确定北京市朝阳区等 40 个市（区）作为第二批国家级医养结合试点单位
2016 年	中共中央 国务院	《“健康中国 2030”规划纲要》	推进老年医疗卫生服务体系建设，推动医疗卫生服务延伸至社区、家庭。健全医疗卫生机构与养老机构合作机制，支持养老机构开展医疗服务；推进中医药与养老融合发展，推动医养结合，为老年人提供治疗期住院、康复期护理、稳定期生活照料、安宁疗护一体化的健康和养老服务
2016 年	国务院办公厅	《关于全面放开养老服务市场提升养老服务质量的若干意见》	建立医疗卫生机构设置审批绿色通道。支持养老机构开办老年病院、康复院、医务室等医疗卫生机构
2017 年	卫计委等 13 个部门	《“十三五”健康老龄化规划》	大力发展医养结合服务，建立健全医疗卫生机构与养老机构合作机制，鼓励多种形式的签约服务、协议合作；支持有条件的养老机构按相关规定申请开办康复医院、护理院、中医医院、安宁疗护机构或医务室、护理站等，重点为失能、失智老人提供所需的医疗护理和生活照护服务，提高基层医疗卫生机构为居家老人提供上门服务的能力
2017 年	国务院办公厅	《关于推进医疗联合体建设和发展的指导意见》	指出为患者提供一体化、便利化的疾病诊疗—康复—长期护理连续性服务

续 表

时　间	发文部门	政策文件	主 要 内 容
2017 年	国务院办公厅	《深化医药卫生体制改革 2017 年重点工作任务的通知》	继续推动国家级医养结合试点工作，并明确牵头和负责单位
2017 年	国务院办公厅	《关于支持社会力量提供多层次多样化医疗服务的意见》	提出推动发展多业态融合服务，促进医疗与养老融合，支持兴办医养结合机构
2017 年	卫计委办公厅	《“十三五”健康老龄化规划重点任务分工的通知》	对加强医疗卫生服务体系中服务老年人的功能建设，以及大力发展医养结合服务等任务提出了目标
2017 年	卫计委办公厅	《关于养老机构内部设置医疗机构取消行政审批实行备案管理的通知》	推进医疗领域放管服改革，对部分养老机构内设医疗机构取消行政审批，实行备案管理

资料来源：作者整理。

2011年国务院办公厅印发《社会养老服务体系建设规划(2011—2015年)》,提出要在机构养老层面,重点推进供养型、养护型、医护型养老设施建设。在这一文件中,医疗资源与养老资源相结合的发展思路开始出现。

这个时期的政策特点主要体现为:

(1) 从政策理念上看,医养结合的概念尚未明确提出,而且在政策文件中,医疗和养老还是两个相对独立的领域。但是,在这两个领域之间的寻求合作,将医疗护理服务纳入养老服务体系的思路已经形成。

(2) 从政策内容上看,政府开始对满足老年人医疗护理的需求予以重视,并提出在医疗机构中开展老年护理,在养老机构中建设医疗护理设施等具体措施。这一阶段的探索为医养结合服务机构的兴起提供了最初的土壤。

2. 第二阶段:全面发展期(2013年至今)

2013年,国务院印发《关于加快发展养老服务业的若干意见》,正式将"积极推进医疗卫生与养老服务相结合"作为养老服务业发展的六大主要任务之一(见表8.4)。该文件提出要促进医疗卫生资源进入养老机构、社区和居民家庭,支持有条件的养老机构设置医疗机构,医疗机构要积极支持和发展养老服务,探索医疗机构与养老机构合作新模式。这一文件的颁发为我国医养结合养老服务的发展提供了政策指导。同年,国务院印发《关于促进健康服务业发展的若干意见》,针对"推进医疗机构与养老机构等加强合作",提出应在养老服务中充分融入健康理念,加强医疗机构和养老机构间的业务协作。

2014年,国家发展改革委等10个部门共同发布《关于加快推进健康与养老服务工程建设的通知》,指出养老服务体系的主要任务包括老年人日间照料中心、老年养护院等专业养老服务设施、医养结合服务设施,以及农村养老服务设施的建设。这是政府文件中第一次正式出现了"医养结合"的表述。

2015年国务院办公厅印发《全国医疗卫生服务体系规划纲要(2015—2020年)》,正式明确了"医养结合"概念,就推进医疗机构与养老机构的合作、发展社区健康养老服务方面作出了具体的规定,并提出要统筹医疗服务与养老服务资源、研究制定专项规划、形成健康养老服务网络,推动开展远程服务和移动医疗、健康延伸服务等要求。

同年,国务院办公厅转发了国家卫生计生委等8个部门联合发布的《关于推进医疗卫生与养老服务相结合的指导意见》,对发展医养结合养老服务的基本原则、发展目标、重点任务、保障措施、组织实施等进行了说明。在这一文件中，首次明确提出了“医养结合机构”概念，指兼具医疗卫生和养老服务资质和能力的医疗卫生机构或养老机构，此外，还提出“医养结合体制机制和政策法规体系”“医养结合服务网络”，并在养老机构和医疗服务机构的合作模式、融资和财税价格政策、规划布局和用地保障、人才队伍建设等方面提出了更进一步的要求。可以说，这一文件明确了医养结合的诸多概念，是医养结合政策中的一个重要里程碑。①

对于医养结合的政策来说，2016 年是跨越性发展的一年。首先在 1 月由国家卫计委发布的《2016 年卫生计生委工作要点》中提出了正式启动医养结合项目试点工作。接着国家卫生计生委办公厅联合民政部办公厅印发《医养结合重点任务分工方案》，明确了医养结合的工作任务以及负责单位。4 月，民政部和国家卫生计生委联合印发了《关于做好医养结合服务机构许可工作的通知》，要求做好医养结合服务机构许可工作，明确首接责任制，打造“无障碍”审批环境。6 月和 9 月，国家卫生计生委联合民政部先后发布了《关于确定第一批国家级医养结合试点单位的通知》以及《关于确定第二批国家级医养结合试点单位的通知》，确定了以北京市东城区等 50 个市(区)作为第一批国家级医养结合试点单位，以及以北京市朝阳区等 40 个市(区)作为第二批国家级医养结合试点单位，并要求了试点单位应尽快建立相关机制，全面落实医养结合工作重点任务，确保试点取得积极进展，收到良好社会效果。10 月，根据党的十八届五中全会战略部署，中共中央、国务院制度并发布《“健康中国 2030”规划纲要》，提出要进一步推进老年医疗卫生服务体系建设，推动医疗卫生服务延伸至社区、家庭；健全医疗卫生机构与养老机构合作机制，支持养老机构开展医疗服务。这一文件将医养结合的政策上升到国家健康战略的重要地位。

2017 年国家卫计委等 13 个部门联合印发《“十三五”健康老龄化规划》，提出要大力发展医养结合服务。建立健全医疗卫生机构与养老机构合作机制，鼓励多种形式的签约服务、协议合作。提高基层医疗卫生机构为居家老人提供上门服务的能力，并鼓励社会力量以多种形式开展医养结合服务。同年，国务院办公厅印发《关于推进医疗联合体建设和发展的指导意见》《深化医药卫生体制改革 2017 年重点工作任务的通知》《关于支持社会力量提供多层次多样化医疗服务的意见》，提出

---

① 张涛等：《我国医养结合政策发展历程分析》，《中国医院》2018 年第 6 期。

要为患者提供当前较为匮乏的疾病诊疗—康复—长期护理连续性服务。这些文件进一步推动了上国家级医养结合试点工作，并明确了牵头和负责单位。11月，国家卫生计生委办公厅印发《"十三五"健康老龄化规划重点任务分工的通知》和《关于养老机构内部设置医疗机构取消行政审批实行备案管理的通知》两份文件，对加强医疗卫生服务体系中服务老年人的功能建设，以及大力发展医养结合服务等任务提出了目标，对部分养老机构内设医疗机构取消行政审批，实行备案管理。此外，2017年党的十九大报告，也提出要积极应对人口老龄化，构建养老、孝老、敬老政策体系和社会环境，推进医养结合，加快老龄事业和产业发展。至此，医养结合的养老服务政策已经得到中央政府空前的重视，各地医养结合工作也已扎实起步，以多种形式围绕老年人的健康养老需求提供综合连续的整合式服务。

这个时期的政策特点主要体现为：

(1) 从政策理念上看，"医养结合"的概念已经十分明确。国家对医养结合的发展目标、原则与路径都有十分清晰的思路和指导方针。上一个阶段中，医疗和养老还是两个相对独立的领域，但在这个阶段，养老服务和医疗服务已经融为一体，形成了你中有我、我中有你的局面。此外，多个政府部门多次联合发文的现象也说明，医养结合服务的连续性与整合性要求多个领域的力量实现明确的分工与合作，只有在这样广泛合作的基础上，相关政策才能取得成效。政府显然已经意识到这一点，并朝着资源整合的方向引导着政策的逐步推进。

(2) 从政策内容来看，医养结合的政策逐渐从顶层设计向具体操作层面延伸。首先，政策文件的内容更加细致，有较强的可操作性，如将老年人作为重点人群纳入家庭医生签约服务，提高社区卫生服务机构为老年人提供日常护理、慢性病管理、康复、健康教育和咨询、中医养生保健等服务的能力，鼓励医疗机构将护理服务延伸至居民家庭，支持养老机构开展融合中医特色健康管理的老年人养生保健、医疗、康复、护理服务等。其次，医养结合的工作任务以及负责单位在这一阶段都得到了明确，提高了医养结合政策推行的有效性。此外，医养结合养老服务得到了政府空前的关注，其重要性已经上升到建设健康中国、全面建成小康社会的战略层面。

(二) 医养结合养老服务实践

1. 医养结合养老服务的举办形式

我国于2000年正式进入老龄化社会，但全国各省市老龄化程度不一，因此各地在探索实践医养结合养老服务举办形式的进程都有所不同。2010 年，老龄化严重的京、沪等地开始医养结合养老服务的积极尝试。2012 年，郑州市第九人民医院成立“河南省老年医养协作联盟”与省内近 60 家医院签订协议，为机构内老年人就诊开通绿色通道。同年，青岛市建立长期医疗护理保险制度，将失能、半失能老年人的护理和医疗费用纳入护理保险基金范围。2014 年 6 月 16 日，国家发展和改革委员会发布《关于组织开展面向养老机构的远程医疗政策试点工作的通知》，批准北京市、湖北省、云南省开展“探索养老机构与医疗机构的合作机制，推动医养融合发展”的试点。到 2015 年，全国已有北京、上海、天津、重庆、山东、湖北、湖南、河南、福建、海南、浙江、云南、江苏、宁夏 14 个省、自治区、直辖市先后开展了“医养结合”养老模式的试点工作。结合各地区的实践和试点工作经验，可以将“医养结合”养老模式归纳总结为以下六种举办形式：①

（1）“养中有医”形式。

“养中有医”模式即养老机构内设医疗机构，是指在养老机构内部设立医疗服务机构，进行医养结合服务。具体是指有能力的大型养老院或福利院，在政府的支持下或通过社会资本的投资，在养老院内建立医院或医疗服务机构。此种形式适用于失能程度较低的半失能老年人。青岛是实践较为成功的地区。青岛市民政局等三部门下发的《关于加强养老机构医疗服务工作的通知》中指出，具有 500 张床位以上的养老机构要内设医疗机构。据统计在全市 14 家养老机构中，有 858 张医疗床位。例如青岛济慈老年公寓与青岛济慈医院就是属于“养中有医”形式的典型代表，是青岛首家“医养结合”养老机构。该形式的优点是能够满足入住老年人的医疗需求，具有专业的医疗团队，为入住老年人的常见病提供及时诊治；具有专业的护理团队，为入住老年人提供护理康复服务；缺点是大部分的内设医疗机构因未取得医保定点资格而不能进行报销医药费，造成老年人入住成本高。此外，有的内设医疗机构不能提供与大医院同等的治疗，甚至由于医护工作者的观念问题，不愿意进入这种医疗机构从业，加之投资不足，使内设医疗机构不能正常地运行起来。

（2）“医中有养”形式。

“医中有养”形式即医疗机构内设养老机构，是指医院转型为老年康复医院、

---

① 《青岛医养结合六种模式成全国范本》，https://www.cn-healthcare.com/article/20170913/content-495650.html。

老年护理院或者直接在医院内开设老年病房。具体是指将二、三级大型公立医院(有的地区是一、二级)内的闲置床位或老年慢性病房进行结构和功能调整,或者是在政府支持下直接转型为老年康复院或老年护理院。此种形式适用于失能程度比较严重,并且在通常的养老机构不能提供相关服务的情况。北京是实践较为成功的地区。2015年,北京限期3年将西城区展览路医院、朝阳区太阳宫社区卫生服务中心、朝阳区南磨房社区卫生服务中心、大兴区红星医院、昌平区南口铁路医院、平谷区金海湖镇社区中心6家医疗机构转型为康复院、护理院,为老年人提供更加完整的养老服务。该形式的优点是医院转型后可以充分发挥其医疗资源优势,提供有质量的医疗、护理服务。"医"和"护"的分离,缓解了医院老年病房"压床"现象以及"看病难"等问题,并且能够保证老年人突发疾病的及时诊治,有的机构还在原有医疗机构特色的基础上发展特色的专业老年病房;缺点是大部分医护人员不愿意进行转型后的服务,并且许多医护人员缺乏老年护理方面技能,同时对入住的老人要求门槛高,费用也相对高,致使老年人负担不起,造成"入住难"问题。

(3)"医联结合"形式。

"医联结合"形式是指医院与社会办"医养结合"型医疗机构建立医联体。具体是指由大型公立医院,为"医养结合"机构(护理院)提供优质的医疗资源,从而提高医疗资源的整体效率,为养老机构内的老年人提供方便、持续、优质的医疗服务。医院将长期患病的老年人转到护理院进行护理,而护理院将急症患者转到医院进行治疗。它区别于"医中有养"模式中医院开设老年病房。此种形式适用于需要在医院进行治疗以及需要长期护理的老年人。例如青岛市中心医院与鑫再康护理院建立了医联体,进行资源的共享。这是青岛市对于"医养结合"服务的创新尝试,目前在全国范围内并不多见。该形式的优点是医院与养老机构之间资源共享,医院的专家与养老机构护理人员在各自专业领域优势互补,及时为老年人提供方便、持续、优质的医疗服务;缺点是在医院就医的老年人通常不愿转入护理院,认为其服务没有大医院好,从护理院转入大型医院的诊治老年人在医疗费用的结算、医保报销等方面存在争议。

(4)"养医签约"形式。

"养医签约"形式是指养老机构与附近医院签约。具体是指养老机构没有条件设立医疗服务机构,但其附近有医院,于是养老机构就与医院签约,由医院每天派医、护人员到养老机构巡查，承担养老机构老年人的基本医疗服务；如果养老机构中老年人突发疾病需要入院治疗时就通过绿色通道及时到达医院进行治疗。有的“养医签约”形式还包括养老机构为医院提供床位，以此来缓解医院床位短缺的问题。此模式适用于入住养老机构的所有老年人。例如，北京市第二医院与北京金泰颐寿轩敬老院签订医疗服务合作协议，为入住养老机构的老年人建立健康治疗档案，随时关注老年人的健康问题；南京市秦淮区的12家社区卫生服务中心与38家养老机构签订协议，为机构内老人提供卫生保健服务。这种形式的优点是到养老机构巡诊的医、护人员能够及时为患病老年人提供治疗，保障养老机构的医疗需求，节省入住机构老年人看病的时间和治疗的费用，有的合作还能缓解医院床位短缺问题，使医院和养老机构的资源能够得到充分利用；缺点是两机构之间相互独立，各自提供的服务只是按照协议约定的内容进行，责任不明确，存在违约风险，使老年人的权益得不到及时保障。

(5)“两院一体”形式。

“两院一体”形式兼具养老和医疗双重功能。具体是指在农村地区将卫生院与敬老院同时规划建设，这种模式类似于“养中有医”，但这需要在建设之初就开始规划。这种形式是专门针对农村地区养老而设计的，是对农村传统养老模式的改进，使农村养老变得简单。最著名的是胶州市，完成建设的有14处卫生院、4处社区卫生服务中心、591处规划内村卫生室。而在大中城市中，是指在建设养老机构的时候同时鼓励社会资本建立兼具医疗功能的医疗与养老一体的养老机构。城市中的这种养老机构通常都是比较中高端的标准，适用于经济条件比较好的老年人。例如上海市第三社会福利院暨上海市民政老年医院，青岛李沧区的圣德脑血管病医院同时登记为圣德老年护理院，重庆医科大学附属第一医院建的青杠老年护养中心等。该形式的优点是为老年人的养老提供了标准化的服务，机构内的老年人能够直接享受到医疗和养老双重化服务，减少转诊的流程，节省时间；缺点是机构内的医疗服务对一些老年疾病不能提供良好的服务，医护人员的技术水平整体不是很高，缺乏对这种机构的双重管理人才，有的医疗机构达不到医保定点的标准，医保报销比较难，有的机构可能由于资金问题出现运行困难，主管部门多头，无法进行及时监督。

(6)“居家巡诊”形式。

“居家巡诊”形式是指将医疗服务延伸至周边社区的居家老年人。具体是指有能力的“医养结合”机构在满足自己机构发展的基础上，将其医疗服务辐射至周边社区居家养老的老年人或者是请社区内的医院医生进社区、社区卫生中心医生进家庭为老年人进行服务。此形式适用于进行社区居家养老或是传统家庭养老的老年人。例如普亲集团与海南省老年病医院、康复医院等合作将服务延伸至社区。民政部副部长窦玉沛认为，“普亲合作模式是符合中国国情的养老服务模式，是医养结合的实践案例，为中国养老服务解决了很多实际问题”。在我国，各地区进行社区居家养老、医生上门服务的很多，但由“医养结合”机构中的医疗机构提供服务的却很少。该形式的优点是能够满足老年人选择不离居的家庭养老模式，使老年人不出家门就得到医疗和照顾服务，可节省入住养老机构的费用以及往返医院的时间；缺点是“医养结合”机构提供的延伸服务只是在养老机构有能力做的时候才进行，不能保证其长期性，再者提供社区或家庭医疗服务仅限于对居家老年人的健康教育、基础诊疗和一些慢性病防治，不能满足一些重大疾病的诊治和慢性疾病的长期护理监测的老年人需求。

2. 典型地区社区医养结合养老服务的经验

(1) 青岛：通过实施长期护理保险制度，撬动医养结合各方资源。

青岛市通过实施长期护理保险制度，首次将医疗服务和养老服务纳入统一的制度框架。[①]2012 年，青岛市颁布了《关于建立长期医疗护理制度的意见(试行)》，在全国首创并实施了长期护理保险制度。该制度以城镇职工医疗保险为平台，用人单位和个人无需另行缴纳护理保险费，基金来源于医疗保险基金、政府补贴和福彩公益金，参保人根据不同的护理需求可以申请在定点护理机构、定点医院、居家和社区，分别接受院护、专护、家护和巡护，其中，院护、家护和巡护中发生的符合规定的医疗护理费由护理保险支付 96%，个人承担 4%；专护费用由护理基金承担 90%，个人承担 10%。长期护理保险对具备医疗资质的养老机构实行日定额包干结算。青岛市医养结合包括六种类型，即养中有医、医中有养、养医签约、医联结合、居家巡诊、两院一体。青岛通过实施长期护理保险制度，有效地整合了医养各方资源，使医养结合渗透到了机构、社区和居家等各种养老方式中，实现了医、养、康、护一体化服务，医养结合的路越走越宽。截至 2015 年底，全市开展护理保险业务的护理服务机构有 658 家。其中，594 家机构开展巡护、家护业务，46 家机构开展

---

① 李长远、张举国：《我国医养结合养老服务的典型模式及优化策略》，《求实》2017 年第 7 期。

院护业务，18家机构开展专护业务。另外，有4 000余家一体化村卫生室均可开展巡护业务。①在2015年12月举行的全国医养结合工作会议上，青岛经验备受称赞；同年，青岛市也因长期医疗护理保险制度获得“中国政府创新奖”。

(2) 上海：以社区卫生服务中心为支持平台，将医疗资源向养老领域辐射。

上海从2014年开始探索推动医疗卫生和养老服务结合发展。2015年，上海民政局、卫计委等五部门联合发布了《关于全面推进本市医养结合发展的若干意见》，明确了以社区卫生服务中心为支持平台开展医养结合的思路。上海在全面推进医养结合时，主要依托社区卫生服务中心平台，该平台扮演着整合医养资源、推动医疗资源辐射和周转的核心角色。根据机构养老入住老人、居家和社区老人不同层次医疗卫生服务需求，由社区卫生服务中心向社区内各类老年群体提供相应的医疗服务。一方面，鼓励社区卫生服务中心与养老机构、社区托养机构签约合作，开展定期医疗巡诊、康复护理指导、慢性病管理、健康宣教等多层次医疗卫生服务，从而缓解养老机构、社区托养机构老年医疗护理供需矛盾突出的状况；另一方面，鼓励养老机构采取委托、合作等方式向社区卫生服务中心购买医疗护理服务，社区卫生服务中心委派医生上门为入住养老机构、社区托养机构的老年人提供基本的医疗护理服务。截至2015年底，上海社区卫生服务中心与区域内养老机构签约服务已经实现全覆盖；2016年，社区卫生服务机构与社区托养机构签约率达到50%。②

(3) 苏州：在机构、社区和居家三个层面实现医养结合。

在养老服务体系建设中，苏州不仅探索了独具特色的沧浪区“虚拟养老”居家养老服务模式，而且在探索“医养结合”新路径方面也走在了全国的前列。2015年，苏州市出台了《关于加快发展医养融合养老服务的实施意见》，拉开了构建医养结合养老服务体系的序幕。目前，苏州已经基本形成了“3＋X”医养结合模式，即在机构、社区和居家三个层面实现医养结合的实践模式。③

第一，在机构医养结合层面。该层面医养结合主要通过以下三种路径实现：养老机构内设置医疗机构或与医疗机构签订服务合约；医疗机构内设老年护理区域；推进护理机构的建设。第二，在社区医养结合层面。该层面医养结合主要依托社区日间照料中心、托老所实现，具体做法是：在建设社区日间照料中心时，配备医务

① 林映雪、韩庆：《山东青岛：医养结合乐了老年人》，《人民日报》2016年2月17日。

② 钱蓓：《上海："医养结合"牵引新一轮养老改革》，《文汇报》2015年6月13日。

③ 胡毓蓄：《苏州姑苏区建医养融合新模式》，《苏州日报》2016年1月7日。

室、护理站等设施设备，或就近与社区医疗服务中心签订合作协议。例如2015年竣工的太仓璜泾镇孟河村老年人日间照料中心首设了养老护理站。第三，在居家养老层面。该层面医养结合主要是通过全面建立家庭医生签约制度和借力“互联网＋”来完成。2016年，苏州“智慧健康”一期工程正式上线，包括区域远程病理诊断平台、区域远程心电诊断平台等多个医疗信息化平台，通过“互联网＋”推动了全市医疗资源的加速共享。

(4) 北京:“三边四级”养老服务体系，养老驿站专业运营。

近5年来，北京市从四大方面快速扩大居家养老服务供给，从重机构、轻社区居家，向三者融合发展转变，切实为老年群体服务，基本建立了“三边四级”的养老服务体系。所谓“三边四级”，是指在政府主导下，通过构建市级指导、区级统筹、街乡落实、社区参与的四级居家养老服务网络，实现老年人在其周边、身边和床边就近享受居家养老服务。

具体的做法是以社区为依托，建立提供医养结合服务的社区养老驿站。社区养老驿站由“社区卫生服务中心(站)＋康复医院＋护理院＋三甲医院”组成。北京市超过90％以上的老人选择居家养老和社区养老，这部分老年人所享受的医养结合服务主要由养老驿站提供。老年群体需求最为迫切的慢性病管理、家庭病床、院后随诊等服务都可以在老年驿站中享受到。支撑这些服务的医疗机构包括270余家社区卫生服务中心和39家三级医院在内的53个区域医联体，以及即将建立的面向全市医联体开放的1个多平台的市级临床会诊中心和4个市级医技会诊中心(影像会诊中心、血液检测会诊中心、病理诊断会诊中心和心电诊断会诊中心)，还有规划中的老年健康档案和电子病历数据共享平台等。

养老驿站专业化运营工作已经进入实施阶段。2016年10月，北京首家养老驿站管理集团(北京市国资公司下属养老企业北京诚和敬投资有限公司)开始运营。该公司初步计划在20余家养老驿站的建设、运营等方面投入2亿元左右。2017年7月，北京首家由医疗机构负责运营的养老驿站正式投入运营。北京朝阳区潘家园第二社区卫生服务中心筹建的松榆里社区养老服务驿站，面积约400平方米，整体按照生活、娱乐、交流、养生、医养等理念设计，涵盖了文化娱乐、养生保健、中医康复、医养结合、日间照料、助餐助浴六大功能。2018年，北京海淀区还将在西三旗、马连洼、西北旺、青龙桥、北太平庄等10个街镇，推广甘家口模式，建设“一个中心＋10个驿站”的医养结合服务体系。

根据“政府无偿提供设施、服务商低偿运营”的方式推动养老驿站可持续发展的总体思路，2016 年北京市建成 150 个社区养老驿站。到目前为止，已建成运营的驿站有 259 个，“十三五”期间北京市将建设 1 000 个驿站，为更多老年人送去医养结合的服务。

专栏 8.3　北京海淀“甘家口模式”

北京海淀甘家口街道自 2014 年建立起全市首个“智慧社区医疗养老健康指导中心”(以下简称医养康指导中心)后，不断为地区百姓提供医疗、养老等服务，并结合“互联网＋”的方式，综合线上线下的科技手段和服务资源，打通政府惠民政策及养老服务的“最后一公里”。

老年人是慢性病与多发病的主体，医疗健康服务是居家养老最主要的服务需求。医养康指导中心创新推出一种由政府搭台，整合社会资源，机构、企业、社会组织联合起来共同为地区百姓提供医疗、养老、健康和相关生活服务的新模式，使居民不用走出社区就可享受到全方位健康服务，被称为“甘家口模式”。

目前，甘家口街道有老年人近 3 万人，医养康指导中心自 2014 年 12 月底正式运营以来，已建立了 7 个医养指导站点，累计接待群众 24 000 余人，建立社区居民电子健康档案 7 000 余份，疾病风险评估 4 000 余人，中医体质辨识 3 000 余人，建档活档率达到 48%，开展社区健康宣教活动近百次。

医养康指导中心不仅为老年人提供基本的身体检查服务，同时采用线上线下相结合的“O2O”服务模式，为老人建立健康档案，通过平台发送到居民健康网和手机 APP，老年人或其子女可以随时登录账户了解老年人的健康状况。

医养康指导中心通过信息化手段全面建成了以居民电子健康档案为基础，以云平台、物联网技术为支撑的社区医疗健康服务体系，并协助社区家庭医生对患者进行向上转诊和诊后的随访跟踪，形成对居民诊前到诊后的服务闭环，实现了基础体检、慢病管理、健康指导、健康教育、社区日间照料、居家养老等服务的融合，真正实现了动态健康管理和分级诊疗，为老人健康提供了坚强保障。

社区老人日常在医养康指导中心进行基础体检和一些基础保健项目，进行数据积累；一旦身体出现状况，医养康指导中心会依据病症的严重程度，为其向三甲医院或社区卫生服务中心进行转诊；需在三甲医院治疗的，当病情有所好转后，将病人从三甲医院转诊至社区卫生服务中心，进行康复治疗；当居民完全康复后，再从卫生服务中心转回到医养康指导中心继续进行基础健康管理。这样一套流程，形成一个完整的闭环，既保障了居民个人健康的随时管理和监控，又提供了方便的转诊就医。

资料来源：根据人民网资料整理。

第九章
中国长期护理服务供给的若干核心问题

一、失能等级评估问题

长期护理保障制度的一个重要基础是失能等级评估，即由失能等级评定人员按照标准，根据老年人自理能力和疾病状况对其日常生活能力和认知能力等综合能力进行评分，并依据老年人不同的得分情况对其失能程度进行分级。通过对老年人日常生活能力和认知能力进行评估，能够准确了解老年人的失能程度。

失能等级评估的内容不仅限于对老人的生理机能进行测量，还包括对心理状态和社会活动能力两个层面的评估。具体地，失能等级评估包括日常生活活动能力(activities of daily living, ADL)评估和认知能力评估(见图 9.1)。

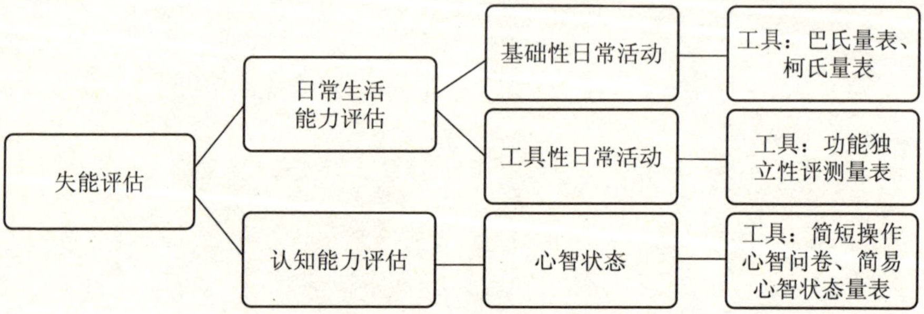

图 9.1　失能评估分层及主要评估工具

日常生活能力(ADL)评估分为基础性日常活动能力(basic activities of daily living, BADL)评估和工具性日常活动(instrumental activities of daily living,

IADL)。BADL 评估测量的是老年人的自我照顾能力(如穿衣、进食、洗澡等)是否丧失或受限,是否需要他人提供个人照顾服务,BADL 的测量工具主要有巴氏量表(Barthel Index)、柯氏量表(Katz Index)等。IADL 评估测量的是老人操持家务和社会活动的能力(如购物、做饭等)是否丧失或受限,是否需要给予社会服务,IADL 的测量工具主要有功能独立性评测量表(FIM)等。认知能力评估主要是用于认定老人是否失智,独立生活能力是否丧失或受限,是否需要个人照顾服务和社会服务,常用的评估工具有:简短操作心智问卷(SPMSQ)与简易心智状态量表(MMSE)。

在以上几个层面的失能评估中,BADL 是确定老人是否失能并需要长期护理服务的主要指标。值得注意的是,BADL 正常并不能保证老年人有独立生活的能力,决定老人是否能独立生活的是 IADL。理论上,BADL、IADL,以及认知能力都应作为老人是否需要长期护理服务的衡量指标,但因长期护理制度的筹资能力与服务提供能力存在差异,各国选择的评估量表并不相同。有的国家只限于对 BADL 进行测量,有的国家综合测量 BADL 和 IADL 能力而不考虑有认知功能障碍的失智老人,还有的国家则将所有有功能障碍和认知障碍的老人都纳入评估范围。一般而言,筹资能力和服务供给能力越强的国家,对老人失能评定的范围就越广。

(一) 国际常用的失能等级评估工具

由于失能评估调查依靠被调查者自己表述的健康水平及活动能力,因此评估工具的便利性、通俗性是影响工具选择的重要因素。

基于对老年人健康状态不同的定义,不同的国际组织推出了若干测量失能等级的方法和工具(见表 9.1)。

下面对国际常用的对基础性日常生活能力(BADL)、工具性日常活动能力(IADL)的评估工具,如巴氏量表、功能独立性评测量表(FIM)等做一重点介绍。

1. 日常生活能力评估

(1) 基础性日常活动能力评估:巴氏量表。

基础性日常活动能力(BADL)评估常用的评估工具是巴氏量表。巴氏量表又称为巴氏指数(Barthel 指数),是全球应用最广的用以老年人活动受限程度的评估表。作为国际第一代失能状态评估工具,目前也广泛运用于我国地方长期护理保险的试点政策中。

表 9.1　通用性健康状态和失能评估方法

方法和 主要参考	背　景	适用性	测量的健康概念 （领域）	项目数量	执　行	（分钟）
WHODAS 2.0 (3—5)	WHO 基于国际功能、失能和健康分类(ICF)制定，用于不考虑医学诊断的情况下评估人员行动障碍和参与受限状态	临床、社区和一般人群	认知，运动，自理，相处，生活，参与	36	本人或 通过面谈	5—10 20
LHS(6)	基于 WHO 国际病损、残疾和残障分类(ICIDH)中关于残疾的描述性框架	仅临床人群	移动，定向，职业，身体独立性，社会融入，经济自主	6	本人	5
SF-36(7—9)	为用于医疗结局研究而发展，该研究调查了提供者、病人和健康系统的特征对医疗结局的影响	临床、社区和一般人群	身体功能，由身体问题导致的角色限制，如身体疼痛、总体健康感觉、活力；社会功能，由情绪问题导致的角色限制，如心理健康、健康转变	36	本人或 通过面谈	10 10
NHP(10，11)	为用于健康和疾病的流行病学研究而发展，设计用来反映对健康状态的非专业看法，而不是对健康的专业定义	临床、社区和一般人群	能量水平，情绪反应，身体移动能力，疼痛，社会孤立感，睡眠	第一部分：健康问题（38 项），第二部分：受影响的生活领域（7 项）	本人	5—10
FIM(12)	由美国物理医学与康复学会(AAPM&R)和美国康复医学会(ACRM)资助的一个团队研发，用于评估残疾人进行基本生活所需的帮助	仅临床人群	自理，括约肌控制，转移，移动，交流，社会认知	18	面谈（通过医师、护士或治疗师）	30

续 表

方法和主要参考	背 景	适用性	测量的健康概念（领域）	项目数量	执 行	（分钟）
BAI(13，14)	1955 年研发，用于评估和监控日常生活的运动和自理能力	仅临床人群	肠道状态，膀胱状态，修饰，卫生间使用，进食，转移，移动，穿衣，上下楼梯，洗浴	5—10	面谈（通过治疗师或其他观察者）	2—5

注：①AAPM&R：美国物理医学与康复学会；②ACRM：美国康复医学会；③BAI：Barthel 日常生活活动指数；④FIM：功能性独立测量法；⑤ICF：国际功能、失能和健康分类；⑥ICIDH：国际病损、残疾和残障分类；⑦LHS：伦敦残障量表；⑧NHP：诺丁汉健康调查表；⑨SF-36：医学结果研究 36 项健康调查简表；⑩WHODAS 2.0：世界卫生组织失能评估量表 2.0。

资料来源：T.B. Ustun，N.Kostanjsek，S.Chatterji，J.Rehm：《世界卫生组织失能评定量表手册（WHODAS 2.0）》，毕胜主译，人民卫生出版社 2016 年版，第 6—7 页。

该量表于1955年被美国巴尔的摩市州立医院物理治疗师巴塞尔(Barthel)应用于测量住院中复健病患的进展状况,并于1965年由美国学者马哈尼(Mahoney)和巴塞尔(Barthel)正式发表在医学文献上,自此被广泛应用。它主要从进食、轮椅与床位间的移动、个人卫生、上厕所、洗澡、行走于平地上、上下楼梯、穿脱衣服、大便控制和小便控制10项活动评估失能者受限程度并加以量化(见表9.2),巴氏量表共分为完全自理、轻度依赖、中度依赖和重度依赖四个等级。

表9.2 巴氏量表评估项目及分值量化标准

项　目	分数	内　容
进　食	10	自己在合理的时间内(约10秒钟吃一口),可用餐具取眼前的食物,若需要使用进食辅具,会自行取用穿脱,不需协助
	5	需要别人协助取用或切好食物或穿脱进食辅具
	0	无法自行取食
轮椅与床位间的移动	15	可独立完成,包括轮椅的刹车及移开脚踏板
	10	需要稍微协助(例如予以轻扶以保持平衡)或需要口头指导
	5	可自行从床上坐起来,但移位时需别人帮忙
	0	需别人帮忙方可坐起来或需别人帮忙方可移位
个人卫生	5	可独立完成洗脸、洗手、刷牙及梳头发
	0	需要别人帮忙
上厕所	10	可自行进出厕所,不会弄脏衣物,并能穿好衣服,使用便盆者,可自行清理便盆
	5	需帮忙保持姿势的平衡,整理衣物或使用卫生纸,使用便盆者,可自行取放便盆,但需依赖他人清理
	0	需他人帮忙
洗　澡	5	可独立完成(无论是盆浴还是沐浴)
	0	需别人帮忙
行走于平地上	15	使用或不使用辅具皆可独立行走50米以上
	10	需要稍微扶持或口头指导方可行走50米以上
	5	虽无法行走,但可独立操纵轮椅(包括转弯、进门及接近桌子、床沿)并可推行轮椅50米以上
	0	需别人帮忙

续表

项　　目	分数	内　　容
上下楼梯	10	可自行上下楼梯(允许抓扶手、用拐杖)
	5	需稍微帮忙或口头指导
	0	需别人帮忙
穿脱衣服	10	可自行穿脱衣服、鞋子及辅具
	5	在别人帮忙下可自行完成一半以上的穿脱衣服动作
	0	需别人帮忙
大便控制	10	不会失禁,并可自行使用塞剂
	5	偶尔失禁(每周不超过一次)或使用塞剂时需人帮助
	0	需别人帮忙
小便控制	10	日夜皆不会尿失禁,并可自行使用塞剂
	5	偶尔会尿失禁(每周不超过一次)或尿急(无法等待便盆或无法及时赶到厕所)或需别人帮忙处理
	0	需别人处理
总分		

巴氏指数的主要优点是操作简便,项目简单,每一项目都有操作性定义;评分方法标准化,比较适合须在短时间内完成的问卷调查活动;其计分方式为等距变项,方便做统计分析;评估省时、方便,即使非专业人员的评估也相当可靠;已经有良好的预测效度、聚合效度、再测信度及内在一致性。

巴氏量表也有其缺点:一是它只包含老年人在日常活动方面的能力,而没有关注智力认知、社交情感等其他重要维度,因此无法全面地反映老年人的失能状态。二是巴氏量表采用按分分级的等级评定方式,此量表评分内容繁多,每项只有2—4级,每等级为5分,如用于评估每日的治疗效果时,对较小的功能变化不够敏感,巴氏量表将所有相同得分的老人归为同级可能对后续护理工作的开展造成一定程度的影响。

① 评估指标。

评定内容共10项,包括进食、轮椅与床位间的移动、个人卫生、上厕所、洗澡、行走于平地上、上下楼梯、穿脱衣服、大便控制和小便控制10项活动能力。每项根据是否需要帮助或帮助程度分为0分、5分、10分、15分四个等级,总分100分(见表9.2)。

② 能力等级。

被评估者的得分越高生活独立能力越好,需要辅助量越小;根据评分高低,可

评估为完全自理、轻度依赖、中度依赖和重度依赖四个等级。相应分级标准为(见表 9.3):

完全自理:分值 100 分,无须他人照料;

轻度依赖:分值 61—99 分,生活少部分需要他人照料;

中度依赖:分值 41—60 分,生活大部分需要他人照料;

重度依赖:分值低于 40 分,生活全部需要他人照护。

表 9.3　巴氏量表能力分级

自理能力等级	等级划分标准	需要照护程度
重度依赖	总分≤40 分	全部需要他人照护
中度依赖	总分 41—60 分	大部分需他人照护
轻度依赖	总分 61—99 分	少部分需他人照护
完全自理	总分 100 分	无须他人照护

(2) 工具性日常活动能力评估。

工具性日常活动能力(IADL)评估关注进食、上厕所、洗澡、行走、上下楼梯、穿脱衣服、大小便控制等基础性活动能力之外的其他生活能力,例如能否独立上街购物、外出活动、烹调食物、维持家务、洗衣服、使用电话、服用药物、处理财务等,每个项目根据独立完成活动的能力进行评分(见表 9.4)。

表 9.4　工具性日常活动能力评估项目及分值量化

项　目	分数	内　　容
上街购物	3	独立完成所有购物需求
	2	独立购买日常生活用品
	1	每一次上街购物都需人陪
	0	完全不会上街购物
外出活动	4	能够自己开车、骑车
	3	能够自己搭乘大众运输工具
	2	能够自己搭乘出租车但不会搭乘大众运输工具
	1	需有人陪同可搭乘出租车或大众运输工具
	0	完全不能出门

续 表

项目	分数	内容
食物烹调	3	能独立计划、烹煮和摆设一顿适当的饭菜
	2	如准备好一切佐料,会做一顿适当的饭菜
	1	会将已做好的饭菜加热
	0	需别人把饭菜煮好、摆好
家务维持	4	能做较繁重的家事或偶尔需家事协助(如搬动沙发、擦地板、洗窗户)
	3	能做简单的家事,如洗碗、铺床、叠被
	2	能做家事,但不能达到可被接受的整洁程度
	1	所有的家事都需要别人协助
	0	完全不会做家事
洗衣服	2	自己清洗所有衣物
	1	只清洗小件衣物
	0	完全依赖他人
使用电话的能力	3	独立使用电话,含查电话簿、拨号等
	2	仅可拨熟悉的电话号码
	1	仅会接电话,不会拨电话
	0	完全不会使用电话
服用药物	3	能自己负责在正确的时间用正确的药物
	2	需要提醒或少许协助
	1	如事先准备好服用的药物分量,可自行服用
	0	不能自己服用药物
处理财务	2	可以独立处理财务
	1	可以处理日常的购买,但需要别人协助与银行往来或大宗买卖
	0	不能处理钱财
总分		

2. 功能独立性评测(FIM)量表

功能独立性评测量表中共有18个测评项目,每个项目的得分为1分,其得分结果能够判断老人是否具有独立生活的能力。

功能水平和评分标准:FIM表格中每个项目的总得分是7分,分数从高到低代表老年人的行动能力强弱,7分能力最强,1分能力最弱,并将5分作为老人行动独立与否的分界线。

(1) 独立。即活动中不需他人帮助。独立包含完全独立和有条件的独立,得分在7分及以上为完全独立。构成活动的所有作业均能规范、完全地完成,不需修改和辅助设备或用品,并在合理的时间内完成。得分为6分为有条件的独立,具有下列一项或几项:活动中需要辅助设备,活动需要比正常长的时间,或需要安全方面的考虑。

(2) 依赖。即为了进行活动,患者需要另一个人予以监护或身体的接触性帮助,或者不进行活动。依赖包含有条件的依赖和完全依赖。

得分为5分以下2分以上为有条件的依赖——患者需要付出50%或更多的努力,其所需的辅助水平如下:得分为5分的患者需要受到监护并在活动前做好准备——患者所需的帮助只限于备用、提示或劝告,帮助者和患者之间没有身体的接触或帮助者仅需要帮助准备必需用品,或帮助带上矫形器。

得分为4分的患者需要少量身体接触的帮助——患者所需的帮助只限于轻轻接触,自己能付出75%或以上的努力。

得分为3分的患者需要中度身体接触的帮助——患者需要中度的帮助,自己能付出50%—75%的努力。

得分为2分及以下的患者属于完全依赖型患者——患者需要一半以上的帮助或完全依赖他人,否则活动就不能进行。2分的患者需要大量身体接触的帮助,患者付出的努力小于50%,但大于25%。

得分为1分及以下的患者的活动完全依赖他人辅助——患者付出的努力小于25%。

FIM的最高分为126分(运动功能评分91分,认知功能评分35分),最低分18分。

126分=完全独立;108—125分=基本独立;90—107分=有条件的独立或极轻度依赖;72—89分轻度依赖;54—71分中度依赖;36—53分=重度依赖;19—35分=极重度依赖;18分=完全依赖。

由于FIM量表是判断老年人行动依赖程度的表,综合得分的高低能够很好代表老年人的依赖程度,相较于巴氏量表而言,不存在得分相同但是老年人具体需求不同的情况。

3. 世界卫生组织失能评定量表(WHODAS 2.0)

世界卫生组织(WHO)基于国际功能、失能和健康分类(ICF)的概念框架,推出《世界卫生组织失能评定量表手册(WHODAS 2.0)》,用于在不考虑医学诊断的情况下评估老年人的行动障碍和参与受限的状态。WHODAS 2.0 可以从人群水平或在临床操作中,对健康和失能进行测量。

WHODAS 2.0 从功能水平上关注以下 6 个领域:(1)认知能力——理解及沟通;(2)移动能力——四处自由活动;(3)自理能力——个人卫生,穿衣,进食及独处;(4)与人交流能力——与其他人互动工作以及学习;(5)生活活动能力——家庭责任,休闲;(6)参与能力——参加社区活动,融入社会。在国际功能、失能和健康分类中,WHODAS 2.0 将健康和失能置于一个统一体中,将失能定义为"某个功能领域能力的降低"。

WHODAS 2.0 开发了 3 个版本,即 36 项版本、12 项版本以及 12+24 项版本。表 9.5 列出的是 WHODAS 2.0(12 项问题版本)的评估项目及量化分值体系。

表 9.5 世界卫生组织失能评定表(WHODAS 2.0)(12 项问题版)

	最近 30 天中,在进行以下活动时有困难吗?	1. 无	2. 轻微	3. 中度	4. 严重	5. 极度严重或无法做到	6. 不适用
1	长时间站立,超过 30 分钟						
2	做家务、算账管钱、房屋或电器维护、孩子教育等照顾家庭的责任						
3	学习一个以前没有尝试过的新东西,比如去一个陌生的地方、使用新电器、开始新的兴趣爱好,等等						
4	参加社区、单位、政府等办的公共活动						
5	是否因为身体健康有过生气、灰心、伤心等情绪问题						
6	集中注意力做件事情,比如专心工作、看书、想事情等,超过 10 分钟						

续 表

	最近30天中，在进行以下活动时有困难吗？	1. 无	2. 轻微	3. 中度	4. 严重	5. 极度严重或无法做到	6. 不适用
7	长距离行走，比如走1公里						
8	自己洗澡						
9	自己穿衣服						
10	和平时经常遇到的商店店员、饭店服务员、警察等陌生人打交道						
11	维持深入的关系，比如和朋友、同事等熟人保持联系、打电话、一起外出等等						
12	如果还没退休，是否能完成单位日常的工作责任；如果已经退休，是否能完成返聘工作、居委会工作、照顾家庭的工作，等等						

评估注意事项：

(1) 考虑健康问题对这些活动的影响。"健康问题"包括生病、受伤、精神或智力问题、喝酒等习惯导致的问题，而收入、生活环境等和健康没有关系的因素不在考虑范围内。

(2) 考虑在自己一个人、独立完成这些活动时遇到的困难。也就是说，在没有辅助工具或其他人帮助的情况下的困难。

(3) 考虑在平时、一般情况下遇到的困难，不要受极端情况的影响。

(4) 只考虑最近30天的情况。

专栏9.1　世界卫生组织失能评定量表手册(WHODAS 2.0)

WHODAS 2.0 植根于国际功能、失能和健康分类(ICF)的概念框架，是可以从人群水平或在临床操作中，对健康和失能进行测量的实用性的、通用的测量工具。WHODAS 2.0 从功能水平上关注以下6个领域：

领域1：认知能力——理解及沟通

领域2：移动能力——四处自由活动

领域3：自理能力——个人卫生，穿衣，进食及独处

领域4：与人交流能力——与其他人互动

领域5：生活活动能力——家庭责任，休闲，工作以及学习

领域 6：参与能力——参加社区活动，融入社会

WHODAS 2.0 开发了 3 个版本：36 项版本、12 项版本以及 12＋24 项版本。根据所需的信息、研究设计和时间限制，使用者可以从 WHODAS 2.0 的 3 个版本中选择使用。

36 项版本：

在 3 个版本中，WHODAS 2.0 的 36 项版本是最详细的。它允许使用者生成 6 个功能领域的得分并计算出一个总体功能得分。

对每一个明确认可的项目，随后的问题将问及受访者经历特殊困难的天数（在过去 30 天中）。36 项版本有 3 种不同形式：调查者执行、自我执行以及代理人执行。调查者执行 36 项版本的平均调查时间是 20 分钟。

12 项版本：

12 项版本在受时间限制而不能进行长版本应用时对调查或健康结果研究简要评估总体功能很有用。12 项版本也有 3 种形式：调查者执行、自我执行以及代理人执行。调查者执行 12 项版本的平均调查时间是 5 分钟。

12＋24 项版本：

12＋24 项版本是 12 项和 36 项版本的简单混合体。它使用 12 项的版本来筛选有问题的功能领域。根据对起初 12 项的阳性反应，受访者将可能接受 24 个额外的问题。12＋24 项版本仅可通过面谈或计算机辅助测试（CAT）的方式实施。对每一个明确认可的项目，随后的问题将问及受访者经历该困难的天数（在过去 30 天中）。12＋24 项版本的平均调查时间是 20 分钟。

4. 其他评估工具

(1) 老年人健康综合评估。

老年人健康综合评估①（comprehensive geriatric assessment, CGA），又称为老年健康综合功能评估（comprehensive functional assessment, CFA），或老年人综合健康的多维评价（multidimensional functional assessment, MFA），是老年医学近年来新兴的产物，通过对老年人生理、心理及社会功能等多个方面进行评估，进而及时、全面发现老年人存在的问题，对其干预并提高老年患者的生活质量、减少医护费用，对改善患者的身心健康及社会功能起一定的作用。

① 谢红：《老年人评估工具盘点——老年人健康综合评估（CGA）》，谢红养老研究室，2017 年 5 月。

(2) 老年人抑郁、焦虑评估。

采用老年人抑郁量表(SDS)和焦虑自评量表(HAMA)。SDS评分标准:≥50分即判定为抑郁,且评分越高,说明抑郁越严重;HAMA评分标准:标准分<7分为正常,≥7分即可能存在焦虑。

(3) 睡眠障碍评估。

采用阿森斯失眠量表,评分标准:<4分为无睡眠障碍,4—6分之间提示患者可能有失眠,>6分则提示存在失眠。采用该表能对老年人的心理健康情况有一个比较规范的评判标准,时刻关注老年人在生活中的心理变化及睡眠情况,有助于护理机构合理安排对老人的照护工作。

(二) 我国失能等级评估工具与实践

1. 国家民政部老年人能力评估标准

2013年,国家民政部发布《中华人民共和国民政行业标准:老年人能力评估(MZ/T 039—2013)》(以下简称《老年人能力评估》)。该标准在参考美国、日本、澳大利亚、英国等国家及我国香港和台湾地区老年人能力评估工具的基础上编制。与常用的测评成人日常生活活动能力的Barthel指数量表不同的是,《老年人能力评估》除了关注老人日常生活能力之外,还结合了老人的精神状态、感知觉与沟通、社会参与,较为综合地评估老人的能力情况。该标准的制订为老年人能力评估提供统一、规范和可操作的评估工具,科学划分老年人能力等级。

(1) 评估指标体系。

《老年人能力评估》(2013)的一级指标共4个,包括日常生活活动、精神状态、感知觉与沟通、社会参与;二级指标共22个。日常生活活动包括10个二级指标,精神状态包括3个二级指标,感知觉与沟通包括4个二级指标,社会参与包括5个二级指标(见表9.6)。

表9.6 民政部《老年人能力评估》指标体系

一级指标	二级指标
日常生活活动	进食、洗澡、修饰、穿衣、大便控制、小便控制、如厕、床椅转移、平地行走、上下楼梯
精神状态	认知功能、攻击行为、抑郁症状
感知觉与沟通	意识水平、视力、听力、沟通交流
社会参与	生活能力、工作能力、时间/空间定向、人物定向、社会交往能力

(2) 能力等级划分。

《老年人能力评估》(2013)综合日常生活活动、精神状态、感知觉与沟通、社会参与 4 个一级指标的分级,将老年人能力划分为 4 个等级,能力等级划分标准见表 9.7、表 9.8。

表 9.7 民政部《老年人能力评估》的老年人能力等级划分

能力等级	等级名称	等级标准
0	能力完好	日常生活活动、精神状态、感知觉与沟通的分级均为 0,社会参与的分级为 0 或 1
1	轻度失能	日常生活活动的分级为 0,但精神状态、感知觉与沟通中至少一项的分级为 1 及以上,或社会参与的分级为 2; 或日常生活活动的分级为 1,精神状态、感知觉与沟通、社会参与中至少有一项的分级为 0 或 1
2	中度失能	日常生活活动的分级为 1,但精神状态、感知觉与沟通、社会参与的分级均为 2,或有一项的分级为 3; 或日常生活活动的分级为 2,且精神状态、感知觉与沟通、社会参与中有 1—2 项的分级为 1 或 2
3	重度失能	日常生活活动的分级为 3,或日常生活活动、精神状态、感知觉与沟通、社会参与的分级均为 2; 或日常生活活动的分级为 2,且精神状态、感知觉与沟通、社会参与中至少有一项的分级为 3

注:(1)处于昏迷状态者,直接评定为重度失能。若意识转为清醒,需重新进行评估。(2)有以下情况之一者,在原有能力级别上提高一个级别:①确诊为认知障碍/痴呆;②确诊为精神疾病;③近 30 天内发生过 2 次及以上意外事件(如跌倒、噎食、自杀、走失)。

表 9.8 老年人能力评估结果判定卡

能力等级	日常生活活动	精神状态				感知觉与沟通				社会参与			
		0	1	2	3	0	1	2	3	0	1	2	3
0 能力完好	0												
	1												
	2												
	3												
1 轻度失能	0												
	1												
	2												
	3												

续 表

能力等级	日常生活活动	精神状态				感知觉与沟通				社会参与			
		0	1	2	3	0	1	2	3	0	1	2	3
2 中度失能	0												
	1												
	2												
	3												
3 重度失能	0												
	1												
	2												
	3												

注：使用结果判定卡时，一般根据日常生活活动进行初步定位，锁定目标区域，然后根据其他三项能力，在判定卡上同一颜色区域定位查找相应的能力等级。以下为几种特殊情况：(1)当日常生活活动为0，精神状态、感知觉与沟通有一项为1及以上，或社会参与为2，判定为轻度失能。(2)当日常生活活动为1，后三项有一项为0或1，判定为轻度失能；后三项均为2或某一项为3，则判定为中度失能。(3)当日常生活活动为2，后三项全部为2或某一项为3，判定为重度失能，否则为中度失能。

2. 我国其他评估工具

(1) 老年痴呆等级评估。

采用老年痴呆等级总体衰退量表(GDS)，将老年痴呆的失能等级分为七级。具体失能等级分类和评定指示症状参见表9.9。

表9.9 我国老年痴呆的失能等级分类

失能等级	失能权重	指示症状
第一级	0.00—0.02	无
第二级	0.02—0.12	无
第三级	0.12—0.24	对最近发生的事件知之甚少，且查体时，从做连续减法中可以发现注意力不集中；借助交通工具旅行以及管理钱财的能力减退；心理防御机制中的否认显得突出，情感平淡，回避竞争
第四级	0.24—0.36	对个人经历的记忆缺陷；不能完成复杂的工作，不知道根据场合挑选合适的衣服穿；亲属发现患者措辞和回忆词汇困难；可出现上一级的表现

续表

失能等级	失能权重	指示症状
第五级	0.36—0.50	最近的经历和发生的事件大部分都忘记；受过教育的人，做 40 连续减 4 或 20 连续减 2 也有困难；不能清楚地用语言来表达自己的意图；出现强迫症状，如可能不断重复简单的清洗动作
第六级	0.50—0.70	检查身体时不能回忆与目前生活密切相关的事情，例如，家庭地址，使用了多年的电话号码，亲属的名字（如孙子的名字），本人毕业的高中或大学的名称，忘记配偶的名字；做 10 以内的加减法可能有困难；可有上一级的表现；不能认识周围环境，不知道年份、季节等；日常生活需要他人照顾，有时有大小便失禁；焦虑症状，如激动，有时出现幻觉，甚至出现以往从未有过的暴力行为
第七级	0.70—1.00	远、近记忆基本丧失；丧失语言功能，常常不能说话或只能发出咕哝声；饮食及大小便需要他人帮助料理；妄想性行为，如责备自己的配偶是骗子，与想象中的人物谈话，可与镜子中的自我谈话；丧失基本的精神运动技能，如不能走路，大脑似乎再也不能指挥躯体；出现广泛的皮层性神经系统的症状和体征

资料来源：段蕾蕾、张振馨、黄觉斌等：《北京市老年性痴呆、帕金森疾病失能权重的评定》，《中华流行病学杂志》2003 年第 3 期。

（2）帕金森病等级评估。

采用临床评价帕金森病等级的统一评分量表（UPDRS），将帕金森病的失能等级分为七级。具体失能等级分类和评定指示症状参见表 9.10。

表 9.10　我国帕金森病的失能等级分类

失能等级	失能权重	指示症状
第一级	0.00—0.02	无
第二级	0.02—0.12	患者轻度流涎，但肯定口腔内唾液增多，可能出现夜间流涎；写字变慢或小写，所有字迹均可辨认；切食物有点慢和笨拙，但不需帮助；震颤不常出现；患者偶尔感到麻木、痒或轻度疼痛；患者单侧患病
第三级	0.12—0.24	言语轻度受累，尚容易被理解；唾液明显增多，有一些流涎；很少或偶尔哽噎；穿衣有一些慢，但不需要帮助；翻身动作有一些缓慢和笨拙，但不需要帮助；很少跌倒；行走时很少出现冻结，可能有启动困难；行走轻度困难，可能上臂没有摆动或拖步，不需或很少需要帮助；经常感到麻木、痒或轻度疼痛，但不痛苦。患者单侧及躯干患病或双侧患病，但无平衡障碍

续　表

失能等级	失能权重	指　示　症　状
第四级	0.24—0.36	言语明显受累，检查者经常要求患者重复陈述；流涎明显，经常需用毛巾或手绢；需吃软食；写字严重受累，部分字迹难以辨认；虽然慢和笨拙，但能切多数食物，部分需要帮助；穿衣有时需要帮助扣纽扣、穿袖；洗澡需要他人帮助，或自己非常缓慢进行；能独立翻身，整理床单，但相当困难；行走时经常出现冻结，偶尔因为冻结而跌倒；震颤给患者带来一定的不便；经常有疼痛的感觉；双侧患病，有姿势平衡障碍，尚可独立生活
第五级	0.36—0.50	大多数字迹难以辨认；需别人切割食物，但能自己缓慢进食；穿衣许多时候需要帮助，但是能独立做一些事情；需他人帮助洗脸、刷牙、梳头、去卫生间；偶尔跌倒，但每天大约一次；行走重度困难，需要帮助；震颤重度，影响许多活动；重度双侧患病，站立与行走需要他人帮助
第六级	0.50—0.70	检查者大多时间不能听懂患者讲话；需别人喂食；穿衣完全需要帮助；翻身或整理被褥完全依靠别人；跌倒每日超过一次；行走时经常因为冻结而跌倒；震颤非常明显，影响大多数活动；有难以忍受的疼痛；患者严重患病，站立与行走非常困难
第七级	0.70—1.00	需鼻饲或胃造瘘；需保留导尿管或其他器械帮助；有人帮助也不能行走；患者被限制于轮椅或床上

资料来源：段蕾蕾、张振馨、黄觉斌：《北京市老年性痴呆、帕金森疾病失能权重的评定》，《中华流行病学杂志》2003 年第 3 期。

专栏 9.2　上海市发布全国首个“老年照护等级评估”地方标准

2013 年 2 月 19 日，上海市质量技术监督局发布《老年照护等级评估要求》地方标准(DB31/T684-2013)，并于 2013 年 5 月 1 日起正式实施。

上海市是全国最早步入老龄化社会的城市之一。随着人口老龄化进程的加快，社会养老服务需求日益突出。上海市委、市政府高度重视养老服务工作，“十一五”和“十二五”规划制定都将养老服务纳入全市国民经济与社会发展规划纲要指标体系，通过加大公共财力投入，制定扶持政策措施，一定程度上满足了社会养老服务需求。截至 2012 年底，全市拥有养老机构 600 多家，养老床位 10 万余张，为 27 万名老年人提供社区居家养老服务。

上海市民政局自 2004 年开始，通过学习借鉴荷兰、瑞典、法国、日本以及我国香港的经验及做法，研究建立养老服务需求评估机制。目前，《上海市养老服务需求评估表》等评估工具在全市各级社区居家养老服务领域和部分养老机构广泛使用，并实现信息化管理。截至2012年底，有近13万名老年人经评估获得养老服务补贴，拥有评估员近600名。在此基础上，上海市民政局会同行业专业人士编制《老年照护等级评估要求》。

历时3年编制完成的《老年照护等级评估要求》，依据国际通用的日常生活活动能力量表（ADL量表）以及认知功能评估量表作为评估工具，设定了影响老年人日常生活能力的生活自理能力、认知能力、情绪行为、视觉四大主要参数，以及社会生活环境等背景参数，对老年人日常生活能力进行基础判断，得出四种评估结论、三个照料等级。一是通过评估机制科学界定老年人照护需求是否存在，继而匹配相应的服务（社区居家养老服务或机构养老）。二是为合理配置老年人照护服务资源提供技术支撑，例如对经济困难且生活不能自理老年人进行老年照护等级评估，使其获得差别化养老服务补贴。《老年照护等级评估要求》的发布实施对提高老年人生活质量具有积极意义。

资料来源：上海民政局，2013年3月1日，http://www.shmzj.gov.cn/gb/shmzj/node4/node10/node1752/u1ai34998.html。

3. 我国长期护理保险试点城市的失能等级评估实践

人力资源和社会保障部《关于开展长期护理保险制度试点的指导意见》提出，长期护理保险制度以长期处于失能状态的参保人群为保障对象，重点解决重度失能人员基本生活照料和与基本生活密切相关的医疗护理等所需费用。试点地区可根据基金承受能力，确定重点保障人群和具体保障内容，并随经济发展逐步调整保障范围和保障水平。

（1）失能评估标准。

按失能评估标准进行失能等级评定，是长期护理保险待遇享受的前提。各地针对不同的保障人群开展失能等级评估。

① 长期失能人员失能等级评估。大部分城市（如承德、南通、安庆市等）采用《日常生活活动能力评定量表》（巴氏量表）作为长期失能的评估工具，一般以低于40分认定为重度失能。例如，南通市将得分为41—50分评定为中度失能人员。上海市结合国外经验和本地实践，于2016年底制定了《上海市老年照护统一需求评估

标准(试行)》,从自理能力和疾病状况两个维度开展评估,并通过计算机综合评分。自理能力维度包括基本日常生活能力(包括老年人体位改变、室内行走、进食、洗漱修饰、穿衣、洗澡、如厕)、工具性日常生活活动能力(包括老年人外出活动的能力和处理财务的能力)、认知能力三个维度,对应的权重分别是85%、10%、5%。疾病状况维度,主要包括当前老年人患病率比较高的10种疾病(将来会纳入42种),每种疾病分成局部症状、体征、辅助检查和并发症4个分项,对应权重分别为30%、30%、30%、10%;失能评定照护等级分为六级。①成都市制定了《成都市成人失能综合评估技术规范》,评估指标分为一级指标共4个(包括基本日常生活活动能力、精神状态、感知觉和社会参与)和二级指标共18个(其中日常生活活动包括10个二级指标,包括进食、洗澡、修饰、穿衣、大便控制、小便控制、如厕、床椅转移、平地行走、上下楼梯);②精神状态有4个二级指标,包括认知功能、攻击行为、抑郁症状、记忆力;感知觉与社会参与有4个指标,包括视力、听力、沟通交流、社会参与,失能评定的重度一级、二级、三级分别对应照护一级、二级、三级3个照护等级。③

② 短期医疗照护人员和癌症晚期患者失能等级评估。例如,长春市对短期医疗照护人员采用达到国家《综合医院分级护理指导意见(试行)》一级护理条件且生活自理能力重度依赖作为评定标准,将体力状况评分标准(卡氏评分KPS)低于(含等于)50分的癌症晚期患者纳入保障人群。④

③ 失智人员失能等级评估。例如,青岛市对失智人员的评估使用《简易智能精神状态检查量表(MMSE量表)》。广州市对失智人员(中、重度)的评估通过二级及以上定点医疗机构中的精神专科医院或综合性医院神经内科诊断,且参保人员日常生活活动能力评定不高于60分(含60分)。

(2) 失能评估流程和机构。

① 申请流程。一般是由参保人或其代理人向长期护理保险经办机构提出申请。经办机构委托失能评定机构,安排不少于2名专业人员进行上门评定,并在邻里、社区等一定范围内进行走访调查,基本符合失能标准的参保人员的申请评定情

---

① 孙欣然、孙金海:《国内外养老照护评估现状及对我国养老照护分级的启发》,《中国全科医学》2017年第30期。

② 刘静等:《早期康复介入对Ⅳ度压疮患者日常活动能力的影响》,《现代临床护理》2010年9月第3期。

③ 王斌、黄洋:《成都市建立长期照护保险体系的实践探讨》,《中国医疗保险》2017年第10期。

④ 谭睿:《我国长期护理保险制度的实践及思考》,《卫生经济研究》2017年第5期。

表 9.11　长期护理保险试点城市失能评估标准、评估机构及流程

序号	城市	失能评估标准	失能评估机构	失能评估流程
1	承德市	《日常生活活动能力评定量表》(Barthel指数评定量表)评定分数低于40分的，享受长期护理保险待遇	定点服务机构，劳动能力鉴定机构	(1)参保人或代理人向定点服务机构申请;(2)定点服务机构初审;(3)长期护理保险经办机构复审;(4)劳动能力鉴定委员会办公室组织失能鉴定
2	长春市	(1)《日常生活活动能力评定量表》评定分数低于40分(含等于);(2)国家《综合医院分级护理指导意见(试行)》确定的符合一级护理条件且生活自理能力重度依赖;(3)体力状况评分标准(卡氏评分 KPS)低于(含等于)50分的癌症晚期患者	定点医疗照护机构	(1)参保人或其代理人向定点医疗照护机构申请;(2)安排医保职业医师对申请人病情和自理情况进行现场初审，初审合格后，按规定及时为申请人进行网上申报;(3)医疗保险经办机构进行现场或网上审定，可对享受医疗照护保险待遇参保人的病情和自理情况进行定期复审，对不具备医疗照护条件的停止享受待遇
3	齐齐哈尔市	按照《日常生活活动能力评定量表》进行逐项评分，40分以下的重度失能人员纳入长期护理保险保障对象	市劳动能力鉴定委员会	(1)参保人员本人或其代理人经办机构提出申请，填写《长期护理保险参保人员失能评定申请表》;(2)经办机构当场对申请人提交的材料进行审核;(3)经办机构委托市劳动能力鉴定委员会进行鉴定;(4)市劳动能力鉴定委员会出具《长期护理保险参保人员失能评定结论书》
4	上海市	按照《上海市老年照护统一需求评估标准》确定的分级规划，通过长期护理保险信息系统的评估计分软件对评估调查记录给予综合计分评级	符合条件的第三方评估机构	(1)申请人通过居住地就近的老年照护统一需求评估受理渠道提出申请;(2)定点评估机构进行现场评估调查，组织3人及以上小组对评估计分软件初步确定的评估等级进行集体评审，出具《长期护理保险护理需求评估报告》;(3)医保中心出具《长期护理保险护理需求评估结果告知书》，通过申请人居住地所在街镇的社区事务受理服务中心告知申请人评估等级及相对应的长护险待遇，长护险评估结果的有限期最长为2年;(4)申请人对评估结果由异议，可申请终核评估

续 表

序号	城市	失能评估标准	失能评估机构	失能评估流程
5	南通市	《日常生活活动能力评定量表》评定40分以下为重度失能人员，41—50分为中度失能人员	定点护理机构，劳动能力鉴定中心	(1)参保人或其代理人向经办机构提出申请；(2)安排专业人员进行现场评定，对申请人生活自理情况，在邻里、社区等一定范围内进行走访调查，如实记载调查情况，列入失能评定的依据，并进行公示；(3)劳动能力鉴定中心出具结论书
6	苏州市	按照《苏州市失能等级评估参数表(试行)》，从感知能力、认知能力、行为能力、特殊护理项目(加权项)四个方面进行评定，按得分确定等级：正常(170分)，轻度失能(81—169分)，中度失能(52—80分)，重度失能(0—51分)	受社保经办机构委托经办长期护理保险的商业保险机构具体负责失能等级评估，以协议方式委托符合要求的专业评估机构实施	(1)参保人员本人或监护人自主选择长护险定点护理服务机构，由选定的定点服务机构提出长护险失能等级评估申请；(2)定点服务机构对参保人员进行预评估，预估符合条件的提交评估申请；(3)商保机构对参保人员提交的申请材料进行审核；(4)商保机构应20个工作日内进行现场信息采集工作；(5)依据现场采集的评估信息和《苏州市失能等级评估参数表(试行)》，信息系统自动生成初步评估结果；(6)公示后出具评估结论书
7	安庆市	按《日常生活活动能力评定量表》进行评分，总评分低于40分(含)的，为基本符合重度失能标准，享受长期护理保险待遇	市医疗保险经办机构	(1)参保人员本人或其代理人向长护保险经办机构提出申请，填写《安庆市长期护理保险待遇资格申请表》；(2)经办机构初审；(3)经办机构组织评定，在受理申请之日起60日内作出书面结论；(4)经办机构对申请人提供的材料初审合格后，安排不少于2名专业人员对申请人生活自理情况进行评定；(5)评审人员按照《日常生活活动能力评定量表》进行评分；(6)公示无异议的，由长护保险经办机构出具评定结论
8	上饶市	按《上饶市长期护理统一需求评估调查表》(2017年版)，评估认定为重度失能失智的，可享受长期护理保险待遇	市医保局	(1)参保人或其代理人向承办机构(商业保险公司)提出申请；(2)承办机构初评，对初评为重度失能的，进行上门评估，将填写的《上饶市长期护理统一需求评估调查表》报送至市医保局；(3)市医保局将数据录入失能评估审核系统，生成失能等级鉴定报告；(4)各经办机构(医保局)组织鉴定专家或第三方鉴定专家对初审意见报告书和系统鉴定结果进行集体评审，形成评审意见

续 表

序号	城市	失能评估标准	失能评估机构	失能评估流程
9	青岛市	《日常生活能力评定量表》评定低于60分，《简易智能精神状态检查量表(MMSE量表)》≤9分为重度失智	定点护理机构(失能人员)，失智诊断评估机构特约专家(失智人员)	失能人员：(1)参保人或其家属向定点护理机构提出申请；(2)定点护理机构安排医保职业医师进行现场评估，网上申报；(3)社保经办机构或委托的第三方审核，必要时现场审核 失智人员：(1)参保人家属向定点护理服务机构提出申请；(2)定点护理机构进行评估，网上申报；(3)社保经办机构审核
10	荆门市	《日常生活能力评定量表》评定低于40分(含等于)的享受长期护理保险待遇	定点服务机构，劳动能力鉴定委员会	(1)参保人或其代理人向医保经办机构提出申请；(2)医保经办机构委托定点服务机构派员进行初步评估；(3)医保经办机构委托劳动能力鉴定委员会组织专家集中评定，并出具书面评定结论，每年对保障对象日常生活活动能力进行一次复审。对评定结论有异议的，参保人员可向省劳动能力鉴定委员会申请重新评定
11	广州市	《日常生活能力评定量表》评定低于40分(含等于)的享受长期护理保险待遇	劳动能力鉴定经办机构组织评估专家	(1)参保人员在长期护理定点机构办理登记入住或建床(含居家建床)手续；(2)参保人员可由本人或亲属、代理人提出申请；(3)长护定点机构初步评估；(4)劳动能力鉴定经办机构应及时组织评估专家现场评估；(5)组织评审专家集体评审、公示和结果告知；(6)15日内有异议的复查评估；(7)参保人员应在有效期(1年)届满前60日内按照原申请途径重新提出长护评估申请
12	成都市	按照《成都市成人失能综合评估技术规范》进行评定，失能程度分为重度失能、中度失能和轻度失能。其中重度失能分为重度一级、重度二级与重度三级3个等级	成立长期照护保险资格评定委员会，办公室设在市劳动能力鉴定中心	(1)申请人向长期照护保险资格评定委员会提出评定申请；(2)资格评定委员会对申请材料与失能评定条件审核；(3)评估人员采集评估信息，失能评定信息系统生成评定结果；(4)评定结果公示；(5)资格评定委员会作出评定结论

续表

序号	城市	失能评估标准	失能评估机构	失能评估流程
13	重庆市	—	通过政府购买服务的方式委托第三方机构进行失能等级评估	—
14	宁波市	《日常生活活动能力评定量表》(Barthel指数评定量表),经评估符合重度失能标准,生活完全不能自理、需要长期护理的参保人员可享受长期护理保险待遇	宁波市长期护理保险资格评定委员会,由市人社局、市财政局、市民政局、市卫计委、市残联等相关部门代表组成	(1)参保人员由承担护理的护理服务试点机构统一向辖区内经办评估服务专业机构提出评估(复评)申请,并提交《长期护理保险失能评估(复评)申请表》;(2)经办评估服务专业机构受理后,10个工作日内抽取3位B类评估专家组成评估小组,对申请人员进行现场评估;(3)评估结果公示3日;(4)公示结束后3个工作日内作出评估结论,结论送达护理服务机构
15	石河子市	《日常生活活动能力评定量表》评分低于40分(不含)的享受长期护理保险待遇	劳动能力鉴定办公室	(1)申请人向劳动能力鉴定办公室提出失能评定申请;(2)劳动能力鉴定办公室对材料进行初审,安排人员现场评定,邻里社区走访,公示评定结果;(3)出具评定结论。每5年或根据实际情况,对享受护理保险待遇的人员进行复评

况在一定范围内进行公示，接受社会监督，公示时间一般不少于 7 天。失能评定机构出具最终评估结论。长期护理保险经办机构在收到失能评定申请之日起，一般需在 60 日内作出失能评定结论。

② 失能评估机构。对于承担失能评估的机构，试点城市有五种形式：一是由定点服务机构进行初审，通过劳动能力鉴定中心（如承德市等）进行复审；二是由定点服务机构进行初审，政府医疗保险经办机构（如长春市等）进行复审；三是由符合条件的第三方评估机构进行评定（如上海市等）；四是由劳动能力鉴定经办机构组织评估专家进行集体评审（如广州市等）；五是由劳动能力鉴定办公室进行评定（如石河子市等）。在评估完成后，申请人如果对评估结果有异议，可提出复核申请并进行复查评估。一些试点城市设定复评期限（如广州市设定 1 年，石河子市设定为每 5 年或根据实际情况设定），对不具备医疗照护条件的停止享受待遇（见表 9.11）。

(3) 失能评估费用。

大部分试点城市规定由护理保险基金承担失能评定费用。成都市则规定评定费由申请人预缴，评定通过的由长期护理保险基金列支，评定未通过的由个人承担。荆门市规定由财政列支失能评定费用。一些城市在政策文件中明确规定评定费用标准，例如南通市规定居家照护评定费每评定一人合计最高不超过 300 元（副主任及以上医师不超过 150 元/人，主治医师不超过 100 元/人）；机构照护评定费为每评定一人 200 元。

专栏 9.3　浙江省嘉兴市长期护理保险失能等级评定标准

2017 年 6 月和 9 月，《嘉兴市长期护理保险暂行办法》及四个配套政策相继颁发。根据长期护理保险政策的规定，参保对象享受待遇的前提条件是必须经过“失能评定”。

嘉兴市根据目前通行标准《日常生活活动能力评定标准》(巴氏量表)、《体力状况评分标准》(卡氏评分)、《老年人能力评估标准》(MZ/T039-2013)、《护理分级标准》(WS/T431-2013)等，结合《生理学》《病理学》《康复学》，组织医院专家拟定并制定了《嘉兴市长期护理保险失能等级评定标准》，并按照“双盲法”的原则，对失能人员进行重大疾病状况、日常生活活动能力状况、精神状况、感知觉与沟通能力状况、社会参与能力状况等的综合评估，确定正常、轻度失能、中度失能、重度失能四个等级。

评定办法主要根据重大疾病状况，由失能等级评定人员通过查阅失能人员病历材料、询问既往病史、查体，必要时可通过进行有针对性的辅助检查确定。日常生活活动能力状况、精神状况、感知觉与沟通能力状况、社会参与能力状况由失能等级评定人员根据相应的评估表综合判定，分别得出0、1、2、3四个等级。对应相应标准，结果判定为正常、轻度失能、中度失能和重度失能。

其中日常生活活动能力状况评估为1级及以上，精神状况、感知觉与沟通能力状况、社会参与能力状况评估均为0级的为无效评估。结果判定为正常、轻度失能、中度失能，有认知障碍/痴呆、精神疾病者或近30天内发生过2次及以上跌倒、噎食、自杀、走失者，在原有能力级别上提高一个等级；处于昏迷状态者，可直接判定为重度失能。

资料来源：中国嘉兴网(www.jiaxing.gov.cn)。

专栏9.4 深圳市公办养老机构采用“先评估后轮候入住”方式重度及中度失能老人优先入住

《深圳市公办养老机构入住评估轮候管理办法(试行)》(以下简称《办法》)出台，并于2018年4月1日起正式实施。《办法》在全国首次明确采用“先评估后轮候入住”方式，重度、中度失能老人将优先入住。

根据《办法》，具有本市户籍60周岁及以上、无暴力倾向且精神状况稳定、无传染性疾病且自愿入住的老年人，可申请轮候入住。对入住老人采用“先评估后轮候入住”方式，通过综合考量老年人的年龄、家庭、身体状况等因素，由系统自动生成老年人的综合得分，老年人再凭借综合得分的高低依次轮候入住公办养老机构。

在评估指标中，年龄情况占比25%，能力评估占比75%。根据指标分值，以60岁老人为例，60岁能力完好老人得分为5分，60岁中度失能老人得分为65分，60岁重度失能老人得分为80分。失能、半失能老人将获得优先入住资格。

《办法》规定，公办养老机构床位设置应当以护理型床位为主，并逐步提高中度失能、重度失能收住对象床位比例。符合条件的老年人原则上应选择户籍所在区的区级公办养老机构轮候。申请人为重度失能的或户籍所在区暂无区级公办养老机构的，可选择市级公办养老机构进行轮候。《办法》规定，如其他区级公办养老机构接受跨区轮候时，亦可选择跨区轮候。此举将打破各区公立养老机构入住地域壁垒，实现全市公办养老机构床位统一使用管理。

轮候通道划分为"优先保障通道"和"普通轮候通道"。优先保障通道对象为：低保及低保边缘困难家庭的中度及以上失能老年人；中度及以上失能的民政抚恤补助待遇的优抚对象；计划生育特殊家庭中特别扶助老年人；经市、区政府认定的对社会作出重大贡献的中度及以上失能老年人等具有本市户籍的基本养老服务对象。

申请轮候将采用网络在线申请的形式。评估机构由市民政局会同市卫计委选定，评估机构的名单和信息在评估轮候平台上进行公告。申请人可申请报销1次能力评估费用。此外，有行动不便且无人照料等特殊情况的，由评估机构为申请人提供上门评估服务。

资料来源：《深圳特区报》2018年1月5日。

4. 我国失能等级评估工作存在的主要问题

(1) 失能等级评定标准不统一，评估体系建设滞后。

无论是民政系统的公立养老院，卫生系统的老年医院、社区卫生中心，以及民营的养老机构，还是各地正在开展的长期护理保险试点，在养老服务分级、服务收费和失能等级评估方面，均没有统一的、互相衔接的、标准化的分级与评估体系，也还未建立失能依赖、护理分级与保险金给付之间的关联机制。在未来普遍建立社会保险或商业保险补偿护理费用机制之后，将给保险金待遇计发带来困难，可能导致老年照护保险制度"碎片化"的局面。[①]为加快长期护理保障制度建设，促进老年人失能等级评估工作，应尽快建立全国统一的失能评估制度。

(2) 缺乏权威和统一的失能评估工具。

对老年人进行失能等级评估是老年人长期护理工作开展的首要环节，但从各地试点情况看，失能评估工具不统一，评估工具的权威性不足，限制了长期护理保

① 孙洁：《建立老年护理分级与失能评估体系是大势所趋》，《中国经济时报》2016年3月11日第A8版。

障制度建设的统一性，必须在引进国际通用并具权威性的失能评估工具的基础上，加快研发和推广统一、权威的失能等级评估工具。

(3) 缺少法定和权威的失能等级评定机构。

由于缺乏法定、权威机构对老年人的失能等级进行专业评定，导致商业保险公司在老年人的护理服务需求方面缺乏统一的理赔评定标准，赔付难以定级，限制了保险产品的多元化发展。应加快培育合法、专业、权威的失能等级评定机构，为护理服务需求评估提供专业化的服务。

(4) 老年护理服务等级划分紊乱。

对护理服务进行分级是为老年人提供长期护理服务的前提，失能老人对护理服务的需求程度是护理服务分级的基础，失能程度越高，依赖性越强，对护理服务的需求越大。从各地试点实践看，各地的护理服务等级划分标准不一，等级划分紊乱，对后续制度的统一造成了障碍。

二、长期护理服务包设置问题

长期护理服务包的概念最早是由格里菲思在1988年向英国政府提交的一份报告中提出来的。这份题为《社区照料：行动日程》(Community Care: Agenda for Action)的报告建议取消以现金支持的方式为老人支付长期护理机构护理的费用，代之以实物给付的方式直接为老人提供护理服务。格里菲思提出地方政府必须承担社区护理的主导责任，并从地方社会服务部门的人员中任命护理管理人(care manager)，对当地老年人口的总体护理需求和具体个体的护理需求进行评估。护理管理人在评估个人护理需求时，需与老人们的沟通，为每位老人设计一个符合他们需求的社区护理服务包(community care package)，并以服务包为依托，将社会部门、商业机构、志愿者等各种服务主体紧密结合在一起，实现护理资源的有效供给。①

根据我国长期护理保险试点政策的规定，每个试点城市都需要制定长期护理保险服务项目清单，以框定保险给付的具体范围。在中国长期护理政策的语境下，"服务包"是指项目清单内，老人根据其失能等级的高低以及个体需求的不同而选

① Roy Griffiths, *Community Care: Agenda for Action*, HMSO, London 1988.

择的产品和服务项目的组合。当然,基于项目清单的服务包其实只是满足老人基本护理需求的“基础服务包”,随着服务供给体系的不断完善,未来还会有一些长护服务项目同样也是老年人需要的,但未必列入项目清单,那么这些服务可以以“附加服务包”的形式供老年人选择。总体来看,服务包的形成有利于更加精准地瞄定老年人的护理需求,也有利于长期护理服务资源的整合与管理。

(一) 长期护理服务包的设置原则

长期护理服务包的设置关系到长护服务的靶向精准度与制度给付的财务平衡问题,因此合理设计长期护理服务包的结构与项目是保证长期护理保障体系健康、良性发展的必要条件。

1. 优先满足基本需求原则

不同失能程度的老年人均有生活照料、医疗护理、精神慰藉等方面的护理需求,在一些基本服务项目上,不同失能程度老年人的需求也有趋同的倾向。因此,长期护理服务包应优先纳入大多数失能老人需要的基本服务类别,如生活照料、医疗护理、心理慰藉等,并形成模块化、分层化的基础服务项目清单供失能老人选择,以满足大多数失能老人的服务需求。

2. 兼顾差异化需求原则

虽然在一些基本服务项目上,失能老人的需求趋同,但随着失能程度加重,老年人对长期护理服务的项目类别和数量可能有所增加。例如,与轻度失能老人相比,中度失能老人普遍对生活照料、医疗护理和精神慰藉服务的需求更高;而相对于轻度和中度失能老人来说,重度失能老人除了在生活照料、医疗护理、精神慰藉方面的需求进一步增加之外,还会增加对喘息服务(失能老人家属的需求)、临终关怀等服务的需求。因此,除了基于大多数老人的基本需求设置基本长期护理服务包之外,还应兼顾不同个体的差异化需求,根据地方长期护理保险基金的支付能力和服务供给能力,设置叠加服务包。

3. 立足实际保障供给原则

为了保证长期护理服务的可及性,长期护理服务包的设置应充分考虑各地现有服务资源,立足本地长期护理服务的实际供给能力,为失能老人提供可实现的服务项目。当然,服务包的设置也不宜过于保守,现有供给主体的服务能力虽然是服务包设置的主要参考要素,但也应该从专业的角度前瞻性地设计长期护理服务项目，引导长期护理服务资源的开发。此外，随着社会经济水平以及长期护理服务供给能力的增强，服务包可以根据实际情况进行扩充和调整，以保持其良好的开放性和弹性。

4. 成本与收益平衡原则

与其他领域的服务包一样，长期护理服务包的设置也需要考虑成本与收益之间的关系。一方面，要注重长期护理服务产生的社会效益，让服务包内的项目尽可能全面，为失能老人带来有尊严的晚年生活；另一方面，也要根据长期护理保险筹资水平以及政府的财力承受能力来决定服务包的项目内容，控制制度成本。

服务包中各服务项目的定价可按照市场价格来确定，但地方政府应根据自身财力情况在原价格基础上给予一定优惠，既要尊重服务成本，合理体现长期护理人员的劳务价值，又要考虑老年人的支付能力，保证各项服务的可及性与公平性。长护服务清单之外的叠加服务项目，可本着双方自愿的原则，按规定的标准收取费用，但对于低收入的失能老人，应在一定程度上实行费用减免。

(二) 长期护理服务包设置的现状与政策进展

1. 长期护理服务包设置现状

(1) 长期护理服务包项目不全。

自 2016 年在全国展开长期护理保险试点，经过两年左右的时间，15 个试点城市都已初步建立了长期护理保险制度，并对长期护理服务的内容进行了相应的规定。由于长期护理服务包的设置涉及具体项目的确定和每项服务的定价，各地制订服务项目清单的进展不一。有些试点城市，诸如上海、青岛等前期已有养老服务实践的积累，迅速推出了服务清单，并不断完善与扩充；而有些城市的服务清单还在制订之中，尚未正式推出。目前试点城市长期护理服务清单政策出台情况见表 9.12。

表 9.12　试点城市长期护理服务清单政策出台情况

城　市	服务清单出台情况	服务清单内容
上海市	有、详细	共 42 项，其中，基本生活照料 27 项，常见医疗护理 15 项
承德市	有、不详细	共 22 项，包括洗脸、洗头、口腔清洁、协助如厕、协助进食等，缺少具体清单

续 表

城 市	服务清单出台情况	服务清单内容
苏州市	有、不详细	仅有部分列举，护理服务内容包括但不限于清洁照料、睡眠照料、饮食照料、排泄照料、卧位与安全照料、病情观察、心理安慰、管道照护、康复照护及清洁消毒等项目，护理设备使用费、护理耗材护理费等都纳入长期护理保险支付范围
青岛市	有、不详细	服务内容有列举，但服务内容不详细
宁波市	有、不详细	仅有部分列举，不限于清洁照料、睡眠照料、饮食照料、排泄照料、卧位与安全照料、病情观察、心理安慰、管道照护、康复照护及清洁消毒等项目
南通市	有、详细	仅有部分列举，不限于清洁照料、睡眠照料、饮食照料、排泄照料、卧位与安全照料、病情观察、心理安慰、管道照护、康复照护及清洁消毒等项目； 居家上门服务内容：床单更换、洁面/剃须、洗发、协助泡脚、翻身/拍背、清洁耳朵、耳垢、修剪手指甲、修剪脚指甲、理发、床上擦浴、压疮护理、测量记录血压、脉搏、呼吸、体温、洗澡
安庆市	无	发生的符合规定的床位费、护理服务费、护理设备使用费纳入
上饶市	无	机构护理床位费、服务费、设备使用费、药品、耗材等规定费用
荆门市	有、详细	护理服务内容包括但不限于清洁照料、睡眠照料、饮食照料、排泄照料、卧床与安全照料、病情观察、心理安慰、康复照护、临床医用管路照护及临终关怀等，服务内容主要包括：观察病情，监测血压血糖，提醒服药，帮助注射胰岛素及其他给药途径，协助处置和护理尿管、胃管、鼻饲管、造瘘管等各种管道，实施压疮预防，进行营养指导、心理疏导和健康宣教，指导并辅助进行身体机能康复训练；协助如厕，辅助进食，翻身拍背，帮助洗漱、梳头，定期修剪指甲、剃须理发，更换并清洗床上用品、尿布，陪同用助行器或轮椅活动，陪同就医，采集送检标本，代配药，协助转诊；打扫室内卫生，整理抽屉、衣柜、床头柜，建立健康档案，指导患者吸氧、雾化吸入；对终末期患者实施临终关怀

续 表

城 市	服务清单出台情况	服务清单内容
广州市	有、详细	基本生活照料30项(分七大类):(1)环境与安全(房间、卫生间清洁及安全、毛巾、洗脸盆、便器清洁、房间设施安全,按需增设扶手、床栏、室外活动);(2)生活护理(床单位整洁、上床栏、备拐杖或助行器、协助移动、穿/更衣、面部清洁、梳头和口腔护理、床上温水擦浴/淋浴协助、床上洗头、剃胡须和理发、会阴部及肛周护理、手、足部清洁、睡眠护理);(3)对非禁食失能人员协助进食/水(管饲、喂饭);(4)口服给药(协助安全用药);(5)卧位护理(协助更换体位、拍背、预防肺部感染、协助肢体功能活动、压疮预防及护理);(6)排泄护理(失禁护理、床上使用便器、留置尿管护理、尿潴留护理、尿排泄障碍者护理、肠胀气、便秘护理、粪便嵌塞护理、造瘘口护理);(7)心理慰藉(关注心理需求) 医疗护理服务19项:(1)气管切开护理(含吸痰、药物滴入、定时消毒、更换套管及敷料,包括气管插管护理);(2)吸痰护理(含叩背、吸痰,不含雾化吸入);(3)糖尿病足护理;(4)鼻饲管置管;(5)灌肠;(6)导尿;(7)膀胱冲洗;(8)肛管排气;(9)特大换药;(10)大换药;(11)中换药;(12)小换药;(13)酒精擦浴;(14)冰袋降温;(15)低流量给氧;(16)中流量给氧;(17)高流量给氧;(18)家庭巡诊;(19)关节松动训练
成都市	无	与基本生活照料相关的服务费、耗材、设备使用费纳入其中
石河子市	—	政策未公开

虽然部分城市还没有出台具体的长期护理项目清单,但基本的服务类别已经确定。根据15个试点城市提供的长护服务提供类别来看(见表9.13),可以发现在试点阶段,大部分城市的长护服务内容主要集中在基本生活照料与基本医疗护理两个方面,较少涉及精神慰藉以及临终关怀等服务内容。之所以缺少这几类服务项目,一是因为社会普遍认为生活照料与医疗护理服务对于失能老人来说更为迫切,因此,在试点初期先将这两类服务纳入长期护理服务清单之中。二是因为社会对心理慰藉、喘息服务、临终关怀等服务的认知度不高,缺乏相应的服务资源,因而在供给能力不足的情况下,无法将这些服务纳入长护服务项目清单。然而,这些服务的重要性对于失能老人而言,并不亚于生活照料和医疗护理,它们关乎失能老人的心理健康以及生命的尊严。因此,随着试点工作的推进,这些长期护理服务内容应该被纳入基础服务包之中。

表 9.13　试点城市长期护理服务政策概览

城市	参保对象	保障范围	服务内容
长春市	1. 2015 年将城镇职工基本医疗保险和城镇居民基本医疗保险的参保人员； 2. 将参加城镇职工医保和居民医保的 85 周岁以上 90 周岁以下未完全失能老人、90 周岁以上(含 90 周岁)老人全部纳入失能人员医疗照护保险范围	1. 入住定点的养老或护理医疗照护机构，生活自理能力重度依赖的人员，生活自理能力重度依赖的人员评定标准(符合下列其中一项即可)：(1)按照《日常生活活动能力评定量表》评定分数低于(含等于)40 分的人员；(2)按国家《综合医院分级护理指导意见(试行)》确定的符合一级护理条件且生活自理能力重度依赖的人员；(3)体力状况评分标准(卡氏评分 KPS)低于(含等于)50 分的癌症晚期患者； 2. 因疾病入住定点的医院医疗照护机构，符合启动医疗照护保险病种条件，住院期间医疗费用超过基本医疗保险住院起付线且生活自理能力重度依赖的人员； 3. 癌症晚期舒缓疗护患者； 4. 其他符合有关规定的人员	基本生活照料和与基本生活密切相关的医疗护理
承德市	市本级(含双桥区、双滦区和高新区)城镇职工	参保人员因年老、疾病、伤残等导致失能，经过不少于 6 个月治疗，按照《日常生活活动能力评定量表》(Barthel 指数评定量表)总评分低于 40 分，生活不能自理、病情基本稳定、需要长期护理的参保人员，纳入长期护理保险保障对象	基本生活照料相关的日常护理
上饶市	城镇职工	长期护理保险参保人员因年老、失智、疾病、伤残导致生活不能自理、经过不少于 6 个月的治疗、需要长期护理的重度失能人员纳入保障对象；标准另行制定	基本生活照料和与基本生活照料密切相关的医疗护理
荆门市	2016 年将职工医保参保人员纳入参保范围，2017 年将城乡居民医保参保人员纳入参保范围，2018 年实现全覆盖	参保人员因年老、疾病、伤残等原因长年卧床或经过不少于 6 个月的治疗，病情基本稳定，但生活不能自理，按照《日常生活活动能力评定量表》评定低于 40 分(不含 40 分，下同)，且符合规定条件的，可申请长期护理保险待遇	基本生活照料、医疗护理、社会支持服务、心理慰藉、临终关怀

续　表

城市	参保对象	保障范围	服务内容
成都市	城镇职工	失能评定结果依据《成都市成人失能综合评估技术规范》，结合申请人的伤病情医疗诊断情况，由失能评定信息系统自动生成； 失能人员享受相应的分级照护服务（重度失能三级、重度失能二级、重度失能一级）	基本生活照料和与基本生活密切相关的日常护理服务
广州市	城镇职工	（一）参保人员符合以下情形之一的，可按规定享受基本生活照料待遇： 1. 参保人员日常生活活动能力评定（Barthel 指数评定量表）不高于 40 分（含 40 分）； 2. 经本市二级以上（含二级）社会医疗保险定点医疗机构中的精神专科医院或综合性医院神经内科诊断为痴呆症（中、重度），且参保人员日常生活活动能力评定（Barthel 指数评定量表）不高于 60 分（含 60 分）； （二）参保人员达到第（一）项标准，且符合以下情形之一的，可按规定享受医疗护理待遇： 1. 长期保留气管套管、胃管、胆道等外引流管、造瘘管、尿管、深静脉置管等管道，需定期处理的； 2. 疾病、外伤等导致的瘫痪（至少一侧下肢肌力为 0—3 级）或非肢体瘫的中重度运动障碍，需长期医疗护理的； 3. 植物状态或患有终末期恶性肿瘤（呈恶病质状态）等慢性疾病，需长期医疗护理的； 4. 经市长护评估专家认定的其他符合享受医疗护理待遇的情况。 试点阶段，按参保人员年龄段分步实施长护评估及待遇支付，具体安排由市医疗保险经办机构另行公布	生活照料、医疗护理

续 表

城市	参保对象	保障范围	服务内容
上海市	职工、60 岁及以上居民	试点阶段，暂定为 60 周岁及以上、经评估失能程度达到评估等级二至六级且在评估有效期内的参保人员，可以享受长期护理保险待遇；第一类人员还需已按照规定，办理申领城镇职工基本养老金手续；有关老年照护统一需求评估工作，按照市政府办公厅印发的《关于全面推进老年照护统一需求评估体系建设的意见》(沪府办〔2016〕104 号)执行	基本生活照料和与基本生活密切相关的医疗护理
齐齐哈尔市	参保范围为市本级(不含梅里斯区)参加城镇职工基本医疗保险的人员(含灵活就业人员)	参保人员因年老、疾病、伤残等原因导致失能，经过不少于 6 个月的治疗，经评定符合重度失能标准，生活不能自理，需要长期护理的，可以享受护理保险待遇	基本生活照料和与基本生活密切相关的医疗护理
南通市	城镇职工、城镇居民	不少于 6 个月的治疗符合《日常生活活动能力评定量表》(Barthel 指数评定量表)重度失能标准生活不能自理、需要长期照护	基本生活照料、医疗护理、心理慰藉
苏州市	城镇职工、城乡居民	参保人员因年老、疾病、伤残等导致失能，生活不能自理，经过一段时间治疗病情稳定后，需要长期护理的，经失能评定和资格认定，可享受长期护理保险待遇；参保人员经评估恢复生活自理能力的，停止享受长期护理保险待遇。标准为《苏州市长期护理保险失能等级评估参数表和自测表(试行)》	与基本生活密切相关的医疗护理和基本生活照料
宁波市	市本级、海曙区、江北区、鄞州区参加本市职工基本医疗保险的参保人员(不含参加住院医疗保险人员)	参保人员同时符合以下三个条件的，可按月享受长护保险待遇： 1. 正常享受基本医疗保险待遇； 2. 经长期护理失能评估为重度失能； 3. 在长护保险护理服务试点机构(包括专业医疗机构和养老机构)接受护理，且已签订服务协议，试点期间失能评估标准暂按《日常生活活动能力评定量表》(Barthel 指数评定量表)执行	基本生活照料和与基本生活密切相关的医疗护理

续 表

城市	参保对象	保障范围	服务内容
安庆市	城镇职工	因年老、疾病、伤残导致失能，经过不少于6个月的治疗，符合《日常生活活动能力评定量表》(Barthel 指数评定量表)重度失能标准，生活不能自理、需要长期护理的参保人员，享受长护保险待遇	护理服务内容由长护保险经办机构与协议护理服务机构通过服务协议约定
青岛市	城镇职工、城镇居民	参保人因疾病、伤残等原因长年卧床已达或预期达6个月以上，生活完全不能自理，病情基本稳定，按照《日常生活能力评定量表》评定低于60分(不含60分)，且符合规定条件的	基本生活照料、医疗护理、临终关怀、社会支持
重庆市	试点期间，仅覆盖城镇职工	当年参加了长护保险且正常享受职工医保待遇；因年老、疾病、伤残等原因长期卧床或经过不少于6个月的治疗，病情基本稳定，需要长期护理，并经评定失能等级达到重度失能标准的人员	基本生活照料和与基本生活密切相关的医疗护理
石河子市	城镇职工、城镇居民	按照《日常生活活动能力评定量表》(Barthel 指数评定量表)进行逐项评分，总评分低于40分，生活不能自理、需要长期护理的，即基本符合重度失能标准	基本生活照料及与基本生活相关的医疗护理

注：根据各试点城市出台文件归纳整理。

表 9.14　上海市长期护理保险服务项目和内容

序号	服务分类	服务项目	频　次	工　时	服务内容
1	基本生活照料	头面部清洁、梳理	3 次/日	10—20 分钟	让护理对象选择舒适体位,帮助其清洁面部和梳头,为男性护理对象剃须
2		洗发	1—2 次/周	20—30 分钟	让护理对象选择舒适体位,帮助护理对象清洗头发
3		指/趾甲护理	必要时	10—30 分钟	根据护理对象的病情、意识、生活自理能力以及个人卫生习惯,选择合适的工具对指/趾甲适时进行护理。专业处理灰指甲
4		手、足部清洁	1—2 次/日	15—30 分钟	根据护理对象的病情,手、足部皮肤情况,选择适宜的方法给予清洗手和足部
5		温水擦浴	1 次/日	30—60 分钟	根据护理对象病情、生活自理能力及皮肤完整性等,选择适当时间进行温水擦浴
6		沐浴	必要时	30—60 分钟	根据护理对象病情和自理能力选择适宜的沐浴方式,沐浴方式有淋浴、盆浴、坐浴等
7		协助进食/水	3—5 次/日	15—30 分钟	根据护理对象的病情、饮食种类、液体出入量、自行进食能力,选择恰当的餐具、进餐体位、食品种类让对象摄入充足的水分和食物
8		口腔清洁	2 次/日	10—30 分钟	根据护理对象的生活自理能力,鼓励并协助有自理能力或上肢功能良好的半自理护理对象采用漱口、自行刷牙的方法清洁口腔;对不能自理护理对象采用棉棒擦拭、棉球擦拭清洁口腔
9		协助更衣	3—5 次/日	15—30 分钟	根据护理对象的病情、意识、肌力、活动和合作能力、有无肢体偏瘫,手术、引流管,选择适合的更衣方法为护理对象穿脱或更换衣物
10		整理床单位	2 次/日	15—20 分钟	为不能自理服务对象采用适宜的方法整理床单位
11		排泄护理	5—7 次/日	15—30 分钟	根据护理对象病情和自理能力,选择轮椅、助行器、拐杖等不同的移动工具,协助老人如厕

续　表

序号	服务分类	服务项目	频　次	工　时	服务内容
12	基本生活照料	失禁护理	必要时	20—30 分钟	为大小便失禁的护理对象进行护理，保持局部皮肤的清洁，增加护理对象舒适感
13		床上使用便器	必要时	15—30 分钟	根据护理对象生活自理能力及活动情况，帮助其在床上使用便器，满足其需求
14		人工取便术	必要时	20—30 分钟	用手取出护理对象嵌顿在直肠内的粪便
15		晨间护理	1 次/日	30—60 分钟	根据护理对象病情、生活自理能力选择适当的护理项目，护理项目可包括口腔清洁、洗脸、洗手、梳理头发、穿衣、更衣、整理床单位等
16		晚间护理	1 次/日	30—60 分钟	根据护理对象病情、生活自理能力选择适当的护理项目，护理项目可包括口腔清洁、洗脸、洗手、足部清洁、会阴护理、脱衣等
17		会阴护理	2 次/日	10—20 分钟	根据会阴部有无伤口、有无大小便失禁和留置尿管等，鼓励并协助护理对象完成会阴部的擦洗或冲洗
18		药物管理	必要时	10—20 分钟	根据护理对象的自理能力代为保管药品、分发药品
19		协助翻身叩背排痰	必要时	20—30 分钟	根据护理对象的病情、有无手术、引流管、骨折和牵引等，选择合适的翻身频次、体位、方式帮助护理对象翻身拍背，促进排痰
20		协助床上移动	必要时	15—30 分钟	根据护理对象的病情、肢体活动能力、年龄、体重，有无约束、伤口、引流管、骨折和牵引等，协助适度移动
21		借助器具移动	必要时	20—30 分钟	根据护理对象病情和需求，选择适宜的移动工具（轮椅、平车等），帮助护理对象在室内或住宅附近进行移动
22		皮肤外用药涂擦	必要时	10—20 分钟	遵医嘱用棉签等蘸取药液直接涂抹护理对象在皮肤上进行治疗

续 表

序号	服务分类	服务项目	频 次	工 时	服务内容
23	基本生活照料	安全护理	1次/日	30—60分钟	根据护理对象的病情、意识、活动能力、生理机能、家庭环境等,做好坠床、跌倒、烫伤、误吸、误食、错服药物等意外的防护,同时对护理对象或其家属进行安全方面的指导,必要时指导护理对象或其家属选择合适的安全保护用具,安全保护用具包括保护手套、保护带(腕带、腰带)、保护床栏、护理垫、保护座椅、保护衣等
24		生活自理能力训练	必要时	30—60分钟	训练护理对象进食方法、个人卫生、穿脱衣裤鞋袜、床椅转移等日常生活自理能力,提高生活质量,为关节活动障碍的护理对象进行被动运动,促进肢体功能的恢复
25		压疮预防护理	必要时	15—30分钟	对易发生压疮的护理对象采取定时翻身、气垫减压等方法预防压疮的发生,为护理对象提供心理支持及压疮护理的健康指导
26		留置尿管的护理	必要时	15—20分钟	遵医嘱对留置尿管的对象做好会阴护理,保持尿道口清洁,保持尿管通畅;定期更换尿管及尿袋,留置尿管期间,妥善固定尿管及尿袋;拔管后根据病情,鼓励护理对象多饮水,观察护理对象自主排尿及尿液情况,有排尿困难及时处理
27		人工肛门便袋护理	必要时	20—30分钟	为直肠、结肠或回肠肛门改道造瘘术后患者提供人工肛门便袋护理,包括肛门便袋的使用、局部皮肤的护理等内容
28	常用临床护理	开塞露/直肠栓剂给药	必要时	10—20分钟	遵医嘱为护理对象经肛门使用开塞露、直肠栓剂,观察护理对象用药反应
29		鼻饲	必要时	20—30分钟	遵医嘱从胃管内灌注适宜的流质食物、水分和药物
30		药物喂服	1—4次/日	10—15分钟	遵医嘱协助护理对象口服药物

续 表

序号	服务分类	服务项目	频　次	工　时	服务内容
31	常用临床护理	物理降温	必要时	20—30 分钟	遵医嘱为高热护理对象使用 25%—50%酒精进行擦浴降低体温
32		生命体征监测	必要时	15—20 分钟	为护理对象进行体温、脉搏、呼吸、血压四个方面的监测
33		吸氧	必要时	10—15 分钟	遵医嘱给予护理对象吸入氧气
34		灌肠	必要时	15—30 分钟	遵医嘱将灌肠液经肛门灌入肠道，软化粪块、刺激肠蠕动、促进排便、解除便秘、清洁肠道
35		导尿(女性)	必要时	20—30 分钟	遵医嘱将导尿管经由尿道插入到膀胱，引流出尿液，导尿分为导管留置性导尿及间歇性导尿两种
36		血糖监测	必要时	5—10 分钟	遵医嘱对护理对象手指实施采血，用血糖仪测得数值，将结果口头告知护理对象/家属，并做好记录
37		压疮伤口换药	必要时	15—30 分钟	遵医嘱，按护理对象压疮疮面大小，选择适宜的药物和合适的敷料，进行压疮伤口换药
38		静脉血标本采集	必要时	10—15 分钟	遵医嘱为护理对象经静脉抽取血液标本
39		肌肉注射	必要时	5—10 分钟	遵医嘱将药液通过注射器注入护理对象的肌肉组织内
40		皮下注射	必要时	5—10 分钟	遵医嘱将药液注入护理对象的皮下组织，常用注射部位为上臂、腹部及股外侧
41		造口护理	必要时	20—40 分钟	遵医嘱执行，造口护理(含一般消耗材料)
42		经外周静脉置入中心静脉导管(PICC)维护	必要时	20—40 分钟	遵医嘱执行，经外周静脉置入中心静脉导管(PICC)维护(含一般消耗性材料)

(2) 长期护理服务包类目设置合理性不足。

长期护理包的设置除了类目不全之外，还存在类目设置重叠、项目设置与实施条件不匹配等问题。

以上海市为例（见表 9.14），该市长期护理服务包的基本生活照料服务类共设有 27 项服务，项目数量丰富，但第 15、16 项的服务内容与其他多项服务项目重叠。如第 15 项晨间护理，包括口腔清洁、洗脸、洗手、梳理头发、穿衣、更衣、整理床单位等，这些服务内容与第 1、4、8、9、10 项服务重复；而第 16 项晚间护理则与第 1、4、9、10、17 项服务重叠。

在长期护理服务递送的过程中，有些服务不具备实施条件。如上海市服务包中的第 41 项造口护理，以及第 42 项经外周静脉置入中心静脉导管（PICC）维护，无法实现居家上门服务。因为这两项服务存在环境不洁情况下的实施风险，而且必须由专科护士操作，对服务人员资质以及对实施环境的要求都很高，所以在家庭中基本无法开展。①

(3) 长期护理服务包个性化不足。

已经出台长期护理服务清单的城市大多推行分级管理，即根据老年人的失能程度提供分级服务。在此基础上，有的地区（如上海杨浦区殷行街道）还能够为老年人制定个人护理计划，但是总体来看，服务包的个性化仍显不足，主要表现在两个方面：一是服务清单中的项目大多局限于基础性护理，缺少根据不同慢性病种护理需求提供的长期护理增值服务项目；二是大部分城市尚未推出针对失能老人特殊需求的个人护理服务计划，没有形成个案管理与跟踪制度。

专栏 9.5　个性化护理服务包服务老人不同需求

上海老龄化程度逐步加深，截至 2017 年底，上海 60 岁及以上老年人口为 483.60 万人，占总人口的 33.2%。在市民关于最希望的养老方式中，“居家养老”以高于 7 成的选中率居首位。如何让更多的老年市民享受到他们希望的养老护理服务，优康安和护理站在杨浦区殷行街道的大力支持下积极探索服务新模式。

① 胡苏云、吴君槐：《上海长期护理保险制度试点调研》，载卢汉龙等编著：《上海社会发展报告（2018）》，社会科学文献出版社 2018 年版，第 115 页。

93 岁的陈老太患有严重的糖尿病并发症，长期卧病在床，连上厕所也只能通过导尿管。她每天早上 5 点就会醒来，即需要有人帮助她清洁、喂饭和护理等，此时家属最希望有人伸出援手。103 岁的马老长期瘫痪在床，晚上 8 点不到就要入睡，睡前他一定要清洁、洗个热水脚。王先生夫妇临近退休，家中却有四位八九十岁高龄的老人同时需要照顾，其中三位失智失能，居家护理成了他们的难题。

“每一位高龄老人都有不同的护理需求，每个家庭的居家护理都会遇上新问题。杨浦区殷行街道常住老年人口超过 6 万人，2015 年 4 月街道成立了老年居家护理服务机构，碰上的问题成堆而来。”优康安和护理站护士长陆静介绍，随着街道高龄老人不断增多和家庭小型化双重影响，需要居家护理服务的对象不断增加，目前该站提供服务的老人 1 700 余人，其中大部分是 80 岁及以上的高龄老人。

主要由护士、康复师、护理员组成的老年居家护理服务团队坚持以老人需求为导向，在市区两级卫生、医保、民政部门指导下，在专业化老年健康需求评估基础上，形成了包括生活环境、重大疾病背景、生活自理能力、认知能力、情感行为、视觉能力等方面具体服务标准，并根据每个家庭每一位老人实际身体状况制定个性化护理服务包(护理计划)，由临床经验丰富的专业护士和专业护理员执行。如 93 岁陈老太家人最需要凌晨“帮帮手”，护理员就早上 5 点上门护理服务。家属感激地说：“这下可以让我们休息一会儿了。”

“让 1 700 位老人有 1 700 种护理服务计划”，这是近年来优康安和护理站探索出的居家养老护理服务新方式。

资料来源：新浪网。

2. 长期护理服务包设置的政策进展

随着长期护理保险试点的深入，部分城市在制订和完善长期护理服务包时积极探索契合本地老年人需求的项目内容和服务形式。有的城市注重长期护理服务项目通用性与个性化的融合并提升服务递送方式的灵活性，有的则致力于提高长期护理服务的全面性与连续性。下面以成都与青岛两个城市为例，对长期护理服务包相关的政策进展进行简要的分析。

(1) 提升服务包的个性化与灵活性。

长期护理服务包缺乏个性化是大部分试点城市的共同问题，但成都市在 2017 年出台的《长期照护保险服务项目和标准》中将护理服务项目区分为基础项目以及依据失能等级而设定的其他可选项目，在一定程度上回应了老年人个性化的护理需求。

成都市的长期护理服务包中共有四大类31个服务项目（见表9.15），即生活照料类（11项）、护理照护类（13项）、风险防范类（3项）以及功能维护类（4项）。其中，生活照料类的11个项目是基础固定服务项目，其他三类的20个项目为限额自选项目（见表9.16）。基础固定服务项目和不同的自选项目构成不同的服务包。也就是说，失能老人除了基本固定项目外，还可以根据自身失能等级和失能状况选择服务项目菜单内提供的其他项目。失能等级越高的老人，可选的项目越多。如失能程度最严重（三级）的老人可享受服务包内的服务最多有18项，二级为15项，一级为12项。

表9.15　成都市长期护理包的基本设置

重度失能等级	照护等级	护理项目（项）		给付待遇（元/人/月）		支付比例	
		基础项目	限额自选项目	机构	居家	机构	居家
三级	一级	11	7	1 676	1 796	保险：70% 个人：30%	保险：75% 个人：25%
二级	二级	11	4	1 341	1 437		
一级	三级	11	1	1 006	1 077		

资料来源：《成都市长期照护保险服务项目和标准》，2017年。

表9.16　成都市长期护理包的服务类别与项目

服务类别	项目属性	服　务　项　目
生活照料	基础项目	沐浴、擦浴；洗脸、洗手、洗足；洗头；口腔清洁；会阴清洁；协助进食/水及指导；排泄照护及指导；协助更衣及指导；协助如厕及指导；整理床单位；剃须、剪指（趾）甲
护理照护	可选项目	健康指导、精神慰藉；皮肤照护；协助有效咳痰；协助用药；血糖监测；吸氧（协助吸氧）；家用无创呼吸机的佩戴及指导；鼻饲照护及指导；留置尿管照护及指导；辅助器具使用指导；胃肠减压照护及指导；监测生命体征、物理降温；临终关怀
风险防范		预防压疮指导；预防噎食吞咽障碍指导；预防跌倒、坠床、烫伤指导
功能维护		肢位摆放及指导；翻身训练及指导；关节被动活动及指导；协助换乘轮椅/平车，户外活动

资料来源：《成都市长期照护保险服务项目和标准》，2017年。

此外，成都市的长期护理服务包的递送方式也比较灵活，失能老人可根据自身条件和需要在三种方式中自主选择：一是由协议长护机构提供的机构护理服务；二是由协议长护机构提供的上门居家照护服务；三是个体人员提供的居家照护服务（包括子女、亲属提供的亲情式照护）。第一种服务方式属于机构护理，第二种和第三种方式均为居家上门护理。如表9.14所示，居家护理的给付待遇和支付比例均高于机构护理，由此可以看出，成都市更加鼓励失能老人在家中接受长期护理服务，而这也比较符合老年人的普遍需求。

服务包递送同样具有灵活性的还有青岛，该市在2018年出台的《青岛市长期护理保险暂行办法》中要求建立针对不同家庭失能失智老人多样化需求的"4＋3"护理服务包递送形式，即针对身体完全失能人员实行"专护""院护""家护"和"巡护"，①针对重度失智人员实行"长期照护""短期照护"和"日间照护"。②灵活的服务递送方式不仅让失能失智老人得到更合意的照顾，也大大提高了服务包本身的递送管理效率。

（2）提高长期护理服务包的全面性与连续性。

老年人从健康虚弱状态进入到失能状态，以及从轻度失能演变为中度、重度失能直至死亡是一个连续的过程。在这一过程中，老年人的护理需求随着身体机能的变化而发生改变，长期护理服务包必须涵盖一系列能够应对这些变化的完整的服务项目。从生命周期的角度来说，全面与连续的长期护理服务应包括早期预防干预、日常护理、康复护理、临终关怀几个环节。

从试点城市的政策进展来看，目前只有青岛、荆门、成都等个别城市提供了康复护理、临终关怀等服务，而且青岛是唯一一个将长期护理保障关口前移，突出预防功能，延缓失能失智的城市。青岛建立了延缓失能失智预防保障金，每年从职工和居民长期护理保险资金中分别按不超过1%的比例划取，并接受社会各界捐赠筹

---

① "专护"是指开设医疗专护区的护理服务机构提供的长期在院护理服务；"院护"是指开设医养院护区的护理服务机构提供的长期在院护理服务；"家护"是指护理服务机构照护人员通过上门形式，提供的长期居家护理服务；"巡护"是指护理服务机构（含一体化管理村卫生室）护理人员通过上门形式，提供巡诊护理服务。

② "长期照护"是指开设失智专区的护理服务机构提供不间断的全日制长期照护服务；"日间照护"是指开设失智专区的护理服务机构提供日间托管照护服务；"短期照护"是指开设失智专区的护理服务机构提供的短期照护服务，原则上一年不超过60天。

集资金，①为半失能人员、轻中度失智人员和高危人群，以项目的形式提供身体功能维护等训练和指导，强化预防，延缓失能失智。此外，根据《青岛市长期护理保险暂行办法》的规定，青岛市还建立了“全人全责”的长期护理服务保障机制，为失能失智人员提供及时、连续、整合式的照护服务。具体来说，就是坚持“医、养、康、护、防”相结合，把人的照护需求作为一个整体，由同一家护理服务机构全面负责提供连续、及时、整合式的护理服务。在这样一个连续的服务包里，除了生活照料服务之外，还包括急性期后的健康管理和维持性治疗、医疗护理、功能维护(康复训练)、临终关怀、精神慰藉等基本护理服务。

青岛市在设置长期护理服务包时既注重服务项目的全面性，涵盖了从预防到临终关怀的全过程服务，也考虑了服务的连续性，将“医、养、康、护、防”结合起来，实现各阶段服务的无缝衔接。青岛市长期护理服务的政策实践体现了服务包设置的应有之义，为全国其他地区服务包的完善提供了有益的参考。

专栏 9.6　荆门市长期护理服务包设置及递送方式

荆门市在基本生活护理、医疗护理的基础上，增加了康复护理、心理护理和临终关怀，以满足失能人员多样化需求；并根据个人的不同选择打包服务项目，制定护理“套餐”，公示服务清单及价格。

根据保障对象的护理需求，荆门市提供了居家护理、养老机构护理、医院护理三种服务递送方式。此外，考虑到老人的“恋家”传统，荆门市还将居家护理细分为全日和非全日护理，其中护理员提供非全日护理每日不超过 3 人、每次不少于 2 小时。

荆门市长期护理服务项目如下：

(1) 居家护理。

① 非全日护理：由承担居家护理业务的定点服务机构指派护理人员，到保障对象家中提供每日不低于 2 小时的护理服务。服务内容主要包括：观察病情，监测血压血糖，提醒服药，帮助注射胰岛素及其他给药途径，协助处置和护理尿管、胃管、鼻饲管、造瘘管等各种管道，实施压疮预防，进行营养指导、心理疏导和健

① 《青岛市长期护理保险暂行办法》，2018 年。

康宣教，指导并辅助进行身体机能康复训练等。

② 全日护理：由承担居家护理业务的定点服务机构指派护理人员，到保障对象家中提供长期24小时连续护理服务。服务内容在居家非全日护理项目基础上，增设以下项目：协助如厕，辅助进食，翻身拍背，帮助洗漱、梳头，定期修剪指甲、剃须理发，更换并清洗床上用品、尿布，陪同用助行器或轮椅活动，陪同就医，采集送检标本，代配药，协助转诊等。

(2) 养老机构护理。

由承担养老机构护理业务的定点服务机构为入住本机构的保障对象提供长期24小时连续护理服务。服务内容在居家全日护理服务项目基础上，增设以下项目：打扫室内卫生，整理抽屉、衣柜、床头柜，建立健康档案，指导患者吸氧、雾化吸入；对终末期患者实施临终关怀。

(3) 医院护理。

由承担医院护理业务的定点服务机构设置医疗专护病区，为入住本机构的保障对象提供长期24小时连续护理服务。服务内容主要包括以下项目：

① 病情监测：医护人员定期巡视，观察病情，监测血压血糖，测量体温、脉搏、呼吸等生命。

② 护理服务：主要包括医院基础护理、专科护理、特殊护理和一般专项护理。

③ 医疗处置：根据保障对象病情进行医疗对症处理，包括根据医嘱执行口服、注射及其他药物给药途径，吸氧，使用呼吸机等。

④ 心理干预：在护理评估基础上，对保障对象进行心理疏导、健康宣教、康复指导，对终末期患者实施临终关怀。

资料来源：《荆门市长期护理保险实施细则(试行)》《中国劳动保障报》。

三、长期护理服务队伍建设问题

据全国老龄办最新统计，截至2017年底，全国60岁及以上老年人口已达2.4亿人，占总人口比重达17.3%。①2021—2030年我国60岁及以上老年人口增长速度

① 全国老龄办，http://www.cncaprc.gov.cn/。

将明显加快，到2030年占比将达到25%左右。[1]随着我国人口老龄化程度的不断加深，失能、半失能老人数量的也在不断增多，老年人的养老服务需求持续增长，建设一支数量充足、结构合理、素质良好的长期护理服务人员队伍显得尤为迫切。长期护理服务人员队伍的建设直接关系到长期护理保险制度能否顺利推行，同时也关系养老服务体系的发展。加强长期护理服务队伍建设，对于缓解我国养老服务人才短缺、提升养老管理服务水平、加快养老服务业发展具有极端的重要性和紧迫性。

(一) 我国长期护理服务人员队伍的现状

1. 长期护理人员总量供应严重不足

国家老龄办发布的"第四次中国城乡老年人生活状况调查"结果显示，中国失能老人约4 063万人，占老年人口的18.3%。若按照国际上失能老人与护理员3∶1的配置标准推算，我国至少需要1 300万名护理员。但目前我国各类养老服务设施服务人员不足50万人，持证专业护理人员不足2万人，[2]长期护理服务人员供需矛盾十分突出。另外，相对于社区居家养老服务而言，绝大多数护理人员集中在养老机构中，那么养老机构中的护理人员供应情况会不会相对较好呢？《2016年社会服务发展统计公报》数据显示，2016年我国各类养老床位合计730.2万张。根据《护理院基本标准(2011年版)》的规定，要求护理人员配备为0.8人/床位，按照这样的标准，各类养老机构大约需要584万名护理人员，与现有的护理人员数量之间依然存在巨大的缺口。

2. 长期护理人员呈现"三低"与"三高"特征

在机构从事护理服务的一线养老护理员是现阶段我国长期护理服务人员队伍构成主体。这一群体呈现出的"三低"与"三高"的特征直接制约了整个长期护理人才队伍专业化水平的提升。

"三低"是指社会地位低、收入待遇低，以及学历低。受传统观念的影响，人们总是将服务于人的工作等同于伺候人，认为长期护理工作就是伺候老人，所以普遍觉得该行业低人一等，没有前途，每年各类中高职院校老年服务与管理类专业报考

---

① 国务院：《国家人口发展规划(2016—2030年)》，2016年。

② 中国公益研究院养老研究中心：《2017年中国养老服务业发展年报(人才篇)》，2017年。

率过低与此就有很大关系。此外，收入待遇低也是造成这一职业得不到社会认可的原因之一。仅以北京为例，2016 年全市养老机构中养老护理员的月平均工资在 3 000 元左右，最高达到 5 000 元，最低工低仅与市最低工资标准齐平，约 2 000 元。另外，据民政部调查显示，养老护理员的来源以农村务工人员、城市下岗人员、退休人员为主，其中小学及以下文化占 21.7%，初中文化占 45.2%，学历普遍偏低，①并且多数没有接受过专业培训，不具备医疗护理、老年社会工作、心理照护等方面的专业知识和技能，无法满足老人心理和健康等日趋多元化的护理需求。

“三高”则是指流动性高、职业风险高，以及年龄偏高。首先，流动性高与社会认可度不足、老年护理工作强度大、工作环境待改善、薪酬福利制度不完善有直接关系。民政部的调查课题显示，参与调查的 15 个省份的养老护理服务人员中，从业时间不到 1 年的占 14.8%，1—2 年的占 25.9%，3—5 年的占 30.6%；25.9%有正式编制，74.1%为非正式编制；签订劳动合同的占 64.9%，没有签订劳动合同的占 27.8%。②其次，职业风险高也是长期护理工作的显著特点。北京社会管理职业学院曾对武汉市养老护理员发展情况做过抽样调查，显示武汉的一线养老护理服务人员每周平均工作时间都在 60 个小时左右，个别甚至超过 80 个小时，繁重的护理服务工作使护理人员长期处于紧张状态，身心俱疲，易导致这一群体精神状态变差和生活态度萎靡。此外，物理性危害也是护理人员易遭受的职业风险，主要表现为运动功能性损伤和物理刺激。运动性功能损伤最为典型的表现是腰背痛。护理人员长期处于一种超体力和持续弯腰状态，如弯腰照顾老人、搬运老人、为老人翻身等，这些日常工作均可导致护理人员的腰肌及韧带损伤。另外，颈椎病及下肢静脉曲张也是较为常见的护理职业相关性疾病。物理性刺激则主要来自患病老人的呻吟、呼叫器声音、推车及仪器移动及医疗仪器的机械性噪声等，这些刺激会影响护理人员睡眠、休息，造成注意力不集中，心烦意乱，记忆力减退、失眠、神经衰弱等。虽然护理人员暴露在这些职业风险中，但长期护理服务提供机构却对此缺乏认识，未形成健全的护理职业危害防护制度，工作中只强调护理人员要具备不怕脏、不怕累的职业精神，却较少给予相关的劳动保护。因此，有 45.4%的护理员认为“劳动强度大所以不想干”。再次，护理人员年龄偏大，且性别结构不合理。民政部统计数据显示，2015 年底全国 318 240 名养老机构职员中，35 岁及以下的有 81 374 名，占

---

①② 民政部:《养老服务专业人才队伍现状查及发展对策研究》课题组调查数据，2011 年。

比仅 25.57%，其余全部在 36 岁及以上。①以北京为例，全市养老机构中养老护理员年龄在 40—60 岁之间的比例高达 75%，说明年龄偏高是一线养老护理员队伍的另一个重要特征。此外，我国长期护理服务人员几乎清一色为女性，男女比例严重失衡，不利于行业的长远发展。②

专栏 9.7　养老护理员成紧缺工种

随着对社会养老有需求的老年人日益增加，养老院招聘养老护理员却比较困难。截至目前，九江市已建成各类养老机构 236 所，拥有养老床位 2.44 万张，入住的老人 1.86 万多人，拥有养老服务从业人员 3 168 名，但专业养老护理人才则十分短缺。养老市场需求如此旺盛，为什么养老护理员还会这么缺？怎样才能留住乃至吸纳更多的护理员呢？

工作辛苦待遇偏低

"我们每天要工作 12 个小时，早上 5 点多就要起床，帮老人洗漱，穿衣，擦身子，喂饭，整理内务、打扫卫生，陪老人散步、聊天、做操，帮老人洗澡，一直要忙到晚上 8 点老人睡觉，睡觉时还要观察老人有无异常。"开发区社会福利中心的养老护理员讲述了她一天的主要工作内容。"这个工作要做好，真的是需要无私奉献的。我们护理老人，苦点累点不要紧，最难的是老人家属的不理解。"这位护理员因为是专业护士出身，所以她与那些没有经过专业培训的护理员不同，她的护理服务更能得到老人的认可。"我觉得这个职业真的很崇高，尽管累，待遇也不太高，但我想我还是会坚持做下去的。"2016 年 8 月 15 日，她参加了省民政厅委托九江福利院实施的养老护理员入职培训和职业资格鉴定考前培训，"通过学习培训，我增长了见识，学到了很多护理方面新颖的思路和实际操作上有关的知识，参观了其他养老中心，受益匪浅。"她所在的社会福利中心有 20 多位护理员，年龄大的有 60 岁，年龄小的 36 岁，平均年龄 55 岁左右，每月包吃包住收入在 2 500 元左右。

---

① 民政部：《中国民政统计年鉴 2016》，中国统计出版社 2016 年版。

② 北京师范大学中国公益研究院养老研究中心：《我国养老服务人才整体培养能力严重不足，扶持力度需加强》。

养老护理不是简单的护理

现在的养老机构都急需有专业护理知识的护理员，但是却总是难以留住人，年轻人根本不愿意从事这个行业，有的只做了几天就跑了。能留下来的都是些年龄偏大，不懂护理技巧的。的确，养老护理行业确实很辛苦，脏、累、苦，待遇低不说，有时碰到那些脾气古怪的老人，确实很难伺候。

据了解，在九江从事养老护理工作的，以下岗再就业人员居多，还有部分外来务工人员，这使得养老护理员队伍的年轻化、知识化、专业化成为亟待解决的问题。不论公办还是民办养老机构的负责人都感叹："人手缺得很！""招工招不到！""流动性太大，刚刚具备了一定技能，人就走了，养老护理员队伍提高素质不容易。"业内人士分析，养老护理人才如此缺乏，除了养老机构能提供的工资福利待遇普遍比较低外，还有一个重要原因就是社会上对养老服务工作还缺乏了解，存在偏见，认为养老护理就是照顾老年人的生活起居、吃喝拉撒，年轻人根本不愿意做。

养老护理真的那么简单吗？根据《养老护理员国家职业标准》，养老护理员跟幼儿园教师一样，必须多才多艺，除了会做基本的家务活，还要求懂得老年人心理和情感开导，老年人常见疾病预防与突发情况处理，以及老年人营养、运动锻炼等保健知识。开发区社会福利中心的负责人说："其实，现在护理老年人，已经不是传统意义上只照顾老人吃喝拉撒睡的工作，护理员也不是只要吃苦耐劳就能胜任。老年人需要身心愉快、健康的晚年生活，需要更多的精神护理与慰藉，所以专业的养老护理员也成为一种技能型乃至专业型人才。除应具备基本护理技能外，还应具备更多的如医学、心理学乃至社会学的知识。"

走专业化道路是出路

南京市人社局最近公布2016年度南京市紧缺型高技能人才职业(工种)目录。紧缺工种分布在10个行业，其中育婴员、养老护理员等成为当年新紧缺工种。九江的情况也与南京差不多。一些养老机构负责人表示，养老护理员短缺已经成为制约养老机构未来可持续发展的重要因素，这一问题如果得不到妥善解决，很多老人将来就会陷入无人照顾和照料的尴尬之中。通过培训取得资格走职业化、专业化、年轻化道路，让受过专业培训的护理人员照料老年人，是解决这一难题的有效途径。

为进一步加大养老护理员培训力度，提高养老护理员专业素养，近年来，九江市社会福利院积极应对老龄化社会需求，不断顺应社会发展需要，通过与医院、专业院校合作，发挥该院自身在基础设施优势、养老护理设备优势和开展养老护理的先决条件，致力提高和改善入住老人的生活质量，走出了一条养老护理员培训的专业化道路。

发达国家和我国一些大城市的经验表明，养老服务行业前景是非常广阔的，市场也会越来越大。从事养老服务行业，其实大有可为。九江市那么多职业学校、技工学校，还有不少民办的职业培训机构，也应该在这方面多做一些努力。

养老护理员的收入普遍不高，社会地位不高，有时候还会被误解，但是她们做的却是最辛苦最累的活儿，要承担很多家庭子女照料老人的责任，因为她们无私的付出，才使得更多的老人和家庭能够无后顾之忧。希望老人的家属和社会对他们能有更多的理解，更多的宽容，养老机构也将逐步提高他们的待遇，这样才能让养老护理员“招得进、留得住”。

资料来源：根据搜狐网新闻资料整理。

(二) 长期护理服务人员队伍建设问题的症结分析

1. 专业培训与教育体系建设滞后

我国长期护理人才培养起步较晚。1999 年大连职业技术学院和长沙民政职业技术学院成为首批开设老年服务与管理专业的职业院校，以此为标志，我国开始了老年服务专业人才的培养。2004 年之前，仅有 4 所院校开设了养老服务相关专业，到现在已经有 63 所职业院校拥有相关专业，增长速度较快。此外，兰州大学、华中师范大学等本科院校也开始探索建立养老服务相关专业，成立了老年医学院，开设有老年社会工作、老年心理学、老年人保健与营养、生命伦理学、老年护理等课程，同时也开展了非学历养老服务的教育培训。2014 年全国养老服务与管理专业招生总数达 1 690 人，较 2013 年的 1 191 人提高了 141.9%。但是，与 1 300 万余个养老服务岗位需求量相比，目前养老服务相关专业毕业生的数量还远远不够。就目前整个长期护理人员的队伍规模来看，职业院校以及本科毕业生在其中所占比例极小。

除高等院校的专业教育外，市场上还有面向护理人员的职业培训教育，但这种教育却未形成成熟的体系。一方面是由于护理服务人员的流动性大，一些养老机构缺乏动机加强培训投入。另一方面，许多长期护理人员并未将护理工作为终身从事的职业来看待，缺乏职业热情，而且即使参加培训取得职业资格，也不能带来工资待遇的大幅提升，因此没有培训的内在需求。

2. 职业教育与培训资金支持不均衡

许多养老机构未能从人才培养和发展的角度有计划、有针对性地对护理人员进行培训，很重要的原因在于政府或社会投资不均衡。公办养老机构获取政府培训资金支持较多，获得社会及民间资金的方式也较为容易。由于公办养老机构人员工资开支不会挤占来自政府或社会的专项支持资金，因此公办养老机构对人员的培训力度较大，培训效果较好。人员素质的提高加快了机构的发展，使公办养老机构整体发展处于稳定上升的状态。反观民办养老机构，资金来源渠道单一，培训费用大多直接从经营利润中支付，加上养老服务机构人员流动性大的特点，培训难以深度化、持久化发展，致使部分民办养老机构出现人才素质不高、数量不足、青黄不接的现象。

3. 职业化发展程度低

职业化建设主要包含两个重要的方面，一是职业的专业性，二是职业的稳定性。在专业性方面，除了前文提到的教育与培训体系不健全导致长期护理人员的专业性差之外，还因为2015年以前，我国《养老护理员国家职业标准》中仅要求护理员能承担生活照料和简单护理，与“医疗”相关知识与技能涉及得很少。这一低职业标准显然已不符合眼下日益增长的“医养融合”需求。可即便在如此低的标准下，全国依然有95%以上的养老护理员没有执业证书。由于全国各地养老护理员普遍紧缺，为了鼓励更多的人进入这一行业，2015年人力资源和社会保障部取消了养老护理员的上岗证书要求。2017年，人力资源和社会保障部停止了全国养老护理员的职业资格认定工作，但允许“行业协会、学会等社会组织和企事业单位依据市场需要自行开展能力水平评价活动”①。由此养老护理员行业的进入门槛再一次降低，职业的专业性要求进一步弱化。

在职业的稳定性方面，待遇保障与激励的不足以及晋升通道与职业规划的缺

① 人力资源和社会保障部：《关于公布国家职业资格目录的通知》（人社部发〔2017〕68号）。

失造成了长期护理人员高流动性。首先,从待遇保障与激励机制来看,不管是公办还是民办养老机构,都存在工资待遇低与工作量大、责任风险大之间的不对应问题。在大部分养老机构中,一名护理员往往需要照顾6—7位失能老人,工作强度非常大,但工资水平却不高。如江苏省2016年养老护理员的年平均工资为33 866元,只有当地城镇在岗职工年平均工资(67 711元)的一半。另外,很多机构采取单一的薪资体系,护理员在工作中的表现很少与绩效挂钩,激励措施的缺乏导致一些从业人员没有工作积极性和上进心,也没有对新知识的追求和职业自豪感。这种低保障、低激励的工作环境不仅难以吸引高素质人才,而且也很难留住经验丰富的员工。其次,从个人的职业发展来看,长期护理行业普遍缺乏职业晋升通道,从业人员不能享受到晋级、评职称等待遇,几乎没有职业发展的上升空间。因此,许多从外省市务工务农转向城市从事护理服务的人员,图的仅是相对稳定的固定月薪,缺乏职业认同感,且没有长期从事这一职业的意愿。

专栏9.8 “护理师”呵护老年生活

国家取消养老护理员资格认证后,养老行业开始探索新的人才标准,推出与发达国家接轨的职业“照护师”理念,更多地通过学历教育实现职业化,以适应人们医养融合的养老需求。

联合国国际老龄问题研究所所长马文·福尔摩萨提醒,养老护理人才职业化,对中国迎接人口老龄化的挑战至关重要。当前,由家庭提供的非专业照护服务,仅能满足已知需求的16%,而妇女就业率的提升正严重冲击传统的家庭养老照顾模式。影响中国养老事业发展的“瓶颈”并不在养老院、医院、养老设备等物质资源,而是直接服务于老人的人力资源。从业人员非职业化已成为行业发展的最大掣肘,得从拓展“医养融合”内涵入手,建立一支职业化的长期护理队伍。

在国际上,这些为失能者提供照顾服务的从业者被称为“护理师”,是一种应对新需求而产生的新型职业。大多数发达国家此类专业人才占总人口的比重约为5‰,如挪威,每千人拥有护理师17.27人,美国和日本分别为9.8人和11.49人,欧盟制定的基本标准为8人以上。我国过去的护工和护理员主要来自下岗职工或农村务工人员,而未来“护理师”行业应有更多高层次人才加入。按照低于欧盟的标准规划,我国可按照1∶0.2的比例为居家患病老人配备护理师(即10

个患病老人配备 2 个护理师);面向失能/半失能老人提高比例,按照 1∶0.5 配备。按此计算,预计到 2030 年,我国需要职业养老护理师 6 894 万人。

那么,职业"护理师"到底是什么?具体来说,就是"五师合一"。他们首先是护理师,掌握基本医疗护理能力;他们是康复师,教导老人使用训练器、照护机器人、可穿戴设备、自动洗浴机等高科技设备,以协助更好地完成治疗;他们是社工师,了解养老医疗法规政策、保险产品、服务机构情况,根据老人不同情况制定切实可行的养老方案,为老人链接社会资源;他们是文体治疗师,为老年人提供体育运动项目和娱乐项目,作为日常护理及物理治疗的补充和延伸;他们还是教师,能达成部分老年大学的功能,提供健康、烹饪、艺术等知识,满足老人求知、求康、求乐、求友、求为的需求。"五师合一",决定了这类人才所服务领域并不限于养老,还可满足一般家庭的病人、产妇照护需求。这样的护理师,拥有更大的生存发展和职业发展空间。

资料来源:根据中国江苏网新闻资料整理。

(三) 长期护理服务人员队伍建设的基本原则与能力要求

1. 长期护理人员队伍建设的基本原则

长期护理人员的专业素质决定了其所提供服务的质量。要解决目前长期护理从业人员专业化水平普遍偏低的问题,应遵循政府主导与社会参与相结合、长期规划与短期培训相结合、分类培养与分层培养相结合的原则,大力加强长期护理人员队伍的建设。

(1) 坚持政府主导与社会参与相结合。

政府在长期护理服务人员队伍建设中要在政策制定上发挥主导作用,颁布促进长期护理人才队伍建设相关的政策,同时加强立法维护长期护理服务人员的合法权益。此外,还应当在资金支持方面,加大对长期护理行业服务的扶持力度,提高长期护理服务人员的薪酬待遇。在此基础上,应引导社会力量积极参与长期护理服务的供给,形成多元化的服务格局。如激励卫生专业技术人员转岗长期护理服务行业,在专业技术职称评定、岗位聘用、绩效工资分配等方面给予政策扶持,鼓励退休医务工作者、老人的家庭成员、健康低龄老年人成为全职或兼职长期护理员，扩大从业人员的来源渠道。

(2) 坚持长期规划与短期培训相结合。

长期护理服务人员队伍建设是一个长期的过程，在这个过程中，制定政策的人员要有长远的目标。在未来几年，我国长期护理服务人才的数量要达到多少，我国长期护理服务人员的服务质量达到怎样的水平，如何使得养老服务行业更加规范，这都是政策制定者应考虑的问题。在制定长期规划的同时，也不可忽视组织护理人员参加专业技能的短期培训，做到长期规划和短期培训相结合。

(3) 坚持分类培养与分层培养相结合。

长期护理服务行业既需要技术型人才，也需要管理型人才，同时还需要涉老产品的研发及营销人员，因此，在人才培养方面，职业院校应对养老市场与养老服务的岗位进行细分，采取分类培养的方式，形成各自的专业优势领域。分层培养，是指政府应该为长期护理从业人员在学历提升与职称晋升等方面搭建相应的发展平台，使其有较为明确的职业发展规划，从而形成合理的金字塔形状的人才培养模式。分类培养和分层培养相结合有利于形成多层次、多领域的长期护理服务人才体系。

2. 长期护理服务人员应具备的能力要求

如上文所述，长期护理服务工作并不是简单的生活照顾，它要求从业人员不仅掌握医疗护理、生活照顾、心理慰藉等方面的专业技能，还要具备强烈的职业使命感与健康的体质等综合职业素养（见表9.17）。具体来说，长期护理人员应具备的能力应包括以下几个方面：

(1) 强烈的职业使命感。

长期护理人员在照顾生命的第一线，其首要目的是减轻失能给老人带来的身体上与精神上的痛苦。因此，护理人员应有爱心与耐心，尽心尽力地以负责的态度投入到护理服务中。长期护理繁琐而劳累的工作内容考验着从业人员的承受力、容忍力和抗压力，从业人员必须具有强烈的职业使命感，认识到人生具有同等权利并对生命给予充分的尊重，才能给予失能老人在身体上和精神上最有效的照顾，才能配合医院或医生，把失能老人最准确的健康信息传递给他们。因此，强烈的职业使命感是长期护理人员从业应具备的首要能力。

(2) 丰富的专业知识和熟练的业务技能。

长期护理服务人员必须具备丰富的老年护理知识和熟练的业务技能。首先，长期护理人员能充分了解老年人的生理与心理特点、老年人的护理特点、老年人的常见疾病、老年人的营养需求,以及养老护理员职业工作须知等与长期护理有关的基础知识和相关法律法规,如老年人权益保障法等、劳动法等。其次,根据《国家职业技能标准:养老护理员(2011 年修订)》要求,长期护理人员应具备生活照料、技术护理、康复护理及心理护理四个方面的专业技能。虽然为了降低从业门槛,政府已经取消了养老护理员的资格鉴定,但并不意味着放弃了对从业人员的技能要求。从保障老年人的生命质量的角度来说,从业人员必须熟练掌握上述四个方面的专业技能,才能为失能老人提供舒心的服务,并让老年人的晚年生活过得更加有尊严。

(3) 良好的身体素质。

长期护理工作强度较大,护理服务人员应具备较强的抗压能力和良好的身体素质。失能老人的身体素质较弱,是疾病的易感人群和高发人群,长期护理服务人员经常接触老人,应注意保持个人清洁卫生和身体健康。

表 9.17 长期护理服务人员应具备的职业能力

<table>
<tr><th>能力维度</th><th colspan="2">长期护理服务人员的能力</th><th>衡量标准</th></tr>
<tr><td>职业使命感</td><td colspan="2">尊老敬老、以人为本、尊重生命、服务第一、爱岗敬业、遵章守法,自律奉献</td><td>职业准则</td></tr>
<tr><td>基础知识</td><td colspan="2">应该掌握:(1)老年护理基础知识,包括老年人生理、心理特点、老年人的护理特点、老年人的常见疾病、老年人的营养需求,以及养老护理员职业工作须知;(2)相关法律、法规知识,包括老年人权益保障法的相关知识、劳动法的相关知识、其他相关法律法规</td><td>学历教育证书或培训教育证书</td></tr>
<tr><td rowspan="4">专业技能</td><td>生活照料</td><td>清洁卫生、睡眠照料、饮食照料、排泄照料、安全保护</td><td rowspan="4">《国家职业技能标准:养老护理员(2011 年修订)》</td></tr>
<tr><td>技术护理</td><td>给药、观察、消毒、冷热应用、护理记录、临终护理、急救、常见病护理、环境设计、危重病护理、健康教育、护理计划、技术创新</td></tr>
<tr><td>康复护理</td><td>肢体康复、闲暇活动、康复训练</td></tr>
<tr><td>心理护理</td><td>沟通协调、心理保健、情绪疏通</td></tr>
<tr><td>健康</td><td colspan="2">有抗压力、身体健康</td><td>抗压心理测试
健康检查</td></tr>
</table>

资料来源:作者整理。

(四) 长期护理服务人员队伍建设的政策进展

我国开展长期护理保险制度试点的时间不长，长期护理服务队伍无论在数量方面还是质量方面都还存在严重不足。自 2016 年长期护理保险开始试点后，包括试点城市在内的许多地区开始大力开展长期护理服务人员的队伍建设，并陆续出台政策，从专业教育与职业培训、待遇保障、就业促进与激励、职业发展等方面推出系列政策，探索解决之道。在此以北京、上海、广州、杭州、荆门五个城市为例，具体考察长期护理服务人员队伍建设的政策进展情况(见表 9.18)。

1. 构建多层次的养老服务人才培养体系

专业化水平是决定长期护理服务质量的关键因素。目前长期护理人员学历和专业技能普遍偏低的状况，极大地制约了长期护理服务的有效提供。因此，为了尽快提升长期护理人员的专业能力，各地积推进养老服务相关专业的学历教育，加强职业培训，探索构建多层次的养老服务人才培养体系。

(1) 完善养老服务相关专业学历教育。

① 加强高校养老服务专业建设。鼓励符合条件的职业院校开设与养老服务行业相关的专业，完善教学标准和课程体系，并加强院校养老服务专业师资队伍建设。例如，北京出台的《关于加强养老服务人才队伍建设的意见》鼓励高等院校设置老年服务与管理、健康管理、康复治疗、康复辅助器具应用与服务、护理学、应用心理学和社会工作等养老服务相关专业，开设老年社会工作、老年护理、老年人保健与营养、老年医学、老年心理学、生命伦理学等课程。北京市和荆门市还将尊老、孝老文化纳入课程内容，强调职业伦理与职业道德教育。上海市要求落实高职院校专职教师每 5 年必须有 1 年企业实践的要求，鼓励院校专职教师到各类养老服务机构进行实践锻炼，增强行业经验，提升专业技能；支持学校聘请行业专家担任校内兼职教师，优化师资结构。

② 推动高校与养老服务机构建立紧密校企合作。例如，杭州出台的《杭州市民政局等 6 部门关于加强养老服务人才队伍建设的意见》指出，鼓励社会养老机构主动与职业院校合作，实行订单式人才培养模式；建立产学研合作机构，支持示范性、品牌型养老机构、社会组织挂牌成为高等院校和职业学校的实习实训基地。广州市要求养老床位达到 500 张以上的养老服务机构均应建有中等以上院校和技工院校实习实训基地。上海市推行以“招工即招生、入企即入校、企校双师联合培养”为主要内容的“企业新型学徒制”试点，解决“招工难、就业难”的就业结构性矛盾，目

表 9.18　部分城市长期护理队伍建设的政策进展

城市	专业教育与职业培训		待遇保障	就业促进与激励	职业发展	政策依据
	专业教育	职业培训				
北京市	1. 构建“以职业教育为主体、应用型本科和研究生教育层次相互衔接、学历教育和职业培训并重”的养老服务人才培养体系； 2. 通过扩大招生渠道，以及国家奖助学金、社会捐助等支持，吸引学生就读养老服务相关专业； 3. 推进养老服务专业“双证书”制度； 4. 鼓励社会资本举办养老服务职业院校； 5. 支持将条件较好的社会办养老机构挂牌成为高等院校和职业学校的实习实训基地	1. 利用京学网等学习平台，拓宽继续教育渠道，鼓励养老服务从业人员自学成才，逐渐成为专业型或复合型人才； 2. 建立养老服务人才培训基地	1. 保障养老护理员的劳动权益； 2. 推动养老服务行业平均薪酬待遇原则上不低于上年度本市服务行业的平均工资水平； 3. 完善职业技能等级与养老服务人员薪酬待遇挂钩机制	1. 建立入职补贴和岗位补贴制度； 2. 实施非京籍养老服务人才积分落实优待政策，年老后优先入住养老机构； 3. 完善养老机构、社区养老服务驿站星级评定机制	1. 打通养老服务人才晋级渠道； 2. 支持行业协会、养老机构开展养老护理员技能等级评价工作； 3. 建立养老服务从业人员信用评价体系，作为今后评职、晋级、提薪、转岗的重要依据； 4. 对于优秀养老服务人才，通过优先给予深造学习机会、优先推荐奖评、聘请作为实训基地教师； 5. 获得技师及以上职业资格证书的，可按相关规定申请建立“国家技能大师工作室”或“北京市首席技师工作室”	《关于加强养老服务人才队伍建设的意见》(京民福发〔2016〕527 号)
上海市	1. 鼓励支持开设养老护理相关专业； 2. 完善教学标准和课程体系，开展养老护理类示范专业点建设；	1. 每个区至少重点扶持1—2家优质培训机构，建立1个区级养老护理实训实习点； 2. 发放各类培训补贴	1. 实施本市养老机构综合责任保险、社区为老服务机构综合责任保险等项目；	1. 工作岗位与所学专业一致的养老护理人员，在申办《上海市居住证》积分时，可以按照规定予以加分；	完善养老护理员职业技能鉴定模式，探索技能考核、业绩评审、考评结合的多元评价方式	1.《上海市养老护理人员队伍建设(专项)规划(2015—2020年)》(沪人社职〔2015〕422 号)；

续 表

城市	专业教育与职业培训		待遇保障	就业促进与激励	职业发展	政策依据
	专业教育	职业培训				
上海市	3. 推动学校与本市养老服务机构建立更为广泛和紧密的校企合作，共建实训实习基地； 4. 免费培养养老服务相关护理类专业中职生；促进定向培养，为养老护理类相关专业的学生提供学费减免和生活补贴； 5. 在护理（老年护理方向）、康复治疗技术、老年服务与管理、社区康复、社区管理与服务等专业，开展“双证融通”人才培养试点		2. 通过岗位补贴、社保补贴等措施鼓励就业困难人员、失业人员从事养老护理工作； 3. 稳步提高养老护理人员的工资待遇	2. 开展表彰激励活动； 3. 对员工制招录持有养老护理员初级、中级、高级等级证书人员的用人单位予以奖补		2.《上海市养老护理人员技能提升专项行动计划》（沪人社职〔2016〕148号）； 3.《关于加快推进本市养老护理人员队伍建设的实施意见》（沪民老工发〔2017〕2号）
广州市	将老年服务与管理相关专业纳入中等职业教育城市扶持专业，就读有关专业或方向的全日制学生享受免学费政策	1. 依托市、区居家养老服务指导中心建立全市养老服务培训指导与技能交流平台；各区依托管理水平较高的养老机构、社区居家养老综合服务平台建立养老护理员培训基地，并开展家庭老年人照顾者能力培训； 2. 建立养老护理员持续教育制度； 3. 发放培训补贴	1. 实施一线护理人员最低薪酬制度； 2. 为一线养老护理员安排健康体检	1. 设立养老服务人力资源工作站，完善养老服务从业人员求职和就业登记公共服务制度； 2. 实施各类人才引进工程； 3. 为养老护理员提供住房保障、子女入学保障、落户保障等； 4. 开展表彰激励活动； 5. 建立养老服务就业和岗位补贴	养老护理员在职业资格考试、职称晋升上享受医疗卫生机构医务人员同等待遇	《广州市加强养老服务人才队伍建设行动方案》

续 表

城市	专业教育与职业培训		待遇保障	就业促进与激励	职业发展	政策依据
	专业教育	职业培训				
杭州市	1. 鼓励职业院校积极开设与养老服务行业相关的专业，鼓励社会养老机构主动与职业院校进行合作，校企联合开展订单式人才培养工作； 2. 建立产学研合作机制，支持示范性、品牌型养老机构、社会组织挂牌成为高等院校和职业学校的实习实训基地	1. 依托市、区养老服务指导中心建立全市养老服务培训指导、技能交流平台，依托相关职业院校、开放大学、业余大学和培训机构等建立养老服务人才培训基地； 2. 规范养老护理人员上岗培训机制，养老护理人员上岗前需开展不少于12小时的岗前培训； 3. 建立养老服务从业人员继续教育制度，为在册的护理人员提供免费技能提升培训； 4. 积极开展家庭老年人照顾者及老年志愿者能力培训	1. 就业困难人员以灵活就业方式从事养老服务的，可按规定享受灵活就业补助和社保补贴； 2. 加强劳动保护和职业防护； 3. 鼓励养老机构、居家养老照料中心投保综合责任险，市级给予投保金额1/3的资金补助； 4. 不断提升养老服务人才薪酬待遇	1. 享受员工制家政服务社保补贴，养老服务类企业吸纳就业困难人员实现就业的可按规定享受招用就业困难人员用工补助和社保补贴，两项社保补贴不重复享受； 2. 为养老护理员提供住房保障； 3. 鼓励毕业生在养老服务行业创业就业，给予就业或创业补贴； 4. 开展表彰激励活动	1. 鼓励支持行业协会、养老机构开展养老护理岗位技能评价； 2. 建立养老护理人员信用评价体系，作为今后评职、晋级、提薪、转岗的重要依据； 3. 鼓励建立以个人名字命名的“养老领军人才工作室”，可优先申请年度公益创投为老服务项目，按规定给予资助	《杭州市民政局等6部门关于加强养老服务人才队伍建设的意见》（杭民发〔2017〕367号）
荆门市	1. 发挥本地高校、职业技术学校（技师学院）等学科教育优势，设置长期护理服务专业，采取定向招生、订单培训等形式，扩大长期护理服务招生渠道和培训规模；	1. 支持符合条件的长期护理服务机构建立民办职业培训学校（基地），开展长期护理服务知识和技能培训，并按规定纳入就业培训定点机构；	养老护理员薪酬水平不低于上年度本市服务行业平均工资水平	1. 长期护理服务从业人员参加职业培训时，对符合条件的，其培训费用由就业专项资金给予补贴，并减免职业技能鉴定费用，取得	1. 制定以职业道德、业务技能和服务对象满意度为主要内容的长期护理服务从业人员考核标准，由相应的长期护理服务机构定期	《关于加强长期护理服务从业人员队伍建设的意见》（荆政办文〔2017〕6号）

续 表

城市	专业教育与职业培训		待遇保障	就业促进与激励	职业发展	政策依据
	专业教育	职业培训				
荆门市	2. 支持长期护理服务机构建设实习实训基地	2. 定期举办形式多样的长期护理服务职业技能大赛，鼓励岗位练兵、技术比武		职业资格证书且连续从业2年以上的给予特殊岗位补贴或一次性奖励，发放与职业资格相挂钩的岗位津贴和退休补贴； 2. 被评为荆门首席技师、荆门技术能手的长期护理服务从业人员，分别给予一次性奖励10 000元、2 000元，并支持其建立“国家技能大师工作室”或“荆门市首席技师工作室”； 3. 开展表彰激励活动	开展考核评价； 2. 建立退出管理机制，对连续3年考核不合格，或因态度恶劣、虐待服务对象等原因被举报投诉、经查证属实的长期护理服务从业人员，解除劳动（聘用、劳务）关系，纳入“黑名单”管理，取消退休补贴等相关待遇以及各项荣誉	

资料来源：根据5个城市出台的相关政策文件整理。

前已启动两批29家企业53个试点培训项目。

③ 实施养老护理专业招生优惠政策。例如，上海市开展养老服务相关护理类专业中职生免费培养，积极整合资源，动员社会资金，促进定向培养，为养老护理类相关专业的学生提供学费减免和生活补贴。

(2) 加强职业培训力度。

① 建立养老护理员培训基地。广州市出台的《广州市加强养老服务人才队伍建设行动方案》提出，要依托市、区居家养老服务指导中心建立全市养老服务培训指导和技能交流平台；各区依托管理水平较高的养老机构、社区居家养老综合服务平台建立养老护理培训基地，并开展家庭老年人照顾者能力培训。杭州市则鼓励依托相关职业院校、开放大学、业余大学和培训机构等建立养老服务人才培训基地。

② 建立养老服务从业人员继续教育制度。杭州市要求为在册的护理人员提供免费技能提升培训，年人均在职轮训不少于6小时数。广州市除了提供免费培训外，对通过自学或参加培训获得养老护理员相应等级资格的，给予1 600元至2 500元不等的技能晋升培训补贴。上海市根据《上海市养老护理人员技能提升专项行动计划》，对于60周岁以下的养老护理人员参加职业岗位培训，经鉴定考核合格，按当年度补贴目录内岗位培训项目的课时补贴标准和实际课时核定培训补贴经费；通过养老护理相关职业专项能力或国家职业资格培训，参加鉴定考核合格取得专项能力或国家职业资格证书的，按照规定标准给予培训费补贴。上海市还鼓励各区对参加相关职业工种培训的养老护理人员提供培训期间的交通、误工等津贴。此外，每个区至少重点扶持1—2家优质培训机构，建立1个区级养老护理实训实习点。2016年，上海市设立了22个养老护理实训点，鼓励相关院校参与养老护理人员培训工作，并给予每个实训点一次性建设补贴2万元。此后实训点日常运行的相关经费，由区民政局和市社会福利中心在年度预算中予以安排。

(3) 促进各层次人才培养的建设与衔接。

① 推行养老服务专业"双证书"制度。北京、上海等地鼓励职业院校学生在取得学历证书的同时积极参加职业技能鉴定，获得相应的职业资格证书。对已经取得养老服务业相关职业资格证书，且符合条件的从业人员，可由职业院校按相关规定择优免试录取，经考核合格后可获取相应学历证书。

② 建立开放、融通的现代养老服务人才培养体系。北京市颁布的《关于加强养

老服务人才队伍建设的意见》提出,要积极构建"以职业教育为主体、应用型本科和研究生教育层次相互衔接、学历教育和职业培训并重"的养老服务人才培养体系。上海市在《上海现代职业教育体系建设规划(2015—2030年)》(沪教委职〔2015〕30号)(以下简称《规划》)中设计了多样化的学制路径(见图9.2),实现职业教育各学段"纵向贯通",建立从"中等职业教育—高等职业专科教育—应用技术本科教育—专业学位研究生教育"的纵向衔接体系。同时,加强行业企业对职业教育的指导和参与,实现职业教育与行业企业的"横向融合",促进教学内容与行业技术标准最大程度地对接。另外,《规划》还扩展了职业教育的服务面,建立与普通教育、职业培训与终身教育的有机融通机制。依托互设课程、职业体验日活动等深化普职渗透,通过职业培训、学分银行等加强职前职后一体化。

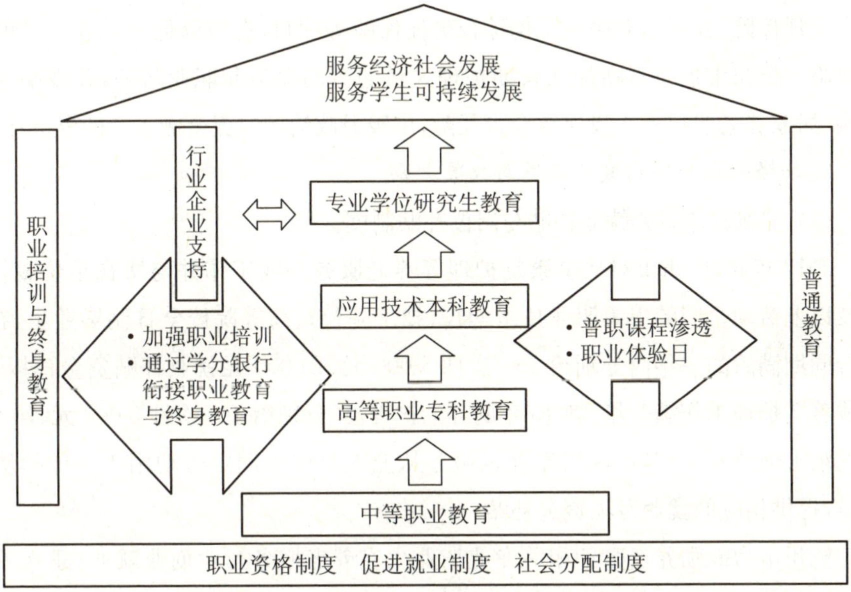

图9.2　上海市现代职业教育体系框架

2. 保障长期护理服务人员待遇

(1) 确保长期护理服务人员工资待遇。

自2017年开始,广州市对于承接政府购买服务或享受政府运营资助扶持的养老服务机构一线护理人员实施最低薪酬制度,全日制就业劳动者的最低薪酬(不含加班费)不低于当年度上海市最低工资标准的1.5倍,非全日制就业劳动者的小时工资不低于本市非全日制职工小时最低工资标准的1.5倍，执行情况与市、区财政给予的养老机构运营资助挂钩。杭州人力社保部门每年定期发布全市养老服务行业人力资源市场工资指导价位，指导养老服务行业实行工资集体协商制度，建立养老护理人员工资水平随经济发展、最低工资标准增长和本人工作年限自然增长机制，提高养老护理人员工资福利待遇。北京市和荆门市也提出长期护理人员薪酬水平原则上不低于上年底本市服务行业平均工资水平。

(2) 为就业困难人员发放补贴。

上海市、杭州市与荆门市对符合条件的就业困难人员以灵活就业方式从事养老服务的，发放灵活就业补助和社保补贴。

(3) 引入风险保障机制。

上海市针对长期护理岗位劳动强度大、职业风险高等特点，实施本市养老机构综合责任保险、社区为老服务机构综合责任保险等项目，有效降低了从业人员的职业风险。杭州市也在不断加强长期护理人员的劳动保障和职业防护，并鼓励养老机构、居家养老照料中心投保综合责任险，市级财政给予投保金额1/3的资金补助。

3. 加强长期护理的就业促进与政策激励

(1) 实施养老服务就业补贴与岗位补贴制度。

2017年起，广州市对从事康复护理等养老服务一线工作并与所在单位签订3年及以上劳动合同的中等职业技术学校(技工院校)、高等院校全日制毕业生，在3年合同期满后的一年内分别给予一次性5 000元、10 000元就业补贴资金；对从事一线养老护理工作满5年、满10年的养老护理员，分别给予一次性5 000元、20 000元的艰苦岗位补贴；对社区居家养老服务从业人员中无固定劳动用工主体的从业人员，提供相应的就业专项资金补贴。

杭州市为鼓励养老服务相关专业毕业生在养老服务行业创业就业，建立了大学生入职补贴和创业补贴制度。进入杭州市主城区养老服务机构从事养老服务、康复护理等一线工作满5年的，给予相应的入职奖补。大学生初次创办养老企业，并担任法定代表人或主要负责人的，按照市里相关文件精神，给予相应补贴。

荆门市还发放与职业资格相挂钩的岗位津贴和退休补贴。荆门市对于取得职业资格证书且连续从业2年以上的从业人员，给予特殊岗位补贴或一次性奖励。对取得高级工、技师、高级技师职业资格的长期护理服务从业人员，所聘单位每月可给予不低于30元、60元、80元的岗位津贴，其中，被评为荆门技术能手、荆门首席技师的，每月可给予不低于150元、200元的岗位技能特殊津贴。具备高级工、技师、高级技师的长期护理服务从业人员，退休后每人每月可分别享受10元、15元、20元的退休补贴。

(2) 为护理服务人员提供住房、子女入学、落户保障。

上海市规定，所学专业属于本市紧缺急需专业目录且工作岗位与所学专业一致的养老护理人员，在申办《上海市居住证》积分时，可以按照规定予以加分。北京市为吸引外地优秀人才来京从事养老服务工作，实施非京籍养老服务人才积分落实优待政策，年老后优先入住养老机构。杭州市与广州市将符合条件的养老护理员纳入公共租赁住房保障体系，通过货币补贴和实物配租的方式，为更多住房困难的养老护理员家庭解决居住问题。此外，广州市还继续按现行有关规定落实养老护理员子女入学待遇。

专栏9.9　上海市虹口区试点养老护理人才新政

只要经民政和人社部门认定，入选了"虹口区养老护理人才库"，在上海没有住房，就可通过用人单位申请租房补贴。这是虹口为缓解养老护理人才紧缺而推出的一项新举措。

虹口区是上海市老年人口比例最高的中心城区，养老护理人才需求量大。为此，虹口区民政局、区人力资源和社会保障区和区财政局日前联合推出《加快推进虹口区养老护理人员队伍建设实施意见》(以下简称《实施意见》)。《实施意见》提出，将引进专业化社会组织，探索市场化运作模式，在现有职业教育和资格培训的基础上，切实推进养老护理人才教育培训工作，力争在短期内形成全覆盖对象广泛、教育培训多样、管理运作规范、保障措施健全、监督管理到位的居家养老人才教育培训体系。

据悉，经虹口区民政局认定，未达到法定退休人员年龄，在该区养老机构、老年人日间照料中心、长者照护之家、护理站等为老服务机构从事养老服务的一线从业人员，个人报名或经用人单位统一委托参加虹口区养老服务护理员培训机构培训，取得国家资格等级证书后，根据培训协议，除享受人社部门规定的培训费80%补贴外，还可通过培训机构，向该区民政部门提出申请，追加培训费20%补贴。该补贴用于奖励参与培训的个人和委托培训单位。

《实施意见》规定，对新入职虹口区各类为老服务机构，从事养老护理服务一线工作（非管理岗位）的人员，凭所持有的本科、大专、中专等经国家教育部门承认的相关学历证书，入职满1年后由用人单位代为申请入职补贴。补贴标准为中专学历5 000元/人，大专学历10 000元/人，本科及以上学历20 000元/人，3年内足额补贴到位。非全日制毕业生按照全日制的70%补贴。同时，对取得养老护理职业资格初级以上等级证书，并在本养老机构服务1年以上的护理人员，可获得护理岗位专技人员奖励。初级证书每人每月200元，中级证书每人每月300元，高级证书每人每月400元。

资料来源：新浪上海。

（3）加强先进典型评选表彰和政策激励。

荆门等城市定期组织开展"最美护理员""十佳护理服务员"等评选活动，对优秀护理服务从业人员优先推荐参评"敬老爱老模范人物""劳动模范""三八红旗手""优秀农民工"等。杭州市持续开展养老护理员职业技能竞赛，对符合文件规定的，授予"杭州市技术能手"等荣誉称号；选拔养老护理员先进典型，推动优秀人才脱颖而出。

专栏9.10　厦门市评选表彰"十佳养老护理员"

为加强护理人才队伍建设，弘扬尊老敬老爱老的美德，促进养老服务机构健康发展，展示养老服务人员爱岗敬业，尊老敬老良好形象，厦门市老龄委、市民政局于2014年8月组织开展首次"十佳养老护理员"评选表彰活动。

经各养老服务机构推荐，市老龄委、市民政局审核，杨宝文、李佳等10人被评为"十佳养老护理员"，方县准、张銮英等8人获"十佳养老护理员提名"。2014年12月10日上午，市老龄委、市民政局在市老年活动中心多功能厅召开"厦门市十佳养老护理员表彰会"，对全市"十佳养老护理员"和"十佳养老护理员提名"进行表彰。

此次获奖的"十佳养老护理员"，都是从事养老护理员一线工作满2年以上，目前仍在一线岗位上工作的人员。他们普遍学历较高，接受过专业培训，业务能力较强，其中，中专以上文化程度的有7人，获高级护理员证书的有6人，年龄最小的只有22岁，从业时间最长的18年。

厦门市现有60岁及以上户籍老年人口28.53万人，其中80岁及以上老年人口4.25万，占老年人口的14.90%，养老形势较为严峻，但从事养老护理的专业人才匮乏。市老龄委、市民政局希望通过"十佳养老护理员"的评选表彰活动，提高护理员的荣誉感，希望更多的专业人士加入到养老护理行业。

资料来源：厦门市老龄办，2015年1月。

(4) 完善养老服务从业人员求职和就业登记公共服务制度。

广州市自2017年起依托市、区人力资源市场，定期举办养老护理员专场招聘会，对取得养老护理员职业资格证书的养老服务人员和完成养老护理专业培训的养老服务从业人员实行登记制度，并将照顾失能老人的亲属纳入养老服务人才服务范围。

(5) 为长期护理服务机构提供政策支持。

荆门市对依法参加失业保险并足额缴纳失业保险费的长期护理服务机构，按其上年度实际缴纳失业保险费总额的40%—50%给予稳岗补贴，并给予最高不超过200万元的创业担保贴息贷款。上海市探索实施员工制、准员工制、注册登记制等用工管理制度，对员工制招录持有养老护理员初级、中级、高级等级证书人员的用人单位予以奖补。在杭州，养老服务类企业吸纳就业困难人员实现就业的，可按规定享受招用就业困难人员用工补助和社保补贴，但两项补贴不能重复享受。

4. 畅通长期护理服务人员职业发展渠道

(1) 建立长期护理服务从业人员信用评价体系。

北京市和杭州市对养老服务从业人员实行全市统一登记管理，全面如实记录从业经历、从业年限、服务对象评价、参加培训经历、投诉处罚等情况，作为今后评职称、晋级、提薪、转岗的重要依据。荆门市还建立了退出管理机制。对连续3年考核不合格，或因态度恶劣、虐待服务对象等原因被举报投诉、经查证属实的长期护理服务从业人员，解除劳动关系，纳入"黑名单"管理，取消退休补贴等相关待遇以及各项荣誉。

（2）形成多元化的长期护理人员技能鉴定模式。

北京市和杭州市支持行业协会、养老机构开展养老护理员技能等级评价工作。除此之外，技能竞赛也是鉴定从业人员技能的有效方式，如荆门市规定获得国家级技能竞赛前八名、省级前六名、市级前三名的长期护理服务从业人员，可相应破格晋升为高级技师、技师、高级工职业资格；连续从事长期护理服务工作5年以上或被评为优秀护理服务从业人员的，可由长期护理服务培训机构聘请为实训教师。

（3）为长期护理人员创造良好的职业发展机会。

广州市给予养老护理员在职业资格考试、职称晋升上与医疗卫生机构医务人员同等的待遇。杭州市鼓励建立以个人名字命名的"养老领军人才工作室"，促进业务指导和同业交流，对取得社会组织登记的"领军人才工作室"可优先申请年度公益创投为老服务项目，按规定给予资助。北京市对优秀养老服务人才，优先给予深造学习机会、优先推荐奖评、聘请作为实训基地教师；获得技师及以上职业资格证书的，可按相关规定申请建立"国家技能大师工作室"或"北京市首席技师工作室"。在荆门市，被评为荆门首席技师、荆门技术能手的长期护理服务从业人员，分别可获得一次性奖励10 000元、2 000元，并可由政府支持其建立"国家技能大师工作室"或"荆门市首席技师工作室"。

四、医疗护理资源与养老资源整合问题

长期护理服务是涵盖日常生活照料、医疗护理、社会支持服务、临终关怀等内容的综合性服务。相关调查数据显示：我国失能老人中患病率高达96.3%，远远高于全国老年人患慢性病老人的比重，失能老人患一种疾病者占43.1%，患两种疾病者占35.0%，患三种及以上疾病者占18.2%。①生活照料和医疗护理服务不仅是长期护理服务不可缺少的内容，而且对于失能老人来说，生活照料和医疗护理服务是最基础、最迫切的两类服务，服务应该可持续和同步。

例如，对于一个因患脑中风导致失能的老人，虽然病情稳定了，但是可能面临随时复发的风险，这时就需要相对专业的医疗护理人员，实时监测老人的身体状况，为其安排一个合适的居住环境，并针对老人的身体状况提供一些药物注射或指

① 景跃军、李元：《中国失能老年人构成及长期护理需求分析》，《人口学刊》2014年第2期。

导其口服药物的服务；一个因高血压导致失能的老人可能需要专业人员进行体温、脉搏、呼吸、血压等方面的监测，控制老人的饮食安排以及指导其口服药物等。诸如此类延缓病情发展、维持生理机能的护理和康复服务，对于失能老人来说是必须的。

根据人社部 2016 年发布的《关于开展长期护理保险制度试点的指导意见》，长期护理保险应“为长期失能人员的基本生活照料和与基本生活密切相关的医疗护理提供资金或服务保障”。但是，由于我国没有独立的医疗护理服务体系，医疗护理是依附于医疗服务体系之中的，长期以来医疗护理资源与养老资源的分离，使得失能老人无法同时获得医疗护理与生活照料服务，或获得的服务质量不佳，制约了长期护理服务的供给质量。

(一) 医疗护理与生活照料服务：概念厘清

养老资源提供的是日常生活照料服务，按照国家民政部门 2017 年发布的《养老服务机构生活照料服务规范》(征求意见稿)的定义，生活照料服务是为老年人提供饮食照料、清洁卫生、排泄护理、转移护理等日常生活照料服务的全过程，是老年人最基本的生活服务。①医疗护理资源提供的医疗护理服务，是带有“医”“养”结合性质，不同于生活照料的服务，是针对在疾病、伤残和功能衰退等条件下不能自理的老年人，即失能老人提供的服务，要求服务提供者具有一定的医疗专业知识和技能。

从医疗专业性角度看，长期护理服务中的医疗护理是具有医疗专业性的服务，而生活照料服务是不具医疗专业性的服务，这是长期护理服务区别于传统的养老服务最鲜明的特征，但医疗护理服务又不同于短期的医疗救治行为。医疗救治是针对病人短期的身体疾病或不适，加以治疗以使其恢复健康的行为，而医疗护理针对的是失能老人在医疗机构进行治疗后，病情稳定后的慢性病或老年病，这些疾病几乎是无法治愈的，所以长期护理服务中的医疗护理服务只是提供在带病生存状态下的，延缓病情发展和维持生理机能的护理和康复服务。②

就服务供给主体而言，生活照料服务主要是由一般的护工、养老护理员及失能

---

① 中华人民共和国民政行业标准：《养老服务机构生活照料服务规范》(征求意见稿)，http://www.mca.gov.cn/article/hd/zqyj/201712/20171215007064.shtml。

② 唐钧：《关于医养结合和长期照护服务的系统思考》，《党政研究》2016 年第 3 期。

老人家属、亲人、邻居来提供;医疗护理则需要具有专业医疗知识的人来提供,由于我国护理行业仍处于发展阶段,没有形成完善的专业护理服务队伍,现阶段只能由执业医生和执业护士来提供(见表9.19)。

表9.19　医疗护理与生活照料服务比较

服务类型	概　念	服务供给主体	服务内容
医疗护理服务	诊断明确、病情稳定的失能老人所需的延缓病情发展和维持生理机能的护理和康复服务	执业医生、执业护士	各种慢性病的护理、常见留置管道的护理、常见老年综合征的护理等
生活照料服务	维持老人生活的最基本、最具有共性的服务	护工、养老护理员,以及失能老人家属、亲人、邻居	向老年人提供起居照料、清洁卫生、饮食照料、排泄照料护理、皮肤清洁护理、压疮预防护理等

资料来源:作者整理。

(二)我国医疗护理资源与养老资源的分离

1.服务人员的分割

如前文所述,我国的医疗护理服务是由执业医生和护士提供的,而生活照料服务是由护工、养老护理员,以及失能老人的家属、亲人、邻居等提供的。在拥有较完善的长期护理服务体系的国家,其专业服务和非专业服务的提供者也是有所差异的,但一些国家将那些针对老年人的生活照料和部分非以治愈疾病为目的的护理、康复服务(即医疗护理服务),从医疗服务中分离出来,形成一个新的专业领域,而且这些服务提供者是流动的(见表9.20)。例如,德国、美国的护士通过专业考试并进行注册,可以成为"注册护士",获得执业资格的注册护士具有处方权,而且在注册期内这种权力是随着注册护士走的,在医院、诊所或老年服务机构均有效,不受工作场所的限制。因此,国外的老年服务机构,如美国的综合性老年人长期照护计划(Program of All-inclusive Care for Elderly, PACE)通常聘用注册护士,并以注册护士为核心,组织起包括护士、护理士(介护士)、营养师、康复师、社会工作师在内的专业护理团队,较好地解决了医疗护理服务与生活照料服务整合的问题。我国现阶段,"重医疗、轻护理"依然是一种普遍的倾向,医疗护理是附属于医疗服务而存在的,并没有独立的处方权,因为我国的医生、护士的执业资格要通过得到授权的医疗机构才能实现。执业医生、护士被设计为提供医疗服务的，他们无法随意流动，工作场所相对固化于医疗机构之中，所以人为地造成了医疗护理服务与生活照料服务的分割，以及医疗护理资源与养老资源的分离。

表 9.20 部分国家长期护理人员、主要服务种类及其专业性情况

国 家	长期护理服务人员	医疗专业性要求	主要服务类型
荷 兰	一般照料人员	非专业	生活照料服务
	助理护工	专业	医疗护理服务
	护工		
德 国	至少实际工作 2 年的注册护士	专业	医疗护理服务
	家属、义务护理人员	非专业	生活照料服务
日 本	社会福利专业人员	非专业	生活照料服务
	保健医疗专业人员	专业	医疗护理服务
韩 国	1 级护理师	专业	重症老人的医疗护理服务与生活照料服务
	2 级护理师		轻症老人的医疗护理服务与生活照料服务
美 国	注册护士、职业临床医学工作人员	专业	医疗护理服务
	普通护工、护士	非专业	生活照料服务

资料来源：作者整理。

2. 服务设施的分离

根据国家民政部统计数据，截至 2017 年底，全国共有各类养老服务机构和设施 15.5 万个，其中，注册登记的养老服务机构 2.9 万个，社区养老机构和设施 4.3 万个，社区互助型养老设施 8.3 万个；共有各类养老床位合计 744.8 万张，其中社区留宿和日间照料床位 338.5 万张。①但是，养老服务机构的硬件设施不足以及护理机构的人员素质不高，成为限制我国老年福利事业发展的重要瓶颈。尽管国家高度重视老年福利机构建设，但仅有不足 60％的养老机构配有医疗室，配有康复理疗室的不足 20％。农村的情况则更为严重，农村超过 60％的养老机构缺少医

① 民政部：《2017 年社会服务发展统计公报》，http://www.mca.gov.cn/article/sj/tjgb/2017/201708021607.pdf。

护人员。养老机构、社区服务机构的医护设施短缺，导致在养老机构接受长护服务的失能老人无法得到必要的专业医疗护理，而只能停留在接受传统意义上的生活照料服务。

3. 服务机构的分离

我国医疗卫生体系与养老服务体系相互独立且分属于卫生系统和民政系统。图 9.3 显示了我国医疗卫生资源、医疗护理资源与养老资源的分布格局。理论上，综合性医院主要承担急性期的医疗卫生服务，康复医院和护理院主要提供亚急性期的医疗卫生服务，护理院、社区卫生服务中心、家庭病床等主要负责稳定期的医疗护理服务，托老所以及养老院等养老机构主要负责提供生活照料服务。在实际运作中，从急性期疾病治疗到单纯的生活照料，各类机构的服务提供存在交叉，仅是医疗卫生服务与养老服务所占比例高低不同而已。众所周知，具有长期照护服务需求的老人多数集生活不能自理与多重疾病于一体，医疗护理与生活照料服务需求同时产生，难以截然分开。目前，我国医疗护理服务与生活照料服务分别由卫生系统和民政系统承担与监管，两个系统的机构相互独立、自成体系，是造成体系分离的重要原因。

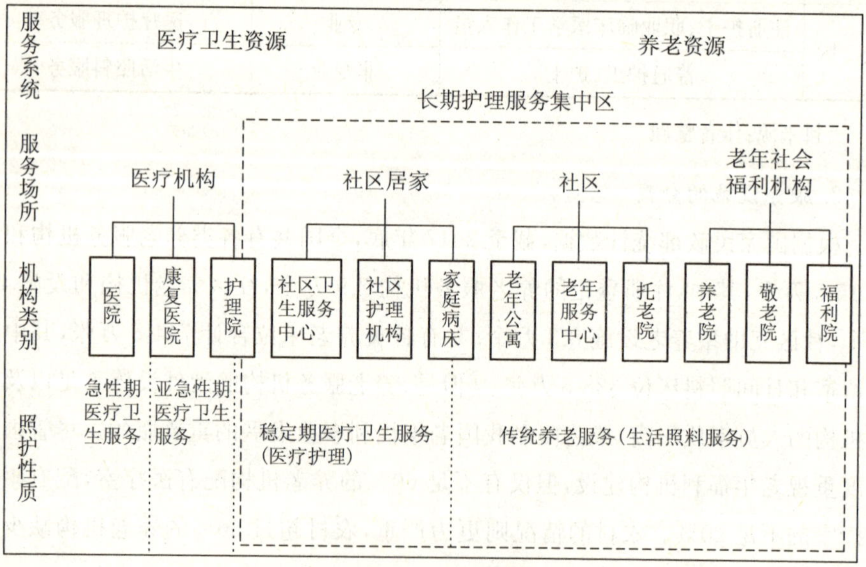

图 9.3　我国医疗卫生资源、医疗护理资源与养老资源分布格局

(三) 长期护理服务供给中医疗资源与养老资源的整合模式分析

在我国社会保障体系发展历程中，养老机构与医疗机构一直是分治的状态。2013 年《国务院关于加快发展养老服务业的若干意见》提出要推动医养融合发展，要求各地要促进医疗卫生资源进入养老机构、社区和居民家庭；卫生管理部门要支持有条件的养老机构设置医疗机构；医疗机构要积极支持和发展养老服务，有条件的二级以上综合医院应当开设老年病科，增加老年病床数量，做好老年慢病防治和康复护理；探索医疗机构与养老机构合作新模式，医疗机构、社区卫生服务机构应当为老年人建立健康档案，建立社区医院与老年人家庭医疗契约服务关系，开展上门诊视、健康查体、保健咨询等服务，加快推进面向养老机构的远程医疗服务试点。

2015 年，国务院转发《关于推进医疗卫生与养老服务相结合的指导意见》，全面部署进一步推进医疗卫生与养老服务相结合工作，提出了五个重点任务：一是建立健全医疗卫生机构与养老机构合作机制。鼓励养老机构与周边的医疗卫生机构开展多种形式的协议合作，通过建设医疗养老联合体等多种方式，为老年人提供一体化的健康和养老服务。二是支持养老机构开展医疗服务。养老机构可根据服务需求和自身能力，按相关规定申请开办医疗机构，提高养老机构提供基本医疗服务的能力。三是推动医疗卫生服务延伸至社区、家庭。推进基层医疗卫生机构和医务人员与社区、居家养老结合，与老年人家庭建立签约服务关系，为老年人提供连续性的健康管理服务和医疗服务。四是鼓励社会力量兴办医养结合机构。要给社会力量举办医养结合机构留出空间，鼓励有条件的地方提供一站式便捷服务。五是鼓励医疗卫生机构与养老服务融合发展。统筹医疗卫生与养老服务资源布局，提高综合医院为老年患者服务的能力，提高基层医疗卫生机构康复、护理床位占比，全面落实老年医疗服务优待政策。

在现行政策框架内，长期护理服务供给中医疗资源与养老资源的整合主要采取以下五种模式或路径（见图 9.4）。

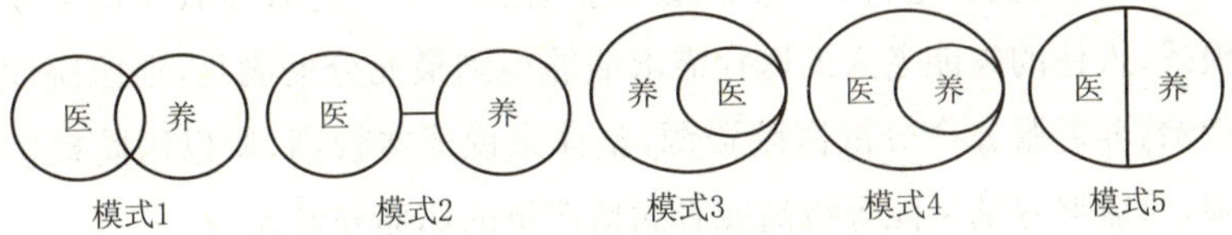

图 9.4　医疗资源与养老资源整合模式

1. 模式1:医疗卫生资源进驻定点养老住所,养老资源进驻定点医疗机构

这种模式表现为:(1)医院、社区卫生服务中心向养老院、社区养老服务中心、失能老人家庭输送医疗工作人员或提供在线医疗服务。对养老院一般是派遣常驻医生、护士为失能老人进行体检、医疗咨询、建立失能老人健康档案、实时监测失能老人身体状况以及当失能老人发生病情时进行治疗等活动;对社区养老服务中心一般是采取支持二级及以上医院的执业医生到社区养老中心进行多点巡视的方式,一旦该医生辖区内社区养老中心失能老人发生病情,则必须即时提供医疗救治;对居家失能老人,则采取家庭医生上门服务的方式,由家庭医生为老人提供定期体检、即时治疗、开药送药、健康咨询等服务。(2)养老机构向定点医院、卫生所输送养老护理员,即针对住院的失能老人的生活照料提供服务。这种模式的特点是盘活了医院的医疗资源,变医生固定服务方式为灵活服务方式,变专业医生为全科医生,但是只能为失能老人提供间歇式、即时性的救治,而不是全天候全覆盖的服务。

2. 模式2:医疗机构与定点养老机构协议合作

养老机构与医院签订合作协议,当养老机构里的失能老人发生病情时提供绿色通道,优先进入合作医院进行治疗,解决失能老人无法在养老机构获取医疗服务的后顾之忧。当医院里失能老人病情稳定后,可以直接安排在合作养老机构接受一般护理和生活照料服务,从而降低老人常住医院的成本。这种模式的好处是在保证医院和养老机构各取所需的条件下,很好地控制各方成本,还形成了可进可出的流通回路,盘活了双方的资源使用效率。

3. 模式3:定点养老机构开展医疗服务

在养老院、社区养老中心内部开设医疗部、医疗室、“健康小屋”等,使养老机构的失能老人直接在院内接受治疗、购买药物,并且费用都能够计入医疗保险。这种模式的好处是失能老人能够及时、快速、方便地得到全过程护理和照料,但是因为医疗资源本身的层次较高,会给养老机构带来较大的建设成本。

4. 模式4:定点医疗机构开展养老服务

在医疗机构内设养老科、养老部,设置护理性床位。这种模式是服务质量相对较高的模式,入住的失能老人的医疗需求能够得到最充分的满足,但医院职能侧重于医疗救治,养老服务会分散医院资源,整体来说成本较高,所以医院提供的养老服务有限,只能够容纳失能等级高或者病情严重的那部分老人。

5. 模式5:举办定点医养综合体、综合型医院、综合型养老院

这种模式使得医疗资源和养老资源完全融合在一起,突破了两者的壁垒,每一

个失能老人都能够同时获得“医、养、康、护”一体式服务。这是服务质量最高的一种模式。但是其管理较为复杂，如果管理体制得当，就能兼获模式3和模式4的优点，达到最优效率；如果管理不到位，则兼具模式3和模式4的劣势，成为一个“虚壳”。

(四) 我国长期护理服务供给中医疗护理资源与养老资源整合实践

我国在长期护理服务供给中，医疗资源与养老资源整合的观念逐渐明晰，“医疗资源与养老资源的整合”“医疗机构与养老机构的合作”“各部门协调机制”“提高长期服务供给质量”等政策字眼经常在各地长期护理文件中出现。长期护理服务供给中医疗资源与养老资源整合形式实践呈现多样化趋势。

1. 医疗机构内设护理型病床

在我国各试点城市中的定点长期护理服务机构中有不少二级及以上医院。如表9.21所示，入住医疗机构接受长期护理服务是我国长期护理服务主要形式之一。如上文所述，我国医疗护理服务主要由医护人员提供，医疗机构作为我国医护人员工作的主要场所，在医疗机构接受长护服务的失能老人能够最大限度地利用医疗护理资源。事实上，我国长期护理保险试点以来，不少医院对治疗型床位与护理型床位进行分类，或转型为护理院、养老院等形式，患病后的失能老人在病情稳定后，再转到医院的护理型床位接受专业的医疗护理服务，通过医护人员＋护工/家属的形式，提供高标准、一体式、全天候的医疗护理与生活照料服务。但是现实中医疗机构开设养老护理区，仅适合于医疗资源充足且有部分闲置资源的基层医院。三甲医院承接的医疗任务已经很繁重，因此对提供这类服务的动力不足，积极性不高，虽然政策允许并支持，但鲜有三甲医院开设养老护理区。

表9.21　我国主要试点城市长期护理服务形式概览

试点城市	服务形式
南通市	参保人员在定点养老服务机构的照护床位接受照护服务；接受定点照护服务机构提供的上门照护服务；入住定点医疗机构照护床位接受照护服务
上海市	社区居家照护；养老机构照护；住院医疗护理
青岛市	“专护”(在二、三级医院的医疗专护病房接受医疗护理)、“院护”(入住专业护理服务机构或具有医疗资质的养老机构接受长期医疗护理)、“家护”、“巡护”(在家庭或没有医疗资质的养老院居住，由护理服务机构的医护人员定期或不定期地上门提供医疗护理服务)

续表

试点城市	服务形式
长春市	入住定点养老服务机构接受照护服务；入住定点医疗机构接受照护服务
宁波市	专业机构护理(以下简称“专护”)，指护理院及其他二级及以下医疗机构，为入住在其机构内独立护理病区护理性床位的参保人员提供护理服务；养老机构护理(以下简称“院护”)，指养老(残)机构为入住其机构内护理部(区)护理床位的符合条件的参保人员提供护理服务；居家护理(以下简称“巡护”)，指具备从事长期护理服务能力的护理服务机构、养老机构、居家养老服务机构等，为符合条件的居家参保人员提供巡访式上门护理服务
石河子市	入住协议护理服务机构、居家接受协议服务机构提供上门护理服务、居家自行护理
苏州市	医疗机构专护，是指住院定点医疗机构提供专护病房为参保人提供长期 24 小时连续护理服务；养老机构护理，是指医养结合的养老服务机构提供护理床位为入住本机构的参保人提供长期 24 小时连续护理服务；居家护理，是指护理服务机构派护理人员到参保人家中提供与基本生活密切相关的医疗护理以及基本生活照料服务
荆门市	居家护理(由护理人员到保障对象家中提供全日制或非全日制护理服务)、养老机构护理(养老院、福利院等定点护理服务机构为入住本机构的保障对象提供长期 24 小时连续护理服务)、医院护理(基本医疗保险定点医疗机构或医养融合定点护理服务机构设置医疗专护病房，为入住本机构的保障对象提供长期 24 小时连续护理服务)
成都市	在机构进行生活照料服务，居家接受生活照料服务
安庆市	在协议护理服务机构中使用医疗机构护理床位接受护理服务，在协议护理服务机构中使用养老服务机构护理床位接受护理服务，接受协议护理服务机构提供上门护理服务，居家接受非协议护理服务机构护理服务

资料来源：根据试点城市试点方案整理。

2. 提升定点养老机构医疗护理能力

在我国长期护理定点服务机构中，有很大一部分是养老机构，部分试点地区对签订协议的长期护理定点服务机构提出医疗资质要求，以期提升定点养老机构的医疗护理服务能力。例如，荆门市要求申报成为养老机构护理或居家护理定点服务机构的养老院、福利院、护理院、社区卫生服务中心、乡镇卫生院，应同时具备以下条件：①(1)养老院、福利院、护理院应取得民政部门颁发的《养老服务机构执业

① 《荆门市长期护理保险定点服务机构管理办法(试行)》。

证》或获准承担残疾人托养业务；属于社会力量兴办的非营利性的，还应持有《民办非企业单位登记证书》；设有医务室或与就近医疗机构签订合作协议，具备提供基本医疗卫生服务的能力。(2)社区卫生服务中心、乡镇卫生院属于基本医疗保险定点医疗机构。(3)有必要的医疗护理用具及消毒、灭菌设备。(4)具备基础硬件设施，能建立与医保经办机构网络系统相匹配的计算机管理系统。(5)具备3年以上护理记录文档保存条件。(6)申请养老机构护理业务的，其业务用房建筑面积不少于500平方米，床位数不少于20张，每床使用面积不少于5平方米，至少配备1名执业医师和2名执业护士，护理人员与床位数配备比例不低于1∶3。其他试点城市也有类似要求。

3. 定点服务机构提供医疗护理上门服务

在试点城市中，绝大部分都设定了定点长护服务机构向社区、家庭的辐射机制，即把定点服务机构的医护人员在完成本机构长护工作之外定时或不定时为在社区、家庭照护的失能老人提供生活照料服务或与基本生活密切相关的医疗护理服务。这种方式的好处在于加强了定点长护服务机构与社区、家庭的联系，既充分盘活了定点服务机构的现有资源，又为处于专业护理资源“盲区”的家庭、社区提供了一定的技术保障。但是现阶段的定点服务机构，尤其是养老机构，本来医护人员就不充足，甚至连本身的医疗护理需求都还满足不了，医疗机构中的专业护理人才也是有限的，把他们的资源辐射出去解决不了本质的问题，还有可能使得定点服务机构的长期护理压力过大，从而导致服务质量下降。另外，提供上门护理的医护人员，对社区、家庭失能老人并没有相对固定的连接契约，长期护理应该是一个长期的、稳定的、持续性强的护理模式，一旦照护人员与失能老人短期或长期“失联”，或者说由另一位护理人员进行“嫁接式”的断层服务，就不能很好地掌握失能老人的身体、精神动态，服务质量不高。

(五) 医疗资源与养老资源整合展望

从国际经验看，长期护理保险制度在实际运行中也面临医疗护理资源与养老资源分割的问题，不仅影响到服务的连续性，也造成资源浪费。出于满足服务需求和控制费用等多方面考虑，一些国家和地区先后着手改革。例如，美国的全面护理服务项目，为老年人提供的是全面、连续的，集预防、治疗、康复、日常生活支持、临终关怀为一体的护理服务。日本将发展全人医疗及社会照护整合系统作为长远规划目标。我国台湾地区近年来也开始探索以人为中心的全人全责的照护服务模式。可以看出,国际对于长期护理的认识正在发生变化,失能人员生活照护已不是护理保障的唯一核心,以人为中心的全人理念被越来越多地引入,提供及时的、连续的、整合的医疗、护理和生活照料服务成为国际改革方向。

借鉴国际经验,我国应突破医疗资源与养老资源之间的壁垒,但具体的模式可因地制宜进行探索,不同的模式各具优劣势。目前备受推崇的医养综合体或综合型医院、综合型养老院模式可以使失能老人享受到无空间限制、“医养康护”全面、连续的服务,是将来可备推广的较为理想的模式。

从我国目前各地已有的实践看,“医疗资源＋养老院”“医疗资源＋社区养老服务中心”“医疗资源＋家人生活照料”等方式,能够使失能老人部分、阶段性接受到医疗护理和生活照料同步服务;养老机构进驻定点医疗机构的方式还不常见,在各地长护险待遇给付“专护”中有所体现;定点养老机构与周边医院签订合作协议的模式比较普遍,失能老人病情不稳定时转诊至医院可以基本满足医疗护理和生活照料的需求;定点医疗机构开办养老服务、定点养老机构开办医疗服务、医养综合体这三种模式虽然有所实践但并不多见。从整体上看,在我国长期护理服务供给中,相对于巨大的长期护理服务需求,医疗资源与养老资源的整合力度还远远不够,还有巨大的发展空间。

专栏 9.11　医疗、护理、养老、康复一体化:重庆市“青杠老年护养中心”的实践

重庆医科大学附属第一医院青杠老年护养中心(简称护养中心)是重庆医科大学附属第一医院投资兴建,国家发改委批准的全国第一家医院下属的养老机构,系 2009 年国家基本养老服务体系建设试点项目,也是全国首家大型公立医院主办的养老机构。

该中心集养生文化、康复理疗、医疗护理、休闲娱乐等功能为一体,为重庆市首家大型五星级综合性养老机构。护养中心位于重庆市璧山区青杠街道,距主城区 22 公里,占地面积 773.19 亩,设置床位 3 000 张,由普通护养区、临湖高级护养区、临湖高档疗养楼、学术交流中心、青杠医院等组成,分三期建设。中心依托重庆医科大学附属第一医院(以下简称重医附一院),秉持“养生、文化、护养”的

服务理念，以一流的设施、一流的环境、一流的服务，成为老人安享晚年的乐园。

该养护中心于2012年2月开始试运行，依托重医附一院的资源优势，实现了医疗、护理、养老、康复的全程无缝连接，除了养老服务，入住的老年人还可以在中心享受到医疗、护理和康复的“一站式”服务。

在医疗方面，重医附一院对护养中心开设有与老年疾病相关的学科，为中心住养的老人提供权威的健康支持。当老人出现躯体疾病时，便可立即转到医疗区，相关专业的医师便可立即为老人制定最佳的治疗方案。

重医附一院还为护养中心开设了“绿色救治通道”，当老人出现严重的病情，需要更进一步的治疗时，24小时待命的救护车可在第一时间将老人转往重医附一院本部，相关科室会无条件提供床位，保障老人的安全和健康。

在养护方面，该中心每月对老人的身体状况进行健康评估，给家人提交健康报告，同时提供专业的医疗、康复和保健服务。

传统的养老机构最大缺点在于让老人远离了亲情，虽然融入了老年人的世界，但在他们的内心却有一种被儿女抛弃的孤独感。为了改变这一现状，护养中心创新性地提出了“5+2”的护养模式。儿女繁忙的工作日，老人在护养中心尽享老年生活，周末则由护养中心将老人送回家与家人共享天伦之乐。

资料来源：华龙网，http://tour.cqnews.net/html/2016-12/26/content_40043253.htm。

第五编

中国长期护理保障体系发展：
典型案例与对策建议

第十章 典型地区案例调研

一、上海市长期护理保险制度调研

(一) 长期护理保障制度探索和发展历程

上海是我国步入老龄化最早的城市，人口基数大，老年人口数量多，比重大，老龄化问题突出。随着人口老龄化加剧，老龄化所带来的老年人护理负担日益显现，而家庭照护功能弱化，长期护理费用持续攀升，这些因素推动了上海市长期护理保险制度的探索。

上海市积极应对人口老龄化挑战，高度重视老年护理保障体系建设和长期护理保险的发展。早在2005年，上海市根据本市情况，提出构建服务方式多样、服务功能多层、实施主体多元的老年人生活支持体系的“上海模式”。

1. 长期护理保障制度探索(2009—2016年)

2009年起，上海市相关职能部门开始研究长期护理保险。由市人力资源和社会保障局牵头，会同市发改委、卫生局、民政局、财政局等部门开展老年护理保障综合课题研究。上海市“十二五”规划提出要逐步建立健全多层次老年护理制度，加强老年护理队伍建设。2011年，上海市将“探索建立老年护理保障计划”作为新一轮深化医药卫生体制改革的一项重点任务。

2013年7月，由上海市人社局牵头，在基本医保制度框架内，在3区6个街镇启动高龄老人医疗护理计划试点，积极为建立长期护理保险制度积累经验。2014年10月将试点扩至6区28个街镇，2016年1月又扩至全市所有区县。

2015年底，按照党的十八届五中全会关于“探索建立长期护理保险制度”的要求，为落实国家和上海市国民经济和社会发展“十三五规划纲要”以及《上海市老年人权益保障条例》，上海市正式启动长护险政策框架的研究工作。经过充分准备，2016年上海建立了“保基本”的长期护理保险制度，根据国家指导意见，定位为独立险。

2. 长期护理保险制度试点（2017年至今）

2016年6月，人力资源和社会保障部确定上海市作为长期护理保险试点城市之一。按照人力资源和社会保障部试点工作的指导意见，结合上海市实际，制定了《上海市长期护理保险试点办法》（以下简称《试点办法》）及相关配套文件。2016年底，上海市委深改组会议、市政府常务会议、市委常委会议审议通过了《试点办法》，并决定从2017年1月起在徐汇、普陀、金山三个区先行启动长护险试点工作。为了使改革成果更多、更公平地惠及全市人民，2018年1月起试点工作向上海全市推开。

（二）高龄老人医疗护理计划试点情况（2013—2016年）

上海市高龄老人医疗护理计划的试点对象是本市户籍参加“职工医保”且经评估护理需求达到相应等级的70岁及以上老人。需求评估不仅要评估老人的健康状况和生活自理能力，还对老人认知能力进行评估，评估结果分为一般、轻度、中度和重度4个等级。

通过评估后的老人可获得以下服务：基础护理、常用临床护理以及相应的护理指导，由医保、卫生部门共同制定服务标准。同时，该护理计划明确规定了相应的服务时间：轻度老人每周3小时，中度老人每周5小时，重度老人为每周7小时。

护理服务的费用支付标准及办法：新增设立居家医疗护理服务项目，收费标准为50元/小时，医保基金支付90%，个人自付10%；医疗照护员服务收费标准为65元/小时，执业护士则为80元/小时。

（三）长期护理保险先行试点情况（2016—2017年）

上海市2016年6月被人力资源和社会保障部确定为长期护理保险试点城市。2017年1月，上海市长期护理保险试点正式启动并在徐汇、普陀、金山三区先行试点，以期在长期护理保险制度框架下，通过小范围、全过程的试点，试框架、试制度、试机制、试配套，发现、研究和解决问题，检验长期护理保险政策体系的合理性、有效性和可持续性。试点工作推进较为顺利，总体情况符合预期，取得了明显成效。

1. 参保对象

上海市长期护理保险的参保人员有两类人员组成：一是参加本市职工基本医疗保险（简称职工医保）的人员（简称第一类人员）；二是参加本市城乡居民基本医疗保险（简称居民医保）的60周岁及以上的人员（简称第二类人员）①。

2. 资金筹集

上海市在前期划转一部分医疗保障基金用于启动资金，待制度运行稳定后要求用人单位和职工分别缴纳一定比例的长期护理保险费。先行试点期间，长期护理保险基金在上海市医保中心的医疗保障专项资金账户下开设子账户进行核算，并按照试点启动当月职工医保基金中单位缴费的1%，由职工医保财政专户结余划转至长期护理保险财政专户，用于支付先行试点期间符合长期护理保险规定的费用；先行试点期间资金不足时，按照上述规定另行申请划转；先行试点结束后，划转结余至长期护理保险财政专户第一类人员子账户。

（1）筹资办法。上海市长期护理保险筹资按照“以收定支、收支平衡、略有结余”的原则确定，并根据本市经济社会发展和基金实际运行情况，及时进行调整。具体办法是：第一类人员由用人单位按照本单位职工医保缴费基数之和1%的比例，缴纳长期护理保险费；在职职工个人按照其本人职工医保费基数0.1%的比例，缴纳长期护理保险费，试点阶段个人部分暂予减免。退休人员个人不缴费。第二类人员按照略低于第一类人员的人均筹资水平确定其人均筹资标准，个人缴费部分占总筹资额的15%左右，其余部分由市、区财政按照1∶1比例分担。

（2）基金管理。长期护理保险基金纳入社会保障基金财政专户，实行统一管理、专款专用，经办机构按照第一类人员和第二类人员分账核算。分账部分支付不足时，由财政部门予以补贴。

3. 支付标准与待遇

上海市根据护理方式的不同，制定了不同支付标准与待遇。试点阶段，暂定为60周岁及以上经评估失能程度达到评估等级二至六级且在评估有效期内的参保人员，可以享受长期护理保险待遇。

---

① 上海市人民政府：《上海市长期护理保险试点办法》(沪府发〔2016〕110号)，2016年12月29日，http://www.shanghai.gov.cn/nw2/nw2314/nw2319/nw12344/u26aw51124.html。

(1) 社区居家照护待遇。①评估等级为二至六级的参保人员，可以享受社区居家照护。试点阶段，每周上门服务的频次为：评估等级为二级或三级的，每周上门服务3次；评估等级为四级的，每周上门服务5次；评估等级为五级或六级的，每周上门服务7次。每次上门服务时间为1小时。②为体现鼓励居家养老的原则，对评估等级为五级或六级接受居家照护服务的参保人员，连续接受居家照护服务1个月以上6个月(含)以下的，由其自主选择，在规定的每周7小时服务时间的基础上，每月增加1小时的服务时间，或者获得40元现金补助；连续接受居家照护服务6个月以上的，由其自主选择，在规定的每周7小时服务时间的基础上，每月增加2小时的服务时间，或者获得80元现金补助。③市医保中心按照规定，与定点护理服务机构通过服务协议，约定社区居家照护服务的协议价格和长期护理保险支付标准。④对参保人员在评估有效期内发生的社区居家照护的服务费用，长期护理保险基金的支付水平为90%。

(2) 养老机构照护待遇。①评估等级为二至六级的参保人员，可以享受养老机构照护。保基本类养老机构的准入条件，按照相关规定执行。②市医保中心按照规定，与定点护理服务机构通过服务协议，约定养老机构照护服务的长期护理保险支付标准。③对参保人员在评估有效期内发生的符合规定的养老机构照护的服务费用，长期护理保险基金的支付水平为85%。

(3) 住院医疗护理待遇。参保人员在住院医疗护理期间发生的符合规定的费用，其待遇按照其本人所参加的本市职工医保或居民医保的相关规定执行。住院医疗护理的收费标准，按照本市现行医疗机构医疗服务项目和价格汇编等的相关规定执行。试点阶段，逐步推进参保人员经由老年照护统一需求评估后享受住院医疗护理。

4. 服务形式与服务机构

(1) 服务形式。服务形式分为三类：一是社区居家照护，是为居家的参保人员提供上门照护或社区日间集中照护及相关医疗护理服务；二是养老机构照护，是为入住在养老机构的参保人员提供基本生活照料及相关医疗护理服务；三是住院医疗护理，指为入住护理院、社区卫生服务中心和部分二级及以上医疗机构的护理性床位的参保人员提供医疗护理服务。

(2) 服务机构。养老机构、社区养老服务机构，以及护理站、门诊部、护理院、社区卫生服务中心等基层医疗卫生机构和部分二级及以上医疗机构，与市医保中心签订服务协议，成为定点护理服务机构。定点护理服务机构的服务人员，应当是执业护士，或医疗照护员、养老护理员、健康照护员以及其他符合条件的人员。

(四) 长期护理保险制度的全面试点情况（2018 年以来）

1. 全面试点的主要政策举措

(1) 明确政策覆盖和保障对象范围。

根据上海市政府的部署，从 2018 年 1 月 1 日起，长护险试点范围扩大至全市。试点对象为本市城镇职工基本医疗保险(以下简称职工医保)参保人员、60 周岁及以上本市城乡居民基本医疗保险(以下简称居民医保)参保人员。享受条件为经评估失能程度达到评估等级二至六级的 60 周岁及以上老人。

(2) 完善基金筹资和管理。

按照原《试点办法》，2018 年起长护险应独立筹资。经研究，并向国家人社部专题汇报后，拟在全市推开试点阶段暂不单独筹资，通过调剂医保费率方式筹集资金，待今后国家全面实施长护险制度时再按照国家要求，研究实行单独筹资。

全市推开试点时资金筹集办法具体为：一是按照用人单位职工医保缴费基数之和 1%的比例，从职工医保统筹基金中按月调剂资金作为职工医保人员的长护险筹资；二是根据 60 周岁及以上居民医保的参保人数、按照略低于职工医保的人均筹资水平，从居民医保筹资中按月调剂资金作为居保人员的长护险筹资；三是按上述标准筹集的长护险基金纳入社会保障基金财政专户，在市医保中心的医疗保障专项资金账户下开设子账户，按照职工医保人员和居民医保人员分账核算，用于支付试点期间符合长护险规定的费用。

(3) 统一需求评估。

① 评估认定。统一需求评估是长护险的前提和基础，为做好长护险试点与相关养老服务政策的衔接，进一步统一、规范需求评估工作，根据市政府的要求，市发改委牵头制定《上海市老年照护统一需求评估及服务管理办法》(以下简称《管理办法》)。

《管理办法》重点明确了评估工作的部门职责、评估流程、评估费用、评估救济渠道、服务供给等内容。一是明确市人社局是评估工作的主管部门，评估工作采取“一套系统，闭环运行”。二是明确参保人员的评估费用纳入长护险基金支付。三是明确了“复核”和“终核”两级评估救济渠道。四是明确了符合条件的老年人可自主选择服务机构，有关部门为老年人选择服务机构和申请服务轮候提供便利。下一步，市发改委将联合相关委办局把《管理办法》正式报请市政府印发。

② 评估费用。先行试点阶段，沿用了原统一需求评估的做法，评估费用是由试点区财政和个人共同承担。考虑到长护险全面推开后，评估是参保人员享受长护险待遇的前提和依据，为确保这一制度的稳步运行，经市政府专题会研究，并向国家人社部专题汇报后，拟将长护险参保人员的统一需求评估费用纳入长护险基金支付范围，由长护险基金和参保人员共同承担。经测算，评估费的收费标准暂定为200元/次，由市物价局按医疗服务项目收费标准核定，长护险参照执行。对参保人员申请长护险待遇所需的符合规定的评估费用，由长护险基金支付80%。对涉及争议裁决的复核、终核等评估费用，不纳入长护险支付范围。

(4) 完善支付待遇。

参保人员发生的符合规定的社区居家照护费用长护险基金支付90%，符合规定的养老机构照护费用长护险基金支付85%。为了鼓励居家养老，对照护等级5—6级的老人，连续接受社区居家照护服务1个月者，可选择在每周7小时的基础上，每月增加1—2小时服务时间，或者选择接受少量的现金补助。参保人员在住院医疗护理期间发生的符合规定的医疗护理费用，其待遇按照其本人所参加的本市职工医保或居民医保的相关规定执行。①

2. 长期护理保险全面试点进展

上海市在全市范围内的试点工作推进顺利，成效明显，主要表现在以下几个方面：

(1) 业务受理方面。上海市长护险相关业务的申请已经实现了"全市通办"，由各街镇社区事务受理服务中心统一受理。2018年上半年，已受理申请约12.6万人次。

(2) 失能等级评估方面。2018年上半年已纳保的评估机构有32家，目前已完成评估约10.4万例。

(3) 护理服务提供方面。2018年上半年已纳保的护理服务机构有915家，全市居家和机构共新增服务老人9.4万人。"为符合条件的长期护理保险参保老人提供

---

① 上海市人民政府：《上海市长期护理保险试点办法》(修订)(沪府发〔2017〕97号)，http://www.shanghai.gov.cn/nw2/nw2314/nw2319/nw12344/u26aw54809.html。

300万人次的居家照护服务”纳入了2018年市政府实事项目。初步统计，截至2018年6月底，累计提供居家照护服务近200万人次，实际结算102.3万人次。

(4) 护理费用结算方面。除住院医疗护理费用外，2018年上半年长护险基金已支付相关服务费用约1.9亿元。

(五) 长期护理保险制度试点工作特色和亮点

1. 高度重视和较早启动老年人护理保障体系建设

(1) 高度重视制度建设。早在2013年上海市就在基本医疗保险制度框架内，选择3个区6个街镇正式启动高龄老人医疗护理计划试点；2014年将试点范围扩大至6个区28个街道；2016年进一步将试点范围扩大至全市所有区县，并对试点对象年龄、支付比例、服务时间、收费标准等方面进行了政策完善。高龄老人医疗护理计划坚持试点政策先行，为长期护理保险制度的建立奠定了基础。

(2) 重视护理业发展和护理队伍建设。上海市政府早在2015年就制定《上海市养老护理人员队伍建设(专项)规划(2015—2020年)》(沪人社职〔2015〕422号)，从政策层面推动各类养老护理服务人员的队伍建设。2016年，上海市又制定了《上海市养老护理人员技能提升专项行动计划》(沪人社职〔2016〕148号)，通过各项举措加大职业培训力度，优化护理人员队伍技能结构，提升队伍整体素质和服务水平。

2. 通过先行试点为全面推开试点积累经验

(1) 先行试点的实践验证了制度设计的科学性。上海市长护险制度遵循起步时“门槛不要太低、标准不要太高”的原则设计，试点结果证明了《试点办法》的可行性。上海市长护险采用了较为科学、精细的评估标准，有效控制了享受待遇的人员数量。同时，上海市设定的42个长护险服务项目聚焦保障失能老人基本护理需求、照护时间限定为每次1小时，这两项待遇标准总体水平偏低。通过试点区的实践证明，从低水平起步的待遇标准可满足失能老人的基本护理需求，也为今后推进长期护理补充保险留出了空间。

(2) 先行试点为全面试点创造了良好的社会氛围。长期护理保险制度得到了市民的欢迎。长护险试点以来，市民对长护险高度关注和期待，特别是试点区重度失能的老人及其家庭对长护险服务感到满意，认为长护险是政府对高龄老人健康给予的关爱，是老年人的福音。部分家属表示，以往家属或保姆无法提供的服务，如导管护理、压疮护理等，或者需要两个人协力才能完成的服务，如为老人洗澡等，现在都能在家里实现，大大提高了老人的生活质量、减轻了家庭照护压力。

3. 鼓励居家养老的独立险种定位

根据国家人社部关于长期护理保险制度试点的指导意见，2016 年上海市建立长期护理保险制度时，将其定位为独立险。制度运行中遵循“以收定支、收支平衡、略有结余”的原则，并根据实际情况进行可操作性调整。上海市考虑了要在职工基本医疗保险费率降低 1 个百分点的前提下筹集长期护理保险资金，并对长期护理保险基金筹集中的单位缴费和个人缴费比例作出了明确规定。同时，上海市财政还为长期护理保险制度提供补贴。

4. 筹资水平较高，服务提供方式多元

上海市在全国目前试点城市中缴费水平是最高的。上海市将城镇职工医疗保险缴费比例下调了 1%，转而改为长期护理保险的缴费比例，大部分试点地区是按年缴费，年缴费额度大多不超过几百元。另外，上海市对困难老人、低收入家庭老人，在享受长期护理保险待遇同时，按照相应标准，给予不同额度的服务补贴。

在护理服务提供方面，上海的服务形式包括上门护理、社区日间集中照护、养老机构照护和住院医疗护理，提供了从居家到社区、养老机构、护理院等全过程的护理服务。护理服务机构覆盖了医疗机构、养老机构和社区养老服务机构，整合了卫生、民政两类服务资源，社会资本投资设立的定点护理服务机构成为提供长期护理保险服务的主要力量。在服务内容上，对社区居家和养老机构照护，按照“基本生活照料和与基本生活密切相关的医疗护理”的原则，将 42 项服务项目列入长期护理保险支付范围，对解决失能老人的护理需求具有较强针对性。

5. 建立了较为科学的失能等级评估和需求认定机制

2014 年起，上海市将原民政、卫生、医保三套针对老年人照护需求的评估标准进行整合，形成一套统一的评估标准和照护等级。通过第三方评估机构，对老年人身体状况开展评估，根据评估结果，为老年人提供相应的照护服务。

目前大部分试点城市(如青岛、长春、南通等)均选用《日常生活活动能力评定量表》作为长期失能的评估工具，一般低于 40 分认定为重度失能。2016 年 12 月，上海市政府办公厅印发了《关于全面推进老年照护统一需求评估体系建设的意见》(沪府办〔2016〕104 号)；2018 年 1 月，制定了《上海市老年照护统一需求评估及服务管理办法》(简称《管理办法》)。上海市从自理能力和疾病状况两个重要维度开展评估，通过计算机综合评分。自理能力包括日常生活活动能力（包括老年人体位改变、室内行走、进食、洗漱修饰、穿衣、洗澡、如厕等13项）、工具性日常生活活动能力（包括老年人外出活动的能力和处理财务的能力2项）、认知能力（时间、空间定向及记忆等4项）三个维度，对应权重分别是85%、10%、5%。疾病状况维度，主要包括当前老年人患病率比较高的10种疾病（将来会纳入42种），每种疾病分成局部症状、体征、辅助检查和并发症4个分项，对应权重分别为30%、30%、30%、10%。

评估等级由自理能力和疾病轻重两个维度的得分值决定，分值范围为0—100分，分值越高表示所需的照护等级越高。上海采用国际通用的分类拟合工具（线性判断法和支持向量机法），评估结果分为：(1)疾病维度得分小于或等于30分的，根据自理能力维度得分的大小，从低到高划分为：正常、照护1级、照护2级、照护3级、照护4级、照护5级。(2)疾病维度得分大于30分且小于或等于70分的，根据自理能力维度得分的大小，从低到高划分为：正常、照护1级、照护2级、照护3级、照护4级、照护5级、照护6级。(3)疾病维度得分大于70分的，建议到二级及以上医疗机构就诊。

申请人的最终评估结论包括评估等级和其他情况。评估等级分为：照护1级、照护2级、照护3级、照护4级、照护5级、照护6级。其他情况是指未达到照护1级和建议至医疗机构就诊。①

6. 建立了较完善的长期护理保险信息系统

上海市注重长期护理保险管理系统发展，建立了涵盖长期护理保险参保、等级评估、待遇申请、经办服务、监管结算等全流程的信息化系统。一是实现了医疗保险部门的长期护理保险系统与民政系统的数据互通。先由医疗保险部门负责失能评估，民政系统根据评估结果做出服务派送决定；再由长期护理保险系统拟定护理计划，进行监管和结算。二是民政部门建立了专门的信息系统，负责政策公开、政策咨询、基本信息审核、服务派送、网上公示，并通过短信平台将申请过程的审核信息发送给老年人。三是建立了与长期护理保险管理机构、经办机构、评估机构和照护服务机构等相关行业管理部门信息互通、共享的系统，严格评估程序和管控工作，提升长期护理保险服务的整体运行效率。

① 上海市人民政府：《上海市老年照护统一需求评估及服务管理办法》（沪府办规〔2018〕2号），http://www.shanghai.gov.cn/nw2/nw2314/nw2319/nw41893/nw42233/u21aw1284271.html。

7. 注重服务质量监督与风险控制

为了提升长期护理的服务质量,上海市建立了严格的护理服务机构准入制度。各类服务组织必须具备法人资质,按照有关程序提出申请,经有关部门评估合格后才能成为定点护理机构。同时,上海市重视护理人员的专项能力建设。上海市社会保障部门与卫计委、民政部门一起,将医疗、养老护理开发成了新的职业,将其纳入国家职业资质体系,并建立健全了培育机制和考核机制。

(六) 长期护理保险制度试点工作的初步成效

1. 减轻了失能老人的经济负担

长期护理保险试点的推出,有效缓解了失能老人在购买护理服务方面的经济压力。这一点在重度失能的中低收入老人身上表现得尤为突出,如经评估为六级的老人,个人仅需支付不到300元就可以获得每月最高33小时的居家照护服务,相较于上海市2017年调整后的人均养老金收入标准,增强了失能人员购买护理服务的支付能力。

2. 推动了护理服务行业的健康发展

长期护理保险制度引导了护理服务行业的健康发展。一是长期护理保险试点政策的推出,成为护理服务行业发展的风向标,吸引了各类投资主体的关注,社会资本投资设立的护理服务机构成为提供长期护理服务的主要力量,这符合政策设计的初衷。二是通过设定较高水平的支付标准,间接使定点护理服务机构可以提供与职工平均工资水平相当的薪资。居家护理人员的薪资水平与上海市职工平均工资水平相当,起到了吸引更多从业人员的作用。三是人力资源和社会保障部门出台了多项举措加大职业培训力度,推动护理人员技能结构优化,提升队伍整体素质和服务水平。四是长期护理保险制度的试点,引导现有养老服务行业在服务标准、人员队伍、内部管理等方面提升服务能级,推动了社会养老服务业健康发展。

3. 形成了有梯度的支付体系

基于上海市"9073"养老服务格局,①长期护理保险制度设计充分考虑鼓励居家护理,不仅社区居家照护的支付标准和支付比例均高于养老机构照护,在此基础上

① 即90%的老年人由家庭自我照顾、7%享受社区居家养老服务、3%享受机构养老服务的养老服务格局。

还进一步引入居家照护的现金补助，让连续居家护理的老人可以自主选择享受现金补助或增加额外的服务时间，利用少量的经济杠杆撬动居家护理的积极性。

4. 促进了基本公共服务资源的合理配置

由于长期护理保险的服务机构覆盖了基层医疗卫生机构、养老机构和社区养老服务机构，通过合理配置卫生、民政这两类服务资源，使得失能人员可以随着失能程度的改变，在不同类型的服务机构之间实现有序流动。

(七) 进一步完善长期护理保险制度试点工作的方向

1. 扩大保障人群和保障范围

(1) 扩大保障对象。上海市由于受到人口老龄化的影响较大，因此现阶段长期护理保险制度试点重点聚焦老年失能人员，但是随着制度的逐步完善，应更重视制度的社会公平性，保证相关个体能够公平地获取相关服务，逐步扩大保障人群范围至全年龄段，即解除受益者必须达到60岁及以上的年龄限制。

(2) 扩大保障范围。需将失智老年人纳入长期护理保险，把解决重度失智老年人护理保障问题作为长期护理保险试点工作突破口，进行下一步的模式探索。可借鉴青岛等地的经验，实行“失智专区”管理，专门设置失智老年人准入条件，将60岁以下重度失智老年人纳入保障范围。根据失智老年人的疾病特点和不同照护需求，为其提供相关照护服务，并为其规定合理的报销范围和报销比例。

2. 调整和完善长期护理服务清单

一是对于居家的重度失能瘫痪在床的老人，其护理需求是持续的，除了一些专业性较强的服务项目外，仍需要家属或住家保姆进行持续看护和照料。二是部分失能老人希望长期护理保险提供的服务项目，特别是基本生活照料项目能更多一些，来减轻照护压力。今后应进一步研究和探索“基本生活照料”的合理边界，根据保障对象的反馈意见更有针对性地制定护理服务项目清单，并同步研究和调整服务时间等。

3. 进一步培育评估机构

失能等级评估是长期护理保险制度的“守门人”。上海市在评估标准制定、评估人员培训、评估系统开发、评估工作开展等方面起步较早，积累了一定的经验。但现有评估机构数量还较为有限，评估人员中有相当一部分是由辖区内社区卫生服务中心的医护人员经培训后的兼职人员，不利于需求评估体系的健康可持续发展。因此,还需要大力培育和发展具有一定资质的社会办第三方评估机构参与试点。

4. 大力提升护理服务能力

(1) 培育专业护理服务机构,解决护理服务供需矛盾。政府应简政放权,积极推进长期护理服务,大力培育和发展小型化、专业化服务机构,鼓励民营机构加入长期护理服务市场,并给予相关护理机构一定的政策支持或倾斜,以引导社会力量积极参与老龄服务机构建设,形成完善的老龄服务产业体系。

(2) 大力培养专业护理人员。长期护理保险的服务内容涉及“医—护—养”等多个方面,上海市针对综合性的护理服务需求,根据护理服务人员的资质设立了有梯度的支付价格。今后还需在此基础上探索建立和健全护理服务人员的职业发展路径,打通职业上升通道。建议完善老年护理专业人才的培育机制,注重对专业护理人员的培养与招聘。建立护理人员培训制度,其内容包括压力管理、团队工作、沟通技巧和冲突管理等方面。完善激励机制,根据护理人员的服务时间和服务质量进行奖励,提高其工资待遇,或为其提供晋升机会。同时,鼓励相关专业的高职院校毕业生等专业老年社会工作者和各类志愿者为老年人提供长期护理服务。

5. 完善和做好相关政策间的衔接

一是做好护理保险与基本医疗保险制度的衔接,特别是研究对于护理院等目前医疗保险和长期护理保险均可覆盖的老年护理床位的支付政策。二是与民政部门现有养老服务补贴标准的衔接,下一阶段的试点中要处理好社会保险与面向低保低收入老人的福利政策之间的关系。三是与既有的重残人员护理补贴、工伤人员生活护理费等其他政策的衔接,既要避免重复享受,又要对这部分人群给予政策关注。

二、广州市长期护理保险制度调研

(一) 基本情况

广州市人口老龄化正处于快速发展时期,截至 2016 年末,60 岁及以上老年人口已达 154.6 万人,占户籍人口总量的 17.8%,老年人口数量和高龄人口比例持续增加。为积极应对人口老龄化,健全社会保障制度,经广州市申请、国家人力资源与社会保障部批准，广州市成为全国首批15个长期护理保险制度试点城市之一，将用2年左右的时间开展试点，探索建立为长期失能人员的基本生活照料和与基本生活密切相关的医疗护理提供服务保障的社会保险制度。

广州市于2017年8月1日正式启动实施长期护理保险试点。据测算，2017年广州市60岁及以上老年人重度失能率约2.35%，全市失能老年人口达3.8万人。目前长期护理保险参保人数为681万人，首批长护定点机构29家，其中养老机构25家，医疗机构2家，居家护理机构2家，遍布于全市11个行政区。

2017年8—12月，广州市共受理3 007例长期护理需求鉴定评估申请，经评估有2 580人可享受长期护理保险待遇，通过率为85.8%，包括25名百岁老人，年龄最大的老人107岁，平均年龄为86岁。其中，享受基本生活照料为1 072人，享受基本生活照料及医疗护理为1 508人。2017年8—12月，共有2 085人享受了长期护理保险待遇，基金累计支付约1 236万元，人均支付5 927元，符合规定的长期护理费用基金支付率为77%，总体支付率为67.7%，有效减轻了参保人及其家庭的经济压力。

(二) 长期护理保险制度试点措施

1. 分步实施试点政策，优先保障高龄人群

根据《广州市长期护理保险试行办法》的有关规定，试点启动阶段，广州市将按参保人员年龄段分步实施长期护理保险制度，优先保障85岁及以上失能参保人员的长护评估及待遇，再依次保障80岁至84岁、79岁及以下失能参保人员的长护评估及待遇。分步实施的具体安排如下：

(1) 85岁及以上的失能职工医保参保人员可自2017年8月1日开始提出长护评估申请。

(2) 80岁至84岁的失能职工医保参保人员可自2017年9月1日开始提出长护评估申请。

(3) 79岁及以下的失能职工医保参保人员可自2017年12月1日开始提出长护评估申请。

2. 分期推进政策覆盖，精细设计活动能力评定量表

在试点阶段，广州市长期护理保险参保人群为本市职工社会医疗保险(以下简称职工医保)参保人员，今后再逐步扩大到城乡居民社会医疗保险参保人员和

其他人员，直至实现全覆盖。正常享受本市职工医保待遇且已在广州市长期护理保险协议定点服务机构(以下简称长护定点机构)办理登记入住或建床(含居家建床)手续、病情稳定的长期失能参保人员，可通过长护定点机构申请长期护理评估。

经长护评估符合以下条件之一的，可按规定在广州市内享受长期护理保险基本生活照料待遇：一是参保人员日常生活活动能力评定(Barthel 指数评定量表)不高于 40 分(含 40 分)；二是经本市二级以上(含二级)社会医疗保险定点医疗机构中的精神专科医院或综合性医院神经内科诊断为痴呆症(中、重度)，且参保人员日常生活活动能力评定(Barthel 指数评定量表)不高于 60 分(含 60 分)。此外，参保人员还可以根据病情需要，申请长期护理保险医疗护理待遇(见表 10.1)。

表 10.1　广州市长期护理保险日常生活活动能力评定量表(Barthel 指数评定量表)

长护定点机构(公章)：

参保人姓名		身份证号码		人员身份	在职□　退休□
疾病诊断病情描述					
项　目	分值	分值描述	评分结果		
1. 进食	0 分	依赖他人			
	5 分	需要帮助			
	10 分	独立完成			
2. 床—椅双向转移	0 分	依赖他人			
	5 分	需要大量帮助			
	10 分	需要少量帮助			
	15 分	独立完成			
3. 个人卫生	0 分	需要帮助			
	5 分	独立完成			
4. 用厕	0 分	依赖他人			
	5 分	需要帮助			
	10 分	独立完成			
5. 洗澡	0 分	需要帮助			
	5 分	独立完成			

续 表

项　　目	分值		分值描述	评分结果
6. 平地行走（不能行走时的轮椅使用）	使用轮椅	0 分	需要帮助	
		5 分	独立完成	
	平地行走	10 分	需要帮助	
		15 分	独立完成	
7. 上下楼梯	0 分		依赖他人	
	5 分		需要帮助	
	10 分		独立完成	
8. 穿脱衣物	0 分		依赖他人	
	5 分		需要帮助	
	10 分		独立完成	
9. 控制大便	0 分		完全失控	
	5 分		偶尔失控	
	10 分		完全控制	
10. 控制小便	0 分		完全失控	
	5 分		偶尔失控或部分控制	
	10 分		完全控制	
总分				

专家 1：　　　　专家 2：　　　　专家 3：　　　　　　　年　　月　　日

长期护理评估的办理流程如图 10.1 所示：

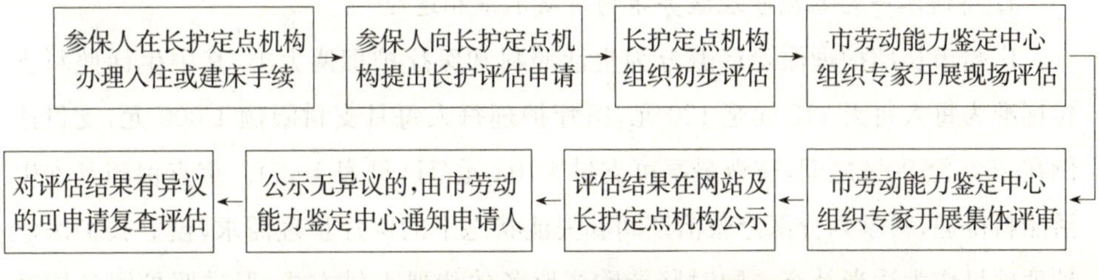

图 10.1　广州市长期护理保险评估办理流程

3. 优先保障生活照护，清晰界定长期护理与医疗保险

广州市实施的长期护理保险制度设有基本生活照料和医疗护理两种服务项目，由长护定点机构按照相应的服务项目表及要求提供服务，以保障基本生活照料为主(见表10.2、表10.3)。为明确划分长期护理保险与社会医疗保险的保障边界，参保人员在住院、急诊留观期间不可同时享受长期护理保险待遇。此外，为鼓励居家养老模式，长期护理保险制度还设有机构护理、居家护理两种待遇类别，探索构建“以机构专业护理为基础，以社区就近照护为依托，以居家照料为方向”的全方位服务体系。

4. 长期护理机构示范先行，逐步扩大机构范围

目前广州市已确定29家长护定点机构，具体为：广州市孝慈轩养老院有限公司、广州市越秀区东山福利院、广州市金色晚年养老院、广州市松鹤养老院有限公司、广州新海颐养苑、广东省社会福利服务中心、广州市家佳护理服务有限公司、广州市颐寿养老院有限公司、广州市荔湾区西塱敬老院、广州广船养老院有限公司、广州市颐寿养老院有限公司第一分公司、广州市英明老人疗养院有限公司、广州一家依养老服务有限公司、广州市天河区珠吉街养老院、广州市燕岭颐养院、广州市天河区龙洞养老院、广州市老人院、广州南国颐景老年公寓、广州心慈养老院、广州市白云区社会福利服务中心、广州市白云博爱园老人院、广州市黄埔区老人院、广州泰康之家粤园养老服务有限公司、广州市万颐养老院有限公司黄埔城花分公司、广州市南沙区幸福养老服务中心(南沙区养老院)、广州市花都区建设北社区卫生服务中心、广州市番禺区社会福利院、南方医科大学第五附属医院、广州市增城区颐养院。

(三) 长期护理保险政策的主要特点和亮点

1. 待遇水平与本地护理服务市场价格水平相适应

广州市长期护理保险待遇分为生活照料和医疗护理两大类，其中生活照料支付标准为每人每天115元至120元，医疗护理每人每月支付限额1 000元，支付比例在75%至90%之间，待遇最高可支付4 105元/月(见表10.4)。重点保障基本生活照料待遇，科学划分医疗救治期间和失能状态下的医疗护理需求，设立长护医疗护理项目作为适当补充。同时坚持购买服务的待遇支付方式，促进照护服务体系的发展。

表 10.2 广州市长期护理保险基本生活照料服务项目

项　目	项目内涵	基本要求	备　注
（一）环境与安全	1. 房间、卫生间清洁及安全	1. 保证居住环境安静、整洁、安全、舒适； 2. 定期通风，保持室内空气新鲜，无异味； 3. 防滑及过道无障碍物； 4. 定期清洁房间地板、桌面及家具	
	2. 毛巾、洗脸盆、便器清洁	洗刷用具及生活用物洁净，摆放适宜	清洗：1 次/日随时清洗用物
	3. 房间设施安全，按需增设扶手、床栏	预防跌倒/坠床或其他意外事件发生	
	4. 室外活动	确保安全的前提下，定期安排室外晒太阳，鼓励主动/被动运动	
（二）生活护理	1. 床单位整洁	1. 每日整理床单，每月更换被罩、床单、枕巾； 2. 保持床单清洁、干燥、平整、舒适； 3. 失能者安全、舒适	需要时
	2. 上床栏，备拐杖或助行器	1. 无坠床、跌倒发生； 2. 躁动/不合作者建议安装床栏； 3. 行动不便者建议购置拐杖或助行器	需要时
	3. 协助移动	1. 安全移动，不发生跌倒、皮肤破损； 2. 根据情况建议购置适当的手杖、拐杖、步行器、轮椅等助行工具	
	4. 穿衣/更衣	1. 帮助起床穿衣、睡前脱衣； 2. 按需添减衣物，保持服饰整齐（洁）	需要时

续 表

项目	项目内涵	基本要求	备注
（二）生活护理	5. 面部清洁、梳头和口腔护理	1. 协助漱口、刷牙、棉棒或棉球擦拭及假牙清洁保养； 2. 面部清洁无污垢，头发整齐； 3. 口腔清洁无异味	2次/日（早、晚）；需要时餐后漱口
	6. 床上温水擦浴/淋浴协助	1. 床上擦浴、轮椅淋浴、按需局部应用润肤露； 2. 防受凉，防烫伤； 3. 保护失能者隐私，尊重心理需要； 4. 固定各种管道，保持通畅； 5. 失能者安全、舒适； 6. 按需使用润肤露	夏天：不少于1次/天 冬天：不少于1次/2天
	7. 床上洗头	1. 清洗、吹干头发； 2. 头部清洁，无异味、舒适	1次/周，需要时增加
	8. 剃胡须和理发	保持仪表端庄、舒适。	需要时
	9. 会阴部及肛周护理	1. 会阴清洁，无异味； 2. 肛周清洁； 3. 注意保护隐私	1次/日 大小便污染时及时清洁
	10. 手、足部清洁	1. 修剪指(趾)甲； 2. 清洁/抹洗手、足皮肤； 3. 手、足部舒适	1次/2周
	11. 睡眠护理	1. 睡前洗漱； 2. 提供安静、适宜的睡眠环境； 3. 保持良好的睡眠姿势与保暖	

续 表

项　目	项目内涵	基本要求	备　注
（三）对非禁食失能人员协助进食/水	1. 管饲(经鼻、经口、胃造瘘注食)	1. 操作者要经过专业人员的培训和考核，合格后方可执行； 2. 鼻饲前摇高老人床头 30°—45°或坐位； 3. 按需经胃管注入营养物，并做好管饲饮食护理； 4. 进食后保持坐姿或半卧位半小时； 5. 无误吸发生	遵医嘱
	2. 喂饭(经口进食者)	1. 如有吞咽评估结果，根据其报告选择合适的食物种类； 2. 送饭到床前，选取合适体位、器具，协助或帮助失能人员进食，饮水，餐后清洗餐具； 3. 喂食中观察吞咽情况，无噎食和误吸发生； 4. 进食后检查口腔是否有残留食物； 5. 饭后协助洗脸、洗手、漱口； 6. 无呛咳或误吸	按时
（四）口服给药	协助安全用药	1. 了解用药史，按医嘱正确服药； 2. 按时服用餐前或餐后药； 3. 服药后要确认已服下； 4. 管饲者须将药物碾碎溶解后注入； 5. 观察药物不良反应； 6. 药杯定期清洗	遵医嘱
（五）卧位护理	1. 协助更换体位、拍背	适时更换体位，保持肢体功能位	需要时
	2. 预防肺部感染	有效翻身拍背、深呼吸及咳嗽，需要时辅助器械排痰	

续 表

项　目	项目内涵	基本要求	备　注
（五）卧位护理	3. 协助肢体功能活动	1. 指导主动或被动运动； 2. 使用适当用具防止足下垂	
	4. 压疮预防及护理	1. 观察皮肤情况，定时翻身； 2. 放置软枕于骨隆突及身体空隙处； 3. 保持皮肤清洁； 4. 正确固定管道，避免受压	1 次/2 小时改变体位
（六）排泄护理	1. 失禁护理	1. 及时更换纸尿布或尿套，保持会阴部和肛周皮肤干燥完整； 2. 排便后用温水清洗肛周皮肤； 3. 失能者舒适、房间无异味	需要时
	2. 床上使用便器	1. 排泄物无污染床单位； 2. 骶尾部皮肤无破损	需要时
	3. 留置尿管护理	1. 保证尿管固定、通畅； 2. 每日进行尿道口及会阴部清洁； 3. 妥善固定尿袋，定时放尿	会阴部每日清洗不少于 1 次
	4. 尿潴留护理	专业人员指导掌握并进行留置导尿或清洁间歇性导尿术，缓解尿潴留，减轻痛苦	需要时
	5. 尿排泄障碍者护理	指导膀胱/盆底肌功能训练，改善膀胱/盆底肌功能	每天 3 次
	6. 肠胀气、便秘护理	1. 饮食指导； 2. 腹部按摩、热敷，帮助排除肠腔积气，减轻腹胀； 3. 必要时开塞露通便	需要时

续 表

项　　目	项目内涵	基本要求	备　　注
（六）排泄护理	7. 粪便嵌塞护理	人工取便，解除痛苦	需要时
	8. 造瘘口护理	1. 保持造瘘口周围皮肤清洁； 2. 妥善固定、不渗漏； 3. 观察造瘘口有无异常情况； 4. 按需更换并清洁便袋	1次/3—5日，如有渗漏应随时更换
（七）心理慰藉	关注心理需求	1. 避免虐待失能人； 2. 不可打骂失能人、强迫进食、怠慢失能人等； 3. 重视失能人的自尊和情感需求； 4. 观察失能人的情绪，预防自杀、自残	需要时

注：机构护理“需要时”按医疗护理服务、养老服务相关规定执行；居家护理“需要时”按失能人员生活需要或医护人员评估认定实施次数。

表 10.3　广州市长期护理保险医疗护理服务项目

序号	项目名称	项目内涵	基本要求	除外内容	计价单位	说　　明
1	气管切开护理	含吸痰、药物滴入、定时消毒、更换套管及敷料，包括气管插管护理	1. 评估患者情况； 2. 告知患者操作过程； 3. 执行无菌操作； 4. 保持呼吸道湿润通畅，可遵医嘱给予湿化、药物滴入、雾化等； 5. 气管套管固定牢固，松紧以固定带和皮肤进一指为宜，切口敷料每天更换一次，保持清洁，必要时随时更换； 6. 切口无血迹，周围组织无皮下气肿、红肿，无痰液溢出	一次性吸引管，一次性气管套管，一次性吸痰管，一次性敷料，人工鼻（湿热交换器）	日	

续 表

序号	项目名称	项目内涵	基本要求	除外内容	计价单位	说　明
2	吸痰护理	含叩背、吸痰，不含雾化吸入	1. 执行无菌操作； 2. 吸痰使用一次性吸痰管； 3. 调节负压（成人 40—53.3 kPa，小儿 33—40 kPa），插入深度适宜（经口插管深度 14—16 cm，经鼻腔 22—25 cm，气管套管 10—20 cm，气管导管 10—25 cm），动作轻柔，吸痰干净，每次吸痰时间不超过 15 秒； 4. 有效促进痰液排出，保持呼吸通畅	一次性吸痰管，一次性吸引瓶内胆	次	
3	糖尿病足护理	指导患者足部皮肤保养、足部运动、预防足外伤、剪趾甲等措施，正确处理鸡眼、脚癣及局部溃疡，不含换药	1. 每日对足部进行检查，保持足部卫生； 2. 正确修剪趾甲：沿趾甲缘修剪趾甲，不宜剪得太短，以免损伤甲沟皮肤；慎用热水袋保暖，以避免烫伤； 3. 保持脚趾间的皮肤清洁和干燥	长期抗菌材料	次	
4	鼻饲管置管		1. 插管过程中要注意动作轻柔，胃管应充分润滑，避免损伤食道黏膜； 2. 为防止食管反流置入深度延长 8—10 厘米； 3. 置管成功后妥善固定、防止打折，避免脱出	药物和一次性胃肠管	次	
5	灌肠	包括不保留灌肠、保留灌肠	1. 掌握灌肠液的温度、浓度、流速、压力和液量； 2. 灌肠过程中注意观察病人的反应，若出现面色苍白、出冷汗、剧烈腹痛、脉速、心慌气急、应立即停止灌肠； 3. 妊娠、急腹症、消化道出血和各严重疾病晚期病人严禁灌肠		次	

续 表

序号	项目名称	项目内涵	基本要求	除外内容	计价单位	说　明
6	导尿	包括一次性导尿和留置导尿	1. 执行无菌操作； 2. 动作轻柔，以免尿道损伤； 3. 为尿潴留病人导尿时，第一次放尿不能超过 1 000 ml； 4. 观察病人反应，观察尿液颜色、性质	导尿包、尿管、尿套及尿袋	次	
7	膀胱冲洗		1. 执行无菌操作； 2. 冲洗液温度 35 ℃—37 ℃，膀胱内出血时应使用 4 ℃左右的冷冲洗液； 3. 冲洗速度根据流出液颜色调节； 4. 冲洗过程观察引流是否通畅、引流液颜色、性质；询问有无膀胱憋胀感、痉挛痛或尿道痛等； 5. 观察患者情况	一次性膀胱冲洗材料	次	
8	肛管排气		1. 协助患者取左侧卧位； 2. 将肛管插入深度深度为 15—18 cm 保留时间<20 min； 3. 观察患者腹胀减轻情况		次	
9	特大换药		1. 执行无菌操作，评估患者伤口情况； 2. 选择合适的敷料，先换清洁伤口，后换感染伤口； 3. 敷料潮湿时，必须立即予更换		次	创面 50（不含）cm^2 以上或长度 25(不含)cm 以上

续 表

序号	项目名称	项目内涵	基本要求	除外内容	计价单位	说　明
10	大换药		1. 执行无菌操作，评估患者伤口情况； 2. 选择合适的敷料，先换清洁伤口，后换感染伤口； 3. 敷料潮湿时，必须立即予更换		次	创面 30（不含）—50（含）cm^2 或长度 15（不含）—25（含）cm
11	中换药		1. 执行无菌操作，评估患者伤口情况； 2. 选择合适的敷料，先换清洁伤口，后换感染伤口； 3. 敷料潮湿时，必须立即予更换		次	创面 15（不含）—30（含）cm^2 或长度 10（不含）—15（含）cm
12	小换药		1. 执行无菌操作，评估患者伤口情况； 2. 选择合适的敷料，先换清洁伤口，后换感染伤口； 3. 敷料潮湿时，必须立即予更换		次	创面 15（含）cm^2 以下或长度 10（含）cm 以下
13	酒精擦浴		1. 评估患者情况，告知患者操作过程； 2. 擦浴过程中，需密切观察病人的反应，若出现寒战、面色苍白、脉搏或呼吸异常，应立即停止； 3. 擦浴 30 分钟后复测体温； 4. 胸前区、腹部、后颈、足心禁忌擦拭； 5. 血液病患者禁忌使用酒精擦浴，对酒精过敏及皮肤有破损、糜烂不宜酒精擦浴		次	

续 表

序号	项目名称	项目内涵	基本要求	除外内容	计价单位	说明
14	冰袋降温	包括冰帽降温	1. 评估患者情况，告知患者操作过程； 2. 在使用冰帽时要随时注意头皮情况，定时进行头皮按摩，促进血液循环，防止头皮压疮发生； 3. 置于颈部外侧的冰块不宜过重，以免影响呼吸和颈静脉回流； 4. 若有苍白、青紫、灰白、颤抖、疼痛或有麻木感须立即停止使用； 5. 禁忌：枕后、耳郭、阴囊处、心前区、腹部、足底放置冰袋		次	
15	低流量给氧		1. 评估患者情况，告知患者操作过程； 2. 使用单/双鼻导管吸氧，调节氧流量1—2 L/min； 3. 指导家属勿随意调节氧流量，注意防火、防震、防热、防油； 4. 按时更换湿化瓶； 5. 观察氧疗效果		小时	
16	中流量给氧		1. 评估患者情况，告知患者操作过程； 2. 使用单/双鼻导管吸氧，调节氧流量2—4 L/min； 3. 指导家属勿随意调节氧流量，注意防火、防震、防热、防油； 4. 按时更换湿化瓶； 5. 观察氧疗效果		小时	

续 表

序号	项目名称	项目内涵	基本要求	除外内容	计价单位	说　明
17	高流量给氧		1. 评估患者情况，告知患者操作过程； 2. 使用单/双鼻导管吸氧，调节氧流量4—6 L/min； 3. 指导家属勿随意调节氧流量，注意防火、防震、防热、防油； 4. 按时更换湿化瓶； 5. 观察氧疗效果		小时	
18	家庭巡诊	包含了解服务对象健康状况、指导疾病治疗和康复、进行健康咨询	1. 评估患者及环境情况； 2. 测量生命体征； 3. 进行康复咨询及康复治疗		次	
19	关节松动训练	包括关节被动活动、持续被动运动训练(CPM)、小关节(指关节)、大关节	1. 评估患者全身及关节情况； 2. 帮助患者进行关节被动活动及训练； 3. 对关节肿胀、骨折、恶性肿瘤及严重骨质疏松等禁止训练		次	

注：以上项目按照广州市价格主管部门制定的价格执行。

表 10.4　广州市长期护理保险的待遇标准

序号	待遇类别	服务项目	支付标准	基金支付比例	个人自付比例	基金最高支付限额
1	机构护理	基本生活照料	不高于每人每天 120 元（含床位费，床位费不高于每人每天 35 元）	75%	25%	每人每天 90 元
2		医疗护理	按医疗护理服务项目价格确定			每人每月 1 000 元
3	居家护理	基本生活照料	不高于每人每天 115 元	90%	10%	每人每天 103.5 元
4		医疗护理	按医疗护理服务项目价格确定			每人每月 1 000 元

2. 长期护理服务项目设置科学

长期护理服务项目及操作要求细致、明确，促进照护服务标准的完善，且有利于进行监管。广州市两个服务项目目录是在高校课题组科研成果的基础上，征求了十几家大型公办、民办养老机构负责人的意见，再经本市护理行业协会的科学论证及规范化、标准化最终形成的。从目前运行的实际效果看，能较好地解决失能参保人员的长期照护需求，对定点机构的业务标准也起到了较好的提升作用。

3. 长期护理需求鉴定评估工具化、标准化

广州市长期护理保险的实施，以日常生活活动能力评定（Barthel 指数评定量表）作为鉴定评估标准，兼顾失智。采取机构初评、现场评估、集体评审三级评估机制，对评估量表的项目设置评估指标，对指标进行具体描述，设置对应的分级评分标准、评估必备条件，确保不同评估专家对不同评估对象的评估工作整齐划一，最大程度地避免主观因素造成的偏差，确保评估结果公正客观。

(四) 长期护理保险制度对养老护理服务产业发展的推动作用

2017 年 4 月，广州市印发了《广州市人民政府办公厅关于开展长期护理保险制度试点工作的意见》（穗府办函〔2017〕67 号），明确了"以失能人员长期护理保障问题为重点，创新长期护理服务管理机制，促进长期护理服务机构建设，推动长期护理服务产业发展，切实提高失能人员长期护理保障水平"的指导思想和"探索建立为长期失能人员的基本生活照料和与基本生活密切相关的医疗护理提供服务保险的社会保险制度"的试点目标。长期护理保险制度的试点实施对护理人员队伍建

设、护理服务规范化发展等带来了积极的影响。

1. 长期护理保险制度的实施增加了护理人员的劳动收入

广州市长期护理保险制度试点坚持购买服务而非发放补贴，筹集的基金主要用于购买长护定点机构的护理人员提供的长期护理服务。制度试点直接的效果是增加长护定点机构的入住率或建床率，间接的效果是促进长期护理服务机构建设，推动长期护理服务产业发展，以此带来护理人员的收入的增加。

2. 长期护理保险制度实施提升了护理人员的职业认同度

长期护理保险制度试点强调长护定点机构应对其从事长期护理服务工作的人员进行规范管理，定期培训并做好培训记录，建立服务人员登记管理制度，亦即护理人员需经过相应的岗位培训并获得相关的证书，方可为长护险参保人员提供长期护理服务，有别于无证养老护理员或一般家政人员提供的护理服务，通过强化长期护理服务的专业性，推动长护定点机构加强护理服务人才技能培训，提高护理人员的服务意识和职业技能，提升护理人员职业的认同度。

3. 长期护理保险制度实施促进了护理服务的规范化发展

广州市长期护理保险制度试点，与长护定点机构签订服务协议，实行协议管理。明确长期护理服务项目的内涵和基本要求，明确照护比例及制定护理计划、做好护理情况记录等方面的要求，探索各类长期护理机构和护理人员服务质量评价办法，探索建立长期护理保险管理服务规范和运行机制，借此规范护理人员的服务行为，提升服务质量，提高护理人员人才队伍的专业化水平。

（五）广州市长期护理保障体系发展面临的若干问题

1. 经济下行压力影响长期护理保险筹资的可持续性

降费率、减负的呼声较高，通过调整财政支出结构来增加民生保障支出的压力增加，个人增加投入的阻力较大。利用医保基金结余只是权宜之计，安全稳定的筹资渠道才能支撑制度更加持久平稳。

2. 长期护理服务市场与服务体系亟待培育和完善

公办养老机构参与积极性不高，民办机构需加强监管，服务机构行为规范还在完善过程中，服务人员从业资格亟需规范。首批长护机构共有养老护理员 1 443 名，其中持国家职业资格证书 979 名，持岗位培训证书 303 名，持证率为 88.84%。养老护理员市场目前存在三个难题：

一是数量严重不足。目前全市养老机构护理员总数约 5 000 人，按照“9064”的养老模式，选择机构养老的老人占广州市老年人口的 4%，为 53 200 人。按照广州市行业的习惯以 1∶5 来计算，则养老机构需要 10 640 名护理员，缺口超过 5 000 名。而预计到 2020 年，广州市老年人口将达到 180 万人，机构养老的老年人数将会达到 7.2 万人，若仍按比例 1∶5 配备，则养老机构需要 1.44 万名护理员，缺口接近 10 000 名。

二是专业化程度不高。以民办养老机构为例，护理员总数为 3 056 名，其中技师 28 名，占总数的 0.92%；高级养老护理员 46 名，占 1.51%；中级养老护理员 58 名，占 1.90%；初级养老护理员 1 126 名，占 36.85%；只持岗前培训证的护理员 1 275 名，占 41.72%；无证养老护理员 523 名，占 17.11%。此外，养老护理的服务内容还停留在简单生活护理，缺乏康复和精神慰藉等方面的专业化服务，整体专业化水平还比较低。

三是整体文化程度低，流失率高。学历水平以小学为主，年龄普遍在 45 岁以上，流失率一般在 40%左右，个别民办养老机构的养老护理员流失率高达 80%。

3. 护理服务体系发展滞后影响护理保险待遇的可及性

护理服务供给能力相对不足，服务机构及人员短缺，城乡发展不均衡。从横向比较看，广州市目前养老机构数量仅有 179 家，国内其他城市如北京市有 470 家，上海市有 642 家，成都市有 399 家。在广州市首批 29 家长护定点机构中，开展机构护理的机构床位数合计 9 685 张，开展居家护理的机构护理人员（含护士、养老护理员）人数为 35 人。公办养老机构“一床难求”现象比医疗机构更突出，民办养老机构普遍觉得政府补贴力度不够，不得不在收费方面设置“管理费”“一次性基础设施建设费”等名目以收回成本，进而又影响入住率。

(六) 促进广州市长期护理保障体系建设的政策建议

1. 明确长期护理保险筹资渠道

从社会保险的机制来看，个人需承担一定缴费义务，业内专家建议不低于筹资标准的 20%，但也不能过高，因为长期护理保险是一个风险集中型的险种，过高的筹资会影响参与程度。同时建议民政部门增加相应的投入，或者转换对养老投入的方式，从传统的“补转头、补床头”转为更为精准的“补人头”，从计划体制的“补供方”到市场机制的“补需方”，同时放开公办养老机构的定价机制或由民政、物价部门制定灵活的价格制度，引导形成公平竞争的市场环境，从而提高资金的使用效能。

2. 增加长期护理服务定点机构数量

出台长期护理保险协议定点服务机构管理办法，在首批29家试点机构的基础上进一步扩大长护定点机构的覆盖范围，增强服务供给能力。

3. 推进居家护理服务规范化和专业化

鼓励条件成熟的养老机构开展居家照护服务。认可居家护理机构从参保人员的社会关系人中物色、培养和发展年龄适当、健康状况良好、照护时间稳定的“临聘”护理人员，但必须强调专业培训和考核认证，并视同本机构正式护理人员做好服务质量跟踪和考评。

4. 加强长期护理保障专业队伍建设

一是建设评估专家队伍，失能等级评定是待遇享受的门槛，直接关系到长期护理保险基金的安全和使用效率。二是建设护理人员队伍，数量稳定充足、具有较高服务水平的护理服务人员队伍，是长期护理保障体系可持续发展的决定性因素。三是建设监督管理队伍，长期护理服务方式的多样化决定了其需要有效的监管队伍。四是建设长期护理保险研究专家队伍，长期护理保险不同于其他社会保险的特点决定了其需要培育自己的研究队伍。

5. 建设长期护理专业化培训体系

建议由民政部门牵头，调动多方资源，建立规范化、标准化的培训体系。专业的护理员除了有良好的职业道德，还应该掌握保护老年人生理心理、营养和保健、常见疾病等知识，熟悉生活护理、常见急救护理、康复护理、临终关怀、心理疏导等技术。建立以养老行业协会为主导，养老机构、社会培训机构共同参与的培训模式，建立规范化、标准化的培训体系。选择一批从事护理教育、老年护理一线或管理工作的专家组成培训专家组，由行业协会牵头根据养老护理员国家职业标准确定养老护理员培训模块，从而提高广州市养老机构护理员队伍的专业化水平。

三、上饶市长期护理保险制度调研

为应对人口老龄化，保障失能（因意外伤害或疾病导致身体或精神上的损伤，导致生活或社交能力的丧失)人员基本生活权益,江西省上饶市作为人社部确定的全国首批长期护理保险制度试点城市之一,在2017年全面启动了长期护理保险制度改革试点。经过一年多的运行,上饶市长期护理保险制度体系基本建立、覆盖人员迅速扩大、失能人员待遇支付到位、基金运行平稳,积累了一定的经验,培养了一支有爱心、懂政策、会管理的长期护理保险专业经办队伍。

(一) 基本情况

上饶市位于江西省东北部,北纬27°58′—28°50′、东经117°41′—118°14′之间,属内陆区域。东邻浙江省衢州市,北与江西省九江市、景德镇市接壤,南依武夷山脉毗连福建省南平市,西滨鄱阳湖与省会南昌市相望。总面积22 791平方千米,占全省总面积的13.68%。辖信州区、广丰区、上饶县(广信区)、玉山县、横峰县、弋阳县、铅山县、德兴市、婺源县、万年县、余干县、鄱阳县12县(市、区)以及经济技术开发区、三清山风景名胜区、高铁新区15个行政区划。

2017年底,全市总人口783万人,年末常住人口676万人,其中,城镇人口342.02万人,占总人口的比重为50.42%。全年出生人口9.4万人,出生率13.88‰;死亡人口4.16万人,死亡率6.15‰,自然增长率7.73‰;60岁及以上113.13万人,占比14.45%,低于全国老龄化平均水平约5个百分比。

2016年12月,以市政府办公厅名义下发《关于印发开展长期护理保险试点工作实施方案的通知》(饶府厅字〔2016〕122号),在市本级、信州区等6个县区先期启动城镇职工长期护理保险试点工作,并要求2017年扩大到全市城镇职工,力争到2019年建立覆盖全市全体居民的长期护理保险制度。

截至2018年4月底,上饶市长期护理共有9批1 500人次申请失能鉴定,1 192人次通过鉴定并通过公示后生效,发放1 104人次长护待遇603万元,解决了失能人员个人或家庭33%—60%左右的经济负担,提高了失能人员生活质量,取得了良好的社会效益。

(二) 长期护理保险制度建设和试点举措

1. 遵循社会保险规律,搭建长期护理保险制度体系

上饶市长期护理保险制度试点遵循社会保障“保基本、可持续”的基本规律,坚持理念先行、制度保障、标准关键、信息支撑。《上饶市长期护理保险制度试点的实

施办法》明确了试点的目标任务、运行机制、基本政策和管理服务等。同时，配套制定下发了基金支付管理办法，规范了基金支付范围、支付标准、支付方式和监督管理措施；配套制定下发了经办规程，从参保缴费、失能等级鉴定、护理申请和管理、失能人员管理、护理机构管理、经办监督管理等经办全流程进行规范。

在参保覆盖范围上，上饶市规定"凡参加城镇职工基本医疗保险的人员，均应同步参加长期护理保险"，保证了长护险参保人数与城镇职工医保同样的覆盖人群，在试点第一年参保人数就达到47.5万人。

在筹资方面，按照每人每年100元的水平，由财政（或单位）负担30元、医保基金划转30元、个人负担40元，明确了财政、单位和个人的责任分担机制，其中机关事业单位、关破改困难企业人员由财政负担，实行参保连续缴费中断补缴、终身缴费政策。在待遇水平上，按照总筹资水平的70%进行测试，实行定额支付，以确保基金安全和可持续。

在服务方式上，兼顾了现金补贴（每人每月450元）、居家上门服务（每人每月900元）和机构内护理（每人每月1 080元）的不同失能人员待遇需求；在经办方面，采取了社商合作的第三方委托经办方式，由各家保险公司按照中标县市分区域全流程经办管理，医保部门主要负责政策指导、参保缴费和监督考核。

与其他各试点城市不同的是，上饶市在制度安排上为居家上门服务提供了每人每月180元的护理产品租赁费用。该项政策金额上虽然不高，但为护理相关产品市场的培育提供了基金支付出口。上饶市长期护理保险制度体系搭建，从一开始就立足长远，建立了真正意义上的市级统筹，基金支付管理实现了全市统收统支，全市参保缴费、待遇标准和经办流程全市统一。这一方面加大了基金抵御风险的能力，另一方面有利于与商保承办机构谈判协商、有利于全市长期护理保险待遇及时随基金情况调整。

2. 立足课题研究，探索建立护理需求评定和服务提供标准体系

上饶市从试点开始，就注重长期护理保险课题研究，将护理需求人员能力等级鉴定评定标准、长期护理保险服务包项目和标准、长期护理保险信息系统和手机APP建设、长期护理服务机构和人员准入监管和费用结算等办法、长期护理保险护理需求等级评定标准、长期护理服务机构和人员服务质量评价6个课题委托各商业保险公司与医保部门共同完成。试点的标准体系重点关注护理需求评估标准、护理服务包、护理需求等级评定、护理服务质量评价标准等方面。

"护理需求评估标准"是判定参保人员能否享受待遇的重要依据。目前,我国15个长期护理保险试点城市主要以巴氏量表作为评估标准。但是对比国外如德国、日本、澳大利亚等国家的护理需求评估标准都非常细化,并经过了多年的实践检验。上饶市按此思路,经过对比分析、应用成熟情况、本地失能情况和政策保障情况,认为上海卫生发展中心团队研发的《上海老年照护统一需求评估系统》更为符合上饶的实际:一是上海的这一标准已经落地应用多年;二是该标准对应了相应的护理服务需求(注:共七级);三是随着上饶市政策待遇的放宽,可随时调整到中度失能等级。经本地化改造,年龄覆盖从0到老年,并加入了失智鉴定(上述两项上海暂无),经近一年的引进改造使用,截至目前无一例投诉信访事件。下一步将以上海的护理需求评估标准为蓝本,制定上饶市的护理需求评估标准。

围绕护理服务包标准,上饶市组织了精干、专业的团队,前后历经半年的努力,通过逐家上门入户方式,调研覆盖人群达已通过失能人数的80%以上,调研区域11个县市区,已经采集到了511户的服务需求样本资料。2017年已通过鉴定失能人员925人中,90岁以上高龄老人占比4.1%,80—90岁占比36.3%,70—79岁占比36%,60—69岁占比15%,59岁及以下占比8.5%,身故117人,8个月死亡率18.97%。925人中,失智46人,占总失能人数的5%。上饶护理服务项目2017年共42项,分为基本生活照料25项和常用临床护理17项。日常清洁是护理服务最为需要也是强度最高的,如排泄处理、温水擦浴协助进食/水等,其次为生活自理能力训练和压疮预防护理,对重度失能来讲,喂药、注射、压疮换药导尿等需求不普遍。2018年,上饶市已经制定出本地化的新护理服务包标准。

3. 助推脱贫攻坚,将建档立卡贫困人口纳入长期护理保险制度覆盖范围

据统计,上饶市农村建档立卡贫困人员中46%是"因病致贫",他们中有很大一部分是因为丧失劳动能力或罹患大病慢性病,无法通过就业实现脱贫,需要社会保障兜底。为减轻"一人失能、压垮全家"的贫困失能家庭经济和身心困扰,助推早日打赢脱贫攻坚战,上饶市在原城镇职工长期护理保险制度基础上,探索建立了建档立卡长期护理保险试点制度。这项制度从2018年开始施行,将惠及12个县市区和三清山风景名胜区共计56万建档立卡贫困人员中的重度失能人员。

建档立卡与城镇职工长护制度最大的区别在于个人不缴费,总筹资标准为每人100元,由财政补贴50%、医保基金划转40%、商业保险公司资助10%,扶

贫干部可自愿捐助等方式筹集资金。这项特惠制度到2020年全面完成脱贫攻坚任务以后，将统一到2019年即将实行的全体城乡居民长期护理保险制度合并实施。

在鉴定标准、评估流程、待遇标准、护理服务方式和第三方委托经办上，建档立卡与城镇职工长护制度保持一致。针对农村95%以上失能家庭选择居家模式，建档立卡护理服务方式中增加了居家亲情照料可供选择，即对重度失能贫困家庭中长年照顾的亲属、邻居或保姆等居家照护人员进行专业培训，由长护基金给予不超过每人每月800元(9 600元/年)护理服务费，此举将亲情照料人员纳入规范化管理、专业化服务。

4. 强化服务供给，为参保失能人员提供差别化的护理服务

服务供给不足始终是制约长护试点工作的瓶颈。据统计，上饶全市有391 594例城镇职工，长期护理保险需求率约为2.98‰。在1 165例享受长期护理保险者中，提供免费上门服务即“补贴＋服务”的方式，51.29%的失能家庭表示可以接受；47.5%的家庭可以接受每月2 000元以上的护理费用支出。其中护理需求率排前5位的是：进食排泄72.7%、身体洗浴46.8%、翻身坐起44.2%、居家护理39.5%、室外移动31.9%(见表10.5)。

表10.5 上饶市长期护理保险护理目的需求表

护理需求目的	需求人数(人)	服务对象需求率(%)			人群需求率(‰)		
		需求率	95% CI		需求率	95% CI	
			下限	上限		下限	上限
进食排泄	847	72.7	70.15	75.26	2.16	2.02	2.31
身体洗浴	545	46.8	43.92	49.65	1.39	1.27	1.51
翻身坐起	515	44.2	41.35	47.06	1.32	1.20	1.43
居家护理	460	39.5	36.68	42.29	1.17	1.07	1.28
室外移动	372	31.9	29.25	34.61	0.95	0.85	1.05
穿衣梳洗	337	28.9	26.32	31.53	0.86	0.77	0.95
临床护理	100	8.6	6.98	10.19	0.26	0.21	0.31
疾病治疗	101	8.7	7.05	10.29	0.26	0.21	0.31
康复训练	75	6.4	5.03	7.85	0.19	0.15	0.23

续 表

护理需求目的	需求人数（人）	服务对象需求率(%)			人群需求率(‰)		
		需求率	95% CI		需求率	95% CI	
			下限	上限		下限	上限
室内行立	77	6.6	5.18	8.04	0.20	0.15	0.24
衣物清洗	66	5.7	4.34	6.99	0.17	0.13	0.21
煮饭热菜洗碗	53	4.5	3.35	5.75	0.14	0.10	0.17
异常行为监管	30	2.6	1.67	3.48	0.08	0.05	0.10
房间整理	12	1	0.45	1.61	0.03	0.01	0.05
聊天解闷	16	1.4	0.71	2.04	0.04	0.02	0.06
代办服务	7	0.6	0.16	1.04	0.02	0.00	0.03
辅助工具	7	0.6	0.16	1.04	0.02	0.00	0.03
居家改造	0	0.0	0.00	0.00	0.00	0.00	0.00

造成需求服务供给不足的原因主要有:(1)现有护工/保姆未形成有效的供求市场;(2)服务供给力量中,女性护工为主,与重度失能人员大多数为男性不匹配;(3)制度实施刚起步,失能多年已形成了固有的护理小生态圈;(4)上饶市保障的是重度失能,大部分失能家庭希望获得24小时的全天候护理,与当前"保基本"的制度有一定差距;(5)传统观念依赖于家庭成员照料,不愿意选择长护的机构内护理和上门服务。

上饶市在长护试点上,针对失能状况提供了不同的护理服务方式,包括机构内护理、居家上门服务、现金补贴。实现了政策供给全覆盖,但2017年领取现金补贴失能人员比例占88.86%。机构内护理、居家上门服务占比较小,这与长护制度初衷"保障失能人员有质量的生活"相距较远。下一步长护服务的重点,一是强化宣传,引导失能家庭选择直接护理服务方式;二是引进专业护理机构,提供优质贴心的护理服务;三是形成培训机制,为居家亲情护理提供专业化的培训指导并纳入机构内统一管理。

5. 强化基金安全,注重护理保险经办管理信息化建设

经过一年多的试点,上饶市长期护理保险已经初步建立了社商合作良好、沟通机制畅通、专业水平得到显著提高的经办队伍。长期护理保险制度作为全新的

社会保险险种，上饶市从一开始就探索与大病保险等传统医保业务不同、更为彻底的政府购买服务、委托第三方经办模式，并实行按县市区域划分的全流程经办。医保部门主要负责政策制定、基金征缴、日常监督、年度考核，商业保险公司主要负责失能评估、机构管理、监督巡查、待遇支付、基金结算、培训宣传等。整个经办体系较为完备，人员队伍相对稳定，基金管理通过专户形式确保了各环节的支付安全。

为加强长期护理保险经办管理服务能力建设和信息系统建设，上饶市建立了信息沟通机制，采取电话微信、工作动态、情况专报、专题研讨等方式，交流试点探索情况，总结推广经验。定期向省、部报送工作进度和试点情况。市医保局专门成立了长期护理办公室，实行医保与商保公司省市层面的联合办公。各县市区分别成立了长护科股室，在经办大厅设立了长护专窗，各商保公司配备了具有医学背景的专业人员以及录音录像等设备，并按招标要求配置了长护专用交通工具。

上饶市长护试点一开始就通过中标的泰康养老公司总部建立了完善的长护信息系统。该系统功能涵盖了参保缴费、失能申请、护理机构管理、护理人员工作管理、护理过程监控、待遇支付、费用结算、日常巡查等全流程业务管理，采用了人脸识别、GPS定位、大屏监控等技术，建立了线上线下统一管理机制。后台采用了数据库和中间服务器双云服务器（无人值守）模式，前台采用了电脑、手机APP、平板等无线加密传输模式。强大的信息系统，确保了各业务的无缝对接，有力保障了长护基金安全。

6. 强化养老服务，长期护理保险与“医养结合”协同推进

上饶市长护保险试点与医养结合高度契合、协同推进。上饶市委、市政府十分重视养老服务业的发展。2014年，《上饶市人民政府关于加快发展养老服务业的实施意见》提出到2020年，全市要建成1 700个社区居家养老服务中心（站），要求积极推进“医养结合”发展，通过医疗机构和养老机构、居家养老服务中心和老年人家庭之间的多方式结合，建立资源共享、优势互补的医养结合服务模式，为老年人提供医疗和康复护理服务。

目前，上饶市“医养结合”稳步发展。全市公办养老机构236家，总床位数16 642张，收住老人13 823人。每个乡镇（街道）有一所以上敬老院，每个县（市、区）有1—2所福利院。民办养老院16家，总床位数2 875张，收住老人1 655人。

表 10.6　上饶市所辖各县区定点机构开放床位数及就业服务人数

机构名称	床位数（张）	就业人数（人）	机构名称	床位数（张）	就业人数（人）
上饶福海老年公寓	600	85	横峰中医院	42	73
上饶市养老服务中心	700	224	横峰人民医院	122	292
金秋邻鹿养老服务	16	11	铅山广慈医院	120	14
心连心智慧居家	53	14	德兴中华情	310	36
茅家岭街道敬老院	213	25	德爱护理服务	26	14
心连心老年公寓	168	31	鄱阳湖城老年颐养	350	50
广丰中医院	112	375	饶州爱心老年公寓	120	79
广福医养院	117	55	鄱阳县湖城老年公寓	32	27
杨勇医院	20	4	陈营镇卫生院	10	17
弋阳县仁爱养老院	20	10			
合　计	床位数	3 151	就业人数	1 436	

(三) 长期护理制度试点工作的特色和亮点

1. 运作市场化

上饶市在试点阶段采取政府购买服务、委托经办的方式，由具有健康险资质、具备完善的内部治理结构、良好的社会信用和专业管理队伍的商业保险公司承办长期护理险服务工作。2017 年 5 月，通过公开招标，太平洋、泰康、人寿、平安、人保财和大地保险分区域中标，负责中标区域长护险的全流程承办。发挥商保机构参与长护险试点的积极性，将长护险的经办设计分成六个重点研究课题，分别由不同的商保机构承担提出方案，由人社部门统筹组织实施。同时，明确商保承办“保本微利”的原则，保费规模的 3%作为成本经费，不超过保费的 5%作为考核奖励。各商业保险公司对长护险这一新险种的社会效应和发展预期非常重视，投入了大量人力物力，解决了许多制度实施中的问题。通过借用商业保险公司的力量解决经办服务不足的难题，是上饶市长护险制度试点的一大特色，也是制度建立并良好运转的成功经验。

2. 服务社会化

经卫计部门批准的医疗机构、护理机构、社区卫生服务机构，以及经民政部门批准的养老机构，符合准入条件的，均可以成为上饶市长护险定点护理服务机构，提供机构内或上门等方式的生活照料和护理服务。上饶市没有由人社部门自己开设或组建护理机构来提供服务，完全实行护理服务社会化，避免出现“既当运动员又当裁判员”的局面。社会资本对上饶市护理市场积极响应，民政养老机构“公建民营”项目敢于加大投入，促进了医养结合机构的发展。全市在长护险制度试点后新成立的护理服务机构 5 家，注册资本近 3 000 万元。尚有总投资 3.25 亿元的余干县社会福利中心、总投资 1.2 亿元的德兴田氏医药结合医院在建设申报中。

3. 经办信息化

上饶市利用商业保险资源创新长护险信息管理手段，实现了一体化平台、一站式服务。建立长期护理保险信息管理系统管理平台，实现了档案一体化、服务一体化、数据一体化和支付结算一体化。整套长护信息系统由泰康集团信息团队研究开发，采用“互联网＋政务”纯云端搭建在上饶市政府华为云端。定点机构无额外投入，只需外网连接即可实现对业务、人员多内容多模块管理；经办、承办机构根据角色分工，分配不同权限，实现管办分离、权责清晰。高标准、分角色设计手机客户端，充分利用定位技术、人脸识别技术等高科技手段，做到了从源头上杜绝套取骗取社保基金现象，实现了业务监管智能化、便捷化。

4. 基金统一化

上饶市按照“政策可持续、经办重创新”的原则，长护险基金试点之初就实行全市基金统收统支，参保缴费、待遇标准和经办流程全市统一，一方面加大了基金抵御风险的能力，另一方面也将全市的基金池统一使用，有利于与商保承办机构谈判协商、有利于全市长护险待遇及时随基金情况调整。

（四）长期护理制度建设存在的问题和建议

长期护理保险作为一个新的险种，上饶市的试点取得了初步成效，但也存在一些困难和问题。一是社会护理机构等服务供给体系严重不足。护理机构分布不均，大多集中在市区范围，具备一定专业知识的护理人员严重短缺，专业护理需求在 1 000 名以上，而真正有专业护理证的人员不到 300 名，服务供给体系建设亟待加强。二是政策上配套不到位。护理市场长期缺乏正规的管理和培训，缺失护理资质等级标准，护理市场良莠不齐，急需相应就业培训配套政策扶持。三是险种受益面还比较窄。由于护理机构和上门护理人员的短缺，失能人员无法享受充分的机构护理和上门护理，只能选择待遇水平最低的居民护理小额补贴。在试点初期，享受待遇人员重点放在完全失能人员，制度效应未充分释放。四是行业标准全国未统一。由于长期护理保险处于试点阶段，失能人员评定等级的行业标准缺失，如何真实客观反映申请人员的失能水平，是长期护理险制度建设需要研究的课题。

1. 完善上饶市长期护理保险政策试点的建议

上饶市长期护理保险试点已经取得了阶段性成果，但距离“疾者舒之、老者安之、生者悦之”的长期护理保险制度目标仍有不少差距，下一步应在以下方面稳步推进试点工作：

(1) 完善政策体系。上饶市目前的长期护理保险制度包括一个试点方案、一个基金结算办法、一个操作规程。在具体操作中，需进一步建立和完善以下政策：第三方评估办法、专家委员会裁定机制、异地评估和待遇支付办法、护理人员（亲情照护人员）培训持证上岗办法、机构内护理监督办法、县市区考核办法等，通过科学、规范、完整的制度体系，细化流程，优化管理。

(2) 积极稳妥地扩大保障范围。在前期试点的基础上，研究将覆盖面逐步扩大到城乡居民，保障水平和方式遵循低水平广覆盖的原则。同时，研究将享受人员范围逐步推广到半失能人员，扩大制度的受益面。

(3) 规范和改造升级相关标准体系。标准体系需要在实践中不断探索和改进，下一步应重点对失能评估鉴定标准、护理服务项目标准、护理需求等级标准进行升级，使之标准有序衔接、落地可靠实用，重点是规范失能评估鉴定标准。要不断细化失能鉴定标准，使失能标准鉴定更加科学化、人性化。参照劳动能力鉴定的成熟经验，建立失能鉴定委员会，通过失能鉴定委员会委托司法鉴定中心、劳动能力鉴定中心或第三方社会评估组织开展失能鉴定。

(4) 培育护理机构，强化护理人员培训。为重度失能人员提供护理服务是目前的短板，应加强培训和宣传力度，扶持和培育居家上门服务机构，引导医院护工转向长护服务体系，重点对亲情照料人员进行规范化培训和管理，通过长护政策拉动就业和相关产业链的发展。加大就业培训政策支持力度，充分利用促进就业创业扶持政策和资金，推进护理服务队伍培训市场化、服务专业化，培养专业化护理人才。鼓励医学院校、培训机构、护理机构、服务企业通过专项培训和培养专业的护理服务人员，并按规定落实职业培训补贴政策。

(5) 强化监督管理，确保基金安全。建立健全对定点护理机构、商业承办机构的监督考核办法，确保基金安全。借助信息技术和互联网，加强对护理服务的全过程监督，提供网上失能申请、护理服务机构准入申请、护理服务方式申请，对申请—评估—护理—巡查—结算等主要业务环节进行梳理和完善，以提高办事效率。建立社保、财政、卫生、民政等跨部门信息共享平台，结合护理资质评定情况，根据失能人员身体和家庭经济实际，为失能人员提供合适的护理方式。建立起院内到院外的护理服务病历系统和随访系统，对失能人员进行全周期的服务和管理。实行中心化的免费咨询服务，重点对失能人员状态进行月稽查，杜绝冒领、多领现金补贴现象。

2. 全国层面推进长期护理保险制度试点的建议

(1) 加快统一标准建设。建立全国统一的鉴定评估标准、护理需求分级标准、护理服务质量评定标准等，确保标准的权威性和制度的可持续性。

(2) 统一信息化平台。统一的信息化建设平台是长护险全国联网的重要条件，建议吸取基本医疗保险长期以来自下而上建设带来的信息系统建设"孤岛难联"的教训，加强与公安户籍管理系统、民政养护院系统、现有医保系统、金保工程之间数据共享，提高待遇风险管控能力。

(3) 借助就业资金培训护理服务人员。建议国家相关部门将护理服务人员培训列入"创业就业"培训计划。

四、南昌市医养结合养老服务调研

(一) 南昌市老龄化现状

南昌市全市户籍总人口522.79万人，60岁及以上老年人口85.24万人，占全市总人口的16.3%。从南昌市各区县的老龄化程度看，中心城区老龄程度已超过20%，老龄化程度严重，如东湖区、西湖区（见图10.2）。进贤、安义、新建等县乡村，虽然户籍数据显示老龄程度较轻，但由于年轻人外出打工，农村空心化现象普遍，空巢老人数量多。许多村庄的常住人口90%以上为老人（如新建上埇村等）。南昌县、高新区、经开区老龄化程度逐年加深，同时伴随着城市化进程导致大量失地农民养老问题。青山湖区、青云谱区的老龄程度均已超过15%。①

① "南昌市医养结合养老服务调研"系国家社会科学基金项目《老年长期护理的社区服务网络研究》（批准号：15BSH122）的阶段性成果。

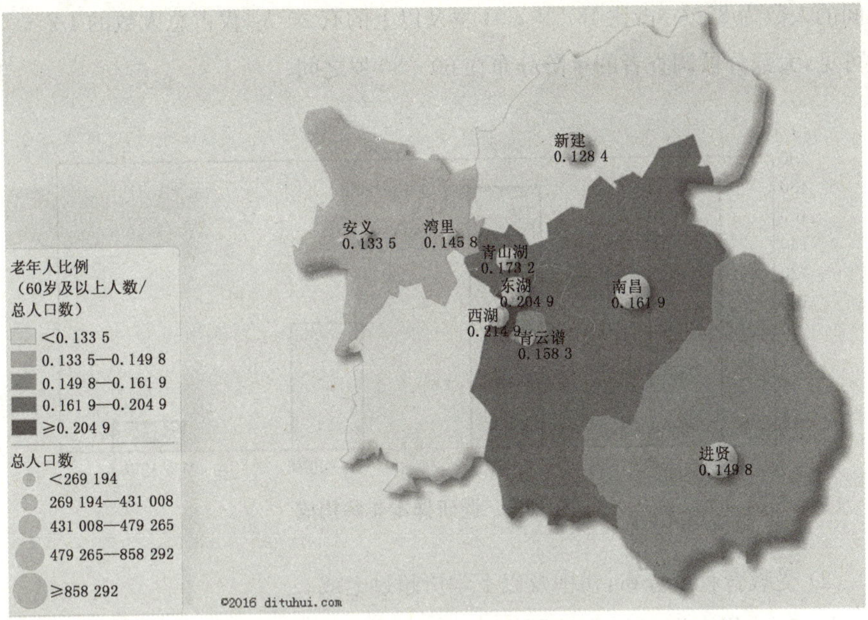

图 10.2　南昌市人口老龄化态势

(二) 南昌市医养结合养老服务需求调研和分析

1. 抽样调查方法说明

调研组依据分层抽样的原则，选取新建区、湾里区、东湖区、青山湖区、青云谱区的 6 个村、9 个城镇社区、2 个老年人团体，以及 1 个养老机构作为调研点，针对这些调研地区 60 岁及以上老人的基本情况及养老服务需求进行抽样调查。其中，农村发放问卷 180 份，城市发放问卷 320 份，共回收有效问卷 471 份，回收有效率 94.2%。

2. 抽样老年人概况

在 471 位被调查者中，209 人为男性，占总人数的 44.4%，262 人为女性，占总人数的 55.6%；172 人来自农村地区，主要分布在新建区和湾里区，占总人数的 36.5%，299 人来自城市，占 63.5%，分布在东湖区、青山湖区、青云谱区及少部分散户。

(1) 年龄构成：60—70 岁与 71—80 岁人群约各占四成。

在 471 份有效问卷中，调查对象均为 60 岁及以上，其中，年龄段为 60—70 岁及 71—80 岁的人数分别为 184 和 180 人，各占总人数的 39.1%及 38.2%；在 81—90 岁之间的人数为 87 人，占比 18.5%；91 岁及以上的有 20 人，仅占总人数的 4.2%。由此可见，大部分被调查者的年龄分布在 60—80 岁之间。

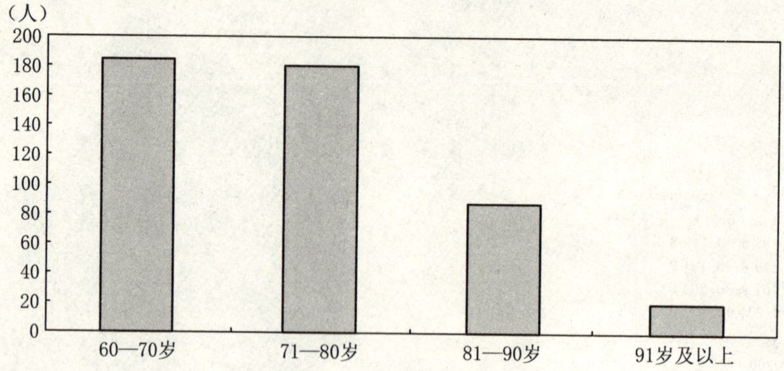

图 10.3　调研样本年龄构成

（2）受教育程度分布：初中及以下学历超过七成。

在 471 个样本中，74.1%被调查者的学历为初中及以下，小部分（20.8%）被调查者的学历为高中或专科、职校、电大，极少部分（5.1%）被调查者为本科及以上学历。初中及以下学历的人群超过七成。同时，考虑南昌市市区高学历老人的聚集效应，调查发现学历水平较高的老人都有相对稳定的退休工资及基本的生活保障。

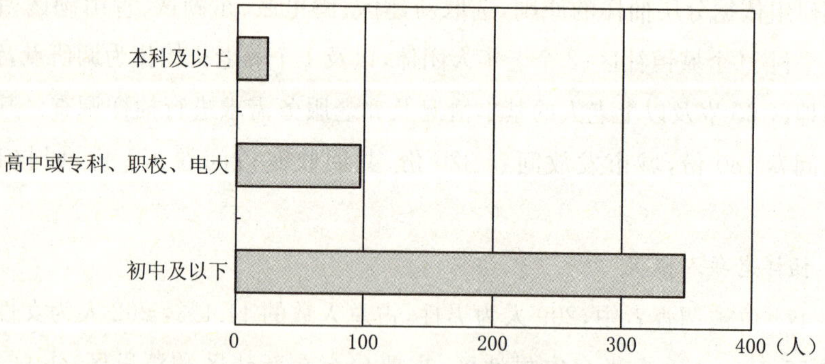

图 10.4　调研样本受教育程度

（3）居住状态分布：只与配偶居住的人数近半。

47.8%的调查对象只与配偶居住在一起，18.0%的调查对象同配偶子女一起居住，17.2%的老人独居生活；13.0%的调查对象只与子女居住在一起，仍有 4.0%的调查对象选择以其他方式居住。随着年龄的增长，老人的失能概率在逐渐增加，调研发现南昌市老人在日常照料方面主要依靠自己及伴侣，子女找照料方面提供的资源较有限，同时提供照料的专业技能也存在不足。

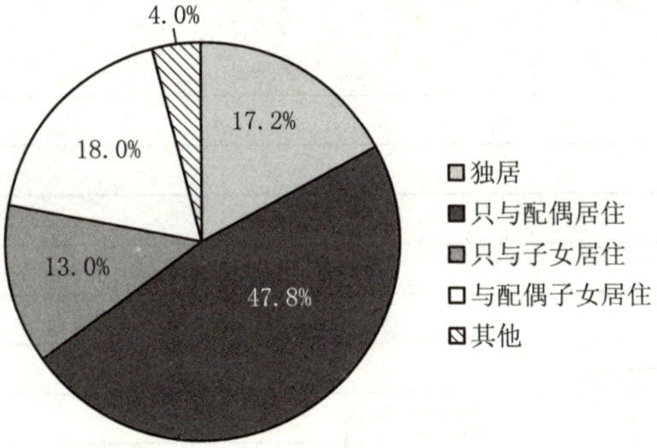

图 10.5 调研样本老人居住状态分布

(4) 子女数量：子女数量达到 3 个及以上的人数过半。

54.6%的被调查者拥有 3 个及以上数量的子女，子女数量为 2 个的占 27.35%，子女数量为 1 个的占 16.10%，仍有 2.32%的被调查者无子女。子女数量达到 3 个及以上的人群超过总人数的一半。目前调研的 60 岁左右的老年群体主要生育年龄在 20 世纪 80 年代及之前，按照当时的生育政策，目前老人的子女数较多，子女赡养老人压力相当对较轻，但要重视随着独生子女政策的实施，老年抚养比正在逐年下降。

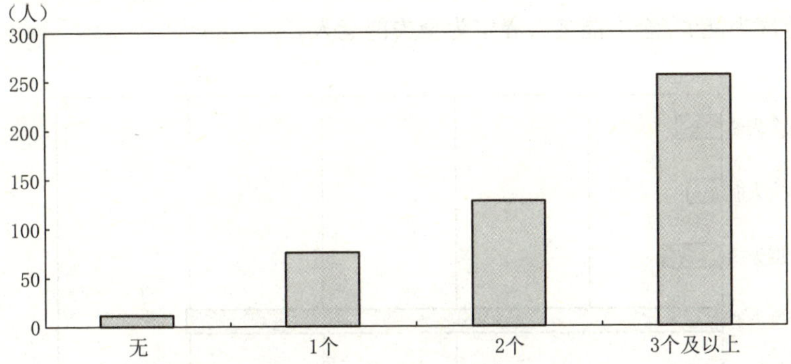

图 10.6 调研样本子女数量统计

(5) 家庭月收入：大部分家庭收入较低。

471 位接受调查的老人中，家庭月收入在 5 000 元以下的占 44.8%，在 5 001—

10 000 元之间的占 35.50%，10 001—15 000 元的占 14.9%，15 001 元及以上的占 4.8%。目前，南昌市失能老人机构养老的照护费用，按等级划分，全失能老人的照护费用均已超过 3 000 元，基本价格在 3 000—5 000 元不等。

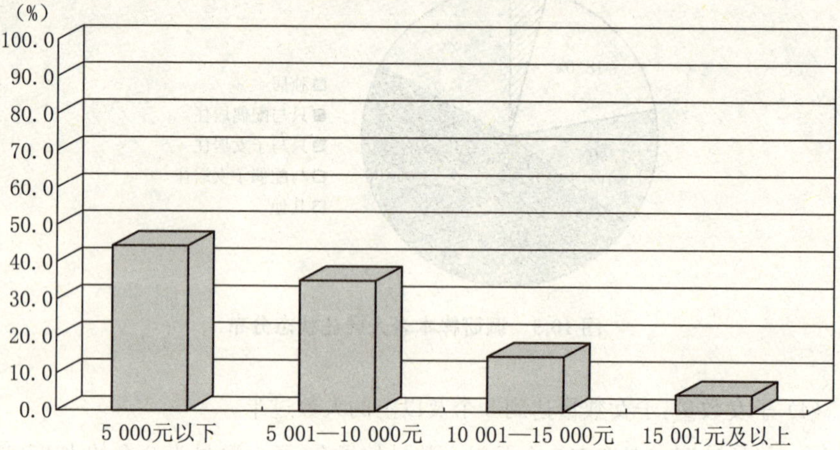

图 10.7　调研样本家庭月收入

(6) 健康状况分布：健康与轻度失能人群近九成。

调查对象中，46.1%为健康人群，共 217 人；42.9%为轻度失能人群，共 202 人；中度失能人数占 4.7%，重度失能人数占比 2.8%，完全失能人数占比 3.6%。在数据处理中，将健康和轻度失能老人界定为自理老人，将中度失能老人界定为半失能老人，将重度失能、完全失能老人界定为全失能老人。

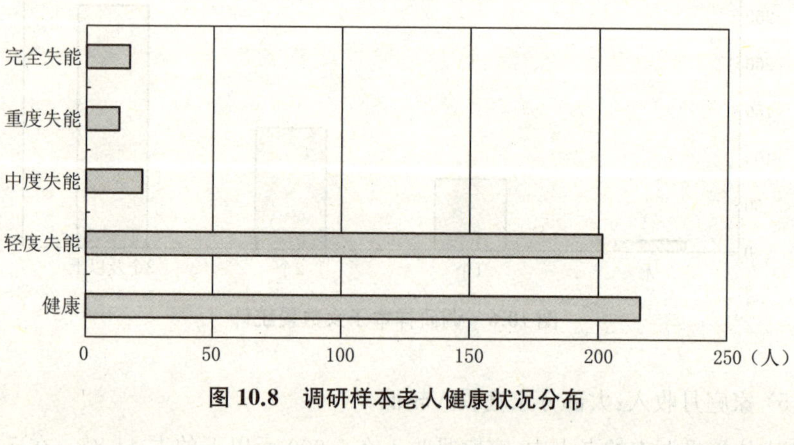

图 10.8　调研样本老人健康状况分布

3. 老年人医养结合养老服务需求分析

(1) 日常生活照料服务。

对20项日常生活照料服务的需求进行的问卷调查显示，日常生活需求项目中，老年餐桌(定点用餐、上门送餐)、管道疏通、家电修理、水电安装检修等选项是老人选择最多的(见表10.7)。

表10.7 受访者日常生活服务提供及需求状况

项　目	已提供人数(个)	占比(%)	需要人数(个)	占比(%)
定点用餐	1	0.21	169	35.88
上门送餐	0	0.00	94	19.96
换洗衣物	0	0.00	14	2.97
管道疏通	59	12.53	96	20.38
家电修理	59	12.53	111	23.57
室内保洁	29	6.16	16	3.40
家庭装饰	0	0.00	10	2.12
送桶装水	0	0.00	11	2.34
水电安装检修	59	12.53	82	17.41
协助购物	29	6.16	14	2.97
住家保姆	0	0.00	18	3.82
钟点工	59	12.53	36	7.64
定点服务	25	5.31	53	11.25
上门理发	0	0.00	54	11.46
刮　脸	0	0.00	17	3.61
修剪指甲	0	0.00	7	1.49
上门协助洗澡	0	0.00	3	0.64
按　摩	59	12.53	7	1.49
日　托	0	0.00	29	6.16
全　托	0	0.00	52	11.04

(2) 医疗服务。

老年人群对医疗保健的需求迫切。调查数据显示，老年人对医疗保健十分关心，对输液和常见病预防两项有近三成老人表示需要，表明随着南昌市老人年龄的增大，老年人身体素质下降，患病的概率增加，迫切需要家庭、社区、养老服务机构提供医疗服务，如输液等(见表10.8)。

表10.8 受访者医疗服务提供及需求状况

服务项目	已提供人数(个)	占比(%)	需要人数(个)	占比(%)
输　液	59	12.53	111	23.57
家庭病床	59	12.53	66	14.01
病人护理	30	6.37	60	12.74
失能护理	30	6.37	33	7.01
定点康复	60	12.74	26	5.52
上门康复	60	12.74	18	3.82
舒适护理	0	0.00	11	2.34
心理照护	0	0.00	12	2.55
对病人家属的关怀与照顾	59	12.53	15	3.18
常见病预防	55	11.68	130	27.60
陪同看病	0	0.00	21	4.46
租赁专用医疗器械服务	59	12.53	4	0.85
紧急救援	30	6.37	67	14.23

(3) 精神慰藉服务。

问卷调查显示，满足老人心理慰藉、情感支持和精神文化的需求，是目前养老服务供给的重要内容。根据调查数据，老年人对棋牌娱乐的要求较高，占比26.33%，对听读书报需求的比例也达到14.65%(见表10.9)。从总体来说，在精神慰藉方面，供给比较充分。

表10.9 受访者精神慰藉提供及需求状况

服务项目	已提供人数(个)	占比(%)	需要人数(个)	占比(%)
定点服务	118	25.05	10	2.12
入户服务	118	25.05	8	1.70
电话服务	118	25.05	3	0.64

续 表

服务项目	已提供人数(个)	占比(%)	需要人数(个)	占比(%)
陪聊天	90	19.11	49	10.40
听读书报	149	31.63	69	14.65
棋牌娱乐	145	30.79	124	26.33
旅游服务	60	12.74	30	6.37

(4) 社会支持服务。

在社会支持的需求调查中,半数以上老人都选择老年培训服务(包括法律常识、健康与养生、兴趣班、心理知识、计算机基础知识、老年大学),其中,对法律常识培训有需要的占比11.04%,对健康与养生培训有需要的占比24.63%。在法律服务(法律咨询、帮助代书)中,有8.70%的人需要法律咨询服务。此外,还有近一成以上老人认为需要家庭照护者服务。

表 10.10 受访者社会支持提供及需求状况

服务项目	已提供人数(个)	占比(%)	需要人数(个)	占比(%)
法律常识	119	25.27	52	11.04
健康与养生	178	37.79	116	24.63
兴趣班	119	25.27	33	7.01
心理知识	119	25.27	9	1.91
计算机基础知识	29	6.16	15	3.18
老年大学	89	18.90	18	3.82
法律咨询	55	11.68	41	8.70
帮助代书	30	6.37	14	2.97
再就业咨询	0	0.00	21	4.46
再就业培训	0	0.00	16	3.40
家庭照护培训	59	12.53	33	7.01
喘息服务	0	0.00	27	5.73

(三) 南昌市医养结合养老服务的模式

南昌市从老年人的生命周期角度出发，充分尊重个体健康权利和人格尊严，尝试建立适合本地实际情况的医养结合养老服务模式。根据“医”“养”资源整合途径的不同，南昌市医养结合养老服务模式可归纳为两种，即“功能整合”式和“合作运营”式。

1. “功能整合”式

(1) 养老机构自营医院。据调查，南昌市发展态势好的中高端养老服务机构中，大多数机构都有设立或试图设立自营医院。例如中华情老年公寓，2013年开办了自己的医院，以就诊便捷、转诊畅通成为公寓吸引服务对象的一大亮点。中华情老年公寓拥有一个全科性的自营医院，所提供的医疗资源基本满足公寓内老人的需求，同时对外开放，这保证了医院正常运营的客源。且该医院已被纳入医保定点机构，使公寓内老人就医的经济负担大大降低。绿康国际养老城虽然也试图建立自营医院，但医保定点无法获批，因为入住老人均有医保，所以并不选择绿康自营医院治疗，这将使得建好的医院处于闲置状态。

(2) 医疗机构转型为康复颐养院。医疗机构转型为康养中心，并利用自身经营优势，与三甲医院实行医联体合作制。例如江西商业医院。该医院为公立医院，属于省供销社机关医院的闲置医疗资源再利用的代表，其引入生命树医养中心的运营和服务模式，并与南昌大学第二附属医院形成医联体合作。另外，江西省商业医院还利用自身的地理优势，与社区卫生服务站合作，推出巡诊、坐诊、中医理疗等特色性、针对性强的医疗护理服务。

表10.11　南昌市医养结合养老服务模式

模式类型	运营方式	代表性机构
“功能整合”式	养老机构自营医院	中华情老年公寓
		绿康国际养老城
	医疗机构转型为康复颐养院	江西商业医院
“合作运营”式	养老机构与医疗机构签订合作协议	九九颐家老年公寓
	社区居家养老服务中心与医疗机构的定点合作	金葵花社区服务中心
		绿湖豪城社区
	家庭医生签约制及健康档案管理	南昌县墨山村

2.“合作运营”式

(1) 养老机构和医疗机构签订正式合作协议。合作运营是指养老机构与医疗机构并不直接形成完整共制的运营模式,而是各自保持独立性,只签订部分就诊、转诊、复诊合作协议,表现为养老机构与医疗机构资源共享、服务共担,医院为机构开设就诊绿色通道等。协议双方并无约束、要求、监督对方的权力,强调双方合作的同时又保证服务对象的自主性和独立性,避免部门间的职责冲突和出现重复服务、多次收费等情况。

(2) 社区居家养老服务中心与医疗机构的定点合作。合作运营模式在社区居家养老方面更为明显,免费体检、坐诊义诊、实习理疗师等医养结合相关性极强的项目在南昌市区内各社区均有明显的表现。其中,金葵花社区服务中心和绿湖豪城社区做得最为完善,其采用服务外包模式,医养结合与社区居家养老均全权交予社会力量承接,再由进驻社区的民非企业或公益组织自行开展与医疗机构的合作。

(3) 家庭医生签约制及健康档案管理。家庭医生签约制是医养结合合作运营模式一个更细致化、独立化、市场化的表现,家庭医生签约制几乎完全由需求推动,由消费者自行选择与某医疗团队的签约。

(四) 南昌市医养结合养老服务的供给现状

在养老服务机构调研发现,中高端养老服务机构一般都可以提供较完善的养老、医疗服务,而公办社会福利院、敬老院、民办养老院的医疗服务就相对匮乏;同时,发现养老机构入住老人中失能老人占比较高,这就对机构的养老、医疗服务供给水平提出了更高的要求(见表10.12)。

社区居家养老服务机构的医疗服务供给主要依托社区卫生所,部分医疗资源丰富的地区可以依托附近医院,但社区卫生所、医院归属卫计委管辖,居家养老服务中心属民政部门管辖,在基层两者的协调沟通渠道并不通畅;同时,基层卫生所的医疗水平较低,基本药物无法报销,造成居民宁可舍近求远,到县市大型医院就诊。调研发现,通过“公建民营”手段引入社会企业参与社区医养结合养老服务体系建设,通过企业内部运作,能为社区老人提供水平较高的医疗服务(见表10.13)。

表 10.12 养老服务机构医疗资源嵌入现状

养老机构类别和名称		性质	床位数(张)	接受对象	医疗资源状况
中高端养老机构(4家)	绿康国际养老成	公建民营	500	自理、失能、半失能老人	机构内设医院
	九九颐家老年公寓	民营	110	自理、失能、半失能老人	与第九医院合作
	中华情老年公寓	民营	1 700	自理、失能、半失能老人	与洪都中医院合作
	青云谱区养老服务中心	公办	150	自理、失能、半失能老人	第五医院、肿瘤医院
福利院、老年公寓、敬老院(9家)	西湖区社会福利院	公办	200	失能老人,三无、流浪老人	与第五医院、武警医院合作
	东湖区社会福利院	公办	190	70%为失能、半失能老人	无定点医院
	温馨养老院	民营	70	失能老人为主	社区诊所
	青山湖区夕阳红老年公寓	民营	150	98%为失能老人	社区医院合作
	西湖区广润门老年公寓	民营	50	80%为失能、半失能老人	与社区诊所合作
	永康老年护理院	公办	200	基本为失能老人	院内设有医疗科室
	进贤县至尊老年公寓	民营	208	失能老人为主	与卫生所合作
	石鼻镇敬老院	公办	50	三无老人	村卫生所
	麻丘镇敬老院	公办	258	三无老人	村卫生所

表 10.13　社区居家养老服务中心医疗资源嵌入状况

社区居家养老服务中心名称	性　质	老人数量（名）	医疗资源情况
东湖区居家养老服务中心	公　办	72	与社会机构巾帼家政服务
金牛社区居家养老服务中心	公　办	700	金牛社区英雄医院（医保定点）
墅溪居家养老中心	公　办	＞200	资金人员缺乏，未提供医疗服务
江西省商业医院	公　办	120	医疗资源丰富、医保定点医院
绿源社区居家养老服务中心	公建民营	＞100	医疗所搬离，医疗资源缺乏
中支桥社区服务中心	公　办	较少	社区卫生所
洪城路社区居家养老服务中心	公　办	较少	社区卫生站
乐化镇新石村居家养老服务中心	公　办	705	无村卫生所
墨山村居家养老服务中心	公　办	406	村卫生所（提供服务有限）
旺坊村居家养老服务站	公　办	＞200	村里没有卫生所
石鼻镇潘家村居家养老服务中心	公　办	1 100	村卫生所（报销比例低）
芦源居家养老中心	公　办	647	村卫生所
金葵花居家养老服务中心	公建民营	＞200	社区医院合作、拜仁口腔医院
绿湖豪城居家养老中心	公建民营	169	自有理疗师、医生

（五）南昌市医养结合养老服务供给存在的问题

2016 年统计数据显示，南昌市全市共有养老服务机构 720 多家，养老床位 20 000 多张，社会养老服务体系逐步完善，但目前的医养结合服务供给仍存在一些问题待解决。

1. 医疗服务供给不足严重制约医养结合养老服务发展

养老中心的医疗服务缺失严重。在调研走访的养老服务机构，能直接提供医疗服务的不到 20%；社区居家养老中心医疗资源缺乏，走访 10 余家居家养老服务中心，其中与医疗机构形成长期稳定合作的只有金葵花社区服务中心和绿湖豪城社区服务中心两家。

2. 医养结合服务供给的城乡差距显著

农村仍处在资源配置的劣势。农村的基本医疗服务供给严重缺乏，除村卫生所无其他医疗服务提供者。但目前的村卫生所的医护人员也存在大量缺口，现存人员医疗技术不强，吸引不到优秀的医疗人才。

3. 医养结合养老服务的利用率普遍较低

存在较普遍的“供非所需”现象，养老服务机构所提供的服务未能有效匹配需求，导致服务利用率低效和无效的服务供给等问题。医疗服务的需求远小于供给，输液、常见病预防的需求比例高达供给的两倍。精神慰藉服务的需求与供给则恰恰相反，读书看报、陪聊天的服务供给约相当于需求的2倍。社会支持服务方面，老人在再就业方面有明显偏好，但供给较低；在心理知识方面没有太多兴趣，但却有较多的提供。这就要求服务供给要有针对性，真正做到以老年人需求为导向，提供老人实际需要的服务。提高服务的利用率，满足失能老人的长期照护需求。

4. 社区医养结合服务严重不足

调研发现，老人对所居住的社区、街道、村庄所提供的服务有较高的依赖，社区目前提供的养老相关服务对老人的需求无法完全满足。社区作为老人除家庭之外最直接获得养老服务的载体，目前缺乏医养结合服务，需要引起足够的重视。南昌市作为首批医养结合试点城市，需要大力发展社区医养结合服务，满足老人的实际需求。

（六）政策建议

1. 技术层面

打造老人信息共享平台，助力医养资源的精确使用。以南昌市现有的养老医疗资源为依托，同时运用先进的互联网、物联网等新兴技术，由职能部门牵头，通过开通信息系统、服务热线和紧急救援系统等各项手段，打造全天候的老人专属信息服务平台，以实现资源的整合。在平台上完整地记录老人的基本信息、医疗记录、收费花销等情况，养老服务机构通过平台可以随时关注老年人的安全、健康状况，从而为老人提供更加便捷、贴心的医护相关服务。实现信息共享，合理整合资源，利用地理区域优势，为老人提供就近服务，高效地利用资源。

2. 需求层面

基于老人服务需求，制定养老服务包。在大数据背景下，通过采集南昌老年人的实际需求，制作出符合本地特色的包含老年人各种养老需求的服务包。服务包的内容包括日常生活服务、医疗保健服务、精神慰藉服务和社会支持服务。推行

“一区一策”，按照农村、城市各区老年人不同的经济状况、身体状况以及文化程度等特征设置具有针对性的服务包，切实满足老年人的实际生活所需。例如红谷滩新区的老年人普遍身体情况较好，文化程度也比较高，更倾向于精神文化方面的需求，对文娱、交友、旅游等活动比较看重，因此在服务包的设置上应该更加注重提供精神慰藉的老年服务。又如青云谱区墅溪社区，属于社会保障性住房社区，居住的老人大多经济水平低，比较看重日常生活照料服务和医疗服务，因此提供的服务应该倾向于日常生活服务、医疗服务。再如进贤县、安义县等农村老人普遍文化水平低、经济条件不好，失能情况也明显，需求主要聚焦在医疗和棋牌等娱乐活动上，所以对农村养老服务的提供要倾向于医疗服务和娱乐活动。表10.14是养老服务包的基本组成，在“一区一策”的要求下，南昌市下辖各县区应当结合当地老人的实际需求制作符合老人实际需求的服务包。

表10.14　养老服务包设计

<table>
<tr><th>类　别</th><th colspan="2">项　　目</th></tr>
<tr><td rowspan="13">日常生活服务</td><td rowspan="2">老年餐桌</td><td>定点用餐</td></tr>
<tr><td>上门送餐</td></tr>
<tr><td rowspan="5">家政服务</td><td>管道疏通</td></tr>
<tr><td>家电维修</td></tr>
<tr><td>水电安装检修</td></tr>
<tr><td>住家保姆</td></tr>
<tr><td>钟点工</td></tr>
<tr><td rowspan="2">美容美发服务</td><td>定点服务</td></tr>
<tr><td>上门理发</td></tr>
<tr><td rowspan="2">托老所</td><td>日托</td></tr>
<tr><td>全托</td></tr>
<tr><td rowspan="2">上门诊所</td><td>输液</td></tr>
<tr><td>家庭病床</td></tr>
<tr><td rowspan="4">医疗服务</td><td>上门护理</td><td>病人护理</td></tr>
<tr><td colspan="2">常见病预防</td></tr>
<tr><td colspan="2">紧急救援</td></tr>
</table>

续表

类别	项目	
精神慰藉	精神文化服务	听读书报
		棋牌娱乐
		旅游咨询
社会支持	老年培训服务	法律常识
		健康与养生
		兴趣班
	法律服务	法律咨询
	家庭照护者服务	家庭照护培训
		喘息服务

3. 供给层面

第一，优化医养结合服务机构的医保定点资格申请流程。提高政府部门对“医养结合”的企业、基层部门的支持力度，明确“医养结合”养老机构可以享受的政策。对符合条件的“医养结合”养老机构，可适当调整纳入医保定点的标准，如缩短执业时长要求、减少配备医生数量要求等等，予以纳入医保定点，并对其实行单独序列医保审批，提高医保报销比例，扩大老年人药品报销范围，保障老人的医疗服务质量。

第二，政府各部门通力合作，积极配合做好医养结合服务工作。市县级政府层面，成立多部门合作的医养结合工作小组，设立医养结合服务办公室，明确工作责任，确立工作重心，统筹全市的医养结合服务中心工作，领导下辖区县工作小组、大中型养老机构，并考核相关工作落实情况。街道层面，应成立医养结合服务工作领导小组，成立老年协会，建立一支以社区服务中心抓总的、以社区义工、社区服务商为骨干的高素质的专业化的为老服务队伍，社区（村）层面，成立以社区（村）服务站成员为主导的为老服务小组，建立一支以社区义工（志愿者）为骨干的为老服务队伍，形成一个由街道医养结合服务工作领导小组、老年协会、社区义工分会、社区服务站四个方面组成的严密的老龄工作体系，确保社区医养结合工作落到实处。

调研附件:南昌市医养结合养老服务需求调查问卷

一、 个人基本情况

A1. 您的性别:

1. 男　2. 女

A2. 您的年龄:

1. 60—70 岁　2. 71—80 岁　3. 81—90 岁　4. 91 岁以上

A3. 您所受的教育程度:

1. 无正式教育(未上过学)　2. 小学　3. 初中　4. 高中　5. 中专/职校　6. 大专/电大　7. 大学(本科)　8. 研究生及以上

A4. 您的婚姻状况:

1. 未婚　2. 已婚　3. 离婚　4. 丧偶

A5. 您目前的居住状态是:

1. 独居　2. 只与配偶居住　3. 只与子女居住　4. 与配偶和子女一起居住

5. 其他

A6. 您的子女数量:

1. 无　2. 1 个　3. 2 个　4. 3 个及以上

A7. 距离您家最近的子女居住在:

1. 本社区　2. 本街道　3. 本区　4. 本市其他区　5. 本省其他市　6. 其他

A8. 您的经济来源主要是:

1. 离、退休金　2. 子女或其他亲属供养　3. 个人储蓄　4. 低保和补助

5. 个人劳动收入　6. 其他

A9. 您的月收入为:

1. 3 000 元以下　2. 3 001—5 000 元　3. 5 001—10 000 元　4. 10 001 元以上

A10. 您的家庭月收入为:

1. 5 000 元以下　2. 5 001—10 000 元　3. 10 001—15 000 元　4. 15 001 元以上

A11. 您有哪些保险:(可多选)

1. 养老保险　2. 医疗保险　3. 大病保险　4. 人寿保险　5. 健康险　6. 意外险　7. 财产险　8. 其他

A12. 您是否愿意购买长期护理保险：

1. 愿意　　2. 不愿意(原因是：　　　)

A13. 您平均多久会参与社会活动(包括外出和朋友闲聊、参与组织的活动等)

1. 基本不参与　2. 每天都参与　3. 每周 1—3 次　4. 每周 4—7 次

A14. 您是否愿意加入社区养老服务志愿者团队：

1. 愿意　2. 不愿意(原因是：　　　　　　　　　　　　　　　　　)

A15. 您的日常生活自理能力：(填写下表，即日常生活自理能力测评表)

老人的综合得分是________分，健康状况为：________(调研员通过计算后填写)

1. 健康　2. 轻度失能　3. 中度失能　4. 重度失能　5. 完全失能

A16. 您是否需要别人的照护：

1. 否　　2. 是

二、日常生活自理能力测评表

表中是各种日常生活活动，请根据您的实际情况在对应的选项里打√

日常生活项	不费力	有些困难	比较困难	做不了
进　食	5	0	0	0
洗　澡	10	5	0	0
穿　衣	5	0	0	0
控制大、小便	10	5	0	0
上厕所	10	5	0	0
床椅转移	15	10	5	0
行　走	15	10	5	0
上下楼梯	15	10	5	0
使用电话	5	0	0	0
乘坐公交车	5	0	0	0
管理个人财务	5	0	0	0

注：100 分，表示日常生活活动能力良好，不需要依赖他人；

＞60 分，评定为良，表示有轻度功能障碍，但日常基本生活基本自理；

60—41 分，表示有中度功能障碍，日常生活需要一定的帮助；

40—20 分，表示有重度功能障碍，日常生活明显需要依赖他人；

＜20 分，为完全残疾，日常生活完全依赖他人。

三、养老服务需求调查表

类别	项目		社区是否有提供(是打√)	是否需要(需要打√)	期望价格(价格具体说明,若希望免费填0)
日常生活服务	老年餐桌	定点用餐			
		上门送餐			
	家政服务	换洗衣物			
		管道疏通			
		家电修理			
		室内保洁			
		家庭装饰			
		送桶装水			
		水电安装检修服务			
	美容美发服务	定点服务			
		上门理发			
		刮 脸			
		染 发			
	洗浴服务	上门协助洗澡			
		按 摩			
	托老所服务	日 托			
		全 托			
	家庭保姆服务	全职保姆			
		钟点工			
医疗服务	上门诊疗	输 液			
		家庭病床			
	上门护理	病人护理			
		残疾人护理			

续 表

类别	项目		社区是否有提供(是打√)	是否需要(需要打√)	期望价格(价格具体说明,若希望免费填0)
医疗服务	临终关怀	解决生理需求			
		给予心理照护			
		对病人家属的关怀与照顾			
	上门康复指导				
	陪同看病				
	租赁专用医疗器械服务				
	紧急救援				
精神慰藉	心理咨询服务	定点咨询			
		入户咨询			
		定点咨询			
精神慰藉	精神文化服务	陪聊天			
		听读书报			
		棋牌娱乐			
		旅游咨询			
社会支持	老年培训服务	法律常识			
		健康与养生			
		书法班			
		绘画班			
		心理知识			
		人际关系			
		计算机基础知识			
	法律服务	法律咨询			
		帮助代书			

续　表

类别	项　　目	社区是否有提供(是打√)	是否需要(需要打√)	期望价格(价格具体说明，若希望免费填 0)
社会支持	老年人再就业服务咨询			
	老年大学			
	家庭照护者培训			

第十一章
推进长期护理保障体系建设的政策建议

一、把握和遵循发展规律，建立独立的长期护理保险制度

（一）长期护理保险制度建设应准确把握国际发展趋势

世界各国均面临着严峻的老龄化挑战和长期照护难题，作为一项制度性安排，长期护理保险制度被普遍采用并取得显著成效。但在实际运行中，由于医疗保险和护理保险制度的分割，不仅影响到服务的连续性，也造成资源浪费。出于满足照护服务需求和控制费用等多方面考虑，一些国家和地区先后着手改革。我国正在构建长期护理保险制度，应积极关注和研究国际护理保险制度发展新趋势、新动向。美国华人社区兴起的全人全责理念，是目前国际上最新的发展趋势。日本将"发展全人医疗及社会照护整合系统"作为2025年规划目标。我国台湾地区近年来也开始探索以人为中心的全人全责的照护服务模式。

可见，国际上对长期护理保障的认识正在发生变化，失能人员生活照护问题已不是护理保障的唯一核心，以人为中心的全人理念越来越受到重视，强调提供及时的、连续的、整合的、全方位的医疗、护理和生活照料服务，已成为国际改革和发展趋势。由于长期照护对应范围的复杂性和时间上的持续性，构建"整合性""综合性"的健康管理体系愈发得到重视。我国随着经济社会发展，人口预期寿命普遍延长，但"长寿"并不等于"健康"，衰老与疾病并存的带病老龄化特点越来越突出。构建我国的长期护理保障模式，应把握这些国际发展新趋势。

(二) 长期护理保险制度建设应遵循中国社会保障发展规律

中国社会保障制度改革经历了从无到有,从不健全到完备,从选择性制度安排到公平、惠普,从只能维护人的生存条件到维护人的自由、平等和尊严的发展历程。医疗保障制度建设更是从城乡分割的三元制度变成城乡融合的二元制度,再发展成城乡统筹的医疗保险制度。长期护理保险制度建设的理念、目标和行动方案,应遵循中国社会保障发展规律。

在中国社会保障制度发展历程中,有两大理念贯穿始终。一是坚持互助共济的基本理念和原则。社会保障制度运行包含四类互助共济关系,即普通社会成员与特定风险遭遇者之间的互助共济关系、不同收入群体之间的互助共济关系、代际互助共济关系、地区之间的互助共济关系。长期护理保险体现的是失能者与健全者之间的互助共济关系,制度建设必须始终坚持互助共济原则。二是坚持以人为中心,制度衔接整合的理念贯穿始终。长期护理保险是为因年老、疾病、伤残等丧失自理能力的失能失智人员的基本生活照料和与基本生活密切相关的医疗护理提供服务或资金保障的社会保险制度,是社会保障制度的一部分。因此,如何对医疗制度和养老制度、医疗资源和养老资源进行适度整合优化,以提供高效、连续、整合、全方位的医疗、护理和生活照料服务,是长期护理保险制度建设必须解决的重要课题。

(三) 长期护理保险制度建设应坚持的理念和原则

我们认为,我国长期护理保险制度建设应坚持以下基本理念和原则:

(1) 制度定位。首先,长期护理保障应该是一个多层次的体系,应坚持以社会长期护理保险为支柱,护理救助和商业保险(补充保险)为兜底和补充,实现综合保障,应对失能风险,化解社会矛盾。其次,政府主办的长期护理保险应定位为社会保险“第六险”,即继养老、医疗、工伤、生育、失业保险后独立的基本险种。长期护理保险具有社会保险属性,既有政府对低收入等特定人群补贴的福利体现,又有强制参保应对人口老龄化的必然要求。长期护理保险应独立于基本医疗保险制度之外,单独架构、单独筹资,从制度上更好地解决失能失智人员的医疗照护需求。基本医疗保险侧重保障“病有所医”,护理保险侧重保障“病有所护”,通过“医养结合”,破解“医养两难”,重点为因年老、疾病、伤残等丧失自理能力的失能失智人员的基本医疗护理提供服务或资金保障。应始终明确社会护理保险在护理保障体系中的制度定位，合理界定保障边界，既不大包大揽，又兜住底线。

(2) 保障方式。长期护理保险应以提供照护服务为主，有别于其他社会保险或社会救助制度单纯给予现金给付待遇的方式。保障形式根据需求可采取提供现金补偿、提供服务、“部分现金补偿＋部分服务”等混合形式。在照护服务提供方式上，坚持居家护理为主、机构护理为辅的理念。

(3) 待遇保障。首先，长期护理保险提供的不是针对健康人群的养老待遇，而是提供针对重度失能为主的特定人群的照护待遇，制度设计应该以家庭照护能力低下、经济条件较差、照护难度大、家属无法提供照护服务等人群为主。尤其是失智老人，由于其疾病的特点通常是照护难度最大的人群，难以由家属提供照护，应纳入待遇保障范围。在制度的起步阶段，待遇享受人群应以重度失能人群为主，随着制度的完善和资金的充实，逐步将待遇享受人群向中度失能人群拓展。其次，严格把控目标群体，始终将长期护理对象严格控制在失能群体上。制度强调“雪中送炭”，而非“锦上添花”。既不要过度保障、过度承诺，也需要尽力而为。需要防止护理保险成为新的经济负担，尤其要防止制度未来陷入财务危机，不应盲目扩大待遇享受范围。

(4) 服务内容。首先，长期照护是社会服务而非医疗服务。长期照护具有连续性、长期性的特点。当公民步入老龄生活无法自理时，或因健康状况不佳通过医疗、康复等手段一直持续到生命终结都无法恢复时，更需要长期照护服务，而非单纯的医疗服务。长期照护的目的不是治愈，而是延续生命和提高生活质量。因此，长期护理保险中的长期护理服务应是在社会的支持下，为失能人员提供基本生活照料、社区照料等全方位的社会照顾。其次，制度设计应紧贴需求，尊重人的生命规律和尊严。长期护理保险提供的不是单纯的家政服务，而更多是技术性的照护服务。应制定合理的护理服务计划，设置的服务包或服务清单不是“自选超市”，不是被动选择福利包。护理服务提供应针对失能失智最迫切的医疗照护问题，精准解决他们的现实需要，如注重虚弱老人早期康复训练，改善轻中度失能老人自理能力，改善重度失能老人以及失智老人的生活质量、维护生活尊严等，并对康复干预效果进行评估，改善服务质量。

(5) 经办管理。长期护理保险应跳出旧有医疗保险的思维和经办模式，政府应定位为利益平衡者，而非利益主体。长期护理保险可以在社商合作框架下、通过购买服务方式提供经办服务，社保和商保经办机构各自发挥自身优势，共同促进长期护理保险事业发展。同时，各地应因地制宜，依据本地实际决定社保和商保的结合方式。

(6) 责任主体。社会保险性质的长期护理保险应遵循互助共济原则，强调社会人群之间通过互助共济实现社会风险分担，是多制度、多主体的共同责任，强调政府责任但非单一的政府责任。

(7) 推进策略。推进长期护理保险制度建设，一是要坚持政府引导，市场驱动，尤其在护理服务提供机构、平台和队伍建设方面应充分体现政府的引导和支持角色，对公立和民营机构一视同仁，充分激发市场活力。二是要坚持试点先行、稳步推进。分类别、分阶段、有重点地审慎制定推进计划，确保长期护理保险制度与经济社会发展阶段相适应。三是立足当前、着眼长远，遵循发展规律，体现中国特色，实现可持续发展。在制度初期，为使制度既能实现收支平衡、良性运行，又不给单位和个人造成缴费压力，可先把有限的资源用在最需要保障的人群上。可从高年龄段老人和重度失能老人开始，基本需求起步，先满足他们的基本照护需求，待制度运行平稳，条件具备时逐步将所有需要照护的人群纳入保障范围。对高层次的照护需求可通过商业保险进行补充。

二、构建稳定的长期护理保险筹资机制，明确各方筹资责任

稳定的资金来源是长期护理保险制度可持续发展的根基，合理的筹资机制是保障资金来源的关键，而且在一定程度上，筹资方式和资金来源渠道决定着长期护理保险制度的属性。

(一) 建立权利与义务对等、多渠道多层次的筹资机制

作为一项新的社会保险制度，长期护理保险应单独筹资。失能老年人的护理成本增长较快，可借鉴德国、日本等较为成熟的国际经验，并从中国国情出发，秉承权利与义务对等的原则，我国有必要建立多渠道的融资机制，形成资金由政府、社会和个人多主体共同分担，用人单位(仅针对职工)和参保者(职工和居民)个人缴费、政府给予适当补贴的社会型长期照护保险筹资制度。

所有参保者，不论就业与否、何种身份，都要履行缴费义务。非常重要的是，政府也要承担一定的筹资责任。一方面，参照居民医保，政府也需要为居民参加长期

护理保险提供一定的匹配性财政补贴;另一方面,日益加深的老龄化风险,已经无法通过纯粹的社会保险代际互助平衡(即在老年人缴费之外,完全由在职的年轻人承担老年人的照护保障费用缺口的缴费责任)来化解,由财政承担一定的长期护理保险筹资责任是必不可少的。从国际看,财政给予长期护理保险一定补贴也是普遍做法。

(二) 明确政府财政和各方的筹资责任

从目前长期护理保险试点情况看,几乎所有试点地区的主要资金来源都是从基本医保基金结余或统筹账户中划拨。一方面,在长期护理保险基金以医保基金结余或者优化医保基金结构等方式筹集的情况下,长期护理保险基金本质上属于基本医保基金的一部分,长期护理保险制度也必然是从属于基本医保而作为基本医保的组成部分而存在,制度的独立性必然受限。另一方面,现在更重要的问题在于城镇职工医保和城乡居民医保基金能否长期保持结余。从长远来看,医保基金的可持续性本身面临着人口老龄化加深和医疗费用不断上涨的压力,因此将长期护理保险的主要资金来源建立在医保基金结余的基础上是不可持续的。综观世界上其他建立社会性长期护理保险制度的国家,制度融资或者由单位及个人单独缴费,或者由单位缴费、个人缴费及财政补贴等多部分构成,采取的都是多渠道的筹资方式。考虑到当前企业面临经济下行和缴费比例过高的双重压力,单纯依靠单位和个人缴费筹资的可行性不大,可以考虑由单位、个人缴费和财政补助等多个渠道进行筹资。

具体到多渠道筹资的办法,单位筹资和个人缴费筹资可以在适度降低其他社会保险项目缴费比例的情况下进行,部分试点地区的做法值得借鉴。例如上海市将医疗保险缴费比例降低了一个百分点,转而改征一个百分点的长期护理保险缴费。个人缴费部分,可以考虑城镇职工由医疗保险个人账户承担,城乡居民单独缴费或者给予财政补贴。

再具体到如何落实财政筹资责任,可在尽量少增加现有财政压力的前提下,整合各项老年福利财政补贴项目,提高老年福利补贴资金效率。可考虑将目前由民政部门管理的各项老年福利补贴,如高龄老人津贴、五保供养资金、残疾人补贴等资金进行适度整合,更多地用于承担失能老年人的护理保险基金需求。部分试点地区如南通市在资金筹集中将财政责任前置,即财政给予缴费补贴,同时长期护理保险基金自我平衡,这有利于厘清财政资金与社会性基金的责任边界,其做法值得推广。

三、规范长期护理保险受益对象、待遇支付方式和范围

(一) 规范长期护理保险制度的受益对象

长期护理保险应对的是失能风险,需要长期护理的人群是那些已经丧失康复体征的群体,尤其是重度失能的老人,他们基本上到了人生的最后一个阶段。目前大部分试点地区都将长期护理保险的受益对象严格地控制在重度失能群体上。从国际上看,日本长期护理保险受益对象明确规定为在 65 岁及以上丧失了日常生活活动能力或 40—64 岁患有特定疾病所接受的护理服务的被保险人;韩国将长期护理分为 5 个等级,将评定为 1、2、3 等级的失能老人纳入受益对象,4、5 等级为轻度失能,未纳入受益人范围;德国的长期护理保险受益对象没有年龄限制,符合条件的投保人均可申请;法国的长期护理津贴受益对象规定为 60 岁及以上急需护理的中低收入失能老人。

借鉴发达国家的经验,长期护理保险制度的受益对象应在全面考虑资金平衡的前提下,起步时以参保对象中的全失能人员为受益对象,依据护理等级给予不同给付待遇标准。随着制度的逐步推进与完善,受益对象应逐步扩大,最终扩展到所有失能半失能参保人员。

(二) 规范长期护理保险待遇支付方式和支付范围

目前各个试点地区在护理保险待遇给付方式上各不相同。除长春市未提供居家照护外,其他试点地区基本都是按照居家照护和机构照护两类形式提供护理服务。青岛市的做法略有不同,将照护服务形式进一步细分为“家护”“巡护”“院护”“专护”等,不过“家护”和“巡护”实际上属于居家护理,“院护”和“专护”属于机构照护。从国外实践看,服务形式大体上也分为居家照护和机构照护两类,但在服务形式上也在不断进行改革。例如,日本的护理服务包括专门机构护理和居家护理等,为了应对护理费用的快速上涨,2005 年在长期照护保险服务项目中增加了预防照护服务,主要是面向轻度照护需求者或者潜在的照护服务需求者提供,这一制度设计的目的是期望通过预防性措施降低失能率。我国随着制度的推进和逐步成熟,

也可考虑增加预防性服务，以较小的成本投入获得较大的制度收益。

从待遇支付范围看，大部分试点地区均按照人社部《关于开展长期护理保险制度试点的指导意见》(人社厅发〔2016〕80号)提出的“护理保险试点重点解决重度失能人员基本生活照料和与基本生活密切相关的医疗护理等所需费用”这一意见开展试点。但是，对基本生活照料和与之相关的医疗护理支付项目具体如何界定，各地做法不一。例如，上海市规定了27项基本生活照料和15项常用临床照护项目；广州市规定了包含环境安全、生活护理等在内的7项基本生活照料项目，以及包含气管切开护理、吸痰护理等在内的19项医疗护理项目。再以“床位费”这一支付项目为例，上海市、青岛市等规定床位费不包含在支付范围内，而长春市、广州市等地将床位费包含在支付范围内。

我国长期护理保险制度构建过程中，随着制度的逐步铺开，有必要对待遇支付范围在全国范围内进行统一和规范，建议参照基本医疗保险制度的做法，对护理保险待遇支付范围在全国制定一个基本目录，各统筹地区可以结合本地实际在基本目录的基础上进行适当调整。

四、规范失能等级评定，建立全国统一的标准体系

从发达国家的经验看，建立失能等级评定标准是完善长期护理保险体系的前提，因为失能等级标准与失能者的申请遴选、基金的收支平衡、保险的缴费率高低以及服务供给的规范等密切相关，至关重要。

目前各试点地区都在积极探索失能等级标准，评定哪些群体需要进行长期护理。一般根据失能程度分为重度失能、中度失能和轻度失能。多数试点地区采用《日常生活活动能力评定量表》作为失能评定的判断标准，且量表打分40分以下的重度失能人员可以申请享受护理保险待遇，少数试点地区如青岛、南通等，将部分中度失能人员也纳入待遇享受对象范围。例如，青岛市规定60分以下的失能人员即可申请享受护理保险待遇，南通市规定41—50分的中度失能人员也可申领护理保险待遇。上海市、成都市与其他试点地区不同，开发了各自的需求认定体系。上海结合国外经验和本地实践制定了《上海市老年照护统一需求评估标准》，从自理能力和疾病状况两个维度开展评估，通过计算机综合评分给出评定结果。成都市制定了《成都市成人失能综合评估技术规范》进行失能评定，评定结果为重度一级、

二级、三级失能，分别对应照护三级、二级、一级3个等级。

从各地实践看，失能等级评定中还存在以下问题：一是各地失能等级评定标准各不相同，没有统一的标准可循，而且还有各自强化护理等级评定标准的做法。如成都市基于国际ICF的标准本地化，并成立资格评定委员会专司失能评定工作，按照“自评＋初评＋复评＋稽核”的流程操作，将自评环节明显不符合标准的剔除；同时，依托各级医疗机构组建评估员库和评定专家库，随机抽取开展失能评定。南通市则进一步精细化巴氏量表，通过个人诚信申报、社区全程参与审核及审核近两年病历的机制，精准化评定失能等级。二是无论采取巴氏量表，或是其他评估工具，评估的质量控制难度都很大，评估标准和结果难以客观化，存在部分申请人通过伪装等方式，人为提高失能等级的情况，评估人员之间评定尺度的差异也客观存在。部分地区寄希望于国家出台相应的评估标准。三是试点城市对评估结果的争议缺乏适当的疏解办法，仍存在重复提出评估的情况。四是研究机构提供的评估标准多偏学术，难以落地，适用性较差。

日本在实施长期照护保险制度时为了对申请人进行需求评估，专门开发了一套复杂的、标准化的“需求评估工具”，并在全国范围内统一使用。法国受益对象的甄别参照自主能力评定标准，依据基本日常生活活动（包括洗澡、穿衣、如厕、转移、大小便控制和进食六项）和工具性日常生活活动（包括购物、洗衣、做饭、交通、休闲、个人事务等十项活动），按照六个等级进行评定。

我国在构建长期护理保险制度过程中，也应结合实际开发一套完整的、标准化的失能评定工具。一是要加快失能评估和护理标准体系建设，抓紧研究制定全国统一的失能等级评定标准，同时建立有关护理等级的国家标准。二是标准体系应强调实用性，防止标准过于学术化。做好国外标准的本地化、本土化使之更加适应本地。评估工具操作越简单越好，标准越清晰越好。标准应客观可度量，有具体的参数和标注。三是标准体系应强调全国一致性和本地因地制宜相结合，国家层面更多是指导性、方向性的标准体系。四是应注重与其他部门相关标准的协同衔接。五是要防止利益的固化。

五、积极培育长期护理市场，发展专业护理服务体系

长期照护服务能力供给不足问题，是各国在建立长期护理保险过程中普遍遇

到的问题，我国这方面的问题更加突出。与相对庞大的护理服务需求相比，我国长期护理服务有效供给却严重不足，无论是护理服务机构还是床位都很紧缺。根据民政部发布的相关规划，到2020年，中国每千名老年人口拥有养老床位数为35张至40张，其中护理型床位比例不低于30%，而目前发达国家平均每千名老人已拥有养老床位50张至70张。

长期护理保险制度与护理市场发育是相辅相成的，长期护理保险的建立可以促进护理服务市场的发展。以日本为例，引入长期照护保险制度后，日本的长期护理服务市场发展迅速，例如老年人长期照护福利机构的数量从2001财年的近2.1万家扩大到2011财年的3.4万家，10年增长了62%。

在我国，通过长期护理保险制度自身保障功能与外在社会功能相互呼应、相互促进，其拉动就业创业、促进护理产业发展、支持家政服务业等方面的外部效应初步显现。以青岛市为例，长期护理保险制度的实施，吸引了社会资本(包括外资)踊跃投入养老领域，健康养老产业发展迅速。截至2018年，青岛市护理保险定点服务机构发展到638家。其中，承担“专护”业务的二、三级定点医院20家，承担“院护”业务的医养结合机构71家(6家失智专区试点机构)，承担“家护”业务的社区医疗机构570家。民营机构占95%，承担了98%的业务量，成为护理服务的绝对主体。另外，还有承担农村“巡护”业务的卫生院(室)等基层医疗机构356家。长护“在床量”为1.5万人左右，按照医护与患者1∶3至1∶4的正常比例计算，直接拉动就业4 000—5 000人。

总之，面对长期护理保险庞大的市场需求，应加快培育长期护理服务市场。在严格资格准入条件的前提下，应鼓励社会资本参与服务提供，要把有志于做护理相关行业的社会力量引入到市场中来。应扩大长期护理服务有效供给，特别是提升专业化的服务能力，扩充相关专业人才队伍，这是今后长期护理保障体系建设的重中之重。

一是要充分关注不同老年人群的特殊需要，加快发展专业护理服务。首先，70岁的年龄在身体机能和护理服务两方面都是一个艰难的门槛。为减轻社会护理服务供给及资金压力，无论是老年人自身，还是我国健康服务体系，都需要重视即将进入70岁年龄段人群的疾病预防和健康管理服务问题。其次，女性的失能率和自理能力退化速度都显著高于男性，因此必须在疾病预防、健康管理和护理保障等方面加强对女性老年人的服务及保护。再次，为应对失智老人护理的挑战，应加快培育能满足失智老人特殊需要的服务模式及服务资源。

二是要提高护理服务供给的针对性。尽管我国普遍面临护理服务供给缺口，但对“低龄”“中龄”“高龄”老年人这三个不同群体的护理服务缺口不尽相同。因此，加强护理服务供给应从“紧迫处”着手，例如，提供低龄老年人更需要的居家专业护理，特别是每天服务时间较短的个人护理服务，以及服务时间较长或服务内容丰富的生活照料和基本医护服务。而对高龄老年人、尤其是80岁及以上老年人，除了居家护理外，养老院、护理院等专业机构的缺口也较大，在具体服务项目方面，更需要发展和提供持续时间更长、人员更稳定的护理服务。

三是要大力发展家庭和社区健康护理。建立和实施长期护理保险，应始终将家庭护理与社区护理作为护理服务提供的主体。应规避德国、日本等国家长期护理保险制度实施早期出现的过度机构化问题，给机构养老造成过大的压力。为此，首先应大力发展家庭健康护理。家庭健康护理可由家庭成员提供，也可由专业机构的专业人员上门提供护理服务。其次要大力发展社区健康护理，此举不仅可以降低对机构护理的依赖，而且可以创造就业机会和渠道，促进健康护理业的发展。

四是对家庭非正式照护者提供支持。联合国《2002年马德里老龄问题国际行动计划》专门提出要对老年人提供照护，并向提供非正式照护的家庭成员尤其是妇女给予支持。①在OECD国家中，仅有5%的65岁及以上老年人和20%的85岁及以上老年人入住养老机构，大部分低中龄(60—74岁)老年人无需过早转入照护机构，可以在家接受正式或非正式照护。借鉴国际经验，除了发展专业性的护理服务，我国还应采取措施鼓励家庭护理的供给，如给予现金津贴、由政府组织提供喘息照护以及兼顾工作和照护的措施(如允许弹性工作时间和带薪休假)等。

五是加强长期护理人员专业培训。面对日益加剧的人口老龄化，我国现有的医护人员无论数量还是质量都无法满足当前的照料需求，护理人才队伍已经成为长期护理发展的瓶颈。为此，要强化护理人员培养，加大在职培训力度，建设专业化的护理服务队伍。借鉴发达国家的经验，培养多层次的护理专业人才队伍。例如，在医护院校扩大护理学专业办学规模，对养老护理员加强入职培训与在岗培训；开办老年护理专业，加强老年护理专业技能型人才储备；定期组织在职护理人

---

① 《2002年马德里老龄问题国际行动计划》，联合国老龄化议题，2013-09-02，http://www.un.org/chinese/esa/ageing/actionplan20.htm。

员进行继续教育和岗位技能培训，提高在职人员岗位胜任能力。

六是强化护理保险专业人才建设。社会长期护理保险的发展离不开专业的护理保险人才支撑，而护理保险不同于一般的人身保险，其核保、核赔、精算等业务对从业人员的专业技能要求更高，急需培养大批既具备医疗专业知识背景又精通保险专业知识的复合型保险人才。可在高校保险专业设置长期护理保险专门方向，培养能够满足长期护理保险的专业性与技术性要求的专门人才，解决长期护理保险专业人才供给不足的矛盾。

附　录

附录一　世界各国和地区人口、就业、医疗和社会保障数据

表 1　2017 年世界各国和地区人口基本情况数据

国家和地区	人口数（百万）	人口增长率（%）	0—14 岁人口比例（%）	15—64 岁人口比例（%）	65 岁及以上人口比例(%)	赡养率(65 岁及以上人口/15—64 岁人口)	千人死亡率（2016 年）	千人出生率（2016 年）	预期寿命（2016 年）
阿富汗	35.53	2.49	43.24	54.17	2.58	4.76	6.75	25.93	63.67
阿尔巴尼亚	2.87	−0.09	17.40	69.42	13.19	19.00	7.38	16.48	78.35
阿尔及利亚	41.32	1.74	29.28	64.50	6.21	9.63	4.77	9.98	76.08
美属萨摩亚	0.06	0.08	..	..	..	..	..	20.88	..
安道尔	0.08	−0.41	..	..	..	..	4.30	13.50	..
安哥拉	29.78	3.31	46.81	50.79	2.40	4.73	8.51	14.09	61.55
安提瓜和	0.10	1.03	23.89	69.17	6.93	10.02	5.79	14.10	76.36
巴布达	44.27	0.96	24.89	63.92	11.20	17.52	7.56	9.60	76.58

续 表

国家和地区	人口数（百万）	人口增长率（%）	0—14岁人口比例（%）	15—64岁人口比例（%）	65岁及以上人口比例(%)	赡养率(65岁及以上人口/15—64岁人口)	千人死亡率（2016年）	千人出生率（2016年）	预期寿命（2016年）
阿根廷	2.93	0.19	20.01	68.76	11.23	16.34	9.69	12.23	74.62
亚美尼亚	0.11	0.42	17.91	69.00	13.09	18.96	8.76	14.87	75.87
阿鲁巴	24.60	1.59	19.01	65.48	15.50	23.68	6.50	14.42	82.50
澳大利亚	8.81	0.83	14.09	66.71	19.20	28.78	9.20	9.99	80.89
奥地利	9.86	1.07	23.28	70.70	6.02	8.51	5.80	33.47	72.03
阿塞拜疆	0.40	1.05	20.45	70.55	9.00	12.75	6.35	36.33	75.68
巴哈马	1.49	4.62	19.72	77.91	2.37	3.04	2.36	11.11	76.90
巴　林	164.67	1.05	28.37	66.53	5.10	7.66	5.28	16.52	72.49
孟加拉国	0.29	0.25	19.06	65.99	14.95	22.66	10.74	20.36	75.91
巴巴多斯	9.51	0.07	16.74	68.46	14.80	21.62	12.60	32.41	73.83
白俄罗斯	11.37	0.36	17.09	64.33	18.57	28.87	9.50	31.52	80.99
比利时	0.37	2.08	31.42	64.73	3.85	5.95	5.48	31.81	70.38
伯利兹	11.18	2.75	42.67	54.09	3.24	6.00	9.17	12.88	60.91
贝　宁	0.07	0.15	..	..	..	..	8.00	16.84	81.23
百慕大	0.81	1.23	26.55	68.57	4.88	7.12	6.02	16.99	70.20
不　丹	11.05	1.49	31.64	61.66	6.70	10.87	7.30	17.00	69.13
玻利维亚	3.51	−0.28	14.13	69.30	16.57	23.91	11.04	32.17	76.91
波　黑	2.29	1.82	31.41	64.65	3.94	6.10	6.68	20.44	66.80
博茨瓦纳	209.29	0.78	21.75	69.70	8.55	12.27	6.17	35.04	75.51
巴　西	0.03	1.73	..	..	..	..	..	22.36	..
文　莱	0.43	1.29	23.02	72.38	4.59	6.34	3.58	22.79	77.20

续 表

国家和地区	人口数（百万）	人口增长率（%）	0—14 岁人口比例（%）	15—64 岁人口比例（%）	65 岁及以上人口比例(%)	赡养率(65 岁及以上人口/15—64 岁人口)	千人死亡率（2016 年）	千人出生率（2016 年）	预期寿命（2016 年）
保加利亚	7.08	−0.73	14.24	64.96	20.80	32.02	15.10	23.69	74.61
布基纳法索	19.19	2.89	45.18	52.41	2.41	4.60	8.57	23.59	60.36
布隆迪	10.86	3.18	44.99	52.44	2.56	4.89	10.79	18.54	57.48
佛得角	0.55	1.26	30.21	65.33	4.46	6.83	5.53	12.24	72.80
柬埔寨	16.01	1.53	31.28	64.31	4.41	6.86	6.06	..	68.98
额麦隆	24.05	2.59	42.73	54.11	3.17	5.85	10.08	11.71	58.07
加拿大	36.71	1.22	16.03	66.99	16.98	25.35	7.50	23.88	82.30
开曼群岛	0.06	1.30	..	..	..	..	..	23.79	..
中非共和国	4.66	1.39	43.20	53.15	3.65	6.88	13.54	10.46	52.17
乍　得	14.90	3.05	47.14	50.37	2.49	4.93	12.95	38.00	52.90
海峡群岛	0.17	0.47	14.54	67.44	18.01	26.71	9.00	22.54	81.11
智　利	18.05	0.81	20.32	68.60	11.09	16.16	6.12	20.26	79.52
中　国	1 386.40	0.56	17.68	71.68	10.64	14.85	7.30	20.26	76.25
哥伦比亚	49.07	0.84	23.48	68.87	7.65	11.10	6.01	36.30	74.38
科摩罗	0.81	2.28	39.77	57.26	2.96	5.17	7.39	36.30	63.70
刚果民主共和国	81.34	3.25	46.28	50.70	3.02	5.96	9.93	36.30	59.62
刚果共和国	5.26	2.60	42.28	54.32	3.40	6.26	7.33	14.17	64.63
哥斯达黎加	4.91	0.99	21.65	68.89	9.47	13.74	4.94	18.89	79.83
科特迪瓦	24.29	2.50	42.43	54.63	2.93	5.37	12.23	33.21	53.58
克罗地亚	4.13	−1.17	14.69	65.59	19.72	30.07	12.30	11.82	78.02
古　巴	11.48	0.08	16.03	69.23	14.74	21.29	8.00	23.13	79.74

续 表

国家和地区	人口数（百万）	人口增长率（%）	0—14岁人口比例（%）	15—64岁人口比例（%）	65岁及以上人口比例（%）	赡养率（65岁及以上人口/15—64岁人口）	千人死亡率（2016年）	千人出生率（2016年）	预期寿命（2016年）
库拉索	0.16	0.84	18.69	64.94	16.37	25.20	9.30	..	77.87
塞浦路斯	1.18	0.80	16.83	69.75	13.42	19.23	6.89	8.80	80.51
捷克共和国	10.59	0.24	15.37	65.60	19.03	29.00	10.20	41.82	78.33
丹　麦	5.77	0.72	16.49	63.84	19.68	30.82	9.20	16.23	80.70
吉布提	0.96	1.54	31.09	64.70	4.21	6.51	8.35	17.17	62.47
多米尼克	0.07	0.52	..	..	..	..	..	13.46	..
多米尼加共和国	10.77	1.10	29.30	63.72	6.98	10.95	6.10	10.97	73.86
厄瓜多尔	16.62	1.45	28.44	64.46	7.10	11.02	5.12	12.50	76.33
阿拉伯埃及共和国	97.55	1.93	33.47	61.37	5.16	8.41	5.91	10.00	71.48
萨尔瓦多	6.38	0.52	27.38	64.35	8.27	12.86	6.73	16.30	73.51
赤道几内亚	1.27	3.71	37.20	59.96	2.85	4.75	10.19	14.27	57.68
厄立特里亚	5.07	2.30	..	..	..	..	6.85	14.76	65.09
爱沙尼亚	1.32	—0.02	16.37	64.18	19.45	30.31	11.70	18.95	77.74
埃塞俄比亚	1.37	1.78	37.19	59.65	3.16	5.30	9.59	11.91	57.75
法罗群岛	104.96	2.46	40.55	55.92	3.53	6.31	6.83	12.40	65.48
斐　济	0.05	0.35	..	..	..	..	7.60	10.80	82.24
芬　兰	0.91	0.75	28.47	65.31	6.22	9.53	7.09	22.53	70.27
法　国	5.51	0.29	16.41	62.36	21.23	34.04	9.80	37.03	81.78
法属波利尼西亚	67.12	0.39	18.08	62.20	19.72	31.70	8.80	9.60	82.27
加　蓬	0.28	0.99	23.28	68.94	7.78	11.28	5.44	18.17	76.81
冈比亚	2.03	2.26	35.90	59.65	4.45	7.46	7.62	23.25	66.11

续 表

国家和地区	人口数（百万）	人口增长率（%）	0—14岁人口比例（%）	15—64岁人口比例（%）	65岁及以上人口比例(%)	赡养率(65岁及以上人口/15—64岁人口)	千人死亡率（2016年）	千人出生率（2016年）	预期寿命（2016年）
格鲁吉亚	2.10	3.00	45.33	52.33	2.34	4.47	8.06	9.16	61.19
德　国	3.72	−0.06	19.18	65.95	14.86	22.54	13.23	23.67	73.26
加　纳	82.70	0.42	13.07	65.47	21.45	32.77	11.20	14.16	80.64
希　腊	28.83	2.20	38.52	58.09	3.38	5.83	8.15	..	62.74
格陵兰	0.03	0.47	..	..	..	..	..	15.87	..
格林纳达	10.76	−0.14	14.21	65.39	20.40	31.19	11.00	9.10	81.04
关　岛	0.06	−0.03	..	..	..	..	8.70	38.92	..
危地马拉	0.11	0.47	26.34	66.35	7.30	11.01	7.11	42.25	73.66
几内亚	0.16	0.81	24.73	65.72	9.55	14.53	5.07	20.90	79.58
几内亚比绍	16.91	1.98	35.05	60.26	4.69	7.79	4.83	23.30	73.41
圭亚那	12.72	2.56	42.26	54.61	3.13	5.74	9.26	36.30	60.02
海　地	1.86	2.48	41.50	55.50	3.00	5.41	10.54	10.80	57.40
洪都拉斯	0.78	0.59	29.00	65.70	5.31	8.08	8.21	..	66.65
中国香港	10.98	1.23	32.97	62.23	4.80	7.71	8.59	35.70	63.33
匈牙利	9.27	1.66	31.64	63.70	4.65	7.30	4.80	43.33	73.58
冰　岛	7.39	0.75	11.49	72.21	16.30	22.58	6.40	9.33	84.23
印　度	9.78	−0.34	14.32	67.11	18.58	27.68	13.00	13.28	75.57
印度尼西亚	0.34	1.73	20.09	65.48	14.43	22.04	6.90	12.00	82.47
伊　朗	1 339.18	1.13	27.78	66.23	5.99	9.04	7.31	15.20	68.56
伊拉克	263.99	1.10	27.36	67.32	5.32	7.90	7.12	32.86	69.19
爱尔兰	81.16	1.10	23.69	70.87	5.44	7.68	4.51	42.28	75.95

续 表

国家和地区	人口数（百万）	人口增长率（%）	0—14岁人口比例（%）	15—64岁人口比例（%）	65岁及以上人口比例(%)	赡养率(65岁及以上人口/15—64岁人口)	千人死亡率（2016年）	千人出生率（2016年）	预期寿命（2016年）
马恩岛	38.27	2.84	40.40	56.42	3.19	5.65	5.02	34.63	69.86
以色列	4.81	1.22	21.64	64.43	13.93	21.61	6.40	14.29	81.61
意大利	0.08	0.65	..	..	..	..	..	36.83	..
牙买加	8.71	1.93	27.86	60.40	11.73	19.42	5.10	9.00	82.41
日　本	60.55	−0.13	13.52	63.46	23.02	36.28	10.10	10.87	82.54
约　旦	2.89	0.31	22.73	67.59	9.68	14.33	6.98	11.20	75.97
哈萨克斯坦	126.79	−0.16	12.89	60.06	27.05	45.03	10.50	10.83	83.98
肯尼亚	9.70	2.57	35.50	60.69	3.81	6.28	3.83	10.70	74.33
基里巴斯	18.04	1.36	27.93	65.08	6.99	10.74	7.37	10.80	72.30
朝　鲜	49.70	2.52	40.47	56.85	2.69	4.73	5.73	23.00	67.03
韩　国	0.12	1.74	34.99	61.11	3.90	6.37	6.99	..	66.32
科索沃	25.49	0.48	20.62	69.89	9.49	13.58	8.84	20.17	71.69
科威特	51.47	0.43	13.47	72.61	13.91	19.16	5.50	20.18	82.02
吉尔吉斯斯坦	1.83	0.80	..	..	..	..	7.00	26.49	71.65
老　挝	4.14	2.05	21.09	76.56	2.35	3.06	2.74	18.54	74.69
拉脱维亚	6.20	1.99	31.84	63.67	4.49	7.05	5.50	34.11	70.95
黎巴嫩	6.86	1.47	32.88	63.09	4.03	6.39	6.66	32.20	66.68
莱索托	1.94	−0.96	15.41	64.84	19.75	30.47	14.60	10.70	74.53
利比里亚	6.08	1.25	23.09	68.40	8.51	12.45	4.62	28.85	79.58
利比亚	2.23	1.33	35.39	60.10	4.51	7.50	12.70	31.78	54.17
列支敦士登	4.73	2.53	41.81	55.13	3.06	5.54	7.89	13.60	62.51

续　表

国家和地区	人口数（百万）	人口增长率（%）	0—14 岁人口比例（%）	15—64 岁人口比例（%）	65 岁及以上人口比例（%）	赡养率（65 岁及以上人口/15—64 岁人口）	千人死亡率（2016 年）	千人出生率（2016 年）	预期寿命（2016 年）
立陶宛	6.37	1.28	28.16	67.42	4.42	6.56	5.21	19.39	71.93
卢森堡	0.04	0.68	..	..	..	..	7.20	9.60	82.66
中国澳门	2.83	−1.42	14.82	66.17	19.00	28.72	14.30	11.70	74.32
前南斯拉夫马其顿共和国	0.60	2.95	16.44	69.25	14.31	20.67	6.80	15.38	82.29
马达加斯加	0.62	1.68	13.26	76.94	9.80	12.74	3.81	29.51	83.85
马拉维	2.08	0.09	16.69	70.05	13.26	18.93	9.80	39.48	75.70
马来西亚	25.57	2.68	40.97	56.10	2.93	5.22	6.33	13.50	65.93
马尔代夫	18.62	2.89	43.99	53.03	2.98	5.62	7.28	9.30	63.22
马　里	31.62	1.39	24.31	69.39	6.29	9.07	4.93	31.05	75.30
马耳他	0.44	1.98	23.41	72.47	4.12	5.68	3.34	..	77.34
马绍尔群岛	18.54	3.00	47.71	49.78	2.52	5.06	10.32	8.60	57.97
毛里塔尼亚	0.47	2.16	14.43	66.15	19.43	29.37	7.60	14.80	81.80
毛里求斯	0.05	0.11	..	..	..	..	..	18.68	..
墨西哥	4.42	2.73	39.93	56.93	3.14	5.51	7.88	16.78	63.24
密克罗尼西亚	1.26	0.09	18.39	70.67	10.95	15.49	8.10	25.27	74.39
摩尔多瓦	129.16	1.26	26.67	66.48	6.86	10.32	4.85	35.91	77.12
摩纳哥	0.11	0.58	33.12	62.07	4.81	7.75	6.22	36.58	69.20
蒙古国	3.55	−0.06	15.74	73.40	10.86	14.80	11.48	20.58	71.61
黑　山	0.04	0.51	..	..	..	..	7.90	24.18	..
摩洛哥	3.08	1.58	29.67	66.30	4.03	6.08	6.32	21.72	69.29
莫桑比克	0.62	0.03	18.12	67.12	14.76	21.99	9.86	8.30	77.12

续 表

国家和地区	人口数（百万）	人口增长率（%）	0—14 岁人口比例（%）	15—64 岁人口比例（%）	65 岁及以上人口比例(%)	赡养率(65 岁及以上人口/15—64 岁人口)	千人死亡率（2016 年）	千人出生率（2016 年）	预期寿命（2016 年）
缅　甸	35.74	1.30	27.39	65.84	6.77	10.28	5.13	9.70	75.82
纳米比亚	29.67	2.87	44.79	52.05	3.16	6.07	10.09	12.00	58.31
尼泊尔	53.37	0.91	26.83	67.44	5.73	8.50	8.14	19.01	66.61
荷　兰	2.53	2.16	36.70	59.75	3.55	5.95	7.23	18.99	64.39
新喀里	0.01	4.50	..	..	..	..	..	16.54	..
多尼亚	29.30	1.11	30.89	63.30	5.81	9.18	6.28	33.21	70.25
新西兰	17.13	0.60	16.41	64.81	18.78	28.98	8.70	13.50	81.51
尼加拉瓜	0.28	1.40	22.52	67.53	9.95	14.74	5.70	..	76.96
尼日尔	4.79	2.12	19.77	64.91	15.32	23.60	6.64	21.20	81.61
尼日利亚	6.22	1.09	29.03	65.52	5.44	8.31	4.78	7.80	75.40
北马里亚纳群岛	21.48	3.82	50.20	47.25	2.55	5.40	9.70	16.63	60.06
挪　威	190.89	2.60	43.99	53.26	2.75	5.16	12.46	7.80	53.43
阿　曼	0.06	0.22	..	..	..	..	..	26.47	..
巴基斯坦	5.28	0.91	17.77	65.40	16.82	25.72	7.80	22.52	82.51
帕　劳	4.64	4.67	21.81	75.83	2.36	3.11	2.53	31.31	77.03
巴拿马	197.02	1.95	34.78	60.73	4.49	7.40	7.28	28.22	66.48
巴布亚新几内亚	0.02	1.05	..	..	..	..	10.00	13.83	..
巴拉圭	4.10	1.59	27.39	64.69	7.92	12.24	5.02	7.90	78.00
秘　鲁	8.25	2.03	35.94	60.26	3.81	6.32	7.11	16.80	65.54
菲律宾	6.81	1.27	29.40	64.22	6.38	9.93	5.73	16.42	73.12
波　兰	32.17	1.23	27.39	65.46	7.15	10.92	5.65	26.00	74.98

续 表

国家和地区	人口数（百万）	人口增长率（%）	0—14岁人口比例（%）	15—64岁人口比例（%）	65岁及以上人口比例（%）	赡养率（65岁及以上人口/15—64岁人口）	千人死亡率（2016年）	千人出生率（2016年）	预期寿命（2016年）
葡萄牙	104.92	1.53	31.72	63.48	4.80	7.57	6.52	23.85	69.09
波多黎各	37.98	0.02	14.82	68.42	16.76	24.50	10.20	11.20	77.45
卡塔尔	10.29	−0.31	13.63	64.86	21.50	33.15	10.70	15.47	81.13
罗马尼亚	3.34	−2.06	17.94	66.90	15.17	22.67	8.10	27.87	79.79
俄罗斯联邦	2.64	2.67	13.88	84.82	1.31	1.54	1.53	34.32	78.18
卢旺达	19.59	−0.59	15.26	66.89	17.85	26.69	13.00	19.67	75.01
萨摩亚	144.50	0.11	17.61	68.22	14.18	20.78	12.90	10.00	71.59
圣马力诺	12.21	2.41	40.14	56.89	2.97	5.23	5.97	10.70	67.13
圣多美和	0.20	0.67	36.59	57.81	5.61	9.70	4.97	10.40	75.01
普林西比	0.03	0.59	..	..	..	..	7.60	12.15	..
沙特阿拉伯	0.20	2.19	42.84	54.27	2.89	5.32	6.69	11.28	66.62
塞内加尔	32.94	2.03	25.16	71.54	3.30	4.61	3.56	33.15	74.56
塞尔维亚	15.85	2.81	42.88	54.11	3.01	5.56	5.90	36.70	67.15
塞舌尔	7.02	−0.51	16.45	66.18	17.37	26.24	14.30	17.05	75.24
塞拉利昂	0.10	1.22	22.24	69.16	8.61	12.44	7.90	18.27	74.31
新加坡	7.56	2.15	42.09	55.37	2.54	4.58	12.75	42.63	51.84
圣马丁（荷兰属）	5.61	0.09	14.98	72.10	12.92	17.92	4.80	10.20	82.80
斯洛伐克共和国	0.04	2.81	..	..	..	..	..	..	..
斯洛文尼亚	5.44	0.17	15.37	69.56	15.07	21.66	9.60	34.16	76.56
所罗门群岛	2.07	0.08	14.96	65.98	19.06	28.89	9.50	10.40	80.78
索马里	0.61	1.97	38.84	57.65	3.51	6.08	4.77	18.17	70.73

续 表

国家和地区	人口数（百万）	人口增长率（%）	0—14 岁人口比例（%）	15—64 岁人口比例（%）	65 岁及以上人口比例（%）	赡养率（65 岁及以上人口/15—64 岁人口）	千人死亡率（2016 年）	千人出生率（2016 年）	预期寿命（2016 年）
南　非	14.74	2.92	46.43	50.84	2.73	5.37	11.37	23.71	56.29
苏丹南部	56.72	1.24	28.98	65.67	5.34	8.14	9.79	10.32	62.77
西班牙	12.58	2.78	41.67	54.89	3.44	6.27	10.98	7.80	56.81
斯里兰卡	46.57	0.19	14.69	65.88	19.44	29.50	8.80	23.96	82.83
圣基茨和尼维斯	21.44	1.13	24.01	65.92	10.07	15.27	6.90	11.36	75.28
圣卢西亚	0.06	0.95	..	..	..	..	..	19.97	..
圣马丁（法国属）	0.18	0.46	18.88	71.40	9.72	13.62	7.51	38.95	75.50
圣文森特和格林纳丁斯	0.03	0.55	..	..	..	..	4.20	17.79	79.62
苏　丹	0.11	0.23	23.79	68.48	7.72	11.28	7.18	29.18	73.18
苏里南	40.53	2.38	40.82	55.63	3.55	6.38	7.44	..	64.49
斯威士兰	0.56	0.90	26.43	66.63	6.93	10.40	7.31	19.71	71.41
瑞　典	10.07	1.45	17.53	62.48	19.99	31.99	9.20	10.10	82.20
瑞　士	8.47	1.10	14.87	66.69	18.44	27.64	7.80	15.40	82.90
叙利亚	18.27	−0.88	36.58	59.08	4.34	7.35	5.52	12.65	70.31
塔吉克斯坦	8.92	2.11	35.25	61.28	3.47	5.66	5.16	19.51	71.05
坦桑尼亚	57.31	3.08	44.91	51.98	3.11	5.98	6.74	48.14	65.68
泰　国	69.04	0.25	17.32	71.31	11.37	15.95	7.87	38.89	75.30
东帝汶	1.30	2.16	43.61	52.84	3.56	6.73	5.53	..	68.88
多　哥	7.80	2.48	41.58	55.58	2.84	5.11	8.69	11.20	60.23
汤　加	0.11	0.83	35.83	58.35	5.82	9.97	5.99	18.73	73.03
特立尼达和多巴哥	1.37	0.30	20.66	69.32	10.01	14.45	9.61	28.23	70.67

续 表

国家和地区	人口数（百万）	人口增长率（%）	0—14岁人口比例（%）	15—64岁人口比例（%）	65岁及以上人口比例(%)	赡养率(65岁及以上人口/15—64岁人口)	千人死亡率（2016年）	千人出生率（2016年）	预期寿命（2016年）
突尼斯	11.53	1.12	24.01	67.99	8.00	11.77	6.34	12.00	75.73
土耳其	80.75	1.54	24.96	66.89	8.15	12.19	5.82	19.53	75.76
土库曼斯坦	5.76	1.67	30.91	64.81	4.28	6.60	7.08	27.61	67.84
特克斯和凯科斯群岛	0.04	1.55	..	..	..	..	..	20.95	..
图瓦卢	0.01	0.85	..	..	..	..	..	19.28	..
乌干达	42.86	3.26	47.71	50.12	2.17	4.33	8.70	23.21	59.89
乌克兰	44.83	−0.39	15.49	68.05	16.46	24.19	14.70	10.10	71.48
阿联酋	9.40	1.40	13.90	84.96	1.14	1.35	1.59	8.40	77.26
英　国	66.02	0.65	17.71	63.77	18.52	29.04	9.10	9.00	80.96
美　国	325.72	0.71	18.91	65.67	15.41	23.47	8.40	10.15	78.69
乌拉圭	3.46	0.37	21.06	64.29	14.66	22.80	9.37	9.60	77.49
乌兹别克斯坦	32.39	1.68	27.98	67.55	4.47	6.62	4.90	12.90	71.31
瓦努阿图	0.28	2.14	35.90	59.71	4.39	7.36	4.78	31.11	72.13
委内瑞拉	31.98	1.29	27.59	65.79	6.61	10.05	5.61	24.69	74.55
越　南	95.54	1.02	23.06	69.79	7.15	10.24	5.82	7.90	76.25
英属维尔京群岛	0.11	−0.23	20.13	61.27	18.60	30.36	7.60	33.83	79.27
约旦河西岸和加沙	4.68	2.88	39.57	57.38	3.04	5.30	3.50	19.56	73.47
也门共和国	28.25	2.39	39.92	57.16	2.92	5.11	6.46	35.60	64.95
赞比亚	17.09	2.99	44.78	52.74	2.48	4.70	7.78	9.20	61.87
津巴布韦	16.53	2.32	41.20	55.97	2.82	5.04	8.08	17.40	61.16

资料来源：世界银行发展数据库（https://data.worldbank.org）。

表 2　2017 年世界各国和地区劳动和就业统计

国家和地区	劳动力（百万）	女性劳动力所占比例（%）	女性失业率（%）	男性失业率（%）	总失业率（%）	女性劳动参与率（%）	男性劳动参与率（%）	就业人口占15岁以上人口比例（%）	女性弱就业人数占女性就业人数的比例（%）	男性弱就业人数占男性就业人数的比例（%）
阿富汗	10.9	17.3	12.7	8.0	8.8	19.5	86.7	49.4	69.2	65.5
阿尔巴尼亚	1.3	42.0	13.3	14.3	13.9	47.2	64.9	48.3	57.2	57.2
阿尔及利亚	12.1	18.3	18.2	8.3	10.1	15.2	67.3	37.2	27.7	27.9
美属萨摩亚	..	..	..	..	..	..	..	..	..	..
安道尔	..	..	..	..	..	..	..	..	..	..
安哥拉	12.3	50.1	8.6	7.7	8.2	75.3	80.1	71.3	80.6	52.7
安提瓜和	..	..	..	..	..	..	..	..	..	..
巴布达	19.9	40.9	9.5	7.8	8.5	47.3	73.2	54.8	17.2	23.3
阿根廷	1.4	46.6	18.5	18.0	18.2	51.4	70.6	49.2	44.0	42.2
亚美尼亚	..	..	..	..	..	..	..	..	..	..
阿鲁巴	12.9	46.2	5.7	5.5	5.6	59.2	70.5	61.2	8.1	12.7
澳大利亚	4.6	46.8	5.0	5.9	5.5	55.0	66.0	57.0	7.4	8.6
奥地利	5.0	48.8	5.4	4.7	5.0	62.9	69.5	62.8	63.8	49.4
阿塞拜疆	0.2	47.7	13.8	11.5	12.6	70.0	82.0	66.3	17.5	12.0
巴哈马	0.9	21.0	4.0	0.5	1.2	44.0	87.0	71.3	0.9	2.1
巴　林	66.6	29.1	7.0	3.3	4.4	33.0	79.8	54.0	70.8	52.2
孟加拉国	0.2	49.9	10.1	9.3	9.7	62.2	70.0	59.5	11.3	20.5
巴巴多斯	5.1	49.7	0.5	0.4	0.5	58.4	70.7	63.7	1.9	3.3

续 表

国家和地区	劳动力（百万）	女性劳动力所占比例（%）	女性失业率（%）	男性失业率（%）	总失业率（%）	女性劳动参与率（%）	男性劳动参与率（%）	就业人口占15岁以上人口比例（%）	女性弱就业人数占女性就业人数的比例(%)	男性弱就业人数占男性就业人数的比例(%)
白俄罗斯	5.0	46.0	7.1	7.1	7.1	47.8	58.7	49.4	8.3	12.7
比利时	0.2	40.2	14.5	5.9	9.3	53.2	81.3	60.8	31.0	24.4
伯利兹	4.5	49.2	2.7	2.3	2.5	68.7	73.1	69.1	94.3	81.8
贝 宁	..	..	..	..	..	..	..	..	..	..
百慕大	0.4	40.1	3.3	1.9	2.4	58.0	74.3	65.2	84.3	63.0
不 丹	5.1	41.2	4.1	2.5	3.1	55.1	79.9	65.3	28.2	32.5
玻利维亚	1.4	38.7	29.9	22.8	25.6	35.2	58.6	34.7	21.5	20.1
波 黑	1.1	46.6	21.0	14.2	17.4	65.6	78.4	59.4	16.0	14.1
博茨瓦纳	104.3	42.9	15.3	11.8	13.3	53.2	74.7	55.2	22.4	31.1
巴 西	..	..	..	..	..	..	..	..	..	..
文 莱	0.2	42.7	8.2	6.3	7.1	59.0	74.7	62.3	4.9	5.3
保加利亚	3.2	46.4	5.9	6.3	6.2	47.8	59.6	50.2	6.8	9.3
布基纳法索	7.0	44.6	9.1	4.0	6.3	58.1	75.2	62.3	90.4	84.7
布隆迪	4.7	52.4	1.1	2.0	1.6	80.2	77.5	77.6	96.6	87.7
佛得角	0.2	41.4	11.2	9.7	10.3	49.5	71.4	54.2	39.5	36.2
柬埔寨	9.3	49.9	0.2	0.2	0.2	80.9	88.7	84.5	57.3	44.8
额麦隆	10.5	47.0	5.2	3.4	4.2	71.2	81.2	73.0	81.9	63.3
加拿大	20.1	47.2	5.8	6.8	6.3	60.7	69.8	61.1	9.0	12.1
开曼群岛	..	..	..	..	..	..	..	..	..	..
中非共和国	1.9	45.2	6.6	5.4	6.0	63.3	80.0	67.2	74.9	61.4

续 表

国家和地区	劳动力（百万）	女性劳动力所占比例（%）	女性失业率（%）	男性失业率（%）	总失业率（%）	女性劳动参与率（%）	男性劳动参与率（%）	就业人口占15岁以上人口比例（%）	女性弱就业人数占女性就业人数的比例（%）	男性弱就业人数占男性就业人数的比例（%）
乍　得	5.6	45.8	7.0	5.0	5.9	64.8	77.6	67.0	98.6	85.7
海峡群岛	0.1	43.6	8.2	10.2	9.4	49.5	65.5	52.0	7.7	11.9
智　利	9.0	41.3	7.5	6.6	7.0	50.6	74.4	58.0	25.0	22.8
中　国	786.7	43.7	4.2	5.0	4.7	61.5	76.1	65.7	34.5	31.8
哥伦比亚	26.4	42.9	11.5	6.9	8.9	58.8	82.6	64.1	46.5	47.1
科摩罗	0.2	41.6	4.7	4.1	4.3	36.0	50.2	41.2	77.6	54.0
刚果民主	31.6	49.8	4.3	3.1	3.7	71.4	73.5	69.7	55.0	51.9
刚果共和国	2.1	48.6	11.7	10.3	10.9	67.4	72.0	62.0	91.4	59.5
哥斯达黎加	2.3	38.3	10.3	6.8	8.1	45.3	73.9	54.7	12.5	14.8
科特迪瓦	8.0	41.1	3.3	2.1	2.6	48.1	66.2	55.8	85.5	65.0
克罗地亚	1.8	46.4	11.9	10.6	11.2	45.5	57.7	45.6	7.1	10.0
古　巴	5.2	38.3	2.8	2.4	2.5	41.5	67.3	53.0	7.9	11.7
库拉索	..	..	..	..	..	..	..	..	..	..
塞浦路斯	0.6	46.5	11.2	10.9	11.0	58.1	67.5	55.9	9.7	14.9
捷克共和国	5.4	44.4	3.6	2.3	2.9	52.0	68.3	58.2	11.9	16.2
丹　麦	3.0	47.4	5.9	5.6	5.7	59.2	67.2	59.5	4.3	7.0
吉布提	0.4	41.9	6.7	5.2	5.8	49.5	68.5	55.6	39.8	38.5
多米尼克	..	..	..	..	..	..	..	..	..	..
多米尼加共和国	5.1	41.3	8.0	3.7	5.5	54.4	79.5	63.1	28.0	49.6
厄瓜多尔	8.1	41.0	4.9	3.1	3.8	55.4	81.3	65.6	55.3	38.3

续 表

国家和地区	劳动力（百万）	女性劳动力所占比例（%）	女性失业率（%）	男性失业率（%）	总失业率（%）	女性劳动参与率（%）	男性劳动参与率（%）	就业人口占15岁以上人口比例（%）	女性弱就业人数占女性就业人数的比例（%）	男性弱就业人数占男性就业人数的比例（%）
阿拉伯埃及共和国	31.1	23.1	24.7	8.3	12.1	22.2	73.7	42.2	31.8	17.3
萨尔瓦多	2.8	41.8	3.8	5.0	4.5	47.0	78.8	58.6	44.7	29.7
赤道几内亚	0.5	39.3	7.3	6.7	6.9	55.7	61.8	55.1	43.7	30.4
厄立特里亚	2.4	46.9	6.9	5.9	6.4	75.4	87.4	76.2	47.2	45.5
爱沙尼亚	0.7	48.5	5.3	6.2	5.8	56.4	70.3	59.1	4.5	7.0
埃塞俄比亚	0.5	41.4	27.0	25.9	26.4	42.7	67.2	40.0	28.9	12.3
法罗群岛	51.5	47.3	7.5	3.1	5.2	77.2	87.8	78.2	90.8	85.9
斐　济	..	..	..	..	..	..	..	..	..	..
芬　兰	0.4	34.7	8.7	5.1	6.3	40.8	75.4	54.6	40.4	37.3
法　国	2.7	48.1	8.4	8.9	8.6	54.8	61.9	53.2	7.4	12.4
法属波利尼西亚	30.4	47.0	9.3	9.5	9.4	50.6	60.1	50.0	6.0	8.7
加　蓬	0.1	42.9	21.6	20.2	20.8	47.8	61.6	43.4	10.8	15.2
冈比亚	0.7	40.1	28.2	14.0	19.7	42.9	59.4	41.3	42.2	27.1
格鲁吉亚	0.7	44.3	12.7	6.9	9.4	51.2	67.7	53.7	80.9	64.0
德　国	2.0	45.6	9.0	13.8	11.6	57.9	78.8	59.8	56.9	58.1
加　纳	43.5	46.5	3.3	4.1	3.8	55.0	66.2	58.2	5.2	6.6
希　腊	13.6	49.5	2.5	2.2	2.4	74.8	79.2	75.1	76.3	56.0
格陵兰	..	..	..	..	..	..	..	..	..	..
格林纳达	4.9	44.0	26.1	17.9	21.5	45.5	60.6	41.5	24.2	27.8
关　岛	..	..	..	..	..	..	..	..	..	..

续 表

国家和地区	劳动力（百万）	女性劳动力所占比例（%）	女性失业率（%）	男性失业率（%）	总失业率（%）	女性劳动参与率（%）	男性劳动参与率（%）	就业人口占15岁以上人口比例（%）	女性弱就业人数占女性就业人数的比例（%）	男性弱就业人数占男性就业人数的比例（%）
危地马拉	..	..	..	..	..	..	..	..	..	..
几内亚	0.1	40.5	6.0	5.3	5.6	53.0	76.8	61.3	29.5	22.0
几内亚比绍	6.8	33.9	3.8	2.2	2.7	40.6	85.0	60.3	45.1	29.4
圭亚那	4.7	49.1	3.4	5.5	4.5	63.0	65.4	61.3	95.9	84.4
海　地	0.8	47.1	6.7	5.6	6.1	65.6	78.1	67.3	75.8	56.0
洪都拉斯	0.3	35.2	15.6	10.1	12.0	40.7	74.6	50.8	28.3	33.2
中国香港	5.0	48.0	15.9	12.3	14.0	63.8	72.6	58.6	90.2	85.1
匈牙利	4.3	37.8	5.3	4.0	4.5	50.9	85.8	65.0	48.1	30.8
冰　岛	4.0	49.0	2.8	3.4	3.1	54.0	68.1	58.5	4.0	7.9
印　度	4.7	45.8	4.6	3.8	4.2	47.9	64.2	53.3	5.3	6.9
印度尼西亚	0.2	47.1	2.7	2.8	2.8	72.8	81.8	75.2	5.3	10.4
伊　朗	520.2	24.5	4.2	3.3	3.5	27.2	78.8	51.9	81.4	76.2
伊拉克	127.1	38.2	3.9	4.3	4.2	50.7	81.8	63.5	56.2	42.1
爱尔兰	27.3	19.0	20.4	10.7	12.5	16.8	71.4	38.6	44.0	40.6
马恩岛	10.6	20.1	11.9	7.2	8.2	18.7	74.1	42.7	43.0	31.9
以色列	2.3	44.9	5.3	7.3	6.4	53.0	67.3	56.2	5.7	17.1
意大利	..	..	..	..	..	..	..	..	..	..
牙买加	4.0	47.2	4.3	4.1	4.2	59.3	69.1	61.4	9.1	14.9
日　本	25.5	42.0	12.4	10.3	11.2	39.5	58.3	43.2	13.9	19.6
约　旦	1.5	43.2	16.1	9.7	12.4	57.3	77.4	58.9	30.4	43.1

续 表

国家和地区	劳动力（百万）	女性劳动力所占比例（%）	女性失业率（%）	男性失业率（%）	总失业率（%）	女性劳动参与率（%）	男性劳动参与率（%）	就业人口占15岁以上人口比例（%）	女性弱就业人数占女性就业人数的比例（%）	男性弱就业人数占男性就业人数的比例（%）
哈萨克斯坦	66.5	43.2	2.7	3.0	2.8	50.5	70.5	58.5	8.8	9.1
肯尼亚	2.4	17.7	25.0	12.8	14.9	14.0	63.7	33.3	2.4	10.9
基里巴斯	9.2	48.5	5.8	4.1	4.9	65.4	77.3	67.5	24.8	25.7
朝　鲜	19.4	48.5	15.3	7.9	11.5	62.4	68.5	57.9	70.9	40.0
韩　国	..	..	..	..	..	..	..	..	..	..
科索沃	16.3	47.8	4.0	5.5	4.8	74.4	86.9	76.6	67.7	64.3
科威特	27.9	41.9	3.6	3.8	3.7	52.2	73.1	60.3	22.0	25.4
吉尔吉斯斯坦	..	..	..	..	..	..	..	..	..	..
老　挝	2.3	28.2	4.3	1.3	2.1	47.4	84.1	67.6	0.3	2.5
拉脱维亚	2.6	40.0	8.8	6.3	7.3	48.2	75.7	57.2	32.3	39.3
黎巴嫩	3.6	49.8	0.6	0.7	0.7	76.9	79.7	77.7	88.7	77.0
莱索托	1.0	50.1	7.7	9.8	8.7	55.2	67.3	55.3	7.7	10.3
利比里亚	2.2	24.4	10.4	5.4	6.6	23.2	71.1	44.1	14.9	28.8
利比亚	1.0	46.7	30.1	24.8	27.2	59.3	74.4	48.4	55.0	62.4
列支敦士登	1.5	48.4	2.4	2.4	2.4	53.9	57.4	54.3	88.8	67.2
立陶宛	2.4	24.6	27.2	14.6	17.7	25.8	79.0	43.2	43.9	33.9
卢森堡	..	..	..	..	..	..	..	..	..	..
中国澳门	1.5	50.6	5.7	8.5	7.1	55.9	66.2	56.3	8.3	12.5
前南斯拉夫马其顿共和国	0.3	45.1	5.5	5.5	5.5	52.3	63.5	54.7	6.2	6.2
马达加斯加	0.4	49.0	1.5	2.5	2.0	66.1	76.0	69.4	2.7	4.4

续 表

国家和地区	劳动力（百万）	女性劳动力所占比例（%）	女性失业率（%）	男性失业率（%）	总失业率（%）	女性劳动参与率（%）	男性劳动参与率（%）	就业人口占15岁以上人口比例（%）	女性弱就业人数占女性就业人数的比例（%）	男性弱就业人数占男性就业人数的比例（%）
马拉维	1.0	38.8	21.8	22.7	22.4	42.5	67.6	42.7	16.8	23.0
马来西亚	13.1	48.8	1.9	1.7	1.8	83.6	89.4	84.9	89.9	81.1
马尔代夫	8.0	48.1	7.0	4.9	5.9	72.3	81.9	72.4	66.0	54.0
马　里	15.4	38.1	3.9	3.1	3.4	50.8	77.3	62.3	25.1	20.4
马耳他	0.2	27.0	6.0	4.6	5.0	42.9	82.1	62.5	36.3	15.0
马绍尔群岛	6.9	43.1	8.7	7.3	7.9	60.8	82.5	65.8	94.0	83.3
毛里塔尼亚	0.2	38.9	4.2	3.9	4.0	42.3	66.6	52.3	4.6	11.5
毛里求斯	..	..	..	..	..	..	..	..	..	..
墨西哥	1.3	31.3	12.6	8.6	9.9	31.0	67.7	44.5	52.2	41.6
密克罗尼西亚	0.6	39.1	10.6	4.9	7.1	45.1	72.7	54.5	13.6	17.6
摩尔多瓦	58.1	36.5	3.6	3.3	3.4	44.1	79.0	59.2	30.2	25.3
摩纳哥	..	..	..	..	..	..	..	..	..	..
蒙古国	1.3	49.0	3.0	5.8	4.5	39.4	45.8	40.6	21.3	36.0
黑　山	..	..	..	..	..	..	..	..	..	..
摩洛哥	1.3	45.3	5.9	7.9	7.0	52.7	66.2	55.2	44.6	48.9
莫桑比克	0.2	44.6	16.9	15.4	16.1	42.1	55.0	40.7	9.6	13.8
缅　甸	12.7	26.1	10.1	9.1	9.3	25.0	74.1	44.4	64.0	46.1
纳米比亚	12.9	54.8	26.9	22.8	25.0	82.5	74.6	59.0	94.9	72.8
尼泊尔	25.4	40.7	0.9	0.7	0.8	51.3	79.9	64.6	61.6	55.9
荷　兰	1.0	49.5	24.9	21.8	23.3	58.5	65.2	47.3	32.2	18.8

续 表

国家和地区	劳动力（百万）	女性劳动力所占比例（%）	女性失业率（%）	男性失业率（%）	总失业率（%）	女性劳动参与率（%）	男性劳动参与率（%）	就业人口占15岁以上人口比例（%）	女性弱就业人数占女性就业人数的比例（%）	男性弱就业人数占男性就业人数的比例（%）
新喀里	..	..	..	..	..	..	..	..	..	..
多尼亚	17.1	51.8	2.3	3.2	2.7	82.7	85.9	81.9	89.5	67.3
新西兰	9.1	46.1	5.3	4.5	4.8	58.0	69.2	60.4	11.0	14.3
尼加拉瓜	0.1	45.7	15.8	13.9	14.8	57.4	68.0	53.5	6.3	10.6
尼日尔	2.7	47.4	5.3	4.5	4.9	63.9	74.9	65.8	10.3	13.8
尼日利亚	2.9	38.9	5.4	3.8	4.4	50.3	84.0	63.7	47.4	34.4
北马里亚纳群岛	8.4	43.4	0.2	0.5	0.4	67.5	90.7	78.6	90.6	86.9
挪 威	59.0	45.4	6.3	7.6	7.0	50.4	59.8	51.3	87.0	74.6
阿 曼	..	..	..	..	..	..	..	..	..	..
巴基斯坦	2.8	47.1	3.7	4.6	4.2	60.8	67.6	61.6	3.9	6.9
帕 劳	2.5	12.9	12.8	1.8	3.3	30.2	87.3	67.9	10.4	8.8
巴拿马	70.0	22.4	7.0	3.2	4.0	24.9	82.7	52.2	75.1	55.5
巴布亚新几内亚	..	..	..	..	..	..	..	..	..	..
巴拉圭	2.0	39.6	5.9	3.6	4.5	52.8	81.2	63.9	31.1	32.8
秘 鲁	3.7	48.9	1.7	3.6	2.7	69.0	70.8	68.1	85.0	64.7
菲律宾	3.4	39.7	5.4	4.1	4.6	56.6	83.9	67.2	42.2	37.2
波 兰	17.9	45.4	3.7	3.5	3.6	69.0	84.5	73.9	57.2	43.5
葡萄牙	44.6	39.9	2.6	2.2	2.3	49.6	75.1	60.9	39.9	32.2
波多黎各	18.3	45.0	4.9	4.9	4.9	48.8	65.1	53.8	14.6	19.4
卡塔尔	5.2	48.8	9.4	8.4	8.9	53.3	63.8	53.0	10.3	15.3

续 表

国家和地区	劳动力（百万）	女性劳动力所占比例（%）	女性失业率（%）	男性失业率（%）	总失业率（%）	女性劳动参与率（%）	男性劳动参与率（%）	就业人口占15岁以上人口比例（%）	女性弱就业人数占女性就业人数的比例（%）	男性弱就业人数占男性就业人数的比例（%）
罗马尼亚	1.1	42.1	9.3	11.9	10.8	33.2	51.0	37.1	10.3	19.5
俄罗斯联邦	2.0	14.1	0.5	0.1	0.1	58.1	94.6	86.8	0.1	0.2
卢旺达	8.8	43.1	4.0	5.6	4.9	44.1	63.1	50.6	24.9	27.4
萨摩亚	75.6	48.6	5.0	5.3	5.2	56.6	71.8	60.2	5.7	7.0
圣马力诺	6.3	51.5	1.4	1.2	1.3	86.0	86.3	85.0	87.5	72.0
圣多美和	0.0	36.5	9.8	7.3	8.2	23.7	38.9	28.9	33.3	31.2
普林西比	..	..	..	..	..	..	..	..	..	..
沙特阿拉伯	0.1	36.0	21.5	8.9	13.5	41.3	75.4	50.3	30.9	36.1
塞内加尔	13.8	16.2	21.1	2.5	5.5	22.3	79.5	53.0	1.2	3.3
塞尔维亚	5.2	41.4	5.0	4.7	4.8	45.5	69.9	54.4	46.1	43.0
塞舌尔	3.1	44.2	15.0	13.4	14.1	45.8	61.7	46.0	24.7	30.8
塞拉利昂	..	..	..	..	..	..	..	..	..	..
新加坡	2.5	50.1	3.7	5.3	4.5	57.1	58.7	55.3	92.8	82.4
圣马丁（荷兰属）	3.3	45.0	2.1	2.0	2.0	60.5	76.7	67.1	5.7	10.4
斯洛伐克共和国	..	..	..	..	..	..	..	..	..	..
斯洛文尼亚	2.8	45.5	8.4	7.9	8.1	52.5	67.7	54.9	8.7	15.0
所罗门群岛	1.0	46.6	7.5	5.8	6.6	51.7	60.9	52.6	9.0	12.4
索马里	0.3	43.4	2.2	2.0	2.0	62.5	80.3	70.0	64.4	61.4
南　非	3.6	20.4	6.7	5.8	6.0	18.6	74.3	43.4	87.5	68.4
苏丹南部	22.0	45.0	29.5	25.6	27.3	47.8	62.0	39.8	9.8	9.5

续　表

国家和地区	劳动力（百万）	女性劳动力所占比例（%）	女性失业率（%）	男性失业率（%）	总失业率（%）	女性劳动参与率（%）	男性劳动参与率（%）	就业人口占15岁以上人口比例（%）	女性弱就业人数占女性就业人数的比例（%）	男性弱就业人数占男性就业人数的比例（%）
西班牙	5.3	49.2	12.8	10.3	11.5	70.8	73.9	64.0	56.7	43.0
斯里兰卡	23.0	46.4	19.0	15.7	17.2	52.2	63.8	47.9	9.4	14.2
圣基茨和尼维斯	8.7	34.5	6.6	2.8	4.1	35.1	74.1	51.4	43.4	38.3
圣卢西亚	..	..	..	..	..	..	..	..	..	..
圣马丁（法国属）	0.1	46.0	22.8	19.4	21.0	61.2	75.9	54.0	25.6	31.9
圣文森特和格林纳丁斯	..	..	..	..	..	..	..	..	..	..
苏　丹	0.1	41.8	19.7	17.3	18.3	58.6	80.3	56.8	8.4	9.6
苏里南	11.1	25.7	23.1	9.1	12.7	23.6	69.9	40.6	46.2	38.7
斯威士兰	0.2	39.4	12.5	5.3	8.1	41.8	65.3	49.1	11.5	14.9
瑞　典	5.3	47.7	6.4	7.0	6.7	60.8	67.4	59.7	4.4	8.2
瑞　士	4.9	46.6	5.1	4.6	4.8	62.9	74.1	65.1	9.7	8.7
叙利亚	4.8	14.4	38.2	11.0	14.9	11.9	70.1	34.9	15.1	37.1
塔吉克斯坦	3.4	38.6	11.0	9.9	10.3	45.5	73.3	53.2	42.9	50.3
坦桑尼亚	26.3	48.9	2.8	1.7	2.2	79.5	87.4	81.5	89.0	78.3
泰　国	39.1	45.7	1.1	1.0	1.1	60.5	77.3	67.8	52.1	48.7
东帝汶	0.3	31.7	4.5	2.9	3.4	24.9	52.3	37.4	52.3	48.2
多　哥	3.5	49.2	1.5	2.1	1.8	75.8	79.3	76.1	88.5	72.3
汤　加	0.0	38.4	1.6	0.8	1.1	45.1	74.2	58.8	60.0	52.7
特立尼达和多巴哥	0.7	42.0	6.1	3.9	4.8	51.0	73.7	59.1	11.5	20.0

续　表

国家和地区	劳动力（百万）	女性劳动力所占比例（%）	女性失业率（%）	男性失业率（%）	总失业率（%）	女性劳动参与率（%）	男性劳动参与率（%）	就业人口占15岁以上人口比例（%）	女性弱就业人数占女性就业人数的比例(%)	男性弱就业人数占男性就业人数的比例(%)
突尼斯	4.1	26.5	23.1	12.6	15.4	24.3	70.6	39.7	16.7	22.2
土耳其	31.3	32.2	14.4	9.8	11.3	32.4	71.9	45.8	36.7	24.8
土库曼斯坦	2.6	41.9	3.6	3.2	3.4	53.4	78.2	63.2	22.8	19.9
特克斯和凯科斯群岛	..	..	..	..	..	..	..	..	..	..
图瓦卢	..	..	..	..	..	..	..	..	..	..
乌干达	15.8	47.9	2.8	1.5	2.1	66.6	74.9	69.2	81.5	68.1
乌克兰	20.5	47.4	8.0	10.8	9.5	46.9	63.0	49.1	14.3	16.9
阿联酋	6.4	12.4	4.6	1.3	1.7	40.9	92.0	78.3	0.2	0.4
英　国	33.9	46.5	4.2	4.4	4.3	56.8	68.1	59.6	9.5	16.1
美　国	163.5	45.8	4.3	4.4	4.4	55.7	68.3	59.2	5.0	7.0
乌拉圭	1.8	45.4	9.5	6.6	7.9	56.1	74.4	59.7	21.9	25.3
乌兹别克斯坦	15.3	41.6	7.1	7.3	7.2	53.8	77.9	60.9	23.8	25.4
瓦努阿图	0.1	43.8	6.0	4.6	5.2	61.5	79.6	66.8	78.0	70.1
委内瑞拉	14.7	40.1	8.6	7.0	7.7	50.2	77.4	58.8	32.0	33.7
越　南	57.5	48.1	1.9	2.2	2.1	73.2	83.5	76.6	62.3	49.9
英属维尔京群岛	0.1	50.1	7.7	6.6	7.1	57.1	64.6	56.3	23.5	26.1
约旦河西岸和加沙	1.3	21.1	47.1	22.1	27.4	19.5	71.7	33.3	41.6	39.0
也门共和国	6.4	7.9	28.3	12.8	14.0	6.0	69.6	32.6	67.9	43.2
赞比亚	7.1	47.8	8.4	7.3	7.8	70.1	79.7	69.0	87.9	68.2
津巴布韦	8.1	49.2	5.7	4.3	5.0	78.5	89.1	79.4	75.8	54.8

资料来源：世界银行发展数据库（https://data.worldbank.org）。

表 3 2015 年世界各国或地区贫困与收入分配数据

国家和地区	贫困情况										
	最高 10% 人群累计收入占比（%）	最低 10% 人群累计收入占比（%）	基尼系数	最高 20% 人群累计收入占比（%）	最低 20% 人群累计收入占比（%）	贫困差距（国家贫困线）（%）	贫困人口比例（国家贫困线）（%）	农村贫困人口比例（国家贫困线）（%）	城市贫困人口比例（国家贫困线）（%）	农村贫困差距（国家贫困线）（%）	城市贫困差距（国家贫困线）（%）
阿富汗	..	..	..	..	..	..	..	..	..	..	..
阿尔巴尼亚	..	..	..	..	..	..	..	..	..	..	..
阿尔及利亚	..	..	..	..	..	..	..	..	..	..	..
美属萨摩亚	..	..	..	..	..	..	..	..	..	..	..
安道尔	..	..	..	..	..	..	..	..	..	..	..
安哥拉	..	..	..	..	..	..	..	..	..	..	..
安提瓜和	..	..	..	..	..	..	..	..	..	..	..
巴布达	..	..	..	..	..	..	..	..	..	..	..
阿根廷	26.7	3.4	32.4	40.7	8.2	..	29.8	..	..	..	..
亚美尼亚	..	..	..	..	..	..	..	..	..	..	..
阿鲁巴	..	..	..	..	..	..	..	..	..	..	..
澳大利亚	23.8	3	30.5	38.4	7.9	..	..	..	..	..	..
奥地利	..	..	..	..	..	..	..	..	..	..	..
阿塞拜疆	..	..	..	..	..	..	..	..	..	..	..
巴哈马	..	..	..	..	..	..	..	..	..	..	..
巴　林	..	..	..	..	..	..	..	..	..	..	..
孟加拉国	..	..	..	..	..	..	..	..	..	..	..

续 表

国家和地区	贫困情况										
	最高10%人群累计收入占比(%)	最低10%人群累计收入占比(%)	基尼系数	最高20%人群累计收入占比(%)	最低20%人群累计收入占比(%)	贫困差距(国家贫困线)(%)	贫困人口比例(国家贫困线)(%)	农村贫困人口比例(国家贫困线)(%)	城市贫困人口比例(国家贫困线)(%)	农村贫困差距(国家贫困线)(%)	城市贫困差距(国家贫困线)(%)
巴巴多斯	22.2	4	26.7	36.4	9.5	..	5.1	8.7	3.7	..	..
白俄罗斯	22.2	3.4	27.7	36.5	8.6	..	..	..	..	..	..
比利时	..	..	..	..	..	..	..	..	..	..	..
伯利兹	37.6	1	47.8	52.1	3.2	..	40.1	..	..	..	..
贝　宁	..	..	..	..	..	..	..	..	..	..	..
百慕大	..	..	..	..	..	..	..	..	..	..	..
不　丹	34.8	1.1	46.7	51.1	3.9	16.8	38.6	..	..	..	..
玻利维亚	25.1	3	32.7	40.5	7.7	..	16.9	..	..	..	..
波　黑	..	..	..	..	..	..	..	..	..	..	..
博茨瓦纳	40.4	1.2	51.3	56.1	3.6	..	8.7	..	..	..	..
巴　西	..	..	..	..	..	..	..	..	..	..	..
文　莱	..	..	..	..	..	..	..	..	..	..	..
保加利亚	..	..	..	..	..	..	22.9	..	..	..	..
布基纳法索	..	..	..	..	..	..	..	..	..	..	..
布隆迪	..	..	..	..	..	..	..	..	..	..	..
佛得角	..	..	..	..	..	..	35	..	..	..	..
柬埔寨	..	..	..	..	..	..	..	..	..	..	..
额麦隆	..	..	..	..	..	..	..	..	..	..	..
加拿大	..	..	..	..	..	..	..	..	..	..	..

续 表

国家和地区	贫困情况										
	最高10%人群累计收入占比(%)	最低10%人群累计收入占比(%)	基尼系数	最高20%人群累计收入占比(%)	最低20%人群累计收入占比(%)	贫困差距(国家贫困线)(%)	贫困人口比例(国家贫困线)(%)	农村贫困人口比例(国家贫困线)(%)	城市贫困人口比例(国家贫困线)(%)	农村贫困差距(国家贫困线)(%)	城市贫困差距(国家贫困线)(%)
开曼群岛	..	..	..	..	..	..	..	..	..	..	..
中非共和国	..	..	..	..	..	..	..	..	..	..	..
乍　得	..	..	..	..	..	..	..	..	..	..	..
海峡群岛	..	..	..	..	..	..	..	..	..	..	..
智　利	38	1.7	47.7	53.6	4.8	..	11.7	..	..	..	..
中　国	0	0	..	0	0	..	5.7	..	..	..	..
哥伦比亚	40	1.3	51.1	55.9	3.8	10.3	27.8	40.3	24.1	15.7	8.7
科摩罗	..	..	..	..	..	..	..	..	..	..	..
刚果民主	..	..	..	..	..	..	..	..	..	..	..
刚果共和国	..	..	..	..	..	..	..	..	..	..	..
哥斯达黎加	36.8	1.5	48.4	53.9	4.3	8.8	21.7	27.9	19.4	11.9	7.6
科特迪瓦	31.9	2.1	41.5	47.8	5.7	16.3	46.3	56.8	35.9	21.5	11.2
克罗地亚	23.2	2.7	31.1	38.4	7.3	..	19.5	..	..	..	..
古　巴	..	..	..	..	..	..	..	..	..	..	..
库拉索	..	..	..	..	..	..	..	..	..	..	..
塞浦路斯	27.4	3.2	34	42.1	7.9	..	..	..	..	..	..
捷克共和国	22.1	3.9	25.9	35.9	9.7	..	..	..	..	..	..
丹　麦	23.8	3.7	28.2	37.7	9.4	..	..	..	..	..	..
吉布提	..	..	..	..	..	..	..	..	..	..	..

续 表

国家和地区	贫困情况										
	最高10%人群累计收入占比（%）	最低10%人群累计收入占比（%）	基尼系数	最高20%人群累计收入占比（%）	最低20%人群累计收入占比（%）	贫困差距（国家贫困线）（%）	贫困人口比例(国家贫困线）（%）	农村贫困人口比例（国家贫困线)(%)	城市贫困人口比例（国家贫困线)(%)	农村贫困差距(国家贫困线）（%）	城市贫困差距(国家贫困线）（%）
多米尼克	..	..	..	..	..	..	..	..	..	..	..
多米尼加共和国	34.5	1.9	44.7	50.6	5.1	..	32.3	..	..	..	..
厄瓜多尔	34.9	1.6	46	51.3	4.6	8.5	23.3	..	..	..	..
阿拉伯埃及共和国	27.8	3.9	31.8	41.5	9.1	..	27.8	..	..	..	..
萨尔瓦多	31.8	2.4	40.6	47.2	6.1	..	34.9	..	..	..	..
赤道几内亚	..	..	..	..	..	..	..	..	..	..	..
厄立特里亚	..	..	..	..	..	..	..	..	..	..	..
爱沙尼亚	24.4	2.7	32.7	40.4	7.5	..	..	..	..	..	..
埃塞俄比亚	..	..	..	..	..	..	..	..	..	..	..
法罗群岛	31.4	2.6	39.1	46.7	6.6	..	23.5	..	..	..	..
斐　济	..	..	..	..	..	..	..	..	..	..	..
芬　兰	..	..	..	..	..	..	..	..	..	..	..
法　国	22.4	3.9	27.1	36.7	9.4	..	..	..	..	..	..
法属波利尼西亚	26.6	3.1	32.7	40.9	7.9	..	..	..	..	..	..
加　蓬	..	..	..	..	..	..	..	..	..	..	..
冈比亚	..	..	..	..	..	..	..	..	..	..	..
格鲁吉亚	28.7	3	35.9	43.6	7.4	..	48.6	..	..	..	..
德　国	27.8	2.6	36.4	43.4	6.8	..	21.6	..	..	..	..

续 表

国家和地区	贫困情况										
	最高10%人群累计收入占比(%)	最低10%人群累计收入占比(%)	基尼系数	最高20%人群累计收入占比(%)	最低20%人群累计收入占比(%)	贫困差距(国家贫困线)(%)	贫困人口比例(国家贫困线)(%)	农村贫困人口比例(国家贫困线)(%)	城市贫困人口比例(国家贫困线)(%)	农村贫困差距(国家贫困线)(%)	城市贫困差距(国家贫困线)(%)
加　纳	24.8	3.1	31.7	39.7	7.8	..	..	..	..	..	..
希　腊	..	..	..	..	..	..	..	..	..	..	..
格陵兰	..	..	..	..	..	..	..	..	..	..	..
格林纳达	26.2	1.9	36	41.8	5.9	..	..	..	..	..	..
关　岛	..	..	..	..	..	..	..	..	..	..	..
危地马拉	..	..	..	..	..	..	..	..	..	..	..
几内亚	..	..	..	..	..	..	..	..	..	..	..
几内亚比绍	..	..	..	..	..	..	..	..	..	..	..
圭亚那	..	..	..	..	..	..	..	..	..	..	..
海　地	..	..	..	..	..	..	..	..	..	..	..
洪都拉斯	..	..	..	..	..	..	..	..	..	..	..
中国香港	..	..	..	..	..	..	..	..	..	..	..
匈牙利	37	1.3	49.5	54	3.6	..	63.8	..	..	..	..
冰　岛	..	..	..	..	..	..	..	..	..	..	..
印　度	23.8	3	30.4	38.4	7.8	..	..	..	..	..	..
印度尼西亚	..	..	..	..	..	..	..	..	..	..	..
伊　朗	..	..	..	..	..	..	..	..	..	..	..
伊拉克	0	0	..	0	0	..	11.2	..	..	..	..

续 表

国家和地区	贫 困 情 况										
	最高10%人群累计收入占比(%)	最低10%人群累计收入占比(%)	基尼系数	最高20%人群累计收入占比(%)	最低20%人群累计收入占比(%)	贫困差距(国家贫困线)(%)	贫困人口比例(国家贫困线)(%)	农村贫困人口比例(国家贫困线)(%)	城市贫困人口比例(国家贫困线)(%)	农村贫困差距(国家贫困线)(%)	城市贫困差距(国家贫困线)(%)
爱尔兰	..	..	..	..	..	..	..	..	..	..	..
马恩岛	..	..	..	..	..	..	..	..	..	..	..
以色列	25.4	3.1	31.8	40.2	8	..	..	..	..	..	..
意大利	..	..	..	..	..	..	..	..	..	..	..
牙买加	..	..	..	..	..	..	..	..	..	..	..
日　本	25.7	1.8	35.4	41.3	5.9	..	..	..	..	..	..
约　旦	..	..	..	..	..	..	..	..	..	..	..
哈萨克斯坦	..	..	..	..	..	..	..	..	..	..	..
肯尼亚	..	..	..	..	..	..	..	..	..	..	..
基里巴斯	22.6	4.3	26.9	36.9	10	0.3	2.7	4.4	1.3	..	..
朝　鲜	31.6	2.4	40.8	47.5	6.2	..	36.1	..	..	..	..
韩　国	..	..	..	..	..	..	..	..	..	..	..
科索沃	..	..	..	..	..	..	..	..	..	..	..
科威特	..	..	..	..	..	..	..	..	..	..	..
吉尔吉斯斯坦	21.5	4	26.4	36.1	9.5	..	17.6	..	..	..	..
老　挝	..	..	..	..	..	..	..	..	..	..	..
拉脱维亚	24.8	4.1	29	38.8	9.5	..	32.1	33.6	29.3	..	..
黎巴嫩	..	..	..	..	..	..	..	..	..	..	..

续 表

国家和地区	贫困情况										
	最高10%人群累计收入占比(%)	最低10%人群累计收入占比(%)	基尼系数	最高20%人群累计收入占比(%)	最低20%人群累计收入占比(%)	贫困差距(国家贫困线)(%)	贫困人口比例(国家贫困线)(%)	农村贫困人口比例(国家贫困线)(%)	城市贫困人口比例(国家贫困线)(%)	农村贫困差距(国家贫困线)(%)	城市贫困差距(国家贫困线)(%)
莱索托	26.1	2.5	34.2	41.5	7.1	..	..	..	..	..	..
利比里亚	..	..	..	..	..	..	..	..	..	..	..
利比亚	..	..	..	..	..	..	..	..	..	..	..
列支敦士登	..	..	..	..	..	..	..	..	..	..	..
立陶宛	..	..	..	..	..	..	..	..	..	..	..
卢森堡	..	..	..	..	..	..	..	..	..	..	..
中国澳门	28.6	2.1	37.4	44.1	6.1	..	..	..	..	..	..
前南斯拉夫马其顿共和国	25.4	2.8	33.8	41	7.2	..	..	..	..	..	..
马达加斯加	..	..	..	..	..	..	..	..	..	..	..
马拉维	..	..	..	..	..	..	21.5	..	..	..	..
马来西亚	..	..	..	..	..	..	..	..	..	..	..
马尔代夫	..	..	..	..	..	..	..	..	..	..	..
马　里	31.3	2.3	41	47.3	5.8	..	0.4	..	..	..	..
马耳他	..	..	..	..	..	..	..	..	..	..	..
马绍尔群岛	..	..	..	..	..	..	..	..	..	..	..
毛里塔尼亚	23.6	3.5	29.4	38.1	8.5	..	..	..	..	..	..
毛里求斯	..	..	..	..	..	..	..	..	..	..	..
墨西哥	..	..	..	..	..	..	..	..	..	..	..

续 表

国家和地区	贫困情况										
	最高10%人群累计收入占比(%)	最低10%人群累计收入占比(%)	基尼系数	最高20%人群累计收入占比(%)	最低20%人群累计收入占比(%)	贫困差距(国家贫困线)(%)	贫困人口比例(国家贫困线)(%)	农村贫困人口比例(国家贫困线)(%)	城市贫困人口比例(国家贫困线)(%)	农村贫困差距(国家贫困线)(%)	城市贫困差距(国家贫困线)(%)
密克罗尼西亚	..	..	..	..	..	..	..	..	..	..	..
摩尔多瓦	..	..	..	..	..	..	..	..	..	..	..
摩纳哥	..	..	..	..	..	..	..	..	..	..	..
蒙古国	22.5	4.1	27	36.9	9.7	..	9.6	..	..	..	..
黑　山	..	..	..	..	..	..	..	..	..	..	..
摩洛哥	..	..	..	..	..	..	..	..	..	..	..
莫桑比克	..	..	..	..	..	..	..	..	..	..	..
缅　甸	..	..	..	..	..	..	..	..	..	..	..
纳米比亚	..	..	..	..	..	..	..	..	..	..	..
尼泊尔	31.7	3	38.1	45.7	7.3	..	32.1	..	..	..	..
荷　兰	47.3	1	59.1	63.7	2.8	..	..	..	..	..	..
新喀里	..	..	..	..	..	..	..	..	..	..	..
多尼亚	..	..	..	..	..	..	..	..	..	..	..
新西兰	23	3.5	28.2	37.3	8.9	..	..	..	..	..	..
尼加拉瓜	..	..	..	..	..	..	..	..	..	..	..
尼日尔	..	..	..	..	..	..	..	..	..	..	..
尼日利亚	..	..	..	..	..	..	..	..	..	..	..
北马里亚纳群岛	..	..	..	..	..	..	..	..	..	..	..

国家和地区	贫困情况										
	最高10%人群累计收入占比(%)	最低10%人群累计收入占比(%)	基尼系数	最高20%人群累计收入占比(%)	最低20%人群累计收入占比(%)	贫困差距(国家贫困线)(%)	贫困人口比例(国家贫困线)(%)	农村贫困人口比例(国家贫困线)(%)	城市贫困人口比例(国家贫困线)(%)	农村贫困差距(国家贫困线)(%)	城市贫困差距(国家贫困线)(%)
挪 威	..	..	..	..	..	..	..	..	..	..	..
阿 曼	..	..	..	..	..	..	..	..	..	..	..
巴基斯坦	22.3	3.5	27.5	36.5	9	..	..	..	..	..	..
帕 劳	..	..	..	..	..	..	..	..	..	..	..
巴拿马	28.9	3.9	33.5	42.8	8.9	..	24.3	..	..	..	..
巴布亚新几内亚	..	..	..	..	..	..	..	..	..	..	..
巴拉圭	39	1.1	50.8	55.3	3.4	..	23	..	..	..	..
秘 鲁	..	..	..	..	..	..	..	..	..	..	..
菲律宾	36.7	1.6	47.6	52.7	4.3	..	26.6	..	..	..	..
波 兰	32.8	1.6	43.5	48.8	4.7	5.4	21.8	..	..	..	..
葡萄牙	..	..	..	..	..	..	21.6	..	..	..	..
波多黎各	..	..	..	..	..	..	17.3	..	..	..	..
卡塔尔	27.3	2.4	35.5	42.7	6.7	..	..	..	..	..	..
罗马尼亚	..	..	..	..	..	..	..	..	..	..	..
俄罗斯联邦	..	..	..	..	..	..	..	..	..	..	..
卢旺达	24.7	1.7	35.9	40.7	5.1	..	25.3	..	..	..	..
萨摩亚	29.7	2.8	37.7	45.3	6.9	1.3	13.3	..	..	..	..
圣马力诺	..	..	..	..	..	..	..	..	..	..	..
圣多美和	..	..	..	..	..	..	..	..	..	..	..

续 表

国家和地区	贫 困 情 况										
	最高 10% 人群累计收入占比（%）	最低 10% 人群累计收入占比（%）	基尼系数	最高 20% 人群累计收入占比（%）	最低 20% 人群累计收入占比（%）	贫困差距（国家贫困线）（%）	贫困人口比例(国家贫困线）（%）	农村贫困人口比例（国家贫困线)(%)	城市贫困人口比例（国家贫困线)(%)	农村贫困差距(国家贫困线）（%）	城市贫困差距(国家贫困线）（%）
普林西比	..	..	..	..	..	..	..	..	..	..	..
沙特阿拉伯	..	..	..	..	..	..	..	..	..	..	..
塞内加尔	..	..	..	..	..	..	..	..	..	..	..
塞尔维亚	..	..	..	..	..	..	..	..	..	..	..
塞舌尔	..	..	..	..	..	..	25.5	..	..	..	..
塞拉利昂	..	..	..	..	..	..	..	..	..	..	..
新加坡	..	..	..	..	..	..	..	..	..	..	..
圣马丁（荷兰属）	..	..	..	..	..	..	..	..	..	..	..
斯洛伐克共和国	..	..	..	..	..	..	..	..	..	..	..
斯洛文尼亚	20.9	3.1	26.5	35	8.5	..	..	..	..	..	..
所罗门群岛	21	3.9	25.4	35.1	9.6	..	..	..	..	..	..
索马里	..	..	..	..	..	..	..	..	..	..	..
南　非	..	..	..	..	..	..	..	..	..	..	..
苏丹南部	..	..	..	..	..	..	..	..	..	..	..
西班牙	..	..	..	..	..	..	65.6	..	..	..	..
斯里兰卡	26.2	1.9	36.2	42.1	5.8	..	..	..	..	..	..
圣基茨和尼维斯	..	..	..	..	..	..	..	..	..	..	..
圣卢西亚	..	..	..	..	..	..	..	..	..	..	..

续表

国家和地区	贫困情况										
	最高10%人群累计收入占比（%）	最低10%人群累计收入占比（%）	基尼系数	最高20%人群累计收入占比（%）	最低20%人群累计收入占比（%）	贫困差距（国家贫困线）（%）	贫困人口比例（国家贫困线）（%）	农村贫困人口比例（国家贫困线）（%）	城市贫困人口比例（国家贫困线）（%）	农村贫困差距（国家贫困线）（%）	城市贫困差距（国家贫困线）（%）
圣马丁（法国属）	..	..	..	..	..	..	..	..	..	..	..
圣文森特和格林纳丁斯	..	..	..	..	..	..	..	..	..	..	..
苏　丹	..	..	..	..	..	..	..	..	..	..	..
苏里南	..	..	..	..	..	..	..	..	..	..	..
斯威士兰	..	..	..	..	..	..	..	..	..	..	..
瑞　典	22.9	3	29.2	37.6	8.2	..	..	..	..	..	..
瑞　士	25.2	3.2	32.3	40.2	7.8	..	..	..	..	..	..
叙利亚	..	..	..	..	..	..	..	..	..	..	..
塔吉克斯坦	26.4	3	34	41.7	7.4	..	31.3	35.2	23.2	..	..
坦桑尼亚	..	..	..	..	..	..	..	..	..	..	..
泰　国	28.4	3.2	36	43.8	7.5	..	7.2	..	..	..	..
东帝汶	..	..	..	..	..	..	..	..	..	..	..
多　哥	31.6	1.9	43.1	48.6	5	22.1	55.1	68.7	35.9	29.2	12.4
汤　加	..	..	..	..	..	..	..	..	..	..	..
特立尼达和多巴哥	..	..	..	..	..	..	..	..	..	..	..
突尼斯	..	..	..	..	..	..	15.2	..	..	..	..
土耳其	33.5	2.1	42.9	49.2	5.6	..	1.6	..	..	..	..
土库曼斯坦	..	..	..	..	..	..	..	..	..	..	..

续 表

国家和地区	贫困情况										
	最高 10% 人群累计收入占比(%)	最低 10% 人群累计收入占比(%)	基尼系数	最高 20% 人群累计收入占比(%)	最低 20% 人群累计收入占比(%)	贫困差距(国家贫困线)(%)	贫困人口比例(国家贫困线)(%)	农村贫困人口比例(国家贫困线)(%)	城市贫困人口比例(国家贫困线)(%)	农村贫困差距(国家贫困线)(%)	城市贫困差距(国家贫困线)(%)
特克斯和凯科斯群岛	..	..	..	..	..	..	..	..	..	..	..
图瓦卢	..	..	..	..	..	..	..	..	..	..	..
乌干达	..	..	..	..	..	..	..	..	..	..	..
乌克兰	21.6	4.2	25.5	35.6	10	..	6.4	..	..	..	..
阿联酋	..	..	..	..	..	..	..	..	..	..	..
英　国	25.4	2.9	33.2	40.6	7.5	..	..	..	..	..	..
美　国	..	..	..	..	..	..	..	..	..	..	..
乌拉圭	29.9	2.1	40.2	46.1	5.6	1.6	9.7	..	..	..	..
乌兹别克斯坦	..	..	..	..	..	..	..	..	..	..	..
瓦努阿图	..	..	..	..	..	..	..	..	..	..	..
委内瑞拉	..	..	..	..	..	..	33.1	..	..	..	..
越　南	..	..	..	..	..	..	..	..	..	..	..
英属维尔京群岛	..	..	..	..	..	..	..	..	..	..	..
约旦河西岸和加沙	..	..	..	..	..	..	..	..	..	..	..
也门共和国	..	..	..	..	..	..	..	..	..	..	..
赞比亚	44.4	1	57.1	61.3	2.9	..	54.4	..	..	..	..
津巴布韦	..	..	..	..	..	..	..	..	..	..	..

资料来源：世界银行发展数据库(2017 Word Development Indicators，WDI)。

表 4　2015 年世界各国或地区医疗卫生统计数据

国家和地区	医疗卫生支出占 GDP 的比例（%）	人均卫生支出（美元）	医疗卫生支出公共部分占总医疗卫生支出的比例（%）	医疗卫生外部资源占比（%）	自付部分占总医疗卫生支出的比例（%）	自付部分占医疗卫生支出私人部分的比例（%）	政府医疗卫生支出占政府支出的比例（%）	内科医生（每千人）
阿富汗	10.30	60.09	21.62	16.45	78.38	100.00	2.01	0.30
阿尔巴尼亚	6.82	265.90	43.07	0.77	56.93	100.00	9.51	..
阿尔及利亚	7.06	291.64	70.60	0.03	28.10	95.59	10.67	..
美属萨摩亚	..	..	..	..	..	..	..	..
安道尔	11.97	4 315.70	55.60	..	36.39	81.97	18.54	3.69
安哥拉	2.95	108.56	50.28	2.77	33.39	67.15	3.73	..
安提瓜和	4.84	657.17	66.72	0.17	24.25	72.88	14.88	..
巴布达	6.83	997.93	71.99	0.58	17.63	62.94	12.34	..
阿根廷	10.14	366.05	17.00	1.08	81.63	98.35	6.12	..
亚美尼亚	..	..	..	..	..	..	..	..
阿鲁巴	9.45	4 934.05	..	0.00	..	..	..	3.50
澳大利亚	10.32	4 536.08	75.58	..	17.92	73.41	15.10	5.15
奥地利	6.68	368.34	20.74	0.51	78.63	99.20	4.13	..
阿塞拜疆	7.36	1 685.46	49.08	0.46	27.76	54.52	14.15	..
巴哈马	5.16	1 190.04	66.20	..	25.10	74.25	9.50	0.92
巴　林	2.64	31.84	25.66	10.96	71.82	96.60	2.81	0.47
孟加拉国	7.46	1 160.15	47.51	1.78	45.17	86.05	7.41	..

续 表

国家和地区	医疗卫生支出占GDP的比例（%）	人均卫生支出（美元）	医疗卫生支出公共部分占总医疗卫生支出的比例(%)	医疗卫生外部资源占比(%)	自付部分占总医疗卫生支出的比例（%）	自付部分占医疗卫生支出私人部分的比例(%)	政府医疗卫生支出占政府支出的比例(%)	内科医生（每千人）
巴巴多斯	6.11	351.82	62.77	0.40	34.54	92.78	8.48	..
白俄罗斯	10.48	4 228.31	82.40	0.00	17.57	99.84	16.02	3.01
比利时	6.21	301.20	71.89	5.49	22.65	80.60	11.06	..
伯利兹	3.99	31.29	54.37	34.23	40.50	88.75	3.37	..
贝 宁	..	..	..	..	..	..	..	..
百慕大	3.49	91.11	79.16	5.28	19.79	94.99	9.10	0.32
不 丹	6.41	197.26	71.14	3.13	25.92	89.82	9.79	..
玻利维亚	9.38	431.22	71.08	2.39	28.64	99.01	14.87	..
波 黑	5.97	389.37	63.46	8.36	5.26	14.40	8.82	..
博茨瓦纳	8.91	780.40	43.49	0.73	28.29	50.06	7.66	..
巴 西	..	..	..	..	..	..	..	..
文 莱	2.62	812.21	93.99	..	6.01	100.00	6.37	1.75
保加利亚	8.20	572.04	51.09	..	47.67	97.46	10.30	..
布基纳法索	5.45	33.44	57.80	29.56	36.11	85.57	7.17	..
布隆迪	8.24	24.29	79.34	40.52	19.07	92.28	11.77	..
佛得角	4.85	145.83	74.30	6.48	23.17	90.15	10.82	0.79
柬埔寨	5.98	69.59	40.01	19.15	59.36	98.96	6.12	..
额麦隆	5.11	63.63	22.36	7.90	69.74	89.83	3.11	..
加拿大	10.44	4 507.55	73.55	..	14.58	55.14	19.07	2.54
开曼群岛	..	..	..	..	..	..	..	..

续 表

国家和地区	医疗卫生支出占 GDP 的比例（%）	人均卫生支出（美元）	医疗卫生支出公共部分占总医疗卫生支出的比例（%）	医疗卫生外部资源占比（%）	自付部分占总医疗卫生支出的比例（%）	自付部分占医疗卫生支出私人部分的比例（%）	政府医疗卫生支出占政府支出的比例（%）	内科医生（每千人）
中非共和国	4.78	16.64	56.27	43.51	39.60	90.57	4.08	..
乍　得	4.58	35.57	38.35	14.89	56.37	91.44	6.28	..
海峡群岛	..	..	..	..	..	..	..	..
智　利	8.07	1 101.96	60.78	0.00	32.24	82.21	19.58	..
中　国	5.32	425.63	59.78	0.01	32.39	80.53	10.11	1.81
哥伦比亚	6.19	374.24	70.79	4.01	18.29	62.62	12.19	..
科摩罗	8.05	58.54	23.47	10.07	74.81	97.76	3.80	..
刚果民主	4.27	19.75	55.76	39.27	37.43	84.60	4.95	..
刚果共和国	3.43	58.79	54.34	11.12	43.84	96.03	3.08	..
哥斯达黎加	8.15	929.11	75.98	0.01	21.49	89.46	18.80	..
科特迪瓦	5.44	75.45	48.17	26.34	36.02	69.49	5.04	..
克罗地亚	7.40	852.09	76.79	0.01	15.16	65.30	11.70	..
古　巴	..	..	..	..	..	..	..	..
库拉索	..	..	..	..	..	..	..	..
塞浦路斯	6.77	1 563.32	43.93	1.34	43.89	78.27	7.14	..
捷克共和国	7.31	1 284.05	82.37	..	14.83	84.11	14.31	..
丹　麦	10.33	5 497.39	84.14	..	13.72	86.54	15.85	..
吉布提	4.39	81.73	77.64	23.01	20.38	91.15	4.07	..
多米尼克	5.43	383.65	70.79	2.84	28.41	97.28	10.55	..
多米尼加共和国	6.22	396.69	47.65	7.31	43.68	83.44	9.47	..

续 表

国家和地区	医疗卫生支出占GDP的比例（%）	人均卫生支出（美元）	医疗卫生支出公共部分占总医疗卫生支出的比例(%)	医疗卫生外部资源占比(%)	自付部分占总医疗卫生支出的比例（%）	自付部分占医疗卫生支出私人部分的比例(%)	政府医疗卫生支出占政府支出的比例(%)	内科医生（每千人）
厄瓜多尔	8.54	530.11	50.06	0.40	43.71	87.53	10.95	..
阿拉伯埃及共和国	4.17	156.64	30.34	0.25	61.96	88.94	4.18	..
萨尔瓦多	6.91	283.16	66.31	2.10	27.86	82.69	19.10	..
赤道几内亚	2.70	280.00	24.98	1.45	71.98	95.95	1.26	..
厄立特里亚	3.32	30.94	47.62	24.65	52.38	100.00	1.83	..
爱沙尼亚	6.51	1 112.01	75.57	0.21	22.77	93.21	12.16	3.43
埃塞俄比亚	7.04	232.72	80.45	15.75	11.31	57.86	14.91	..
法罗群岛	4.05	24.28	42.34	15.30	37.81	65.57	5.98	..
斐　济	..	..	..	..	..	..	..	..
芬　兰	3.55	174.93	65.75	2.79	21.41	62.52	7.23	0.84
法　国	9.45	4 005.48	77.41	0.00	19.89	88.07	12.83	..
法属波利尼西亚	11.07	4 026.15	78.92	0.00	6.80	32.25	15.31	3.23
加　蓬	..	..	..	..	..	..	..	..
冈比亚	2.68	197.94	59.73	0.82	25.90	64.33	7.00	..
格鲁吉亚	6.75	31.88	74.38	27.82	20.31	79.26	10.62	0.11
德　国	7.93	280.91	41.33	2.54	57.32	97.70	10.48	..
加　纳	11.15	4 591.85	84.47	..	12.53	80.67	21.42	4.19
希　腊	5.91	79.59	60.52	25.57	36.11	91.45	7.08	..
格陵兰	..	..	..	..	..	..	..	..
格林纳达	8.38	1 504.76	60.67	1.59	35.46	90.17	9.14	..

续 表

国家和地区	医疗卫生支出占GDP的比例（%）	人均卫生支出（美元）	医疗卫生支出公共部分占总医疗卫生支出的比例（%）	医疗卫生外部资源占比（%）	自付部分占总医疗卫生支出的比例（%）	自付部分占医疗卫生支出私人部分的比例（%）	政府医疗卫生支出占政府支出的比例（%）	内科医生（每千人）
关　岛	..	..	..	..	..	..	..	..
危地马拉	5.00	460.28	..	4.21	57.04	100.00	7.44	..
几内亚	..	..	..	..	..	..	..	..
几内亚比绍	5.72	224.38	34.11	2.07	55.77	84.63	14.93	..
圭亚那	4.54	25.13	42.04	24.89	54.49	94.02	2.73	..
海　地	6.88	39.48	62.84	31.58	37.16	100.00	9.51	..
洪都拉斯	4.48	184.45	59.42	7.96	40.51	99.83	7.79	..
中国香港	6.87	53.57	59.55	48.88	36.27	89.68	3.35	..
匈牙利	7.59	176.61	45.85	7.05	49.13	90.72	11.28	..
冰　岛	..	..	..	..	..	..	..	..
印　度	7.24	893.65	66.73	0.00	29.04	87.28	9.65	3.09
印度尼西亚	8.61	4 375.37	81.48	0.00	17.02	91.86	16.36	3.79
伊　朗	3.89	63.32	26.48	0.89	65.06	88.49	3.37	..
伊拉克	3.35	111.76	38.81	0.61	48.30	78.94	7.37	..
爱尔兰	7.59	365.98	53.39	..	39.66	85.09	22.60	..
马恩岛	3.40	154.48	23.51	0.27	76.47	99.97	1.70	..
以色列	7.76	4 757.12	69.99	0.00	15.16	50.53	18.39	2.87
意大利	..	..	..	..	..	..	..	..
牙买加	7.43	2 756.12	..	..	24.37	..	..	3.58
日　本	9.00	2 700.43	74.87	..	22.83	90.86	13.35	3.90

续 表

国家和地区	医疗卫生支出占GDP的比例（%）	人均卫生支出（美元）	医疗卫生支出公共部分占总医疗卫生支出的比例（%）	医疗卫生外部资源占比（%）	自付部分占总医疗卫生支出的比例（%）	自付部分占医疗卫生支出私人部分的比例（%）	政府医疗卫生支出占政府支出的比例（%）	内科医生（每千人）
约　旦	5.93	294.26	60.84	2.25	23.70	60.53	12.56	0.43
哈萨克斯坦	10.90	3 732.56	..	..	13.10	..	..	..
肯尼亚	6.28	257.42	63.86	6.69	25.15	69.59	12.35	3.43
基里巴斯	3.88	379.08	60.54	0.36	38.81	98.34	10.91	..
朝　鲜	5.22	70.06	51.79	18.68	33.37	69.21	6.29	..
韩　国	7.61	108.38	95.71	0.00	0.15	3.61	6.26	..
科索沃	..	..	..	..	..	..	..	..
科威特	7.39	2 012.74	56.40	0.00	36.79	84.38	12.86	2.27
吉尔吉斯斯坦	..	..	..	..	..	..	..	..
老　挝	4.03	1 168.83	84.10	0.00	14.38	90.45	6.21	2.61
拉脱维亚	8.22	92.08	51.76	6.90	48.24	100.00	9.88	..
黎巴嫩	2.81	52.99	52.17	16.96	45.37	94.85	3.76	..
莱索托	5.76	783.85	57.49	..	41.62	97.92	8.94	3.21
利比里亚	7.43	645.17	51.90	1.37	32.07	66.67	14.33	..
利比亚	8.36	90.85	83.15	26.33	16.85	100.00	9.31	..
列支敦士登	15.19	69.29	78.34	70.93	19.64	90.64	2.68	..
立陶宛	..	..	..	..	..	..	..	..
卢森堡	..	..	..	..	..	..	..	..
中国澳门	6.51	923.27	66.15	0.29	32.07	94.76	12.22	4.38
前南斯拉夫马其顿共和国	6.05	6 236.00	82.68	0.01	10.64	61.46	12.12	2.92

续 表

国家和地区	医疗卫生支出占GDP的比例(%)	人均卫生支出(美元)	医疗卫生支出公共部分占总医疗卫生支出的比例(%)	医疗卫生外部资源占比(%)	自付部分占总医疗卫生支出的比例(%)	自付部分占医疗卫生支出私人部分的比例(%)	政府医疗卫生支出占政府支出的比例(%)	内科医生(每千人)
马达加斯加	..	..	..	..	..	..	..	..
马拉维	6.09	295.42	64.43	0.38	35.57	100.00	12.14	2.88
马来西亚	5.24	21.05	71.83	26.68	21.66	76.90	15.61	..
马尔代夫	9.33	34.22	82.45	53.50	10.98	62.59	10.77	..
马　里	4.00	385.62	52.11	0.03	36.67	76.56	8.30	1.53
马耳他	11.50	943.94	81.99	0.39	16.35	90.81	22.76	3.61
马绍尔群岛	5.80	42.30	52.92	36.37	46.31	98.35	4.46	..
毛里塔尼亚	9.62	2 304.18	60.67	0.01	37.10	94.34	14.16	3.91
毛里求斯	22.12	747.02	86.77	33.29	9.95	75.20	21.17	..
墨西哥	4.64	53.61	47.75	8.73	48.24	92.32	5.53	..
密克罗尼西亚	5.54	506.08	48.52	2.72	50.67	98.43	9.95	2.00
摩尔多瓦	5.86	534.81	52.17	..	41.37	86.49	11.25	2.23
摩纳哥	13.09	394.88	97.27	71.29	2.46	90.08	6.09	..
蒙古国	10.18	186.43	52.82	7.28	46.19	97.89	12.21	3.20
黑　山	2.03	3 315.82	80.85	..	6.06	31.66	8.09	..
摩洛哥	3.87	152.46	57.07	4.85	39.30	91.53	6.00	3.26
莫桑比克	5.97	382.08	67.61	0.46	31.82	98.23	8.81	2.34
缅　甸	5.53	159.77	44.29	0.99	53.08	95.28	7.75	..
纳米比亚	5.35	28.30	93.15	85.06	6.85	100.00	1.22	..
尼泊尔	4.95	59.12	26.09	3.09	73.91	100.00	4.94	..

续　表

国家和地区	医疗卫生支出占 GDP 的比例（%）	人均卫生支出（美元）	医疗卫生支出公共部分占总医疗卫生支出的比例(%)	医疗卫生外部资源占比(%)	自付部分占总医疗卫生支出的比例（%）	自付部分占医疗卫生支出私人部分的比例(%)	政府医疗卫生支出占政府支出的比例(%)	内科医生（每千人）
荷　兰	8.93	423.07	72.25	9.27	8.33	30.00	12.93	..
新喀里	4.84	812.03	90.38	36.15	1.25	13.04	5.22	..
多尼亚	6.15	44.42	28.61	10.48	60.41	84.62	5.52	..
新西兰	10.69	4 746.01	80.71	0.00	12.25	63.52	19.03	3.48
尼加拉瓜	..	..	..	..	..	..	..	..
尼日尔	9.34	3 553.63	..	0.00	..	..	..	3.06
尼日利亚	7.81	162.93	61.63	5.11	35.99	93.80	17.41	..
北马里亚纳群岛	7.17	25.72	46.78	25.76	52.27	98.22	4.59	..
挪　威	3.56	97.31	26.27	9.94	72.24	97.98	5.30	..
阿　曼	..	..	..	..	..	..	..	..
巴基斯坦	9.98	7 464.12	85.40	0.00	14.27	97.74	17.46	4.39
帕　劳	3.83	636.48	88.25	..	6.37	54.20	6.69	..
巴拿马	2.69	37.99	31.21	3.75	66.49	96.64	3.74	0.98
巴布亚新几内亚	10.65	1 420.21	75.77	31.71	21.78	89.90	13.06	..
巴拉圭	7.01	920.59	62.64	1.06	30.52	81.69	11.34	..
秘　鲁	3.77	77.35	94.24	23.20	5.76	100.00	8.74	..
菲律宾	7.82	321.34	53.63	0.10	36.49	78.69	10.85	..
波　兰	5.26	322.96	62.18	0.48	30.92	81.74	14.43	..
葡萄牙	4.41	126.89	31.95	0.55	53.54	78.68	7.38	..
波多黎各	6.35	796.74	70.07	0.19	23.25	77.68	10.67	2.29

续 表

国家和地区	医疗卫生支出占 GDP 的比例（%）	人均卫生支出（美元）	医疗卫生支出公共部分占总医疗卫生支出的比例(%)	医疗卫生外部资源占比(%)	自付部分占总医疗卫生支出的比例（%）	自付部分占医疗卫生支出私人部分的比例(%)	政府医疗卫生支出占政府支出的比例(%)	内科医生（每千人）
卡塔尔	8.97	1 721.71	66.22	..	27.65	81.85	12.30	..
罗马尼亚	..	..	..	..	..	..	..	..
俄罗斯联邦	3.06	2 029.54	85.41	..	6.23	42.70	6.29	..
卢旺达	4.95	442.37	78.03	0.27	21.28	96.84	10.76	..
萨摩亚	5.56	523.77	61.08	..	36.44	93.62	9.57	3.98
圣马力诺	7.90	56.66	65.52	44.15	25.97	75.32	6.21	0.06
圣多美和	5.58	222.89	87.61	8.50	11.50	92.85	11.53	..
普林西比	6.81	3 243.08	80.87	..	18.33	95.82	14.31	..
沙特阿拉伯	9.84	159.91	86.27	49.09	11.67	85.05	10.68	..
塞内加尔	5.83	1 194.10	71.31	..	14.98	52.22	10.09	..
塞尔维亚	3.97	36.08	43.46	11.71	44.18	78.14	4.20	..
塞舌尔	9.41	491.25	58.09	0.41	40.59	96.85	12.34	..
塞拉利昂	3.39	491.82	97.46	0.46	2.48	97.76	10.03	..
新加坡	18.32	106.69	61.59	52.63	38.24	99.56	7.86	..
圣马丁（荷兰属）	4.25	2 280.28	51.88	0.00	36.74	76.34	12.04	..
斯洛伐克共和国	..	..	..	..	..	..	..	..
斯洛文尼亚	6.89	1 108.43	79.72	0.00	18.44	90.93	12.05	3.45
所罗门群岛	8.54	1 771.55	71.30	..	12.52	43.63	12.66	2.82
索马里	8.03	152.13	96.71	34.69	3.29	100.00	10.57	..
南　非	..	..	..	..	..	..	..	..

续 表

国家和地区	医疗卫生支出占 GDP 的比例（%）	人均卫生支出（美元）	医疗卫生支出公共部分占总医疗卫生支出的比例(%)	医疗卫生外部资源占比(%)	自付部分占总医疗卫生支出的比例（%）	自付部分占医疗卫生支出私人部分的比例(%)	政府医疗卫生支出占政府支出的比例(%)	内科医生（每千人）
苏丹南部	8.20	470.80	55.99	2.43	7.70	17.49	14.06	0.77
西班牙	2.53	28.05	35.27	14.13	61.35	94.77	1.64	..
斯里兰卡	9.17	2 353.93	71.03	0.00	24.23	83.63	14.88	3.87
圣基茨和尼维斯	2.97	117.87	54.85	1.13	38.43	85.11	7.95	0.88
圣卢西亚	5.62	907.00	37.56	0.01	56.64	90.71	6.54	..
圣马丁(法国属)	5.96	481.63	47.39	5.46	48.38	91.97	8.51	..
圣文森特和格林纳丁斯	..	..	..	..	..	..	..	..
苏　丹	4.21	284.03	76.33	6.39	21.45	90.59	10.02	..
苏里南	6.31	151.79	33.08	1.94	63.23	94.48	18.09	..
斯威士兰	6.55	577.50	58.95	8.46	10.15	24.72	10.54	..
瑞　典	11.01	5 600.10	83.66	..	15.19	92.99	18.36	..
瑞　士	12.06	9 817.99	70.73	0.00	28.35	96.83	25.16	4.19
叙利亚	..	..	..	..	..	..	..	..
塔吉克斯坦	6.85	62.96	36.61	8.44	63.06	99.48	6.07	..
坦桑尼亚	6.12	31.74	71.94	36.64	26.15	93.19	7.43	..
泰　国	3.77	217.14	78.90	0.33	11.77	55.76	16.63	0.47
东帝汶	3.09	71.66	89.73	27.18	10.23	99.66	4.15	..
多　哥	6.65	36.65	43.18	15.18	50.96	89.70	5.72	..
汤　加	5.86	221.37	86.29	38.94	10.22	74.55	8.35	..
特立尼达和多巴哥	6.02	1 146.23	53.94	0.18	37.33	81.05	8.48	..

续 表

国家和地区	医疗卫生支出占GDP的比例(%)	人均卫生支出(美元)	医疗卫生支出公共部分占总医疗卫生支出的比例(%)	医疗卫生外部资源占比(%)	自付部分占总医疗卫生支出的比例(%)	自付部分占医疗卫生支出私人部分的比例(%)	政府医疗卫生支出占政府支出的比例(%)	内科医生(每千人)
突尼斯	6.74	258.03	56.73	0.42	39.78	91.94	13.57	1.29
土耳其	4.14	454.61	78.13	..	16.95	77.51	10.07	..
土库曼斯坦	6.25	405.13	24.19	0.24	71.07	93.75	8.71	..
特克斯和凯科斯群岛	..	..	..	..	..	..	..	..
图瓦卢	14.96	439.18	96.25	0.00	0.75	20.01	12.14	..
乌干达	7.30	46.06	53.29	39.86	40.50	86.71	5.61	0.09
乌克兰	6.13	125.05	48.84	2.44	47.81	93.46	8.33	..
阿联酋	3.47	1 401.97	71.25	..	17.79	61.88	7.99	..
英　国	9.88	4 355.81	80.36	0.01	14.79	75.33	18.51	2.81
美　国	16.84	9 535.95	50.36	0.00	11.08	22.33	22.57	..
乌拉圭	9.22	1 281.29	69.91	0.09	16.19	53.81	20.01	..
乌兹别克斯坦	6.23	133.95	54.70	1.26	42.73	94.34	9.33	..
瓦努阿图	3.55	98.99	88.00	4.94	8.91	74.21	11.84	..
委内瑞拉	3.16	972.95	47.68	0.00	45.82	87.58	3.11	..
越　南	5.65	116.74	52.53	2.16	43.48	91.59	7.89	0.79
英属维尔京群岛	..	..	..	..	..	..	..	..
约旦河西岸和加沙	..	..	..	..	..	..	..	..
也门共和国	5.98	72.04	17.97	7.78	80.96	98.69	2.23	..
赞比亚	5.35	69.37	60.84	24.28	27.53	70.29	6.79	..
津巴布韦	10.32	94.29	58.03	24.26	25.79	61.44	8.15	..

资料来源：世界银行发展数据库(https://data.worldbank.org)。

附录二　中国长期护理保障和养老服务体系建设政策文件索引

1. 全国老龄办和民政部:《关于加快发展养老服务业的意见》,2006 年 2 月 9 日

2. 民政部:《关于全面推进居家养老服务工作的意见》,2008 年 1 月 29 日

3. 安徽省:《关于加快推进养老服务体系建设的决定》,2011 年 2 月 17 日

4. 贵州省:《关于加快推进社会养老服务体系建设的意见》,2011 年 8 月 11 日

5. 江苏省:《关于加快构建社会养老服务体系的实施意见》,2011 年 9 月 7 日

6. 大连市:《关于加快发展养老服务业的意见》,2011 年 9 月 7 日

7. 国务院:《中国老龄事业发展“十二五”规划》,2011 年 9 月 17 日

8. 宁夏回族自治区:《宁夏回族自治区社区居家养老服务规范化建设考评办法(试行)》,2011 年 11 月 2 日

9. 宁夏回族自治区:《宁夏回族自治区社区居家养老服务资格准入制度和质量评估制度(试行)》,2011 年 11 月 2 日

10. 江苏省:《关于加快构建社会养老服务体系实施意见责任分解方案的通知》,2011 年 11 月 24 日

11. 民政部:《关于开展“社会养老服务体系建设推进年”活动暨启动“敬老爱老助老工程”的意见》,2012 年 2 月 13 日

12. 海南省:《关于支持社会力量兴办非营利性养老服务机构若干政策的通知》,2012 年 2 月 16 日

13. 广西壮族自治区:《关于印发广西壮族自治区创新农村养老服务体系建设工作方案的通知》,2012 年 3 月 3 日

14. 山东省:《关于做好全省养老服务机构实名统计工作的通知》,2012 年 3 月

16日

15. 宁夏回族自治区:《出台加快推进社会养老服务建设意见》,2012年3月23日

16. 宁夏回族自治区:《关于印发宁夏回族自治区社会养老服务体系建设(2011—2015年)的通知》,2012年4月1日

17. 宁夏回族自治区:《人民政府关于加快推进社会养老服务体系建设的意见》,2012年4月1日

18. 福建省:《关于加快社会养老服务体系建设的意见》,2012年5月19日

19. 福建省:《福建省人民政府办公厅转发省民政厅等部门关于支持社会力量兴办养老服务机构实施意见的通知》,2012年5月25日

20. 民政部:《社会养老服务发展监测指标体系》,2012年6月15日

21. 青岛市:《关于建立长期医疗护理保险制度的意见(试行)》,2012年6月19日

22. 云南省:《社会养老服务体系建设规划(2011—2015年)》,2012年7月3日

23. 四川省:《人民政府办公厅关于印发四川省"十二五"社会养老服务体系建设规划的通知》,2012年7月9日

24. 民政部:《关于鼓励和引导民间资本进入养老服务领域的实施意见》,2012年7月24日

25. 北京市:《养老管理服务中心试点建设工作方案》,2012年7月25日

26. 甘肃省:《关于在58个贫困县做好关心农村老人生活建设互助老人幸福院工作的实施方案》,2012年8月1日

27. 海南省:《海南省民办养老服务机构管理暂行办法》,2012年8月21日

28. 重庆市:《关于扶持发展社会办养老机构的意见》,2012年8月30日

29. 宁波市:《关于深化完善社会养老服务体系建设的意见》,2012年9月3日

30. 河北省:《关于加快推进居家养老服务中心建设的实施意见》,2012年9月7日

31. 北京市:《养老管理服务中心(站)验收标准》,2012年10月18日

32. 北京市:《关于进一步加强北京市市民居家养老(助残)券使用管理工作的通知》,2012年10月25日

33. 天津市:《关于开展养老机构社区延伸服务(虚拟养老院)试点工作的意见》,2012年10月30日

34. 青岛市:《关于进一步加快养老服务业发展的意见》,2012 年 12 月 30 日

35. 福建省:《关于开展养老护理从业人员职业技能培训推行国家职业资格证书制度的通知》,2013 年 1 月 23 日

36. 北京市:《关于给予社会办托老所全托型床位运营补贴有关事项的通知》,2013 年 5 月 21 日

37. 厦门市:《老龄工作委员会关于印发居家养老服务信息化工作实施方案的通知》,2013 年 6 月 25 日

38. 国务院办公厅:《国务院关于加快发展养老服务业的若干意见》,2013 年 9 月 6 日

39. 北京市:《关于加快推进养老服务业发展的意见》,2013 年 10 月 12 日

40. 民政部:《关于开展养老服务业综合改革试点工作的通知》,2013 年 12 月 27 日

41. 浙江省:《人民政府关于加快发展养老服务业的实施意见》,2014 年 4 月 23 日

42. 浙江省:《人民政府关于发展民办养老产业的若干意见》,2014 年 4 月 25 日

43. 厦门市:《关于加养老服务机构医疗服务的实施意见》,2014 年 5 月 21 日

44. 海南省:《养老机构管理条例》,2014 年 5 月 30 日

45. 新疆维吾尔自治区:《关于加快发展养老服务业的实施意见》,2014 年 6 月 5 日

46. 河北省:《关于加快发展养老服务业的实施意见》,2014 年 6 月 24 日

47. 湖北省:《人民政府关于加快发展养老服务业的实施意见》,2014 年 6 月 29 日

48. 苏州市:《关于加快发展养老服务业的实施意见》,2014 年 7 月 8 日

49. 安庆市:《关于加快推进养老服务体系建设的意见》,2014 年 8 月 5 日

50. 国家卫生计生委办公厅:《关于开展计划生育家庭养老照护试点工作的通知》,2014 年 9 月 17 日

51. 黑龙江省:《关于支持民办养老产业发展的意见》,2014 年 10 月 17 日

52. 国家卫生计生委办公厅:《养老机构医务室基本标准(试行)》,2014 年 10 月 31 日

53. 国家卫生计生委办公厅:《养老机构护理站基本标准(试行)》,2014 年 10 月

31日

54. 云南省:《关于加快发展养老服务业的实施意见》,2014年12月3日

55. 天津市:《天津市养老服务促进条例》,2014年12月23日

56. 青岛市:《青岛市人力资源和社会保障局长期医疗护理保险护理服务机构管理办法》,2014年12月30日

57. 长春市:《关于建立失能人员医疗照护保险制度的意见》,2015年2月16日

58. 荆门市:《关于加快发展养老服务业的实施意见》,2015年3月13日

59. 南通市:《关于进一步推进社会养老服务体系建设加快养老服务业发展的实施意见》,2015年4月21日

60. 国家发展改革委办公厅民政部办公全国老龄办:《综合关于进一步做好养老服务业发展有关工作的通知》,2015年4月22日

61. 南通市:《关于建立基本照护保险制度的意见(试行)》,2015年10月16日

62. 海淀区:《海淀区居家养老失能护理互助保险试点办法》,2016年6月27日

63. 人力资源社会保障办公厅:《关于开展长期护理保险制度试点的指导意见》,2016年6月27日

64. 成都市:《加快养老服务业创新发展的实施意见》,2016年7月27日

65. 海淀区:《海淀区失能护理互助保险实施细则(试行)》,2016年8月1日

66. 齐齐哈尔市:《齐齐哈尔市养老产业发展实施方案》,2016年8月29日

67. 荆门市:《荆门市长期护理保险办法(试行)》,2016年11月22日

68. 承德市:《城镇职工长期护理保险制度的实施意见》,2016年11月23日

69. 上饶:《关于开展长期护理保险试点工作实施方案》,2016年12月1日

70. 广州市:《关于加快养老服务业综合改革的实施意见》,2015年12月11日

71. 海淀区:《海淀区残疾人参加失能护理互助保险补助暂行办法》,2016年1月21日

72. 北京市:《关于加强养老服务人才队伍建设的意见》,2016年12月26日

73. 上海市:《上海市长期护理保险试点办法》,2016年12月29日

74. 上海市:《关于全面推进老年照护统一需求评估体系建设的意见》,2016年12月29日

75. 南通市:《南通市基本照护保险实施细则》,2016年12月29日

76. 荆门市:《荆门市长期护理保险实施细则(试行)》,2016年12月30日

77. 荆门市:《荆门市长期护理保险定点服务机构管理办法(试行)》,2016 年 12 月 30 日

78. 浙江嘉善县:《关于建立长期护理保险制度的意见(试行)》,2016 年 12 月 30 日

79. 安庆市:《关于安庆市城镇职工长期护理保险试点的实施意见》,2017 年 1 月 12 日

80. 上海市:《上海市养老护理人员队伍建设(专项)规划(2015—2020 年)》,2017 年 1 月 12 日

81. 安庆市:《关于开展长期护理保险制度试点的指导意见》,2017 年 1 月 12 日

82. 成都市:《成都市长期照护保险制度试点方案》,2017 年 2 月 13 日

83. 荆门市:《关于加强长期护理服务从业人员队伍建设的意见》,2017 年 2 月 15 日

84. 国务院:《"十三五"国家老龄事业发展和养老体系建设规划的通知》,2017 年 2 月 28 日

85. 石河子市:《关于建立长期护理保险制度的意见(试行)》,2017 年 3 月 10 日

86. 石河子市:《八师石河子市长期护理保险实施细则(试行)》,2017 年 3 月 10 日

87. 山东省:《山东省人民政府办公厅关于试行职工长期护理保险制度的意见》,2017 年 4 月 6 日

88. 成都市:《成都市长期照护保险实施细则(试行)》,2017 年 4 月 7 日

89. 山东省:《人民政府办公厅关于试行职工长期护理保险制度的意见》,2017 年 4 月 12 日

90. 吉林省:《关于进一步推进长期护理保险制度试点的实施意见》,2017 年 4 月 16 日

91. 上饶市:《养老院服务质量建设专项行动实施方案》,2017 年 4 月 16 日

92. 安庆市:《安庆市职工长期护理保险实施细则(试行)》,2017 年 4 月 25 日

93. 国务院办公厅:《关于制定和实施老年人照顾服务项目的意见》,2017 年 6 月 6 日

94. 苏州市:《关于开展长期护理保险试点的实施意见》,2017 年 6 月 28 日

95. 嘉兴市:《关于印发嘉兴市长期护理保险暂行办法的通知》,2017 年 7 月

24日

96. 齐齐哈尔市:《齐齐哈尔市长期护理保险实施方案(试行)》,2017年7月28日

97. 广州市:《广州市长期护理保险试行办法》,2017年7月31日

98. 青岛市:《关于进一步提升养老服务质量的实施意见》,2017年8月4日

99. 苏州市:《苏州市长期护理保险失能等级评估参数表和自测表(试行)》,2017年9月15日

100. 临汾市:《关于建立长期护理保险制度的指导意见》,2017年9月19日

101. 南通市:《南通市照护保险定点照护服务机构考核暂行办法》,2017年9月26日

102. 宁波市:《宁波市长期护理保险制度试点方案》,2017年9月26日

103. 齐齐哈尔市:《齐齐哈尔市长期护理保险实施细则(试行)》,2017年9月27日

104. 南通市:《南通市基本照护保险居家上门照护服务意见》,2017年9月27日

105. 齐齐哈尔市:《齐齐哈尔市长期护理保险失能人员生活活动能力等级评定管理办法(试行)》,2017年9月27日

106. 齐齐哈尔市:《齐齐哈尔市长期护理保险定点护理服务机构协议管理办法(试行)》,2017年9月29日

107. 重庆市:《关于全面放开养老服务市场提升养老服务质量的实施意见》,2017年11月10日

108. 宁波市:《宁波市长期护理保险失能评估试点办法》,2017年12月4日

109. 宁波市:《宁波市长期护理保险试点实施细则》,2017年12月6日

110. 重庆市:《重庆市长期护理保险制度试点意见》,2017年12月11日

111. 吉林省:《吉林省开展长期护理保险制度试点工作实施方案(征求意见稿)》,2017年12月29日

112. 上海市:《上海市长期护理保险试点办法实施细则(试行)》,2017年12月30日

113. 上海市:《修订后上海市长期护理保险试点办法》,2017年12月30日

114. 上海市:《上海市长期护理保险结算办法(试行)》,2017年12月30日

115. 江苏省:《关于制定和实施老年人照顾服务项目的实施意见》,2018 年 1 月 2 日

116. 上海市:《上海市老年照护统一需求评估及服务管理办法》,2018 年 1 月 5 日

117. 广州市:《广州市长期护理保险协议定点服务机构管理办法》,2018 年 1 月 10 日

118. 日照市:《关于完善长期护理保险制度的意见》,2018 年 1 月 16 日

119. 青岛市:《青岛市长期护理保险暂行办法》,2018 年 2 月 28 日

120. 北京市:《关于做好 2018 年养老服务改革试点工作的通知》,2018 年 2 月 28 日

121. 青岛市:《青岛市长期护理保险定点护理服务机构协议管理办法》,2018 年 3 月 15 日

122. 青岛市:《青岛市长期照护需求等级评估实施办法》,2018 年 3 月 15 日

123. 北京石景山:《石景山区长期护理保险制度试点方案(试行)》,2018 年 3 月 15 日

124. 民政部、国家卫生计委:《关于做好医养结合服务机构许可工作的通知》,2016 年 4 月 8 日

125. 长沙市:《长沙市养老机构管理办法》,2018 年 4 月 13 日

126. 山东省:《关于进一步做好医疗机构申请设立养老机构许可工作的通知》,2018 年 4 月 17 日

127. 国务院:《关于推行终身职业技能培训制度的意见》,2018 年 5 月 3 日

128. 北京市:《北京市社会救助实施办法》,2018 年 5 月 4 日

129. 甘肃省:《关于制定和实施老年人照顾服务项目的实施意见》,2018 年 5 月 14 日

130. 民政部:《关于行业标准〈居家老人康复服务规范〉〈老年人助浴服务规范〉公开征求意见的通知》,2018 年 5 月 15 日

131. 北京市:《北京市社区养老服务驿站运营扶持办法》,2018 年 5 月 16 日

132. 广州市:《老年人照顾需求等级评定规范》,2018 年 5 月 17 日

133. 张家港市:《张家港市长期护理保险试点实施方案》,2018 年 5 月 21 日

134. 青岛市:《青岛市长期护理保险定点护理服务机构考核办法(试行)》,2018

年6月1日

135. 沈阳市:《沈阳市老年人照顾服务项目实施方案》,2018年6月5日

136. 国务院:《国务院办公厅关于制定和实施老年人照顾服务项目的意见》,2017年6月6日

参考文献

American Health Care Association, "The State Long-term Health Care Sector Characteristics, Utilization, and Government Funding: 2011 Update," September 6, 2011.

August OsterleMag. Dr, Gudrun Bauer MMag, "Home Care in Austria: the Interplay of Family Orientation, Cash-for-care and Migrant Care," Health and Social Care in the Community, 2012.

Blanche Le Bihan and Claude Martin, "Reforming Long-term Care Policy in France: Private-Public Complementarities", in Joan Costa-Font, eds., *Reforming Long-Term Care in Europe*, West Sussex: Blackwell Publishing Ltd., 2011.

Blanche Le Bihan, Claude Martin, "Steps toward a Long-term Care Policy in France: Specificities, Process, and Actors", *Social Policy*, 2013(11).

Brodsky J.Habib J. and I.Mizrahi, "Long-term Care Laws in Five Developed Countries: A Review", World Health Organization, Geneva, Switerland, 2000.

Carol Jagger, Ruth Matthews, James Lindesay and Caro Brayne, "The Impact of Changing Patterns of Disease on Disability and the Need for Long-Term Care", *Eurohealth*, Vol. 17, No.2—3.

Comas Herrera A, Wittenberg R., Pickard L., "Long-term Care for Older People in the United Kingdom: Structure and Challenges", Knapp M., Challis D., Fernandez J., Towards Equitable and Efficient Social Care, Aldershot: Ashgate, 2004.

Cuellar, A.E., Wiener, J.M., "Can Social Insurance for Long-term Care Work? The Experience of Germany", Health Affairs, 2000.

ESPN Flash Report 2016/43: Reform of the Long-term Care Insurance in Germany.

Emily Oster et al., "Genetic Adverse Selection: Evidence from Long-term Care Insurance and Huntington Disease", *Journal of Public Economics*, 2010, Vol.94.

Gtting, U., Haug, K., Hinrichs, K., "The Long Road to Long-term Care Insurance in

Germany", *Journal of Public Policy*, 1994.

GDV, Statistic Yearbook of German Insurance 2017.

Jacobzone, S., "Ageing and Care for Frail Elderly Persons: An Overview of International Perspectives", OECD Labour Market and Social Policy Occasional Papers, No. 38, OECD Publishing, Paris, 1999.

National Association of Insurance Commissioners, Long-Term Care Insurance Experience Reports for 2006—2016.

Marie-Eve Joël et al., "Long-term Care in France", Enepri Research, NO.77, European Network of Economic Policy Research Institutes, June 2010.

OECD, *OECD Health Statistics 2017*.

OECD, *Health at a Glance 2017*.

Pratee, J.R., "Long-term Care: Managing Across the Continuum", 3rd Edit. Jones and Bartlett Publisher, London, UK, 2010.

Roy Griffiths, *Community Care: Agenda for Action*, HMSO, London 1988.

United Nations, *World Population Prospects 2017*.

白维军:《长期护理保险给付:护理津贴还是护理服务》,《中国人力资源社会保障》2017年第9期。

北京义德社会工作发展中心课题组、唐钧:《长期照护保障制度的三个层次与整体性》,《中国民政》2016年第17期。

北京义德社会工作发展中心课题组、唐钧:《长期照护保险:国际经验和模式选择》,《国家行政学院学报》2016年第5期。

曹信邦:《中国失能老人长期护理保险制度研究——基于财务均衡的视角》,社会科学文献出版社2016年版。

曹信邦、陈强:《中国长期护理保险需求影响因素分析》,《中国人口科学》2014年第4期。

曹信邦:《中国失能老人公共长期护理保险制度的构建》,《中国行政管理》2015年第7期。

曹信邦、秦筝:《照护保险需要政府介入》,《中国社会保障》2015年第1期。

陈诚诚:《德日韩长期护理保险制度比较研究》,中国劳动社会保障出版社2016年版。

陈诚诚:《韩国长期护理保险概述》,《中国民政》2016年第17期。

陈诚诚:《韩国长期护理保险制度、政策过程及其对我国的启示》,《桂海论丛》2015年第1期。

陈诚诚:《老年人长期照护等级评估工具发展综述》,《中国医疗保险》2017年第4期。

陈红:《北京发展商业长期护理保险的必要性和途径》,《人口与经济》2012 年第 2 期。

陈璐:《中国长期护理保险制度的财政负担——基于德、日保险模式的测算》,《保险研究》2013 年第 1 期。

崔晓东:《中国老年人口长期护理需求预测——基于多状态分段常数 Markov 分析》,《中国人口科学》2017 年第 6 期。

戴卫东:《在资源整合下推进长期护理保险试点》,《中国医疗保险》2018 年第 9 期。

戴卫东、石才恩:《韩国老年长期护理政策新动向》,《中国卫生事业管理》2008 年第 1 期。

戴卫东:《以色列长期护理保险制度及评价》,《西亚非洲》2008 年第 2 期。

戴卫东:《解析德国、日本长期护理保险制度的差异》,《东北亚论坛》2007 年第 1 期。

戴卫东:《欧亚七国长期护理保险制度分析》,《武汉科技大学学报(社会科学版)》2016 年第 1 期。

戴卫东:《长期护理保险:中国养老保障的理性选择》,《人口学刊》2016 年第 2 期。

戴卫东:《长期护理保险制度理论与模式构建》,《人民论坛》2011 年第 10 期。

戴卫东:《OECD 国家长期护理保险制度研究》,中国社会科学出版社 2015 年版。

戴卫东:《中国长期护理保险制度构建研究》,人民出版社 2012 年版。

戴卫东:《长期护理保险——理论、制度、改革与发展》,经济科学出版社 2014 年版。

戴卫东:《中国长期护理制度建构的十大议题》,《中国软科学》2015 年第 1 期。

戴卫东:《长期护理保险的"中国方案"》,《湖南师范大学社会科学学报》2017 年第 3 期。

邓大松、郭婷:《中国长期护理保险制度构建浅析》,《卫生经济研究》2015 年第 10 期。

樊卫东:《积极稳妥推进长期护理保险试点的思考》,《中国医疗保险》2017 年第 10 期。

樊卫东:《系统解决失能老人长期照护问题》,《中国人力资源社会保障》2017 年第 6 期。

方黎明:《台湾失能老人长期照护政策的变革及启示》,《台湾研究》2013 年第 2 期。

党俊武:《中国城乡老年人生活状况调查报告(2018)》,社会科学文献出版社 2018 年版。

高春兰:《老年长期护理保险中政府与市场的责任分担机制研究——以日本和韩国经验为例》,《学习与实践》2012 年第 8 期。

高春兰、果硕:《老年长期护理保险给付对象的等级评定体系研究——以日本和韩国经验为例》,《社会建设》2016 年第 4 期。

高忻:《从荆门试点谈长期护理保险服务体系建设》,《中国医疗保险》2018 年第 9 期。

国家应对人口老龄化战略研究课题组:《老龄事业发展指标体系研究》,华夏出版社 2014 年版。

国家应对人口老龄化战略研究课题组:《国家应对人口老龄化战略研究子课题总报告集》,华夏出版社 2014 年版。

国务院:《国家人口发展规划(2016—2030年)》,2016年。

韩俊江:《老年社会需要长期护理保险》,《中国人力资源社会保障》2011年第5期。

韩振燕、梁誉:《关于构建我国老年长期护理保险制度的研究》,《东南大学学报》2012年第5期。

和红:《社会长期照护保险制度研究:范式嵌入、理念转型与福利提供》,经济日报出版社2017年版。

黄华波:《长期护理保险的四个基本关系》,《中国社会保障》2017年第5期。

华颖:《德国长期护理保险最新改革动态及启示》,《中国医疗保险》2016年第7期。

胡宏伟、李佳怿、栾文敬:《美国长期护理保险体系:发端、架构、问题与启示》,《西北大学学报(哲学社会科学版)》2015年第5期。

胡宏伟、李佳怿、汤爱学:《日本长期护理保险制度:背景、框架、评价与启示》,《人口与社会》2016年第1期。

胡宏伟、李延宇、张澜:《中国老年长期护理服务需求评估与预测》,《中国人口科学》2015年第3期。

胡苏云:《老年护理保险制度的建立研究——上海个案分析》,《上海金融学院学报》2011年第6期。

胡苏云、吴君槐:《上海长期护理保险制度试点调研》,载《上海社会发展报告(2018)》,社会科学文献出版社2018年版。

胡晓义:《关于建立长期护理保险制度的几点思考》,《中国医疗保险》2016年第2期。

荆涛:《明确目标定位,满足长护需求》,《中国医疗保险》2018年第9期。

荆涛:《建立适合中国国情的长期护理保险制度模式》,《保险研究》2010年第4期。

荆涛:《长期护理保险理论与实践研究:聚焦老龄人口长期照料问题》,对外经济贸易大学出版社2015年版。

荆涛:《长期护理保险制度运行模式的微观分析》,《保险研究》2014年第5期。

荆涛、谢远涛:《我国长期护理保险制度运行模式的微观分析》,《保险研究》2014年第5期。

景跃军、李元:《中国失能老年人构成及长期护理需求分析》,《人口学刊》2014年第2期。

贾清显:《中国长期护理保险制度构建研究》,南开大学,2010年。

蒋虹:《论发展我国长期护理保险》,《保险研究》2016年第10期。

姜日进、李芳:《中国建立长期护理保险制度的发展思路:以青岛市长期护理保险制度为例》,《社会福利》2016年第3期。

康慧敏:《我国发展长期护理保险的必要性及构想》,《青海金融》2007年第1期。

拉尔夫·格茨、海因茨·罗特岗、苏健:《德国长期护理保险制度变迁:财政和社会政策交互视角》,《江海学刊》2015年第5期。

雷鹏、吴擢春:《我国长期照护制度建设现状与思考——基于青岛、南通和长春的实践探索》,《中国医疗保险》2016年第2期。

李建梅、卫勇平:《上海市长期护理保险制度的筹资与待遇支付浅析》,《中国医疗保险》2017年第10期。

李长远、张举国:《我国医养结合养老服务的典型模式及优化策略》,《求实》2017年第7期。

刘春霞:《人口老龄化背景下我国老年长期护理保险制度的构建研究》,河南师范大学,2014年。

刘金涛:《老年人长期护理保险制度研究》,科学出版社2014年版。

刘金涛、柯树文:《构建我国老年长期护理保险制度》,《财经问题研究》2012年第3期。

刘静:《中国人口老龄化背景下长期护理保险研究》,辽宁大学,2011年。

刘俊荣、黄远飞、范阳东:《广州建立长期护理保险制度研究》,红旗出版社2018年版。

刘晓雪、钟仁耀:《长期护理保险的国际比较及对我国的启示》,《华东师范大学学报(哲学社会科学版)》2017年第4期。

刘鑫:《老年长期护理保险制度"中国模式"初探》,《中国城市经济》2012年第3期。

刘燕斌、赵永生:《美以德日四国长期护理保险制度构架比较》,《中国医疗保险》2011年第5期。

刘芳:《德国社会长期护理保险制度的运行理念及启示》,《德国研究》2018年第1期。

凌文豪、李文杰:《农村老年人口长期照护问题研究》,中国社会科学出版社2014年版。

凌木子:《我国老年长期护理保险筹资机制研究》,东北财经大学,2015年。

林映雪、韩庆:《山东青岛:医养结合乐了老年人》,《人民日报》2016年2月17日第6版。

吕学静:《日本长期护理保险制度最新改革的启示》,《中国人力资源社会保障》2016年第4期。

吕学静:《建立适应我国国情的长期照护保险制度》,《中国医疗保险》2015年第11期。

吕学静、许东黎:《国外经验对我国探索建立长期护理保险制度的借鉴》,《中国人力资源社会保障》2017年第6期。

吕国营、韩丽:《中国长期护理保险的制度选择》,《财政研究》2014年第8期。

吕晓莉:《中国城乡失能老人长期照料需求比较研究》,中国社会科学出版社2016年版。

联合国:《2017世界人口展望》。

马骏、郑功成等:《关于应对人口老龄化与发展养老服务的调研报告》,《社会保障评论》

2017年第1期。

民政部:《2016年中国民政统计年鉴》,中国统计出版社2016年版。

民政部:《社会服务发展统计公报》(2011—2017年)。

民政部政策研究中心:《上海社区居家养老服务支持体系研究》,《科学发展》2016年第7期。

莫荣、郝杰:《国际人力资源社会保障报告(2017/2018)》,中国劳动社会保障出版社2018年版。

莫荣、郝杰:《国际人力资源社会保障报告(2016)》,中国劳动社会保障出版社2016年版。

钱蓓:《上海:“医养结合”牵引新一轮养老改革》,《文汇报》2015年6月13日。

邱启润等:《长期照护理论与实务》,洪叶文化事业有限公司(台湾)2012年版。

全国老龄工作委员会办公室:《国家应对人口老龄化战略研究总报告》,《老龄科学研究》2015年第3期。

沈君彬:《以社会保险制推进长期照顾转型的国际经验——兼论对我国的启示》,《福建行政学院学报》2017年第1期。

沈洁:《日本护理保障制度改革以及对我国的借鉴——以护理财政改革为例》,日本女子大学社会福利系,2018年9月12日。

宋岳涛:《老年长期照护》,中国协和医科大学出版社2015年版。

孙洁:《长期护理保险受益资格评估机制探析》,《中国医疗保险》2018年第9期。

孙洁、蒋悦竹:《社会长期护理保险筹资机制理论分析框架》,《江西财经大学学报》2018年第1期。

孙洁:《长期护理保险要发挥自身独特优势》,《中国医疗保险》2018年第3期。

孙洁:《论社会长期护理保险的目标与功能》,《中国医疗保险》2017年第3期。

孙永勇、施蓓:《上海市长期护理保险制度存在的问题与对策研究》,《老龄科学研究》2018年第7期。

陶裕春:《失能老年人长期照护研究》,江西人民出版社2013年版。

唐钧:《长期照护的服务体系和筹资模式》,《中国社会保障》2018年第5期。

唐钧:《创建长期照护保险制度需把握的若干问题》,《中国医疗保险》2018年第9期。

唐钧、赵玉峰:《失能老人长期照护的政策思路》,《中国党政干部论坛》2014年第4期。

唐钧、冯凌:《谁需要长期护理保险?——失能老人长期照护需求的调查与分析》,《中国社会保障》2016年第6期。

唐钧:《社会保护的国际共识和中国经验》,《国家行政学院学报》2018年第3期。

唐钧:《“医养结合”可能对长期照护产生误导》,《中国医疗保险》2017年第10期。

涂骁玲:《居家式喘息服务的利用分析及对策研究——以杭州市西湖区为例》,杭州师范大学,2015年。

T.B.Ustun, N.Kostanjsek, S.Chatterji, J.Rehm:《世界卫生组织失能评定量表手册(WHODAS 2.0)》,毕胜主译,人民卫生出版社2016年版。

王雪辉:《老年人长期护理服务需求影响因素研究——基于河南省的抽样调查》,《调研世界》2016年第3期。

王莉莉:《中国居家养老政策发展历程分析》,《西北人口》2013年第2期。

王维:《上海市长期护理保险制度设计研究》,上海工程技术大学,2011年。

王新军、郑超:《老年人健康与长期护理的实证分析》,《山东大学学报》2014年第3期。

王东进:《运用中国智慧中国办法,创建中国特色长期照护保险制度》,《中国医疗保险》2018年第3期。

王东进:《试论长护制度的探索之道》,《中国医疗保险》2016年第9期。

王震:《我国长期照护服务供给的现状、问题及建议》,《中国医疗保险》2018年第9期。

王震、朱凤梅:《长期照护服务供给的国际经验》,《中国医疗保险》2017年第2期。

万谊娜:《中国医养结合式长期护理服务体系的建构——基于美国PACE模式的经验》,《社会政策研究》2017年第6期。

吴玉韶、党俊武:《中国老龄产业发展报告(2014)》,社会科学文献出版社2014年版。

吴春明:《长期护理保险须精准把握概念》,《中国人力资源社会保障》2018年第7期。

伍小兰、曲嘉瑶:《台湾老年人的长期照护》,中国社会出版社2010年版。

夏秀梅:《我国开展商业性长期护理保险研究》,郑州大学,2006年。

肖云:《中国失能老人长期照护服务问题研究》,中国社会科学出版社2017年版。

杨团:《中国长期照护的政策选择》,《中国社会科学》2016年第11期。

杨团:《以家庭为本、社区服务为基础的长期照护政策探索》,《学习与实践》2014年第6期。

杨团:《公办民营与民办公助——加速老年人服务机构建设的政策分析》,《人文杂志》2011年第6期。

杨燕绥、陈诚诚:《中国建立长期护理保险面对的机遇和挑战》,《中国人力资源社会保障》2016年第4期。

杨颖华、万和平、陶雷:《国际经验对我国医养整合体系建设的启示》,《中国卫生资源》2016年第6期。

赵林、[日]多田罗浩三、桂世勋:《日本如何应对超高龄社会——医疗保健、社会保障对策》,知识产权出版社 2014 年版。

赵曼、韩丽:《长期护理保险制度的选择:一个研究综述》,《中国人口科学》2015 年第 1 期。

赵春江、孙金霞:《日本长期护理保险制度改革及启示》,《人口学刊》2018 年第 1 期。

赵艳:《我国实施老年人长期护理保险制度探析》,《经济纵横》2014 年第 8 期。

张立龙:《福利国家长期照护制度及对中国的启示》,《社会保障研究》2015 年第 6 期。

张瑞:《中国长期护理保险的模式选择和制度设计》,《中州学刊》2012 年第 6 期。

张涛等:《我国医养结合政策发展历程分析》,《中国医院》2018 年第 6 期。

张文娟:《中国社会养老服务体系建设》,社会科学文献出版社 2017 年版。

张文娟:《中国老年人的失能水平到底有多高——多个数据来源的比较》,《人口研究》2015 年第 5 期。

张盈华:《老年长期照护制度的筹资模式与政府责任边界》,《老龄科学研究》2013 年第 2 期。

张盈华:《老年长期照护的风险属性与政府职能定位:国际的经验》,《西北大学学报(哲学社会科学版)》2012 年第 5 期。

张盈华:《老年长期照护:制度选择与国际比较》,经济管理出版社 2015 年版。

张连增、国畅:《国际经验对我国长期护理保险评估体系建设的启示——以德国、荷兰、日本、韩国为例》,《未来与发展》2018 年第 4 期。

张笑天:《城市老年人长期照护保障体制探讨》,《中国卫生事业管理》1995 年第 9 期。

张雅娟、林君丽、王婷:《青岛市长期护理保险制度探索与实践》,《中国医疗保险》2018 年第 1 期。

仲利娟:《长期护理保险家庭化:来自德国的证据》,《学海》2018 年第 4 期。

郑功成:《全民医保在健康中国建设中应有新作为》,《中国医疗保险》2017 年第 3 期。

郑功成:《健康中国建设与全民医保制度的完善》,《学术研究》2018 年第 1 期。

郑功成:《中国社会保障发展报告(2017)》,中国劳动社会保障出版社 2017 年版。

郑功成、郭林:《中国社会保障推进国家治理现代化的基本思路与主要方向》,《社会保障评论》2017 年第 3 期。

郑秉文:《中国养老金发展报告 2017——长期护理保险试点探索与制度选择》,经济管理出版社 2017 年版。

周加艳、沈勤:《日本长期护理保险 2005—2017 年改革述评与启示》,《社会保障研究》2017 年第 4 期。

周加艳、沈勤:《日本长期护理保险的挑战、改革及其发展趋势》,《老龄科学研究》2017 年第10期。

朱铭来、张晓:《长期护理保险筹资机制与个人账户使用探讨》,《中国医疗保险》2018年第9期。

朱晓、范文婷:《中国老年人收入贫困状况及其影响因素研究——基于2014年中国老年社会追踪调查》,《北京社会科学》2017年第1期。

朱刚令:《居家护理重点需把握四个原则》,《中国医疗保险》2018年第9期。

钟仁耀:《提升长期护理服务质量的主体责任研究》,《社会保障评论》2017年第3期。

钟仁耀:《上海市社会长期护理保险制度的基本特征与改革路径》,《上海立信会计金融学院学报》2017年第6期。

翟绍果、马丽、万琳静:《长期护理保险核心问题之辨析:日本介护保险的启示》,《西北大学学报(哲学社会科学版)》2016年第5期。

詹姆斯·H.舒尔茨(裴晓梅等译):《老龄化经济学》,社会科学文献出版社2010年版。

中国保险业行业协会、普华永道:《2017中国长期护理保险调研报告》,2017年12月。

《中国城市养老指数蓝皮书》课题组:《中国城市养老指数蓝皮书2017》,中国发展出版社2017年版。

中国人民大学老年学研究所:《中国老年社会追踪调查(CLASS)》。

中国公益研究院养老研究中心:《2017年中国养老服务业发展年报(人才篇)》,2017年。

中国医疗保险研究会:《国外长期护理保险研究》,2011年2月。

“中国长期照护保障需求研究”课题组、唐钧等:《长期照护:概念框架、研究发现与政策建议》,《河海大学学报(哲学社会科学版)》2018年第1期。

后　记

国际社会保障动态系列丛书是在中国社会保障学会副会长、上海财经大学原党委书记丛树海教授的策划和带领下完成的集体攻关成果。2018年社会保障橙皮书《国际社会保障动态：应对人口老龄化的长期护理保障体系》是系列丛书的第六部。

本书的完成离不开研究团队大量的心血和辛勤付出。首先，要感谢本书的研究和编写团队，感谢万谊娜、郑春荣、张熠、陈少平、程豪珏、张萌、赵雅冰、哈布尔依娜、杨帆、卢亚楠、刘星、聂兴、陈起风、金小良等主要编写老师以及江西财经大学的研究生。感谢杨翠迎、李华、于洪等老师对研究大纲提出的宝贵意见。感谢上海市人力资源和社会保障局、广州市医保局、上饶市医保局、南昌市老龄办等部门为案例调研提供的便利和数据资料。感谢上海人民出版社编辑严谨负责和专业高效的编辑出版工作。

本书部分章节述是主编张仲芳和副主编万谊娜承担的国家自然科学基金项目(项目编号：81760619)、国家社会科学基金项目(项目编号：15BSH122)的阶段性研究成果，在此也要感谢国家自然科学基金委和国家社科规划办的资助。

全书由张仲芳教授统稿，万谊娜副教授协助统稿和编辑。由于时间有限，研究团队水平不足，本书难免存在一些错漏之处，恳请各位读者和社会保障研究同行不吝批评指正。

张仲芳

2018年10月8日

图书在版编目(CIP)数据

国际社会保障动态.应对人口老龄化的长期护理保障体系/张仲芳主编.—上海:上海人民出版社,2018
(社会保障橙皮书)
ISBN 978-7-208-15542-8

Ⅰ.①国… Ⅱ.①张… Ⅲ.①人口老龄化-社会保障-研究-世界 Ⅳ.①D57

中国版本图书馆CIP数据核字(2018)第257974号

责任编辑 王舒娟
封面设计 王小阳

国际社会保障动态
——应对人口老龄化的长期护理保障体系
张仲芳 主编 万谊娜 郑春荣 副主编

出　版	上海人民出版社 (200001 上海福建中路193号)
发　行	上海人民出版社发行中心
印　刷	上海商务联西印刷有限公司
开　本	720×1000 1/16
印　张	35.5
插　页	4
字　数	570,000
版　次	2018年12月第1版
印　次	2018年12月第1次印刷

ISBN 978-7-208-15542-8/F·2566
定　价 128.00元